AF565872

RAY DALIO

WELTORDNUNG IM WANDEL

RAY DALIO

WELTORDNUNG IM WANDEL

Vom Aufstieg und Fall von Nationen

FBV

Bibliografische Information der Deutschen Nationalbibliothek
Die Deutsche Nationalbibliothek verzeichnet diese Publikation in der Deutschen Nationalbibliografie. Detaillierte bibliografische Daten sind im Internet über https://dnb.de abrufbar.

Für Fragen und Anregungen
info@m-vg.de

Wichtiger Hinweis
Ausschließlich zum Zweck der besseren Lesbarkeit wurde auf eine genderspezifische Schreibweise sowie eine Mehrfachbezeichnung verzichtet. Alle personenbezogenen Bezeichnungen sind somit geschlechtsneutral zu verstehen.

6. Auflage 2026

Türkenstraße 89
80799 München
Tel.: 089 651285-0

Übersetzung: Petra Pyka
Redaktion: Desirée Šimeg
Korrektorat: Anja Hilgarth
Umschlaggestaltung: Catharina Aydemir; Rodrigo Corral
Interior Design: Creative Kong
Satz: Daniel Förster
Druck: Livonia Print, Riga
Printed in Latvia

ISBN Print 978-3-95972-407-4
ISBN E-Book (PDF) 978-3-96092-757-0
ISBN E-Book (EPUB, Mobi) 978-3-96092-758-7

Weitere Informationen zum Verlag finden sie unter

www.finanzbuchverlag.de

Beachten Sie auch unsere weiteren Verlage unter www.m-vg.de

Für meine Enkelkinder und die Angehörigen ihrer Generation,
die an der Fortsetzung dieser Geschichte mitschreiben:
Möge die Macht der Evolution mit euch sein.

EIN WORT DES DANKES

Allen, die meinen Wissenshorizont erweitert haben: Jedem Einzelnen von ihnen bin ich zutiefst dankbar für die wertvollen Puzzleteilchen, die ich zu diesem Buch zusammenfügen konnte. Ohne unsere Gespräche, ohne die Anregungen, die ich aus ihren Schriften beziehen konnte, und ohne die historischen Fakten und statistischen Daten, die sie aus den Archiven ausgegraben haben, hätte es dieses Buch nie gegeben. Manche von ihnen weilen noch unter uns, andere nicht. Mir sind sie alle präsent. Besonders dankbar bin ich Henry Kissinger, Wang Qishan, Graham Allison, Lee Kuan Yew, Liu He, Paul Volcker, Mario Draghi, Paul Kennedy, Richard N. Haass, Kevin Rudd, Steven Kryger, Bill Longfield, Neil Hannan, H. R. McMaster, Jiaming Zhu, Larry Summers, Niall Ferguson, Tom Friedman, Heng Swee Keat, George Yeo, Ian Bremmer und Zhiwu Chen.

Mein Dank gilt aber auch Peer Vries, Benjamin A. Elman, Pamela Kyle Crossley, Sybil Lai, James Zheng Gao, Yuen Ang, Macabe Keliher, David Porter, Victor Cunrui Xiong, David Cannadine, Patricia Clavin, Duncan Needham, Catherine Schenk und Steven Pincus für ihre wertvollen Einschätzungen.

Herzlichen Dank ferner allen, die dazu beigetragen haben, diese Konzepte und Artikel zu einem Buch zu verarbeiten – was kaum minder anspruchsvoll war als ihre Entwicklung. Vor allen anderen danke ich Mark Kirby für seine unerschütterliche Hingabe, sein Talent und seine Geduld. Ebenso gilt mein Dank Michael Kubin, Arthur Goldwag, und Phil Revzin, die allesamt hilfreiche Kommentare zum Manuskript lieferten, sowie meinem Literaturagenten Jim Levine und meinem Redakteur Jofie Ferrari-Adler, die wesentlichen Anteil an der Entstehung und Veröffentlichung dieses Buches hatten.

Hinter den Kulissen haben jedoch noch viele andere maßgebliche Beiträge geleistet, zum Beispiel Gardner Davis, Udai Baisiwala, Jordan Nick, Michael Savarese, Jonathan Bost, Stephen McDonald, Elena Gonzalez Malloy, Khia Kurtenbach, Alasdair Donovan, Floris Holstege, Anser Kazi, Chris Edmonds, Julie Farnie und Brian De Los Santos und auch die gesamte Mannschaft von Bridgewater, die gemeinschaftlich die unglaublichste Lernplattform auf die Beine gestellt hat, die man sich vorstellen kann.

INHALT

WIE DIESES BUCH ZU LESEN IST

- Bei der Arbeit an diesem Buch konnte ich mich nicht entscheiden, ob ich es möglichst ausführlich oder eher kompakt gestalten sollte. Letztlich habe ich beides versucht: Für die Kurzfassung habe ich bestimmte Passagen fett hervorgehoben. **Möchten Sie die kompakte Version lesen, beschränken Sie sich daher bitte auf das fett Gedruckte. Wem das nicht genügt, dem steht natürlich der gesamte Text zur Verfügung.**

- Außerdem wollte ich meinen Leserinnen und Lesern gern ein paar zeitlose, universelle Grundwahrheiten zum richtigen Umgang mit der Realität vermitteln, die ich durch einen vorangestellten roten Punkt ● ***und kursive Schrift kennzeichne.***

- Zu manchen Themen liefere ich ausschmückendes Beiwerk, das meiner Ansicht nach für manche, aber nicht für alle Leser interessant ist. Deshalb hänge ich es den betreffenden Kapiteln als Nachtrag an. Bitte lesen oder überspringen Sie diesen nach Gutdünken.

- Ans Ende dieses Buches ist ein Glossar gestellt, das die Abkürzungen erklärt, die Ihnen in manchen der Diagramme begegnen werden.

- Um den Rahmen nicht zu sprengen, finden Sie eine Menge ergänzender Informationen in englischer Sprache auf www.economicprinciples.org, darunter auch Referenzmaterial, Zitate, zusätzliche Daten zu den Indizes und vieles mehr.

EINLEITUNG

Die Zeiten, die vor uns liegen, werden ganz anders sein als alles, was wir bisher erlebt haben. In der Geschichte finden sich dazu aber dennoch viele Parallelen.

Woher ich das weiß? Weil es schon immer so war.

Um in meinem Beruf Erfolg zu haben, musste ich in den letzten rund 50 Jahren notgedrungen die wichtigsten Faktoren kennen, die beeinflussen, ob Länder und ihre Märkte florieren oder scheitern. Daraus lernte ich: Wenn ich mich rechtzeitig auf neue Situationen einstellen und diese meistern wollte, musste ich möglichst viele ähnliche Begebenheiten aus der Geschichte studieren, um die Abläufe zu verstehen, die dazu führten. Nur so konnte ich sie bewältigen.

Vor ein paar Jahren fiel mir auf, dass verschiedene maßgebliche Entwicklungen einsetzten, wie ich sie noch nie erlebt hatte, die sich jedoch in der Geschichte so oder ähnlich bereits abgespielt hatten. Vor allem beobachtete ich, dass eine hohe Verschuldung mit niedrigen oder negativen Zinsen zusammentraf, wodurch für die drei großen Reservewährungen der Welt die Druckerpressen angeworfen wurden, dass es in einzelnen Ländern zu heftigen politischen und gesellschaftlichen Konflikten kam – vor allem in den USA, wo die Unterschiede bei Wohlstand, politischen Einstellungen und Werten seit rund hundert Jahren nicht mehr so groß waren – und dass sich China zu einer neuen Weltmacht aufschwang, die die bisherige Weltmacht (die USA) und die bestehende Weltordnung infrage stellte. Ähnliche Entwicklungen hatte es zuletzt in den Jahren von 1930 bis 1945 gegeben. Das fand ich höchst bedenklich.

Ich wusste, ich konnte nur richtig verstehen, was da passierte, und mit künftigen Entwicklungen zurande kommen, wenn ich mich mit Präzedenzfällen befasste. So entstand dieses Forschungspapier über

den Aufstieg und Fall von Imperien, ihre Reservewährungen und ihre Märkte. Anders gesagt: Um zu begreifen, was heute geschieht und in den nächsten Jahren geschehen könnte, musste ich die Abläufe analysieren, die sich hinter vergleichbaren Geschehnissen in der Geschichte verbergen, zum Beispiel den Zeitraum von 1930 bis 1945, den Aufstieg und Fall des niederländischen und des britischen Weltreichs, den Aufstieg und Fall der chinesischen Dynastien und anderen.[1]

In diese Forschungsarbeit war ich vertieft, als die COVID-19-Pandemie ausbrach – noch so ein dramatisches Ereignis, wie ich es selbst zwar noch nie erlebt hatte, für das es aber in der Geschichte viele Beispiele gibt. Frühere Pandemien flossen in dieses Forschungspapier ein und machten mir klar, dass überraschende Naturereignisse wie Seuchen, Hungersnöte und Überschwemmungen unbedingt als Möglichkeiten in Betracht gezogen werden müssen. Solche unerwarteten Naturgewalten kommen zwar nur selten vor, haben aber nach jedem Maßstab größere Auswirkungen als die schlimmsten Depressionen und Kriege.

Beim Studium der Geschichte erkannte ich, dass diese in aller Regel in relativ klar definierten Lebenszyklen abläuft – ähnlich wie bei Organismen, die sich von einer Generation zur nächsten weiterentwickeln. Im Grunde sind die Geschichte und die Zukunft der Menschheit einfach als Gesamtheit aller Lebensgeschichten Einzelner zu begreifen, die sich im Laufe der Zeit ereignen. Für mich laufen diese einzelnen Fäden zu einer allumfassenden Geschichte zusammen, vom Beginn historischer Aufzeichnungen bis heute. In dieser Geschichte spielt sich wieder und wieder dasselbe ab, mehr oder minder aus denselben Gründen, während sich die Entwicklung fortsetzt. **Indem ich**

---

1 Lassen Sie mich bitte klarstellen, dass ich zwar diese vergangenen Zyklen beschreibe, aber nicht zu den Menschen gehöre, die glauben, dass die bisherige Entwicklung immer so weitergeht, ohne die Kausalitätsmechanismen zu verstehen, die zu Veränderungen führen. Mein Ziel ist in erster Linie, auch Ihnen diese Ursache-Wirkungs-Beziehungen deutlich zu machen und die gewonnenen Erkenntnisse heranzuziehen, um auszuloten, was auf uns zukommen könnte, und uns im Grundsatz darauf zu einigen, wie dann am besten zu verfahren ist.

feststellte, wie sich viele ineinandergreifende Fallbeispiele gemeinsam entwickelten, konnte ich die Muster und kausalen Zusammenhänge erkennen, die ihnen zugrunde lagen. Und auf der Grundlage meiner Erkenntnisse konnte ich mir die Zukunft vorstellen. Bestimmte Ereignisse gab es in der Geschichte immer wieder. Sie waren Bestandteil des zyklischen Aufstiegs und Falls von Imperien und fast aller Aspekte, die damit zusammenhingen – also des Niveaus ihrer Bildung, ihrer Produktivität, ihrer internationalen Handelsbeziehungen, ihres Militärs, ihrer Währungen und anderer Märkte und so weiter.

Diese Aspekte oder auch Kräfte verhielten sich ausnahmslos zyklisch und standen alle untereinander in Zusammenhang. So wirkte sich beispielsweise das Bildungsniveau einer Nation auf ihr Produktivitätsniveau aus, und dieses wiederum auf das Niveau des internationalen Handelsverkehrs, was seinerseits Einfluss hatte auf die militärische Stärke, die erforderlich war, um Handelsrouten zu schützen. Im Zusammenspiel hatte das Effekte auf die Landeswährung und andere Märkte – mit Konsequenzen in vielen anderen Bereichen. Aus diesen Entwicklungen setzten sich die Jahre währenden Konjunktur- und Politikzyklen zusammen. So konnte der Zyklus eines besonders erfolgreichen Imperiums oder einer entsprechenden Dynastie 200 oder 300 Jahre dauern. **Sämtliche Imperien und Dynastien, die ich untersucht habe, bewegten sich in einem klassischen großen Zyklus auf und ab. Dieser weist klare Marker auf, an denen wir erkennen können, in welchem Zyklusabschnitt wir uns gerade befinden.**

So ein großer Zyklus schwankt zwischen 1) friedlichen, florierenden Phasen von hoher Kreativität und Produktivität, die den Lebensstandard enorm heben, und 2) Depression, Revolution und Kriegszeiten, in denen intensiv um Vermögen und Macht gerungen wird und viel Wohlstand, Leben und anderes Wertvolle vernichtet werden. Mir fiel auf, dass die friedlichen, kreativen Phasen deutlich länger dauerten als die Zeiten der Depression, Revolution und Kriege – im Regelfall im Verhältnis von etwa 5 zu 1. Man könnte daher sagen, dass es sich bei

Letzteren um Übergangsphasen zwischen den normalen friedlichen, kreativen Zeiten handelt.

Diese friedvollen, innovativen Zeiten sind für die meisten Menschen sicherlich angenehmer, doch jede dieser Realitäten hat ihren Zweck, weil sie die Evolution vorantreibt. Im weiteren Sinne ist daher keine per se gut oder schlecht. Zeiten, in denen Depression, Revolution und Krieg herrschen, bringen viel Zerstörung mit sich, doch wie reinigende Gewitter merzen sie Schwächen und Exzesse (wie Überschuldung) aus und ermöglichen einen Neuanfang in Form einer (allerdings schmerzhaften) Rückkehr zu den Grundlagen auf solideren Füßen. Ist der Konflikt gelöst, steht fest, wer wie viel Macht besitzt. Und weil sich die meisten Menschen verzweifelt Frieden wünschen, bringt die Lösung neue geldpolitische, wirtschaftliche und politische Systeme hervor, die zusammen eine neue Weltordnung ergeben. Das schafft die Voraussetzungen für die nächste friedliche, kreative Periode. Innerhalb dieses großen Zyklus laufen weitere Zyklen ab. So gibt es beispielsweise bei der Verschuldung langfristige Zyklen, die etwa rund 100 Jahre dauern, und kurzfristige über rund acht Jahre. Auch ein solcher kurzfristiger Zyklus beinhaltet längere Phasen mit florierendem Wachstum, die von kürzeren Rezessionsperioden unterbrochen werden. Innerhalb dieser Zyklen bilden sich noch kürzere Zyklen, und so weiter.

Bevor Ihnen von dem ganzen Zyklusgerede der Kopf schwirrt – damit will ich vor allem Folgendes sagen: Gleichen sich die Zyklen an, dann verschieben sich die tektonischen Platten der Geschichte und das Leben aller Menschen verändert sich grundlegend. Solche Veränderungen können furchtbar sein, aber auch großartig. Sie werden auch in Zukunft sicherlich wieder eintreten, und die wenigsten werden damit rechnen. Anders ausgedrückt: ● ***Dass es in einem Zyklus zu Schwankungen von einem Extrem zum anderen kommt, ist die Norm – nicht die Ausnahme.*** Kaum ein Land in kaum einem Jahrhundert erlebte nicht mindestens eine harmonische, florierende Boomphase und eine Zeit der Depression, des Bürgerkriegs oder der Revolution. Deshalb sollten wir auf beides eingestellt sein. Doch historisch betrachtet (und auch heute) gehen die meisten Menschen davon aus, dass die Zukunft nicht sehr viel anders aussehen wird als die jüngere Vergangenheit. Der Grund dafür: ● ***Die wirklich ausgeprägten Aufschwünge und die richtig schlimmen Einbrüche ereignen sich wie so vieles höchstens einmal im Leben und kommen deshalb überraschend – zumindest für jeden, der sich vorher nie mit den Mustern befasst hat, die über viele Generationen aus der Geschichte hervorgehen.*** Weil zwischen den positiven und negativen Extremen so viel Zeit vergeht, ● ***dürfte die Zukunft, die uns bevorsteht, ganz anders aussehen, als es die meisten Menschen erwarten.***

So hatten beispielsweise mein Vater und die meisten seiner Zeitgenossen die Weltwirtschaftskrise und den Zweiten Weltkrieg erlebt und konnten sich daher das Wirtschaftswunder der Nachkriegszeit überhaupt nicht vorstellen, weil es so gar nicht in ihre Erfahrungswelt passte. Ich kann gut nachvollziehen, warum es für sie angesichts ihrer Erlebnisse nicht infrage kam, Kredite aufzunehmen oder ihre sauer verdienten Ersparnisse auf dem Aktienmarkt zu investieren. Das erklärt, warum sie vom anschließenden Boom so wenig profitieren konnten. Ich verstehe auch, warum diejenigen, die nur kreditfinanzierte Boomphasen kannten und nie eine Depression oder einen Krieg erlebt hatten, Jahrzehnte später viel Geld aufnahmen, um damit zu spekulieren. Depression und Krieg waren für sie undenkbar. Nicht anders verhielt es sich beim Thema Geld: Nach dem Zweiten Weltkrieg war »hartes« (also an Gold gekoppeltes) Geld üblich, bis die Regierungen »weiches« Geld (sogenanntes Fiatgeld) einführten, um die Kreditaufnahme zu erleichtern und zu verhindern, dass in den 1970er-Jahren Unternehmen pleitegingen. Infolgedessen glauben die meisten Menschen gerade jetzt, während ich an diesem Buch arbeite, dass sie mehr Kredit aufnehmen sollten, obwohl Schulden und kreditfinanzierte Booms in der Vergangenheit zu Depression und innen- und außenpolitischen Konflikten geführt haben.

Ein solches Geschichtsverständnis wirft auch Fragen auf, deren Beantwortung uns wichtige Hinweise darauf liefert, wie die Zukunft aussehen wird. Ein Beispiel: Solange ich lebe, war der US-Dollar die Reservewährung der Welt, die Geldpolitik ein wirksames Instrument, um die Konjunktur anzukurbeln, und Demokratie und Kapitalismus galten weithin als das überlegene Politik- beziehungsweise Wirtschaftssystem. Doch wer sich mit der Geschichte beschäftigt, merkt schnell, dass ● ***kein Regierungssystem, kein Wirtschaftssystem, keine Währung und kein Imperium ewig besteht. Dennoch sind die allermeisten überrascht und verzweifelt, wenn das Ende kommt.*** Mir drängt sich da förmlich die Frage auf, wie ich und die Menschen, die mir etwas bedeuten, rechtzeitig merken könnten, wann wir in eine solche Phase der Depression, der Revolution oder des Krieges geraten, und woher wir wissen könnten, wie wir sie am besten bewältigen. Weil es mein Beruf ist, Wohlstand unter allen Rahmenbedingungen zu erhalten, brauchte ich unbedingt Erkenntnisse und eine Strategie, die sich in der Vergangenheit zuverlässig bewährt hätte – auch in den schlimmsten Zeiten.

Dieses Buch soll Ihnen die Erkenntnisse vermitteln, die mir weitergeholfen haben und die meiner Ansicht nach auch Ihnen gute Dienste leisten könnten. Urteilen Sie bitte selbst.

WIE ICH LERNTE, MICH AUF DIE ZUKUNFT VORZUBEREITEN, INDEM ICH DIE VERGANGENHEIT STUDIERTE

Der eine oder andere wundert sich vielleicht, dass ein Investmentmanager, der kurzfristige Anlageentscheidungen treffen muss, so viel Augenmerk auf die langfristige Geschichte legt. Doch ich weiß aus Erfahrung, dass diese Perspektive für mich die richtige ist. Mein Ansatz ist dabei kein akademischer, der zu wissenschaftlichen Zwecken entwickelt wurde. Es ist vielmehr ein pragmatischer, nach dem ich mich richte, um meine Aufgabe zu erfüllen. Mein Beruf verlangt von mir, besser zu wissen als die Konkurrenz, wie sich Volkswirtschaften vermutlich künftig entwickeln. Deshalb habe ich rund 50 Jahre damit zugebracht, die meisten großen

Volkswirtschaften und ihre Märkte genau zu verfolgen – ebenso wie die politische Situation, da sich diese auf beides auswirkt. Ich versuchte, die Vorgänge so gründlich zu durchschauen, dass ich darauf wetten konnte. Aus meinem Jahrelangen Ringen mit den Märkten und meinen Versuchen, Prinzipien aufzustellen, die mir dabei zum Erfolg verhalfen, weiß ich, dass ● ***es der Einblick in die Ursache-Wirkungs-Gefüge ist, die Veränderungen hervorrufen, der bestimmt, wie gut man die Zukunft vorausahnen und sich darin zurechtfinden kann. Und diese Kausalzusammenhänge kann nur verstehen, wer ihre bisherige Entwicklung analysiert hat.***

Was mich auf diesen Ansatz brachte, war die bittere Erkenntnis, dass die größten Fehler in meiner Karriere darauf zurückzuführen waren, dass ich große Marktbewegungen verpasste, wie es sie zu meinen Lebzeiten noch nie gegeben hatte – davor allerdings schon viele Male. Die erste solche böse Überraschung erlebte ich 1971, als ich mit 22 Jahren im Sommer an der New Yorker Börse jobbte. Mir gefiel es dort. Es sagte mir zu, dieses schnell getaktete Spiel mit Gewinnen und Verlusten auf dem Parkett mit Menschen, die auch gern mal Spaß miteinander hatten – so viel Spaß, dass sich die Trader im Handelssaal sogar mit Wasserpistolen beschossen. Es faszinierte mich, die großen Entwicklungen auf der Welt zu verfolgen und darauf zu spekulieren, wie sie sich auf die Märkte auswirkten. Das konnte aber auch durchaus dramatisch werden.

Eines Sonntagabends – es war der 15. August 1971 – gab Präsident Richard Nixon bekannt, die USA würden ihre Zusage zurückziehen, dass Papierdollars in Gold eingewechselt werden konnten. Noch während ich Nixon zuhörte, wurde mir klar, dass die US-Regierung ein Versprechen gebrochen hatte und Geld, wie wir es kannten, nicht mehr existierte. Das kann nicht gut sein, dachte ich. Als ich am Montagmorgen den Handelssaal der Börse betrat, rechnete ich damit, dass dort der Teufel los sein würde, weil die Aktienkurse zum Sturzflug ansetzten. Der Teufel war tatsächlich los – allerdings in ganz anderer Hinsicht, als ich es erwartet hatte. Statt zu fallen, legte der Aktienmarkt 4 Prozent zu, während der US-Dollar einbrach. Für mich war das ein Schock – aber nur deshalb, weil ich noch nie die Abwertung einer Währung erlebt hatte. In den Folgetagen las ich nach und erkannte, dass Währungsabwertungen in der Vergangenheit schon oft ähnliche Effekte auf die Aktienmärkte gehabt hatten. Ich grub tiefer und fand heraus, warum das so war. So lernte ich etwas Nützliches, das mir in der Zukunft noch häufig zugutekommen sollte. Es bedurfte aber noch ein paar weiterer böser Überraschungen, bis ich wirklich begriffen hatte, dass ich über alle großen Konjunktur- und Marktbewegungen Bescheid wissen musste, die sich in den letzten mehr als 100 Jahren in allen maßgeblichen Ländern vollzogen hatten.

Mit anderen Worten: Hatte sich etwas Großes, Bedeutsames (wie die Weltwirtschaftskrise) in der Vergangenheit schon einmal zugetragen, konnte ich nicht ausschließen, dass mir so etwas ebenfalls widerfahren würde. Also musste ich wissen, was da vor sich gegangen war, und mich dagegen wappnen. Meine Recherchen ergaben, dass sich ähnliche Entwicklungen immer wieder abspielten (beispielsweise Depressionen), und indem ich diese studierte, wie sich ein Arzt mit verschiedenen Fällen einer bestimmten Erkrankung befasste, konnte ich mehr darüber herausfinden, wie es dazu kam. Durch eigene Erfahrungen, Gespräche mit herausragenden Fachleuten, gute Bücher und das Wühlen in Statistiken und Archiven mithilfe meines großartigen Research-Teams analysierte ich solche Phänomene qualitativ und quantitativ.

Durch die gewonnenen Erkenntnisse lässt sich eine archetypische Abfolge dessen visualisieren, was im Regelfall zu Auf- und Abschwüngen von Wohlstand und Macht führt. Der Archetyp lässt mich die Kausalzusammenhänge erkennen, die den üblichen Abläufen in solchen Fällen zugrunde liegen. Anhand des konkreten archetypischen Musters kann ich zum Erklärungsversuch Abweichungen analysieren. Anschließend setze ich diese mentalen Modelle in Algorithmen um – sowohl, um zu verfolgen, wie sich die Lage in Relation zu meinen Archetypen entwickelt, als auch, um auf ihrer Grundlage Entscheidungen zu treffen. Dieser Prozess hilft mir, die Ursache-Wirkungs-Gefüge so klar zu definieren, dass ich Entscheidungsregeln festlegen kann – also Grundsätze für den Umgang mit meinen Realitäten –, und zwar in Form von Wenn-dann-Aussagen. Das heißt, wenn X eintritt, setze ich auf Y. Anschließend beobachte ich, wie sich die eintretenden Ereignisse im Verhältnis zu meiner Vorlage und unseren Erwartungen entwickeln. Das alles geschieht durch und durch systematisch in Zusammenarbeit mit meinen Partnern bei Bridgewater Associates. Entwickelt sich alles wie erwartet, so setzen wir weiter auf die Ereignisse, die im Regelfall als Nächstes kommen. Weichen die Entwicklungen aber von unserer Vorlage ab, versuchen wir, die Gründe dafür zu ermitteln, und korrigieren unseren Kurs. Auf diese Weise konnte ich die großen Zusammenhänge zwischen Ursache und Wirkung, die den Fortgang in aller Regel steuern, nicht nur besser verstehen, sondern eignete mir auch eine gesunde Demut an. Und so werde ich bis ans Ende meines Lebens vorgehen. Was Sie hier lesen, ist daher per definitionem unvollendet.[2]

DER ANSATZ, DER MEINE WELTANSCHAUUNG PRÄGT

Die Geschehnisse so zu betrachten, vermittelte mir einen anderen Blick. Die Ereignisse brachen nicht mehr unversehens über mich herein, sondern ich stand über den Dingen und konnte im Zeitverlauf Muster er-

---

2 So habe ich mich beispielsweise in Bezug auf Schuldenzyklen nach diesem Ansatz gerichtet, weil ich solche in den letzten 50 Jahren häufig bewältigen musste und sie der wichtigste Treiber großer Veränderungen von Volkswirtschaften und Märkten sind. Wenn Sie meine Schablone zur Ergründung großer Schuldenkrisen interessiert – und die vielen Einzelfälle, die darin eingeflossen sind –, sie steht Ihnen in *„Principles: So navigieren Sie Ihr Vermögen durch große Schuldenkrisen"* in digitaler Form auf www.economicprinciples.org kostenlos in englischer Sprache oder als Druckversion im Buchhandel oder online zur Verfügung. Ich habe mithilfe dieses Ansatzes viele maßgebliche bedeutende Entwicklungen untersucht, zum Beispiel Depressionen, Hyperinflation, Kriege, Zahlungsbilanzkrisen et cetera, weil ich mich gezwungen sah, ungewöhnliche Vorgänge einzuordnen, die sich um mich herum ereigneten. Diese Betrachtungsweise war es, die es Bridgewater ermöglichte, die Finanzkrise von 2008 heil zu überstehen, als andere in Schwierigkeiten gerieten.

kennen.[3] Und je mehr miteinander verflochtene Faktoren ich auf diese Weise erkannte, desto klarer wurde mir, wie sie sich wechselseitig beeinflussen – wie beispielsweise der Konjunkturzyklus und der politische Zyklus ineinandergreifen – und wie sie über längere Zeiträume interagieren.

Meiner Ansicht nach verpassen die Menschen gewöhnlich die großen Momente der Evolution in ihrem Leben, weil sie nur winzige Bruchteile des Geschehens erleben. Wir sind wie die Ameisen, die sich in ihrer kurzen Lebenszeit der Aufgabe widmen, Krümel zu befördern, statt aus breiterer Perspektive auf die Muster und Zyklen zu schauen, die sich im Gesamtbild ergeben – auf die maßgeblichen, verflochtenen Einflüsse, die ihnen zugrunde liegen, und darauf, in welcher Zyklusphase wir uns gerade befinden und was sich vermutlich als Nächstes ereignet. Seit ich diese Perspektive einnehmen kann, bin ich zu der Überzeugung gelangt, dass es in der Geschichte nur eine begrenzte Zahl von Persönlichkeitstypen[4] gibt. Diese schlagen eine begrenzte Zahl von Wegen ein, die sie in eine begrenzte Zahl von Situationen führen, sodass eine begrenzte Zahl von Geschichten entsteht, die sich im Laufe der Zeit wiederholen. Die Akteure sind lediglich anders gekleidet, sprechen andere Sprachen und bedienen sich anderer Technologien.

---

3 So nähere ich mich quasi jedem Thema. Als ich mein Unternehmen aufbaute und leitete, musste ich begreifen, wie die Menschen wirklich denken, und mir Prinzipien aneignen, um mit diesen Realitäten richtig umzugehen. Dazu verwendete ich eben diesen Ansatz. Wenn Sie wissen wollen, was ich über solche Dinge gelernt habe, die nichts mit Wirtschaft und Märkten zu tun haben: Das verrate ich in meinem Buch *Die Prinzipien des Erfolgs*, im Buchhandel zu beziehen oder in englischer Sprache kostenlos über eine iOS/Android-App unter der Bezeichnung »Principles in Action« erhältlich.

4 In meinem Buch *Die Prinzipien des Erfolgs* teile ich meine Ansichten über diese unterschiedlichen Denkweisen mit. Hier werde ich nicht näher darauf eingehen, verweise Sie aber auf das Buch, falls Sie mehr wissen möchten.

DIESES FORSCHUNGSPAPIER UND WIE ICH DAZU KAM

Ein Forschungspapier zog das andere nach sich, was mich letztlich zu diesem veranlasste. Genauer gesagt:

- **Das Studium von Geld- und Kreditzyklen im historischen Vergleich machte mir die langfristigen Kredit- und Kapitalmarktzyklen bewusst, die in aller Regel etwa 50 bis 100 Jahre andauern. Aus dieser Perspektive konnte ich die aktuellen Geschehnisse in einem ganz anderen Licht betrachten.** So gingen die Zinsen beispielsweise infolge der Finanzkrise von 2008 gegen null, die Zentralbanken druckten Geld und kauften finanzielle Vermögenswerte. Ich hatte analysiert, was in den 1930er-Jahren passiert war. Daher wusste ich, wie und warum Zentralbankmaßnahmen durch massive Erhöhung von Geldmenge und auch Krediten und Schulden die Preise finanzieller Vermögenswerte vor 90 Jahre Jahren in die Höhe getrieben hatten, wodurch sich das Wohlstandsgefälle vergrößerte, was zu einer Ära des Populismus und der Konflikte führte. In der Zeit nach 2008 waren dieselben Kräfte am Werk.
- 2014 wollte ich die Wirtschaftswachstumsraten für verschiedene Länder prognostizieren, weil sie für unsere Anlageentscheidungen bedeutsam waren. Mit demselben Ansatz zur Analyse vieler Fallbeispiele ermittelte ich Wachstumstreiber und zeitlose, universelle Indikatoren, um die Wachstumsraten von Ländern über Zehnjahreszeiträume vorherzusagen. Dieser Prozess machte mir begreiflich, warum es manchen Ländern gut ging und anderen nicht. Die betreffenden Indikatoren fasste ich zu Gradmessern und Gleichungen zusammen, die wir heranzogen (und immer noch heranziehen), um Schätzwerte für das Wachstum der 20 größten Volkswirtschaften über zehn Jahre zu ermitteln. Mir wurde klar: Dieses Forschungspapier war nicht nur für uns

nützlich, sondern konnte auch Wirtschaftspolitikern weiterhelfen. Wenn sie diese zeitlosen, universellen Ursache-Wirkungs-Beziehungen kannten, würden sie wissen: Veränderten sie Faktor X, hätte das in Zukunft den Effekt Y. Außerdem fiel mir auf, wie sich diese Frühindikatoren (wie Bildungsqualität und Verschuldungsniveau) für die kommenden zehn Jahre für die USA im Vergleich zu großen Schwellenländern wie China und Indien verschlechterten. Das betreffende Forschungspapier trug den Titel »Productivity and Structural Reform: Why Countries Succeed and Fail, and What Should Be Done So Failing Countries Succeed«.[5] (Dieses und jedes weitere hier angesprochene Forschungspapier kann kostenlos in englischer Sprache auf www.economicprinciples.org eingesehen werden.)

- Kurz nach Trumps Wahlsieg 2016, als der zunehmende Populismus in den Industrieländern offensichtlicher wurde, initiierte ich ein Forschungspapier mit dem Titel »Populism: The Phenomenon«.[6] Dieses machte mir deutlich, wie Diskrepanzen bei Wohlstand und Werten in den 1930er-Jahren zu tiefgreifenden sozialen und politischen Konflikten geführt hatten, die den heutigen sehr ähnlich sind. Es führte mir auch vor Augen, wie und warum Populisten im linken und rechten Lager nationalistischer, militaristischer, protektionistischer und konfrontativer werden – und wohin solche Ansätze geführt haben. Ich erkannte, wie stark der Konflikt zwischen der wirtschaftlichen und politischen Linken und der Rechten werden und wie heftig er sich auf Volkswirtschaften, Märkte, Wohlstand und Macht auswirken konnte. Dadurch konnte ich besser verstehen, was damals passierte und noch passiert.

---

5 Anm. d. Ü.: »Produktivität und Strukturreform: Warum Länder erfolgreich sind oder scheitern, und was zu tun ist, damit scheiternde Länder erfolgreich werden«

6 Anm. d. Ü.: »Das Phänomen Populismus«

- Aus der Arbeit an diesen Forschungspapieren und der Beobachtung zahlreicher Vorgänge in meinem Umfeld erkannte ich, dass die wirtschaftliche Situation der Menschen sehr unterschiedlich war, was die auf Durchschnittswerten beruhenden wirtschaftlichen Kennzahlen allein verschleierten. Also teilte ich die Wirtschaft in Quintile ein, betrachtete die nach Einkommen obersten 20 Prozent, die nächsten 20 Prozent und so weiter bis hin zu den untersten 20 Prozent, und untersuchte die Lage dieser Bevölkerungsgruppen gesondert. Daraus ergaben sich zwei Forschungspapiere. Aus »Our Biggest Economic, Social, and Political Issue: The Two Economies – The Top 40 % and the Bottom 60 %«[7] erkannte ich, wie drastisch sich die Situation von »Reichen« und »Armen« unterschied. Dadurch konnte ich besser nachvollziehen, woher die zunehmende Polarität und der Populismus kamen, die ich aufkommen sah. Diese Ergebnisse ebenso wie die engen Kontakte, die meine Frau und ich durch ihre philanthropische Arbeit zur Realität des Wohlstands- und Chancengefälles in den Kommunen Connecticuts und ihren Schulen hatten, führten zu Recherchen, aus denen das Forschungspapier mit dem Titel »Why and How Capitalism Needs to Be Reformend«[8] entsprang.
- Gleichzeitig bemerkte ich durch meine langjährige internationale Tätigkeit in anderen Ländern und meine diesbezüglichen Analysen, dass sich vor allem in China gewaltige globale wirtschaftliche und geopolitische Veränderungen vollzogen. **Ich bin seit 37 Jahren immer wieder in China und glücklicherweise mit der Denkweise seiner führenden Wirtschaftspolitiker und vieler anderer aus unterschiedlichen Bereichen inzwischen sehr vertraut. Durch diesen direkten Kontakt ist mir unmittelbar**

7 Anm. d. Ü.: »Unser größtes wirtschaftliches, gesellschaftliches und politisches Problem: Die Spaltung der Wirtschaft in die oberen 40 und die unteren 60 Prozent«

8 Anm. d. Ü.: »Warum und wie der Kapitalismus reformiert werden muss«

bewusst, was sie zu den Maßnahmen bewog, die erstaunliche Fortschritte bewirkt haben. So viel steht fest: Diese Menschen haben dafür gesorgt, dass China den USA in der Produktion, im Handel, in der Technologie, in der Geopolitik und auf den Kapitalmärkten der Welt inzwischen ernstzunehmend Konkurrenz macht. Wie das zustande gekommen ist, muss daher unvoreingenommen untersucht und geklärt werden.

Mein jüngstes Forschungspapier, auf das sich dieses Buch stützt, ist dem Umstand zu verdanken, dass ich mehr über drei maßgebliche Kräfte wissen wollte, die ich noch nicht erlebt hatte, und über die Fragen, die sie aufwerfen:

1. **Der langfristige Kredit- und Kapitalmarktzyklus: Solange wir leben, waren die Zinsen für so viele Schuldtitel noch nie so niedrig oder gar negativ gewesen wie jetzt (also zum Zeitpunkt der Abfassung dieser Zeilen). Der Wert des Geldes und der Schuldinstrumente wird durch ihre Angebots-Nachfrage-Situation infrage gestellt. 2021 waren Schuldtitel im Volumen von über 16 Billionen US-Dollar negativ verzinst und zur Defizitfinanzierung werden in Kürze weitere neue Anleihen in ungewöhnlicher Menge aufgelegt werden.** Zeitgleich zeichnen sich am Horizont bereits enorme Verpflichtungen im Zusammenhang mit Renten und medizinischer Versorgung ab. Daraus ergaben sich für mich ein paar interessante Fragen – unter anderem natürlich, warum jemand Anleihen nachfragen sollte, die mit einem Negativzins beaufschlagt waren, und wie viel tiefer die Zinsen noch gedrückt werden konnten. Ebenso interessierte mich, was mit Volkswirtschaften und Märkten geschehen würde, wenn die Zinsen nicht weiter gesenkt werden könnten, und welche Anreize die Zentralbanken dann noch geben könnten, wenn der unvermeidliche nächste Abschwung einsetzte. Würden die

Zentralbanken in diesem Fall noch viel mehr Geld drucken und es dadurch entwerten? Was würde passieren, wenn die Währung, auf die die Schuldtitel lauten, abwertet, während die Zinsen so niedrig sind? Diese Überlegungen führten mich schließlich zu der Frage, was die Zentralbanken unternehmen würden, wenn die Anleger auf die maßgeblichen Reservewährungen der Welt (also US-Dollar, Euro und Yen) lautende Anleihen verschmähten, wie es zu erwarten wäre, wenn das Geld, mit dem sie ausgezahlt werden, sowohl im Wert fällt als auch dermaßen niedrige Zinsen abwirft.
Eine Reservewährung ist eine Währung, die weltweit für Transaktionen und Ersparnisse akzeptiert wird. Das Land, dem es gelingt, die primäre Weltwährung zu drucken (heute die USA, doch wie wir sehen werden, war das in der Geschichte nicht immer so), hat eine gewaltige Machtstellung, und Schulden, die auf die globale Reservewährung lauten (also derzeit auf US-Dollar lautende Schuldtitel), bilden die absolute Grundlage der globalen Kapitalmärkte und der Volkswirtschaften weltweit. Ebenso trifft aber zu, dass sämtliche bisherigen Reservewährungen irgendwann keine mehr waren, was für die Länder, die diese besondere Machtstellung innehatten, oft traumatisch endete. Mich beschlich daher der Gedanke, ob, wann und warum der US-Dollar nicht mehr die Leitreservewährung der Welt sein würde, welche Währung an seine Stelle treten könnte und wie das die Welt, wie wir sie kennen, verändern würde.

2. **Der innenpolitische Zyklus von Ordnung und Chaos: Die Unterschiede bei Wohlstand, Werten und politischen Einstellungen sind heute größer, als ich es je erlebt habe.** Die Analyse der 1930er-Jahre und anderer früherer Zeiten, in denen ebenfalls eine starke Polarisierung vorlag, verriet mir, dass es enorm große Auswirkungen auf Volkswirtschaften und Märkte

hat, welche Seite am Ende die Oberhand behält (die linke oder die rechte). Deshalb kam ich nicht umhin, mich zu fragen, wohin die heutigen Diskrepanzen führen werden. Meine Beschäftigung mit der Geschichte hat mich gelehrt: ● ***Kommt es zu einem Konjunkturabschwung, wenn das Wohlstands- und Wertgefälle groß ist, dann ist der Streit darüber, wie der Kuchen aufgeteilt werden soll, vermutlich groß.*** Wie werden Menschen und Politik miteinander umgehen, wenn der nächste Konjunktureinbruch kommt? Das stimmte mich umso nachdenklicher, als die Möglichkeiten der Zentralbanken begrenzt sind, die Zinsen ausreichend zu senken, um die Konjunktur anzukurbeln. Doch nicht nur diese klassischen Instrumente sind unwirksam. Wird Geld gedruckt und werden finanzielle Vermögenswerte aufgekauft (was heute unter der Bezeichnung »quantitative Lockerung« läuft), so vergrößert sich das Wohlstandsgefälle, weil die Nachfrage nach solchen Vermögenswerten die Preise in die Höhe treibt. Das kommt den Wohlhabenden zugute, die mehr davon besitzen als die Armen. Wie würde sich das in Zukunft auswirken?

3. **Der außenpolitische Zyklus von Ordnung und Chaos: Zum ersten Mal in meinem Leben erwächst den Vereinigten Staaten echte Konkurrenz um die Macht. (Die Sowjetunion war lediglich ein militärischer, aber nie ein ernstzunehmender wirtschaftlicher Rivale.) China hat sich für die Vereinigten Staaten in fast jeder Hinsicht zur rivalisierenden Macht entwickelt und erstarkt in fast jeder Hinsicht schneller.** Setzt sich dieser Trend fort, wird China unter den wichtigsten Gesichtspunkten für die Dominanz eines Imperiums stärker werden als die Vereinigten Staaten. Zumindest aber wird es ein ebenbürtiger Wettbewerber. Ich kenne beide Länder mein Leben lang gut und nehme jetzt wahr, wie sich der Konflikt rasch verschärft – vor allem auf Gebieten wie Handel, Technologie, Geopolitik, Kapital und wirtschaftliche/politische/gesellschaftliche Ideologie. Da

> drängt sich mir unwillkürlich die Frage auf, wie diese Konflikte und die daraus resultierenden Veränderungen der Weltordnung in den kommenden Jahren aussehen werden und wie sich das auf uns alle auswirken wird.

Um diese Faktoren und die potenzielle Bedeutung ihres Zusammentreffens aus der richtigen Perspektive zu betrachten, untersuchte ich den Aufstieg und Fall aller großen Weltreiche und ihrer Währungen über die vergangenen 500 Jahre und konzentrierte mich dabei vor allem auf die drei größten: das US-amerikanische Imperium und den US-Dollar, die heute die größte Rolle spielen, das britische Empire und das britische Pfund, die zuvor die größte Bedeutung hatten, und das niederländische Weltreich und den niederländischen Gulden, die vorausgegangen waren. Nicht ganz so intensiv befasste ich mich darüber hinaus mit den übrigen sechs bedeutenden, wenn auch finanziell weniger dominanten Imperien Deutschland, Frankreich, Russland, Japan, China und Indien. Dabei lag mein Augenmerk vor allem auf China, dessen Geschichte ich bis ins Jahr 600 zurückverfolgte, weil 1) China in der Vergangenheit besonders bedeutend war, 2) heute so bedeutend ist und in Zukunft vermutlich noch bedeutender sein wird und 3) sich dort viele Möglichkeiten bieten, den Aufstieg und Niedergang von Dynastien zu beleuchten, wodurch ich die zugrunde liegenden Muster und Kräfte besser erkennen konnte. Diese Fallbeispiele lieferten ein klareres Bild davon, welche wesentlichen Einflüsse andere Faktoren ausübten, allen voran Technologie und Naturereignisse.

Die Analyse all dieser Fallbeispiele zu sämtlichen Imperien im Zeitverlauf verriet mir, dass die großen Weltreiche in aller Regel rund 250 Jahre Bestand hatten, plus/minus 150 Jahre. Die großen Wirtschafts-, Kredit- und Politikzyklen innerhalb dieser Epochen währten rund 50 bis 100 Jahre. Ein genauerer Blick darauf, wie sich Aufstieg und Niedergang im Einzelfall entwickelten, ließ mich in der Gesamtschau archetypische Abläufe erkennen. Auf dieser Grundlage konnte ich untersuchen, wie und warum sie sich unterschiedlich verhielten. Daraus lernte ich eine ganze Menge. Nun stehe ich vor der Herausforderung, Ihnen das Gelernte zu vermitteln.

Damit man diese Zyklen nicht übersieht, muss man die Vorgänge aus einer gewissen Distanz betrachten. Man darf auch nicht auf Durchschnittswerte achten, sondern muss Einzelfälle berücksichtigen. Vorherrschendes Thema sind fast immer aktuelle Entwicklungen. Von den großen Zyklen spricht kaum einer, obwohl sie die eigentlichen Treiber der jeweiligen Geschehnisse sind. Betrachtet man das Gesamtbild beziehungsweise den Durchschnitt, so geht oft unter, dass im Einzelfall weit größere Aufstiege und Niedergänge vorlagen. Wer beispielsweise auf einen Aktienmarktindex (wie den S&P 500) schaut, nicht auf einzelne Unternehmen, dem entgeht ein maßgeblicher Sachverhalt: dass nämlich die einzelnen Fälle, aus denen sich der Durchschnitt zusammensetzt, fast immer eine Phase der Geburt, eine Phase des Wachstums und eine Phase des Todes aufweisen. Wer das erlebt, macht zunächst einen spektakulären Höhenflug mit, gefolgt von einem katastrophalen Absturz in den Ruin – es sei denn, er diversifiziert sein Engagement und gewichtet seine Einsätze neu (wie es S&P bei der Erstellung des Index tut) oder er ist in der Lage, vor allen anderen die Anstiegs- von den Abstiegsphasen zu unterscheiden, um entsprechend zu reagieren. Und damit meine ich beileibe nicht nur, dass man die eigene Position auf den Märkten verändert. Mit Blick auf den Aufstieg und Niedergang eines Imperiums schließt das für mich praktisch alles ein – bis hin zur Verlegung des eigenen Wohnsitzes.

Das bringt mich zum nächsten Punkt: ● ***Wer das Gesamtbild sehen will, darf sich nicht auf die Details fokussieren.*** Ich will zwar versuchen, dieses große, umfassende Bild authentisch darzustellen, doch millimetergenau wird mir das nicht gelingen. Und wenn Sie es erkennen und begreifen wollen, dürfen Sie ebenfalls nicht zu sehr ins Detail gehen. Der Grund dafür: Wir haben es mit Mega-Makrozyklen und Entwicklungen über extrem lange Zeiträume zu tun. Um diese wahrzunehmen, müssen wir uns von der kleinteiligen Betrachtung lösen. Handelt es sich allerdings um wesentliche Details, und das ist oft der Fall, müssen wir genauer fokussieren – vom großen unscharfen auf ein detailliertes Bild.

Betrachten Sie aus dieser Mega-Makroperspektive, was sich in früheren Zeiten ereignet hat, so wird das Ihre Weltsicht radikal verändern. Weil der Betrachtungszeitraum so lang ist, lassen sich viele der grundlegendsten Faktoren, die für uns so selbstverständlich sind (und viele der Begriffe, die wir verwenden, um sie zu beschreiben) nicht auf den gesamten Zeitraum übertragen. Aus diesem Grund werde ich mitunter unpräzise formulieren, um das Gesamtbild zu vermitteln, ohne mich mit nur scheinbar maßgeblichen Entwicklungen zu verzetteln, die in Relation zum Gegenstand unserer Betrachtung jedoch lediglich unwesentliche Details sind.

So fand ich es beispielsweise schwierig zu entscheiden, wie ich zwischen Ländern, Königreichen, Nationen, Staaten, Stämmen, Weltreichen und Dynastien differenzieren sollte. Heute sprechen wir überwiegend von Ländern. Doch Länder, wie wir sie kennen, gibt es erst seit dem 17. Jahrhundert – also in der Zeit nach dem Dreißigjährigen Krieg in Europa. Mit anderen Worten: Davor gab es noch keine Länder. Grob gesprochen gab es stattdessen Staaten und Königreiche, doch auch das traf nicht immer zu. Ein paar Königreiche gibt es bis heute. Diese sind leicht mit Ländern zu verwechseln und erfüllen manchmal die Kriterien für beide Bezeichnungen. Generell, aber nicht in jedem Fall, sind Königreiche klein, Länder größer und Imperien am größten (weil sie über das Königreich oder das Land hinausgehen). Die bestehenden Wechselbeziehungen sind oftmals unklar. Das britische Empire war in erster Linie ein Königreich, das sich allmählich zu einem Land und dann zu einem Weltreich entwickelte, welches weit über die Grenzen Englands hinausreichte. Seine Regenten herrschten über riesige Gebiete und viele Menschen, die keine Engländer waren.

Außerdem gilt, dass jede solche Gattung gesondert kontrollierter Gebilde – Staaten, Länder, Königreiche, Stämme, Imperien und so weiter – ihre Bevölkerung unterschiedlich regiert, was die Sachlage für all jene, denen an Präzision gelegen ist, zusätzlich kompliziert. So umfassen Imperien beispielsweise manchmal Gebiete, die von einer dominanten Macht besetzt sind, in anderen Fällen aber Regionen, die durch Drohungen und Belohnungen von einer dominanten Macht beeinflusst werden. Das britische Empire besetzte die Länder gewöhnlich, die zum Reich gehörten, während die Amerikaner ihr Imperium eher durch Zuckerbrot und Peitsche kontrollierten – was allerdings auch nicht hundertprozentig den Tatsachen entspricht, denn zum jetzigen Zeitpunkt unterhalten die USA Militärstützpunkte in mindestens 70 Ländern. Dass ein US-amerikanisches Imperium existiert, ist unbestritten. Längst nicht so klar ist allerdings, was dazugehört. Wie dem auch sei, Sie verstehen sicher, worauf ich hinauswill: Der Anspruch auf Exaktheit kann der Vermittlung der maßgeblichsten, wichtigsten Erkenntnisse im Wege stehen. Sie werden sich daher mit meinen ungenauen Pauschalisierungen abfinden müssen. Sie werden aber sicher verstehen, warum ich für diese Gebilde im Folgenden die unpräzise Bezeichnung »Länder« verwende, obwohl sie streng genommen nicht in jedem Fall zutrifft.

Diesbezüglich wird mancher argumentieren, dass ich verschiedene Länder mit unterschiedlichen Systemen aus anderen Zeiten unmöglich vergleichen kann. Ich kann diesen Standpunkt zwar nachvollziehen, möchte Ihnen aber versichern, dass ich mir größte Mühe geben werde, eventuelle größere Unterschiede zu berücksichtigen, und dass die zeitlosen, universellen Parallelen weitaus größer sind als die Unterschiede. Es wäre tragisch, wenn wir uns von diesen Unterschieden den Blick auf die Ähnlichkeiten verstellen lassen würden, die uns die nötigen Lehren aus der Geschichte offenbaren.

BEDENKEN SIE STETS: ICH WEISS VIEL WENIGER, ALS ICH NICHT WEISS

Bei dieser Fragestellung kam ich mir von Anfang an vor wie eine Ameise, die versucht, das Universum zu begreifen. Ich hatte viel mehr Fragen als Antworten, und ich wusste, dass ich dabei viele Fächer berührte, die andere ihr Leben lang studiert haben. Zu meinen Privilegien gehört, dass ich mit den führenden Gelehrten der Welt sprechen kann, die die Geschichte gründlich studiert haben, und auch mit den Menschen, die in der Position sind oder waren, Geschichte zu schreiben. Das eröffnete mir Möglichkeiten zur Triangulation, wie sie kaum jemandem zur Verfügung stehen. Zwar verfügte jeder der Experten über fundierte Einschätzungen zu einzelnen Puzzleteilchen, doch keiner über das ganzheitliche Verständnis, das ich brauchte, um alle meine Fragen angemessen zu beantworten. Indem ich mit all diesen Leuten sprach und meine Erkenntnisse mit meinen eigenen Recherchen in die Triangulation einfließen ließ, konnte ich das Bild zusammenfügen.

Eine unschätzbare Hilfe bei diesen Recherchen waren die Menschen und Instrumente von Bridgewater. Weil die Welt so komplex ist, sind Hunderte Menschen und gewaltige Rechenleistung erforderlich, um das ehrgeizige Spiel zu spielen, aus der Vergangenheit schlau zu werden, aktuelle Entwicklungen zu verarbeiten und auf der Grundlage dieser Informationen auf künftige Entwicklungen zu setzen. So führen wir unseren logischen Regelwerken beispielsweise aktiv etwa 100 Millionen Datenreihen zu. Diese Informationen verarbeiten sie und übersetzen sie systematisch in Transaktionen auf jedem Markt in jedem größeren Land weltweit, in dem wir handeln können. Ich halte unsere Fähigkeit, Informationen über alle maßgeblichen Länder und Märkte ausfindig zu machen und zu verarbeiten, für absolut beispiellos. Durch diese maschinelle Unterstützung konnte ich sehen und zu verstehen versuchen, wie die Welt funktioniert, in der ich lebe – und darauf stützte ich mich auch bei diesem Forschungsprojekt.

Trotzdem kann ich nie ganz sicher sein, dass ich richtigliege.

Ich habe zwar eine Menge gelernt, das ich nutzbringend einsetzen werde, doch mir ist sehr wohl bewusst: Was ich weiß, ist lediglich ein winziger Teil dessen, was ich wissen muss, um von einer Zukunftsvision wirklich überzeugt zu sein. Aus Erfahrung ist mir außerdem klar: Wenn ich abwarte, bis ich so viel weiß, dass mich mein Wissen zufriedenstellt, bevor ich handele oder anderen meine Erkenntnisse mitteile, werde ich nie nutzen oder weitervermitteln können, was ich gelernt habe. Sie sollten daher bitte eines bedenken: Dieses Forschungspapier liefert zwar die übergreifende Top-down-Perspektive, die ich aus meinen Erkenntnissen gewonnen habe, und ebenso meine nicht sehr überzeugte Vision von der Zukunft, doch Sie sollten meine Schlussfolgerungen eher als Theorien denn als Tatsachen auffassen. Sie dürfen nicht vergessen, dass ich trotz allem so häufig danebenlag, dass ich mich gar nicht mehr an jedes einzelne Mal erinnern kann. Aus diesem Grund lege ich bei der Platzierung meiner Wetten auf Diversifizierung mehr Wert als auf alles andere. Ich kann mich daher nur nach Kräften bemühen, Ihnen meine Überlegungen offen darzulegen. Das sollten Sie wissen.

Sie fragen sich vielleicht, warum ich dieses Buch geschrieben habe. Früher hätte ich mich über meine Erkenntnisse ausgeschwiegen. Inzwischen habe ich aber eine Lebensphase erreicht, in der mir wichtiger ist, weiterzugeben, was ich gelernt habe, statt im Stillen mehr zu erreichen – in der Hoffnung, dass es anderen von Nutzen sein kann. Dabei geht es mir vor allem darum, Ihnen mein Modell dafür zu vermitteln, wie die Welt funktioniert, Ihnen eine zusammenhängende, verständliche Geschichte der letzten 500 Jahre zu erzählen, die aufzeigt, wie und warum sich darin Parallelen zu aktuellen Entwicklungen in der Geschichte wiederfinden, und Ihnen und anderen zu helfen, bessere Entscheidungen zu treffen, damit wir in Zukunft alle davon profitieren können.

WIE DIESES FORSCHUNGSPAPIER AUFGEBAUT IST

Wie bei all meinen Forschungspapieren werde ich versuchen, meine Erkenntnisse einerseits gekürzt und vereinfacht zu vermitteln (etwa durch die Videos, die Sie online finden), aber auch in epischer Breite

(wie in diesem Buch) oder sogar noch ausführlicher für all jene, die sich für zusätzliche grafische Darstellungen und historische Beispiele interessieren (diese sind – wie alles andere, was nicht im Buch abgedruckt ist – auf www.economicprinciples.org zu finden). Damit die wichtigsten Konzepte verständlich bleiben, ist dieses Buch alltagssprachlich geschrieben und macht im Zweifel lieber Abstriche bei der Genauigkeit als bei der Verständlichkeit. Daher sind manche meiner Formulierungen im Großen und Ganzen zwar zutreffend, aber nicht immer hundertprozentig präzise.

Im ersten Teil fasse ich all meine Erkenntnisse in einem vereinfachten Archetyp des Aufstiegs und Falls von Imperien zusammen und stütze mich dabei auf meine sämtlichen Einzelfallanalysen. Sozusagen als Destillat meiner Feststellungen erstelle ich zunächst einen Index der gesamten Macht von Imperien, der einen Überblick liefert über die Höhen und Tiefen der verschiedenen Mächte und sich aus acht Indizes für die verschiedenen Arten von Macht zusammensetzt. Im Anschluss gehe ich stärker ins Detail, und zwar anhand einer Liste von 18 Determinanten, die meines Erachtens die maßgeblichen Kräfte hinter dem Aufstieg und Fall von Imperien sind. Anschließend gehe ich näher auf die bereits angesprochenen drei großen Zyklen ein. **Im zweiten Teil gebe ich genauere Einblicke in die Einzelfälle. Sie erfahren mehr über die Geschichte der großen Reservewährungsreiche der letzten 500 Jahre, unter anderem aus einem Kapitel über die aktuellen Konflikte zwischen den USA und China. Im dritten und letzten Teil schließlich erörtere ich, was das alles für die Zukunft bedeutet.**

TEIL I

WIE DIE WELT FUNKTIONIERT

KAPITEL 1

DER GROSSE ZYKLUS IM ZEITRAFFER

Wie in der Einleitung bereits angesprochen, verändert sich die Weltordnung derzeit rasant – und zwar in so verschiedener maßgeblicher Hinsicht, wie es zu unseren Lebzeiten noch nie der Fall war, aber schon viele Male zuvor. Diese Fallbeispiele und die Mechanismen, die ihnen zugrunde lagen, möchte ich Ihnen nahebringen. Aus diesem Blickwinkel heraus will ich dann versuchen, Ihnen eine Vorstellung von der Zukunft zu vermitteln.

Es folgt die Quintessenz einer Beschreibung der Kräfte, die mir über die letzten 500 Jahre aufgefallen sind bei der Analyse des Aufstiegs und Niedergangs der letzten drei Reservewährungsreiche (dem niederländischen, dem britischen und dem amerikanischen) sowie sechs weiterer maßgeblicher Reiche (Deutschland, Frankreich, Russland, Indien, Japan und China) und auch der großen chinesischen Dynastien bis hin zur Tang-Dynastie etwa um das Jahr 600. Dieses Kapitel soll schlicht einen Archetyp liefern, der bei der Betrachtung aller Zyklen herangezogen werden kann – allen voran des Zyklus, in dem wir uns heute befinden.

Beim Studium dieser Präzedenzfälle stachen mir klar erkennbare Muster ins Auge, die sich aus logischen Gründen ergaben, welche ich hier kurz zusammenfassen und in den folgenden Kapiteln noch ausführlicher beleuchten möchte. Im Fokus dieses Kapitels und des ganzen Buches stehen zwar die Kräfte, die sich auf die großen zyklischen Auf- und Abschwünge von Wohlstand und Macht auswirken, doch ich erkannte auch durch Welleneffekte ausgelöste Muster in sämtlichen Lebensbereichen wie Kultur und Kunst, gesellschaftliche Normen und anderen, auf dich ich später noch eingehen werde. Anhand dieses einfachen Archetyps und der im zweiten Teil beschriebenen Einzelfälle können wir erkennen, wie sich diese Fallbeispiele im Archetyp wiederfinden (der im Grunde nichts anderes ist als ihr Durchschnitt) und wie gut der Archetyp die Einzelfälle beschreibt. Auf diese Weise, so hoffe ich, können wir die aktuellen Entwicklungen besser verstehen.

Ich betrachte es als meine Mission, herauszufinden, wie die Welt funktioniert, und zeitlose, universelle Grundsätze abzuleiten, um mich möglichst gut darin zurechtzufinden. Mir ist das Leidenschaft und Notwendigkeit zugleich. Ursprünglich waren es die bereits beschriebene Neugier und Sorge, die mich zu diesem Forschungspapier veranlassten, doch während ich daran arbeitete, gewann ich weit mehr Einblick in das wirklich große Bild davon, wie die Welt funktioniert, als ich je erwartet hätte. Diese Erkenntnisse möchte ich gern mit Ihnen teilen. Mir wurde dadurch viel klarer, wie Völker und Länder über lange Epochen erblühen und scheitern. Das Forschungspapier offenbarte mir ungeahnte gewaltige Zyklen, die sich hinter dem Auf und Ab verbergen. Vor allem aber half es mir, unsere aktuelle Situation richtig einzuschätzen.

Durch meine Analysen **erfuhr ich beispielsweise, was im Zeitverlauf den größten Effekt auf die meisten Menschen in den meisten Ländern hatte: nämlich der Aufbau, die Übernahme und die Verteilung von Wohlstand und Macht – wenngleich auch um andere Fragen gerungen wurde, insbesondere um Ideologie und Religion.**

Diese Kämpfe vollzogen sich auf zeitlose, universelle Weise, hatten enorme Auswirkungen auf alle Aspekte menschlichen Lebens und entfalteten sich in Zyklen wie Ebbe und Flut.

Ebenso erkannte ich, dass seit jeher und in allen Ländern diejenigen Menschen Wohlstand besitzen, denen die Mittel gehören, ihn hervorzubringen. Um ihren Wohlstand zu wahren oder zu vergrößern, arbeiten sie mit denjenigen zusammen, die über die politische Macht verfügen, um Regeln zu erlassen und durchzusetzen, und stehen in einer symbiotischen Beziehung zu ihnen. Wie mir klar wurde, hatte sich dies in allen Ländern und zu allen Zeiten ganz ähnlich abgespielt. Die genauen Abläufe entwickeln sich ständig weiter – heute und auch in Zukunft –, doch die wichtigsten Kräfte sind mehr oder minder nach wie vor dieselben. Die Klassen der Reichen und Mächtigen haben sich mit der Zeit verschoben, etwa von Monarchen und Adligen, denen Grund und Boden gehörten, als Ackerland noch die wichtigste Wohlstandsquelle war, zu Kapitalisten und den gewählten oder autokratischen politischen Amtsträgern unserer Zeit, in der der Kapitalismus Kapitalvermögen hervorbringt und Wohlstand und politische Macht meist nicht mehr in der Familie weitergegeben werden. Doch wie sie kooperieren und konkurrieren, ist im Großen und Ganzen gleich geblieben.

Ich erkannte, wie diese Dynamik mit der Zeit dazu führte, dass ein sehr kleiner Prozentsatz der Bevölkerung einen außergewöhnlich großen Anteil am gesamten Wohlstand und an der Macht auf sich vereinte. Irgendwann überspannte diese Gruppe dann den Bogen, und es traten schlechte Zeiten ein, die denjenigen am stärksten zusetzten, die über den geringsten Reichtum und Einfluss verfügten. Das führte zu Konflikten, die Revolutionen und/oder Bürgerkriege zur Folge hatten. Waren diese Unruhen vorüber, entstand eine neue Weltordnung, und der Zyklus begann von vorne.

In diesem Kapitel werde ich Ihnen mehr über diese Synthese des großen Gesamtbilds verraten – und auch das eine oder andere

der damit verbundenen Details. Was Sie hier lesen, sind zwar meine persönlichen Einschätzungen, doch Sie sollten wissen, dass neben den in dieses Buch eingeflossenen Überlegungen auch die Ansichten anderer Fachleute bei der Triangulation eingehend berücksichtigt wurden. Vor rund zwei Jahren, als ich das Bedürfnis verspürte, Antworten auf die in der Einleitung gestellten Fragen zu finden, beschloss ich mich mit meinem Research-Team in Untersuchungen zu vertiefen, durch Archive zu wühlen, mit den führenden Theoretikern und Praktikern der Welt zu sprechen, die über fundiertes Wissen über die einzelnen Puzzleteilchen verfügten, einschlägige Bücher erkenntnisreicher Autoren zu lesen und über meine bisherigen Analysen und über die Erfahrungen zu sinnieren, die ich aus fast 50 Jahren globaler Investmenttätigkeit gewonnen hatte.

Für mich ist das ein ebenso kühnes wie ehrfurchterregendes und ein ebenso notwendiges wie faszinierendes Unterfangen. Deshalb quält mich ständig die Angst, dass mir etwas Wichtiges entgehen oder ich einem Irrtum erliegen könnte. Aus diesem Grund fange ich immer wieder von vorne an: Ich recherchiere, schreibe, lege die Ergebnisse den weltbesten Fachleuten aus Theorie und Praxis vor, um ihre Belastbarkeit zu prüfen, ergründe, ob sie sich womöglich optimieren lassen, schreibe im Anschluss erneut alles zusammen, lasse es auf Herz und Nieren prüfen und so weiter – so lange, bis das Ergebnis nicht mehr besser wird. Das vorliegende Forschungspapier ist das Produkt dieses Prozesses. Ich kann zwar nicht hundertprozentig sicher sein, dass ich die Formel dafür, was die größten Reiche der Welt und ihre Märkte steigen und fallen ließ, exakt aufgestellt habe, bin aber recht überzeugt, dass sie zumindest einigermaßen zutrifft. Ich weiß auch: Was ich erfahren habe, bildet für mich eine wesentliche Grundlage dafür, die aktuellen Entwicklungen aus dem richtigen Blickwinkel zu betrachten, und es gibt mir eine Vorstellung davon, wie ich mit maßgeblichen Ereignissen umgehen kann, die in meinem Leben noch nie vorkamen, doch in der Geschichte immer wieder.

DEN GROSSEN ZYKLUS ERKENNEN

Aus den in diesem Buch geschilderten Gründen glaube ich, dass wir derzeit eine archetypische gewaltige Veränderung des relativen Wohlstands- und Machtgefüges und der Weltordnung erleben, die sich auf alle Länder grundlegend auswirken wird. Diese große Wohlstands- und Machtverschiebung ist nicht offensichtlich, weil die meisten Menschen eben keine historischen Muster im Kopf haben, die ihnen die nötigen Vergleiche ermöglichen. Deshalb will ich in diesem ersten Kapitel in aller Kürze beschreiben, wie ich die archetypischen Mechanismen sehe, die sich hinter dem Aufstieg und Fall von Weltreichen und der Funktion ihrer Märkte verbergen. Ich habe 18 maßgebliche Determinanten ermittelt, die bislang fast alle grundlegenden Auf- und Abschwünge der Zeitläufte erklären können, welche dem Aufstieg und Fall von Weltreichen zugrunde lagen. Wir werden uns gleich näher damit befassen. Die meisten laufen in klassischen Zyklen ab, die sich wechselseitig so verstärken, dass ein einziger großer Zyklus aus Auf- und Abwärtsphasen entsteht. Dieser archetypische große Zyklus steuert den Aufstieg und Fall von Weltreichen und beeinflusst alles, was damit zusammenhängt – auch ihre Währungen und Märkte (die mich besonders interessieren). **Die drei wichtigsten Zyklen sind die in der Einleitung angesprochenen: der langfristige Kredit- und Kapitalmarktzyklus sowie der innen- und der außenpolitische Zyklus von Ordnung und Chaos.**

Weil diese drei Zyklen gewöhnlich die größte Rolle spielen, wollen wir sie in späteren Kapiteln noch genauer betrachten. Anschließend werden wir sie auf die Geschichte und die heutige Zeit übertragen, damit Sie erkennen können, wie sie sich in der Realität exemplarisch darstellen.

Diese Zyklen lösen Pendelbewegungen zwischen den beiden Extremen aus – zwischen Frieden und Krieg, Hochkonjunktur und Rezession, der Machtergreifung der Linken und der Rechten, der Entstehung und Auflösung von Weltreichen und mehr. Diese Pendelbewegungen treten in der Regel auf, weil die Menschen bis zum Äußersten gehen und die Situation aus dem Gleichgewicht bringen. Das wiederum führt zu einem übertriebenen Ausschlag in die Gegenrichtung. **Die Ausschläge in die eine Richtung schaffen sozusagen die Voraussetzungen für die Ausschläge in die andere.**

Diese Zyklen haben sich im Wandel der Zeiten kaum verändert, mehr oder minder aus demselben Grund, aus dem die Grundlagen des menschlichen Lebenszyklus im Zeitverlauf im Großen und Ganzen unverändert geblieben sind: weil sich das Wesen der Menschen mit der Zeit wenig verändert. So sind Grundemotionen wie Angst, Gier, Eifersucht und dergleichen Konstanten mit großem Einfluss auf die Zyklen.

Es stimmt zwar, dass sich der Lebenszyklus zweier Menschen nie genau gleicht und dass sich der typische Lebenszyklus im Laufe der Jahrtausende verändert hat, doch der Archetyp des menschlichen Lebenszyklus – dass sich Eltern um ihre Kinder kümmern, bis sie auf eigenen Füßen stehen und dann selbst Kinder aufziehen und arbeiten, bis sie alt werden, in den Ruhestand gehen und sterben – bleibt im Grunde immer derselbe. Ähnlich verhält es sich mit dem großen Geld-/Kredit-/Kapitalmarktzyklus, in dem sich so viele Schulden und Schuldinstrumente (wie Anleihen) ansammeln, bis nicht mehr genügend hartes Geld für den Schuldendienst vorhanden ist. Dies führt regelmäßig dazu, dass die Menschen versuchen, ihre Schuldinstrumente abzustoßen, um andere Dinge zu kaufen, und feststellen, dass das nicht möglich ist, weil im Vergleich zur verfügbaren Geldmenge und zum Wert der zum Kauf zur Verfügung stehenden Dinge viel zu viele Schuldtitel in Umlauf sind. Kommt es dazu, sehen sich die Währungshüter veranlasst, mehr Geld zu drucken. Dieser Zyklus läuft mehr oder minder seit Jahrtausenden auf dieselbe Weise ab. Das Gleiche gilt für die Zyklen von innen- und außenpolitischer Ordnung und Chaos. Im Folgenden wollen wir ergründen, inwiefern die menschliche Natur und andere Kräfte diese Zyklen antreiben.

EVOLUTION, ZYKLEN UND DIE BEGLEITENDEN TURBULENZEN

Die Evolution ist die größte und einzige permanente Kraft im Universum. Dennoch ist sie nicht immer ohne Weiteres erkennbar. Wir sehen zwar, was existiert und passiert, doch die Evolution und die evolutionären Einflüsse, die dazu führen, sehen wir nicht. Schauen Sie sich ruhig um. Nehmen Sie irgendwo evolutionären Wandel wahr? Natürlich nicht. Dennoch wissen Sie, dass sich alles in Ihrem Blickfeld verändert, wenn aus Ihrer Sicht auch langsam. Und Sie wissen auch, dass es irgendwann nicht mehr existieren und etwas anderes seinen Platz einnehmen wird. Um diesen Wandel sichtbar zu machen, haben wir Methoden entwickelt, Dinge zu messen und zu beobachten, wie sich die Messwerte verändern. Sobald wir den Wandel wahrnehmen können, können wir untersuchen, warum es dazu kommt. Und das müssen wir auch, wenn wir zielführend über die anstehenden Veränderungen nachdenken wollen – und darüber, wie wir mit ihnen zurande kommen.

Die Evolution ist die Aufwärtsbewegung hin zu Verbesserungen, die durch Anpassung und Lernprozesse eintreten. Darum herum entwickeln sich Zyklen. In meinen Augen vollzieht sich praktisch alles in einem Aufwärtstrend der Verbesserungen, um den sich die Zyklen winden – wie ein nach oben zeigender Korkenzieher:

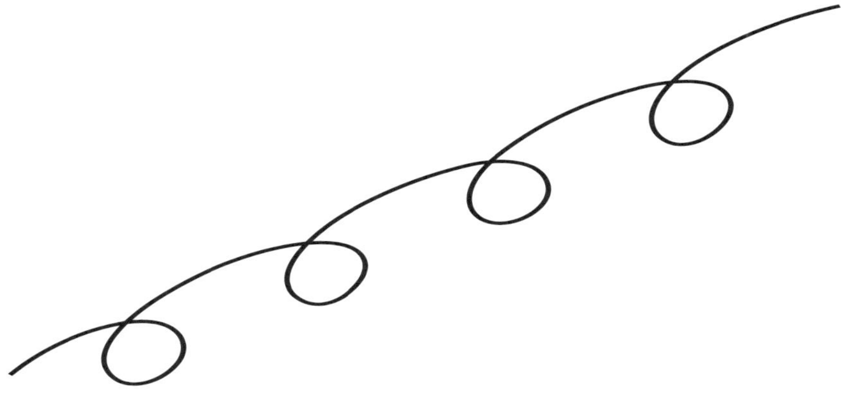

Die Evolution ist eine vergleichsweise gleichmäßige, stetige Verbesserung, weil mehr Wissen hinzugewonnen wird als verloren geht. Die Zyklen verlaufen dagegen auf- und abwärts und sorgen für Auswüchse in eine Richtung, die Trendwenden und Übertreibungen in die andere Richtung zur Folge haben – wie ein Pendel, das hin- und herschwingt. So erhöht sich beispielsweise mit der Zeit unser Lebensstandard, weil wir dazulernen, was zu höherer Produktivität führt. Dennoch gibt es in der Wirtschaft Auf- und Abschwünge, weil Schuldenzyklen existieren, die die Konjunktur im Umfeld dieses Aufwärtstrends anheizen und bremsen. Diese evolutionären und manchmal sogar revolutionären Veränderungen rund um den Trend laufen nicht immer reibungs- und schmerzlos ab. Bisweilen setzen sie ganz abrupt ein und sind schmerzhaft, weil Fehler begangen wurden. Doch dann kommt ein Lernprozess in Gang und resultiert in besserer Anpassung.

Im Zusammenspiel lösen Evolution und Zyklen korkenzieherartige Aufwärtsbewegungen aus, die wir überall wahrnehmen – bei Wohlstand, Politik, Biologie, Technologie, Soziologie, Philosophie und so weiter.

Die menschliche Produktivität ist die bedeutendste ursächliche Kraft dafür, dass der Wohlstand, die Macht und der Lebensstandard auf der Welt mit der Zeit zunehmen. Die Produktivität, also die Wirtschaftsleistung pro Kopf, die auf Lernprozessen, Konstruktivität und Erfindungsgeist beruht, hat sich im Zeitverlauf kontinuierlich gesteigert. Diese Steigerung verlief jedoch für verschiedene Menschen unterschiedlich schnell, allerdings stets aus denselben Gründen: weil die Qualität ihrer Bildung, ihr Erfindungsgeist, ihre Arbeitsmoral und ihre Wirtschaftssysteme Ideen in Wirtschaftsleistung verwandeln konnten. Politische Entscheidungsträger müssen diese Gründe unbedingt kennen, damit sie für ihre Länder möglichst viel erreichen können – und Investoren und Unternehmen ebenfalls, damit sie ermitteln können, welche Investitionen sich langfristig am meisten auszahlen.

Dieser ständig anziehende Trend ist das Produkt der Entwicklungsfähigkeit der Menschen, die die anderer Spezies übertrifft, weil uns unser Gehirn die einzigartige Fähigkeit verleiht, zu lernen und abstrakt zu denken. Dadurch konnten wir mit den von uns erfundenen Technologien und Methoden beispiellose Fortschritte erzielen. Diese Evolution hat zu fortlaufenden Entwicklungen geführt, die wiederum die Grundlage für die Veränderung der Weltordnung bilden. Technischer Fortschritt in der Kommunikation und im Transportwesen hat die Welt kleiner werden lassen, was den Charakter der Beziehungen von Menschen und Imperien tiefgreifend verändert hat. Solche evolutionären Verbesserungen erkennen wir praktisch überall – in Form einer höheren Lebenserwartung, besserer Produkte, überlegener Methoden et cetera. Selbst die Art und Weise, wie wir uns weiterentwickeln, hat sich insofern entwickelt, als wir bessere Möglichkeiten gefunden haben, kreativ und innovativ zu sein. Das ist schon seit Beginn der Geschichtsschreibung so. Infolgedessen zeigen grafische Darstellungen beliebiger Entwicklungen mehr Aufwärtstrends hin zu Verbesserungen als Ausschläge nach oben und unten.

Dies geht aus den folgenden Diagrammen zur geschätzten Wirtschaftsleistung (das heißt zum geschätzten realen BIP) pro Person und zur Lebenserwartung über die letzten 500 Jahre hervor. Dabei handelt es sich um die beiden anerkanntesten, wenngleich nicht vollkommenen Maßstäbe für menschliches Wohlergehen. Daraus können Sie ersehen, wie stark der Aufwärtstrend ihrer Entwicklung im Verhältnis zur Größe ihrer Schwankungsbewegungen ist.

Dass die Trends im Vergleich zu den Schwankungen so ausgeprägt sind, belegt die allem anderen überlegene Kraft des menschlichen Erfindungsgeistes. Aus dieser groß angelegten Top-down-Perspektive scheint sich die Wirtschaftsleistung pro Person stetig zu steigern – in den ersten Jahren sehr langsam und ab dem 19. Jahrhundert dann schneller, als die Kurve deutlich steiler wird, worin sich die rascheren Produktivitätssteigerungen niederschlagen. Diese Umstellung von langsameren auf schnellere Produktivitätszuwächse war in erster Linie den Verbesserungen beim allgemeinen Wissenserwerb und der Umsetzung des Gelernten in Produktivität zu verdanken. Das war auf eine Reihe von Faktoren zurückzuführen, die bis zu Gutenberg zurückreichten, der in Europa Mitte des 15. Jahrhunderts die Druckerpresse erfand (während in China schon jahrhundertelang mit beweglichen Lettern gedruckt worden war). Dadurch erhielten viel mehr Menschen Zugang zu Wissen und Bildung, was zur Renaissance, zur wissenschaftlichen Revolution, zur Aufklärung, zur Erfindung des Kapitalismus und zur ersten industriellen Revolution in Großbritannien beitrug, womit wir uns gleich noch näher befassen werden.

GLOBALES REALES PRO-KOPF-BIP (LOG)

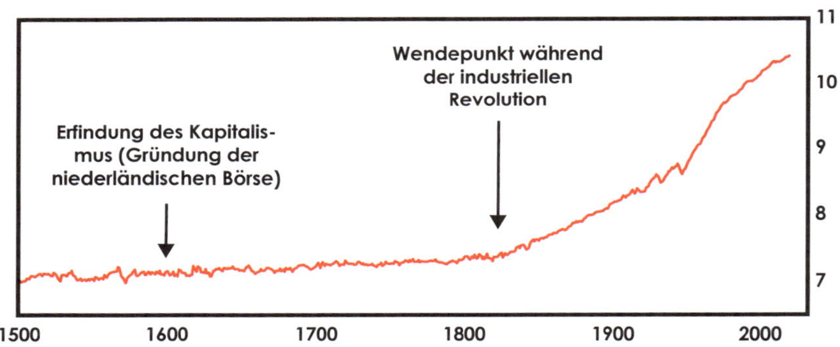

Das globale reale BIP ist aufgrund der begrenzten verlässlich erfassten Daten für andere Länder vor 1870 überwiegend ein Querschnittswert europäischer Länder.

DIE GLOBALE LEBENSERWARTUNG BEI DER GEBURT

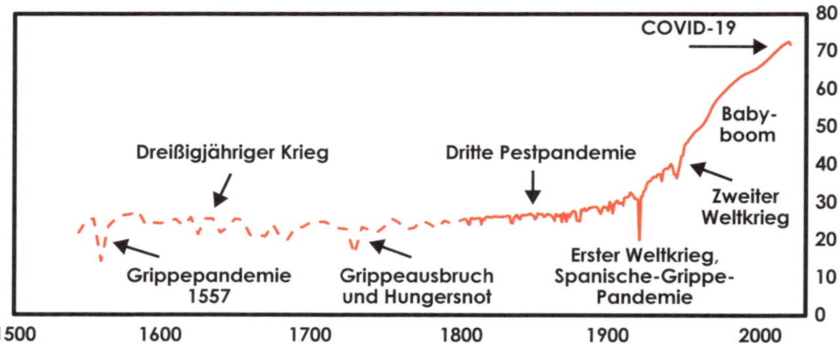

Die gestrichelte Linie stützt sich ausschließlich auf die Erfahrungen Großbritanniens.

Die breiteren Produktivitätssteigerungen durch die Erfindung des Kapitalismus, das Unternehmertum und die industrielle Revolution sorgten auch für eine Verlagerung von Wohlstand und Macht – weg von der landwirtschaftsgestützten Wirtschaft, in der hauptsächlich Grundbesitz Einfluss sicherte und Monarchen, Adel und Kirche zusammenarbeiteten, um diese Macht zu erhalten. Die Entwicklung ging hin zu einer industriebasierten Wirtschaft, in der erfindungsreiche Kapitalisten die Produktionsmittel für Industriegüter erdachten und besaßen und mit der regierenden Klasse daran arbeiteten, das System aufrechtzuerhalten, das ihnen Wohlstand und Macht beschert hatte. Anders formuliert: Seit der industriellen Revolution, die diesen Wandel herbeiführte, leben wir in einem System, in dem Wohlstand und Macht überwiegend aus dem Zusammenspiel von Bildung, Erfindungsgeist und Kapitalismus stammen, wobei diejenigen, die die Regierungsgeschäfte leiten, mit denen zusammenarbeiten, die über den größten Wohlstand und die meiste Bildung verfügen.

Doch auch bei dieser Evolution und den damit zusammenhängenden großen Zyklen ist eine Entwicklung festzustellen. Waren zunächst Ackerland und landwirtschaftliche Produktion am wertvollsten und später Maschinen und ihre Produkte, so sind es heute digitale Vermögenswerte ohne offensichtlichen physischen Bestand (wie Daten und Informationsverarbeitung), die den größten Wert aufweisen.[1] Daraus entspringt ein Kampf darum, wer Zugriff auf die Daten erhält und wie er sie verwendet, um sich Wohlstand und Macht zu verschaffen.

---

1 Heute entwickelt die Menschheit ihr Denkvermögen drastischer weiter als je zuvor, und ebenso steigert sie die Produktivität – sogar noch stärker als durch die Entdeckung und Anwendung wissenschaftlicher Methoden. Das gelingt uns durch die Entwicklung künstlicher Intelligenz, eine alternative Denkmethode über ein alternatives Gehirn, das Entdeckungen machen und diese in Handlungsanweisungen übersetzen kann. Die Menschheit entwickelt im Grunde eine alternative Spezies, die über enorme Fähigkeiten verfügt, Muster aus der Vergangenheit zu erkennen und sehr schnell viele verschiedene Ideen zu verarbeiten, über nur wenig oder gar keinen Hausverstand verfügt, Probleme hat, die Logik hinter Beziehungen zu begreifen, und keine Gefühle zeigt. Diese Spezies ist gleichzeitig hochintelligent und stockdumm, nützlich und gefährlich. Sie bietet gewaltiges Potenzial, muss aber gut kontrolliert werden. Auf keinen Fall dürfen wir uns blind danach richten.

DIE ZYKLEN, DIE UM DEN AUFWÄRTSTREND HERUMLAUFEN

Die evolutionären Lernprozesse und Produktivitätssteigerungen sind zwar durchaus bedeutsam, lösen jedoch keine abrupten Veränderungen daran aus, wer über Wohlstand und Macht verfügt. Die heftigen, unvermittelten Brüche ereignen sich durch Auf- und Abschwünge, Revolutionen und Kriege, denen in erster Linie Zyklen zugrunde liegen. Und diese Zyklen werden ihrerseits durch logische Kausalzusammenhänge angetrieben. So sorgten beispielsweise dieselben Kräfte (nämlich gesteigerte Produktivität, Unternehmergeist und Kapitalismus), die das ausgehende 19. Jahrhundert prägten, auch für das gewaltige Wohlstandsgefälle und die Überschuldung, die in der ersten Hälfte des 20. Jahrhunderts Wirtschaftskrisen zur Folge hatten und zu Antikapitalismus, Kommunismus und großen Konflikten um Wohlstand und Macht innerhalb von und zwischen einzelnen Ländern führten. Wie sich zeigt, bildeten sich im weiteren Verlauf der Evolution darum herum große Zyklen heraus. ● ***Im Zeitverlauf ist die Erfolgsformel ein System, in dem sich gut ausgebildete Menschen, die zivilisiert miteinander umgehen, Innovationen einfallen lassen, sich über die Kapitalmärkte finanzieren und die Mittel besitzen, durch die ihre Erfindungen Ressourcen produzieren und zuweisen und sich für sie in Form von Gewinn auszahlen.*** **Auf lange Sicht führt der Kapitalismus jedoch zu einem Wohlstands- und Chancengefälle und zur Überschuldung, was wiederum Wirtschaftskrisen, Revolutionen und Kriege zur Folge hat, die die Ordnung im eigenen Land und weltweit verändern.**

Wie Sie aus den folgenden Diagrammen ersehen können, beruhen die allermeisten solcher Turbulenzen historisch nachweisbar auf Auseinandersetzungen um Wohlstand und Macht (das heißt auf Konflikten in Form von Revolutionen und Kriegen, denen häufig ein Zusammenbruch des Geld- und Kreditsystems und ein großes Wohlstandsgefälle zugrunde liegen) sowie auf schwerwiegenden Naturkatastrophen wie Dürren, Überschwemmungen und Epidemien. Sie zeigen auch: Wie schlimm solche Phasen ausfallen, hängt nahezu vollständig davon ab, wie stark und wie widerstandsfähig die betroffenen Länder sind.

● ***Länder mit hohen Ersparnissen, niedrigen Schulden und einer starken Reservewährung können Einbrüche des Wirtschafts- und Kreditsystems besser verkraften als andere, die wenig gespart haben, hoch verschuldet sind und nicht über eine starke Reservewährung verfügen.*** Ebenso gilt: Länder mit einer starken, fähigen Führung und Zivilbevölkerung lassen sich besser regieren als andere, denen diese Attribute fehlen, und Länder, die erfinderischer sind, können sich besser anpassen als solche, denen es an Erfindungsgeist mangelt. Wie Sie noch sehen werden, handelt es sich bei diesen Faktoren um messbare, zeitlose und universelle Tatsachen.

GLOBALE TODESFÄLLE NACH KATEGORIE (PRO 100.000 PERSONEN, GLEITENDER 15-JAHRES-DURCHSCHNITT)

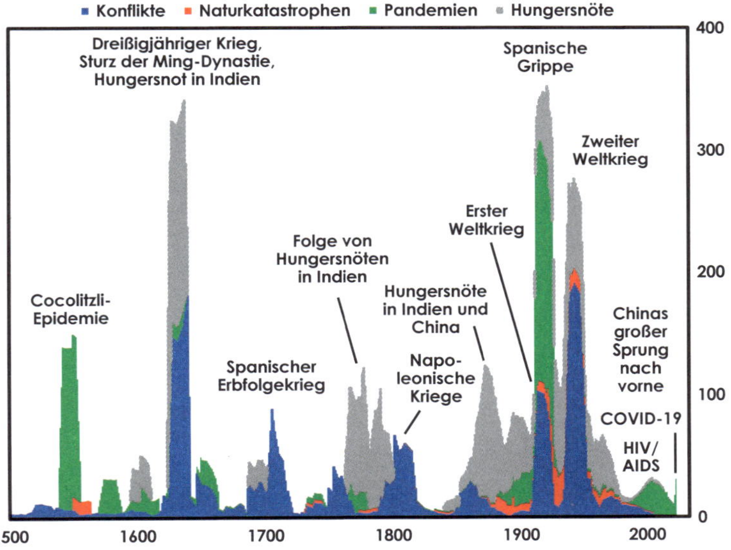

GESCHÄTZTE TODESFÄLLE DURCH KONFLIKTE (GROSSMÄCHTE, % DER BEVÖLKERUNG, GLEITENDER 15-JAHRES-DURCHSCHNITT)

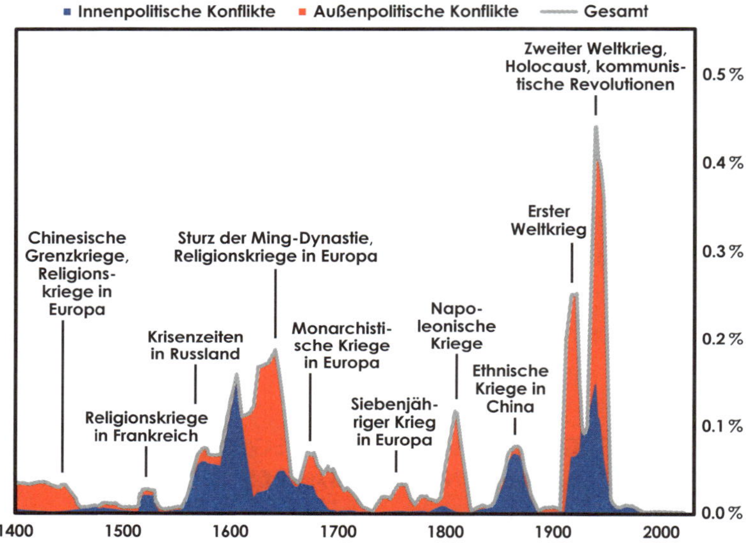

Auf der Grundlage der Toten in Prozent der Bevölkerung für die Großmächte; unterscheidet sich daher von dem im vorausgegangenen Diagramm ausgewiesenen Schätzwert für Todesfälle im Zuge globaler Konflikte.

Weil diese turbulenten Phasen im Vergleich zum evolutionären Aufwärtstrend der menschlichen Anpassungs- und Erfindungsfähigkeit nur kurz sind, fallen sie in den vorangegangenen Diagrammen zum BIP und zur Lebenserwartung kaum ins Gewicht und wirken lediglich wie vergleichsweise unbedeutende Zuckungen. Doch weil wir so klein sind und unsere Lebenszeit so kurz, erscheinen uns diese Zuckungen extrem heftig. Betrachten wir beispielsweise die Weltwirtschaftskrise und die Kriegszeit von 1930 bis 1945. Das Niveau des US-Aktienmarkts und der globalen Konjunktur geht aus dem nächsten Diagramm hervor. Wie Sie sehen, knickte die Konjunktur um über 10 Prozent ein. Der Aktienmarkt verlor rund 85 Prozent, bis im Anschluss wieder eine Erholung einsetzte.

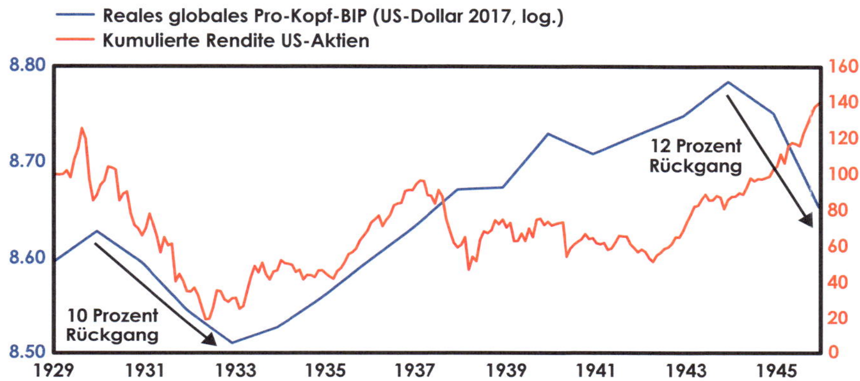

Das ist Teil des klassischen Geld- und Kreditzyklus, der schon seit Menschengedenken läuft und in Kapitel 3 noch näher erläutert wird. Grob gesagt kommt es zu einer Kreditkrise, wenn zu viele Schulden gemacht werden. Im Regelfall muss die Zentralregierung viel Geld ausgeben, das sie nicht hat, und es Kreditnehmern erleichtern, ihren Schuldendienst zu leisten. Die Zentralbank muss grundsätzlich Geld drucken und großzügig Kreditmittel bereitstellen – und genauso reagierte sie auch auf den Konjunktureinbruch durch die COVID-19-Pandemie und die vorliegende hohe Verschuldung. Die Schuldenpleite der 1930er-Jahre war die logische Fortsetzung des Booms der goldenen 1920er-Jahre, der sich zu einer kreditfinanzierten Blase auswuchs, die 1929 platzte. Das führte zu einer Depression, die die Zentralregierung zu hohen Ausgaben und zur Kreditaufnahme veranlasste – finanziert durch die Zentralbank, die eifrig Geld druckte und Kredit gab.

Dass die Blase platzte und im Anschluss ein Konjunkturabschwung einsetzte, hatte seinerzeit – im Zeitraum von 1930 bis 1945 – den stärksten Einfluss auf die innen- und außenpolitischen Kämpfe um Wohlstand und Macht. Damals wie heute (und wie in den meisten anderen Fällen) war das Wohlstandsgefälle enorm, und es gab jede Menge Konfliktstoff, noch verschärft durch den Zusammenbruch der Kreditmärkte und der Wirtschaft. Dadurch veränderten sich die Sozial- und Wirtschaftsprogramme radikal, und es kam zu gewaltigen Wohlstandstransfers, was sich in verschiedenen Ländern in unterschiedlichen Systemen manifestierte. Darüber, welches dieser Systeme – ob Kapitalismus oder Kommunismus, Demokratie oder Autokratie – am besten war, brachen Streitigkeiten und Kriege aus. **Auseinandersetzungen oder Kämpfe zwischen denjenigen, die den Wohlstand groß angelegt umverteilen wollen, und den Gegnern einer solchen Umverteilung sind unvermeidlich.** In den 1930er-Jahren litten die USA darüber hinaus noch unter einer schlimmen Dürreperiode.

Aus allen von mir untersuchten Fallbeispielen für vergangene Konjunktur- und Marktabschwünge ergab sich auf ein paar Jahre hin oder her eine Dauer von rund drei Jahren –, je nachdem, wie viel Zeit es in Anspruch nahm, umzuschulden und/oder Schulden zu monetarisieren. Je eifriger Geld gedruckt wurde, um die von den Schulden gerissenen Löcher zu stopfen, desto schneller endete die deflationäre Depression, und desto früher setzte die Sorge um den Wert des Geldes ein. In den USA erreichten Aktienmarkt und Konjunktur in den 1930er-Jahren ihren absoluten Tiefpunkt an dem Tag, an dem der designierte Präsident Franklin D. Roosevelt die Goldkonvertibilität des US-Dollars aussetzte und bekannt gab, dass die Regierung genügend Geld und Kreditmittel bereitstellen werde, damit Menschen ihr Geld von der Bank holen und andere Geld und Kredit erhalten könnten, um zu konsumieren und zu investieren. Das Ganze dauerte ab dem ursprünglichen Börsencrash im Oktober 1929 dreieinhalb Jahre.[2]

Dennoch wurde innerhalb und zwischen Ländern um Wohlstand und Macht gerungen. Die aufstrebenden Mächte Deutschland und Japan forderten die bisherigen führenden Weltmächte Großbritannien, Frankreich und letztlich die USA heraus (die in den Zweiten Weltkrieg hineingezogen wurden). Die Kriegszeit steigerte die Wirtschaftsleistung

2 2008 dauerte es zwei Monate, bis nach dem Crash die Druckerpressen angeworfen wurden. 2020 war das schon nach wenigen Wochen der Fall.

in Form der Güter, die für den Krieg benötigt wurden. Dennoch sind die Kriegsjahre angesichts der immensen Zerstörung schwerlich als »produktive« Periode zu bezeichnen – selbst wenn sie dies, gemessen am Pro-Kopf-Output, de facto waren. Bei Kriegsende war das globale Pro-Kopf-BIP um rund 12 Prozent geschrumpft, was vor allem auf die rückläufige Wirtschaftsentwicklung in den Ländern zurückzuführen war, die den Krieg verloren hatten. Die Bewährungsprobe, die diese Jahre darstellten, löschte viel Vergangenes aus, machte deutlich, wer die Sieger und wer die Verlierer waren, und führte 1945 zu einem Neuanfang und zu einer neuen Weltordnung. Ganz klassisch folgte darauf eine längere Zeit des Friedens und des Wohlstands bis hin zur nächsten Übertreibung, sodass heute – 75 Jahre später – alle Länder wieder vor einer Bewährungsprobe stehen.

Den meisten Zyklen in der Geschichte liegen mehr oder minder dieselben Ursachen zugrunde. So begann beispielsweise die Periode von 1907 bis 1919 in den USA mit der Panik von 1907, die – wie die Geld- und Kreditkrise von 1929 bis 1932, die auf die goldenen 1920er-Jahre folgte – das Resultat einer Boomphase war (dem sogenannten vergoldeten Zeitalter in den USA, das in Kontinentaleuropa der Belle Époque und in Großbritannien der viktorianischen Epoche entsprach). Diese entwickelte sich zur schuldenfinanzierten Blase und führte zu Konjunktur- und Markteinbrüchen. Als diese eintraten, bestand eine große Wohlstandskluft, die in der groß angelegten Umverteilung von Vermögen mündete und zu einem Weltkrieg beitrug. Die Umverteilung des Reichtums erfolgte, wie in den Jahren 1930 bis 1945, durch eine kräftige Erhöhung der Steuern und Staatsausgaben, hohe Defizite und drastische geldpolitische Veränderungen, die die Defizite monetarisierten. Die Belastungsprobe wurde durch die Spanische Grippe und den daraus resultierenden Umstrukturierungsprozess noch verstärkt. Im Zusammenspiel mit der weltweiten wirtschaftlichen und geopolitischen Umstrukturierung führte sie 1919 zu einer neuen Weltordnung, die im Versailler Vertrag ihren Ausdruck fand. Damit wurde der kreditfinanzierte Boom der 1920er-Jahre ausgelöst, welcher der Periode zwischen 1930 und 1945 vorausging, in der sich die Geschichte wiederholte.

Diese Phasen der Zerstörung und des Wiederaufbaus vernichteten die Schwachen, machten klar, wer die Macht besaß, und leisteten revolutionären neuen Methoden (das heißt neuen Ordnungen) Vorschub, die den Boden bereiteten für Zeiten des Wohlstands, welche früher oder später zu Übertreibungen in Form von Kreditblasen bei starkem Wohlstandsgefälle führten und letztlich zu Kreditkrisen, die neue Belastungsproben und Zerstörungs-/Wiederaufbauphasen (also Kriege) einleiteten. Diese wiederum hatten neue Ordnungen zur Folge – und letztlich gewannen die Starken wieder die Oberhand über die Schwachen und so weiter.

Doch wie empfinden die Menschen, die sie erleben, solche Zerstörungs- und Wiederaufbauphasen? Da Sie persönlich wahrscheinlich noch nie eine derartige Erfahrung gemacht haben und die Geschichten, die darüber kursieren, ausgesprochen beängstigend sind, versetzt die Aussicht, in eine solche Phase zu geraten, die meisten Menschen in Angst und Schrecken. In der Tat haben Zerstörungs- und Wiederaufbauphasen den Betroffenen enormes Leid zugefügt – nicht nur in finanzieller Hinsicht, sondern vor allem auch, weil viele dabei ums Leben gekommen sind oder anderweitig geschädigt wurden. Die Folgen waren nicht für alle gleich verheerend, doch unbeschadet kam praktisch niemand davon. Ohne dies kleinreden zu wollen, gilt jedoch: Die Geschichte lehrt uns, dass die Mehrheit der Menschen in einer Depression ihren Arbeitsplatz behält, Kampfhandlungen unverletzt übersteht und Naturkatastrophen überlebt.

Manche, die solche schwierigen Zeiten überstanden haben, beschreiben sie sogar als Ursprung maßgeblicher positiver Entwicklungen, weil sie die Menschen zusammenschweißen, Charakterstärke vermitteln, uns beibringen, die einfachen Dinge im Leben zu schätzen, und anderes mehr. So bezeichnete Tom Brokaw die Menschen, die die Zeit von

1930 bis 1945 erlebt hatten, als »die großartigste Generation«, weil sie mit einer solchen Charakterstärke daraus hervorgingen. Meine Eltern, Onkel und Tanten, die die Weltwirtschaftskrise und den Zweiten Weltkrieg mitgemacht haben, aber auch andere ihrer Zeitgenossen, mit denen ich im Ausland gesprochen habe und die ihre persönlichen Zerstörungsphasen erlebt haben, sehen das ähnlich. Wir dürfen schließlich nicht vergessen, dass Phasen wirtschaftlicher Zerstörung und Kriegszeiten in der Regel nicht sehr lange andauern – etwa zwei oder drei Jahre. Die Länge und Schwere von Naturkatastrophen, etwa Dürreperioden, Überschwemmungen oder Epidemien, variiert, doch in aller Regel wirken sie sich nicht mehr so drastisch aus, sobald wir uns darauf eingestellt haben. Und nur ganz selten treten alle drei Arten großer Krisen – wirtschaftlicher Niedergang, Revolution oder Krieg und Naturkatastrophe – zeitgleich auf.

Was ich damit sagen will: **Solche Revolutions- oder Kriegszeiten gehen zwar in aller Regel mit großem menschlichem Leid einher, doch wir sollten nie – vor allem dann nicht, wenn es am schlimmsten kommt – aus den Augen verlieren, dass man damit auch gut zurechtkommen kann, und dass die Fähigkeit der Menschen, sich anzupassen und schnell wieder ein neues, höheres Niveau des Wohlbefindens zu erreichen, weit größer ist als all das Schlimme, was uns zustoßen kann.** Aus diesem Grund halte ich es für klug, auf die Anpassungsfähigkeit und den Erfindungsreichtum der Menschen zu vertrauen und darin zu investieren. Ich bin zwar ziemlich sicher, dass Sie und ich und die Weltordnung in den nächsten Jahren große Herausforderungen und Veränderungen erleben werden, doch ich bin davon überzeugt, dass die Menschheit auf ganz pragmatische Art und Weise intelligenter und stärker werden wird, sodass wir diese schwierigen Zeiten überstehen und ein neues, höheres Wohlstandsniveau erklimmen werden.

Werfen wir nun einen Blick auf die Zyklen des Aufstiegs und des Niedergangs von Reichtum und Macht der maßgeblichen Länder in den letzten 500 Jahren.

BISHERIGE GROSSE ZYKLISCHE VERÄNDERUNGEN VON WOHLSTAND UND MACHT

Das vorstehende Diagramm zur steigenden Produktivität bezog sich – soweit für uns messbar – auf die ganze Welt. Die Wohlstands- und Machtverschiebungen zwischen Ländern gehen daraus nicht hervor. Wenn wir wissen wollen, wie es dazu kam, sollten wir zunächst die Grundlagen des Gesamtbilds betrachten. Seit Menschengedenken gelangten verschiedene Gruppen von Menschen, zum Beispiel Stämme, Königreiche, Länder et cetera, zu Wohlstand und Macht, indem sie sich diese selbst erarbeiteten, sie anderen abjagten oder sie ihnen durch Bodenschätze zufielen. Hatten sie erst mehr Wohlstand und Macht auf sich vereint als jede andere Gruppe, avancierten sie zur führenden Weltmacht, was es ihnen erlaubte, die Weltordnung zu bestimmen. Verloren sie ihren Wohlstand und ihre Macht – und das passierte ausnahmslos allen –, so kam es zu tiefgreifenden Veränderungen der Weltordnung und aller Lebensbereiche.

Das folgende Diagramm zeigt Wohlstand und Macht der elf führenden Imperien der letzten 500 Jahre im Vergleich.

Jeder einzelne dieser Indizes[3] für Wohlstand und Macht setzt sich aus acht verschiedenen Determinanten zusammen, die ich in Kürze erläutern werde. Diese Indizes sind zwar nicht vollkommen, weil nicht alle Daten im Zeitverlauf lückenlos sind, doch das Gesamtbild lässt sich damit hervorragend darstellen. Wie Sie sehen können, verzeichneten

3 Diese Indizes setzen sich aus einer Reihe unterschiedlicher statistischer Daten zusammen, von denen manche direkt vergleichbar sind, andere im Großen und Ganzen analog oder richtungsweisend. In manchen Fällen musste eine Datenreihe, die an einem bestimmten Punkt endete, an eine angefügt werden, die in der Zeit weiter zurückreichte. Hinzu kommt, dass die Linien im Diagramm gleitende Durchschnitte dieser Indizes über 30 Jahre sind, die so verändert wurden, dass keine Lücken entstehen. Ich entschied mich zur Verwendung von geglätteten Datenreihen, weil die ungeglätteten zu volatil waren, um die großen Bewegungen erkennen zu lassen. Künftig werde ich diese stark geglätteten Versionen heranziehen, wenn es um sehr langfristige Zeiträume geht, doch weniger stark geglättete oder gar ungeglättete für die genauere Betrachtung dieser Entwicklung, denn so lassen sich die wichtigsten Entwicklungen am besten erfassen.

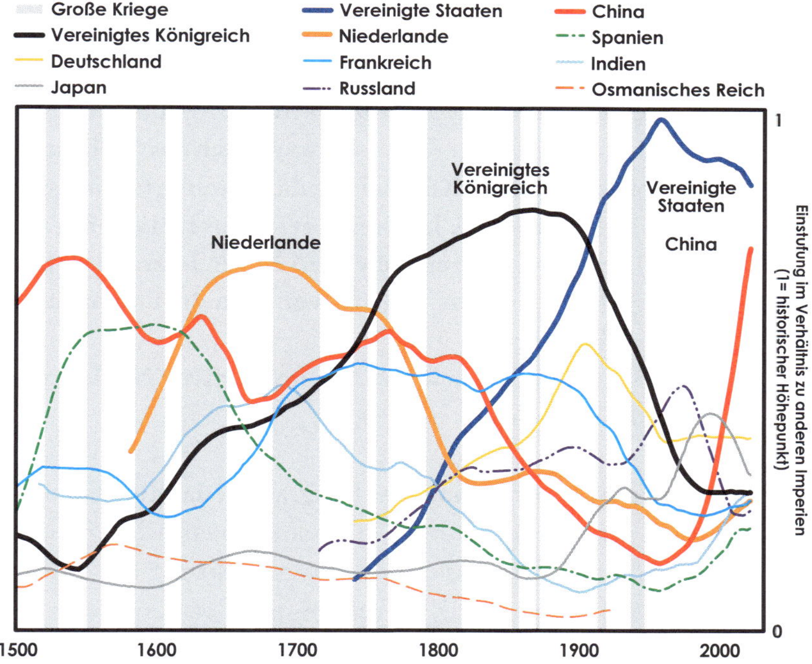

fast alle dieser Imperien Perioden des Aufstiegs, gefolgt von Zeiten des Niedergangs.

Werfen Sie ruhig einen genaueren Blick auf die dickeren Linien im Diagramm, die für die vier bedeutendsten Weltreiche stehen: das niederländische, das britische, das US-amerikanische und das chinesische. Diese Reiche verfügten über mindestens drei Reservewährungen. Heute ist das der US-Dollar, davor war es das Pfund Sterling und noch davor der niederländische Gulden. China wurde einbezogen, weil es zum zweitmächtigsten Imperium/Land aufgestiegen ist und weil es vor etwa 1850 in den meisten Jahren durchgehend eine Machtposition bekleidete. Hier in aller Kürze eine Zusammenfassung der Geschichte, die dieses Diagramm erzählt:

- **China war jahrhundertelang führend und stellte Europa wirtschaftlich und auch in anderer Hinsicht beständig in den Schatten. Im 19. Jahrhundert setzte jedoch ein drastischer Niedergang ein.**
- **Mit den Niederlanden stieg ein relativ kleines Land im 17. Jahrhundert zum Reservewährungsreich der Welt auf.**
- **Einen ganz ähnlichen Kurs schlug das Vereinigte Königreich ein und erreichte im 19. Jahrhundert seinen Höhepunkt.**
- **Schließlich schwangen sich die USA in den letzten 150 Jahren zur globalen Supermacht auf, vor allem im und nach dem Zweiten Weltkrieg.**
- **Inzwischen befinden sich die USA im relativen Niedergang, während China wieder aufsteigt.**

Betrachten wir nun noch einmal das Diagramm, das die Daten bis ins Jahr 600 zurückverfolgt. Ich habe mich auf das erste Diagramm (das nur die letzten 500 Jahre erfasst) konzentriert statt auf das zweite (das die letzten 1.400 Jahre abdeckt), weil es die Imperien hervorhebt, die ich am intensivsten analysiert habe, und weil es das einfachere ist – obwohl es diese Bezeichnung mit elf Ländern, zwölf großen Kriegen und über 500 Jahren kaum verdient. Auf eine Schattierung der Kriegszeiten habe ich in diesem Fall verzichtet, um die Komplexität zu verringern. Wie Sie sehen, **war China im Zeitraum vor 1500 fast durchgehend das größte Machtzentrum, wobei die Kalifate im Nahen Osten, die Franzosen, die Mongolen, die Spanier und die Osmanen ebenfalls eine Rolle spielten.**

Wohlgemerkt waren die führenden Mächte, die in diesem Forschungspapier erfasst wurden, zwar die reichsten und mächtigsten Länder, doch nicht unbedingt auch diejenigen, in denen es den Menschen am besten ging – aus zwei Gründen. Während die meisten Menschen zwar nach Wohlstand und Macht streben und darum kämpfen, ist das manchen Völkern und deren Ländern schlichtweg nicht so

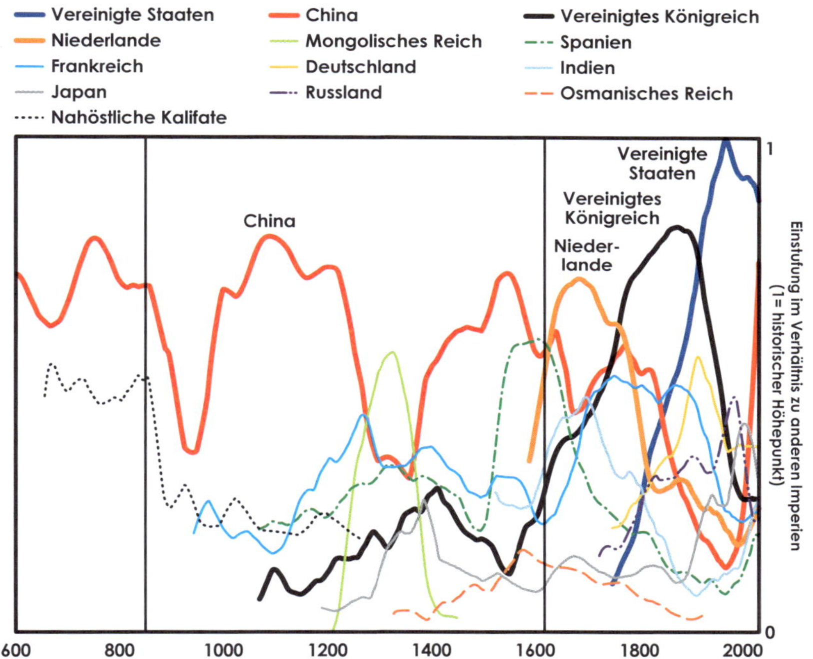

wichtig und sie würden nie auf die Idee kommen, dafür zu den Waffen zu greifen. Manche halten Frieden und Freude am Leben für wichtiger als großen Reichtum und Macht. Es würde ihnen nie einfallen, so hart um genügend Wohlstand und Macht zu kämpfen, dass sie für dieses Forschungspapier infrage kämen. Manchen von ihnen wurde weit mehr Frieden zuteil als jenen, die um Reichtum und Macht rangen. (Persönlich meine ich übrigens, dass einiges dafür spricht, Frieden und Lebensfreude vor Wohlstand und Macht zu stellen. Interessanterweise besteht nämlich nur ein schwacher Zusammenhang zwischen dem Wohlstand und der Macht einer Nation und dem Glück ihrer Bevölkerung – doch das ist ein anderes Thema.) Zweitens schließt diese Gruppe die von mir als »Boutiqueländer« bezeichneten Länder (wie die Schweiz und Singapur) aus. Diese schneiden bei Wohlstand und Lebensstandard zwar ausgesprochen gut ab, sind aber zu klein, um zu den größten Imperien zu zählen.

ACHT DETERMINANTEN FÜR WOHLSTAND UND MACHT

Die eine Kenngröße für Wohlstand und Macht, die ich in den vorangegangenen Diagrammen für jedes Land ausgewiesen habe, entspricht in etwa dem Durchschnitt aus 18 Messgrößen für die Stärke eines Landes. Die vollständige Liste der Determinanten werden wir an anderer Stelle noch näher untersuchen. Vorerst wollen wir uns auf die acht im folgenden Diagramm dargestellten zentralen Werte konzentrieren: **1) Bildung, 2) Wettbewerbsfähigkeit, 3) Innovation und Technologie, 4) Wirtschaftsleistung, 5) Anteil am Welthandel, 6) militärische Stärke, 7) Stärke als Finanzzentrum und 8) Reservewährungsstatus.**

Dieses Diagramm weist den Durchschnitt der einzelnen Stärkemaßstäbe für alle Imperien aus, die ich untersucht habe, wobei den letzten drei Reservewährungsländern (also den Vereinigten Staaten, dem Vereinigten Königreich und den Niederlanden) besonderes Gewicht beigemessen wird.[4]

Die Linien des Diagramms erklären sehr gut, warum und wie es jeweils zum Aufstieg und Fall kam. Es lässt sich verfolgen, wie ein höheres Bildungsniveau zu mehr Innovation und Technologie führte, wodurch der Anteil am Welthandel und die militärische

4 Wo sich wichtige Indikatoren im historischen Vergleich wiederfinden, zeigen wir auf, indem wir einen einzelfallübergreifenden Durchschnitt bilden. Das Diagramm ist so beschaffen, dass ein Wert von 1 für den Höhepunkt dieses Indikators im historischen Vergleich steht, ein Wert von 0 für den Tiefpunkt. Die Zeitleiste ist in Jahren ausgewiesen. 0 steht dabei in etwa für den Zeitpunkt, an dem sich das betreffende Land auf dem Höhepunkt befand (das heißt, wenn der Durchschnitt aller Messwerte seinen Höhepunkt erreichte). Bis zum Ende dieses Kapitels werden wir die einzelnen Stadien dieses Archetyps noch genauer ergründen.

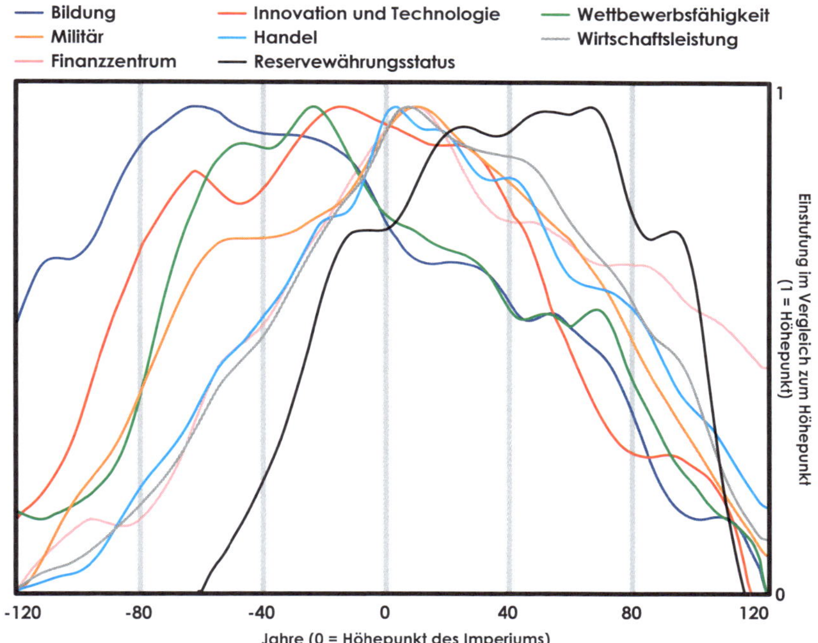

Stärke zunahmen, die Wirtschaftsleistung stieg, ein führender globaler Finanzplatz entstand und sich im Nachgang eine Währung als Reservewährung etablierte. Und Sie sehen auch, wie die meisten dieser Faktoren über längere Zeit allesamt stabil blieben und dann in ähnlicher Reihenfolge nachgaben. Die gängige Reservewährung – ebenso wie die Weltsprache – hatte in aller Regel noch Bestand, als der Niedergang eines Imperiums bereits eingesetzt hatte, weil sie gewohnheitsmäßig auch noch verwendet wurden, als die Stärken, die zu dieser breiten Verwendung geführt hatten, schon geschwunden waren.

Dieses zyklische, verflochtene Auf und Ab bezeichne ich als den **»großen Zyklus«.** Anhand dieser Determinanten und verschiedener weiterer Kräfte will ich als Nächstes den großen Zyklus genauer beschreiben. Vorab ist aber noch einmal hervorzuheben, dass all diese Messgrößen für Stärke über die Entwicklungskurve des Imperiums hinweg erst zu- und dann abnehmen. Der Grund dafür: Diese **Stärken und Schwächen verstärken sich wechselseitig** – will heißen, Stärken und Schwächen bei Bildung, Wettbewerbsfähigkeit, Wirtschaftsleistung, Anteil am Welthandel und so weiter tragen logischerweise jeweils dazu bei, dass auch die anderen Faktoren stärker oder schwächer werden.

DER ARCHETYPISCHE GROSSE ZYKLUS

Grob gesagt können wir uns den Verlauf eines solchen Aufstiegs und Niedergangs in drei Phasen vorstellen:

Aufstieg:
Unter dem Aufstieg ist die blühende Aufbauphase zu verstehen, die sich anschließt, wenn eine neue Ordnung eingetreten ist. Dann ist ein Land fundamental stark, weil a) die Verschuldung vergleichsweise gering ist, b) die Kluft bei Wohlstand, Werten und politischen Einstellungen eher gering ist, c) die Menschen effektiv zusammenarbeiten, um Erfolg zu haben, d) eine gute Bildung und Infrastruktur vorliegen, e) eine starke, fähige Führung gegeben ist und f) eine friedliche Weltordnung existiert, die von einer oder mehreren dominierenden Weltmächten gelenkt wird. Das führt zum

Höhepunkt:
Diese Phase ist durch Exzesse in Form von a) hoher Verschuldung, b) großen Unterschieden bei Wohlstand, Werten und politischen Überzeugungen, c) rückläufiger Bildung und Infrastruktur, d) Konflikten zwischen verschiedenen Klassen von Menschen innerhalb einzelner Länder und e) Auseinandersetzungen zwischen Ländern geprägt ist, da wackelnde Imperien von neuen Rivalen infrage gestellt werden. Und das führt zum

Niedergang:
Dieser bezeichnet die schmerzhafte Phase der Kämpfe und Umstrukturierungen, die zu großen Konflikten und gewaltigen Umwälzungen sowie zur Errichtung einer neuen innen- und außenpolitischen Ordnung führen. Er bereitet den Boden für die nächste neue Weltordnung und eine neue Phase des Wohlstandsaufbaus.

Schauen wir uns die einzelnen Phasen genauer an.

DER AUFSTIEG

Die Aufstiegsphase setzt ein, wenn …

- **die Führung stark und fähig genug ist, um Macht zu erlangen und ein herausragendes System zur Steigerung des Wohlstands und der Macht des Landes zu entwickeln.** Ein Blick auf die großen Imperien der Vergangenheit verrät, dass zu so einem System in aller Regel Folgendes gehört:
- **ein gutes Bildungswesen,** das nicht nur Wissen und Kompetenzen vermittelt, sondern auch …
- **Charakterbildung, Umgangsformen und Arbeitsmoral.** Diese Dinge lernt man gewöhnlich zu Hause, in der Schule und/oder

in der Religionsgemeinschaft. Wenn alles gut läuft, sorgen sie für gesunden Respekt vor Recht, Gesetz und Ordnung in der Gesellschaft und geringe Korruption. Zudem bewirken sie effektiv, dass die Menschen zusammenarbeiten, um die Produktivität zu steigern. Je besser dies einem Land gelingt, desto eher findet eine Verlagerung von der Produktion von Grunderzeugnissen hin zu …

- **Innovation und zur Erfindung neuer Technologien statt.** So waren beispielsweise die Niederländer enorm erfinderisch. Auf dem Höhepunkt stammte ein Viertel aller maßgeblichen Erfindungen weltweit aus diesem Land. Dazu gehörten Schiffe, die in der Lage waren, die Welt zu umsegeln und große Reichtümer heimzuholen. Sie erfanden auch den Kapitalismus, wie wir ihn heute kennen. Innovation wird gewöhnlich gefördert von …
- **Aufgeschlossenheit für die besten Ideen der Welt,** um sich auf diese Weise die besten Methoden anzueignen, und von …
- **einer reibungslosen Zusammenarbeit von Arbeitnehmern, Regierung und Militär.**

Sind all diese Voraussetzungen erfüllt, so wird das Land …

- **produktiver** und
- **wettbewerbsfähiger auf dem Weltmarkt.** Das wiederum schlägt sich nieder in …
- **einem zunehmenden Anteil am Welthandel.** Das können Sie heute beobachten, da die USA und China in Bezug auf ihre Wirtschaftsleistung und ihren Anteil am Welthandel mehr oder minder vergleichbar sind.
- Treibt ein Land international Handel, muss es seine Handelsrouten und Beteiligungen im Ausland schützen und bereit sein, sich gegen Angriffe zur Wehr zu setzen. Daher entwickelt es **große militärische Stärke.**

So entsteht ein positiver Kreislauf, der – wenn er richtig funktioniert – dazu führt, dass …

- **die Einkommen stark ansteigen**, die verwendet werden können, um …
- **Investitionen in Infrastruktur, Bildung und Forschung und Entwicklung** zu finanzieren.
- **Das Land muss Systeme entwickeln, um all jenen Anreize und Mitspracherecht zu geben, die in der Lage sind, Vermögen aufzubauen oder es sich zu verschaffen.** In allen bisherigen Fällen bedienten sich die erfolgreichsten Imperien eines kapitalistischen Ansatzes zum Setzen von Anreizen und zur Entwicklung eines produktiven Unternehmertums. Selbst China, das von der kommunistischen Partei des Landes regiert wird, verwendet einen staatskapitalistischen Ansatz, um den Chinesen die nötigen Anreize und Voraussetzungen zu geben. Damit diese Anreize und die erforderlichen finanziellen Mittel richtig wirken, muss das Land …
- **seine Kapitalmärkte entwickeln**, vor allem den Kredit-, den Renten- und den Aktienmarkt. Das gibt den Menschen die Möglichkeit, **ihre Ersparnisse zu investieren, um Innovation und Entwicklung zu finanzieren** und am Erfolg derjenigen teilzuhaben, die Großes bewirken. Die findigen Niederländer errichteten die erste Aktiengesellschaft (die Niederländische Ostindien-Kompanie) und begründeten zu ihrer Finanzierung den ersten Aktienmarkt. Das waren wesentliche Bestandteile der Maschinerie, mit der sie zu enormem Wohlstand und großer Macht gelangten.
- Als logische Folge entwickelten die größten Imperien ausnahmslos **den führenden Finanzplatz der Welt**, um das Kapital ihrer Epoche anzuziehen und zu verteilen. In der Zeit, als die Niederländer dominierten, war Amsterdam das wichtigste

Finanzzentrum der Welt, zur Blütezeit des britischen Empire war es London, heute ist es New York, und China arbeitet eifrig an der Entwicklung seines eigenen Finanzplatzes in Schanghai.

- Weitet das Land seinen internationalen Geschäftsverkehr aus, um sich zum größten Handelsimperium aufzuschwingen, wird seine Währung bei Transaktionen als Gegenleistung akzeptiert, und Menschen in aller Welt wollen ihr Erspartes in dieser Währung anlegen, sodass diese zur **führenden globalen Reservewährung** avanciert. Dadurch kann das betreffende Land mehr Kredit zu günstigeren Zinsen aufnehmen als andere Länder, weil andere Länder bereitwillig Kredit in dieser Währung gewähren.

Diese Abfolge von Ursache-/Wirkungsbeziehungen, die dazu führen, dass sich finanzielle, politische und militärische Macht wechselseitig unterstützen, gibt es schon seit Anbeginn geschichtlicher Aufzeichnungen. **Sämtliche Imperien, die zu den mächtigsten der Welt aufstiegen, folgten dieser Entwicklung bis an die Spitze.**

DER HÖHEPUNKT

Auf dem Höhepunkt kann das Land die Erfolge, denen es seinen Aufstieg verdankt, aufrechterhalten, doch im Lohn des Erfolgs liegt der Ursprung des Abstiegs begründet. Mit der Zeit wachsen die Verbindlichkeiten und zerstören die sich selbst verstärkenden Rahmenbedingungen, die dem Aufstieg Nahrung gaben.

- **Wenn die Menschen in dem Land, das mittlerweile reich und mächtig ist, mehr verdienen, sind sie als Arbeitnehmer teurer und weniger wettbewerbsfähig** als Menschen aus anderen Ländern, die bereit sind, für weniger Geld zu arbeiten.

- Gleichzeitig **kopieren die Menschen aus anderen Ländern natürlich die Methoden und Technologien der Führungsmacht, was deren Wettbewerbsfähigkeit weiter unterhöhlt.** So warben beispielsweise britische Werften niederländische Schiffsbauer an, um bessere Schiffe zu entwickeln, die von den billigeren britischen Arbeitern gebaut wurden, was ihre Wettbewerbsfähigkeit steigerte. Dadurch stieg das britische Imperium auf, während das niederländische an Bedeutung verlor.
- Ebenso gilt: **Werden die Menschen in dem führenden Land reicher, arbeiten sie in aller Regel nicht mehr so hart. Sie gönnen sich mehr Freizeit, widmen sich den schöneren, weniger produktiven Dingen des Lebens und werden im Extremfall dekadent.** Während des Aufstiegs an die Spitze verändern sich die Werte von Generation zu Generation – von denjenigen, die um Wohlstand und Macht kämpfen mussten, zu denjenigen, die sie ererbt haben. Die neue Generation ist nicht mehr so kampferprobt, dafür von Luxus verwöhnt und verweichlicht. **Wird sie mit Herausforderungen konfrontiert, zeigt sie Schwächen.**
- Hinzu kommt, **dass Menschen, die daran gewöhnt sind, dass es ihnen gut geht, eher geneigt sind, davon auszugehen, dass die guten Zeiten anhalten, und sich Geld dafür leihen – was zu Finanzblasen führt.**
- In kapitalistischen Systemen **fließen Finanzerträge ungleichmäßig, sodass das Wohlstandsgefälle zunimmt.** Die ungleiche Verteilung des Wohlstands verstärkt sich selbst, weil die Reichen ihre größeren Ressourcen nutzen, um ihre Macht auszubauen. **Sie beeinflussen auch das politische System zu ihrem Vorteil und verschaffen ihren Kindern größere Privilegien – wie höhere Bildung –, was die Unterschiede bei Werten, politischen Einstellungen und Entwicklungsmöglichkeiten zwischen den Wohlhabenden und den Bedürftigen anwachsen lässt. Diejenigen, denen es nicht so gut geht,**

empfinden das System als ungerecht. Das schürt Ressentiments.

- **Solange der Lebensstandard der meisten Menschen aber noch steigt, kochen solche Diskrepanzen und Neidgefühle nicht zu Konflikten hoch.**

Auf dem Höhepunkt setzt eine Veränderung der Finanzsituation im führenden Land ein. Dass es über eine **Reservewährung** verfügt, verleiht ihm das »exorbitante Privileg«[5], immer mehr Kredit zu erhalten, wodurch es sich immer höher verschuldet. Das steigert zwar kurzfristig die Kaufkraft der Führungsmacht, schwächt sie aber langfristig.

- **Unweigerlich beginnt das Land, exzessiv Kredit aufzunehmen, was dazu führt, dass seine Verbindlichkeiten bei ausländischen Kreditgebern enorm anschwellen.**
- Während das die Kaufkraft auf kurze Sicht in die Höhe treibt, **schwächt es langfristig die Finanzstabilität des Landes – und seine Währung. Anders formuliert: Wird viel Kredit aufgenommen und viel Geld ausgegeben, wirkt das Land sehr stark, doch in Wirklichkeit wird seine Finanzkraft geschwächt, weil die Macht des Landes auf Pump aufrechterhalten wird, obwohl dies fundamental nicht mehr gerechtfertigt ist. Mit den Fremdmitteln werden sowohl der übermäßige Konsum im eigenen Land finanziert als auch die internationalen militärischen Konflikte,** die ausgetragen werden müssen, damit der Führungsanspruch fortbestehen kann.
- Auch übersteigen die Kosten für die Aufrechterhaltung und Verteidigung des Imperiums irgendwann die erzielten Einnahmen.

5 Das »exorbitante Privileg« ist eine Beschreibung einer Reservewährung, die auf den französischen Finanzminister Valéry Giscard d'Estaing zurückgeht, der sich damit auf die Situation der USA bezog.

Es wird folglich **unwirtschaftlich.** So uferte etwa das britische Empire massiv aus, wurde bürokratisch und verlor seine Wettbewerbsvorteile, als rivalisierende Mächte – insbesondere Deutschland – emporkamen, was zu einem immer teureren Wettrüsten und einem Weltkrieg führte.

- Die **reicheren Länder verschulden sich, indem sie Kredite bei ärmeren Ländern aufnehmen, in denen mehr gespart wird** – eines der absoluten Frühzeichen einer Wohlstands- und Machtverschiebung. Das begann in den Vereinigten Staaten in den 1980er-Jahren, als das Pro-Kopf-Einkommen dort noch 40-mal so hoch war wie in China. Damals nahmen die USA erste Kredite bei den Chinesen auf, die ihre Ersparnisse in US-Dollar investieren wollten, weil der US-Dollar die globale Reservewährung war.
- **Gehen der Führungsmacht dann allmählich die neuen Kreditgeber aus, versuchen tunlichst alle, die in ihre Währung investiert haben, ihre Anlagen zu verkaufen und auszusteigen, statt zu kaufen, zu sparen, Kredit zu vergeben und neu einzusteigen – und damit fängt die Stärke des Imperiums an zu bröckeln.**

DER NIEDERGANG

Die Niedergangsphase geht normalerweise auf interne Konjunkturschwäche im Zusammenspiel mit innenpolitischen Konflikten zurück – oder auf kostspielige außenpolitische Konflikte oder beides. Im Regelfall vollzieht sich der Abstieg eines Landes zunächst allmählich und dann abrupt.

Innenpolitisch …

- nehmen die Schulden überhand und es kommt zu einem **Konjunkturabschwung.** Wenn das Land sich nicht länger das nötige Geld leihen kann, um seine Schulden zurückzuzahlen, führt das zu großen internen wirtschaftlichen Schwierigkeiten und zwingt es, sich zwischen **einem Staatsbankrott und dem Anwerfen der Druckerpressen zu entscheiden.**

- **In dieser Situation entschließt sich das Land fast immer dazu, eine Menge neues Geld zu drucken** – erst nach und nach und schließlich mit aller Kraft. Dadurch **verliert die Währung an Wert, und die Inflation zieht an.**
- In solchen Zeiten, wenn die Regierung Probleme hat, sich zu finanzieren, während zeitgleich die Finanz- und Wirtschaftslage schlecht ist und bei Wohlstand, Werten und politischen Einstellungen große Lücken klaffen, gibt es gewöhnlich immer **mehr innenpolitische Konflikte zwischen Reich und Arm und verschiedenen ethnischen und religiösen Gruppen.**
- **Das führt zu politischem Extremismus, der sich als linker oder rechter Populismus niederschlägt.** Die Linken wollen den Reichtum umverteilen, die Rechten dafür sorgen, dass er in den Händen der Reichen bleibt. **Dabei handelt es sich um die »antikapitalistische Phase«, in der die Probleme dem Kapitalismus, den Kapitalisten und generell den Eliten angelastet werden.**
- In aller Regel steigen in solchen Zeiten **die Steuern für die Reichen, und wenn diese befürchten, dass ihnen zu viel genommen wird, ziehen sie an Orte und in Anlagen und Währungen um, die ihnen mehr Sicherheit vermitteln. Durch solche Abgänge verringern sich die Steuereinnahmen des Landes, was zu einem klassischen sich selbst verstärkenden Aushöhlungsprozess führt.**
- **Nimmt die Kapitalflucht schlimmere Formen an, erklärt sie das Land für illegal. Spätestens jetzt geraten alle, die wegwollen, in Panik.**
- **Solche Turbulenzen unterminieren die Produktivität,** wodurch sich **der Wirtschaftskuchen verkleinert** und sich die **Konflikte um die Verteilung der abnehmenden Ressourcen verschärfen.** In beiden Lagern kristallisieren sich populistische Leitfiguren heraus und sichern zu, das Ruder zu übernehmen und für Ordnung zu

sorgen. **An diesem Punkt ist die Demokratie in höchster Gefahr, weil sie es nicht schafft, die Anarchie zu kontrollieren, und weil die Erfolgsaussichten eines starken populistischen Anführers, der Ordnung ins Chaos bringt, dann am größten sind.**

- Nehmen die Konflikte im eigenen Land zu, führt das in der einen oder anderen Form zu **Revolution oder Bürgerkrieg, um den Wohlstand neu zu verteilen und große Veränderungen zu erzwingen.** Das kann friedlich und unter Aufrechterhaltung der bestehenden inneren Ordnung verlaufen, doch häufiger **kommt es zu Gewalt und zu einer Neuordnung.** Die Roosevelt-Revolution zur Umverteilung von Wohlstand vollzog sich beispielsweise recht friedlich, während die Revolutionen, die die heimische Ordnung in Deutschland, Japan, Spanien, Russland und China veränderten und sich aus ähnlichen Gründen ebenfalls in den 1930er-Jahren zutrugen, deutlich gewalttätiger waren.

Aus solchen Bürgerkriegen und Revolutionen entsteht, was ich als »neue innere Ordnung« bezeichne. Wie sich die innere Ordnung zyklisch verändert, werde ich in Kapitel 5 noch genauer beleuchten. Vorerst ist vor allem festzustellen, dass sich die innere Ordnung verändern kann, ohne dass sich die Weltordnung verändert. **Erst wenn die Kräfte, die für innenpolitische Unordnung und Instabilität sorgen, mit einer außenpolitischen Herausforderung einhergehen, kann das die ganze Weltordnung verändern.**

Außenpolitisch …

- **wächst die Gefahr eines großen internationalen Konflikts, wenn es eine aufstrebende Großmacht gibt, die in der Lage ist, die bisherige Großmacht und Weltordnung herauszufordern. Das gilt umso mehr, wenn die bisherige Großmacht innenpolitische Konflikte austrägt. Der im Aufstieg begriffene internationale Gegenspieler wird in aller Regel versuchen,**

diese innere Schwäche auszunutzen. Besonders groß ist die Gefahr, wenn die aufstrebende ausländische Macht bereits über vergleichbare Streitkräfte verfügt.

- **Sich gegen ausländische Rivalen zu verteidigen, erfordert hohe Militärausgaben, die gerade dann anfallen, wenn sich die Wirtschaftslage im eigenen Land verschlechtert** und es sich die amtierende Großmacht am wenigsten leisten kann.
- Da es kein tragfähiges System zur friedlichen Beilegung internationaler Auseinandersetzungen gibt, werden solche **Konflikte gewöhnlich durch Kraftproben gelöst.**
- Werden die Provokationen dreister, **steht die Führungsmacht vor der schwierigen Entscheidung, zu kämpfen oder den Rückzug anzutreten.** Im schlimmsten Fall kämpft und verliert sie, doch auch ein Rückzug ist schlecht, weil der Gegner dann weiter vorstoßen kann und andere Länder, die überlegen, auf welche Seite sie sich stellen sollen, das als Schwäche auslegen.
- **Schlechte wirtschaftliche Rahmenbedingungen lösen mehr Kampf um Wohlstand und Macht aus, was unweigerlich zu einer Form von Krieg führt.**
- **Kriege sind ungeheuer kostspielig. Gleichzeitig bringen sie die nötigen tektonischen Verschiebungen hervor, die die Weltordnung auf die neue Wohlstands- und Machtrealität ausrichten.**
- **Verlieren diejenigen, die die Reservewährung und die Anleihen des bröckelnden Imperiums halten, das Vertrauen und verkaufen, so läutet das das Ende eines großen Zyklus ein.**

Liegen alle diese Kräfte gleichzeitig vor – Verschuldung, Bürgerkrieg oder Revolution im eigenen Land, Krieg im Ausland und schwindendes Vertrauen in die Währung –, dann steht gewöhnlich eine Neuordnung der Welt bevor.

Das folgende Diagramm gibt einen Überblick über diese Kräfte und ihren typischen Ablauf.

Auf den letzten Seiten habe ich Ihnen allerhand zugemutet. Vielleicht möchten Sie sie ja gern noch einmal in aller Ruhe durchlesen, um zu prüfen, ob Sie auch alles logisch nachvollziehen können. An anderer Stelle werden wir noch näher auf etliche konkrete Fallbeispiele eingehen. Dann werden Sie erkennen, wie sich die Muster dieser Zyklen bilden – wenn auch nicht in letzter Präzision. Ihr Auftreten als solches und die Gründe dafür sind dabei weniger anfechtbar als ihr genauer Zeitpunkt.

Hier noch einmal als Zusammenfassung: Den Aufwärtstrend von Produktivitätszuwächsen, die zu steigendem Wohlstand und höherem Lebensstandard führen, umgeben Zyklen, die prosperierende Aufbauphasen hervorbringen, in denen das betreffende Land fundamentale Stärke zeigt, weil es im Verhältnis gering verschuldet ist, Wohlstand, Werte und politische Überzeugungen vergleichsweise homogen sind und die Menschen effektiv zusammenarbeiten, um Erfolg, eine gute Ausbildung und Infrastruktur, eine starke, fähige Führung und eine friedliche Weltordnung herbeizuführen, geleitet

von einer oder mehreren dominierenden Weltmächten. Dies sind die guten, glücklichen Zeiten. Kommt es zur Übertreibung – und das ist grundsätzlich der Fall –, zieht das belastende Phasen der Zerstörung und Umstrukturierung nach sich. Die grundlegenden Schwächen des Landes – hohe Schuldenlast, große Unterschiede bei Vermögen, Werten und politischen Einstellungen, die mangelnde Fähigkeit verschiedener Bevölkerungsgruppen, zusammenzuarbeiten, unzulängliche Bildung und Infrastruktur – und die angestrengten Bemühungen, das an seine Grenzen gestoßene Land auch angesichts der stärker werdenden ausländischen Konkurrenz auf Kurs zu halten, münden dann in eine schmerzhafte Phase der Auseinandersetzung, Zerstörung und der anschließenden Umstrukturierung. Diese etabliert schließlich eine neue Ordnung und bereitet den Boden für eine neuerliche Aufbauphase.

Weil sich diese Schritte in einer logischen Abfolge zeitloser, universeller Kausalzusammenhänge abspielen, lässt sich ein Index erstellen, der angibt, wie sich der Gesundheitszustand eines Landes anhand dieser Maßstäbe darstellt. Sind die Werte hoch, ist er stark beziehungsweise positiv und die bevorstehende Periode dann vermutlich ebenso. Fallen die Werte dagegen schwach beziehungsweise negativ aus, so gilt das auch für die Verfassung des Landes. Daher dürften die kommenden Zeiten ebenfalls eher schwach beziehungsweise negativ sein.

In der folgenden Tabelle stelle ich die meisten unserer Kenngrößen farblich dar, um ein klareres Bild zu vermitteln. Dunkelgrün steht dabei für besonders gute Werte, Dunkelrot für besonders schlechte. Der Durchschnitt dieser Werte gibt an, in welcher Phase des Zyklus sich ein Land befindet – ganz ähnlich, wie ich den Durchschnitt der acht Machtwerte als Maßstab für die Gesamtmacht heranziehe. Wie diese Machtwerte, die man zwar so rekonfigurieren könnte, dass sich geringfügig abweichende Zahlen ergeben, sind sie im Großen und Ganzen generell dennoch aussagekräftig. Das will ich hier als beispielhafte Darstellung für den typischen Ablauf aufzeigen, nicht mit Blick auf ein konkretes Fallbeispiel. An anderer Stelle in diesem Buch werde ich aber noch spezifische quantitative Werte für alle maßgeblichen Ländern angeben.

GROBE QUANTITATIVE WERTUNG DER MESSWERTE NACH ZYKLUSSTADIUM[6]

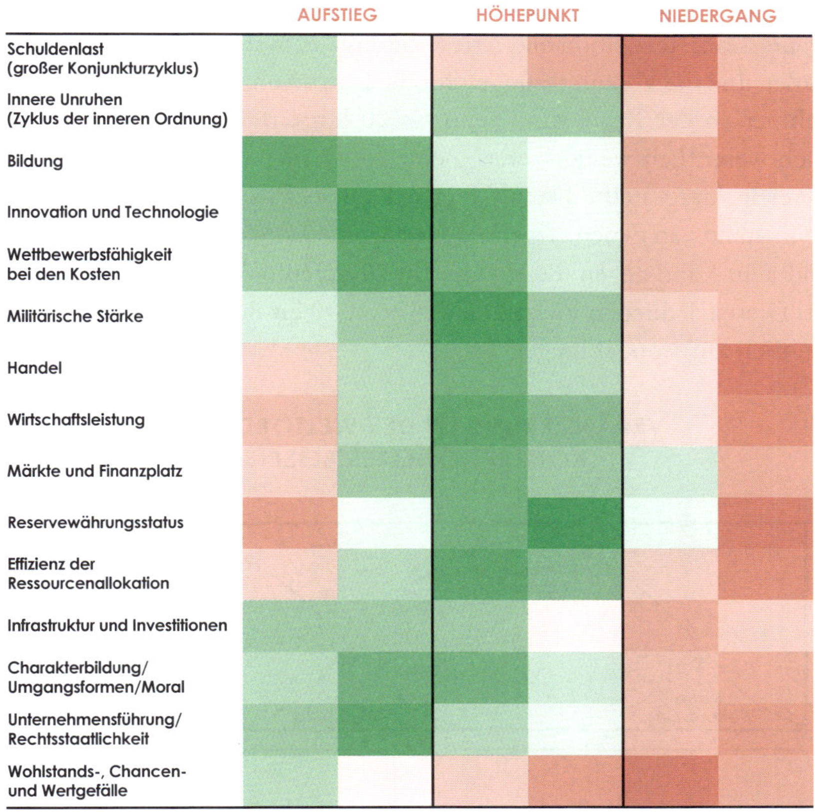

6 Naturereignisse, außenpolitische Ordnung und Geologie sind in dieser Zyklusanalyse nicht erfasst. Die Zahlen beruhen für Determinanten mit begrenzter Historie auf Näherungswerten.

Da sich all diese Faktoren, ob auf- oder absteigend, in aller Regel gegenseitig verstärken, ist es kein Zufall, dass ein großes Wohlstandsgefälle, Schuldenkrisen, Revolutionen, Kriege und Veränderungen der Weltordnung gewöhnlich in einen perfekten Sturm übergehen. Der große Zyklus des Aufstiegs und Niedergangs eines Imperiums erinnert an das folgende Diagramm.

Die schlimmen Phasen der Zerstörung und Umstrukturierung durch Depression, Revolution und Krieg, die das alte System im Grunde niederreißen und die Voraussetzungen für die Entstehung eines neuen schaffen, nehmen in der Regel rund zehn bis 20 Jahre in Anspruch, manchmal auch wesentlich weniger oder mehr. Sie werden durch die schattierten Bereiche dargestellt. Darauf folgen längere Phasen des Friedens und Wohlstands, in denen clevere Menschen harmonisch zusammenarbeiten und kein Land gegen die Weltmacht kämpfen möchte, weil sie zu stark ist. Diese friedlichen Phasen dauern etwa 40 bis 80 Jahre, mitunter auch deutlich kürzer oder länger.

VERÄNDERUNGEN DER WELTORDNUNG (KONZEPTIONELLES BEISPIEL)

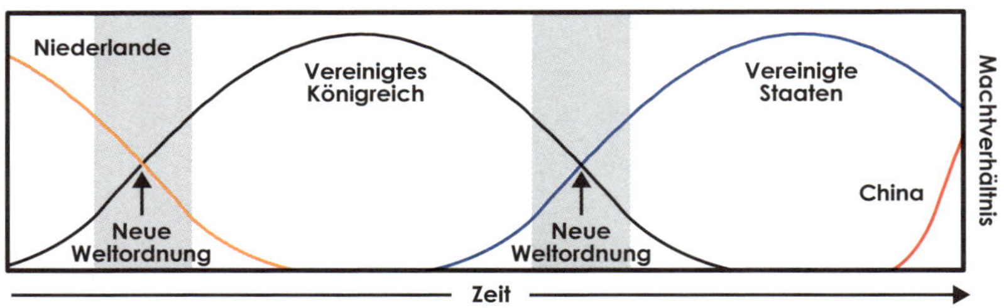

Als das niederländische Imperium vom britischen Empire abgelöst wurde und dieses der Weltmacht USA wich, kam es beispielsweise zu den meisten oder allen der folgenden Entwicklungen:

Ende des alten (niederländischen), Anfang des neuen (britischen) Imperiums

- Umschuldung und Schuldenkrise
- Revolution im eigenen Land (friedlich oder gewaltsam), die zu großen Wohlstandstransfers von den Reichen zu den Armen führt
- Krieg mit anderen Ländern
- Zusammenbruch der Währung
- Neue Ordnung im eigenen Land und in der ganzen Welt

Ende des alten (britischen), Anfang des neuen (US-amerikanischen) Imperiums

- Umschuldung und Schuldenkrise
- Revolution im eigenen Land (friedlich oder gewaltsam), die zu großen Wohlstandstransfers von den Reichen zu den Armen führt
- Krieg mit anderen Ländern
- Zusammenbruch der Währung
- Neue Ordnung im eigenen Land und in der ganzen Welt

EIN ERSTER BLICK AUF UNSERE AKTUELLE SITUATION

Wie bereits angesprochen, vollzog sich die letzte maßgebliche Phase der Zerstörung und Umstrukturierung zwischen 1930 und 1945. Diese führte zu einer Periode des Aufbaus und zu der neuen Weltordnung, die 1945 mit der Einführung eines neuen globalen Währungssystems, das 1944 in Bretton Woods, New Hampshire, entwickelt wurde, und eines von den USA dominierten globalen Führungssystems begann (erkennbar am Sitz der Vereinten Nationen in New York und der Weltbank und des Internationalen Währungsfonds in der US-Hauptstadt Washington). Die neue Weltordnung war die logische Folge des Umstands, dass die USA das reichste Land waren, das damals über zwei Drittel der globalen Goldreserven verfügte (und Gold war seinerzeit Geld), die vorherrschende Wirtschaftsmacht, auf die zu jener Zeit etwa die Hälfte der globalen Produktion entfiel, und die stärkste Streitmacht mit dem Monopol auf Atomwaffen und mit den stärksten konventionellen Streitkräften.

Während ich diese Zeilen schreibe, liegt das schon 75 Jahre zurück, und die großen alten Mächte, die gleichzeitig die maßgeblichen Reservewährungsreiche sind, erreichen klassisch das Ende eines langfristigen Schuldenzyklus, wenn die Schuldenlast hoch ist und die üblichen geldpolitischen Maßnahmen nicht mehr richtig greifen. In letzter Zeit haben politisch fragmentierte Zentralregierungen versucht, Finanzlöcher zu stopfen, indem sie viel geliehenes Geld ausgaben, während die Zentralbanken ihnen unter die Arme griffen, indem sie kräftig Geld druckten (also Staatsschulden monetarisierten). Das alles vollzieht sich, während ein großes Wohlstands- und Wertegefälle besteht und eine Weltmacht aufsteigt, die mit der führenden Weltmacht bei Handel, technischer Entwicklung, Kapitalmärkten und Geopolitik in Konkurrenz tritt. Zu allem Überfluss haben wir auch noch mit einer Pandemie zu kämpfen, während ich an diesem Buch arbeite.

Gleichzeitig eröffnet der menschliche Ideenreichtum in Zusammenarbeit mit künstlicher Intelligenz großartige Möglichkeiten, diese Herausforderungen zu bewältigen. Gehen wir alle gut miteinander um, werden wir diese schwierigen Zeiten sicherlich überstehen und in eine neue blühende Periode übergehen, die ganz anders aussieht. Dabei bin ich gleichermaßen sicher, dass es radikale Veränderungen geben wird, die für viele Menschen traumatisch sein werden.

So viel zur Kurzdarstellung. Hier folgt die ausführlichere Beschreibung.

KAPITEL 2

DIE DETERMINANTEN

Kapitel 1 handelte vom großen Zyklus im Zeitraffer. In den restlichen Kapiteln von Teil I schildere ich nun ausführlicher, wie ich das Perpetuum mobile wahrnehme, das dabei am Werk ist. In diesem Kapitel gebe ich Ihnen einen Überblick über die maßgeblichen Determinanten und fasse zusammen, wie ich diese in mein »Modell« integriere.

»Die Geschichte wiederholt sich«, heißt es. Das würden die meisten Menschen sicherlich bestätigen. Sie wiederholt sich, weil maßgebliche Ereignisse immer wieder auftreten, wenn auch nie genau gleich. Der Grund dafür: Die Kausalzusammenhänge, die diesen Ereignissen zugrunde liegen, sind zwar zeitlos und universell, doch die Entwicklungen und wechselseitigen Einflüsse jeweils unterschiedlich. Befasst man sich genauer mit vielen ähnlichen Vorkommnissen aus unterschiedlichen Epochen an verschiedenen Orten, kristallisieren sich Ursachen und Wirkungen klarer heraus. Nach meiner Erkenntnis läuft die Geschichte immer weiter – wie ein Perpetuum mobile, das von Kausalzusammenhängen angetrieben wird, die sich im Zeitverlauf sowohl weiterentwickeln als auch wiederholen.

Um mit den Realitäten zurande zu kommen, mit denen ich mich konfrontiert sehe, gehe ich folgendermaßen vor:

- **Ich interagiere mit dieser Maschinerie und versuche zu begreifen, wie sie funktioniert.**
- **Ich halte meine Beobachtungen zur Funktionsweise schriftlich fest – und ebenso die Grundsätze, die ich mir angeeignet habe, um damit umzugehen.**
- **Ich führe einen Rückvergleich dieser Grundsätze mit der Vergangenheit durch.**
- **Ich wandle diese Grundsätze in Gleichungen um, die ich in einen Computer eingebe, der mich bei meinen Entscheidungen unterstützt.**
- **Ich lerne aus Erfahrung und aus meiner Aufarbeitung dieser Erfahrungen, meine Grundsätze präziser zu formulieren.**
- **Diesen Prozess wiederhole ich immer wieder aufs Neue.**

Stellen Sie sich einen Schachspieler vor, der sich notiert, welche Kriterien er in verschiedenen Konstellationen für unterschiedliche Züge heranzieht, und diese dann in einen Computer programmiert, welcher ihm im Spiel wie ein Partner zur Seite steht. Jeder Spieler bringt dabei seine besonderen Stärken in die Partie ein. Der menschliche Part ist einfallsreicher, denkt eher lateral und kann besser schlussfolgern, während der Computer Daten schneller berechnen und Muster leichter erkennen kann und nicht emotional reagiert. Dieser fortwährende Prozess des Lernens, des Aufbauens, der Anwendung und des Feinschliffs in Partnerschaft mit Computern beschreibt genau, wie ich vorgehe – nur dass ich nicht Schach spiele, sondern weltweit auf makroökonomischer Grundlage investiere.

In diesem Kapitel stelle ich dar, wie nach meinen bisherigen Erkenntnissen das Perpetuum mobile funktioniert, das dem Aufstieg und Niedergang von Imperien und ihren Reservewährungen zugrunde liegt, und gebe Ihnen Einblick in das Spiel, wie ich es spiele. Ich bin mir durchaus bewusst, dass mein Denkmodell in vieler Hinsicht fehlerhaft und unvollständig ist, doch ein Besseres habe ich vorerst nicht, und für mich hat es sich bisher als unschätzbar wertvoll erwiesen. Ich gebe es an Sie weiter, damit Sie es nach Ihrem Gutdünken ausprobieren, ergründen und nach Ihren Vorstellungen weiterentwickeln können. Ich hoffe, Sie und andere so dazu anzuregen, über die zeitlosen, universellen Kausalzusammenhänge nachzudenken, die den Realitäten zugrunde liegen, mit denen wir konfrontiert werden – und über die optimalen Grundsätze –, um darin zurechtzukommen. Indem wir dieses Modell Belastungsproben unterziehen und es vorbehaltlos diskutieren, werden wir an den Punkt gelangen, an dem wir uns auf eine weithin akzeptierte Blaupause der Prozesse und ihrer Ursachen einigen können. Anhand dieser Blaupause können wir dann versuchen, gemeinsam zu bestimmen, in welchem Stadium sich einzelne Länder befinden und welches jeweils der beste Ansatz ist – ob als Einzelne in unserem persönlichen Interesse oder als Spitzenpolitiker im Interesse unseres Landes.

Im vorangegangenen Kapitel habe ich Ihnen eine stark vereinfachte Beschreibung der Determinanten für die Entwicklung und den zyklischen Aufstieg und Niedergang von Imperien – und insbesondere der meiner Überzeugung nach primären Treiber der großen Zyklen – präsentiert. In diesem Kapitel werde ich das Modell genauer erläutern. Es stützt sich auf die Entwicklungen, die sich nach meiner Erkenntnis im Zeitverlauf in den elf führenden Imperien der letzten 500 Jahre, den 20 maßgeblichen Ländern der letzten 100 Jahre und den großen chinesischen Dynastien der letzten 1.400 Jahre abgespielt haben. Um es klar zu sagen: Ich halte mich keinesfalls für einen historischen Fachmann für die zitierten Beispiele, und diese machen nur einen kleinen Prozentsatz aller Fallbeispiele aus. Auf verschiedene der bedeutendsten Imperien der Frühgeschichte (wie das römische, das griechische, das ägyptische, das byzantinische, das mongolische, das Han- oder Sui-, das arabische oder persische Reich) gehe ich nur flüchtig ein. Viele andere Imperien, deren Aufstieg und Niedergang sich weltweit in Afrika, Südasien, auf den pazifischen Inseln und im präkolonialen Nord- und Südamerika zugetragen hat, bleiben gänzlich unerwähnt. In anderen Worten: Es gibt noch weitaus mehr, die *nicht* Gegenstand meiner Untersuchung waren. Ich gehe dennoch davon aus, dass ich genug gesehen habe, um ein brauchbares Denkmodell zu entwickeln, das auf die meisten Länder anwendbar ist und mir in meinem Bemühen, zu verstehen, was heute passiert, sehr gute Dienste leistet und mir hilft, ein nützliches, wenn auch vages Bild der Zukunft zu entwerfen.

WIE MEIN PERPETUUM-MOBILE-DENKMODELL AUFGEBAUT IST

Wir können verfolgen, wie sich der menschliche Lebenszyklus von der Geburt zum Tod entwickelt und welche Einflüsse eine Generation auf die nächste ausübt. Nicht anders verhält es sich mit Ländern und Imperien. Wir können beobachten, wie Werte, Vermögen, Verbindlichkeiten und Erfahrungen weitergegeben werden und wie sich ihre evolutionären Effekte von einer auf die andere Generation übertragen. Wir können feststellen, wann ein Imperium seinen Höhepunkt erreicht und wann es sich im Niedergang befindet.

● ***In der Geschichte hatten die Menschen stets Systeme oder Ordnungen, die den Umgang untereinander regelten. Solche Systeme innerhalb von Ländern bezeichne ich als »innenpolitische Ordnung«, Systeme, die den Umgang zwischen Ländern regeln, als »außenpolitische Ordnung«, und Systeme, die für die ganze Welt gelten, als »Weltordnung«. Solche Ordnungen beeinflussen einander und verändern sich ständig.*** Derartige Ordnungen hat es schon immer gegeben – auf jeder Ebene: in der Familie, in Unternehmen, in Städten, Bundesstaaten oder -ländern, aber auch international. Sie legen fest, wem welche Befugnis zukommt, wie Entscheidungen getroffen werden und unter anderem auch, wie Vermögen und politischer Einfluss verteilt werden. Wie sie aussehen und funktionieren, ergibt sich aus der Natur des Menschen, aus der Kultur und aus den Umständen. In den USA liegen heute innerhalb ihres demokratischen Systems bestimmte politische Bedingungen vor, doch sowohl diese Bedingungen als auch das System sind ständigen Veränderungen unterworfen, weil sie unter dem Druck zeitloser, universeller Kräfte stehen.

Wie ich es sehe, gibt es stets sowohl 1) bestehende Bedingungen, zu denen die bisherige innenpolitische Ordnung und die vorliegende Weltordnung zählen, und 2) zeitlose, universelle Kräfte, die Veränderungen dieser Bedingungen hervorrufen. Die meisten Menschen achten dabei zu sehr darauf, welche Faktoren aktuell vorliegen, als auf die zeitlosen, universellen Kräfte, die die Veränderungen bewirken. Ich gehe genau entgegengesetzt vor, um Veränderungen vorherzusehen. **Allem, was bisher passiert ist, und allem, was noch passieren wird, liegen auslösende Determinanten zugrunde. Wenn wir diese Determinanten erkennen, können wir nachvollziehen, wie die Maschinerie funktioniert, und besser einschätzen, was wohl als Nächstes auf uns zukommen wird.**

Da alles, was sich in der Vergangenheit ereignet hat, und alles, was sich künftig zutragen wird, den Interaktionen der Teile dieses Perpetuum mobiles zuzuschreiben war und ist, kann man sagen, alles sei vorbestimmt. Ich bin überzeugt: Hätten wir ein perfektes Modell, das alle Kausalzusammenhänge berücksichtigt, könnten wir die Zukunft genau prognostizieren. Im Wege steht uns dabei nur, dass wir nicht in der Lage sind, sämtliche dieser Ursache-Wirkungs-Beziehungen zu modellieren. Das mag stimmen oder auch nicht, verrät Ihnen aber jedenfalls, wie ich die Dinge sehe und was ich damit bezwecke.

Viele Menschen sehen das ganz anders. Sie glauben, die Zukunft sei unergründlich und Bestimmung gäbe es nicht. Der Klarstellung halber: Ein vollkommenes Modell, das ein nahezu perfektes Bild von der vorbestimmten Zukunft vermittelt, wäre zwar toll, doch ich gehe nicht davon aus, dass mein Modell auch nur annähernd an dieses Idealbild herankommt. Mir geht es schlicht darum, mir ein grobes, doch ausbaufähiges Modell zu verschaffen, mit dem ich besser dastehe als die Konkurrenz – und auf jeden Fall besser als ohne ein solches Modell.

Die Grundlage für dieses Modell bildet eine ebenso quantitative wie qualitative Geschichtsbetrachtung, weil ich 1), indem ich messe, welche Bedingungen vorliegen und wie sie sich verändern, die zugrunde liegenden Kausalzusammenhänge objektiver bestimmen, dann eine voraussichtliche

Palette von Erwartungen entwickeln und meine Entscheidungsprozesse entsprechend systematisieren kann, aber 2) eben nicht alles quantitativ messen kann.

Mein Prozess besteht darin, mir viele Fallbeispiele anzusehen, um festzustellen, wie ihre Determinanten die charakteristischen Wirkungen hervorbringen. Ein einfaches Beispiel: Eine hohe Verschuldung (eine Determinante) führt in Verbindung mit einer Verknappung der Geldmenge (eine weitere Determinante) im Regelfall zu einer Schuldenkrise (die Wirkung). Gleichermaßen gilt: Wenn die drei großen Zyklen, die ich in Kapitel 1 beschrieben habe, ungünstig zusammenfallen (also hohe Schuldenlast, während die Zentralbank reichlich Geld druckt, innenpolitische Konflikte, die sich aus Unterschieden bei Wohlstand, Werten und politischen Einstellungen ergeben, und der Aufstieg einer oder mehrerer rivalisierender Mächte), so hat das gewöhnlich den Niedergang eines bestehenden Imperiums zur Folge. **In meinem Denkmodell stellt sich die Beziehung zwischen den Determinanten und ihren Wirkungen in verschiedenen Fällen folgendermaßen dar:**

WIE DIE MASCHINE FUNKTIONIERT = (F) …

	Fall 1	Fall 2	Fall 3	Fall 4	Fall 5	Fall 6	Fall 7	Fall 8	Fall 9	Fall 10, Etc
Determinante 1	Wirkung	Wirkung	Wirkung	Wirkung	Wirkung	Wirkung	Wirkung	Wirkung	Wirkung	Wirkung
Determinante 2	Wirkung	Wirkung	Wirkung	Wirkung	Wirkung	Wirkung	Wirkung	Wirkung	Wirkung	Wirkung
Determinante 3	Wirkung	Wirkung	Wirkung	Wirkung	Wirkung	Wirkung	Wirkung	Wirkung	Wirkung	Wirkung
Determinante 4	Wirkung	Wirkung	Wirkung	Wirkung	Wirkung	Wirkung	Wirkung	Wirkung	Wirkung	Wirkung
Determinante 5	Wirkung	Wirkung	Wirkung	Wirkung	Wirkung	Wirkung	Wirkung	Wirkung	Wirkung	Wirkung
Determinante 6	Wirkung	Wirkung	Wirkung	Wirkung	Wirkung	Wirkung	Wirkung	Wirkung	Wirkung	Wirkung
Determinante 7	Wirkung	Wirkung	Wirkung	Wirkung	Wirkung	Wirkung	Wirkung	Wirkung	Wirkung	Wirkung
Determinante 8	Wirkung	Wirkung	Wirkung	Wirkung	Wirkung	Wirkung	Wirkung	Wirkung	Wirkung	Wirkung
Determinante 9	Wirkung	Wirkung	Wirkung	Wirkung	Wirkung	Wirkung	Wirkung	Wirkung	Wirkung	Wirkung
Determinante 10	Wirkung	Wirkung	Wirkung	Wirkung	Wirkung	Wirkung	Wirkung	Wirkung	Wirkung	Wirkung
Etc										

Determinanten führen zu Wirkungen, die im Anschluss selbst zu Determinanten werden und ihrerseits Wirkungen erzielen, welche vielfach in Zusammenhang stehen. Wir können uns also die einzelnen Fälle ansehen und feststellen, was passiert ist (die Wirkung) und was dazu führte (die Determinanten). Oder wir können die Determinanten betrachten, um die von ihnen ausgeübten Wirkungen zu erkennen, durch die sich die verschiedenen Fallbeispiele ergaben. Die Determinanten sind sowohl die vorliegenden Fakten als auch die Energie, die Veränderungen hervorruft. Wie Energie und Materie handelt es sich dabei letztlich um ein- und dasselbe. Sie erzeugen neue Gegebenheiten und neue Determinanten, die neuerliche Veränderungen zur Folge haben.

Auf diese Weise versuche ich, das Perpetuum mobile zu modellieren.

DIE DETERMINANTEN: 3, 5, 8 UND 18 AN DER ZAHL

In Kapitel 1 habe ich Sie mit dem vertraut gemacht, was ich als die drei großen Zyklen betrachte, sowie mit den acht wichtigsten Determinanten für den Aufstieg und Niedergang von Imperien und ihren Währungen. **Weil Überlegungen zu diesen Determinanten und ihren Interaktionen so komplex sind, schlage ich vor, dass Sie sich die drei großen Zyklen als wichtigste Faktoren merken, die es zu beachten gilt: 1) den positiven und negativen Finanzzyklus (zum Beispiel den Kapitalmarktzyklus), 2) den Zyklus der innenpolitischen Ordnung und Unruhe (aufgrund der graduellen Abstufung der Zusammenarbeit beziehungsweise der Kämpfe um Wohlstand und Macht, die in erster Linie durch ein Wohlstands- und Wertegefälle ausgelöst werden), und 3) den Zyklus der außenpolitischen Ordnung und Unruhe (infolge der graduell unterschiedlichen Wettbewerbsfähigkeit bestehender Mächte im Kampf um Wohlstand und Macht).** Ich hoffe, Sie begleiten mich auf dem Weg zum tieferen Verständnis dieser drei Zyklen und zu der Erkenntnis, in welcher Zyklusphase sich die jeweiligen Länder befinden. Geschichte und Logik belegen: Bewegt sich ein Land in allen drei Zyklen in einer positiven Phase, so ist es stark und im Aufstieg begriffen. Sind alle drei Zyklen in eine negative Phase eingetreten, so ist das betreffende Land schwach und befindet sich im Niedergang.

Müsste ich noch zwei weitere Determinanten nennen, die im Blick zu behalten sind, so wären das 4) das Tempo der Innovation und der technischen Entwicklung, um Probleme zu lösen und Verbesserungen herbeizuführen, und 5) Naturereignisse, allen voran Dürreperioden, Überschwemmungen und Krankheiten. Der Grund dafür: Innovation und technischer Fortschritt können die meisten Probleme lösen und die Entwicklung vorantreiben, und Naturereignisse wie Dürren, Überschwemmungen und Krankheiten haben in der Geschichte bisher stets gewaltige Auswirkungen gezeigt. Dabei handelt es sich um die fünf wichtigsten Kräfte, die ich als »Big Five« bezeichne. Entwickeln sich diese in dieselbe Richtung – aufwärts oder abwärts –, folgen die meisten anderen Faktoren nach.

Ich habe darüber hinaus die acht Kräfte vorgestellt, die ich messen konnte und die mir am wichtigsten erschienen. Diese finden Sie im Überblick zusammen mit den großen Zyklen in der folgenden Auflistung.

Diese Indikatoren zeigen die Auf- und Abschwünge nicht nur an, sondern liegen ihnen zugrunde. Die grafische Darstellung des archetypischen Aufstiegs und Niedergangs nach Faktoren aus Kapitel 1 wies die Durchschnittswerte für diese Indikatoren im Zuge der Entwicklung des archetypischen Zyklus aus. Und jede dieser Kräftegattungen, die zyklisch zunehmen und zurückgehen, fällt mit den anderen Zyklen zusammen, woraus sich der eine große Zyklus des Aufstiegs und Niedergangs des betreffenden Imperiums ergibt.

Es gibt aber noch weitere Determinanten wie Geologie/Geografie, Rechtsstaatlichkeit und Infrastruktur, die ebenfalls eine Rolle spielen.

DIE DREI GROSSEN ZYKLEN

Gesund	Großer Schulden-/Geld-/Kapitalmarkt-/Konjunkturzyklus	Ungesund
Ordnung	Großer Zyklus innenpolitischer Ordnung und Unruhe	Unruhe
Frieden	Großer Zyklus außenpolitischer Ordnung und Unruhe	Krieg

WEITERE MASSGEBLICHE DETERMINANTEN (ACHT ZENTRALE MACHTMASSSTÄBE)

Hoch	Bildung	Niedrig
Hoch	Innovation und Technologie	Niedrig
Stark	Wettbewerbsfähigkeit (Kosten)	Schwach
Stark	Militärische Stärke	Schwach
Günstig	Handel	Ungünstig
Hoch	Wirtschaftsleistung	Niedrig
Stark	Märkte und Finanzplatz	Schwach
Stark	Reservewährungsstatus	Schwach

WEITERE DETERMINANTEN

Günstig	Geologie	Ungünstig
Effizient	Ressourcenallokation	Ineffizient
Vorteilhaft	Naturereignisse	Nachteilig
Hoch	Infrastruktur und Investitionen	Niedrig
Stark	Charakter/Umgangsformen/Zielstrebigkeit	Schwach
Stark	Staatsführung/Rechtsstaatlichkeit	Schwach
Klein	Unterschiede bei Wohlstand, Chancen und Werten	Groß

Die vollständige Liste von 18 Faktoren[1], die in mein Modell einfließen, finden Sie auf Seite 90. Eine ausführliche Beschreibung aller 18 Einzelfaktoren können Sie am Ende von Kapitel 14 lesen.

Mir will es nicht gelingen, all diese Größen und auch noch die übrigen maßgeblichen herrschenden Kräfte im Kopf zu messen und zu gewichten. Aus diesem Grund analysiere ich sie mithilfe eines Computers. Meine Analysen zu den führenden elf Ländern finden Sie im Anhang. Einzelheiten zu bestimmten Komponenten für die führenden 20 Länder liefere ich außerdem auf www.economicprinciples.org.

Zwar ist keine dieser Determinanten für sich allein aussagekräftig, doch wie Sie meines Erachtens feststellen werden, ist in der Gesamtschau daraus recht klar ersichtlich, in welcher Zyklusphase sich ein Land gerade befindet und wohin es sich entwickelt. Wenn Sie Spaß daran haben, können Sie gern eine kleine Übung machen und ankreuzen, wo diese Kenngrößen für jedes Land liegen, das Sie interessiert. Ordnen Sie jedem Land zu jedem Attribut auf einer Skala von 1 bis 10 einen Wert zu, beginnend ganz links mit 10, bis hin zu 1 ganz rechts. Zählen Sie diese Werte zusammen, so gilt: Je höher die Zahl, desto größer die Wahrscheinlichkeit, dass ein Land im Vergleich aufsteigt. Je niedriger die Zahl, desto wahrscheinlicher fällt es ab. Nehmen Sie sich kurz Zeit, um auszurechnen, wo sich die Vereinigten Staaten, China, Italien und Brasilien gerade befinden.

---

1 Lassen Sie mich den Unterschied zwischen einer Determinante und einem Zyklus klarstellen, weil ich diese Begriffe manchmal in einer Weise verwende, die womöglich nicht eindeutig ist. Bei einer Determinante handelt es sich um einen Faktor (zum Beispiel um die Geldmenge), bei einem Zyklus dagegen um eine Reihe sich selbst verstärkender Determinanten, die dazu führen, dass Entwicklungen auf eine bestimmte Art und Weise ablaufen – wenn zum Beispiel Zentralbanken viel Geld drucken und die verfügbaren Kreditmittel letztlich zu kräftigem Wirtschaftswachstum, Inflation und Blasenbildung führen, was die Zentralbanken veranlasst, die Geldmenge zu verringern, wodurch es zu Markt- und Konjunkturabschwüngen kommt, was die Zentralbanken wiederum dazu bringt, die Geldmenge zu erhöhen, um … et cetera. Daher handelt es sich bei den Zyklen an sich um Determinanten, die sich aus ergänzenden Kräften zusammensetzen, welche in einem Prozess interagieren, um so im Zeitverlauf immer wieder dieselben Ergebnisse hervorzubringen.

Weil ich so systematisch vorgehe wie irgend möglich, bemühe ich mich, möglichst viele Größen in einem Entscheidungssystem zu quantifizieren. Mithilfe meines Teams habe ich Barometer entwickelt, die Faktoren wie innen- und außenpolitische Konflikte, unterschiedliche politische Einstelllungen und dergleichen berücksichtigen, sodass ich besser erkennen kann, in welchem Zyklusabschnitt sich ein Land gerade befindet. Manche dieser weniger wichtigen Determinanten sind als Teilkomponenten in den maßgeblichen Determinanten zusammengefasst.

Ich messe und beschreibe die Determinanten zwar jeweils für sich, doch so kommen sie nicht vor. Sie stehen untereinander in Zusammenhang und mischen sich. In aller Regel verstärken sie sich gegenseitig – und damit auch die Aufwärts- beziehungsweise Abwärtsbewegung des gesamten Zyklus. So führt beispielsweise ein besserer Bildungswert zu mehr technischer Innovation, was wiederum die Produktivität steigert und damit den Handelsanteil. Das führt zu größerem Wohlstand, mehr militärischer Macht und sorgt letztlich dafür, dass sich eine Reservewährung etabliert. Des Weiteren gilt: Verfügt ein Land über eine starke Führung, eine gut gebildete Bevölkerung, die zivilisiert miteinander umgeht, ein effizientes System zur Allokation von Kapital und anderen Ressourcen und hat Zugang zu natürlichen Ressourcen sowie vorteilhafte geografische Voraussetzungen, so ist das alles sehr nützlich. Gehen diese Werte zurück, dann gewöhnlich alle auf einmal.

Natürlich lassen sich nicht alle Indikatoren in Zahlen und Gleichungen ausdrücken. Aspekte wie die menschliche Natur und das Kräftespiel, das sich auf Verhaltensweisen und Ergebnisse auswirkt, lassen sich besser in Worte fassen. Solche Faktoren bezeichne ich als »Kräfte«. Die folgende Tabelle enthält eine Aufstellung weiterer wichtiger Kräfte, die ich bei der Bewertung der aktuellen Lage einer Nation und ihrer voraussichtlich anstehenden Entwicklung im Hinterkopf habe.

ZU BEACHTENDE KRÄFTE

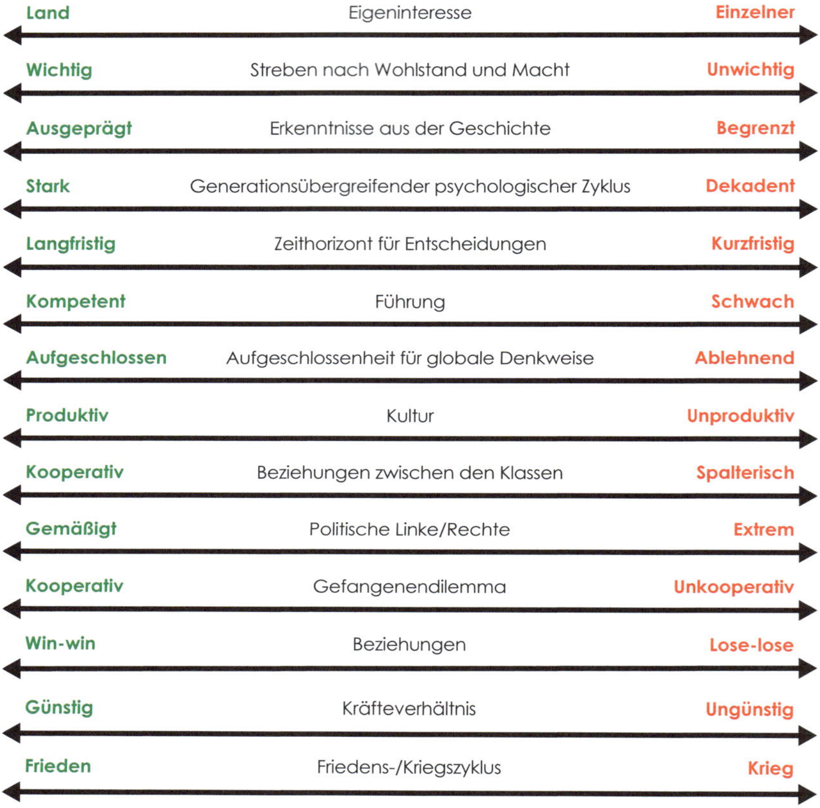

Land	Eigeninteresse	Einzelner
Wichtig	Streben nach Wohlstand und Macht	Unwichtig
Ausgeprägt	Erkenntnisse aus der Geschichte	Begrenzt
Stark	Generationsübergreifender psychologischer Zyklus	Dekadent
Langfristig	Zeithorizont für Entscheidungen	Kurzfristig
Kompetent	Führung	Schwach
Aufgeschlossen	Aufgeschlossenheit für globale Denkweise	Ablehnend
Produktiv	Kultur	Unproduktiv
Kooperativ	Beziehungen zwischen den Klassen	Spalterisch
Gemäßigt	Politische Linke/Rechte	Extrem
Kooperativ	Gefangenendilemma	Unkooperativ
Win-win	Beziehungen	Lose-lose
Günstig	Kräfteverhältnis	Ungünstig
Frieden	Friedens-/Kriegszyklus	Krieg

Das ist eine ganze Menge, dabei aber gleichzeitig zu wenig und zu viel: zu wenig, um den jeweiligen Themen vollständig gerecht zu werden (die Gegenstand ganzer Bücher und Doktorarbeiten sind), doch zu viel, um das alles zu verarbeiten und zu verdauen. Ich habe versucht, einen kleinen Teil all dessen, was ich darüber in Erfahrung bringen konnte, im Folgenden für Sie zusammenzufassen. Umfassendere Darstellungen einer Reihe dieser Kräfte sind in einem Nachtrag enthalten, der sich unmittelbar an dieses Kapitel anschließt, falls Sie gern tiefer in die eine oder andere Thematik einsteigen möchten. **Mir ist zwar klar, dass im Folgenden nicht**

alle der wichtigsten Determinanten berücksichtigt sind, aber ich weiß, dass diejenigen, die ich an dieser Stelle und in den Folgekapiteln herausgreife, die wichtigsten Einflüsse darstellen, die im Laufe der Geschichte immer wieder die bedeutendsten Ereignisse hervorgerufen haben. Natürlich lasse ich mich von anderen jederzeit gerne korrigieren und mir zeigen, wie ich meine Darstellungen vervollständigen kann.

ANALYSE DER DETERMINANTEN UND KRÄFTE

Ich finde, dass die Kenntnis der verschiedenen Umstände, mit denen Länder konfrontiert sind, sowie der Strategien und der Gruppendynamik, mit denen sie sich diesen Umständen stellen, mir hilft zu verstehen, welche Reaktionen vermutlich als Nächstes zu erwarten sind und wie sich diese auf die wichtigsten Determinanten auswirken werden. Wie sich diese für mich darstellen, erkläre ich noch etwas ausführlicher, und zwar durch eine Top-down-Analyse der Gesamtmaschinerie.

Nach meinem Dafürhalten gibt es zwei Gattungen von Determinanten und Kräften, die Ereignissen zugrunde liegen:

1. **Ererbte Determinanten:** Dazu gehören die Geografie und die Geologie eines Landes sowie Naturereignisse wie Wetter und Krankheiten.
2. **Humankapitaldeterminanten:** Darunter ist zu verstehen, wie die Menschen mit sich selbst und miteinander umgehen. Ihnen liegen die Natur des Menschen und die unterschiedlichen Kulturen zugrunde (durch die sich ihre Herangehensweisen differenzieren).

Diese beiden großen Kategorien beinhalten viele maßgebliche Faktoren, die von ganz spezifischen Eigenschaften eines Landes (wie seiner Geografie) bis zu universellen Aspekten reichen (wie der menschlichen

Neigung, einem langfristigen Ziel eine kurzfristige Befriedigung vorzuziehen). Sie sind auf jeder Ebene erkennbar, ob beim Einzelnen, in Kommunen, Ländern oder Imperien.

ERERBTE DETERMINANTEN

Mit den ererbten Determinanten für das Wohlergehen eines Landes meine ich seine Geografie, seine Geologie, seine Genealogie sowie Naturereignisse. Das sind maßgebliche Treiber der Geschichte eines Landes oder Volkes. So ist der Erfolg der Vereinigten Staaten nur nachvollziehbar, wenn man weiß, dass sie durch zwei Ozeane von den Mächten Europas und Asiens getrennt und mit den meisten Mineralien, Metallen und sonstigen natürlichen Ressourcen gesegnet sind, die sie brauchen, um autark zu florieren – darunter Boden, Wasser und ein gemäßigtes Klima, das ihnen erlaubt, die meisten ihrer Lebensmittel selbst zu erzeugen. Diese Faktoren ermöglichten dem Land bis vor etwas mehr als einem Jahrhundert einen weitgehenden Isolationismus, während es so viel in Bildung, Infrastruktur und Innovation investierte, dass es dadurch erstarken konnte. Schauen wir uns das kurz genauer an.

1. Geografie. Die Lage, die Umgebung und die landschaftliche Gestaltung eines Landes sind allesamt maßgebliche Determinanten. So schufen beispielsweise die geografischen Gegebenheiten in den Vereinigten Staaten und China – beides große Landmassen, durch gewaltige natürliche Barrieren aus Wasser und Bergen eingegrenzt – die Voraussetzungen für die Tendenz zu einem großen Ganzen, was die Gemeinsamkeiten der Menschen (zum Beispiel eine gemeinsame Sprache, Regierung, Kultur et cetera) verstärkt. Europas Geografie mit viel mehr natürlichen Grenzen im Inneren förderte dagegen die Aufteilung in verschiedene Staaten beziehungsweise Länder und führte zu mehr Unterschieden zwischen den Menschen (wie verschiedenen Sprachen, Regierungen, Kulturen et cetera).

2. Geologie. Die natürlichen Ressourcen auf und unter der Oberfläche eines Landes sind von entscheidender Bedeutung. Allerdings ist die Geologie im Verhältnis zum Humankapital auch nicht überzubewerten. Die Geschichte lehrt uns, dass noch jeder Rohstoff (inflationsbereinigt) an Wert verloren hat, und dass dieser Abwärtstrend von kräftigen Auf- und Abwärtszyklen begleitet wird. Der Grund dafür: Der Erfindungsgeist verändert, was gerade gefragt ist – wenn etwa neue Energiequellen alte ersetzen, Glasfaser an die Stelle von Kupferdraht tritt und Ähnliches –, und natürliche Ressourcen erschöpfen sich mit der Zeit. Der Reichtum, die Macht und die Relevanz vieler Länder des Nahen Ostens für die übrige Welt haben mit der Bedeutung des Erdöls zugenommen und könnten auch wieder abnehmen, wenn sich die Welt von fossilen Brennstoffen abwendet. Die heikelste Position besteht in einer hohen Abhängigkeit von einem oder wenigen Rohstoffen, denn diese sind extrem zyklisch und verlieren mitunter zeitgleich an Wert.

3. Naturereignisse. Naturereignisse können viele Formen annehmen: Epidemien, Flutkatastrophen und Dürreperioden. In der Geschichte haben sie das Wohlergehen von Ländern und den Verlauf ihrer Entwicklung stärker geprägt als Kriege und Depressionen. Dem Schwarzen Tod fielen in den Jahren um 1350 schätzungsweise 75 bis 200 Millionen Menschen zum Opfer; die Pocken töteten im 20. Jahrhundert über 300 Millionen Menschen – mehr als doppelt so viele wie Kriege. Dürre und Überschwemmungen lösten gewaltige Hungersnöte aus und forderten viele Todesopfer. Solche Katastrophen treten gewöhnlich unerwartet ein und stellen Bewährungsproben dar, die offenbaren, wie stark oder schwach eine Gesellschaft wirklich ist.

4. Genealogie. Da ich kein Genetikexperte bin, kann ich zum Thema Genealogie nur so viel sagen: Alle Menschen kommen mit Erbgut auf die Welt, das ein Stück weit beeinflusst, wie sie sich verhalten. Dass die genetische Beschaffenheit der Bevölkerung eines Landes gewisse

Effekte darauf hat, wie sich dieses Land entwickelt, ist daher logisch. Abgesehen davon sollte ich vielleicht auf Folgendes hinweisen: Die mir vorliegenden Belege sprechen überwiegend dafür, dass lediglich ein geringer Prozentsatz (höchstens 15 Prozent) der Verhaltensunterschiede von Angehörigen verschiedener Bevölkerungsgruppen durch genetische Abweichungen erklärbar sein könnte. Die Genetik scheint daher im Vergleich zu den übrigen von mir angesprochenen Einflüssen eine eher unbedeutende Determinante zu sein.

HUMANKAPITALDETERMINANTEN

● ***Die ererbten Aktiv- und Passivposten eines Landes sind zwar von großer Bedeutung, doch die Geschichte lehrt, dass der Umgang der Menschen mit sich selbst und mit anderen die allerwichtigste Determinante ist.*** Damit meine ich, dass es vor allem darauf ankommt, ob sie sich an hohe Verhaltensstandards halten, Selbstdisziplin beweisen und zivilisiert miteinander verkehren, um produktive Mitglieder ihrer jeweiligen Gesellschaft zu sein. Diese Eigenschaften, und dann noch Flexibilität und Resilienz (also die Fähigkeit, sich an »Gutes« und »Schlechtes« anzupassen), ermöglichen es den Menschen, Rückschläge zu minimieren und Chancen zu maximieren. In einer produktiven Gesellschaft zeigt die Mehrheit der Menschen Charakterstärke, Vernunft, Kreativität und Rücksicht.

Weil es sich bei Kapital um einen Vermögenswert handelt, der Erträge generiert, lässt sich Humankapital als Menschen definieren, die Ertrag bringen. ● ***Sind die Menschen in der Lage, mehr zu erwirtschaften, als sie ausgeben, verfügt die Gesellschaft über positives Humankapital und ist selbstversorgend.*** Ich bezeichne das als »Autarkie plus«, und danach sollten alle Menschen, Unternehmen und Länder streben, um individuell und kollektiv finanzielle Stärke zu erlangen. Die Wahrscheinlichkeit eines positiven Humankapitals und einer »Autarkie plus« steigt durch hohe Qualität der Bildung, eine Kultur des Fleißes und der Zusammenarbeit, Aus- und Weiterbildung et cetera. Gesellschaften, die nicht über positives Humankapital verfügen, belasten entweder ihre Ressourcen oder machen immer mehr Schulden, die sie am Ende nicht zurückzahlen können, sodass sie früher oder später in Schwierigkeiten geraten.

● ***Während viele Länder über natürliche Ressourcen verfügen, auf die sie zurückgreifen können, ist Humankapital das nachhaltigste Kapital, denn ererbtes Vermögen, das dezimiert wird, ist irgendwann aufgebraucht, während Humankapital ewig fortbestehen kann.***

Humankapital ist der Grund, aus dem Menschen, die auf neue Ideen kommen und diese verwirklichen (also Unternehmer) selbst die größten Konzerne mit ihren gewaltigen Ressourcen schlagen (denken Sie nur an Elon Musk und sein Start-up Tesla, das ressourcenreichen Schwergewichten wie General Motors, Ford und Chrysler Konkurrenz macht, oder an Steve Jobs und Bill Gates, deren Computer-Start-ups Großkonzernen wie IBM den Rang abliefen, und so weiter). Durch besonderes Humankapital können Menschen ihre Schwächen überwinden und ihre Chancen erkennen und nutzen. Es ist das Attribut, das es kleinen Ländern wie den Niederlanden, England, der Schweiz und Singapur ermöglicht hat, großen Wohlstand und in manchen Fällen auch viel Macht zu erlangen.

DIE WICHTIGSTEN AUF DER MENSCHLICHEN NATUR BERUHENDEN DETERMINANTEN

Über verschiedene Gesellschaften und Epochen hinweg haben Menschen dieselbe Wesensart. Es eint sie daher mehr, als sie unterscheidet. Unter ähnlichen Umständen verhalten sich die Menschen ähnlich, was die großen Zyklen antreibt.

5. Eigeninteresse. Das Eigeninteresse, allen voran am eigenen Überleben, ist für die meisten Menschen, Organisationen und Regierungen das stärkste Motiv überhaupt. Eine entscheidende Determinante

für den Erfolg der Gesellschaft ist jedoch, welches Eigeninteresse dabei die Hauptrolle spielt – ob das des Einzelnen, der Familie, des Landes et cetera. Mehr darüber erfahren Sie im Nachtrag zu diesem Kapitel.

6. Der Drang, Wohlstand und Macht zu erlangen und zu behalten. Das Streben nach Wohlstand und Macht ist ein starkes Motiv für Einzelne, Familien, Unternehmen, Staaten und Länder, was allerdings nur bedingt gilt, weil diese Werte von Einzelnen, Familien, Unternehmen, Staaten und Ländern im Verhältnis zu anderen Faktoren unterschiedlich gewichtet werden. Für manche sind Wohlstand und Macht längst nicht so wichtig wie andere Dinge, die das Leben zu bieten hat. Doch den meisten – vor allem den Reichsten und Mächtigsten – ist das Streben danach wichtiger als alles andere. **Um auf lange Sicht erfolgreich zu sein, muss ein Land mindestens so viel einnehmen, wie es ausgibt. Diejenigen Länder, die bescheiden verdienen und ausgeben und einen Überschuss erwirtschaften, können nachhaltigere Erfolge verbuchen als Länder, die mehr ausgeben, als sie verdienen, und dadurch ins Defizit geraten. Die Geschichte lehrt, dass Einzelnen, Organisationen, Ländern oder Imperien, die mehr ausgeben, als sie einnehmen, schwere Zeiten bevorstehen.** Näheres dazu finden Sie im Nachtrag zu diesem Kapitel.

7. Kapitalmärkte. Die Fähigkeit, über eigene Kapitalmärkte zu sparen und Kaufkraft zu erhalten, ist für das Wohlergehen eines Landes unerlässlich. Aus diesem Grund ist deren Entwicklungsniveau eine maßgebliche Determinante für den Erfolg eines Landes.

8. Die Fähigkeit, aus der Geschichte zu lernen. Darüber verfügen die wenigsten Menschen, was von großem Nachteil ist. Es gibt jedoch graduelle Unterschiede zwischen den verschiedenen Gesellschaften. So verstehen sich beispielsweise die Chinesen hervorragend darauf. Es reicht dabei nicht, aus eigener Erfahrung zu lernen, denn wie bereits erläutert, kann man die wichtigsten Erkenntnisse zu eigenen Lebzeiten oft gar nicht gewinnen. Tatsächlich werden uns in Zukunft eher gegenteilige als ähnliche Entwicklungen begegnen, wie wir sie bisher erlebt haben. Da die Phase des Friedens und Aufschwungs zu Beginn eines Zyklus so ganz anders verläuft als die Periode des Kriegs und Niedergangs an seinem Ende, ist die Wahrscheinlichkeit groß, dass Menschen am Ende ihres Lebens ganz andere Erfahrungen machen als in früheren Zeiten. Um es noch konkreter zu formulieren: Wer nicht weiß, was sich seit mindestens 1900 zugetragen hat und welche Parallelen sich zu den aktuellen Geschehnissen zeigen, der hat meiner Ansicht nach eindeutig schlechte Karten.

9. Der große generationsübergreifende psychologische Zyklus. Die verschiedenen Generationen denken aufgrund ihrer unterschiedlichen Erfahrungen anders. Deshalb treffen sie andere Entscheidungen, was sich auf ihr eigenes Schicksal und das nachfolgender Generationen auswirkt. Nichts anderes besagt die US-amerikanische Redensart »from shirtsleeves to shirtsleeves in three generations«[2]: nämlich, dass es schwer ist, Vermögen über drei Generationen zu wahren. Ungefähr drei Generationen umfasst ein typischer langfristiger Schuldenzyklus. Die Geschichte lehrt uns jedoch, dass solche Zyklen unter den richtigen Voraussetzungen – das heißt, wenn das Humankapital über mehrere Generationen stark bleibt – auch viele Generationen überdauern können. So ein Mehrgenerationenzyklus vollzieht sich in mehreren Phasen, die im Nachtrag zu diesem Kapitel beschrieben sind.

10. Wenn kurzfristige Befriedigung vor langfristigem Wohlergehen kommt. Das ist ein weiterer entscheidender Faktor für den Erfolg von Menschen und Gesellschaft. Wem das langfristige Wohl wichtiger ist

2 Anm. d. Ü: »Von Hemdsärmeln zu Hemdsärmeln in drei Generationen«: Der Wohlstand, der von einer Generation erarbeitet wurde, wird in der dritten Generation wieder aufgebraucht sein.

als das kurzfristige, dem ergeht es in aller Regel besser. Die menschliche Neigung, kurzfristigem Vergnügen den Vorrang vor langfristigem Wohlergehen zu geben, sorgt naturgemäß für Übertreibungen des Zyklus nach oben und nach unten, denn dadurch werden die guten Zeiten auf Kosten der Zukunft vorgezogen. Das geschieht auf verschiedene schadbringende Art und Weise, im klassischen Fall durch den schuldenfinanzierten Boom-and-Bust-Zyklus. Dafür sind besonders Regierungen anfällig, was an der speziellen politischen Dynamik liegt. Genauer gesagt sind a) Politiker motiviert, eher kurz- als langfristige Prioritäten zu setzen, b) sehen sie sich ungern mit Einschränkungen oder schwierigen finanziellen Kompromissen konfrontiert (zum Beispiel bei der Entscheidung, ob sie zu Verteidigungszwecken ins Militär investieren sollten oder lieber in Sozialprogramme) und c) ist es politisch heikel, Menschen Geld wegzunehmen, indem man sie besteuert. Das führt zu einer Vielzahl politischer und sonstiger Probleme.

11. Menschlicher Erfindungsgeist. Die größte Macht der Menschheit ist der Antrieb für die menschliche Entwicklung, die sich in steigender Produktivität und höherem Lebensstandard niederschlägt. Im Unterschied zu anderen Spezies verfügt der Mensch über die einzigartige Fähigkeit, zu lernen und sein Begriffsvermögen weiterzuentwickeln. Außerdem erfindet er Dinge, die seine Lebensumstände maßgeblich verändern und in allen Bereichen für Fortschritt sorgen. Dieser Fortschritt erzeugt den sich aufwärts drehenden Korkenzieher, den ich in Kapitel 1 beschrieben habe. Wenn Sie wissen möchten, wie es um die Menschheit stünde, wenn sie diese Fähigkeit nicht besäße, werfen Sie doch einen Blick auf andere Arten. Ohne den einzigartigen Erfindungsgeist der Menschen hätte sich unser Leben von Generation zu Generation kaum verändert. Weil es viel weniger Neues gäbe, gäbe es auch weniger Überraschungen und Fortschritte. So oder ähnlich verliefen tatsächlich manche Perioden in der Menschheitsgeschichte. Mehr darüber erfahren Sie im Nachtrag zu diesem Kapitel.

KULTURELL GEPRÄGTE DETERMINANTEN

12. Kultur. Wie heißt es noch? »Kultur ist Schicksal.« Kulturelle Unterschiede – unterschiedliche Vorstellungen darüber, wie Menschen miteinander umgehen sollten – haben enorme Bedeutung. Jede Gesellschaft entwickelt eine Kultur auf der Grundlage, wie die Wirklichkeit ihrer Auffassung nach funktioniert, und jede Kultur liefert Grundsätze, an denen sich die Menschen im Umgang mit der Realität orientieren sollten – und vor allem auch im Umgang miteinander. Die Kultur prägt die formellen und informellen Funktionsweisen jeder Gesellschaft. Bekannte und weniger bekannte Persönlichkeiten wie Jesus, Konfuzius, Mohammed, Buddha, Mahavira, Guru Nanak, Platon, Sokrates, Marx und viele mehr haben Weltanschauungen überliefert, die in Büchern wie dem *Alten* und *Neuen Testament*, dem *Talmud*, dem *Koran*, dem *I Ging*, den *Vier Büchern und fünf Klassikern*, in den *Analekten*, den *Upanischaden*, der *Bhagavad Gita*, den *Brahma Sutras*, den *Meditationen*, der *Politeia*, der *Metaphysik*, dem *Wohlstand der Nationen* und dem *Kapital* niedergeschrieben sind. Zusammen mit den Entdeckungen von Wissenschaftlern, Künstlern, Politikern, Diplomaten, Investoren, Psychologen et cetera, die alle auf ihre eigene Art und Weise mit ihrer Realität konfrontiert werden und sich an sie anpassen, bestimmen sie die Kultur eines Volkes.

13. Aufgeschlossenheit für globales Denken. Dabei handelt es sich um einen aussagekräftigen Frühindikator für Stärke, weil isolierten Entitäten in aller Regel Verfahrensweisen verschlossen bleiben, die sich auf der Welt bewährt haben. Das schwächt sie, während das Lernen über das Beste, was die Welt zu bieten hat, den Menschen hilft, ihr Bestes zu geben. Isolation verhindert ferner den Nutzen, der sich aus der Herausforderung ziehen lässt, gegen die stärksten Mitbewerber der Welt anzutreten. In der Geschichte gibt es zahllose Beispiele für isolierte Länder, die sich zum Teil bewusst abschotteten, um ihre Kultur zu schützen (zum Beispiel in China in der späten Tang- und der späten Ming-Zeit sowie in der Frühzeit der Volksrepublik oder in der Edo-Periode in Japan), zum Teil aufgrund von Umständen wie Naturkatastrophen und innenpolitischen Auseinandersetzungen. Das eine wie das andere führte zu technischem Rückstand – mit verheerenden Folgen. Das ist sogar einer der häufigsten Gründe für das Scheitern von Imperien und Dynastien.

14. Führung. Alles bisher Erwähnte wird von den Menschen beeinflusst, die Führungspositionen bekleiden. Das Leben ist wie eine Schachpartie – oder wie das chinesische Brettspiel Go, bei dem jeder Zug das Ergebnis mitbestimmt und manche Spieler wissen, wie man bessere Züge macht als andere Mitspieler. In der Zukunft werden immer mehr Züge mithilfe von Computern erfolgen, doch vorerst werden sie noch von Menschen vorgenommen. Das Studium der Geschichte verrät immer wieder, wie deren Verlauf von einigen wenigen einzigartigen Menschen – manchmal durch ihre herausragenden Leistungen, manchmal auch durch ihre Gräueltaten – in wichtigen Bereichen wie Regierung, Wissenschaft, Finanzen und Handel, Kunst und mehr verändert wurde. In jeder Generation sind es ein paar Hundert Menschen, die den Unterschied machen. Wer sich damit befasst, wie diese wichtigen Menschen in diesen Schlüsselfunktionen waren, wie sie sich in verschiedenen Situationen verhalten haben und was ihr Verhalten für Folgen hatte, kann besser verstehen, wie dieses Perpetuum mobile funktioniert.

DETERMINANTEN, DIE DURCH DEN UMGANG VON EINZELNEN UND GRUPPEN MITEINANDER GEPRÄGT WERDEN

15. Wohlstandsgefälle. Große und wachsende Wohlstandsunterschiede führen in aller Regel zu konfliktträchtigeren Perioden – vor allem wenn die Wirtschaftslage schlecht ist und die Menschen um ihr Stück vom schrumpfenden Kuchen kämpfen.

16. Unterschiedliche Wertvorstellungen. Wohlstand spielt zwar eine wichtige Rolle, ist aber nicht das Einzige, worum Menschen kämpfen. Werte (etwa religiöse oder ideologische) haben ebenfalls große Bedeutung. Die Geschichte macht deutlich: Klafften die Wertvorstellungen immer weiter auseinander, vor allem in wirtschaftlichen Krisenzeiten, so führte das gewöhnlich zu Perioden mit stärkeren Konflikten. Näherten sich die Wertvorstellungen dagegen an, folgten harmonischere Phasen. Dieser Dynamik liegt der Umstand zugrunde, dass sich die Menschen zu Stämmen zusammenfinden, die (oft informell) quasi magnetisch durch die Gemeinsamkeiten ihrer Angehörigen zusammengehalten werden. Logischerweise gehen die Angehörigen dieser Stämme so miteinander um, wie es ihren gemeinsamen Werten entspricht. Unter Belastung zeigen sich Menschen, deren Wertvorstellungen weiter auseinandergehen, ebenfalls konfliktbereiter. Oft verteufeln sie die Mitglieder anderer Stämme, statt sich bewusst zu machen, dass diese wie sie selbst, so gut sie es eben verstehen, nur tun, was in ihrem eigenen Interesse liegt.

17. Klassenkampf. ● ***Im Zeitverlauf sind Menschen – wenn auch graduell unterschiedlich – in allen Ländern in »Klassen« eingeteilt worden – entweder, weil sie sich aus eigenem Antrieb zu ähnlichen Menschen gesellen wollten, oder, weil sie von anderen einer Klasse zugeordnet wurden.*** Die Macht teilen sich oft drei oder vier Klassen, denen insgesamt nur ein kleiner Prozentsatz der Bevölkerung angehört. Nach der Klasse, der ein Mensch zuzurechnen ist, richtet sich in aller Regel, wer seine Freunde und Verbündeten sind – und wer seine Feinde. Die Menschen werden in solche Klassen eingeteilt, ob es ihnen gefällt oder nicht. Das liegt daran, dass der Mensch stereotypisiert. Die häufigste Klasseneinteilung erfolgt in Reich und Arm, doch es gibt noch weitere bedeutsame Attribute wie ethnische Herkunft, Religion, Geschlecht, Lebensstil, Wohnort (also städtisch oder ländlich) und politische Einstellung (rechts oder links). Wenn ein großer Zyklus beginnt, also in den guten Zeiten, herrscht gewöhnlich mehr Harmonie zwischen den Klassen. Werden die

Zeiten zum Zyklusende hin schlechter, nehmen die Auseinandersetzungen zu. **Der Klassenkampf hat tiefgreifende Auswirkungen auf die innenpolitische Ordnung**, worauf ich in Kapitel 5 noch näher eingehen werde. Genaueres über diese Determinante erfahren Sie im Nachtrag zu diesem Kapitel.

18. Der politische Links-/Rechts-Zyklus. In allen Gesellschaften gibt es in der Politik Ausschläge nach links und rechts, die bestimmen, wie Wohlstand und Macht verteilt werden. Solche Ausschläge verlaufen manchmal friedlich, manchmal gewaltsam. So oder so ist es wichtig, sich ihrer bewusst zu sein. In der Regel bestimmt der große Kapitalmarktzyklus neben den Zyklen bei Wohlstand, Werten und Klassenunterschieden den politischen Links-/Rechts-Zyklus, denn er motiviert zu politischen Veränderungen. Geht es den Kapitalmärkten und den Volkswirtschaften gut, vergrößert sich in der Regel das Wohlstandsgefälle. Manchen Gesellschaften gelingt es zwar, ein recht vernünftiges, stabiles Gleichgewicht zwischen links und rechts herzustellen, doch häufiger erleben wir zyklische Ausschläge vom Normalzustand. Diese treten gewöhnlich im Aufstieg und Niedergang von Imperien auf, ungefähr in Zehnjahreszyklen. Die großen Wirtschaftskrisen, die das Ende des großen Zyklus kennzeichnen, sind oft Vorboten einer Revolution. Mehr darüber erfahren Sie im Nachtrag zu diesem Kapitel.

19. Damit es Frieden geben kann, muss das Gefangenendilemma gelöst werden. Das Gefangenendilemma ist ein Konzept aus der Spieltheorie, das erklärt, warum es selbst dann, wenn es für zwei Parteien am besten wäre, zusammenzuarbeiten, die logische Überlegung beider Beteiligten ist, erst den anderen über die Klinge springen zu lassen. Die Ursache: Uns geht es in allererster Linie ums eigene Überleben. Zwar kann man nicht wissen, ob einen der Gegner angreifen wird, doch eines ist sicher – es liegt im eigenen Interesse, sich selbst zu verteidigen, bevor man andere verteidigt. Aus diesem Grund lassen sich todbringende Kriege am besten vermeiden, indem sich beide Seiten wechselseitig Schutz vor existenziellen Schäden zusichern. Ein beiderseits profitabler Austausch und wechselseitige Abhängigkeit, die unverzichtbar ist, verringern die Konfliktgefahr zusätzlich.

20. Ob Win-win-Beziehungen oder Lose-lose-Beziehungen vorliegen. Es liegt immer an den beiden Beteiligten, welche Art von Beziehung sie führen. Das gilt auf allen Beziehungsebenen, von Beziehungen zwischen Einzelnen bis zu Beziehungen zwischen Ländern. Grundsätzlich können die Parteien wählen, ob sie eine kooperative, für beide Seiten förderliche Beziehung (Win-win) oder eine beiderseits bedrohliche Beziehung (Lose-lose) führen wollen – ob sie also Verbündete oder Feinde sein wollen –, und zwar durch Handlungen, durch die beide Parteien festlegen, welcher Art ihre Beziehung ist und ob sie funktioniert. Zur Klarstellung: Konkurrenten können so lange Win-win-Beziehungen führen, solange die eine Seite keine existenzielle Gefahr für die andere darstellt (siehe Gefangenendilemma). Die Voraussetzung dafür ist lediglich, dass sie die existenzielle rote Linie des anderen kennen und respektieren. Parteien von Win-win-Beziehungen können hart verhandeln und im Wettbewerb stehen wie zwei befreundete Händler auf einem Basar oder zwei Teams bei den olympischen Spielen. Es ist eindeutig besser, Win-win-Beziehungen zu führen als Lose-lose-Beziehungen, doch manchmal gibt es unvereinbare Differenzen, die ausgefochten werden müssen, weil sie am Verhandlungstisch nicht lösbar sind.

21. Der große Zyklus der Machtverhältnisse, der den großen Friedens-/Kriegszyklus sowohl innerhalb als auch zwischen Ländern antreibt. Die Dynamik der Machtverhältnisse ist ein zeitloses, universelles Phänomen von Verbündeten und Gegnern, die sich Wohlstand und Macht verschaffen wollen. Er liegt praktisch allen Machtkämpfen zugrunde, von der Unternehmens- bis zur Lokalpolitik, von der Landes- bis zur Geopolitik. In manchen Kulturen wird dieses Spiel etwas anders gespielt als in anderen – in westlichen Gesellschaften beispielsweise eher wie Schach, in asiatischen dagegen eher wie Go. Das Ziel ist dabei immer dasselbe: die andere Seite zu beherrschen. So war und ist es immer und überall. Diese Entwicklung vollzieht sich anscheinend in einer zusammenhängenden Abfolge von Schritten, die ich in Kapitel 5 im Kontext der innenpolitischen Ordnung noch näher beschreiben werde (wenngleich dieselben Kräfte bei innen- wie außenpolitischen Machtkämpfen gleichermaßen wirken). Eine ausführlichere Erklärung dazu, wie der Zyklus der Machtverhältnisse funktioniert, finden Sie im Nachtrag zu diesem Kapitel.

22. Militärische Stärke und der Friedens-/Kriegszyklus. Die Geschichte lehrt uns, dass militärische Stärke – ob die eigene oder die eines anderen im Wege von Bündnissen – entscheidenden Einfluss auf das Ergebnis hat: manchmal, weil schon allein die Androhung von Gewalt gleichbedeutend ist mit Macht, manchmal aber auch, weil die Anwendung von Gewalt erforderlich ist. Militärische Stärke ist leicht erkennbar und messbar, kann aber auch qualitativ bewertet werden. International ist militärische Stärke besonders bedeutsam, weil es kein wirksames internationales Rechts- und Strafverfolgungssystem gibt. Die Folge: Länder müssen kämpfen, um ihre relative Macht auf die Probe zu stellen, und es kommt zu einem Zyklus von Krieg und Frieden, den ich im Zusammenhang mit dem Zyklus der außenpolitischen Ordnung in Kapitel 6 noch genauer erläutern werde.

DAS ALLES BESTIMMT IM ZUSAMMENSPIEL DIE INNEN- UND AUSSENPOLITISCHE ORDNUNG UND DEREN ENTWICKLUNG

Ich habe immer wieder gesehen, wie all diese Faktoren das Niveau und die Zu- und Abnahme von Wohlstand und Macht aller Völker bestimmt haben. Ich habe gesehen, wie sie in der Kombination die Gegebenheiten schaffen, mit denen die Bevölkerung eines Landes und/oder ihre Regierung konfrontiert sind, und wie sie an diese herangehen. Sie bestimmen die innenpolitische Ordnung und die Weltordnung – und wie sich diese verändern.

● ***Wie alles andere auch befinden sich innenpolitische Ordnung und Weltordnung ständig in der Entwicklung und sorgen dafür, dass sich die Gegebenheiten mit der Zeit verändern, da die vorliegenden Gegebenheiten miteinander interagieren und auch mit den Kräften, die auf sie einwirken, um neue Gegebenheiten hervorzurufen.***

Evolution entsteht aufgrund logischer Kausalzusammenhänge, in denen bestehende Bedingungen und Determinanten Veränderungen vorantreiben, die neue Gegebenheiten und Determinanten schaffen, welche neuerliche Veränderungen hervorrufen, und so weiter – genauso, wie Materie und Energie in einem Perpetuum mobile interagieren. Weil eine bestimmte Konstellation von Gegebenheiten eine begrenzte Anzahl von Möglichkeiten erzeugt, kann man das eigene Verständnis von diesen Möglichkeiten für die Zukunft verbessern, indem man die Gegebenheiten richtig erkennt und die Kausalzusammenhänge begreift. Auf diese Weise lassen sich leichter klügere Entscheidungen treffen.

So verfügen heute beispielsweise alle Länder über bestimmte Methoden, eine neue Führung zu wählen. In den USA wird der Präsident gemäß dem in der Verfassung festgeschriebenen demokratischen System sowohl durch die Wähler bestimmt als auch dadurch, wie die Menschen sich innerhalb des Systems verhalten. Wie gut das funktioniert, hängt davon ab, wie effektiv beides ist – was wiederum ein Ergebnis vorausgegangener Determinanten ist, etwa der, wie effektiv frühere Generationen mit dem System umgegangen sind und wie sie es verändert haben. Die Menschen, die heute mit dem System interagieren, sind anders als die Angehörigen vorausgegangener Generationen, die von anderen Umständen geprägt waren. Deshalb sollten wir auch mit anderen Ergebnissen rechnen, die sich darauf stützen, inwiefern die Menschen heute anders sind.

Hat man nicht die historische Perspektive, diese Unterschiede zu erkennen, ist das ein Handicap. Haben wir sie erkannt und verstehen, wie das Perpetuum mobile funktioniert, können wir wahrnehmen, wie unterschiedliche Systeme wie Kommunismus, Faschismus, Autokratien, Demokratien und deren evolutionäre Abkömmlinge und Hybridformen wie der Staatskapitalismus in China sich im Zeitverlauf entwickeln. Dann können wir uns vorstellen, wie sich neue Formen der innenpolitischen Ordnung zur Aufteilung von Vermögen und zur Zuweisung politischer Macht an eine Regierung entwickeln und sich auf unser Leben auswirken können – je nachdem, wie die Menschen beschließen, miteinander umzugehen, und welchen Einfluss die menschliche Natur auf ihre Entscheidungen hat.

Nachdem ich nun mein Denkmodell zur Funktionsweise der Welt recht oberflächlich umrissen habe, werde ich mich im verbleibenden ersten Buchteil auf die wichtigsten Determinanten fokussieren – insbesondere die drei großen Zyklen zu Verschuldung und Kapitalmärkten, innenpolitischer und außenpolitischer Ordnung. Außerdem werde ich beschreiben, was das alles meiner Ansicht nach für die Kapitalanlage bedeutet. Doch bevor Sie sich damit befassen, möchten Sie sich vielleicht erst den Nachtrag zu diesem Kapitel zu Gemüte führen, der Ihnen mehr über manche der in diesem Kapitel nur kurz angerissenen Determinanten verrät. Ist Ihnen das zu viel, können Sie diesen Teil natürlich auch überspringen. Aus diesem Grund biete ich Ihnen diese Informationen ja eigens in Form eines Nachtrags an.

KAPITEL 2

NACHTRAG ZU DEN DETERMINANTEN

In Kapitel 2 habe ich Ihnen verschiedene Konzepte vorgestellt, die genauer erläutert werden sollten, wie ich finde. Da ich befürchte, diese Erläuterungen könnten den Rahmen des Kapitels sprengen, habe ich mich dafür entschieden, sie hier als Nachtrag anzuschließen, falls Sie sich eingehender damit auseinandersetzen möchten. Um es Ihnen zu erleichtern, sie in den richtigen Kontext zu stellen, gebe ich zu jeder Determinante beziehungsweise jeder Kraft den Titel und die Ziffer aus Kapitel 2 an.

5. Eigeninteresse. Eigeninteresse ist zwar für die meisten Menschen, Organisationen und Regierungen die wichtigste Motivation, doch dabei kommt es in erster Linie darauf an, welches Eigeninteresse hier die größte Rolle spielt – das des Einzelnen, der Familie, des Stammes (also der Gruppe), der Regionen, des Landes, des Imperiums, der Menschen, aller Lebewesen oder des Universums? Die folgende Grafik zeigt die möglichen Einheiten auf. Ganz oben stehen dabei die eher umfassenden, ganz unten die weniger konsolidierten. **Wofür wären die meisten Menschen in Ihrer Gesellschaft, Sie eingeschlossen, bereit zu sterben?**

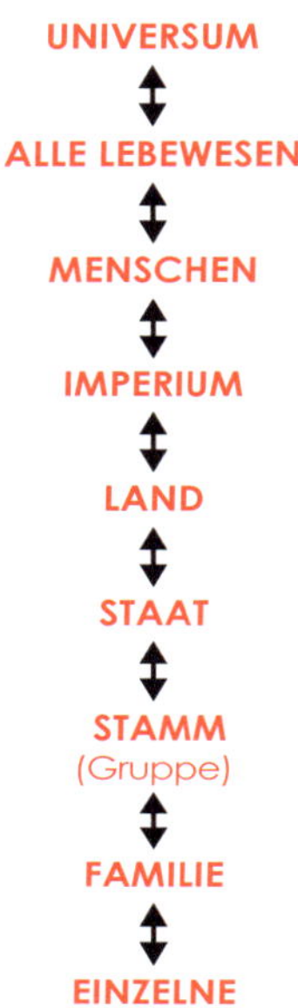

Das wichtigste Eigeninteresse eines Menschen ist dasjenige, welches er nach Kräften schützt und woran er sein Verhalten ausrichtet. Sind beispielsweise Menschen bereit, für ihr Land zu sterben, so dürfte dieses Land vermutlich besser geschützt sein, als wenn das Eigeninteresse des Einzelnen wichtiger genommen wird, denn dann würden diese Einzelnen im Kampf für ihr Land kaum ihr Leben aufs Spiel setzen. Innerhalb eines Landes könnten die Stämme wichtiger sein als das Land, woraus sich eine ganz andere Dynamik ergäbe als andernfalls. Aus diesem Grund **halte ich diese Kraft für beachtenswert**, vor allem in Konfliktsituationen.

Bei der länderübergreifenden geschichtlichen Betrachtung **habe ich Veränderungen der primären Einheit festgestellt, auf die die meisten Völker und Gesellschaften optimiert sind.** So waren beispielsweise vor 1650[3] Stämme und Einzelstaaten wichtiger als Länder. Die Geschichte

---

3 Der Westfälische Friede brachte anno 1648 Länder – also souveräne Staaten – hervor, wie wir sie kennen.

beweist, dass sich die Gruppierungen, denen sich die Menschen anschließen und die ihnen am wichtigsten sind, weiterentwickeln. Einzelne und Familien finden sich zu Stämmen zusammen (das heißt zu einer Gemeinschaft), mehrere Stämme (oder Gemeinschaften) bilden einen Einzelstaat (zum Beispiel den US-Bundesstaat Georgia), und aus mehreren solcher Bundesstaaten setzt sich schließlich ein Land zusammen (etwa die Vereinigten Staaten). Stehen mehrere Staaten oder Länder unter einheitlicher Kontrolle, so entsteht ein Imperium (wie das britische Empire). Manchmal verschmelzen kleinere Gruppierungen zu größeren, und im Zuge dessen verschieben sich Grenzen. So bildeten sich beispielsweise in den letzten 150 Jahren in Europa aus einzelnen Hoheitsgebieten Nationen, und zahlreiche dieser Nationen schlossen sich zur Europäischen Union zusammen. Manchmal zerbrechen solche Gefüge auch in kleinere Einheiten. So löste sich beispielsweise die Sowjetunion in ihre Länderbestandteile auf, und manche Länder im Nahen Osten zersplitterten in sich bekriegende Stämme.

In den letzten Jahren ist die Welt nicht mehr noch globalistischer geworden, sondern wieder nationalistischer. Gleichzeitig scheint der Zusammenhalt in den Vereinigten Staaten zu schwinden, weil die Ansichten der Menschen über den richtigen Umgang miteinander zunehmend auseinanderdriften. Diese Differenzen führen dazu, dass Menschen in solche Bundesstaaten umsiedeln, die ihren Präferenzen entsprechen, was diesen Staaten als Einzelelementen mehr Bedeutung verleiht denn als Teile eines einheitlichen Ganzen. Es ist ebenso historisch belegt wie logisch, dass solche Veränderungen der innen- und außenpolitischen Ordnung in aller Regel mit Konflikten einhergehen, weil viel Uneinigkeit darüber herrscht, wie sie vonstattengehen sollten – etwa welche Rechte jeweils auf einzelstaatlicher oder nationaler Ebene bestehen. Weil die meisten Menschen noch keine derartigen Veränderungen erlebt haben, merken sie nicht, worum es sich dabei handelt. Dabei sollte man darüber unbedingt auf dem Laufenden sein, denn sie zeigen Veränderungen des Machtzentrums an, die gewöhnlich eine Veränderung der Rechte und Pflichten Einzelner signalisieren.

Überlegen Sie mal: Was geschieht Ihrer Ansicht nach gerade? Beobachten Sie Verschmelzungs- oder Auflösungserscheinungen? Und wenn ja, von welcher auf welche Ebene? Welche Auswirkungen haben diese Veränderungen für Sie, und wo wollen Sie stehen?

6. Der Trieb, Reichtum und Macht zu erlangen und zu sichern. Im Hinblick auf die Erörterung der großen Zyklen in späteren Kapiteln ist es sinnvoll, Wohlstand etwas genauer zu definieren und zu untersuchen, wie es sich auf Länder auswirkt, wenn Wohlstand vorliegt oder nicht. Meiner Auffassung nach trifft Folgendes im Großen und Ganzen zu:

Wohlstand = Kaufkraft. Ohne zu sehr ins Detail zu gehen, wollen wir Wohlstand als Kaufkraft bezeichnen – im Unterschied zu Geld und Kredit. Diese Unterscheidung ist wesentlich, weil sich der Wert von Geld und Kredit verändert. Werden beispielsweise viel Geld und Kredit geschaffen, sinkt deren Wert. Wer mehr Geld hat, besitzt daher nicht unbedingt auch mehr Wohlstand oder Kaufkraft.

Realvermögen ≠ finanzieller Wohlstand. Unter Realvermögen sind die Dinge zu verstehen, die Menschen erwerben, weil sie sie haben wollen und nutzen – wie ein Haus, ein Auto, einen Video-Streaming-Dienst und so weiter. Realvermögen hat einen Substanzwert. Finanzieller Wohlstand setzt sich dagegen aus finanziellen Vermögenswerten zusammen, die gehalten werden, um a) künftig laufende Erträge zu erwirtschaften und/oder b) künftig veräußert zu werden, um sich Geld zu beschaffen und damit die Realwerte zu kaufen, die die Menschen haben wollen. Finanzieller Wohlstand besitzt keinen Substanzwert.

Vermögensbildung = Produktivität. Auf lange Sicht ergeben sich Wohlstand und Kaufkraft daraus, wie produktiv Sie sind. Der Grund dafür: Realvermögen überdauert nicht, und Erbe ebenso wenig. Aus diesem Grund ist es so wichtig, immer produktiv zu sein. Ein Blick auf

Gesellschaften, die die Reichen enteignet und versucht haben, von deren Vermögen zu leben, ohne produktiv zu sein (wie Russland nach den Revolutionen von 1917), offenbart, dass sie nach kürzester Zeit verarmen. Je weniger produktiv eine Gesellschaft ist, desto weniger wohlhabend ist sie – und entsprechend geringer ist auch ihr Einfluss. Wird Geld für Investitionen und Infrastruktur ausgegeben statt für den Konsum, so führt das übrigens zu höherer Produktivität. Investitionen sind daher ein aussagekräftiger Frühindikator für Wohlstand.

Wohlstand = Macht. Das liegt an folgendem Umstand: Wer genug Vermögen besitzt, kann sich fast alles kaufen – physische Besitztümer, die Arbeitsleistung und Loyalität anderer, Bildung, Gesundheitsversorgung, Einfluss aller Art (politischer, militärischer et cetera) und vieles mehr. Im Zeitverlauf und länderübergreifend zeigt die Geschichte, dass zwischen den Wohlhabenden und den politisch Einflussreichen eine symbiotische Beziehung besteht und dass ihre Arrangements untereinander die herrschende Ordnung bestimmen. Diese herrschende Ordnung besteht, bis die Herrschenden von anderen gestürzt werden, die Wohlstand und Macht für sich beanspruchen.

Wohlstand und Macht befördern einander. So brachte die British East India Company 1717 effektiv Finanzkapital, Menschen mit Geschäftssinn und Menschen mit militärischen Fähigkeiten zusammen, um Indiens Mogul-Kaiser zu zwingen, mit ihr Handel zu treiben – der erste Schritt hin zur Kolonisierung Indiens durch die Briten, zum Niedergang des Mogulreichs im 18. Jahrhundert und schließlich zu dessen komplettem Zusammenbruch im 19. Jahrhundert, als die Briten den Kaiser nach dem indischen Aufstand 1857 verbannten und seine Kinder hinrichten ließen. Das taten die Briten, weil sie im Streben nach mehr Wohlstand und Macht das Vermögen und die Macht dazu hatten.

Sinkender Wohlstand = weniger Einfluss. Es gibt keinen Menschen, keine Organisation, kein Land oder Imperium, der, die oder das nach dem

Verlust der eigenen Kaufkraft nicht gescheitert wäre. ● ***Wer erfolgreich sein will, muss mindestens so viel verdienen, wie er ausgibt.*** Wer nicht so viel ausgibt und Überschüsse ansammelt, ist nachhaltig erfolgreicher als solche, die viel mehr verdienen, aber im Defizit sind. Die Geschichte beweist, das Einzelnen, Organisationen, Ländern oder Imperien, die mehr ausgeben, als sie einnehmen, Not und Unruhe bevorsteht. Die Geschichte belegt aber auch, dass Länder, in denen sich mehr Menschen selbst unterhalten können, in aller Regel sozial, politisch und wirtschaftlich stabiler sind.

9. Der große psychologische Mehrgenerationenzyklus. Der Aufstieg und Niedergang von Ländern entspricht auf folgende Arten und in folgenden Stadien diesen psychologischen und wirtschaftlichen Zyklen. Weil diese Stadien so viel über das Verhalten der Menschen und Regierenden eines Landes verraten, versuche ich stets, einzuschätzen, in welchem Stadium sich verschiedene Länder gerade befinden.

Stadium 1: Die Menschen und ihre Länder sind arm und halten sich für arm. In diesem Stadium haben die meisten Menschen ein sehr niedriges Einkommen und leben auf dem Existenzminimum. Sie verschwenden daher kein Geld, weil es für sie hohen Wert hat, und sie haben auch keine größeren Schulden, weil ihnen niemand Kredit gewährt. Manche Menschen haben Potenzial, andere nicht, doch in den meisten Fällen halten sie Armut und Chancenlosigkeit davon ab, sich die Bildung und sonstigen Fähigkeiten zu verschaffen, die sie bräuchten, um sich hochzuarbeiten. Die ererbten Lebensumstände und die Lebenseinstellung bestimmen am stärksten, wer aus diesem Stadium reicher hervorgeht und wer nicht.

Wie rasch sich Länder durch dieses Stadium entwickeln, hängt von ihrer Kultur und ihren Fähigkeiten ab. **Ich bezeichne Länder in diesem Stadium als »frühe Schwellenländer«.** In Ländern, die weiterkommen, wird gewöhnlich hart gearbeitet und nach und nach mehr Vermögen angesammelt, als zum Leben notwendig ist. Gespart wird, weil die Menschen Angst haben, dass es in der Zukunft nicht reichen könnte. Bis diese Entwicklungsphase durchlaufen ist, dauert es in aller Regel etwa eine Generation. Von vor rund 40 bis vor etwa zehn oder 15 Jahren zählten die sogenannten »asiatischen Tigerstaaten« Hongkong, Singapur, Südkorea und China zu den Beispielen für Volkswirtschaften in dieser Entwicklungsphase.

Stadium 2: Die Menschen und ihre Länder sind reich, halten sich aber immer noch für arm. Weil die Menschen in finanzieller Unsicherheit aufgewachsen sind, bleiben sie in Finanzdingen gewöhnlich vorsichtig. In diesem Stadium arbeiten die Menschen weiter hart, verkaufen viel ins Ausland, haben den Kurs ihrer Währung an eine andere Währung gekoppelt, sparen viel und investieren effizient in Realwerte wie Immobilien, Gold und Guthaben bei lokalen Banken sowie in Anleihen von Reservewährungsländern. Weil sie inzwischen viel mehr Geld haben, können sie in die Dinge investieren, die sie produktiver machen, und tun das auch – etwa in die Entwicklung von Humankapital, in Infrastruktur, in Forschung und Entwicklung et cetera. Die Eltern dieser Generation möchten, dass ihre Kinder gut ausgebildet werden und hart arbeiten, um erfolgreich zu sein. Sie optimieren auch ihre Systeme zur Ressourcenallokation, darunter ihre Kapitalmärkte und ihre Rechtssysteme. Diese Phase ist das produktivste Zyklusstadium.

In diesem Stadium verzeichnen Länder parallel einen raschen Einkommensanstieg und rasante Produktivitätssteigerungen. Dass die Produktivität zunimmt, bedeutet zweierlei: 1) ist Inflation kein Problem und 2) kann das Land seine Wettbewerbsfähigkeit verbessern. In diesem Stadium nimmt die Verschuldung im Verhältnis zum Einkommen in aller Regel nicht maßgeblich zu. Manchmal geht sie sogar zurück. Diese Phase ist ausgesprochen gesund und ein fantastischer Zeitpunkt, um in ein Land zu investieren, wenn die Eigentumsrechte dort angemessen geschützt sind.

Länder in dieser Phase unterscheiden sich dadurch von Ländern im ersten Stadium, dass neben alten Städten imposante neue Städte entstehen, die Sparquoten hoch sind, die Einkommen rasch steigen und im Regelfall auch die Devisenreserven zunehmen. **Ich bezeichne Länder in diesem Stadium als »späte Schwellenländer«.** Dieses Stadium können Länder jeder Größe durchlaufen, doch wenn es sich um große Länder handelt, entwickeln sich diese gewöhnlich zu bedeutenden Weltmächten.

Stadium 3: Die Menschen und ihre Länder sind reich und halten sich für reich. In dieser Phase verfügen die Menschen über hohe Einkommen. Arbeit wird dadurch teuer. Doch ihre bisherigen Investitionen in Infrastruktur, Investitionsgüter und Forschung und Entwicklung zahlen sich weiter aus und liefern Produktivitätssteigerungen, die ihren hohen Lebensstandard stützen. Die Prioritäten verlagern sich von einem Schwerpunkt auf Arbeit und Ersparnissen, um sich vor schlechten Zeiten zu schützen, auf mehr Gefallen an den schöneren Dingen des Lebens. Die Menschen gewöhnen sich daran, mehr Geld auszugeben. Es folgt in aller Regel eine Blütezeit der Künste und Wissenschaften. Diese Veränderung der herrschenden Psychologie wird noch dadurch verstärkt, dass ein immer größerer Bevölkerungsanteil einer neuen Generation angehört, die keine schlechten Zeiten erlebt hat. Anzeichen für diese veränderte Einstellung gehen aus statistischen Daten hervor, die rückläufige Arbeitszeiten belegen (zum Beispiel verkürzt sich die Arbeitswoche in aller Regel von sechs auf fünf Tage) sowie einen drastischen Anstieg der Ausgaben für Freizeit und Luxusartikel im Verhältnis zu den notwendigen Dingen. Im besten Fall handelt es sich bei diesen Perioden um frühe bis mittlere »Renaissancephasen«.

Große Länder in diesem Stadium entwickeln sich meist zu globalen Wirtschafts- und Militärmächten.[4] In aller Regel bauen sie ihre Streitkräfte aus, um ihre globalen Interessen wahrzunehmen und zu schützen.

---

4 In Bezug auf das Militär bildet Japan zwischen 1971 bis 1990 eine Ausnahme.

Bis 1950 übten große Länder in diesem Stadium buchstäblich Einfluss auf ausländische Regierungen aus und bauten darauf Weltreiche auf, weil diese billige Arbeitskräfte und billige natürliche Ressourcen lieferten, die sie brauchten, um wettbewerbsfähig zu bleiben. Ab Anfang bis Mitte des 20. Jahrhunderts, als das US-amerikanische Imperium neuerdings mit Zuckerbrot und Peitsche herrschte, ermöglichten es der US-amerikanische »Einfluss« und internationale Abkommen Industrieländern, sich Zugang zu den billigen Arbeitskräften und Investmentchancen von Schwellenländern zu verschaffen, ohne deren Regierungen direkt zu kontrollieren. In dieser Phase sind diese Länder international führend und genießen es. **Länder in diesem Stadium bezeichne ich als »Länder auf dem Höhepunkt ihrer Gesundheit«. Die Vereinigten Staaten befanden sich von 1950 bis 1965 in dieser Phase. China tritt gerade in dieses Stadium ein.** Es kommt darauf an, die Determinanten, die Stärke bewirken, so lange wie möglich aufrechtzuerhalten.

Stadium 4: Die Menschen und ihre Länder werden ärmer, halten sich aber immer noch für reich. In dieser Phase nimmt die Verschuldung in Relation zum Einkommen zu. Die psychologische Veränderung, die dieser Verschuldung zugrunde liegt, entsteht, weil die Menschen, die die beiden ersten Stadien durchlebt haben, schon verstorben sind oder nichts mehr zu sagen haben, und diejenigen, auf deren Verhalten es in erster Linie ankommt, an das gute Leben gewöhnt sind und keine Angst vor finanzieller Not haben. Weil die Arbeitnehmer in diesen Ländern viel verdienen und viel ausgeben, werden sie teuer, und weil sie teuer sind, steigen ihre Realeinkommen langsamer. Da sie nicht gewillt sind, ihre Ausgaben so einzuschränken, wie es diesen geringeren Einkommenssteigerungen entspräche, sparen sie weniger, machen mehr Schulden und tricksen. Weil sie immer noch viel Geld ausgeben, wirken sie nach wie vor reich, wenngleich sich ihre Bilanzen verschlechtern. Weil nicht mehr so viel Geld in effiziente Infrastrukturinvestitionen, Investitionsgüter und Forschung und Entwicklung gesteckt wird, steigt die Produktivität langsamer. Städte und Infrastruktur veralten und verlieren gegenüber den beiden vorangegangenen Phasen an Effizienz. Die Länder verlassen sich zunehmend auf ihre Reputation statt auf ihre Wettbewerbsfähigkeit, um ihre Defizite zu finanzieren. Sie geben in diesem Stadium in aller Regel viel Geld für das Militär aus, um ihre globalen Interessen zu wahren – manchmal aus Kriegsgründen sehr hohe Summen. Oft, wenn auch nicht immer, liegen in solchen Ländern »Doppeldefizite« vor – also in der Zahlungsbilanz und im Staatshaushalt. In den letzten Jahren dieser Phase kommt es häufig zu Blasenbildung.

Ob aufgrund von Kriegen[5] oder wegen des Platzens von Finanzblasen oder beidem zeichnet sich dieses Stadium üblicherweise durch einen Schuldenberg aus, der ohne eine Währungsabwertung nicht abtragbar ist. **Länder in diesem Stadium bezeichne ich als »Länder im frühen Niedergang«.** Dieses Stadium können Länder jeder Größe durchlaufen, doch große Länder nähern sich dann in aller Regel ihrem Niedergang als große Imperien.

Stadium 5: Die Menschen und ihre Länder sind arm und halten sich für arm. Dann gibt es die in Stadium 4 beschriebenen Lücken nicht mehr. Das Land wird sich bewusst, in welcher Lage es wirklich ist. Sind Blasen geplatzt und Schulden abgebaut, nimmt die private Verschuldung zu, während die Ausgaben, Vermögenswerte und das Nettovermögen im privaten Sektor in einem sich selbst verstärkenden negativen Kreislauf fallen. Zum Ausgleich steigen Staatsverschuldung und Staatsdefizite, und die Zentralbank druckt gewöhnlich mehr Geld. Zentralbanken und Regierungen senken die Realzinsen und steigern das nominelle BIP-Wachstum, damit es deutlich über den Nominalzinsen liegt, um die Schuldenlast zu mindern. Aufgrund der niedrigen Realzinsen, der schwachen Währungen und der schlechten wirtschaftlichen Rahmenbedingungen

5 Klassische Beispiele dafür sind Deutschland im Ersten Weltkrieg und das Vereinigte Königreich im Zweiten Weltkrieg.

entwickeln sich Fremd- und Eigenkapitalinstrumente schlecht. Die Länder müssen verstärkt mit kostengünstigeren Ländern in Konkurrenz treten, die sich in früheren Entwicklungsstadien befinden. Ihre Währungen werten ab, und sie finden das gut, weil sie dadurch ihre Schulden leichter tilgen können. In der Verlängerung dieser Konjunktur- und Finanztrends verzeichnen die Länder einen weiteren Rückgang ihres Einflusses in der Welt. **Ich bezeichne Länder in diesem Stadium als »Länder im klaren Niedergang«.** Falls es überhaupt dazu kommt, dauert es gewöhnlich sehr lang, bis Länder im klaren Niedergang psychologisch und hinsichtlich anderer Attribute einen kompletten Zyklus durchlaufen und wieder zu alter Höchstform gelangen. Den Römern und Griechen ist das nie gelungen, den Chinesen dagegen gleich mehrfach.

11. Menschlicher Erfindungsgeist. ● ***Die Fähigkeit des Menschen, Lösungen für seine Probleme zu finden und zu erkennen, wie sich manche Dinge verbessern lassen, hat sich bisher als weitaus mächtiger erwiesen als alle Probleme zusammen.*** Weil stets mehr Wissen hinzugewonnen wird als verloren geht, findet Fortschritt eher schubweise statt als zyklisch, denn Zyklen zeichnen sich durch Auf- und Abwärtsbewegungen aus. Zu größeren Schüben kommt es, wenn sich eine Gesellschaft im Aufwärtsstadium des großen Zyklus befindet. Kleinere Schübe erfolgen in der Abwärtsbewegung des Zyklus. Die besonders kreativen Renaissance-Phasen, die auf fast allen Gebieten Fortschritte mit sich bringen – Wissenschaft, Kunst, Philosophie zum zwischenmenschlichen Umgang und zur Regierungsführung und so weiter – finden eher in den friedlichen, florierenden Phasen des großen Zyklus statt, wenn die Voraussetzungen für Innovationen besonders gut sind.

Konkrete Erfindungen und der Weg dorthin haben sich mit der Zeit entwickelt, und zwar unablässig in eine Richtung: Es sollen Verbesserungen erzielt, manuelle Arbeit durch Maschinen und Automatisierung ersetzt und die Menschen in aller Welt besser miteinander verbunden werden. Es gibt immer wieder neue Erfindungen und Verbesserungen. Der maßgeblichste, unverkennbarste Trend des technischen Fortschritts besteht darin, den Lebensstandard zu erhöhen. Dieser Trend dürfte sich auf unvorstellbare Weise weiter beschleunigen. Darüber hinaus verändert die Computerisierung den Charakter von Entscheidungsprozessen, die schneller und objektiver stattfinden. Das ist zwar nützlich, birgt aber auch gewisse Gefahren.

● ***Der Grad des Erfindungsreichtums und der Innovation in einer Gesellschaft ist der Haupttreiber ihrer Produktivität.*** Innovationsgeist und Geschäftssinn sind das Lebensblut einer florierenden Volkswirtschaft. Ohne Innovation würde die Produktivitätssteigerung zum Erliegen kommen. Innovationen, die es den Arbeitnehmern eines Landes ermöglichen, im Vergleich zur übrigen Welt mehr zu produzieren, übersetzen sich in Wettbewerbsfähigkeit bei den Kosten, sodass das betreffende Land zu einem attraktiveren Wirtschaftsstandort wird.

Der Trieb zu basteln und Neues zu erfinden, zu entdecken und nach vorausgegangenen Fehlschlägen Verbesserungen zu erzielen: So lernen Menschen dazu und finden neue, bessere Möglichkeiten zur Wertschöpfung. In einem marktwirtschaftlichen System wird Innovation am effektivsten dadurch befördert, dass neue Ideen auf den Markt gebracht und gewinnbringend vermarktet werden. Der Markt ist unglaublich effizient, wenn es darum geht, schlechte Ideen auszusieben und gute auszupreisen. So gesehen gehen die Konzepte von Innovation und Kommerz Hand in Hand. Sie erfassen, ob die Menschen einer Gesellschaft neue Erkenntnisse und Entwicklungen würdigen und ob die richtigen Anreize vorliegen, um sie dazu zu animieren, sie gewinnbringend zu kommerzialisieren.

Anders formuliert:

● ***Innovation + Geschäftssinn + florierende Kapitalmärkte***

=

Große Produktivitätssteigerungen

=

Mehr Wohlstand und Macht

Weil bei der Ausprägung dieser Determinanten große Unterschiede bestehen, versuche ich, diese zu messen und in meinem Modell zu berücksichtigen.

17. Klassenkämpfe. Seit Beginn der Geschichtsschreibung kontrolliert in fast allen Gesellschaften ein sehr kleiner (allerdings unterschiedlicher) Prozentsatz der Bevölkerung (die »herrschenden Klassen« oder »die Eliten«) den größten Teil des Vermögens und der Macht.[6] Wer vom System profitiert und es kontrolliert, der findet es naturgemäß im Großen und Ganzen gut und möchte es gern beibehalten. Weil die Reichen Einfluss auf die Mächtigen nehmen können und umgekehrt, schmieden diese herrschenden Klassen oder Eliten untereinander Bündnisse und wollen die bestehende Ordnung aufrechterhalten. Alle sollen sich nach ihren Maximen und Gesetzen richten, auch wenn das System die Kluft zwischen den Mächtigen und Reichen und allen anderen vergrößert. Infolgedessen setzt sich die innenpolitische Führung stets aus bestimmten Klassen von Menschen zusammen, die über Wohlstand und Macht verfügen und in symbiotischer Beziehung miteinander arbeiten, damit die bestehende Ordnung erhalten bleibt. Diese Eliten sind zwar darauf ausgerichtet, die Ordnung, von der sie profitieren, nicht zu stören, doch sie kämpfen im Lauf der Zeit immer wieder um Reichtum und Macht – untereinander und mit Menschen, die keiner Elite angehören, aber trotzdem nach Wohlstand und Macht streben. In guten Zeiten, wenn es den meisten Menschen wohl ergeht, wird nicht so heftig gekämpft, in schlechten Zeiten dagegen umso mehr. Ist die Lage für einen großen Teil der Bevölkerung prekär – zum Beispiel, wenn eine aussichtslose Schuldenkrise vor-

6 So lag beispielsweise im letzten Jahrhundert der Vermögensanteil des obersten einen Prozents in den USA zwischen knapp 50 Prozent in den 1920er-Jahren und mehr als 20 Prozent Ende der 1970er-Jahre. Im Vereinigten Königreich rangierte er zwischen über 70 Prozent im Jahr 1900 und rund 15 Prozent in den 1980er-Jahren und beläuft sich derzeit etwa auf 20 bis 25 Prozent (Zahlen aus der World Inequality Database). Diese Veränderungen der Ungleichheit sind bereits in der römischen Republik zu beobachten, wie es Walter Scheidel in *Nach dem Krieg sind alle gleich* beschrieb.

liegt, die Wirtschaft am Boden ist oder eine schlimme Naturkatastrophe eintritt –, so führen die resultierende Not, die Belastungen und Kämpfe gewöhnlich zu einer Revolution und/oder einem Bürgerkrieg.

Wie Aristoteles vor langer Zeit sagte: »Hinzu kommt, dass infolge der Streitigkeiten und Kämpfe zwischen Reich und Arm diejenige Partei, der es gelingt, den Gegner niederzuwerfen, keine Regierung einsetzt, die auf Gemeinsamkeit und Gleichheit beruht, sondern ihr Übergewicht im Staate als Siegespreis betrachtet …«

Klassisch verläuft der große Zyklus in Phasen des Friedens und der Produktivität, die den Wohlstand unverhältnismäßig steigern. Das führt dazu, dass ein sehr kleiner Teil der Bevölkerung einen außergewöhnlich großen Prozentsatz des Vermögens und der Macht gewinnt und kontrolliert, sich dann übernimmt, was schlechte Zeiten nach sich zieht, die die Ärmsten und Machtlosesten am härtesten treffen. Das wiederum löst Konflikte aus, die Revolutionen und/oder Bürgerkriege nach sich ziehen. Daraus geht schließlich eine neue Ordnung hervor, und der Zyklus beginnt von vorn.

● ***Im Zeitverlauf und in allen Ländern sind die Menschen, die über Wohlstand verfügen, dieselben, denen auch die Mittel zur Vermögensbildung gehören. Damit das auch so bleibt, arbeiten sie mit den Menschen zusammen, die die Macht haben, Regeln aufzustellen und durchzusetzen.*** Das war schon immer so, doch die genauen Abläufe entwickeln sich weiter. So galt beispielsweise, wie in Kapitel 1 erläutert, vom 13. bis ins 19. Jahrhundert überwiegend, dass weltweit eine innenpolitische Ordnung vorherrschte, deren regierende Klassen oder Eliten 1) eine Monarchie darstellten, die zusammen mit 2) dem Adel regierte, der die Produktionsmittel kontrollierte (die seinerzeit aus Ackerland bestanden), und/oder 3) dem Militär. Arbeitskräfte wurden als Teil der Produktionsmittel wahrgenommen und hatten praktisch kein Mitspracherecht bei der Umsetzung der Ordnung.

Selbst Gesellschaften, die untereinander wenig bis keine Berührung hatten, entwickelten sich ähnlich, weil sie sich mit ähnlichen Situationen konfrontiert sahen und weil ihre Entscheidungsprozesse ähnlich geartet waren.[7] In allen Ländern gab und gibt es stets verschiedene Regierungsebenen auf Landesebene, Bundesstaats-/Provinzebene, kommunaler Ebene et cetera, und diese arbeiten und interagieren auf zeitlose, universelle Weise, die weltweit ziemlich einheitlich ist. Die Monarchen brauchten Leute, die das Tagesgeschäft für sie verwalteten. An der Spitze standen dabei die Minister, die die Bürokratien beaufsichtigten, in denen Menschen die verschiedenen Aufgaben erfüllten, die erledigt werden mussten, damit die Regierung funktionierte. Was wir heute haben, ist schlicht das Ergebnis der natürlichen Entwicklungen dieser zeitlosen, universellen Interaktionsweisen, jeweils mit unterschiedlicher kultureller Ausprägung in verschiedenen Ländern. So entwickelten sich aus den Ministern, die den Monarchen zur Seite standen, die Funktionen des Premierministers und anderer Minister, die es heute in fast allen Ländern gibt (auch wenn sie in den Vereinigten Staaten »Sekretäre« heißen).

Mit der Zeit haben sich diese Systeme infolge der Kämpfe um Wohlstand und Macht unterschiedlich, aber folgerichtig weiterentwickelt. So gab es beispielsweise in England um 1200 einen Kampf um Wohlstand und Macht, der sich zunächst allmählich vollzog und dann abrupt in einen Bürgerkrieg mündete. So laufen derartige Verschiebungen zwischen Adel und Monarchie in aller Regel ab. Wie bei den meisten solcher Kämpfe ging es dabei um Geld und um die Macht, zu bestimmen, wer wie viel davon bekommen sollte. Die Monarchie unter König Johann Ohneland verlangte mehr Steuern, die Adligen wollten jedoch nicht so viel zahlen. Streitpunkt war, wie viel der Adel in dieser Angelegenheit mitzureden hatte. Das führte zum Bürgerkrieg. Der Adel behielt die Oberhand und sicherte sich mehr Macht zur Regelsetzung. Daraus entstand, was zu-

---

7 So gab es beispielsweise in der Geschichte in Europa, China und den meisten Ländern lange Zeit Monarchen und Adlige als regierende Klassen, wenngleich sich diese geringfügig unterschieden. In Europa war auch die Kirche Teil des herrschenden Konglomerats. In Japan waren die Monarchie (der Kaiser und seine Minister), das Militär und die Wirtschaft (die Kaufleute und Handwerker) die herrschenden Eliten.

nächst »Rat« genannt wurde, sich aber bald zum ersten Parlament entwickelte – dem Vorläufer der heutigen Regierungsstrukturen in England. Der Friedensvertrag, der diese Vereinbarung 1215 gesetzlich festschrieb, heißt Magna Carta. Wie die meisten Gesetze spielte auch dieses im Vergleich zum politischen Einfluss eine untergeordnete Rolle, sodass wieder ein Bürgerkrieg ausbrach, in dem sich Adel und Monarchie um Wohlstand und Macht zankten. 1225 wurde unter Heinrich III., dem Sohn König Johanns, eine neue Magna Carta verfasst, die von den Mächtigen ausgelegt und durchgesetzt wurde. Ein paar Jahrzehnte später flammten die Kampfhandlungen wieder auf. Im daraus resultierenden Krieg verweigerte der Adel dem Monarchen alle Abgaben, was Heinrich III. zwang, den Forderungen des Adels nachzugeben. So wurde fortlaufend gekämpft, und die Ordnung entwickelte sich weiter.

Ein Zeitsprung ins 15., 16. und 17. Jahrhundert verrät, dass es große Veränderungen bei den Quellen des Wohlstands gab – zunächst wegen der Entdeckung und Kolonialisierung der Welt (angefangen mit den Portugiesen und Spaniern) und später durch die Erfindung des Kapitalismus (Aktien und Anleihen) und arbeitssparender Maschinen, die die industrielle Revolution ermöglichten (was insbesondere die Niederländer und die Briten voranbrachte). Wer von diesen Quellen des Wohlstands profitierte, erlangte mehr Einfluss – das heißt, Wohlstand und Macht verlagerten sich im Zuge der Jahrhunderte von a) adligen Grundbesitzern (die damals über Vermögen verfügten) und Monarchen (die politische Macht besaßen) auf b) Kapitalisten (die in späterer Zeit Zugriff auf den Wohlstand hatten) und gewählte Volksvertreter oder autokratische Regierungschefs (die in späterer Zeit politischen Einfluss ausübten). Diese Verschiebungen vollzogen sich in fast allen Ländern – manchmal friedlich, meist aber blutig.

In Frankreich regierte beispielsweise im 17. und 18. Jahrhundert die meiste Zeit über der König in einem Kräftegleichgewicht mit drei anderen Klassen: 1) dem Klerus, 2) dem Adel und 3) den Bürgern. Es gab Vertreter dieser Gruppen, die abstimmten. Die ersten beiden Klassen, denen nur 2 Prozent der Bevölkerung angehörten, hatten dabei mehr Stimmen als – oder letztlich ebenso viele Stimmen wie – die Bürger, die 98 Prozent der Bevölkerung ausmachten. Diese auf drei Klassen beruhende innenpolitische Ordnung wurde als »Ancien Régime« bezeichnet (was nichts anderes bedeutet als »alte Ordnung«). Dann kam praktisch über Nacht die Umwälzung in Form der französischen Revolution, die am 5. Mai 1789 begann. Damals hatte die dritte Klasse – die Bürger – genug vom bisherigen System, stürzte die beiden anderen und griff selbst nach der Macht. In den meisten Ländern weltweit herrschte damals dieselbe grundlegende Regierungsordnung – das heißt, die Monarchie und der Adel, auf die jeweils nur ein sehr kleiner Prozentsatz der Bevölkerung entfiel, die aber über das meiste Vermögen verfügten, regierten so lange, bis es ganz plötzlich zu einem Bürgerkrieg oder einer Revolution kam und die alte Ordnung durch ein gänzlich neues Regierungssystem ersetzt wurde.

Die innenpolitische Ordnung zum Umgang mit diesen Klassenkämpfen war und ist in verschiedenen Ländern unterschiedlich, entwickelte sich jedoch länderübergreifend ähnlich, nämlich sowohl allmählich (durch Reformen) als auch abrupt (durch Bürgerkriege oder Revolutionen). Daraus entwickelten sich die Ordnungen, die heute in allen Ländern vorliegen. Ich gehe davon aus, dass sich diese auch weiterhin allmählich sowie abrupt weiterentwickeln und neue innenpolitische Ordnungen hervorbringen werden. Die Klassen, die über Wohlstand und politische Macht verfügen, sind zwar jeweils andere, doch die Prozesse, die diese Änderungen hervorrufen, sind bis heute mehr oder minder die gleichen. Solche Veränderungen entstanden durch Kämpfe, die sowohl zu a) friedlichen Reformen auf dem Verhandlungsweg als auch zu b) gewaltsamen Umwälzungen durch Bürgerkriege und Revolutionen geführt haben. Die friedlichen Reformen setzten in aller Regel in einer früheren Zyklusphase ein, die gewaltsamen Bürgerkriege und revolutionären Reformen eher später im Zyklus. Das hat logische Gründe, auf die ich später noch näher eingehen werde.

Ich kann gar nicht genug hervorheben, wie viel bedeutsamer Klassenkämpfe im Vergleich zu Einzelkämpfen sind. Wir, was besonders für uns

US-Amerikaner gilt, deren Land auch als »Schmelztiegel« betrachtet wird, fokussieren uns mehr auf den Einzelkampf und schenken den Klassenkämpfen nicht die Aufmerksamkeit, die ihnen zukommt. Ich habe erst im Zuge meiner ausführlichen Auseinandersetzung mit der Geschichte wirklich begriffen, wie wichtig Klassenkämpfe sind. Das hat mich auf folgenden Grundsatz gebracht:

● ***Im Zeitverlauf finden sich Menschen in allen Ländern (wenn auch in unterschiedlichem Maße) in »Klassen« wieder – entweder, weil sie sich aus eigenem Antrieb zu ähnlichen Menschen gesellen, oder, weil andere sie als Teil einer bestimmten Gruppe stereotypisieren.*** Die Macht teilen sich gewöhnlich drei oder vier Klassen. Mit wem oder womit sich Menschen am stärksten verbunden fühlen, am häufigsten umgeben und die größten Gemeinsamkeiten aufweisen, bestimmt, welcher Klasse oder welchen Klassen sie angehören. Und ihre Klasse bestimmt, wer ihre Freunde oder Verbündeten sind, und wer ihre Feinde. Die häufigsten maßgeblichen Klassen sind Reich und Arm und Rechts (will heißen, kapitalistisch) und Links (sozialistisch). Es gibt aber noch viele andere wesentliche Unterscheidungen, etwa nach Ethnie, Religion, Geschlecht, Lebensstil (also liberal oder konservativ) und Wohnort (beispielsweise Stadt, Stadtrand oder Land). Generell lassen sich Menschen in diese Klassen einteilen, und in guten Zeiten im Frühstadium eines Zyklus besteht Harmonie zwischen diesen Klassen. Werden die Zeiten schlechter, gibt es immer mehr Auseinandersetzungen.

Persönlich schätze ich zwar an den Vereinigten Staaten besonders, dass solche Klassenunterschiede in diesem Land die geringste Rolle spielen, doch auch dort haben sie noch eine Bedeutung, die in schwierigen Zeiten deutlich zunimmt, wenn sich die Klassenkonflikte intensivieren.

Eine einfache Übung kann Ihnen helfen, einen tieferen Einblick zu gewinnen. Sie dürfen davon ausgehen, dass Sie für die meisten Menschen, die Sie nicht so gut kennen, einer oder mehreren Klassen angehören. Wenn Sie wissen wollen, wie Sie wahrgenommen werden, dann werfen Sie einen Blick auf die folgende Liste und fragen Sie sich,

in welche Klassen Sie fallen. Haben Sie das beantwortet, dann fragen Sie sich, welchen Klassen Sie sich zugehörig fühlen und wo Sie Ihre Verbündeten vermuten. Welche Klassen sind Ihnen unsympathisch? Welche betrachten Sie als feindlich gesinnt? Welches sind die herrschenden Klassen, welches die revolutionären, die die anderen stürzen wollen? Welche sind im Aufstieg begriffen, welche im Niedergang? Halten Sie das ruhig schriftlich fest und denken Sie darüber nach, denn die Klassen, denen Sie angehören oder zugeordnet werden, haben in Zeiten größerer Konflikte mehr Einfluss darauf, wer auf Ihrer Seite steht und wer gegen Sie ist, was Sie tun und wo Sie enden.

1. **Reich oder arm?**
2. **Rechts, links oder gemäßigt?**
3. **Hautfarbe?**
4. **Ethnie?**
5. **Religion?**
6. **Geschlecht?**
7. **Lebensstil (also liberal oder konservativ)?**
8. **Wohnort (Stadt, Stadtrand, ländliche Region)?**

Auch heute noch verfügt nur ein kleiner Prozentsatz der Bevölkerung, der aus nur wenigen dieser Klassen stammt, über den Löwenanteil des Wohlstands und der Macht und regiert als »Elite«. Für mich ist offensichtlich, dass heutzutage die kapitalistische Klasse in den meisten Ländern über die größte Finanzkraft verfügt und die politische Macht in Demokratien in den Händen aller Wähler liegt, in Autokratien dagegen in den Händen einer begrenzten Anzahl von Menschen, die anhand eines wie auch immer gearteten Auswahlprozesses bestimmt werden.[8] Meistenteils sind sie also die »herrschenden Klassen« und

8 Das bedeutet nicht, dass diejenigen, die in einer Autokratie das Sagen haben, letztlich nicht auch der Bevölkerung Rechenschaft schulden, denn diese könnte die Regierung stürzen.

»Eliten«, die über die bestehende innenpolitische Ordnung wachen. Sie stehen aber gerade unter Beschuss, sodass sich das vermutlich ändern dürfte. So gibt es in den Vereinigten Staaten derzeit beispielsweise eine massive Bewegung hin zur stärkeren Berücksichtigung von Angehörigen verschiedener Klassen – sowohl in der kapitalistischen Finanzwelt als auch in politischen Sphären. Solche Veränderungen können positiv oder negativ sein, je nachdem, ob sie friedlich oder gewalttätig verlaufen und clever oder unklug durchgesetzt werden. **Eine zeitlose, universelle Wahrheit ist mir beim Studium der Geschichte seit der Zeit vor Konfuzius (der etwa 500 v. Chr. lebte) immer wieder aufgefallen:**

● ***Gesellschaften, die auf ein möglichst breites Spektrum von Menschen zurückgreifen und diesen nach ihrer Leistung Verantwortung übertragen, nicht aufgrund von Privilegien, sind auf lange Sicht am erfolgreichsten, weil sie 1) die Menschen ausfindig machen, die für die Erfüllung bestimmter Aufgaben am besten geeignet sind, 2) über eine Vielfalt von Perspektiven verfügen und 3) als die gerechtesten wahrgenommen werden, was zu gesellschaftlicher Stabilität beiträgt.***

Ich gehe davon aus, dass sich die bestehenden innenpolitischen Ordnungen von Ländern wie bisher auch künftig weiterentwickeln und sich durch die Auseinandersetzungen zwischen verschiedenen Klassen über die Aufteilung von Vermögen und politischem Einfluss verändern. Weil diese Wohlstands- und Machtdynamik eine so große Rolle spielt, empfiehlt es sich, genau hinzuschauen, welche Klassen Reichtum und Einfluss hinzugewinnen und welche beides verlieren. (Derzeit zeichnet sich beispielsweise ab, dass die Entwickler künstlicher Intelligenz und Informationstechnologie auf Kosten derjenigen profitieren, die durch solche Technologien verdrängt werden.) Achten Sie außerdem auch auf die Reaktionen auf solche Veränderungen, die dazu führen, dass sich der Zyklus verändert.

In meinen Augen verändert sich also alles auf klassische Weise, angetrieben durch ein altbewährtes Perpetuum mobile. Dieses brachte und bringt verschiedene Systeme wie Kommunismus, Faschismus, Autokratien, Demokratien und deren evolutionäre Ableger und Hybridformen hervor wie den Staatskapitalismus in China. Und es wird neue Formen innenpolitischer Ordnung zur Aufteilung von Wohlstand und Zuweisung politischer Macht erzeugen, die sich stark auf unser Leben auswirken – zur Gänze abhängig davon, wie die Menschen miteinander umzugehen beschließen und wie die menschliche Natur in ihre Entscheidungen einfließt.

18. Der politische Links-/Rechts-Zyklus. Die Kapitalisten (also die Rechten) und die Sozialisten (die Linken) verfolgen nicht nur andere Eigeninteressen, sondern haben ganz unterschiedliche tief sitzende ideologische Überzeugungen, für die sie zu kämpfen bereit sind. Der typische rechtsorientierte Kapitalist vertritt die Ansicht, dass Eigenständigkeit, Fleiß, Produktivität, begrenzte staatliche Einmischung, eine möglichst geringe Abgabenlast und persönliche Entscheidungen unter moralischen und gesellschaftlichen Gesichtspunkten gut sind. Er ist der Überzeugung, dass die Privatwirtschaft besser funktioniert als die öffentliche Hand, dass der Kapitalismus für die meisten Menschen das beste Ergebnis bringt und dass Selfmade-Milliardäre den größten Beitrag zur Gesellschaft leisten. Was Kapitalisten in der Regel auf die Barrikaden bringt, ist finanzielle Unterstützung für Menschen, die nicht produktiv und rentabel arbeiten. Für sie gilt: Geld verdienen bedeutet produktiv sein und bekommen, was man verdient. Ob die Wirtschaftsmaschinerie Chancen und Wohlstand für die meisten Menschen hergibt, interessiert sie dabei nicht so sehr. Manchmal übersehen sie auch, dass ihre Form der Gewinnerzielung suboptimal ist, wenn es darum geht, die Ziele der Mehrheit zu erreichen. In einem rein kapitalistischen System hat beispielsweise ein herausragendes öffentliches Bildungsangebot keine besondere Priorität, obwohl es eindeutig eine Hauptursache für Produktivitätssteigerungen und Vermögensaufbau in einer Gesellschaft darstellt.

Dem linken/sozialistischen Lager zufolge ist es unter moralischen wie gesellschaftlichen Gesichtspunkten gut, sich gegenseitig zu helfen, den Menschen staatliche Unterstützung zu gewähren und alle an Wohlstand und Chancen teilhaben zu lassen. Dort herrscht die Ansicht, die Privatwirtschaft werde mehr oder minder von gierigen Kapitalisten geführt, während einfache Arbeitnehmer wie Erzieher, Feuerwehrleute und Arbeiter mehr zur Gesellschaft beitragen. Sozialisten und Kommunisten fokussieren sich in der Regel darauf, wie sich der Kuchen am besten verteilen lässt. Darauf, ihn zu vergrößern, verstehen sie sich meist weniger gut. Sie befürworten mehr staatliche Einmischung, weil sie glauben, dass die Regierung fairer ist als die Kapitalisten, die Menschen nur ausbeuten wollen, um noch mehr Geld zu verdienen.

Ich hatte schon mit allen möglichen Wirtschaftssystemen weltweit zu tun und weiß daher, dass ● ***die Fähigkeit, Geld zu verdienen, zu sparen und es in Kapital umzuwandeln (also der Kapitalismus), Menschen effektiv motiviert und Ressourcen effektiv so zuweist, dass der Lebensstandard allgemein steigt. Kapitalismus ist aber auch eine Ursache für Wohlstandsgefälle und Chancenungleichheit, was unfair ist, kontraproduktiv sein kann, extrem zyklusabhängig ist und zur Destabilisierung führen kann. Meiner Ansicht nach besteht die größte Herausforderung für die Politik darin, ein kapitalistisches Wirtschaftssystem auf die Beine zu stellen, das die Produktivität und den Lebensstandard steigert, ohne Ungleichheit und Instabilität zu vergrößern.***

21. Der große Zyklus der Machtverhältnisse, der den großen Friedens-/Kriegszyklus innerhalb von und zwischen Ländern antreibt. Die ausgiebige Auseinandersetzung mit der Geschichte und der winzige Ausschnitt davon, den ich selbst erlebt habe, haben mich erkennen lassen, wie die Dynamik der Machtverhältnisse praktisch allen Machtkämpfen zugrunde liegt – ob bei Bürointrigen innerhalb von Unternehmen, in der Kommunal- oder Landespolitik bei der Gestaltung der innenpolitischen Ordnung oder in der internationalen Politik bei der Gestaltung der Weltordnung. Sie gilt für die Formationen und Veränderungen der Weltordnung und der innenpolitischen Ordnung gleichermaßen. Die Dynamik vollzieht sich in einer Reihe von Schritten, die hier erklärt werden – wie genau, hängt allerdings von der im jeweiligen Stadium vorliegenden Ordnung und von den Menschen ab:

Schritt 1: Bildung von Allianzen. Sobald die Macht nicht gleichmäßig verteilt ist (wenn etwa in den USA die Demokraten deutlich mehr Einfluss haben als die Republikaner oder umgekehrt), wird sich das die mächtigere Partei zunutze machen und die andere Partei beherrschen. Um die stärkere Partei zu neutralisieren, sucht sich die schwächere logischerweise andere Parteien, die sie im Kampf gegen die stärkere Partei unterstützen sollen, damit sie gemeinsam ebenso viel oder mehr Einfluss ausüben können als die Opposition. Das erreicht die schwächere Partei, indem sie den anderen Parteien für deren Unterstützung die erwünschten Gegenleistungen zusichert. Kann die vormals schwächere Partei dadurch gemeinschaftlich mehr Einfluss ausüben als die vormals stärkere Partei, spricht sich die ehemals stärkere Partei mit anderen Parteien ab, um sich mit diesen zu verbünden und dem Gegner die überlegene Position zu entziehen. So schließen sich Bündnispartner mit sehr unterschiedlichen eigenen Interessen gegen einen gemeinsamen Feind zusammen nach dem Motto: »Der Feind meines Feindes ist mein Freund.« Diese Dynamik führt zwangsläufig dazu, dass die verschiedenen Seiten ungefähr gleich einflussreich und zersplittert sind. Manchmal sind die Differenzen zwischen den Parteien so ausgeprägt, dass manche Segmente andere Segmente ausmerzen möchten, um die eigene Partei zu dominieren. Diese Dynamik der Bildung von Allianzen und Feindbildern findet auf allen Beziehungsebenen statt, von den wichtigsten internationalen Bündnissen, die die bedeutendsten Elemente der Weltordnung prägen, bis hin zu den maßgeblichsten Allianzen innerhalb einzelner Länder, die die innenpolitische Ordnung definieren, und den Allianzen innerhalb von Bundesstaaten oder -ländern, Kommunen, Organisationen und Einzelnen. Die evolutionäre Veränderung, die sich am allerstärksten auf solche Beziehungen auswirkt, ist, dass die Welt so klein geworden ist – und die Verbündeten und Gegner globaler. Früher waren sie das nicht (als europäische Länder Bündnisse schlossen, um andere europäische Länder zu bekämpfen, und asiatische Länder in Asien ebenso), doch weil die Welt durch bessere Verkehrs- und Kommunikationsmöglichkeiten zusammengewachsen ist, ist sie stärker vernetzt und leichter erreichbar, und es haben sich eher globale Allianzen herausgebildet. Aus diesem Grund standen sich im Ersten und im Zweiten Weltkrieg mehr oder minder zwei Seiten gegenüber, und das dürfte künftig nicht anders werden.

Schritt 2: Krieg, um Gewinner und Verlierer zu bestimmen. Zu größeren Auseinandersetzungen kommt es gewöhnlich, wenn beide Seiten ungefähr gleich einflussreich sind und zwischen ihnen existenzielle Unterschiede bestehen. Große Konflikte brechen in aller Regel nicht auf, wenn eine starke Machtasymmetrie vorliegt, denn dann wäre es für die offensichtlich schwächeren Parteien unklug, gegen die offensichtlich stärkeren anzutreten. Täten sie es doch, würden die Kampfhandlungen kaum größere Ausmaße annehmen. Doch manchmal, wenn auf beiden Seiten etwa gleich viel Macht konzentriert ist, kommt es anstelle größerer Auseinandersetzungen zu Pattsituationen – dann nämlich, wenn die existenzielle Gefahr, sich selbst zu schaden in dem Versuch, die andere Seite zu schlagen, größer ist als alles, was man durch einen Kampf auf Leben und Tod gewinnen könnte. Steht zum Beispiel fest, dass man sich gegenseitig vernichten würde – wie einst im Falle der USA und der Sowjetunion –, ist ein solches Patt wahrscheinlicher als ein Angriff.

Solche großen Konflikte werden zwar gewöhnlich gewaltsam ausgetragen, können aber auch gewaltlos ablaufen, wenn die Einsatzregeln, nach denen sich die Beteiligten richten, eine gewaltlose Schlichtung von Auseinandersetzungen vorsehen – vor allem auch solcher von existenzieller Natur. Bei der US-Wahl von 2020 waren die beiden politischen Parteien in etwa gleich stark und es lagen unüberbrückbare Meinungsverschiedenheiten vor, sodass heftig um die politische Macht gerungen wurde. Das führte am 6. Januar 2021 zum Sturm auf das US-Kapitol. Letztlich erfolgte aber dennoch die friedliche Machtübergabe, wie sie in der Verfassung vorgesehen ist. Die Geschichte lehrt uns: Gibt es keine klaren Regeln und/oder richten sich die Parteien nicht danach, dann wird weitaus brutaler gekämpft – oft bis zum Tod.

Schritt 3: Auseinandersetzungen unter den Gewinnern. Es ist historisch belegt, dass nach dem Machtkampf, in dem der gemeinsame Gegner unterlegen ist, unter den siegreichen Bündnispartnern ein Streit um die Macht ausbricht – und unter den Verlierern bei der Planung ihres nächsten Angriffs ebenso. Ich bezeichne das als »Bereinigung« der Dynamik der Machtverhältnisse. Das ist noch in jedem Fall passiert, wobei die Schreckensherrschaft in Frankreich und der rote Terror in der Sowjetunion die bekanntesten Beispiele sind. Dieselben Auseinandersetzungen fanden auch zwischen Ländern statt, etwa zwischen den USA und der Sowjetunion, die im Zweiten Weltkrieg Alliierte waren. Ebenso brachen in der vereinigten Front der chinesischen Kommunisten und Nationalisten, die im Krieg gegen Japan gekämpft hatten, unmittelbar danach Machkämpfe aus. Wer um diese typische Dynamik weiß, der sollte auf interne Auseinandersetzungen unter den Siegern achten, sobald der große Krieg vorüber ist. Wir sollten stets ein Auge darauf haben, ob die Gruppierungen innerhalb derselben Parteien die Bereitschaft zeigen, miteinander um die Vorherrschaft in der eigenen Partei zu kämpfen. Gelangen neue Regimes (also die Siegerparteien) an die Macht, dann achten Sie darauf, wie sie mit dem besiegten Gegner umspringen. Was dann passiert, richtet sich nach dem System und nach denjenigen, die in dem System das Sagen haben. In den USA und in Demokratien im Allgemeinen erlauben die Regeln, dass Verlierer unbehelligt bleiben und keinen Einschränkungen unterliegen, sodass sie versuchen können, wieder an die Macht zu gelangen und erneut zu kämpfen. In strikten Autokratien werden die Verlierer auf die eine oder andere Weise ausgeschaltet.

Schritt 4: Es kommt zu Frieden und Wohlstand, was jedoch irgendwann zu Exzessen führt, die in großer Wohlstands- und Chancenungleichheit und Überschuldung münden. Aus der Geschichte ist ersichtlich, dass die besten Zeiten – in denen Frieden und Wohlstand herrschen – aufgrund dieser Dynamik gewöhnlich nach einem Krieg einsetzen, wenn Führung und Machstruktur klar etabliert sind, sodass es im Land oder mit anderen Ländern keine größeren Machtkämpfe gibt, und zwar, weil eine offensichtlich einflussreichere Partei vorhanden ist, die den weniger einflussreichen Parteien ein gutes Leben ermöglicht.

Schritt 5: Zunehmende Konflikte führen zu revolutionären Umwälzungen der innenpolitischen und globalen Ordnung. Solange die Menschen mehrheitlich in Frieden und Wohlstand leben, was nur der Fall ist, wenn das System gerecht ist und die meisten Menschen Selbstdisziplin beweisen und produktiv sind, dürften weiterhin Frieden und Wohlstand herrschen. Doch wie schon erwähnt, leisten Perioden des Friedens und Wohlstands meist einem großen Wohlstandsgefälle und Schuldenblasen Vorschub, was zu Konflikten führt, wenn der Wohlstand sinkt und weitere Konfliktursachen vorliegen.

Dieser Zyklus folgt dem Zyklus der innen- und außenpolitischen Ordnung und Unruhe, auf den wir in Kapitel 5 und 6 noch näher eingehen wollen.

KAPITEL 3

DER GROSSE GELD-, KREDIT-, SCHULDEN- UND KONJUNKTURZYKLUS

Den meisten Menschen und ihren Ländern geht es in erster Linie um Wohlstand und Macht. Geld und Kredit sind die Faktoren mit dem größten Einfluss darauf, wie Wohlstand und Macht zu- und abnehmen. Wer nicht weiß, wie Geld und Kredit funktionieren, kann nicht verstehen, wie das System funktioniert, und wer das nicht begreift, der kann auch nicht absehen, was auf ihn zukommt.

Wer nicht weiß, wie die goldenen Zwanzigerjahre zu einer Schuldenblase und zu einem gewaltigen Wohlstandsgefälle führten und wie das Platzen dieser Blase die Weltwirtschaftskrise von 1930 bis 1933 auslöste und diese wiederum weltweite Konflikte um Wohlstand, der kann auch nicht verstehen, warum Franklin D. Roosevelt 1932 zum US-Präsidenten gewählt wurde, und ebenso wenig, warum dieser kurz nach seiner Amtseinführung einen neuen Plan verkündete, demzufolge seine Regierung und die US-Notenbank gemeinsam eine Menge Geld und Kredit bereitstellen würden – eine Veränderung, die sich so oder ähnlich damals auch in anderen Ländern vollzog und an die heutigen Reaktionen auf die pandemiebedingte Krise erinnert. Wer nicht weiß, wie Geld und Kredit funktionieren, dem entzieht sich auch, warum sich die Welt 1933 so und nicht anders entwickelte oder was darauf folgte (nämlich der Zweite Weltkrieg), wie dieser gewonnen beziehungsweise verloren wurde und warum die neue Weltordnung 1945 so geschaffen wurde, wie sie seither ist. Nur wer die zugrunde liegenden Mechanismen erkennt, die in der Vergangenheit all diese Folgen hatten, der kann einordnen, was heute passiert, und besser einschätzen, was sich vermutlich in Zukunft ereignen wird.

Im Gespräch mit verschiedenen der renommiertesten Historiker und Politiker, darunter aktuelle und ehemalige Staatschefs, Außenminister, Finanzminister und Zentralbanker, wurde allen Beteiligten klar, dass wir über unterschiedliche Bruchstücke der Lösung des Rätsels verfügten, wie die Welt funktioniert. Mir hatten die nötigen praktischen Kenntnisse über politische und geopolitische Abläufe gefehlt, anderen entsprechendes Wissen über die Funktionen von Geld und Kredit. Gleich mehrere erklärten mir, die Einblicke in die Funktionsweise von Geld und Kredit seien für sie das größte fehlende Puzzleteilchen in ihrem Bestreben gewesen, zu begreifen, was uns die Geschichte vermittelt. Mir wiederum halfen ihre Perspektiven, die Dynamik zu verstehen, die politischen Entscheidungen zugrunde liegt, wie ich freimütig einräumte. Das vorliegende Kapitel ist auf das Puzzleteilchen fokussiert, das sich aus Geld, Kredit und Wirtschaft zusammensetzt.

Beginnen wir bei Geld und Kredit.

DIE ZEITLOSEN, UNIVERSELLEN GRUNDSÄTZE VON GELD UND KREDIT

● ***Alle Beteiligten – Einzelne, Unternehmen, gemeinnützige Organisationen und Regierungen – haben es mit denselben grundlegenden finanziellen Realitäten zu tun. So war das schon immer.*** **Sie haben Ein-**

nahmen (Erträge) und Ausgaben (Aufwendungen), aus denen sich per saldo ihr Nettoeinkommen ergibt. Diese Zahlungsströme werden in Zahlenwerten gemessen, die sich in jeder Gewinn-und-Verlust-Rechnung wiederfinden. Nimmt ein Unternehmen mehr ein, als es ausgibt, macht es Gewinn und kann mehr Ersparnisse anlegen. Gibt es mehr aus, als es einnimmt, muss es diese Reserven angreifen oder die Differenz durch einen Kredit ausgleichen – oder durch das Geld anderer. Übersteigen die Vermögenswerte eines Unternehmens dessen Verbindlichkeiten (verfügt es also über ein hohes Reinvermögen), so kann es mehr ausgeben, als es einnimmt, indem es so lange Vermögenswerte veräußert, bis sie ihm ausgehen. Dann muss es seine Ausgaben kürzen. Übersteigen seine Vermögenswerte die Verbindlichkeiten aber nur unwesentlich, und die Einnahmen fallen unter den Betrag, den das Unternehmen benötigt, um seine gesamten Betriebskosten und seinen Schuldendienst zu decken, dann muss es seine Ausgaben verringern. Ansonsten wird es zahlungsunfähig oder muss umschulden.

Alle Vermögenswerte und Verbindlichkeiten (also Schulden) eines Unternehmens sind in seiner Bilanz ausgewiesen. Doch ob buchhalterisch erfasst oder nicht: Die Zahlen existieren für jedes Land, jedes Unternehmen, jede gemeinnützige Organisation und jede natürliche Person. Rechnen Ökonomen dann beispielsweise die Einnahmen, Ausgaben und Ersparnisse aller Unternehmen zusammen, erhalten sie die Gesamteinnahmen, -ausgaben und -ersparnisse. ● ***Das kollektive Finanzgebaren aller Unternehmen, wie es aus ihren Gewinn-und-Verlust-Rechnungen und Bilanzen hervorgeht, ist der wichtigste Treiber von Veränderungen der Ordnung im eigenen Land und weltweit.*** **Wenn Sie davon ausgehen, was Sie über Ihre eigenen Einnahmen, Ausgaben und Ersparnisse wissen, und das auf andere übertragen und zusammenzählen, dann erhalten Sie eine ungefähre Vorstellung davon, wie das Ganze funktioniert.**

Führen Sie sich kurz Ihre persönliche finanzielle Situation vor Augen. Wie hoch ist Ihr Einkommen im Verhältnis zu Ihren Ausgaben heute, und wie hoch wird es künftig sein? Wie viel haben Sie angespart, und wie haben Sie Ihr Erspartes angelegt? Spielen Sie Folgendes durch: Wie lange würden Ihre Ersparnisse reichen, wenn Ihr Einkommen schrumpft oder ganz wegfällt? Wie hoch steht der Wert Ihrer Anlagen und Sparguthaben im Risiko? Wie sähe es finanziell für Sie aus, wenn sich dieser Wert halbierte? Können Sie jederzeit Vermögen flüssig machen, um Ihre Ausgaben zu decken oder Zins- und Tilgungszahlungen zu leisten? Haben Sie sonst noch Geldquellen, etwa aus staatlichen oder anderen Leistungen? Das sind die wichtigsten Berechnungen, die Sie anstellen können, um Ihr wirtschaftliches Wohlergehen zu sichern. Was nun die anderen – andere Menschen, Unternehmen, gemeinnützige Organisationen und Regierungen – angeht, so sollte Ihnen bewusst sein, dass diese Grundsätze für alle gelten. Machen Sie sich klar, dass wir in Wechselbeziehungen stehen. Überlegen Sie sich, was veränderte Rahmenbedingungen für Sie und andere bedeuten könnten, die Einfluss auf Sie haben. Da die Wirtschaft nichts anderes ist als die Summe aller Einzelakteure, die so vorgehen, erhalten Sie dadurch Einblick in das aktuelle und voraussichtliche künftige Geschehen.

So sind beispielsweise die Ausgaben des einen die Einnahmen des anderen. Kürzt ein Akteur seine Ausgaben, leidet nicht nur er selbst darunter, sondern auch andere, deren Einnahmen von diesen Ausgaben abhängen. Und da die Schulden des einen die Vermögenswerte des anderen sind, mindert der Zahlungsausfall eines Akteurs das Vermögen anderer, die dann weniger ausgeben können. Diese Dynamik erzeugt eine sich selbst verstärkende Abwärtsspirale der Verschuldung und eine Kontraktion der Wirtschaft, die dann zum politischen Problem wird, wenn sich die Menschen darüber streiten, wie der geschrumpfte Kuchen aufzuteilen ist.

Grundsätzlich gilt: ● ***Schulden fressen Eigenkapital.*** **Damit meine ich, dass vor allem anderen zunächst Verbindlichkeiten bedient werden müssen. Besitzen Sie beispielsweise ein Haus (und verfügen dadurch über Kapital), können aber die Hypothekenzahlungen nicht leisten, dann müssen Sie das Haus verkaufen oder es kommt unter**

den Hammer. Anders formuliert: Erst bekommt der Gläubiger sein Geld, dann der Hauseigentümer. Sind Ihre Ausgaben höher als Ihre Einnahmen und Ihre Verbindlichkeiten (Schulden) größer als Ihr Vermögen, wird Ihnen daher nichts anderes übrig bleiben, als Vermögensgegenstände zu veräußern.

Anders als die meisten Menschen intuitiv annehmen, **lassen sich die vorhandenen Geld- und Kreditmittel nicht mit einem festen Betrag beziffern. Die Zentralbanken können jederzeit Geld und Kredit schöpfen. Menschen, Unternehmen, gemeinnützige Organisationen und Regierungen freuen sich, wenn die Zentralbanken eifrig Geld drucken und Kreditmittel bereitstellen, weil sie dadurch mehr Kaufkraft erhalten. Werden diese Mittel ausgegeben, so steigen dadurch die Preise der meisten Waren, Dienstleistungen und Anlagewerte. Außerdem entstehen dadurch Schulden, die zurückgezahlt werden müssen. Menschen, Unternehmen, gemeinnützige Organisationen und Regierungen sind daher früher oder später gezwungen, weniger Geld auszugeben, als sie einnehmen – und das fällt schwer und tut weh. Aus diesem Grund sind Geld, Kredit, Schulden und Konjunktur von Natur aus zyklisch. Werden Kreditmittel bereitgestellt, ist sowohl die Nachfrage nach als auch die Produktion von Waren, Dienstleistungen und Anlagewerten hoch. In der Tilgungsphase schwächeln Nachfrage und Produktion dagegen.**

Was aber, wenn Schulden nie beglichen werden müssen? Dann gäbe es keine Schuldenklemme und keine schmerzhafte Rückzahlungsphase. Aber wäre das nicht schlimm für all jene, die die Kredite vergeben haben? Sie würden ihr Geld doch dann verlieren, oder? Überlegen wir mal, ob wir nicht eine Lösung für das Schuldendilemma finden, die weder Kreditnehmern noch Kreditgebern schadet.

Regierungen haben schließlich die Möglichkeit, Geld zu drucken und Kredit aufzunehmen. Warum könnte die Zentralbank der Regierung eines Landes dann nicht Geld zu einem Zinssatz von etwa 0 Prozent leihen, die dieses Geld dann Gutdünken verteilen kann, um die

Wirtschaft anzukurbeln? Vielleicht könnte sie ja auch anderen zu niedrigen Zinsen Kredit gewähren und auf eine Rückzahlung verzichten? Wer einen Kredit aufnimmt, muss normalerweise den ursprünglich geliehenen Betrag (das Kapital) zuzüglich Zinsen zurückzahlen, und zwar in Raten über einen bestimmten Zeitraum. Die Zentralbank hat aber die Befugnis, die Zinsen auf 0 Prozent zu setzen, und sie kann Kredite immer wieder verlängern, sodass der Kreditnehmer sie nie zurückzahlen muss. Den Kreditnehmern würde das Geld quasi geschenkt, doch so würde es nicht aussehen, weil die Schulden ja bei der Zentralbank als Aktivposten zu Buche stehen. Die Zentralbank könnte also nach wie vor behaupten, sie übe ihre übliche Kreditvergabefunktion aus. **Genau das ist im Nachgang zu der Wirtschaftskrise passiert, die durch die COVID-19-Pandemie ausgelöst wurde. Und schon viele Male zuvor im Laufe der Geschichte. Wer zahlt die Zeche? All jene außerhalb der Zentralbank, die die Schulden weiterhin als Vermögenswerte – Barmittel und Anleihen – halten, dafür aber keine Erträge bekommen, die ihre Kaufkraft bewahren, schauen in die Röhre.**

Das größte Problem, mit dem wir derzeit alle konfrontiert sind: Die Einnahmen vieler Menschen, Unternehmen, gemeinnütziger Organisationen und Regierungen sind im Verhältnis zu ihren Ausgaben gering, und ihre Schulden und sonstigen Verpflichtungen (etwa für Altersversorgung, Kranken- und andere Versicherungen) im Verhältnis zum Wert ihrer Vermögenswerte ausgesprochen hoch. Das mag nicht so aussehen – tatsächlich sieht es sogar oft ganz anders aus –, weil es viele Menschen, Unternehmen, gemeinnützige Organisationen und Regierungen gibt, die reich wirken, während sie in Wirklichkeit auf die Pleite zusteuern. Reich wirken sie deshalb, weil sie viel ausgeben, über jede Menge Vermögenswerte verfügen und sogar über reichlich Bargeld. Doch wenn Sie genauer hinschauen, können Sie erkennen, wer zwar reich wirkt, aber in finanziellen Schwierigkeiten steckt, weil er weniger einnimmt, als er ausgibt und/oder seine Verbindlichkeiten höher sind als seine Vermögenswerte. Wenn Sie hochrechnen, wie sich seine Finanzlage künftig entwickeln wird, dann werden Sie sehen, dass er seine Ausgaben kürzen und sich auf schmerzhafte Weise von seinen Vermögenswerten trennen muss, weshalb er am Ende bankrott ist. Solche Hochrechnungen sollten wir alle für die Zukunft unserer eigenen Finanzen und für andere anstellen, die uns wichtig sind. Und für die Weltwirtschaft ebenfalls. Kurzum: Manche Menschen, Unternehmen, gemeinnützige Organisationen und Länder **haben im Verhältnis zu den Nettoeinnahmen und Vermögenswerten, die erforderlich sind, um ihren Verpflichtungen nachzukommen, immense Verbindlichkeiten. Sie stehen finanziell auf schwachen Füßen, obwohl das nicht so aussieht, weil sie auf Pump viel Geld ausgeben.**

Sollten Sie meine Ausführungen verwirrend finden, lege ich Ihnen dringend ans Herz, sich die Zeit zu nehmen, das Ganze auf Ihre persönliche Situation zu übertragen. Kalkulieren Sie, wie dick Ihr finanzielles Polster ist. (Wie lange können Sie sich finanziell über Wasser halten, wenn es hart auf hart kommt – wenn Sie zum Beispiel Ihren Job verlieren und Ihre Anlagen durch mögliche Kursverluste, Steuern und Inflation nur noch die Hälfte wert sind?) Führen Sie dieselbe Berechnung dann für andere durch und rechnen Sie alles zusammen. Dann erhalten Sie einen guten Eindruck davon, in welcher Verfassung Ihre Welt ist. Genauso habe ich das mithilfe meiner Partner bei Bridgewater gemacht und finde es ungeheuer hilfreich, wenn ich herausfinden möchte, was wohl als Nächstes passiert.[1]

Zusammenfassend ist zu sagen, dass diese grundlegenden Finanzrealitäten für alle Menschen, Unternehmen, gemeinnützigen Organisationen und Regierungen genauso gelten wie für Sie und mich – mit der einen großen Ausnahme, die ich bereits erwähnt habe: Alle Länder können aus dem Nichts Geld und Kreditmittel erschaffen, um sie an Menschen zu verteilen, die sie ausgeben oder weiterverleihen

---

1 Mehr über meine Sichtweise dazu finden Sie in verschiedenen Forschungspapieren auf www.economicprinciples.org.

können. Indem sie Geld drucken und es in Schieflage geratenen Kreditnehmern geben, können die Zentralbanken die Schuldenkrisendynamik verhindern, die ich gerade erläutert habe. Aus diesem Grund wandle ich vorstehenden Grundsatz folgendermaßen ab: ● ***Schulden fressen Eigenkapital. Zentralbanken können sie stattdessen mit frisch gedrucktem Geld füttern.*** Erwartungsgemäß drucken Regierungen dann Geld, wenn Schuldenkrisen zu eigenkapitalzehrenden Schulden in politisch untragbarer Höhe und entsprechenden wirtschaftlichen Verwerfungen führen.

Allerdings ist nicht alles Geld, das von Regierungen gedruckt wird, gleich viel wert. Das Geld oder vielmehr die Währungen, die in aller Welt breit akzeptiert werden, heißen Reservewährungen. Während ich diese Zeilen schreibe, ist der US-Dollar die dominante Reservewährung der Welt. Er wird von der US-Notenbank herausgegeben – der Federal Reserve, kurz Fed. Eine weit weniger bedeutende Reservewährung ist der Euro, den die Notenbank der Euroländer ausgibt: die Europäische Zentralbank. Der japanische Yen, der chinesische Renminbi und das britische Pfund sind heute relativ unbedeutende Reservewährungen, wenngleich der Renminbi rasch an Bedeutung gewinnt.

● ***Verfügt ein Land über eine Reservewährung, ist das großartig, solange das der Fall ist, denn es gewährt diesem Land außergewöhnliche Kreditaufnahme- und Ausgabebefugnisse und erheblichen Einfluss darauf, wer sonst auf der Welt noch das nötige Geld und die Kreditmittel bekommt, um international Handel zu treiben.*** So eine Reservewährung trägt aber in aller Regel den Keim dafür in sich, dass ein Land den Reservewährungsstatus wieder verliert. Der Grund dafür: Das Land kann dann mehr Kredit aufnehmen, als es sich eigentlich leisten könnte, und wenn es große Mengen Geld- und Kreditmittel erzeugt, um seinen Schuldendienst zu leisten, dann wertet das die Währung ab, sodass sie letztlich ihren Reservewährungsstatus einbüßt. Der Verlust dieses Status ist eine schlimme Sache, denn ● ***so eine Reservewährung ist einer der größten Einflussfaktoren, die ein Land haben kann, weil sie ihm gewaltige Kaufkraft und geopolitische Macht verleiht.***

Länder, die keine Reservewährung haben, finden sich dagegen oft in der Position wieder, die Reservewährung (beispielsweise den US-Dollar) zu benötigen, wenn ein Großteil ihrer Schulden auf diese Währung lautet, die sie nicht selbst drucken können, oder wenn sie nicht über größere Ersparnisse in dieser Währung verfügen oder ihre Möglichkeiten schwinden, Einnahmen in dieser Währung zu erzielen. **Länder, die dringend Reservewährungen brauchen, um ihre darauf lautenden Verbindlichkeiten zu bedienen oder um bei Händlern einzukaufen, die nur Reservewährungen akzeptieren, können zahlungsunfähig werden.** Das ist schon oft passiert und droht auch derzeit wieder etlichen Ländern. Die gleiche Gefahr besteht zurzeit aber auch für Kommunen und Bundesstaaten/-länder und für viele Einzelpersonen. Mit dieser speziellen Konstellation ist bisher immer ähnlich verfahren worden, weshalb leicht erkennbar ist, wie die zugrunde liegende Maschinerie funktioniert – und genau das werde ich Ihnen in diesem Kapitel vorführen.

Beginnen wir bei den Grundlagen und bauen darauf auf.

WAS IST EIGENTLICH GELD?

Geld ist ein Tauschmittel, das auch zur Wertaufbewahrung verwendet werden kann.

Mit »Tauschmittel« meine ich ein Medium, das an andere weitergegeben werden kann, um dafür Dinge zu kaufen. Im Grunde produziert ein Mensch etwas, um es bei anderen gegen andere Dinge zu tauschen, die er gern haben möchte. Weil es aber wenig effizient ist, nicht-monetäre Werte mit sich herumzutragen in der Hoffnung, sie gegen das Gewünschte einzutauschen (Tauschhandel), hat praktisch jede Gesellschaft in der Geschichte irgendeine Form von Geld erfunden (also eine Währung), das man mit sich führen kann und dessen Wert alle anerkennen, sodass man es gegen die gewünschten Produkte eintauschen kann.

Mit »Wertaufbewahrungsmittel« meine ich ein Vehikel zur Speicherung von Kaufkraft in der Zeit, die zwischen dem Einnehmen und dem Ausgeben des Geldes verstreicht. Ein Anspruch auf Geld, das später eingesetzt werden kann, ist zwar eine der logischsten Methoden, Wert zu speichern, doch Menschen nutzen dafür auch andere Vermögenswerte, von denen sie sich Wertstabilität oder Wertsteigerung versprechen (wie Gold, Silber, Edelsteine, Gemälde, Immobilien, Aktien und Anleihen). Sie rechnen sich durch Eigentum, das an Wert gewinnt, bessere Chancen aus, als sie die Währung bietet. Bei Bedarf können sie ihre Vermögenswerte ja jederzeit gegen Währung tauschen, um sich dafür die Dinge zu kaufen, die sie gern haben wollen. Und an dieser Stelle kommen Kredit und Schulden ins Spiel. Sie sollten unbedingt den Unterschied zwischen Geld und Schuldversprechen kennen. Mit Geld werden Forderungen beglichen – Sie zahlen Ihre Rechnung, und der Fall ist erledigt. Schulden sind ein Versprechen, Geld zu zahlen.

Stellen, die Kredite vergeben, gehen beispielsweise davon aus, dass sie mit dem Geld zuzüglich der Zinsen, die sie erhalten, mehr Waren und Dienstleistungen einkaufen können, als wenn sie ihr Geld einfach behalten. Wenn alles gut läuft, nutzt der Kreditnehmer das Geld produktiv und erzielt selbst Gewinne. Dann kann er den Kreditgeber auszahlen und hat noch Geld übrig. Solange das Darlehen läuft, ist es für den Kreditgeber ein Aktivposten (zum Beispiel eine Anleihe), für den Kreditnehmer ein Passivposten (eine Verbindlichkeit). Wird das Geld zurückgezahlt, werden Aktiv- und Passivposten aufgelöst, und sowohl der Kreditgeber als auch der Kreditnehmer stehen besser da als zuvor. Sie haben sich den Gewinn aus der produktiven Kreditvergabe quasi geteilt. Solche Kreditgeschäfte sind gut für die Gesellschaft, die von den resultierenden Produktivitätssteigerungen profitiert.[2]

2 Während Kreditnehmer in aller Regel bereit sind, Zinsen zu zahlen, was den Kreditgebern einen Anreiz gibt, Geld zu verleihen, gibt es heutzutage Schuldinstrumente, die negativ verzinst werden – eine seltsame Sache, die an anderer Stelle noch näher untersucht wird.

Dabei ist unbedingt zu beachten, dass **die meisten Geld- und Kreditmittel (vor allem das von Regierungen ausgegebene Geld, das heute existiert) keinen Substanzwert haben. Es handelt sich dabei lediglich um in einem Buchführungssystem erfasste Einträge, die jederzeit geändert werden können. Zweck dieses Systems ist es, zu einer effizienten Ressourcenzuteilung beizutragen, damit die Produktivität gesteigert werden kann, sodass Kreditgeber und Kreditnehmer daran verdienen. Doch das System bricht regelmäßig zusammen.** Passiert das (und das ist seit Anbeginn der Zeiten immer wieder der Fall), wird die Geldversorgung »monetarisiert«[3] und die Währung wertet ab oder geht unter. Dann gibt es groß angelegte Vermögensverschiebungen, die Wirtschaft und Märkte erschüttern.

Das alles bedeutet, dass die Schulden- und Kreditmaschinerie nicht perfekt funktioniert. Angebot, Nachfrage und Geldwert entwickeln sich zyklisch nach oben und unten. Die Anstiegsphasen lösen euphorisierenden Überfluss aus, die Rückgangsphasen machen schmerzhafte Umstrukturierungen erforderlich.

Befassen wir uns nun näher damit, wie diese Zyklen ablaufen. Dabei arbeiten wir uns von den Grundlagen bis zur jetzigen Situation vor.

GELD, KREDIT UND WOHLSTAND

Geld und Kredit werden zwar mit Wohlstand assoziiert, sind aber nicht dasselbe. Mit Geld- und Kreditmitteln lässt sich Wohlstand (also Güter und Dienstleistungen) erkaufen. Deshalb sieht es zunächst ganz so aus, als entspräche die Menge der Geld- und Kreditmittel, über die Sie verfügen können, auch der Höhe Ihres Wohlstands. Doch Wohlstand lässt sich nicht einfach erzeugen, indem man mehr Geld druckt oder mehr Kredit vergibt. Dazu ist vielmehr eine Steigerung der Pro-

---

3 Monetarisieren bedeutet, dass die Zentralbank Geld druckt, um Schuldtitel zu kaufen.

duktivität erforderlich. Die Beziehung zwischen der Geld- und Kreditschöpfung und der Schaffung von Wohlstand bleibt oft im Unklaren, ist jedoch der stärkste Treiber von Konjunkturzyklen. Schauen wir uns das etwas genauer an.

Gewöhnlich stehen Geld- und Kreditschöpfung und die Erzeugung von Waren, Dienstleistungen und Anlagewerten in einer sich wechselseitig verstärkenden Beziehung zueinander, weshalb sie fälschlicherweise oft gleichgesetzt werden. **Sie müssen sich das folgendermaßen vorstellen: Es gibt eine Finanzwirtschaft und eine Realwirtschaft. Diese stehen zwar in Zusammenhang, unterscheiden sich aber. Und jeder von beiden liegen eigene Angebots- und Nachfragefaktoren zugrunde.** In der Realwirtschaft werden Angebot und Nachfrage durch die Menge produzierter Waren und Dienstleistungen und die Zahl der Kaufinteressenten dafür gesteuert. Werden viele (und immer mehr) Waren und Dienstleistungen nachgefragt, und die Kapazität reicht nicht, um alles herzustellen, was verlangt wird, so ist das Wachstumspotenzial der Realwirtschaft begrenzt. Nimmt die Nachfrage schneller zu als die Produktionskapazität, steigen die Preise und damit auch die Inflationsraten. Und hier kommt die Finanzwirtschaft ins Spiel. Sehen sich die Zentralbanken mit Inflation konfrontiert, straffen sie normalerweise ihre Geld- und Kreditpolitik, um die Nachfrage in der Realwirtschaft zu drosseln. Besteht zu wenig Nachfrage, tun sie das Gegenteil, indem sie Geld- und Kreditmittel zur Verfügung stellen, um die Nachfrage anzuheizen. **Indem sie das Geld- und Kreditniveau heben und senken, können die Zentralbanken die Nachfrage und die Produktion von finanziellen Vermögenswerten, Waren und Dienstleistungen steigern und verringern.** Das gelingt ihnen aber nie perfekt, sodass wir den kurzfristigen Schuldenzyklus erleben, der sich uns in Form abwechselnder Wachstums- und Rezessionsphasen offenbart.

Natürlich ist da noch der Wert von Geld- und Kreditmitteln zu berücksichtigen, der auf einer ganz eigenen Angebots- und Nachfragedynamik beruht. Wird im Verhältnis zur bestehenden Nachfrage viel Geld gedruckt, so verliert dieses an Wert. Was dann passiert, richtet sich stark danach, wohin die Geld- und Kreditmittel fließen. Werden sie beispielsweise nicht mehr zur Vergabe von Krediten verwendet, die für steigende Nachfrage in der Wirtschaft sorgen, sondern für den Kauf von Währungen oder Vermögenswerten, die vor Inflation schützen sollen, so kurbeln sie die Konjunktur nicht an. Stattdessen sorgen sie dafür, dass der Wert der Währung fällt und der Wert der inflationssicheren Anlagen steigt. In solchen Phasen können hohe Inflationsraten vorliegen, weil sich die Menge an Geld- und Kreditmitteln ungleich stärker erhöht als die Nachfrage danach. Das bezeichnen wir als »monetäre Inflation«. Gleichzeitig werden Waren, Dienstleistungen und Vermögenswerte möglicherweise kaum nachgefragt, sodass in der Realwirtschaft eine Deflation stattfindet. Auf diese Weise kommen inflationsbedingte Depressionsphasen zustande. Aus diesen Gründen **müssen wir die Entwicklung von Angebot und Nachfrage sowohl in der Real- als auch in der Finanzwirtschaft im Auge behalten, wenn wir wissen wollen, was sich finanziell und wirtschaftlich voraussichtlich künftig abspielen wird.**

Wie finanzielle Vermögenswerte durch die Fiskal- und Geldpolitik von einer Regierung produziert werden, wirkt sich beispielsweise ganz stark darauf aus, wer Zugriff auf die damit verbundene Kaufkraft erhält. Und das wiederum bestimmt, wie diese Kaufkraft eingesetzt wird. Im Regelfall werden Geld- und Kreditmittel von den Zentralbanken geschaffen und fließen in finanzielle Vermögenswerte, die das private Kreditsystem verwendet, um die Ausleihungen und Ausgaben der Menschen zu finanzieren. In Krisenzeiten können jedoch die Regierungen beschließen, wohin sie Geld- und Kreditmittel und Kaufkraft lenken möchten, statt diese Entscheidung dem Markt zu überlassen. Der Kapitalismus, wie wir ihn kennen, wird dadurch vorübergehend ausgehebelt. Das ist weltweit infolge der COVID-19-Pandemie passiert.

Ähnlich unklar wie die Zusammenhänge zwischen Finanz- und Realwirtschaft ist die Beziehung zwischen dem Preis und dem Wert

einer Sache. Weil sie sich im Regelfall im Gleichschritt entwickeln, sind sie leicht verwechselbar. Parallel entwickeln sie sich in aller Regel, weil die Leute, wenn sie mehr Geld und Kredit zur Verfügung haben, eher geneigt sind, mehr auszugeben, und auch mehr ausgeben können. Soweit ihre Ausgaben die Produktionsmenge der Wirtschaft steigern und zur Verteuerung von Waren, Dienstleistungen und finanziellen Vermögenswerten führen, können sie mit erhöhtem Wohlstand gleichgesetzt werden, weil die Menschen, denen diese Vermögenswerte bereits gehören, »reicher« werden – jedenfalls nach den von uns verwendeten Wohlstandsmaßstäben. Dieser Wohlstandszuwachs ist jedoch eher illusorisch als real, und zwar aus zwei Gründen: 1) Die zusätzlich vergebenen Kredite, die die Preise und die Produktion nach oben treiben, müssen zurückgezahlt werden, was unter sonst gleichen Voraussetzungen den gegenteiligen Effekt hat, wenn das Geld fällig wird. 2) Der Substanzwert einer Sache steigt nicht, nur weil sich ihr Preis erhöht.

Sehen Sie das mal so: Wenn Sie ein Haus besitzen und die Regierung eine Menge Geld- und Kreditmittel zur Verfügung stellt, dann gibt es vielleicht viele interessierte Käufer, die den Preis Ihres Hauses nach oben treiben. Das Haus ist aber immer noch dasselbe. Ihr Vermögen hat sich also nicht tatsächlich vergrößert, sondern nur rechnerisch. Das Gleiche gilt für jeden anderen Anlagewert in ihrem Besitz, der im Preis steigt, wenn die Regierung Geld druckt – also für Aktien, Anleihen et cetera.

Das errechnete Vermögen erhöht sich, das tatsächliche aber nicht, denn Sie besitzen ja immer noch dasselbe wie vor der Änderung des Wertansatzes. Anders ausgedrückt: Wer den Marktwert als Maßstab für das eigene Vermögen heranzieht, erhält einen illusorischen Eindruck von Veränderungen, die in Wirklichkeit gar nicht existieren. Um zu begreifen, wie der Wirtschaftsapparat funktioniert, muss Ihnen klar sein: **Geld und Kredit wirken stimulierend, wenn sie verteilt werden, aber deprimierend, wenn sie zurückgezahlt werden müssen. Und**

deshalb haben Geld, Kredit und Wirtschaftswachstum einen derart zyklischen Charakter.

Die Zentralbanker, die über Geld und Kredit bestimmen (also die Notenbanken), verändern die Kosten und die Verfügbarkeit von Geld und Kredit, um Einfluss auf die Märkte und die Wirtschaft zu nehmen. Wächst die Wirtschaft zu rasch und sie möchten einen Bremseffekt erzeugen, stellen sie weniger Geld- und Kreditmittel zur Verfügung, sodass beides teurer wird. Das animiert die Menschen, lieber Geld zu verleihen, als es aufzunehmen und auszugeben. Ist das Wachstum zu schwach und die Zentralbanker wollen die Konjunktur ankurbeln, verbilligen sie Geld und Kredit und erhöhen die verfügbaren Mengen, was den Menschen einen Anreiz gibt, Geld aufzunehmen und zu investieren und/oder auszugeben. Diese Veränderungen der Kosten und der Verfügbarkeit von Geld und Kredit sorgen auch dafür, dass die Preise und Mengen von Waren, Dienstleistungen und Anlagewerten steigen und fallen. Doch die Banken können die Wirtschaft nur so stark steuern, wie es ihre Kapazitäten zur Geld- und Kreditschöpfung zulassen – und diese sind begrenzt.

Stellen Sie sich die Zentralbank als Pflegekraft vor, die der Wirtschaft bei Bedarf stimulierende Spritzen verabreichen kann. Geben Märkte und Konjunktur nach, dann setzt sie Geld- und Kreditspritzen, um sie zu beleben. Überhitzen die Märkte und die Konjunktur, verringert sie die Dosierung oder setzt die Injektionen ab. Diese Maßnahmen sorgen für zyklische Auf- und Abwärtsbewegungen der Mengen und Preise von Geld und Kredit – und von Waren, Dienstleistungen und Finanzanlagen. Die Bewegungen erfolgen gewöhnlich in Form kurz- und langfristiger Schuldenzyklen. Die kurzfristigen Auf- und Abwärtszyklen der Verschuldung erstrecken sich normalerweise über plus/minus acht Jahre. Der zeitliche Ablauf richtet sich danach, wie lange es dauert, bis das Stimulans die Nachfrage so weit gesteigert hat, dass die Produktionsgrenzen der Realwirtschaft erreicht werden. Die meisten Menschen haben genügend dieser kurzfristigen Schuldenzyklen (auch »Konjunkturzyklen« genannt) erlebt, um zu wissen, wie sie aussehen – so viele, dass sie irrtümlich annehmen, sie würden ewig so weiterlaufen.

Diese Zyklen unterscheide ich vom langfristigen Schuldenzyklus, der sich in aller Regel über 50 bis 75 Jahre erstreckt (und folglich etwa sechs bis zehn kurzfristige Schuldenzyklen umfasst).[4] **Weil sich die Krisen, die im Zuge dieser langfristigen Schuldenzyklen auftreten, nur einmal im Leben ereignen, rechnen die meisten Menschen nicht damit.** Deshalb kommen sie in aller Regel überraschend und richten viel Schaden an. **Der langfristige Schuldenzyklus, der derzeit auf sein Ende zugeht, wurde 1944 in Bretton Woods, New Hampshire, ins Leben gerufen und begann 1945 mit dem Ende des Zweiten Weltkriegs und dem Beginn der vom Dollar und den USA dominierten Weltordnung.**

Diese langfristigen Schuldenzyklen werden davon bestimmt, wie viel Stimulans die Zentralbank noch bevorratet hat. Sie setzen ein, wenn eine zuvor bestehende zu hohe Schuldenlast umstrukturiert worden ist und die Zentralbanken mit ihren stimulierenden Spritzen aus dem Vollen schöpfen können. Sie enden, wenn die Verschuldung hoch ist und das Stimulans zur Neige geht – oder genauer gesagt dann, **wenn die Zentralbank nicht mehr in der Lage ist, durch mehr Geld- und Kreditmittel im Wirtschaftssystem reales Wachstum zu erzeugen. Im Lauf der Geschichte haben Nationalregierungen und Zentralbanken durch Geld- und Kreditschöpfung immer wieder ihre eigenen Währungen geschwächt und ihre monetäre Inflation angeheizt, um die Deflation abzufedern, die sich aus deflationärer Kreditpolitik und Kontraktionen der Wirtschaft ergibt. Das passiert gewöhnlich dann, wenn die Schulden auf hohem Niveau sind, die**

4 Nebenbei bemerkt möchte ich diese groben Schätzwerte für die Zyklusdauer als das verstanden wissen, was sie sind: grobe Schätzwerte eben. Um festzustellen, in welcher Zyklusphase wir uns gerade befinden, müssen wir eher auf die vorliegenden Rahmenbedingungen achten als auf Zeiträume.

Zinsen nicht entsprechend gesenkt werden können und Geld- und Kreditschöpfung die Preise finanzieller Vermögenswerte stärker in die Höhe treiben als die eigentliche Konjunktur. In solchen Zeiten möchten die Inhaber von Schuldtiteln (das sind die Versprechen anderer, ihnen Geld zu zahlen) diese gern gegen andere werthaltige Vermögensgegenstände tauschen. Sobald Geld- und Schuldinstrumente nicht mehr weithin als solide Wertspeicher angesehen werden, geht der langfristige Schuldenzyklus zu Ende. Dann tritt notgedrungen eine Umstrukturierung des Währungssystems ein.

So ein Zyklus ist immer eine große Sache, und diese Zyklen laufen seit Beginn der Geschichtsschreibung praktisch überall immer wieder ab. Deshalb sollten wir möglichst viel darüber wissen und über zeitlose, universelle Grundsätze verfügen, die uns sagen, wie wir gut mit ihnen zurande kommen können. Dabei erkennen die meisten Menschen, viele Wirtschaftsexperten eingeschlossen, nicht einmal ihre Existenz an. Der Grund dafür: Wer genügend unterschiedliche Stichprobenbeobachtungen sammeln will, um sich ein klares Bild zu verschaffen, muss solche Zyklen über viele Hundert Jahre in vielen verschiedenen Ländern analysieren.

Genau das haben wir in Teil II vor, der sich mit den wichtigsten dieser Zyklen in der Weltgeschichte befasst. Dabei nehmen wir Bezug auf die zeitlosen, universellen Mechanismen, die erklären, warum Geld und Kredit als Tauschmedien und Wertaufbewahrungsmittel manchmal gute Dienste leisten, manchmal aber auch nicht. Im vorliegenden Kapitel werde ich all diese Fallbeispiele synthetisieren, um Ihnen zu zeigen, wie sie archetypisch ablaufen.

Dabei setze ich vor langer Zeit an, bei den Grundlagen des langfristigen Schuldenzyklus, und begleite Sie bis in die Gegenwart. So erhalten Sie eine Vorstellung vom klassischen Muster. Ich behaupte wohlgemerkt nicht, dass jeder Zyklus immer genau so abläuft – sondern lediglich, dass sich fast alle solchen Zyklen eng an diesem Muster orientieren.

DER LANGFRISTIGE SCHULDENZYKLUS

Der langfristige Schuldenzyklus läuft in sechs Phasen ab:

Phase 1: Sie beginnt, wenn a) wenig oder keine Schulden vorhanden und b) die Währung »hart« ist.

Die Schuldenlast aus dem letzten Zyklus wurde durch Umstrukturierung und Monetarisierung weitgehend beseitigt. Das hat Konsequenzen, vor allem in Form von Inflation, weshalb wieder auf harte Währung wie Gold und Silber (manchmal auch Kupfer und andere Metalle wie Nickel) zurückgegriffen wird oder mitunter auch auf eine Koppelung an eine harte Währung. In der Weimarer Republik wurde eine Währungsreform durchgeführt, die Geld mit Goldvorräten und Grundbesitz unterlegte und an den US-Dollar band, in Argentinien wurde die Währung Ende der 1980er-Jahre an den US-Dollar gekoppelt.

In dieser Phase muss eine Währung unbedingt »hart« sein, weil dann für Tauschgeschäfte kein Vertrauen – also keine Bonität – erforderlich ist. Jedes Geschäft kann unverzüglich abgewickelt werden, selbst wenn Käufer und Verkäufer Fremde oder gar Feinde sind. Es heißt, Gold sei der einzige finanzielle Vermögenswert, der keine Verbindlichkeit eines anderen darstelle. Erhalten Sie von einem Käufer Goldmünzen, können Sie diese einschmelzen und das Metall eintauschen und erhalten noch immer fast denselben Wert, als wenn Sie sie ausgegeben hätten – anders als Papiergeld, bei dem es sich im Grunde um ein Kreditinstrument handelt – ein Versprechen, Wert zu liefern (das im Ernstfall nicht unbedingt viel wert ist, wenn man bedenkt, wie leicht es sich drucken lässt). Befinden sich Länder im Krieg und haben kein Vertrauen in die Zahlungsabsichten oder -fähigkeiten anderer, können sie einander trotzdem in Gold bezahlen. Gold (und in geringerem Maße auch Silber) lässt sich sowohl als sicheres Tauschmedium als auch als sicherer Wertspeicher einsetzen.

Phase 2: Als Nächstes kommen Ansprüche auf harte Währung (das heißt Banknoten oder Papiergeld).

Weil es gefährlich und unbequem ist, viel Metallgeld mit sich zu führen, und weil die Kreditschöpfung für Kreditgeber und Kreditnehmer reizvoll ist, treten glaubwürdige Parteien auf den Plan, die die harte Währung sicher verwahren und Papiere ausgeben, die einen Anspruch darauf begründen. Solche Parteien nennen wir heute »Banken«. Früher gehörten allerdings alle möglichen anderen vertrauenswürdigen Stellen dazu, in China beispielsweise Tempel. **Solche »Anspruchspapiere« werden von den Menschen bald behandelt, als wären sie selbst Geld.** Schließlich können sie in harte Währung eingelöst oder unmittelbar verwendet werden, um Dinge zu kaufen. Ein solches Währungssystem wird als »gebunden« bezeichnet, weil eine Wertbindung vorliegt, im Regelfall an »harte Währung« wie Gold und Silber.

Phase 3: Dann steigen die Schulden.

Anfangs ist jeder Anspruch auf die »harte Währung« durch den Bestand der Bank gedeckt. Doch dann entdecken die Inhaber der Anspruchspapiere und die Banken das Wunder von Kredit und Schulden. Inhaber verbriefter Ansprüche verleihen diese gegen Zinszahlungen an Banken. Diese lassen sich darauf gern ein, weil sie ihrerseits das Geld anderen leihen können, die ihnen höhere Zinsen zahlen, sodass die Bank Gewinn macht. Die Kreditnehmer der Banken wiederum sind daran interessiert, weil sie dadurch mehr Kaufkraft erlangen als zuvor. Und die Gesellschaft als Ganzes findet das ebenfalls gut, weil es dazu führt, dass die Vermögenspreise und die Produktion steigen. Da das alle Beteiligten zufriedenstellt, findet es in großem Stil statt. Es werden immer mehr Kredite vergeben und aufgenommen, sodass es zum Boom kommt und die Menge der Ansprüche auf Geld (also die Schuldinstrumente) im Verhältnis zu den tatsächlich zum Kauf verfügbaren Waren und Dienstleistungen zunimmt. Am Ende bestehen deutlich mehr Ansprüche, als sich harte Währung in der Bank befindet.

Kritisch wird es, wenn die Einnahmen des Kreditnehmers nicht mehr reichen, um seine Schulden zu bedienen, oder wenn die Menge der Ansprüche, die Menschen in der Erwartung besitzen, sie verkaufen zu können, um mit dem Erlös Waren und Dienstleistungen zu erwerben, so viel schneller ansteigt als die Menge der Waren und Dienstleistungen, dass solche Schuldtitel (zum Beispiel Anleihen) nicht mehr umtauschbar sind. Diese beiden Probleme treten gewöhnlich gleichzeitig auf.

Zum ersten Problem müssen Sie sich Schulden als negative Erträge und negativen Vermögenswert vorstellen, der Erträge frisst (weil man für den Schuldendienst Erträge aufwenden muss), und auch sonstiges Vermögen (weil andere Vermögensgegenstände veräußert werden müssen, um das Geld für den Schuldendienst aufzubringen). Solche Zahlungen gehen im Rang vor – will heißen, sie sind zu leisten, bevor andere Forderungen befriedigt werden. Gehen die Einnahmen und der Wert von Vermögensgegenständen zurück, müssen Ausgaben gekürzt und Vermögenswerte abgestoßen werden, um das nötige Geld flüssig zu machen. Reicht das nicht, ist a) eine Umschuldung erforderlich (die Schulden und die Schuldenlast verringert, aber für Kreditnehmer und Kreditgeber problematisch ist, weil die Schulden des einen die Vermögenswerte des anderen darstellen) und/oder b) die Zentralbank muss Geld drucken, während die Landesregierung Geld- und Kreditmittel verteilt, um Löcher bei Einnahmen und Bilanzen zu stopfen (wie es zurzeit der Fall ist).

Phase 4: Dann folgen Schuldenkrisen, Zahlungsausfälle und Abwertungen, was dazu führt, dass neues Geld gedruckt und von der harten Währung entkoppelt wird.

Zum zweiten Problem kommt es, wenn die Inhaber von Schuldinstrumenten nicht mehr überzeugt sind, dass sie dafür im Vergleich zu anderen Wertaufbewahrungsmitteln und den Kosten von Waren und Dienstleistungen angemessene Erträge erhalten. Schuldtitel (wie Anleihen) werden von Anlegern gehalten, die davon ausgehen, dass es sich dabei um Wertspeicher handelt, die verkauft werden können, um Geld zu erhalten, mit dem sie einkaufen können. Sobald die Inhaber der Schuldtitel versuchen, diese in echtes Geld und echte Waren und Dienstleistungen zu tauschen, und feststellen, dass das nicht möglich ist, kommt es zum »Run«. Damit meine ich, dass viele Inhaber von Schuldtiteln gleichzeitig versuchen, diese zu Geld zu machen oder in Waren, Dienstleistungen oder andere Finanzanlagen umzutauschen. Die Bank – ganz gleich, ob es sich dabei um eine privatwirtschaftliche Bank oder eine Zentralbank handelt – steht dann vor der Wahl, ob sie diesen Abfluss von Geld aus Schuldtiteln zulässt, was die Zinsen in die Höhe treibt und die Schulden- und Konjunkturprobleme verschlimmert, oder ob sie Geld druckt, indem sie Anleihen auflegt und so viele davon kauft, dass die Zinsen nicht anziehen – in der Hoffnung, den Run aus solchen Anlagen umzukehren. Die Zentralbank gibt unvermeidlich die Bindung auf, druckt Geld und lässt es abwerten, weil andernfalls eine untragbare deflationäre Depression einsetzt. In diesem Stadium kommt es vor allem darauf an, für so viel Geld und Abwertung zu sorgen, dass die deflationäre Depression abgebogen wird, ohne eine Inflationsspirale auszulösen. Gelingt dieses Manöver, so bezeichne ich das als »schöne Entschuldung«, ausführlicher nachzulesen in meinem Buch *Principles: So navigieren Sie Ihr Vermögen durch große Schuldenkrisen.* Manchmal bringen solche Kaufprogramme eine Zeit lang das gewünschte Ergebnis. Doch was das Verhältnis der Ansprüche auf Geld (Schuldinstrumente) zur Menge der vorhandenen »harten« Währung und der Menge der vorhandenen Waren und Dienstleistungen angeht, die gekauft werden können, steckt die Bank in einem Dilemma, das sie nicht lösen kann. Sie hat schlicht nicht genug »harte« Währung, um alle Ansprüche zu befriedigen. Eine Zentralbank hat in diesem Fall die Wahl: Sie kann sich entweder für zahlungsunfähig erklären oder die Bindung an die harte Währung aufgeben, Geld drucken und dessen Entwertung zulassen. Und sie wird sich in jedem Fall für die zweite Möglichkeit entscheiden. Fallen solche Umschuldungen und Währungsabwertungen zu groß aus, haben sie den Zusammenbruch und die mögliche Vernichtung des Währungssystems zur Folge. Je mehr Schuldtitel (also Ansprüche auf Geld und Ansprüche auf Waren und Dienstleistungen) in Umlauf sind, desto dringender ist die Abwertung.

Bedenken Sie dabei: Die Menge an Waren und Dienstleistungen ist stets begrenzt, weil die Wirtschaft eben nur so und so viel produzieren kann. Beachten Sie außerdem, wie aus unserem Beispiel zum Papiergeld als Anspruch auf harte Währung hervorgeht, dass nur eine begrenzte Menge dieser harten Währung vorhanden ist (beispielsweise Goldreserven), während die Papiergeldmenge (also die Ansprüche auf die harte Währung) und die Schuldinstrumente (also die Ansprüche auf dieses Papiergeld) ständig zunehmen. Wachsen die in Form von Papiergeld bestehenden Ansprüche im Verhältnis zur Menge der harten Währung in der Bank und zu den Waren und Dienstleistungen in der Wirtschaft an, so vergrößert sich die Gefahr, dass die Inhaber der Schuldinstrumente nicht in der Lage sind, diese gegen die Mengen harter Währung oder Waren und Dienstleistungen einzulösen, die sie sich dafür ausgerechnet hatten.

Eine Bank, die nicht genug harte Währung liefern kann, um bestehende Ansprüche zu befriedigen, hat ein Problem – ganz gleich, ob es sich um ein privatwirtschaftliches Institut oder um eine Zentralbank handelt, wobei Zentralbanken mehr Optionen zur Verfügung stehen als Privatbanken. Schließlich kann eine privatwirtschaftliche Bank weder Geld drucken noch Gesetze ändern, um sich den Schuldendienst zu erleichtern, manche Zentralbanken dagegen schon. **Privatwirtschaftliche Geldinstitute gehen entweder in Konkurs oder müssen vom Staat gerettet werden, wenn sie in Schieflage geraten. Zentralbanken können die an sie gerichteten Ansprüche einfach abwerten (sodass sie nur zu 50 bis 70 Prozent beglichen werden müssen), wenn ihre Schulden auf ihre eigene Landeswährung lauten. Lauten sie allerdings auf eine Währung, die die Zentralbank nicht selbst drucken kann, droht auch ihr letztlich die Zahlungsunfähigkeit.**

Phase 5: Hier kommt das Fiatgeld ins Spiel, das letztlich zur Geldentwertung führt.

Die Zentralbanken haben ein Interesse, den Geld- und Kreditzyklus möglichst in die Länge zu ziehen, weil das so viel besser ist als die Alternative. Fühlt sich eine Regierung durch das System von harter Währung und Ansprüchen auf harte Währung zu stark gegängelt, geht sie gewöhnlich zugunsten des sogenannten Fiatgelds davon ab. In Fiatsystemen spielt harte Währung gar keine Rolle mehr. Es gibt nur noch Papiergeld, welches die Zentralbank ohne Einschränkungen drucken kann.

Infolgedessen besteht keine Gefahr, dass die Bestände der Zentralbank an harter Währung zu sehr in Anspruch genommen werden und sie ihr Versprechen, diese zu liefern, brechen muss. Das Risiko ist vielmehr, dass die Leute an den Druckerpressen (also die Zentralbanker, die mit den Geschäftsbanken zusammenarbeiten), von allen Zwängen zur Bereitstellung von realem Gold, Silber oder anderen harten Vermögenswerten befreit, im Verhältnis zur Menge produzierter Waren und Dienstleistungen immer mehr Geld, Schuldinstrumente und Verbindlichkeiten in die Welt setzen – bis zu dem Punkt, an dem die Gläubiger versuchen, diese in Waren und Dienstleistungen umzuwandeln. Das hat dann denselben Effekt wie ein Run auf eine Bank und führt entweder zu Zahlungsausfällen oder zur Geldentwertung.

Die Umstellung von einem System, in dem sich Schuldtitel in einem festen Verhältnis in materielle Vermögenswerte (wie Gold und Silber) umwandeln lassen, auf ein Fiatwährungssystem ohne eine solche Konvertierbarkeit fand in den USA zuletzt am Abend des 15. August 1971 statt. Wie bereits geschildert, habe ich damals vor dem Fernseher gesessen, als Präsident Nixon der Welt verkündete, dass der US-Dollar nicht länger an Gold gebunden sei. Ich hatte erwartet, dass die Welt kopfstehen und die Aktienkurse purzeln würden. Stattdessen sind sie gestiegen. Weil ich zuvor noch nie eine Abwertung erlebt hatte, wusste ich nicht, wie diese funktioniert.

In den Jahren vor 1971 hatte die US-Regierung eine Menge Geld für Militär- und Sozialprogramme ausgegeben, seinerzeit als »guns and butter«[5] bezeichnet. Bezahlt wurde das alles mit geliehenem Geld, es wurden also Schuldtitel aufgelegt. Diese Schuldtitel stellten einen Anspruch auf Geld dar, der in Gold eingelöst werden konnte. Anleger behandelten die Schuldtitel als Vermögenswerte, weil sie Zinsen dafür erhielten und weil die US-Regierung zusicherte, sie werde deren Inhabern gestatten, sie gegen das Gold einzutauschen, das in den US-Tresoren lag. Mit wachsenden Ausgaben und Haushaltsdefiziten mussten die USA immer mehr Schuldtitel begeben – also mehr Ansprüche auf das Gold gewähren –, obwohl der Goldbestand in der Bank nicht größer wurde. Kluge, aufmerksame Anleger konnten erkennen, dass die ausstehenden Ansprüche auf Gold deutlich größer waren als die von der Bank vorgehaltene Goldmenge. Ihnen wurde klar: Ging das so weiter, stünden die USA vor der Zahlungsunfähigkeit. Also machten sie ihre Ansprüche geltend. Natürlich erschien die Vorstellung, die US-Regierung – die Regierung des reichsten und mächtigsten Landes der Welt – würde ihr Versprechen brechen, allen Anspruchsberechtigten auch Gold auszuhändigen, damals ziemlich absurd. Die meisten Menschen wurden daher von Nixons Mitteilung und ihren Effekten auf die Märkte überrascht. Nicht jedoch all jene, die wussten, wie Geld und Kredit funktionieren.

Geraten Kreditzyklen an ihre Grenzen, besteht die logische, klassische Reaktion von Staatsregierungen und ihren Zentralbanken darin, eine Menge Schuldtitel auszugeben und Geld zu drucken, das für Waren, Dienstleistungen und Anlagegüter ausgegeben wird, damit die Wirtschaft weiterläuft. So geschah es in der Schuldenkrise von 2008, als man die Zinsen nicht weiter senken konnte, weil sie bereits 0 Prozent erreicht hatten. Und so geschah es im ganz großen Stil erneut 2020 als Reaktion auf den Konjunktureinbruch, den die COVID-Pandemie ausgelöst hatte. So war es auch als Reaktion auf die Schuldenkrise

5 Anm. d. Übers.: zu Deutsch »Kanonen- und Butterpolitik«.

von 1929 bis 1932 gewesen, als die Zinsen ebenso auf 0 Prozent gedrückt worden waren. Während ich an diesem Buch arbeite, werden Schuldtitel und Geld in einer Menge erzeugt wie noch nie seit dem Zweiten Weltkrieg.

Um es ganz klar zu sagen: Wird Geld gedruckt und verteilt, damit es ausgegeben werden kann, statt das Konsumverhalten durch einen wachsenden Schuldenberg zu finanzieren, hat das durchaus Vorteile – Geld lässt sich so ausgeben wie Kreditmittel, muss aber in der Praxis (im Gegensatz zur Theorie) nicht zurückgezahlt werden. Es spricht nichts dagegen, die Geldmenge zu vergrößern statt Kredit und Schulden zu erhöhen, wenn dieses Geld dann produktiv genutzt wird. Die Gefahr liegt darin, dass das nicht der Fall ist. Wird zu aggressiv Geld gedruckt und dieses dann nicht produktiv eingesetzt, hören die Menschen auf, es als Wertspeicher zu verwenden, und bringen ihr Vermögen lieber woanders unter.

Die Geschichte lehrt uns: ● ***Wir sollten uns nicht darauf verlassen, dass uns der Staat finanziell schützt.*** Ganz im Gegenteil, wir sollten damit rechnen, dass die meisten Regierungen ihre privilegierte Stellung als Geld- und Kreditschöpfer und -verwender aus denselben Gründen missbrauchen, aus denen Sie das täten, wenn Sie in dieser glücklichen Lage wären. Das liegt daran, dass kein politischer Entscheidungsträger einen gesamten Zyklus verantwortet. Jeder ist nur für den einen oder anderen Zyklusabschnitt zuständig und tut dann, was unter den gegebenen Umständen jeweils in seinem Interesse liegt und ihm richtig erscheint. (Dazu gehört auch, Versprechen zu brechen, selbst wenn der Zyklus dadurch kollektiv miserabel gemanagt wird.)

Da Regierungen im Frühstadium des Schuldenzyklus als vertrauenswürdig gelten und mehr als alle anderen Geld brauchen und haben wollen, sind sie gewöhnlich die größten Kreditnehmer. In späteren Zyklusphasen stehen neue Staatschefs und Zentralbanker dann vor der Herausforderung, die Schulden zu tilgen, haben dazu aber weniger Stimulanzien in petto. Schlimmer noch: Der Staat muss anderen Schuldnern unter die Arme greifen, deren Scheitern das System gefährden könnte – das »Too big to fail«-Syndrom der Systemrelevanz. Infolgedessen bekommt so ein Staat in aller Regel Cashflow-Probleme, und zwar erheblich größere als Einzelne, Unternehmen und die meisten anderen Körperschaften.

In so gut wie jedem Fall trägt die Regierung – durch ihre Maßnahmen und indem sie sich selbst hoch verschuldet – zum wachsenden Schuldenberg bei. Platzt die Schuldenblase schließlich, so rettet die Regierung sich und anderen die Haut, indem sie Anlagen aufkauft und/oder Geld druckt und dieses entwertet. Das gilt umso mehr, je größer die Schuldenkrise ist. So unerwünscht das sein mag – wie es dazu kommt, ist durchaus nachvollziehbar. ● ***Wer Geld und Kredit schöpfen und an alle verteilen kann, damit sie zufrieden sind, kann dieser Versuchung nur schwer widerstehen.***[6] Das ist klassische Finanzpolitik. **Im Lauf der Geschichte haben Regierende immer wieder Schulden angehäuft, die erst fällig wurden, wenn sie schon längst nicht mehr in der Verantwortung standen, und es ihren Nachfolgern überlassen, die Zeche zu zahlen.**

Werden die Druckerpressen angeworfen und finanzielle Vermögenswerte (überwiegend Anleihen) aufgekauft, bleiben die Zinsen niedrig, was Kreditvergabe und Konsum anheizt. Wer Anleihen hält, hat einen Anreiz, diese zu verkaufen. Die niedrigen Zinsen animieren Anleger, Unternehmen und Privatpersonen, Kredit aufzunehmen und das Geld in höher rentierliche Vermögenswerte zu investieren. Sie kaufen sich, was sie möchten – zu monatlichen Raten, die sie sich leisten können.

Das veranlasst die Zentralbanken, noch mehr Geld zu drucken und mehr Anleihen – und manchmal auch andere finanzielle Vermögenswerte – zu erwerben. Das ist in aller Regel ein effektives Mittel, um die Preise finanzieller Vermögenswerte in die Höhe zu treiben, bewirkt aber

---

6 Manche Zentralbanken haben sich von der direkten Kontrolle durch die Politik unabhängig gemacht, um sich dieser Versuchung zu entziehen, doch in der Praxis muss jede Zentralbank ihrer Regierung irgendwann aus der Patsche helfen, sodass es trotzdem immer zu Abwertungen kommt.

eher nicht, dass Geld, Kredit und Kaufkraft in den Händen derjenigen landen, die sie am dringendsten brauchen. So war es 2008 und auch die meiste Zeit über bis zum Einsetzen der Krise durch das Coronavirus 2020. Gelingt es nicht, durch Gelddrucken und Aufkaufen finanzieller Vermögenswerte Geld- und Kreditmittel dorthin zu lenken, wo sie gebraucht werden, dann nimmt die Landesregierung Geld bei der Zentralbank auf (die es druckt), damit sie es dort investieren kann, wo es nötig ist. Dieses Vorhaben kündigte die Fed am 9. April 2020 an. Der Ansatz, Geld zu drucken, um Schuldtitel aufzukaufen (auch als »Monetarisierung von Schulden« bezeichnet), um Wohlstand von Besitzenden auf Bedürftige umzuschichten, ist politisch viel leichter zu vertreten als die Erhebung von Steuern – denn wer Steuern zahlen muss, reagiert verärgert. **Aus diesem Grund drucken die Zentralbanken am Ende immer Geld und werten es ab.**

Drucken Regierungen viel Geld und kaufen viele Schuldtitel auf, verbilligt sich beides. Das entspricht im Grunde einer Besteuerung der Eigentümer und erleichtert Schuldnern und Kreditnehmern das Leben. Geht das so lange, bis die Besitzer von Geldmarkt- und Schuldinstrumenten merken, was los ist, versuchen diese, ihre Schuldtitel loszuwerden und/oder sich Geld zu leihen, um Schulden zu machen, die sie mit billigem Geld zurückzahlen können. Außerdem schichten sie ihr Vermögen oft in aussichtsreichere Speichermedien wie Gold und bestimmte Aktiengattungen um – oder in andere Länder, die solche Probleme nicht haben. In solchen Zeiten drucken die Zentralbanken in aller Regel weiterhin Geld und kaufen direkt oder indirekt (etwa, indem sie es den Banken überlassen) Schuldtitel auf. Gleichzeitig verbieten sie, Geld in inflationsgeschützte Anlagen, alternative Währungen und andere Länder abzuziehen.

Solche sogenannten Reflationsphasen regen entweder zu neuerlicher Geld- und Kreditschöpfung an, die wieder Wirtschaftswachstum finanziert (was für Aktien von Vorteil ist), oder sorgen für eine Abwertung der Währung, was zu monetärer Inflation führt (positiv für inflationsgesicherte Anlagen wie Gold, Rohstoffe und inflationsindexierte Anleihen). In früheren Phasen des langfristigen Schuldenzyklus, in denen die ausstehenden Verbindlichkeiten noch nicht so hoch sind und viel Spielraum zur Stimulierung durch Zinssenkungen besteht (oder andernfalls durch das Drucken von Geld oder den Kauf finanzieller Vermögenswerte), ist die Wahrscheinlichkeit groß, dass Kreditvergabe und Wirtschaft ordentlich expandieren. In späteren Phasen des langfristigen Kreditzyklus, wenn die Verschuldung höher und nicht viel Spielraum für Anreize vorhanden ist, besteht eine viel größere Wahrscheinlichkeit, dass monetäre Inflation in Verbindung mit Konjunkturschwäche eintritt.

Die meisten Menschen glauben zwar, dass eine Währung etwas Beständiges und »Bargeld« der sicherste Vermögenswert ist, den man halten kann, doch sie irren sich. ● ***Alle Währungen werden irgendwann abgewertet und abgeschafft, und wenn das passiert, verlieren Bargeld und Anleihen (die ja ein Versprechen auf den Erhalt von Währung darstellen) an Wert – bis hin zum Totalverlust.*** **Der Grund dafür: Eine Menge Geld zu drucken und Schulden zu entwerten, ist die einfachste Möglichkeit, Schuldenberge zu verringern oder ganz abzubauen.** Ist die Schuldenlast ausreichend gesunken oder ganz verschwunden, können neue Kredit-/Schulden-Expansionszyklen einsetzen, wie im Folgekapitel beschrieben. Wie ich in meinem Buch *Principles: So navigieren Sie Ihr Vermögen durch große Schuldenkrisen* ausführlich erläutere, **gibt es vier Hebel, die Politiker ansetzen können, um das Schulden- und Schuldendienstniveau im Verhältnis zur Höhe der dafür erforderlichen Einnahmen und Zahlungsströme zu senken:**

1. **Sparprogramme (Ausgaben senken)**
2. **Zahlungsunfähigkeit und Umschuldung**
3. **Umverteilung von Geld und Kredit von denjenigen, die mehr haben als nötig, auf diejenigen, die weniger haben, als sie brauchen (also Steuererhöhung)**
4. **Geld drucken und es abwerten**

Diese vier Hebel werden aus logischen Gründen gewöhnlich einer nach dem anderen eingesetzt:

- Sparprogramme sind deflationär und gewöhnlich nicht von langer Dauer, weil sie zu schmerzhaft sind.
- Zahlungsunfähigkeit und Umschuldung sind ebenfalls deflationär und schmerzhaft, weil die Schulden, die abgeschrieben oder wertgemindert werden, Vermögenswerte anderer sind. Infolgedessen ist dieser Hebel sowohl für den Schuldner schmerzhaft, der pleitegeht und sein Vermögen verliert, als auch für den Gläubiger, der ebenfalls Vermögen einbüßt, wenn er Forderungen abschreiben muss.
- Die Übertragung von Geld und Kredit von solchen, die davon mehr haben, als sie brauchen, auf andere, die zu wenig haben (also die Erhebung von Steuern zur Umverteilung von Vermögen), ist politisch heikel, doch zumutbarer als die ersten beiden Möglichkeiten und in aller Regel Teil der Lösung.
- Verglichen mit den anderen Optionen ● ***ist Gelddrucken die einfachste, am wenigsten durchschaubare und üblichste Methode zur groß angelegten Umschuldung.*** Die damit verbundenen Maßnahmen finden die meisten Menschen eher gut als schlecht, weil:
  - sie aus der Schuldenklemme helfen.
  - nur schwer Geschädigte erkennbar sind, denen der Wohlstand weggenommen wird, der anderen zur Verfügung steht (alle eben, die Geldmarkt- und Schuldinstrumente halten).
  - in den meisten Fällen ein Wertzuwachs der Vermögenswerte in der abwertenden Währung erfolgt, in der Menschen ihren Wohlstand messen. Sie werden also scheinbar reicher.

So ist es auch in der Coronakrise, da Landesregierungen und Banken viele Geld- und Kreditmittel bereitstellen. Wohlgemerkt hört man keine Klagen über die Geld- und Kreditschöpfung. Manche finden es sogar knausrig und grausam, dass die Regierungen nicht noch viel mehr davon ins System leiten. Kaum jemand nimmt wahr, dass die Regierungen das Geld eigentlich gar nicht haben, das sie da ausgeben. Regierungen sind keine reichen Körperschaften, die Geldberge horten. Sie repräsentieren im Grunde kollektiv ihre Bürger, die letztlich für das Geld geradestehen müssen, das gedruckt und verteilt wird. Stellen Sie sich vor, was dieselben Bürger wohl sagen würden, wenn ihre Regierungsvertreter die Ausgaben kürzen würden, um ihren Haushalt auszugleichen, und von ihnen dasselbe verlangen würden, sodass viele Konkurs beantragen müssten, und/oder wenn sie versuchen würden, Wohlstand von den Betuchteren auf die Bedürftigeren umzuverteilen, indem sie die Steuern erhöhten. Die Option der Geld- und Kreditschöpfung ist politisch viel akzeptabler als derartige Alternativen. Das ist, als würde man die Monopoly-Spielregeln so ändern, dass die Bank mehr Geld produzieren und neu verteilen kann, sobald zu viele Spieler finanziell am Ende sind und schlechte Laune bekommen.

Phase 6: Die Flucht zurück in harte Währung

Geht die übermäßige Produktion von Fiatwährung zu weit, so löst das Verkäufe von Schuldinstrumenten und die zuvor schon beschriebene »Bank-Run«-Dynamik aus, die letztlich den Wert der Geld- und Kreditmittel verringert, was die Menschen dazu veranlasst, sich aus beidem zurückzuziehen. Aus der Geschichte wissen wir, dass die Menschen gewöhnlich auf Gold, Silber, Aktien, die ihren realen Wert behalten, sowie Währungen und Anlagen in anderen Ländern zurückgreifen, die nicht dieselben Probleme haben. Manche Menschen glauben, dass eine alternative Reservewährung vorhanden sein muss, damit so eine Fluchtbewegung eintritt. Das stimmt aber nicht, denn dieselbe Dynamik des Zusammenbruchs eines Währungssystems und des Interesses an anderen Anlagen hat sich auch in solchen Fällen entwickelt, in denen keine alternative Reservewährung zur Verfügung stand (zum Beispiel im chinesischen Kaiserreich und im alten Rom). Es gibt viele Anlagen, in die die Menschen ihr Geld stecken, wenn es abwertet – unter anderem in Baumaterial (wie in der Weimarer Republik). Verliert eine Währung an Wert, ziehen die Menschen ihr Kapital aus dieser Währung und den darauf lautenden Schuldtiteln ab und investieren es in andere Dinge.

In dieser Phase des Schuldenzyklus entstehen im Regelfall wirtschaftliche Probleme durch ein großes Wohlstands- und Wertgefälle. Das wiederum führt zu höheren Steuern und zu Auseinandersetzungen zwischen Reich und Arm. Und es bewirkt, dass sich alle Wohlhabenden auf harte Vermögenswerte, andere Währungen und andere Länder fokussieren. Das möchten die Regierungen der Länder, die unter der Kapitalflucht aus ihren Schuldtiteln, ihrer Währung und ihrem Hoheitsgebiet leiden, natürlich gern verhindern. Deshalb erschweren sie die Investition in Anlagen wie Gold (indem sie Geschäfte mit Gold und Goldbesitz unter Strafe stellen, beispielsweise), ausländische Währungen (indem sie den Kapitalverkehr unterbinden) und andere Länder (indem sie Devisenkontrollen einführen, damit kein Geld mehr das Land verlassen kann). Früher oder später sind die Schuldenberge abgetragen – normalerweise, indem das zur Tilgung benötigte Geld reichlich und billig zur Verfügung gestellt wird. Das entwertet Geld und Schulden.

Nehmen Abwertungen und Ausfälle solche Formen an, dass das Währungs- und Kreditsystem zusammenbricht, sehen sich Regierungen meist gezwungen, wieder auf eine Form harter Währung zurückzugreifen, um das Vertrauen der Menschen in Geld als Wertspeicher wiederherzustellen. Oft, wenn auch nicht immer, koppelt die Regierung dann ihre Währung an Gold oder an eine harte Reservewährung und verspricht den Besitzern des neuen Geldes die Konvertierbarkeit in harte Währung. Das kann auch die Währung eines anderen Landes sein. So haben beispielsweise in den letzten Jahrzehnten viele Länder mit schwächelnden Währungen ihr Geld an den US-Dollar gebunden oder ihre Wirtschaft gleich ganz dollarisiert (also den Dollar als ihr Tauschmedium und ihr Wertaufbewahrungsmittel verwendet).

Noch einmal: Die Anlage in verzinsten Schuldtiteln lohnt sich in aller Regel im Frühstadium des langfristigen Schuldenzyklus, wenn die Verschuldung gering ist. In der Spätphase des Zyklus, wenn die Außenstände groß sind und Ausfälle oder Abwertungen näher rücken, birgt es im Verhältnis zu den vereinnahmten Zinsen hohe Risiken. Schuldtitel sind dann so eine Art tickende Zeitbombe, die zwar noch Erträge abwirft, solange sie tickt, Sie aber in Stücke reißt, wenn das Ticken aufhört. Wie wir beobachten konnten, kommt es so ungefähr einmal alle 50 bis 75 Jahre zu so einer gewaltigen Explosion (also zu Ausfällen oder Abwertungen im ganz großen Stil).

Diese Zyklen, in denen sich Schuldenberge auftürmen und abgeschrieben werden, gibt es schon seit Jahrtausenden. In manchen Fällen sind sie institutionalisiert worden. So ist etwa im Alten Testament von einem alle 50 Jahre eintretenden Jubeljahr die Rede, in dem die Schulden erlassen werden. Weil man wusste, dass der Schuldenzyklus nach diesem Zeitplan ablief, konnte sich jeder vernünftig darauf vorbereiten.

Und damit Sie diesen Schuldenzyklus verstehen und sich darauf einstellen können, statt davon überrascht zu werden, schreibe ich dieses Buch.

Die Ironie dabei: **Je kürzer die meisten Menschen vor der Explosion stehen – also zu dem Zeitpunkt, zu dem die ausstehenden Forderungen im Verhältnis zum vorhandenen harten Geld und Realvermögen am höchsten sind –, desto gefährlicher ist zwar die Lage, doch desto sicherer fühlen sich in aller Regel die Menschen. Der Grund dafür: Sie haben lange Zeit Schuldtitel gehalten und gut daran verdient. Und je länger der letzte große Knall zurückliegt, desto blasser werden die Erinnerungen** – auch dann noch, wenn die mit den gehaltenen Schuldtiteln verbundenen Risiken steigen und die damit erzielten Erträge schwinden. Um die mit so seiner Zeitbombe verbundenen Risiken und Erträge richtig einzuschätzen, muss man sich ständig der Höhe der Schulden bewusst sein, die zurückzuzahlen sind, und zwar im Verhältnis zur Menge harten Geldes, das vorhanden ist, um diese Rückzahlungen zu leisten, über die Höhe des Schuldendienstes im Verhältnis zu den Zahlungsströmen der Schuldner und über die Höhe der abgeworfenen Zinsen.

DER LANGFRISTIGE SCHULDENZYKLUS IM ÜBERBLICK

Seit Tausenden von Jahren gibt es grundsätzlich drei Arten von Währungssystemen:

Typ 1: Hartgeld (wie Münzen aus Metall)
Typ 2: Papiergeld (Ansprüche auf Hartgeld)
Typ 3: Fiatgeld

Das erste System ist das restriktivste, weil Geldschöpfung nur dann stattfinden kann, wenn sich das Angebot an Metall oder einem anderen Rohstoff mit Substanzwert, aus dem das Geld besteht, erhöht. Im zweiten System ist Geld- und Kreditschöpfung schon leichter möglich, sodass das Verhältnis der Ansprüche auf Hartgeld zum tatsächlich vorhandenen Bestand ansteigt, was am Ende zu einem Run auf die Banken führt. Das Ergebnis sind a) Zahlungsausfälle, wenn Banken ihre Türen schließen und Einleger ihre harten Vermögenswerte verlieren, und/oder b) die Entwertung der Ansprüche auf Geld, was bedeutet, dass die Einleger weniger zurückbekommen. Im dritten System können Regierungen nach Gutdünken Geld und Kredit bereitstellen. Das geht so lange gut, wie die Menschen noch Vertrauen in die Währung haben. Ist das nicht mehr der Fall, scheitert das System.

In der Geschichte wechseln Länder aus logischen Gründen zwischen diesen Systemen. Braucht ein Land mehr Geld und Kredit, als ihm gerade zur Verfügung stehen, weil es verschuldet ist, Krieg führt oder andere Probleme hat, dann stellt es sich verständlicherweise von Typ 1 auf

Typ 2 oder von Typ 2 auf Typ 3 um, damit es flexibler Geld drucken kann. Sind zu viele Geld- und Kreditmittel in Umlauf, mindert das ihren Wert, weshalb die Menschen ihr Kapital aus diesen Wertspeichermedien abziehen und wieder in harte Vermögenswerte (wie Gold und Silber) und andere Währungen stecken. Dazu kommt es in aller Regel dann, wenn Konflikte um Wohlstand vorliegen, manchmal auch in Kriegszeiten. In diesem Fall haben gewöhnlich auch viele den Wunsch, dem Land den Rücken zu kehren. Solche Länder müssen das Vertrauen in ihre Währung als Vermögensspeicher wiederherstellen, bevor sie ihre Kreditmärkte sanieren können.

Das folgende Diagramm stellt die verschiedenen Übergänge dar. Von der chinesischen Song-Dynastie bis zur Weimarer Republik gibt es in der Geschichte viele Beispiele für Länder, die sich vollständig von eingeschränkten Währungssystemen (Typ 1 und 2) auf Fiatgeld (Typ 3) umgestellt haben, und, als bei der Fiatwährung Hyperinflation einsetzte, wieder auf ein restriktiveres Modell.

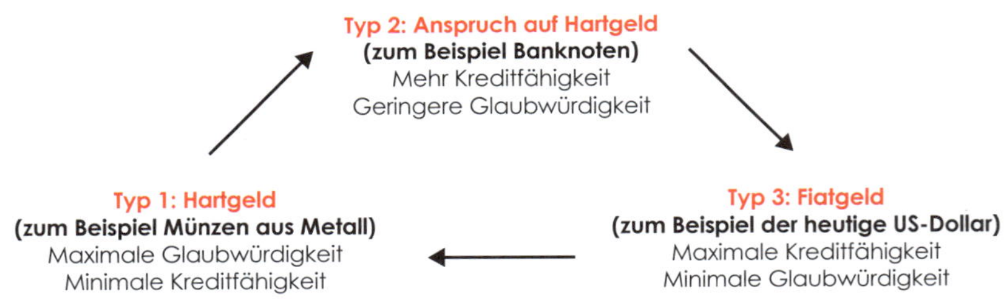

Dieser große Zyklus erstreckt sich normalerweise über Zeitspannen von ungefähr 50 bis 75 Jahren. Er endet charakteristisch mit einer Umschuldung und einem Umbau des gesamten Währungssystems. Diese Umstrukturierungen – also die Zeiten mit Schulden- und Währungskrisen – vollziehen sich gewöhnlich schnell und dauern von wenigen Monaten bis zu drei Jahren, je nachdem wie lange die Regierung braucht, um aktiv zu werden. Ihre Nachwirkungen können jedoch sehr hartnäckig sein – beispielsweise, wenn eine Währung

ihren Reservewährungsstatus verliert. In jeder dieser Währungsordnungen kommt es in aller Regel zu zwei bis vier großen Schuldenkrisen – groß genug, um Bankenkrisen und Abschreibungen oder Abwertungen in der Größenordnung von 30 Prozent oder mehr auszulösen –, die aber nicht so schwerwiegend sind, dass sie das Währungssystem zusammenbrechen lassen. Weil ich seit fast 50 Jahren in vielen Ländern investiere, habe ich das schon dutzendfach erlebt. Es läuft immer gleich ab, wie ich in meinem Buch *Principles: So navigieren Sie Ihr Vermögen durch große Schuldenkrisen* genauer erkläre.

Im folgenden Kapitel gehe ich näher auf die Ursachen dafür ein, dass sich der Wert des Geldes verändert, und auf die damit verbundenen Risiken, und werfe dabei einen einigermaßen erschütternden Blick in die Vergangenheit.

KAPITEL 4

WENN GELD SEINEN WERT VERÄNDERT

Nun werden die in Kapitel 3 vorgestellten Konzepte genauer untersucht, um aufzuzeigen, inwieweit sie den konkreten Fallbeispielen entsprechen, von denen sie abgeleitet wurden. Zwar tauchen wir hier etwas tiefer in die Mechanismen ein als im vorigen Kapitel, doch habe ich so formuliert, dass es für den Durchschnittsleser verständlich sein sollte, dabei aber präzise genug, um auch gelernte Ökonomen und Investoren zufriedenzustellen.

Wie bereits erläutert, gib es eine Realwirtschaft und eine Finanzwirtschaft. Beide sind eng miteinander verflochten, unterscheiden sich aber. Jede hat ihre eigene Angebots-Nachfrage-Dynamik. Im diesem Kapitel fokussieren wir uns auf die Angebots-Nachfrage-Dynamik der Finanzwirtschaft, um zu ergründen, wie sich der Wert des Geldes bestimmt.

Die meisten Menschen fragen sich bang, ob ihre Anlagen wohl steigen oder fallen. Über den Wert ihrer Währung machen sie sich nur selten Gedanken. Überlegen Sie mal: Wie besorgt sind Sie, dass Ihre Währung im Wert fallen könnte? Und wie sehr sorgen Sie sich darum, wie sich Ihre Aktien und anderen Investments entwickeln? Die meisten

Menschen sind sich Ihres Währungsrisikos längst nicht so bewusst, wie sie sollten.

Befassen wir uns also etwas näher mit Währungsrisiken.

ALLE WÄHRUNGEN WERDEN FRÜHER ODER SPÄTER ABGEWERTET ODER ABGESCHAFFT

Von den rund 750 Währungen, die es seit 1700 gegeben hat, existieren nur noch rund 20 Prozent. Und sie alle sind schon einmal abgewertet worden. Ein Rückblick auf beispielsweise 1850 verrät, dass es damals ganz andere Weltwährungen gab als heute. Dollar, Pfund und Schweizer Franken waren 1850 zwar bereits in Umlauf, doch die meisten wichtigen Währungen der damaligen Zeit gibt es inzwischen nicht mehr. Im heutigen Deutschland nutzte man seinerzeit Gulden oder Thaler. Den Yen gab es noch nicht, weshalb man in Japan vielleicht mit Koban oder Ryo zahlte. In Italien verwendete man eine oder mehrere von sechs verschiedenen Währungen. Auch in Spanien, China und den meisten anderen Ländern wurden andere Währungen eingesetzt. Manche davon gingen unter (meist in Ländern mit Hyperinflation und/oder nach verlorenen Kriegen mit hohen Kriegsschulden) und wurden von ganz neuen Währungen abgelöst. Manche wurden mit der Ersatzwährung verschmolzen (wie die einzelnen europäischen Währungen zum Euro). Manche gibt es noch, doch sie wurden abgewertet – wie das britische Pfund und der US-Dollar.

WOGEGEN WIRD ABGEWERTET?

Geld wird gedruckt, um die Schuldenlast zu mindern. Vor allem also müssen Währungen im Verhältnis zu den Schulden an Wert verlieren. (Die Geldmenge muss in Relation zur Höhe der Schulden ansteigen, um den Schuldnern die Rückzahlung zu erleichtern.) Schulden sind

ein Versprechen, Geld auszuzahlen. Wird Geld an diejenigen verteilt, die es brauchen, verringert sich dadurch ihre Belastung durch Schulden. Wohin diese neu geschaffenen Geld- und Kreditmittel dann fließen, bestimmt, was als Nächstes passiert. **Ermöglicht die Entschuldung, dass diese Mittel in Produktivität und Unternehmensgewinne umgesetzt werden, so steigen die realen Aktienkurse (also der inflationsbereinigte Wert von Aktien).**

Schadet die Geldschöpfung aber den tatsächlichen und voraussichtlichen Erträgen von Geldmarkt- und Schuldinstrumenten hinlänglich, so treibt dies Kapital aus solchen Anlagen und in inflationssichere Investments wie Gold, Rohstoffe, inflationsgebundene Anleihen und andere (auch digitale) Währungen. Dies führt zu einem sich selbst verstärkenden Rückgang des Geldwertes. Steht die Zentralbank vor der Wahl, entweder zum Nachteil der Wirtschaft (und zum Ärger der breiten Masse) steigende Realzinsen (also Zinssätze abzüglich Inflationsraten) zuzulassen oder einen Zinsanstieg zu verhindern, indem sie Geld druckt und Geldmarkt- und Schuldinstrumente aufkauft, entscheidet sie sich grundsätzlich für die zweite Möglichkeit. Das verstärkt die negative Ertragsentwicklung von Investments in Geldmarkt- und Schuldinstrumenten.

Je später im langfristigen Schuldenzyklus dies eintritt, desto größer die Wahrscheinlichkeit, dass die Währung und das Währungssystem zusammenbrechen. Zu diesem Zusammenbruch kommt es höchstwahrscheinlich dann, wenn Kredit- und Geldmittel bereits so angewachsen sind, dass sie sich nicht mehr in reale Werte umwandeln lassen, weil es nicht genug Waren und Dienstleistungen gibt, auf die sie einen Anspruch begründen, wenn die Realzinsen, die auf ein so niedriges Niveau gesunken sind, dass sie Schuldner vor dem Bankrott bewahren, unter dem Niveau liegen, das erforderlich ist, damit Gläubiger die Schuldtitel weiterhin als wirtschaftlich tragbaren Wertspeicher halten, und wenn die normalen Hebel der Zentralbank zur Kapitalallokation über Zinsänderung (was ich als Geldpolitik 1, kurz GP1 bezeichne) und/oder das Drucken von Geld und den Aufkauf hochwertiger Schuldtitel

(Geldpolitik 2 oder GP2) nicht mehr greifen. Die Geldpolitik wird dadurch zu einem Werkzeug eines politischen Systems, das Ressourcen unwirtschaftlich zuteilt.

Es gibt Abwertungen, die dem System zuträglich sind (obwohl für die Inhaber von Geldmarkt- und Schuldtiteln stets kostspielig), und es gibt solche, die das System zerstören und der Kredit-/Kapitalallokation schaden, aber nötig sind, um Schulden abzubauen, damit eine neue Währungsordnung entstehen kann. Man sollte das eine vom anderen unterscheiden können.

Zu diesem Zweck will ich zunächst aufzeigen, wie sich der Wert von Währungen in Relation zu Gold und zu Verbraucherpreisindex-gewichteten Körben von Waren und Dienstleistungen verändert hat. Das sind deshalb aussagekräftige Vergleiche, weil Gold eine zeitlose, universelle Alternativwährung ist, während mit Geld Waren und Dienstleistungen erworben werden sollen, sodass es vor allem anderen auf dessen Kaufkraft ankommt. Am Rande gehe ich auf darauf ein, wie sich der Wert einer Währung im Verhältnis zu anderen Währungen/Schulden und zu Aktien verändert, denn auch diese können Wertspeicher sein. Ist die Entwertung groß genug, gleicht sich das von all diesem Messgrößen vermittelte Bild weitgehend. Es gibt noch viele weitere alternative Wertspeicher (wie Immobilien, Kunstwerke et cetera), doch Gold eignet sich hervorragend, um zu demonstrieren, worauf ich hinauswill.

DER VERGLEICH MIT GOLD

Die nachstehende Grafik weist die Kassakurse der drei großen Reservewährungen seit 1600 im Verhältnis zu Gold aus. Auf die Einzelheiten gehen wir an anderer Stelle noch genauer ein. Für den Moment möchte ich mich auf die Kassa-Währungserträge zum einen und den Gesamtertrag aller verzinslichen Barmittel in allen maßgeblichen Währungen seit 1850 konzentrieren.

RESERVEWÄHRUNGEN IM VERGLEICH ZU GOLD (KASSA)

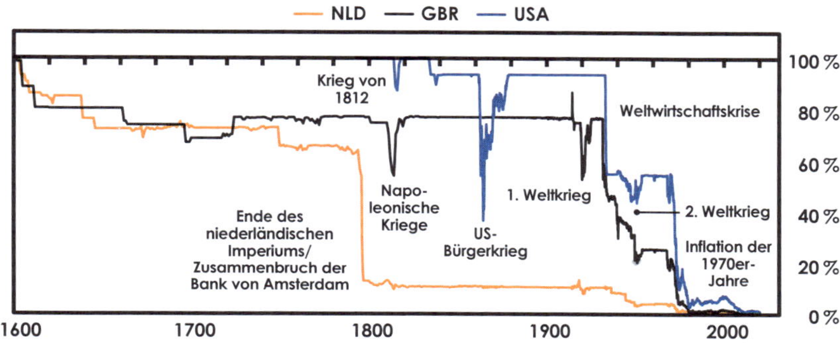

Wie die beiden folgenden Grafiken zeigen, treten Abwertungen in aller Regel einigermaßen abrupt im Zuge von Schuldenkrisen auf. Dazwischen liegen längere Phasen des Wohlstands und der Stabilität. Ich habe sechs Abwertungen festgestellt, doch natürlich gab es bei kleineren Währungen noch viele weitere.

SPOT FX/GOLD

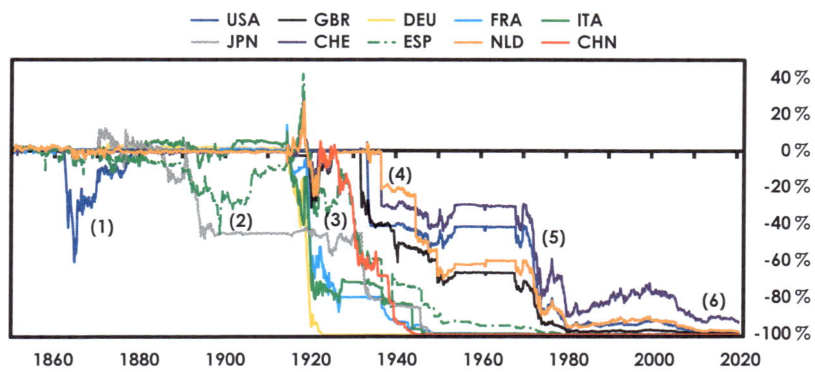

Um die Renditen liquider Mittel in einer Währung mit Gold zu vergleichen, müssen wir den Zins einkalkulieren, der mit diesen zu erzielen wäre. Die nächste Grafik weist daher die Gesamtrendite (also Kursveränderungen zuzüglich vereinnahmter Zinsen) für liquide Mittel in allen maßgeblichen Währungen gegenüber Gold aus.

GESAMTRENDITE WÄHRUNGEN/GOLD (LOG.)

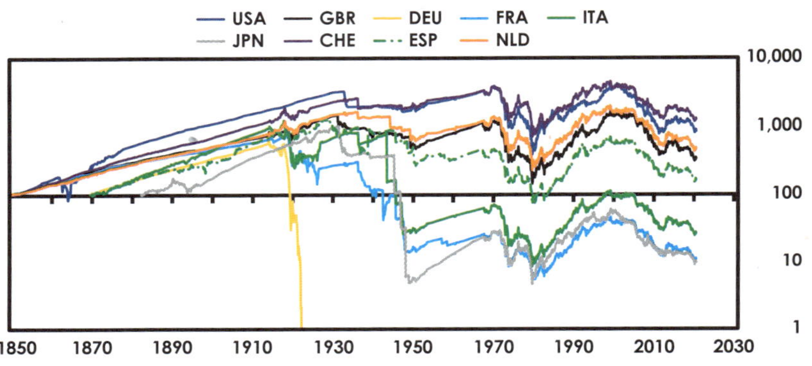

Hier die bemerkenswertesten Erkenntnisse:[1]

- **Große Abwertungen entwickeln sich nicht allmählich, sondern kommen abrupt und episodenhaft.** In den vergangenen 170 Jahren gab es sechs Zeitfenster, in denen maßgebliche (und jede Menge weniger bedeutender) Währungen wirklich erheblich abwerteten.
- In den 1860er-Jahren setzten die USA während des Bürgerkriegs die Goldkonvertibilität aus und druckten Papiergeld (die sogenannten Greenbacks), um Kriegsschulden zu monetarisieren.
- Etwa um die Zeit, als die USA Mitte der 1870er-Jahre wieder zur Goldbindung zurückkehrten, schlossen sich mehrere andere Länder dem Goldstandard an. Die meisten Währungen blieben bis zum Ersten Weltkrieg daran gekoppelt. Größere Ausnahmen bildeten Japan (das bis in die 1890er-Jahre einen Silberstandard

---

1 Weil keine Daten vorliegen, ist China in mehreren Grafiken in diesem Kapitel nicht berücksichtigt.

hatte, was dazu führte, dass der Wechselkurs zu Gold nachgab, weil die Silberpreise in dieser Zeit fielen) und Spanien, das die Konvertibilität immer wieder aussetzte, um große Haushaltsdefizite zu finanzieren.

- Im Ersten Weltkrieg schoben kriegführende Länder enorme Defizite vor sich her, die dadurch finanziert wurden, dass die Zentralbanken Geld druckten und verliehen. Im Auslandsgeschäft wurde Gold eingesetzt, da es international an Vertrauen (und damit an Bonität) mangelte. Nach Kriegsende wurde eine neue Währungsordnung eingeführt – mit Gold und den Währungen der Siegerländer, die an Gold gebunden waren.
- Dennoch sahen sich von 1919 bis 1922 gleich mehrere europäische Länder (allen voran diejenigen, die den Krieg verloren hatten) gezwungen, Geld zu drucken und ihre Währungen abzuwerten. Die deutsche Mark und deutsche Anleihen fielen von 1920 bis 1923 im Wert. Aber auch manche Siegermächte hatten Schulden, die für einen Neuanfang wertgemindert werden mussten.
- Als Umschuldung, innenpolitische und internationale geopolitische Umstrukturierungen gelaufen waren, setzte in den 1920er-Jahren allen voran in den USA ein Boom ein, der zur Bildung einer Schuldenblase führte.
- Diese Blase platzte 1929, sodass die Zentralbanken die 1930er-Jahre hindurch Geld drucken und abwerten mussten. Während des Zweiten Weltkriegs musste noch mehr Geld gedruckt und abgewertet werden, um Militärausgaben zu finanzieren.
- 1944/45, als der Krieg vorüber war, wurde ein neues Währungssystem geschaffen, das den Dollar an Gold und andere Währungen an den Dollar koppelte. Die Währungen und Schulden Deutschlands, Japans und Italiens, aber auch Chinas und etlicher weiterer Länder, wurden schnell und komplett gestrichen, die der meisten Siegermächte langsam, aber erheblich wertgemindert. Dieses Währungssystem hielt sich bis Ende der 1960er-Jahre.

- 1968 bis 1973 (vor allem aber 1971) machten Ausgabeexzesse und Kreditschöpfung (allen voran in den USA) die Loslösung des Dollars von Gold erforderlich, weil die eingereichten Ansprüche auf Gold die Menge des zu ihrer Befriedigung vorhandenen Edelmetalls weit überstiegen.
- Die Folge war ein dollargestütztes Fiatwährungssystem, das den gewaltigen Anstieg auf US-Dollar lautender Geld- und Kreditmittel ermöglichte, der die Inflation der 1970er-Jahre anheizte und zur Schuldenkrise der 1980er-Jahre führte.
- Seit 2000 ist der Wert des Geldes im Verhältnis zum Wert von Gold gefallen, was Geld- und Kreditschöpfung und den im Verhältnis zu den Inflationsraten niedrigen Zinsen geschuldet ist. Weil es sich um ein Währungssystem mit freien Wechselkursen handelt, kam es nicht zu den abrupten Brüchen, wie sie in der Vergangenheit vorgelegen hatten. Die Abwertung vollzog sich allmählicher und stetiger. Niedrige und in manchen Fällen sogar negative Zinsen boten keinen Ausgleich für die steigende Geld- und Kreditmenge und die resultierende (wenn auch geringe) Inflation.

Schauen wir uns diese Entwicklung etwas genauer an:

Von 1850 bis 1913 waren Anlagen in Währungen (in Form kurzfristiger zinstragender Schuldtitel) im Vergleich zur Rendite von Goldbeständen generell lukrativ. Die meisten Währungen konnten ihre Gold- oder Silberbindung aufrechterhalten, und das Kreditgeschäft lief für alle daran Beteiligten gut. Diese Blütezeit wird als die zweite industrielle Revolution bezeichnet, in der Kreditnehmer das geliehene Geld Ertrag bringend nutzten, sodass sie ihre Schulden mit hohen Zinsen zurückzahlen konnten.

Dennoch waren die Zeiten unruhig. So löste etwa Anfang des 20. Jahrhunderts in den USA ein schuldenfinanzierter Spekulations-

boom eine Krise aus, die Banken und Maklerhäuser erfasste. Sie mündete in der Panik von 1907. Zeitgleich sorgten das große Wohlstandsgefälle und andere gesellschaftliche Themen (wie Frauenwahlrecht und gewerkschaftliche Organisation) für politische Spannungen. **Der Kapitalismus stand auf dem Prüfstand, und es gab erste Steuererhöhungen, um die Umverteilung von Wohlstand zu finanzieren.** 1913 wurden sowohl die US-Notenbank als auch die US-Bundeseinkommensteuer ins Leben gerufen.

Am anderen Ende der Welt spürte China dieselbe Dynamik. Eine Aktienmarktblase unter Führung von Titeln aus der Gummiproduktion (Chinas Gegenstück zu den Eisenbahnaktien, die im 19. Jahrhundert in den USA verschiedentlich zur Panik beigetragen hatten) platzte 1910 und löste den Crash aus, den manche als einen Faktor in der Abwärtsspirale bei Schulden, Geld und Wirtschaft bezeichneten, die das Ende des chinesischen Kaiserreichs besiegelte.

In dieser Zeit herrschten in den meisten Ländern aber weiterhin Währungssysteme vom Typ 2 vor (also solche mit Schuldverschreibungen, die in Metallgeld konvertierbar waren), und wer solche Schuldtitel besaß, erhielt ordentliche Zinsen, ohne dass die Währung abgewertet wurde.

SPOT FX/GOLD (1850 BIS 1913)

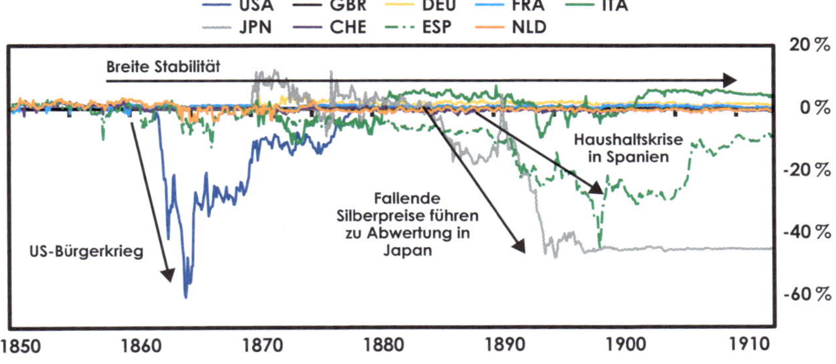

Die großen Ausnahmen bildeten die Abwertung in den USA zur Finanzierung der Bürgerkriegsschulden in den 1860er-Jahren, die wiederholten Abwertungen der spanischen Währung aufgrund von Spaniens Niedergang als Weltmacht und die drastischen Abwertungen der japanischen Währung infolge des Festhaltens am Silberstandard bis in die 1890er-Jahre, während die Silberpreise im Vergleich zu Gold nachgaben.

Als 1914 der Erste Weltkrieg ausbrach, nahmen viele Länder hohe Kredite auf, um den Krieg zu finanzieren. Das führte zu den in der Spätphase des Schuldenzyklus typischen Zusammenbrüchen und Abwertungen, die einsetzten, wenn Kriegsschulden abgetragen werden mussten. Dadurch wurden die Währungssysteme der Verliererländer im Grunde vernichtet. Die Pariser Friedenskonferenz, die den Krieg 1918 beendete, war der Versuch, eine neue internationale Ordnung auf der Grundlage des Völkerbunds einzurichten, doch die Bemühungen um Zusammenarbeit konnten die Schuldenkrisen und Währungsinstabilitäten nicht verhindern, die ausgelöst wurden von den Verlierern aufgebürdeten gewaltigen Reparationsleistungen und den hohen Kriegsschulden der siegreichen Alliierten (allen voran der USA) untereinander.

Deutschland erlitt einen totalen Wertverlust von Bargeld und Schuldtiteln, was zum Paradebeispiel für Hyperinflation in der Geschichte werden sollte. Das vollzog sich in der Weimarer Republik (und wird in *Principles: So navigieren Sie Ihr Vermögen durch große Schuldenkrisen* genauer erläutert). In denselben Zeitraum fiel die Spanische-Grippe-Pandemie, die 1918 einsetzte und 1920 endete. **Mit Ausnahme der USA wertete praktisch jedes Land seine Währung ab, weil zumindest ein Teil der Kriegsschulden monetarisiert werden musste.** Andernfalls hätten die Länder auf den Weltmärkten Wettbewerbsnachteile gegenüber Mitbewerbern gehabt, die diesen Kurs einschlugen. Gegen Kriegsende zog Chinas silbergestützte Währung gegenüber Gold (und goldgebundenen Währungen) rasant an, weil die

Silberpreise stiegen, und wertete im Anschluss automatisch ab, da die Silberpreise während der Nachkriegsdeflation in den USA drastisch absackten. **Auf diese Kriegs- und Abwertungsphase, die 1918 die neue Weltordnung begründete, folgte eine längere, produktive Periode des wirtschaftlichen Wohlstands, allen voran in den USA, die auch als die »Goldenen Zwanziger« bezeichnet wird. Wie alle solche Phasen führte auch diese zu großen Schulden- und Vermögensblasen und einem starken Wohlstandsgefälle.**

SPOT FX/GOLD (1913 BIS 1930)

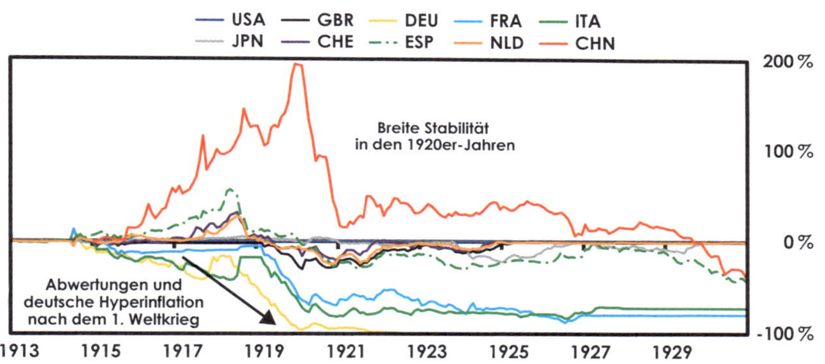

Dasselbe vollzog sich in etwas anderer Ausprägung erneut in den 1930er-Jahren. Von 1930 bis 1933 löste eine globale Schuldenkrise negatives Wirtschaftswachstum aus, was dazu führte, das praktisch in jedem Land Geld gedruckt und im Wettlauf abgewertet wurde, was den Wert des Geldes im Vorfeld des Zweiten Weltkriegs unterminierte. Wohlstandskonflikte innerhalb von Ländern hatten größere internationale Konflikte zur Folge. Alle kriegführenden Nationen häuften Kriegsschulden an, während die USA im Laufe des Kriegs eine Menge Reichtum in Form von Gold gewannen. **Nach dem Krieg waren Geld und Schuldtitel in den Verliererländern (Deutschland, Japan und Italien) nichts mehr wert und in China ebenfalls nicht. Im Vereinigten**

Königreich und in Frankreich kam es zu starken Abwertungen, obwohl die Länder zu den Siegermächten zählten. Auf den Krieg folgten eine neue Weltordnung und eine Phase des Wohlstands. Diese werden wir nicht genauer analysieren. Erwähnt sei lediglich, dass die übermäßige Kreditaufnahme, die stattfand, die nächste große Abwertung auslöste, die sich zwischen 1968 und 1973 abspielte.

SPOT FX/GOLD (1930 BIS 1950)

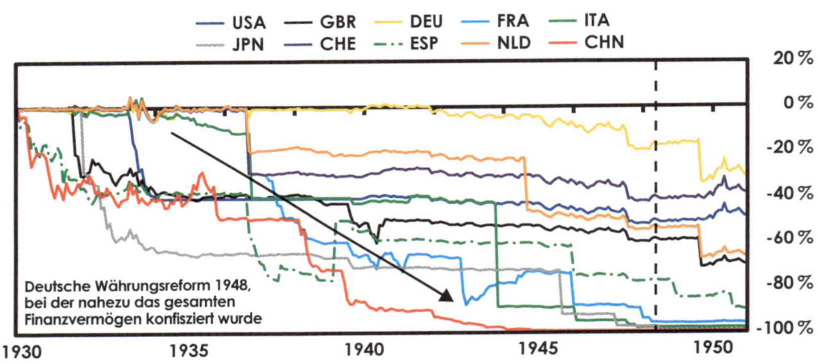

Mitte der 1950er-Jahre waren der US-Dollar und der Schweizer Franken die einzigen Währungen, die gegenüber dem Kurs von 1850 noch die Hälfte wert waren. Wie aus der nachstehenden Grafik ersichtlich, setzten der Abwärtsdruck auf die Währungen und der Aufwärtsdruck auf Gold 1968 ein. **Am 15. August 1971 beendete US-Präsident Nixon das Bretton-Woods-Währungssystem, wertete den US-Dollar ab und verabschiedete sich aus dem Währungssystem, in dem der Dollar mit Gold unterlegt war. Stattdessen errichtete er ein Fiatwährungssystem. (Diese Episode wird in Kapitel 11 noch genauer untersucht.)**

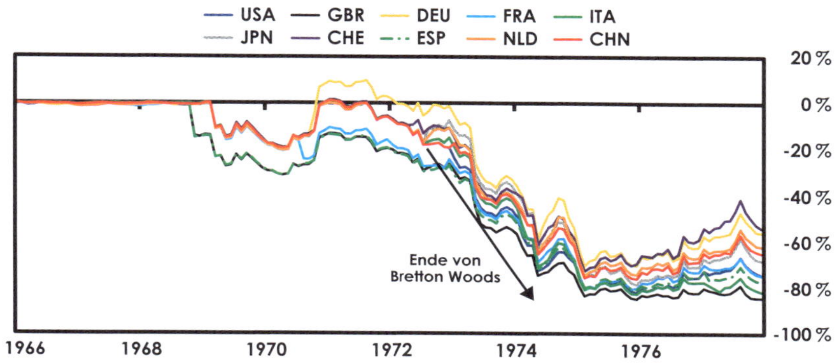

Seit 2000 erleben wir einen eher allmählichen und geordneten Rückgang der Gesamtrendite auf Währungen gegenüber Gold, der dem allgemeinen länderübergreifenden Rückgang der Wechselkurse entspricht.

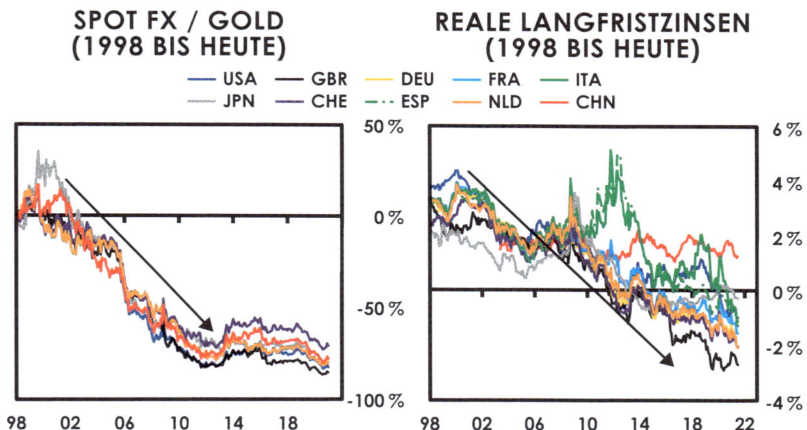

Zusammenfassend lässt sich sagen:

- Die durchschnittliche jährliche Rendite verzinster Barbestände von 1850 bis heute lag bei 1,2 Prozent. Das ist etwas mehr als die durchschnittliche reale Rendite von Gold, die 0,9 Prozent betrug, wenngleich zu verschiedenen Zeiten und in verschiedenen Ländern gewaltige Unterschiede bestanden.
- In dieser Zeit hätten Ihnen kurzfristige Schuldtitel in etwa der Hälfte der Länder eine positive reale Rendite gebracht, in der anderen Hälfte eine negative. In Deutschland hätten Sie zweimal vor dem Nichts gestanden.
- Das Gros der realen Renditen verzinster Barbestände wäre in Zeiten des Wohlstands angefallen, als in den meisten Länder der Goldstandard eingehalten wurde (zum Beispiel während der zweiten industriellen Revolution, als Schuldenniveau und die Lasten des Schuldendienstes vergleichsweise gering waren und die Einkommen fast doppelt so schnell anstiegen wie die Verschuldung).
- Die reale Rendite kurzfristiger Staatsanleihen seit 1912 (dem modernen Fiatzeitalter) liegt bei –0,1 Prozent, die reale Rendite von Gold für denselben Zeitraum bei 1,6 Prozent. In dieser Zeit hätten Sie mit verzinsten Barbeständen lediglich in der Hälfte der Länder eine positive reale Rendite erzielt, in den übrigen Ländern empfindliche Verluste erlitten (in Frankreich, Italien und Japan mehr als 2 Prozent und in Deutschland durch die Hyperinflation über 18 Prozent).

REALE WÄHRUNGS- UND GOLDRENDITEN MASSGEBLICHER LÄNDER SEIT 1850 (GEGENÜBER VPI, ANN.)

	Reale Renditen (gegenüber VPI, ann.)					
	1850 bis heute		1850 bis 1912		1912 bis heute	
Land	Fortlaufende Investition in Staatsanleihen	Gold	Fortlaufende Investition in Staatsanleihen	Gold	Fortlaufende Investition in Staatsanleihen	Gold
Vereinigtes Königreich	1,4 %	0,7 %	3,1 %	-0,1 %	0,5 %	1,1 %
Vereinigte Staaten	1,6 %	0,3 %	3,6 %	-1,0 %	0,4 %	1,0 %
Deutschland	-12,9 %	2,0 %	3,0 %	-0,9 %	-18,2 %	3,1 %
Frankreich	-0,7 %	0,6 %	2,6 %	-0,3 %	-2,6 %	1,1 %
Italien	-0,6 %	0,3 %	4,7 %	-0,5 %	-2,6 %	0,5 %
Japan	-0,7 %	1,0 %	5,0 %	0,4 %	-2,2 %	1,2 %
Schweiz	1,5 %	0,0 %	3,4 %	-0,5 %	0,5 %	0,3 %
Spanien	1,4 %	1,1 %	4,5 %	0,1 %	0,3 %	1,5 %
Niederlande	1,4 %	0,5 %	3,3 %	0,0 %	0,4 %	0,7 %
China	–	3,3 %	–	–	–	3,3 %
Durchschnitt	1,2 %	0,9 %	3,6 %	-0,3 %	-0,1 %	1,6 %

Die Daten für die Schweiz beziehen sich auf den Zeitraum seit 1851, die Daten für Deutschland, Spanien und Italien auf den Zeitraum seit 1870, die Daten für Japan auf den Zeitraum seit 1882, die Daten für China auf den Zeitraum seit 1926 (ohne die Jahre von 1948 bis 1950). Die Durchschnittsrendite ist nicht neu gewichtet. China ist darin nicht berücksichtigt.

Die folgende Grafik weist die Realrenditen von Goldbeständen von 1850 bis heute aus. Von 1850 bis 1871 entsprach der (durch Aufwertung) mit Gold erzielte Ertrag in etwa dem durchschnittlich durch die Inflation eingebüßten Geldbetrag, wenngleich starke Abweichungen von diesem Durchschnittswert vorlagen, wenn man verschiedene Länder betrachtet (so erzielte Gold etwa in Deutschland hohe Überrenditen, während in Ländern, in denen nur begrenzt abgewertet wurde, wie den USA, die Goldpreise nicht mit der Inflation mithalten konnten) und verschiedene Zeiten (beispielsweise die Währungsabwertungen in den 1930er-Jahren und die Geldentwertung in der Ära des Zweiten Weltkriegs, die 1944 Voraussetzung für die Entstehung des Bretton-Woods-Währungssystems waren). Nach dem Krieg blieb der Goldpreis in den meisten Ländern stabil, während Geld und Schuldtitel bis 1971 aufwärts tendierten. 1971 erfolgte dann die Umstellung von einem Typ-2-Währungssystem (Schuldverschreibungen, denen Gold zugrunde lag) auf ein Fiat-Währungssystem vom Typ 3. Die Abkoppelung der Währungen von Gold gab den Zentralbanken uneingeschränkte Möglichkeiten zur Geld- und Kreditschöpfung. Das hatte hohe Inflationsraten und niedrige Realzinsen zur Folge, die wiederum bis 1980/81 zu einem starken Zuwachs des realen Goldpreises führten, als die Zinsen deutlich über die Inflationsrate angehoben wurden, wodurch Währungen erstarkten und Gold bis 2000 abwärts tendierte. Dann senkten die Zentralbanken die Zinsen im Verhältnis zu den Inflationsraten. Als sie sie mit herkömmlichen Mitteln nicht mehr weiter drücken konnten, druckten sie Geld und kauften Finanzanlagen auf, was den Goldpreisen Rückhalt gab.

REALE RENDITE VON GOLD (GEGENÜBER VPI, LOG.)

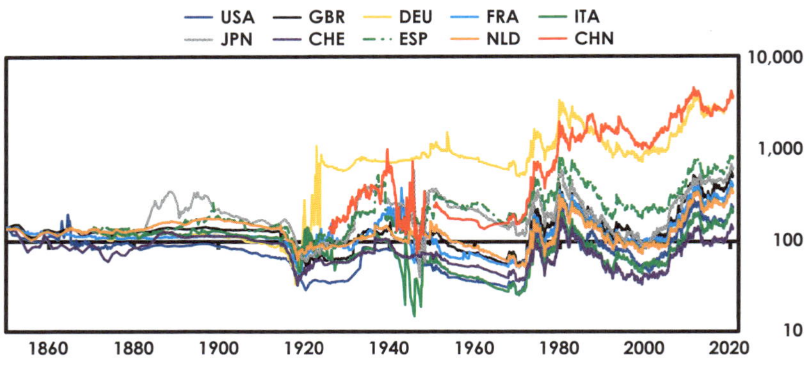

WAS EINE WÄHRUNG IM VERHÄLTNIS ZU WAREN UND DIENSTLEISTUNGEN WERT IST

Bislang haben wir den Marktwert von Währungen in Relation zum Marktwert von Gold betrachtet. Das wirft die Frage auf, ob Gold ein geeigneter Wertmaßstab ist. **Die nächste Grafik weist den Wert zinstragender Währungen in Bezug auf die für den Verbraucherpreisindex (VPI) in diesen Währungen herangezogenen Waren- und Dienstleistungskörbe aus und damit Veränderungen ihrer Kaufkraft.** Wie klar ersichtlich ist, war die Situation in beiden Weltkriegen verheerend. Seither ist ein Auf und Ab festzustellen. Für etwa die Hälfte der Währungen lieferten verzinste Barbestände eine Rendite über der Inflationsrate. Für die andere Hälfte fiel die reale Rendite negativ aus. In jedem Fall gab es große, etwa zehn Jahre anhaltende Schwankungen um diese Durchschnittswerte. Anders formuliert: **Die Geschichte zeigt, dass es hochriskant ist, verzinste Barguthaben als Wertspeicher zu halten – vor allem in der Spätphase von Schuldenzyklen.**

REALE RENDITE VON SCHATZANWEISUNGEN (GEGENÜBER VPI)

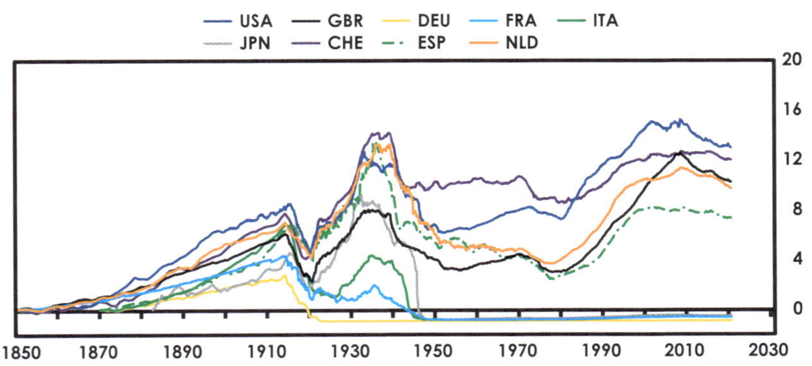

DIE MUSTER VON LÄNDERN, DIE IHRE WÄHRUNG ABWERTEN UND IHREN RESERVEWÄHRUNGSSTATUS VERLIEREN

Die Abwertung einer Währung und der Verlust ihres Reservewährungsstatus sind nicht unbedingt gleichzusetzen, wenngleich beides durch Schuldenkrisen ausgelöst wird. Der Reservewährungsstatus geht verloren, wenn chronische hohe Abwertungen vorausgegangen sind. Wie bereits erläutert, sinkt der Wert von Geld- und Kreditmitteln, wenn die Geldmenge und die Kreditversorgung zunehmen. Für alle, die Barguthaben und Schuldtitel halten, ist das eine schlechte Nachricht – für die Schuldner dagegen eine gute. Ermöglicht ein solcher Schuldenerlass, dass mehr Geld und Kreditmittel in Produktivität und Unternehmensgewinne umgesetzt werden, dann steigen die realen Aktienkurse. Die tatsächlichen und voraussichtlichen Renditen von Anlagen in Geldmarkt- und Schuldinstrumenten können jedoch solchen Schaden nehmen, dass es Anleger abschreckt, die dann lieber zu inflationsgeschützten Alternativen und anderen Währungen greifen. In der Folge wirft die Zentralbank die Druckerpressen an und kauft Geldmarkt- und Schuldinstrumente, wodurch sich die negative Renditeentwicklung für deren Inhaber verstärkt. Je weiter der Schuldenzyklus dann schon vorangeschritten ist, desto größer die Wahrscheinlichkeit, dass die Währung und das Währungssystem zusammenbrechen. Politiker und Anleger müssen unbedingt zwischen dem System zuträglichen Abwertungen und solchen unterscheiden können, die das System zerstören.

Was haben solche Abwertungen gemeinsam?

- **Sämtliche Volkswirtschaften aus den maßgeblichen Fallbeispielen, die wir in Teil II genauer untersuchen, erlebten eine klassische »Run«-Dynamik: Die Zentralbank sah sich mit mehr Ansprüchen konfrontiert, als sie mit harten**

Währungsbeständen befriedigen konnte. Die harte Währung war im Regelfall Gold. Als das Vereinigte Königreich seinen Reservewährungsstatus einzubüßen drohte, war es der US-Dollar, da das Pfund damals an den Dollar gebunden war.

- **Es hatte schon vor der eigentlichen Abwertung ein Rückgang der Nettoreserven der Zentralbank eingesetzt, in manchen Fällen bereits Jahre zuvor.** Ebenfalls zu beachten ist, dass in mehreren Fällen Länder vor der tatsächlichen Abwertung über den Wechselkurs die Konvertibilität aussetzten. Das war im Vereinigten Königreich 1947 (vor der 1949 erfolgten Abwertung) der Fall, und in den USA 1971.
- **Der Run auf die Währung und die Abwertungen gehen gewöhnlich mit erheblichen Schuldenproblemen einher,** oftmals im Zusammenhang mit Kriegsausgaben (in den Niederlanden etwa für den Vierten Englisch-Niederländischen Krieg, im Vereinigten Königreich für die Weltkriege und in den USA für den Vietnamkrieg), was die Zentralbanken in Zugzwang brachte, Geld zu drucken. Am schlimmsten kommt es, wenn ein Land einen Krieg verliert. Das führt gewöhnlich zu einem Totalzusammenbruch und zur Umstrukturierung von Währung und Volkswirtschaft. Doch auch die Siegermächte, deren Schulden letztlich größer sind als ihre Vermögenswerte und deren Wettbewerbsfähigkeit leidet (wie im Vereinigten Königreich nach den Weltkriegen), verlieren ihren Reservewährungsstatus, wenn auch nicht so abrupt.
- **Die Zentralbanken reagieren normalerweise zunächst, indem sie die kurzfristigen Zinsen ansteigen lassen. Darunter leidet die Wirtschaft jedoch so, dass sie rasch kapitulieren und die Geldmenge erhöhen.** Wertet die Währung ab, senken sie gewöhnlich die Zinsen.
- **Das führte in den verschiedenen Fallbeispielen zu deutlich abweichenden Ergebnissen. Eine entscheidende Variable ist**

dabei die wirtschaftliche und militärische Macht, über die das Land zum Zeitpunkt der Abwertung noch verfügt. Je größer diese Macht, desto eher sind Sparer bereit, dort weiterhin Guthaben zu halten. Konkret heißt das für die maßgeblichen Reservewährungen:

- Bei den Niederländern brach der Gulden sehr stark und relativ schnell zusammen. Das Ganze dauerte nicht einmal zehn Jahre. Der Guldenumlauf ging bis Ende des Vierten Englisch-Niederländischen Kriegs 1784 de facto rapide zurück. Zum Kollaps kam es, als die Niederlande als Weltmacht rasch an Bedeutung verloren – erst durch die Niederlage gegen die Briten und im Anschluss durch die drohende Invasion aus Frankreich.
- Für das Vereinigte Königreich kam der Niedergang eher nach und nach: Es waren zwei Abwertungen nötig, bevor das Land nach Bretton Woods seinen Reservewährungsstatus einbüßte, wobei es zwischenzeitlich immer wieder Zahlungsbilanzprobleme gab. Viele Inhaber von Pfundreserven hielten diese weiter, weil von politischer Seite Druck ausgeübt wurde, erzielten damit jedoch deutlich geringer Renditen, als die US-Anlagen im gleichen Zeitraum abwarfen.
- Im Falle der USA gab es zwei abrupte Abwertungen (die eine 1933, die andere 1971) und weitere allmähliche Wertverluste gegenüber Gold seit 2000. Den Reservewährungsstatus hat das die USA bisher nicht gekostet.
- Diesen Status verliert ein Land gewöhnlich, wenn seine wirtschaftliche und politische Vormachtstellung gegenüber einem aufstrebenden Rivalen bereits nachweislich bröckelt, was das betreffende Land anfällig macht (wie z. B., als die Niederlande vom Vereinigten Königreich überholt wurden oder das Vereinigte Königreich von den USA), und wenn hohe, wachsende Schulden von der Zentralbank monetarisiert

werden, indem sie Geld druckt und Staatsanleihen aufkauft. Das führt in einem sich selbst verstärkenden Run zu einer unaufhaltsamen Schwächung der Währung, weil die Defizite in der Haushalts- und Zahlungsbilanz zu groß werden, als dass sie sich durch Kürzungen ausgleichen ließen.

In Teil II betrachten wir die letzten 500 Jahre der Geschichte als kontinuierliche Folge des Aufstiegs und Niedergangs von Imperien und beleuchten jeweils die Ursachen. Sie werden erkennen, dass es immer dieselben Kausalzusammenhänge sind, die dem Auf und Ab zugrunde liegen. Zunächst müssen wir uns aber noch mit den großen Zyklen befassen, die sich innen- und außenpolitisch in Ordnung beziehungsweise Chaos niederschlagen. Diesen sind die beiden nächsten Kapitel gewidmet.

KAPITEL 5

DER GROSSE ZYKLUS INNENPOLITISCHER ORDNUNG UND UNRUHE

Wie Menschen miteinander umgehen, bestimmt maßgeblich, was sie erreichen. In Ländern existieren Systeme oder »Ordnungen«, die regeln, wie sich Menschen im Umgang miteinander verhalten sollten. Diese Systeme und das tatsächliche Verhalten der Menschen darin haben Folgen. In diesem Kapitel werden wir die zeitlosen, universellen Kausalzusammenhänge ergründen, die innenpolitische Ordnungen prägen, und die Verhaltensweisen, die bewirken, dass Phasen der Ordnung von Phasen der Unruhe abgelöst werden.

Im Zuge meiner Recherchen erkannte ich, wie sich die innenpolitische Ordnung (das interne Regierungssystem eines Landes) und die Weltordnung (die Systeme, die über die Machtverteilung zwischen Ländern bestimmen) fortlaufend und überall auf ähnliche und immer verflochtenere Weise verändern und zu einer allumfassenden Geschichte zusammenlaufen – vom Beginn der Geschichtsschreibung bis heute. Ich konnte verfolgen, wie sich viele zusammenhängende Fälle gemeinsam entwickelten. Das half mir, die Muster zu erkennen, die solche Abläufe regeln, und auf der Grundlage meiner Erkenntnisse in die Zukunft zu extrapolieren. Vor allem aber wurde mir klar, wie das ständige Ringen um Wohlstand und Macht zur fortlaufenden Entwicklung innenpolitischer und außenpolitischer Systeme und Ordnungen führte und wie diese aufeinander wirken – wobei das große Ganze (also die Weltordnung) wie ein Perpetuum mobile funktioniert, das sich weiterentwickelt, dabei aber immer wieder dasselbe tut – mehr oder minder aus denselben Gründen.

● ***Am stärksten beeinflusst die meisten Menschen in den meisten Ländern im Zeitverlauf, wie darum gekämpft wird, Wohlstand und Macht zu erzeugen, zu erlangen und zu verteilen, wenngleich auch um anderes gerungen wird, allen voran um Ideologie und Religion.*** **Ich erfuhr, wie sich diese Kämpfe auf zeitlose, universelle Weise zutrugen und sich stark auf alle Aspekte menschlichen Lebens auswirkten, angefangen mit der Gestaltung von Steuern und Wirtschaft und dem Umgang, den Menschen in Boom- und Bust-Zeiten und Frieden und Krieg miteinander pflegten, sowie dem zyklischen Ablauf, der Ebbe und Flut glich.**

Ich erkannte: Nahm dieser Kampf die Form eines gesunden Wettbewerbs an, der förderte, dass menschliche Energie in produktive Tätigkeiten floss, so entstand daraus eine produktive innenpolitische Ordnung und es folgten Blütezeiten. Äußerten sich solche Energien dagegen in destruktiven internen Auseinandersetzungen, hatte das innenpolitische Unruhen und schwere Zeiten zur Folge. Ich begriff, warum sich produktive Ordnung und destruktive Unruhe, ausgelöst durch logische Kausalzusammenhänge, gewöhnlich zyklisch abwechselten, und verfolgte, wie sie in allen Ländern aus überwiegend denselben Gründen stattfanden. Mir wurde bewusst, dass dem Aufstieg zur Größe das Zusammentreffen maßgeblicher Kräfte zugrunde lag, die diese Entwicklung im Zusammenspiel hervorbrachten. Zum Niedergang kam es, weil sich diese Kräfte verflüchtigten.

Während ich an diesem Buch arbeite, herrscht in etlichen führenden Ländern weltweit wachsende Unruhe, allen voran in den Vereinigten Staaten. Diese Unruhe möchte ich veranschaulichen, weshalb ich entsprechende Indizes entwickelt und die Recherchen durchgeführt habe, die ich in diesem Kapitel weitergebe. Weil es tiefgreifende Folgen für die Amerikaner, viele andere Menschen in aller Welt und die meisten Volkswirtschaften und Märkte haben wird, wie die USA mit diesen Unruhen umgehen, richte ich den Fokus in diesem Kapitel stärker auf die USA als auf andere Länder.

Die folgende vereinfachte Grafik zeigt annähernd, wo sich die USA und China in dem archetypischen großen Zyklus befinden, gemessen von den zuvor beschriebenen Determinanten. Die USA haben das – von mir als Phase 5 bezeichnete – Stadium erreicht, in dem gleichzeitig eine schlechte Finanzlage und zunehmende Konflikte vorliegen, das führende Imperium aber nach wie vor über andere herausragende Stärken verfügt (zum Beispiel in Bereichen wie Technologie und Militär), die jedoch im Vergleich abnehmen. Diese Phase schließt sich klassisch an Zeiten mit großen Ausgabe- und Schuldenexzessen und einem wachsenden Wohlstandsgefälle sowie zunehmend unterschiedlichen politischen Einstellungen an. Darauf folgen Revolutionen und Bürgerkriege.

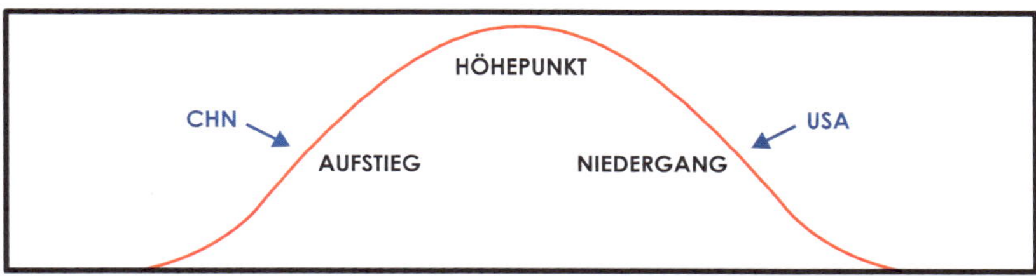

Der Klarstellung halber: Ich behaupte nicht, dass die Vereinigten Staaten oder andere Länder unweigerlich auf eine größere Abwärtsphase oder verstärkte innen- und außenpolitische Konflikte zusteuern. Ich finde es jedoch wichtig, die Märkte im Auge zu behalten, um einerseits zu verstehen, was gerade passiert, aber andererseits auch das komplette Spektrum der Möglichkeiten für die Zukunft zu erkennen. In diesem Kapitel analysiere ich diese Marker, indem ich mich auf die Lehren aus ähnlichen historischen Beispielen berufe.

DIE SECHS PHASEN DES INNENPOLITISCHEN ZYKLUS

Die Veränderung der innenpolitischen Ordnung läuft normalerweise (allerdings nicht immer) in einer einigermaßen einheitlichen Abfolge von Stadien ab, vergleichbar mit dem Fortschreiten einer Krankheit. In welchem Stadium sich ein Land gerade befindet, lässt sich anhand der Symptome diagnostizieren. Wie sich beispielsweise bei Krebs das dritte vom vierten Stadium unterscheidet – je nachdem welcher Zustand vorliegt – und durch Entwicklungen in vorausgegangenen Stadien ausgelöst wurde, so unterscheiden sich auch die Stadien des großen innenpolitischen Zyklus. Wie bei einer Krankheit erfordert der jeweils vorliegende Zustand unterschiedliche Gegenmaßnahmen, die wiederum ein unterschiedliches Spektrum wahrscheinlicher Ergebnisse zur Folge haben. So sehen die Chancen für einen alten, angeschlagenen Patienten anders aus als für einen jungen, sonst gesunden – und es sind jeweils andere Maßnahmen angezeigt. **Wie bei einer Krebserkrankung sollte das Fortschreiten am besten in einem möglichst frühen Stadium gestoppt werden.**

Mir stellen sich die Stadien des archetypischen innenpolitischen Zyklus von Ordnung zu Unruhe und wieder zurück nach meinen historischen Erkenntnissen folgendermaßen dar:

- **Phase 1, in der die neue Ordnung eingeführt wird und die neue Führung ihre Macht konsolidiert,** was …
- **Phase 2 zur Folge hat, in der die Systeme zur Allokation von Ressourcen und die staatlichen Verwaltungsapparate aufgebaut und justiert werden,** was im Erfolgsfall zu …

- **Phase 3 führt, in der Frieden und Wohlstand herrschen.** Darauf folgt …
- **Phase 4, die sich durch große Ausgabe- und Schuldenexzesse und eine Zunahme des Wohlstandsgefälles und der Kluft bei politischen Überzeugungen auszeichnet.** Daran schließt sich …
- **Phase 5 an, in der eine ausgesprochen schlechte Finanzlage und heftige Konflikte vorliegen,** gefolgt von …
- **Phase 6 mit Bürgerkriegen beziehungsweise Revolutionen,** womit wir wieder bei …
- Phase 1 angekommen wären, die zur Phase 2 führt, und so weiter, sodass sich der gesamte Zyklus wiederholt.

In jedem Stadium herrschen andere Bedingungen, mit denen die Menschen jeweils zurande kommen müssen. Das ist unter bestimmten Umständen schwieriger als unter anderen. In der Frühphase des langfristigen Schuldenzyklus, wenn die Kapazität der Regierung zur Kreditschöpfung und zur Finanzierung von Ausgaben groß ist, lassen sich Probleme beispielsweise leichter lösen, als wenn der langfristige Schuldenzyklus auf sein Ende zugeht und solche Kapazitäten weitgehend ausgeschöpft sind. Die Palette möglicher Strategien und die Herausforderungen, vor der Entscheidungsträger stehen, richten sich folglich danach, in welchem Zyklusstadium sich ein Land befindet. Die verschiedenen Stadien stellen vor unterschiedliche Herausforderungen, deren effektive Bewältigung von den Verantwortlichen jeweils andere Qualitäten, Einsichten und Kompetenzen erfordert.[1] Wie gut diejenigen, die sich im Einzelfall mit den Umständen konfrontiert sehen – also Sie mit Ihren persönlichen Umständen und unsere Leitfiguren mit unseren kollektiven Umständen –, diese verstehen und sich darauf einstellen, wirkt sich auf die

1 Wer sich ein detailliertes Bild davon machen möchte, wodurch sich herausragende Führungspersönlichkeiten in verschiedenen Lebenslagen auszeichnen, dem empfehle ich das in Kürze erscheinende Buch von Henry Kissinger über Führungsqualitäten.

Qualität der erzielten Ergebnisse im Spektrum der Möglichkeiten aus, die angesichts der vorliegenden Umstände bestehen. In verschiedenen Kulturen haben sich verschiedene Herangehensweisen eingebürgert. Führungspersönlichkeiten und Kulturen, die verstehen, welche Umstände vorliegen, und sich darauf einrichten können, erzielen deutlich bessere Resultate als andere. Und hier kommen zeitlose, universelle Grundsätze zum Tragen.

Wie lange die einzelnen Stadien andauern, kann sehr unterschiedlich sein, doch bis sie alle durchlaufen sind, vergehen gewöhnlich grob gerechnet 100 Jahre, wobei es innerhalb des Zyklus zu größeren Wellenbewegungen kommen kann. Wie jede Evolution läuft auch die Evolution der innenpolitischen Ordnung zyklisch ab, wobei eine Phase in aller Regel in die nächste mündet – in einer Abfolge von Stadien, die sich wiederholen und dabei auf höhere Entwicklungsebenen führen. So schließt sich die erste Phase (in der eine neue Führung, die durch einen Bürgerkrieg oder eine Revolution an die Macht kam, die neue innenpolitische Ordnung festlegt) normalerweise an Phase 6 an (in der Bürgerkrieg beziehungsweise Revolution herrscht und der Zyklus auf dem Tiefpunkt angelangt ist). Darauf folgt die nächste Phase und so weiter, bis Phase 3 erreicht ist (also der Höhepunkt des Zyklus, denn diese Phase ist durch Frieden und Wohlstand geprägt). Die Übertreibungen, die in den Phasen 4 und 5 einsetzen, führen schließlich zur nächsten neuen Ordnung (Phase 1).

Das wiederholt sich immer wieder – im Zuge einer Entwicklung, die tendenziell aufwärts strebt. Wie gesagt, nimmt dieser archetypische Zyklus im Regelfall plus/minus 100 Jahre in Anspruch. Jeder Zyklus setzt sich aus ähnlichen kürzeren Zyklen zusammen. Ein kurzfristiger Schuldenzyklus beispielsweise, der zu Blasenbildung und Rezessionen führt, findet ungefähr alle acht Jahre statt, und die politischen Zyklen, die für die Verschiebung der politischen Macht zwischen rechtem und linkem Lager sorgen, in etwa mit der gleichen Frequenz, et cetera. **Aktuell durchlaufen zwar alle Länder diese Zyklen, befinden sich aber**

in unterschiedlichen Phasen. So sind China und Indien in einer ganz anderen Phase als die Vereinigten Staaten und die meisten europäischen Länder. In welchem Stadium sich einzelne Länder im internationalen Vergleich jeweils befinden, wirkt sich auf die Beziehungen zwischen den Ländern aus und ist die wichtigste Determinante für die Weltordnung. All das ist Gegenstand des letzten Kapitels dieses Buches. Die archetypische Entwicklung des Zyklus läuft ab, wie in folgender Grafik dargestellt.

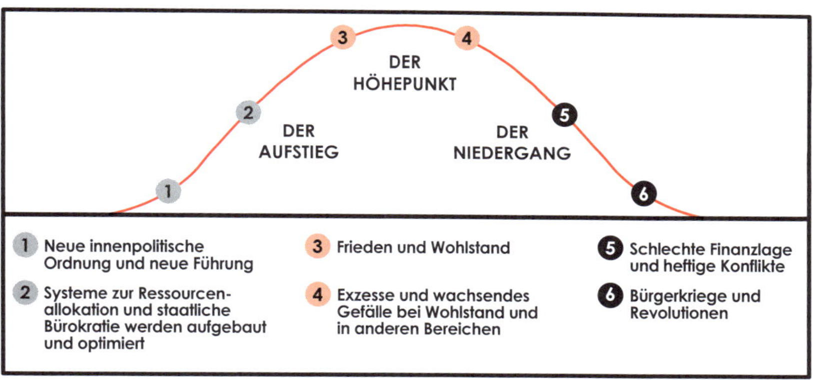

So sieht der vollständige Zyklus der innenpolitischen Ordnung aus. Natürlich wiederholt er sich. Neue Leitfiguren treten an die Stelle der alten und der Zyklus beginnt von vorn. Wie schnell eine Nation wiederaufgebaut werden und ein neues Höchstniveau erreichen kann, hängt 1) davon ab, wie heftig der Bürgerkrieg oder die Revolution ausfiel, die den vorangegangenen Zyklus beendete, und 2) davon, wie gut es den Leitfiguren des neuen Zyklus gelingt, die Voraussetzungen für den Erfolg zu schaffen.

Solche Zyklen laufen ab, seit Geschichte geschrieben wird (und vermutlich schon länger). Daher reihen sich viele Zyklen aneinander und tendieren aufgrund der im Zeitverlauf erzielten evolutionären Verbesserungen aufwärts.

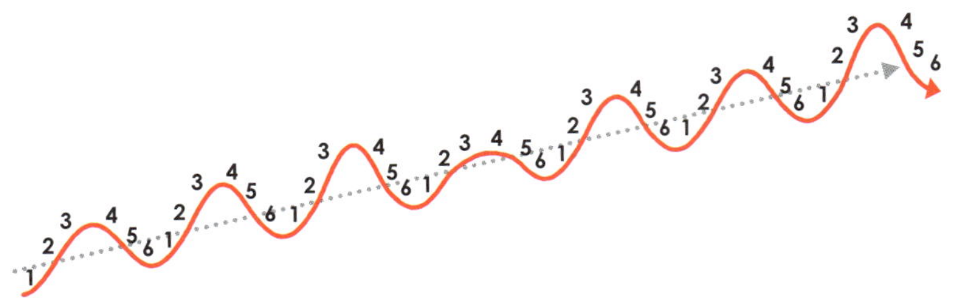

Um das auf Länderebene darzustellen, wollen wir uns China ansehen. **Die folgende Grafik gibt meine Schätzwerte zu Chinas *absoluter* Macht und seinen figurativen großen Zyklen bis etwa ins Jahr 600 wieder.** Sie ist stark vereinfacht dargestellt (das heißt in Wirklichkeit gab es viel mehr Dynastien und Komplexitäten). Ich präsentiere sie in dieser Form, damit Sie aus der Vogelperspektive erkennen können, wie sich diese Evolution vollzog.

GROSSE CHINESISCHE DYNASTIEN UND IHRE ENTWICKLUNGSSTADIEN (MIT EINDEUTIGEM AUFWÄRTSTREND)

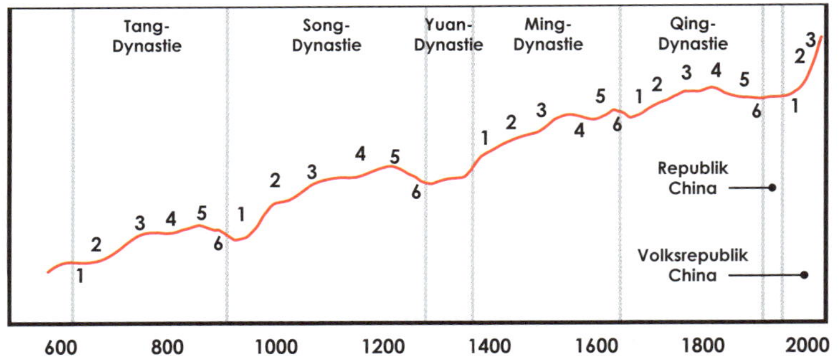

Nachstehende Grafik zeigt Chinas *relative* Macht. Die Unterschiede zwischen den Grafiken ergeben sich daraus, dass die erste das absolute Machtniveau darstellt, die zweite das Machtniveau im Vergleich zu anderen Imperien.

GROSSE CHINESISCHE DYNASTIEN UND IHRE ENTWICKLUNGSSTADIEN

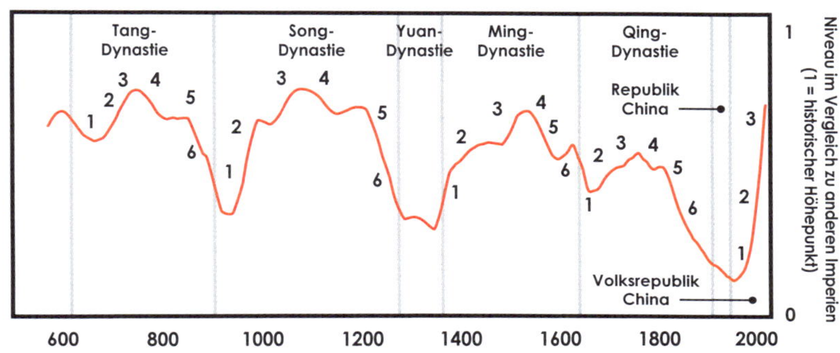

Da sich verschiedene Länder normalerweise in unterschiedlichen Zyklusphasen befinden und einander Wohlstand und globale politische Macht entziehen, sind manche Länder im Aufstieg begriffen, andere im Abstieg. Insgesamt ist die Entwicklung dadurch weniger volatil als bei einem einzelnen Land. Anders ausgedrückt haben die Unterschiede einen Diversifizierungseffekt, der die globale Evolution im Vergleich zu der Entwicklung einzelner Länder glättet. Das geht aus der folgenden Grafik hervor, bei der es sich um eine aktualisierte Version des Diagramms zum globalen realen BIP handelt, das ich im ersten Kapitel verwendet habe. Diese Grafik ist keine figurative Darstellung. Vielmehr liefert sie buchstäblich die zuverlässigste Schätzung zum realen Pro-Kopf-BIP, die uns zur Verfügung steht. In diese Grafik sind Aufstieg und Niedergang der großen Imperien eingeflossen (insbesondere des niederländischen und des britischen Weltreichs und der Ming- und Qing-Dynastie), ebenso wie viele Kriege und Boom- und Bust-Phasen, die alle eigens aufgeführt werden. Auf globaler Ebene schlagen sich diese Entwicklungen nicht nieder, weil sie aufeinander diversifizierend wirken und im Verhältnis zu den großen Trends unbedeutend sind. Für die Menschen, die sie erleben, sieht das natürlich ganz anders aus.

GLOBALES REALES PRO-KOPF-BIP (USD 2017, LOG.)

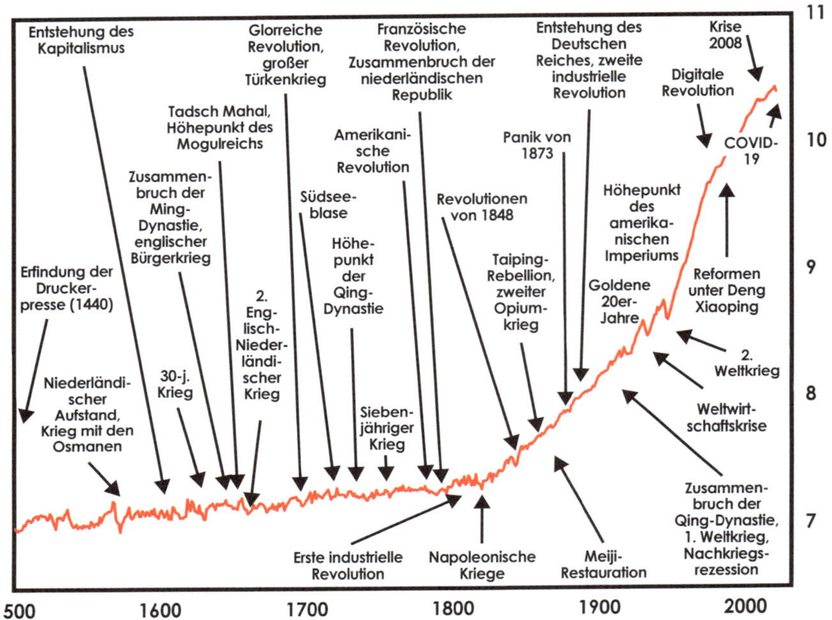

Vor 1870 handelt es sich beim globalen realen BIP aufgrund der begrenzten Verfügbarkeit verlässlicher Daten für alle Länder vor dieser Zeit überwiegend um einen Mischwert europäischer Länder.

Noch einmal: Bei den übertragenen Darstellungen des archetypischen sechsphasigen Zyklus habe ich schlicht ein vereinfachtes Bild der tatsächlichen Ereignisse gezeichnet. Ich wollte Ihnen eine eingängigere Version liefern, die den Phasencharakter vermittelt, und anschließend ins Detail gehen. Während sich der Zyklus im Großen und Ganzen so vollzieht, wie ich es beschrieben habe, verläuft die Entwicklung nicht immer genau so wie von mir dargestellt. So gilt wie bei den Stadien einer Erkrankung (beispielsweise einer Krebserkrankung im dritten Stadium), dass das Erreichen eines Stadiums nicht unbedingt bedeutet, dass ein Fortschreiten ins nächste Stadium unvermeidlich ist. Wir gewinnen daraus aber eine ausgesprochen wertvolle Erkenntnis: Wie bei einer Krankheit zeigen sich eindeutig bestimmte Symptome, an denen die jeweilige Zyklusphase zu erkennen ist. In welcher Zyklusphase man sich befindet, gibt Aufschluss über die Risiken und die zu ergreifenden Maßnahmen, die man unbedingt kennen sollte und die sich von den für andere Phasen verfügbaren unterscheiden. Eine Einstufung in Phase 5 bedeutet beispielsweise, dass bestimmte Bedingungen vorliegen, die einen Eintritt des Zyklus in Phase 6 wahrscheinlicher machen als in Phase 4 mit den entsprechenden Gegebenheiten. Verfügen wir über eindeutige, objektive Marker, um festzustellen, in welcher Phase sich ein einzelnes Land (oder ein Bundesstaat/-land oder eine Kommune) befindet, und verstehen wir die Kausalzusammenhänge, die Veränderungen bewirken, so können wir die Palette der Möglichkeiten besser beurteilen, die wir haben, und uns entsprechend aufstellen. Hundertprozentig richtig liegt man damit aber nie.

Ein Beispiel: Wir erstellten einen Index für die Zahl der wirtschaftlichen Warnsignale, die zu verschiedenen Zeiten in der Geschichte vorlagen, in den Maßstäbe für ausgeprägte Ungleichheit, hohe Verschuldung und Defizite, Inflation und Wachstumsprobleme einflossen, um aufzuzeigen, wie aussagekräftig diese hinsichtlich anschließender Bürgerkriege und Revolutionen sind. Die folgende Grafik weist die geschätzte Wahrscheinlichkeit eines bürgerkriegsähnlichen Konflikts auf der Grundlage der Anzahl von Alarmsignalen aus. Gestützt auf unsere Erkenntnisse aus der Vergangenheit schätzen wir die Wahrscheinlichkeit, dass ein schwerwiegender innenpolitischer Konflikt eintritt, wenn 60 bis 80 Prozent der Warnzeichen erkennbar sind, auf rund 1 zu 6. Liegen sehr viele der entsprechenden Bedingungen vor (mehr als 80 Prozent), so bewegt sich die Wahrscheinlichkeit eines Bürgerkriegs oder einer Revolution bei 1 zu 3. Das ist zwar nicht sehr hoch, aber dennoch besorgniserregend. Die USA sind aktuell in den Bereich von 60 bis 80 Prozent einzuordnen.

HISTORISCHE WAHRSCHEINLICHKEIT INNENPOLITISCHER KONFLIKTE AUF DER GRUNDLAGE DES ANTEILS AN WIRTSCHAFTLICHEN KENNZAHLEN, DIE UNTERHALB DER SCHWELLE LIEGEN (>1Z)[2]

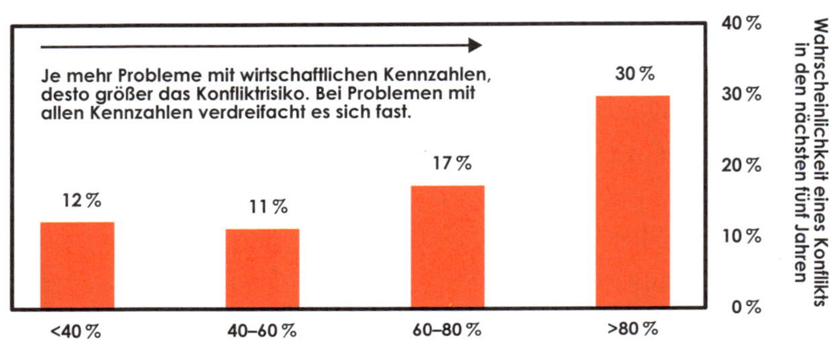

Ich gehe mit Ihnen zwar nicht alle Faktoren in jeder Phase und jeder möglichen Konfiguration durch, werde aber die Kräfte und Meilensteine herausgreifen, die in den einzelnen Phasen am genauesten im Auge behalten werden sollten – mit besonderem Schwerpunkt auf den aktuellen Unruhen in den Vereinigten Staaten und deren weiterer Entwicklung.

EIN GENAUERER BLICK AUF DIE SECHS ZYKLUSPHASEN

Im Folgenden werden wir uns genauer anschauen, wie die archetypischen sechs Phasen beschaffen sind, damit wir sie problemlos erkennen und eine bessere Vorstellung davon erhalten, was danach kommen könnte.

---

2 Diese Grafik basiert auf einer historischen Analyse von neun Großmächten (über insgesamt 2.200 Jahre). Die Konfliktwahrscheinlichkeit stützt sich auf Fälle, in denen sich größere Bürgerkriege, Rebellionen und Revolutionen ereigneten. Friedliche Revolutionen, die keine Veränderung des bisherigen Systems zur Folge hatten, wurden nicht berücksichtigt. Nicht einbezogen in die Analyse ist die Wahrscheinlichkeit entstehender Konflikte in Zeiten, in denen sich ein Land bereits mitten im innenpolitischen Konflikt befand (und in den fünf Folgejahren), um Perioden gezielt auszuschließen, in denen die Wirtschaftslage aufgrund des Konflikts selbst schlecht war.

PHASE 1: DIE NEUE ORDNUNG WIRD EINGEFÜHRT UND DIE NEUE FÜHRUNG KONSOLIDIERT IHRE MACHT

Ein Bürgerkrieg oder eine Revolution – auch eine friedliche – ist ein heftiger Konflikt, bei dem eine Seite gewinnt, die andere Seite verliert und das Land Schaden nimmt. Die erste Phase folgt auf einen Krieg. In dieser Zeit greifen die Gewinner nach der Macht und die Verlierer müssen sich unterwerfen. Die Sieger waren zwar offensichtlich stark genug, um den Konflikt für sich zu entscheiden, doch in dieser ersten Phase der neuen Ordnung müssen sie auch die Klugheit beweisen, ihre Macht zu konsolidieren und das Land wiederaufzubauen.

Kommt eine neue Führung ans Ruder, räumt sie gewöhnlich mit der verbleibenden Opposition auf und ergeht sich in internen Machtkämpfen. Man könnte sogar sagen, dass Revolutionen gewöhnlich zweigeteilt sind: Der erste Teil besteht im Sturz der etablierten Leitfiguren und Systeme, der zweite Teil in dem Kampf, all jene auszuschalten, die loyal zur bisherigen Führung standen, und im Machtgerangel der Sieger. Diesen zweiten Teil bezeichne ich als »Säuberung«, was in diesem Abschnitt noch näher erklärt wird.

Solche Perioden der Machtkonsolidierung oder Säuberung können verschiedene Formen annehmen und fallen unterschiedlich aus – je nachdem wie heftig die Konflikte zwischen den neuen Machthabern und ihren Gegnern und zwischen den neuen Machthabern untereinander sind und wie hoch die verschiedenen Behörden und Verwaltungsapparate entwickelt sind, die von den Vorgängern übernommen werden können.

In dieser Phase kann es vorkommen, dass die übrigen Oppositionellen getötet oder eingesperrt werden, damit die neue Führung sicher sein kann, dass ihre Feinde nicht zurückschlagen. Gleichzeitig kämpfen auch die siegreichen Revolutionäre untereinander um die Macht.

So eine Phase folgte eigentlich auf jeden Bürgerkrieg und jede Revolution – in unterschiedlicher Heftigkeit, gewöhnlich proportional zur

Intensität des vorausgegangenen Konflikts. Im schlimmsten Fall brachten diese postrevolutionären Auseinandersetzungen zur Konsolidierung der Macht mehrere der brutalsten Perioden in der Geschichte eines Landes hervor – zum Beispiel die Schreckensherrschaft nach der französischen Revolution von 1789, der rote Terror nach der russischen Revolution von 1917 oder die sogenannte Anti-Rechts-Kampagne, die sich 1949 an den chinesischen Bürgerkrieg anschloss, und andere. Mitunter beschränkte sich die Säuberung auf ein bestimmtes Zeitfenster nach der Revolution (wie die Herrschaft des Schreckens). Manchmal vollzog sie sich auch schubweise über Jahrzehnte hinweg. (So fand die Kulturrevolution in China erst statt, als die kommunistische Partei Chinas bereits 17 Jahre an der Macht war.) Solche Säuberungen sollen die Macht konsolidieren und vermeintliche ideologische Gegner oder Staatsfeinde zur Strecke bringen. Sie können brutaler sein als die eigentliche Revolution. Im besten Fall – wenn es die Rahmenbedingungen zulassen, weil das System im Grundsatz fortbesteht und respektiert wird – verlaufen sie wie die Ära, die sich an den Amerikanischen Bürgerkrieg anschloss, oder wie die friedliche Roosevelt-Revolution der 1930er-Jahre.

In dieser Phase stehen solche Machthaber am besten da, die es verstehen, Macht zu konsolidieren. Sie zeichnen sich gewöhnlich durch ähnliche Qualitäten aus wie zuvor die erfolgreichsten Revolutionäre – denn sie sind starke, kluge Kämpfer und bereit und in der Lage, um jeden Preis zu gewinnen. In dieser Phase müssen sie jedoch weit mehr politisches Gespür beweisen, weil ihre Gegner nicht mehr so offensichtlich sind. Diesbezüglich taten sich der Tang-Kaiser Taizong und der römische Kaiser Augustus besonders hervor. In der jüngeren Geschichte führten Leitfiguren wie die Gründerväter der USA, der französische Kaiser Napoleon und Otto von Bismarck in Deutschland beispielhaft vor, wie ein effektiver Übergang von Kriegszeiten zum Wiederaufbau aussieht.

Diese Phase endet, wenn die neue Autorität eindeutig feststeht, alle des Kämpfens müde sind und genug mit dem Wiederaufbau zu tun haben.

PHASE 2: DIE SYSTEME ZUR RESSOURCENALLOKATION UND DER STAATSAPPARAT WERDEN AUFGEBAUT UND OPTIMIERT

Diese Phase bezeichne ich als »frühe Blütezeit«, weil sie in aller Regel eine friedliche, gedeihliche Periode einläutet.

Wenn die neue Führung die alte Ordnung beseitigt und ihre Macht konsolidiert hat (oder auch parallel dazu), muss sie ein neues System aufbauen, um Ressourcen besser zu verteilen. In diesem Stadium kommt es vor allem auf System- und Institutionenbildung an. Dann muss ein System (eine Ordnung) konzipiert und entwickelt werden, das bewirkt, dass die Menschen am gleichen Strang ziehen, um ähnliche Ziele zu erreichen, Regeln und Gesetze einhalten und ein effektives System zur Ressourcenallokation aufbauen, das zu raschen Produktivitätssteigerungen führt, die den meisten Menschen zugutekommen. Diese Zeit der Umgestaltung und des Wiederaufbaus ist auch nach einem verlorenen Krieg nötig, denn ein Land muss immer wiederaufgebaut werden. In dieser Phase befanden sich beispielsweise Länder wie die Vereinigten Staaten in den 15 Jahren nach der Unabhängigkeitserklärung von 1776, Frankreich im napoleonischen Zeitalter, kurz nachdem Napoleon in einem Staatsstreich am Ende der französischen Revolution 1799 nach der Macht gegriffen hatte, Japan in der Frühphase der Meiji-Restauration kurz nach der politischen Revolution von 1868, Japan, Deutschland und die meisten Länder Ende der 1940er- und den Großteil der 1950er-Jahre hindurch in der Nachkriegszeit, China in der Phase nach dem Bürgerkrieg und Russland nach dem Zusammenbruch der Sowjetunion.

In diesem Stadium sollte man sich einen zeitlosen universellen Grundsatz ins Gedächtnis rufen: ● ***Damit ein System Erfolg haben kann, muss es Wohlstand für die meisten Menschen hervorbringen – vor allem für die große Mittelschicht.*** Wie Aristoteles es in seiner *Politik* formulierte: »Es ist also klar, … dass diejenigen Staaten geeignet sind, gut regiert zu werden, wo der Mittelstand zahlreich ist und weitaus stärker, als die beiden anderen … wo der Mittelstand zahlreich ist, entstehen unter den Bürgern am wenigsten Zwiste und Aufstände. … Wenn dieser fehlt und die Armen dann durch ihre Menge die stärkeren sind, so tritt eine schlechte Wirthschaft[sic!] ein und der Staat geht schnell zu Grunde.«[3]

Für diese Phase eignen sich gewöhnlich ganz andere Leitfiguren am besten, als diejenigen, die in den Phasen 6 und 1 erfolgreich waren. Ich bezeichne diese als »Staatsarchitekten«. Sie müssen intelligent sein und im Idealfall auch stark und charismatisch, doch vor allem anderen müssen sie das System konzipieren und aufbauen können, das für die meisten Menschen produktiv ist – oder brauchen andere, die das für sie übernehmen. Wie unterschiedlich die Eigenschaften sind, die Führungspersönlichkeiten in den Phasen 6 und 1 beziehungsweise in dieser administrativen Wiederaufbauphase mitbringen müssen, wurde mustergültig durch Winston Churchill und Mao demonstriert – beides großartige »inspirierende Generäle«, aber lausige »Staatsarchitekten«. Beispiele für Leitfiguren, die sich in dieser Phase besonders bewährt haben, sind unter anderem Konrad Adenauer in Deutschland, Lee Kuan Yew in Singapur und Deng Xiaoping in China. Sie kamen jeweils nach einem Krieg an die Macht und bauten ein System auf, das über ihre Lebzeiten hinaus für Wohlstand sorgte.

Die herausragendsten Staatslenker sind solche, die ihre Länder durch Phase 6, 1 und 2 steuern – also durch Bürgerkrieg und Revolution, Konsolidierung der Macht und den Aufbau der Institutionen und Systeme, die auch für die Nachwelt noch sehr gut funktionieren –, und das auch noch im großen Stil. Niemandem ist das wohl je besser gelungen als Tang Taizong (einem der revolutionären Begründer der Tang-Dynastie im China der Jahre 600 bis 700, auf die rund 150 Jahre Frieden und Wohlstand folgten, die China zu einem der größten und stärksten Länder der Welt machten), Kaiser Augustus (der 27 vor Christus erster römischer Kaiser wurde und rund 200 Jahre relativen Friedens und Wohlstands einläutete, in denen sich Rom zum Weltreich entwickelte)

---

3 Anm. d. Übers.: zitiert nach: https://www.projekt-gutenberg.org/aristote/politik/chap007.html.

und Dschingis Khan (der 1206 das mongolische Reich gründete und es anführte, gefolgt von einer über 100-jährigen Blütezeit, in der es sich zum größten und stärksten Reich der Welt aufschwang. Durch das Versäumnis einer nachhaltigen Nachfolgeplanung kam es jedoch im Anschluss zu Bürgerkriegen, bereits kurz nach seinem Tod).

So oder ähnlich läuft der Wiederaufbau stets ab – mit graduellen Unterschieden, die sich nach dem Umfang der erforderlichen Veränderungen richten. In manchen Fällen schließt er sich an blutige Revolutionen an, nach denen quasi alles wieder neu aufgebaut werden muss. In anderen müssen die vorhandenen Institutionen und Systeme lediglich an die Ansprüche des neuen Machthabers angepasst werden.

PHASE 3: ES HERRSCHT FRIEDEN UND WOHLSTAND

Diese Phase bezeichne ich auch als »mittlere Blütezeit«. Sie stellt den optimalen Abschnitt des Zyklus der innenpolitischen Ordnung dar. Dann stehen den Menschen jede Menge Chancen offen, ihre Produktivität zu entfalten. Diese ergreifen sie begeistert, arbeiten gut zusammen, produzieren viel, werden reich und genießen Bewunderung für ihren Erfolg. In dieser Phase verbessert sich die Lage für fast alle, sodass es den meisten Menschen von Generation zu Generation besser geht. Daher herrscht verbreitet Optimismus, und die Menschen blicken freudig in die Zukunft. Aus der Geschichte wissen wir: Klappt das gut, haben die Menschen breiten, beinahe gleichen Zugang zu Bildung und können im Beruf durch Leistung alles erreichen. In so einem System werden die Fähigkeiten des breitesten Bevölkerungsspektrums erschlossen, und die meisten Menschen empfinden es als gerecht. Erfolgreiche Unternehmer, Erfinder und Abenteurer liefern neue Ideen, machen ihrer Gesellschaft neue Orte zugänglich und werden zu Helden, denen andere nacheifern, weil sie auf revolutionäre neue Gedanken kommen, das Leben der Menschen verbessern und dafür belohnt werden. Es werden mehr Schulden gemacht, was die Produktivität ankurbelt und damit die

Realeinkommen steigen lässt. Das wiederum erleichtert den Schuldendienst und beschert Mehrgewinne, die für eine hervorragende Eigenkapitalrendite sorgen. Die Einnahmen sind höher als die Ausgaben, die Ersparnisse übersteigen die Verbindlichkeiten und stehen zur Finanzierung künftiger Investitionen zur Verfügung. Die dritte Phase ist eine aufregende Zeit der Kreativität, Produktivität und Energie.

Zu den Beispielen für diese Phase zählt fast das gesamte viktorianische Zeitalter in Großbritannien (große Teile des 19. Jahrhunderts, das sich durch einen raschen Anstieg des Wohlstands durch die Erfindungen der zweiten industriellen Revolution auszeichnete), das Deutsche Reich Ende des 19. Jahrhunderts (mit rascher Industrialisierung, technischer Innovation und schnell zunehmender militärischer Stärke) und die 1960er-Jahre in den Vereinigten Staaten. Der Mondflug war beispielhaft für die gemeinschaftliche Mission. Über die Mondlandung jubelte das ganze Land und wuchs zusammen.

Das ist die Zeit der »charismatischen Visionäre«, die sich a) ein aufregendes Bild einer ganz anderen Zukunft vorstellen und es anderen vermitteln können, b) diese Zukunft tatsächlich aufbauen und dann c) den erworbenen Wohlstand nutzen, um möglichst viele daran teilhaben zu lassen und in die Zukunft zu investieren. Gleichzeitig d) betreiben sie eine solide Finanzwirtschaft und e) bemühen sich um ausgezeichnete internationale Beziehungen, damit sie ihre Imperien schützen oder ausbauen können, ohne finanziell oder gesellschaftlich vernichtende Kriege zu führen. Hier ein paar Beispiele:

- Im viktorianischen Zeitalter des britischen Empire Mitte bis Ende des 19. Jahrhunderts sorgte Premierminister William Gladstone für ein hohes Produktivitätsniveau, verhängte aber auch strenge Haushaltskontrollen, die finanzielle Stabilität gewährleisteten, und tat so viel für die breite Bevölkerung, dass man ihn »The People's William« nannte – den William des Volkes. Außerdem betrieb er eine friedvolle, produktive Außenpolitik.

- Im Deutschen Reich Ende des 19. Jahrhunderts einte Kanzler Otto von Bismarck die verschiedenartigen Bevölkerungen von 39 Kleinstaaten und Angehörige verschiedener Religionen, um Deutschland als Nation und Wirtschaftszentrum aufzubauen. Unter seiner Regierung erlebte das Land einen Wirtschaftsboom bei solider Finanzlage, während sich Bismarck im Ausland als brillanter Diplomat erwies, sodass das Land innenpolitisch profitierte und lähmende größere Kriege vermeiden konnte.
- Premierminister Lee Kuan Yew führte Singapur als Premierminister des Landes von 1959 bis 1990 erfolgreich durch diese Phasen und stand noch bis zu seinem Tod 2015 als Mentor zur Verfügung. Er schuf die Grundlage und prägte die Kultur für Erfolge, die noch lange nach ihm anhalten sollten, und vermied Kriege, ohne Macht einzubüßen.
- In den USA inspirierte John F. Kennedy sein Land in den kurzen 34 Monaten seiner Präsidentschaft vom 20. Januar 1961 bis zum 22. November 1963, zum Mond zu fliegen, brachte die Bürgerrechtsbewegung voran, führte mit Vizepräsident Lyndon Johnson den Krieg gegen die Armut und hielt die Vereinigten Staaten aus größeren Kriegen heraus. Gleichzeitig bekämpfte er energisch jede Opposition gegen das US-amerikanische Imperium.
- In China baute Deng Xiaoping ein schwaches, ineffizientes kommunistisches System in ein hoch produktives staatskapitalistisches um und veränderte dafür in kürzester Zeit die Landesmentalität mit Aussagen wie »Es ist ruhmvoll, reich zu sein« und »Ganz gleich, ob die Katze schwarz oder weiß ist – Hauptsache, sie fängt Mäuse«. Er verhalf Chinas Wirtschaft und Finanzen zu großer Stärke. Er verbesserte spürbar die Bildung und Lebensqualität der meisten Menschen, erhöhte die Lebenserwartung drastisch und verringerte die Armutsquote. Er führte China erfolgreich durch innenpolitische Konflikte und

> wahrte strikt die Souveränität des Landes. Gleichzeitig gelang es ihm, China aus größeren außenpolitischen Konflikten herauszuhalten.

Je länger sich ein Land in dieser Phase befindet, desto länger dauern die guten Zeiten.

Entwicklungen, die in dieser Phase zu beachten sind, weil sie über die großen Risiken Aufschluss geben, die sich naturgemäß entwickeln und die selbsttragenden guten Ergebnisse unterminieren, sind wachsende Unterschiede bei Chancen, Einkommen, Wohlstand und Werten, die mit schlechten und unfairen Bedingungen für die Masse, luxuriösen und ungerechtfertigt privilegierten Positionen für Eliten, nachlassender Produktivität und einer schlechten Finanzsituation einhergehen, in der Überschuldung entsteht. Die großen Imperien und Dynastien, die überdauern konnten, blieben in der Phase 3, weil sie es schafften, diese Risiken zu vermeiden. Gelingt das nicht, tritt die vierte Phase ein – die Phase der Exzesse. In diesem Stadium kann die Versuchung, jedes beliebige Projekt (auch auf Kredit) durchzuziehen, an den Rand des Konflikts führen.

PHASE 4: DIE ZEIT DER EXZESSE

Diese Phase bezeichne ich auch als »Wohlstandsblase«. Was dazu gehört, haben wir bereits angesprochen, daher hier nur eine kurze Beschreibung. Im klassischen Fall gilt:

- Es kommt zur raschen Zunahme kreditfinanzierter Käufe von Waren, Dienstleistungen und Anlagen, sodass die Schulden schneller anwachsen als die künftigen Zahlungsströme für den Schuldendienst. So entstehen Blasen. Es wird auf Pump gekauft, weil Anleger, Wirtschaftslenker, Finanzintermediäre, Einzelne und Politik davon ausgehen, dass die Zukunft der Vergangenheit gleicht. Deshalb schließen sie hohe Wetten auf die Fortsetzung der jeweils aktuellen Trends ab. Sie erliegen dem Irrtum, dass eine Anlage, die stark im Preis gestiegen ist, nicht teuer, sondern hochwertig ist, und leihen sich daher Geld, um sie zu kaufen. Das treibt die Preise nach oben, wodurch sich die Blasenbildung verstärkt. Der Grund dafür: Steigen die Anlagen im Wert, verbessert das die Vermögenslage der Anleger, und das Ausgaben-Einnahmen-Verhältnis steigt. Das erhöht ihre Kreditaufnahmekapazität, was den Verschuldungsprozess anheizt, und so dreht sich die Spirale nach oben, bis die Blase platzt. Klassische Beispiele dafür sind Japan 1988 bis 1990, die USA 1929, die USA 2006/2007 und ebenso Brasilien und die meisten übrigen lateinamerikanischen Rohstoffproduzenten in den Jahren 1977 bis 1979.

- Es fließen zunehmend mehr Geld und Zeit in Konsum und Luxusgüter, weniger in rentable Investments. Die geringeren Investitionen in Infrastruktur, Investitionsgüter und Forschung und Entwicklung bremsen die Produktivitätssteigerung des Landes und führen dazu, dass seine Städte und seine Infrastruktur altern und an Effizienz verlieren.
- In dieser Phase wird eine Menge Geld für das Militär ausgegeben, um globale Interessen auszuweiten und zu schützen – vor allem, wenn es sich bei dem betroffenen Land um eine führende Weltmacht handelt.
- Die Zahlungsbilanzposition des Landes verschlechtert sich, worin sich seine verstärkte Kreditaufnahme und die verringerte Wettbewerbsfähigkeit niederschlagen. Hat ein Land Reservewährungsstatus, bekommt es deshalb problemlos Kredit, weil Sparer aus Ländern ohne Reservewährung bevorzugt in der Reservewährung anlegen und Kredite vergeben.
- Wohlstands- und Chancengefälle sind groß, und es kommt zu Ressentiments zwischen den Klassen.

In dieser Phase ist die archetypische ideale Leitfigur der »geerdete, disziplinierte Staatslenker«, der weiß, wie grundsolide Politik aussieht, die Produktivität und Finanzstabilität herbeiführt, und dies auch vermittelt. Jemand, der einschreitet, wenn die Masse über die Stränge schlagen will. Solche Führungspersönlichkeiten sind es, die dafür sorgen, dass die Nation auch weiter einen erheblichen Anteil ihrer Einnahmen und ihrer Zeit in produktive Tätigkeiten investiert, während sie reicher wird.

Wie bereits erwähnt, stellte der ehemalige Premierminister Singapurs Lee Kuan Yew sicher, dass sein Land und seine Mitbürger kulturell so geprägt wurden, dass sie trotz Erfolg und Reichtum Wert auf gute Bildung, Disziplin und Charakterstärke legten. Solche Staatsmänner sind aber rar gesät, weil es äußerst unpopulär ist, den Überschwang der Massen zu bremsen. Fast immer werden Länder (und ihre Regierungen) erst reich und dann dekadent, übernehmen sich, machen Schulden, um Konsumexzesse zu finanzieren, und büßen ihre Wettbewerbsfähigkeit ein. Diese Phase des Niedergangs wird von dekadenten Regenten wie dem berüchtigten Kaiser Nero verkörpert (der ein Großfeuer in Rom nutzte, um Land zu konfiszieren und einen riesigen Palast zu bauen), von Ludwig XIV. (der das Versailler Schloss vergrößerte, als auf dem Höhepunkt seiner Macht die Produktivität zurückging und die Menschen Not litten) und von Ming-Kaiser Wanli (der sich aus den Regierungsgeschäften zurückzog und sich auf den Bau seines riesigen Grabmals konzentrierte).

PHASE 5: DIE FINANZLAGE IST SCHLECHT, DIE KONFLIKTE VERSCHÄRFEN SICH

Den wichtigsten Einfluss in einem großen Zyklus üben Schulden, Geld und Konjunktur aus. Weil ich diesen Zyklus bereits im dritten und vierten Kapitel ausführlich erläutert habe, gehe ich an dieser Stelle nicht ins Detail. Doch um Phase 5 zu begreifen, müssen Sie wissen, dass sie auf

Phase 3 folgt, in der Frieden und Wohlstand herrschen und eine günstige Schulden- und Kreditsituation vorliegt, und auf Phase 4, in der Exzesse und Dekadenz für eine Verschlechterung der Lage sorgen. Dieser Prozess gipfelt in der schwierigsten, schmerzhaftesten Phase – der sechsten –, wenn das Geld ausgeht und in aller Regel ein schlimmer Konflikt in Form einer Revolution oder eines Bürgerkriegs ausbricht. Phase 5 ist die Zeit, in der sich die Spannungen zwischen den Klassen, die mit der Verschlechterung der Finanzlage einhergehen, zuspitzen. Wie verschiedene Leitfiguren, Politiker und Gruppen mit Konflikt umgehen, wirkt sich wesentlich darauf aus, ob sich die nötigen Veränderungen in einem Land friedlich oder gewaltsam vollziehen.

Hinweise auf diese Entwicklung sind heute in etlichen Ländern erkennbar. Finanziell ordentlich aufgestellte Länder (also solche, deren Einnahmen ihre Ausgaben übersteigen und deren Vermögenswerte größer sind als ihre Verbindlichkeiten) sind in recht guter Verfassung. Alle anderen stehen im Vergleich schlecht da. Sie sind auf fremdes Geld angewiesen. Das Problem dabei: Es sind weit mehr Länder in schlechter Verfassung als in guter.

Ebenso ist ersichtlich, dass die unterschiedlichen Rahmenbedingungen maßgebliche Treiber für unterschiedliche Entwicklungen sind. Das gilt mit Blick auf die meisten Aspekte der betroffenen Länder, Bundesstaaten/-länder, Kommunen, Unternehmen und Menschen – wie Bildung, Gesundheitsversorgung, Infrastruktur und Wohlbefinden. Ebenso sind gewaltige kulturelle Unterschiede in Bezug darauf erkennbar, wie Länder mit Krisen umgehen. Manche suchen einen harmonischeren Weg, andere zeigen sich eher kämpferisch.

Weil die Phase 5 im innenpolitischen Zyklus so entscheidend ist und weil sich derzeit viele Länder, allen voran die USA, in dieser Phase befinden, gehe ich bewusst ausführlicher auf die Kausalzusammenhänge ein, die darin zum Tragen kommen, und auf die maßgeblichen Indikatoren, die bei der Analyse der Abläufe zu beachten sind. Im Anschluss äußere ich mich dann konkreter zur aktuellen Situation in den USA.

Die klassische toxische Mischung

● ***Die klassische toxische Mischung von Kräften, die große innenpolitische Konflikte auslösen, setzt sich zusammen aus 1) schlechter finanzieller Verfassung des Landes (oder des Bundesstaats/-lands oder der Kommune) und seiner (ihrer) Bürger (beispielsweise hohe Schulden und andere Verpflichtungen), 2) einem großen Einkommens-, Wohlstands- und Wertgefälle innerhalb der betreffenden Gebietskörperschaft und 3) einem kräftigen negativen Konjunkturschock.***

Das Zusammenspiel dieser Faktoren führt in aller Regel zu Unruhen, Konflikten und manchmal auch zum Bürgerkrieg. Der Konjunkturschock kann viele Ursachen haben, unter anderem das Platzen einer Finanzblase, höhere Gewalt (wie Pandemien, Dürren und Überschwemmungen) und Krieg. Er wird zur finanziellen Belastungsprobe. Die finanziellen Rahmenbedingungen (gemessen an den Einnahmen beziehungsweise Vermögenswerten im Verhältnis zu den Ausgaben beziehungsweise Verbindlichkeiten), die vorliegen, wenn es zur Belastungsprobe kommt, sind die Stoßdämpfer. Wie groß die Einkommens-, Wohlstands- und Wertunterschiede sind, gibt Aufschluss über die graduelle Fragilität des Systems. Gibt es finanzielle Probleme, betreffen diese normalerweise zunächst die Privatwirtschaft und dann den öffentlichen Sektor. Weil Staaten nie zulassen werden, dass die Finanzprobleme des privaten Sektors das ganze System zu Fall bringen, ist es die staatliche Finanzlage, auf die es ankommt. Geht der Regierung die Kaufkraft aus, kommt der Zusammenbruch. Doch bis es so weit ist, wird heftig um Geld und politische Macht gerungen.

Eine Analyse von über 50 Bürgerkriegen und Revolutionen ergab zweifelsfrei, dass der zuverlässigste Frühindikator für diese Phänomene marode Staatsfinanzen in Verbindung mit einem großen Wohlstandsgefälle sind. Der Grund dafür? Mangelt es der Regierung an Finanzkraft, kann sie den privatwirtschaftlichen Körperschaften, die der Staat braucht, damit das System funktioniert, finanziell nicht unter die Arme greifen (wie es die meisten Regierungen unter Führung der USA Ende

2008 taten). Sie kann nicht kaufen, was sie braucht, und die Menschen nicht dafür bezahlen, die nötigen Aufgaben zu erfüllen. Ihre Macht verpufft.

Ein klassischer Marker für die Phase 5 und ein Frühindikator für den Verlust von Kreditfähigkeit und Kaufkraft – einer der Auslöser für den Übertritt in Phase 6 – sind hohe Staatsdefizite, derentwegen mehr Anleihen aufgelegt werden, als andere Käufer als die eigene Zentralbank des Landes zu kaufen bereit sind. Dieser Frühindikator wird ausgelöst, wenn eine Regierung, die kein Geld drucken kann, die Steuern erhöhen und die Ausgaben senken muss, oder eine, die Geld drucken kann, große Mengen davon erzeugt und Staatsanleihen in hoher Zahl aufkauft. Genauer gesagt gilt: Geht der Regierung das Geld aus (weil sie mit einem hohen Defizit und großen Schulden dasteht und keinen Zugang zu entsprechenden Kreditmitteln hat), stehen ihr nicht viele Möglichkeiten offen. Sie kann entweder die Steuern stark erhöhen und ihre Ausgaben empfindlich senken oder viel Geld drucken, was zur Abwertung der Währung führt. Regierungen, die die Option haben, Geld zu drucken, entscheiden sich stets dafür, weil es der deutlich einfachere Weg ist. Das hat jedoch zur Folge, dass Anleger ihr Kapital aus dem Geld und den Schuldtiteln abziehen, die gedruckt werden. Regierungen, die nicht die Druckerpresse anwerfen können, müssen die Steuern erhöhen und ihre Ausgaben zurückfahren. Das wiederum bewirkt, dass Menschen mit viel Geld dem Land (oder dem Bundesstaat oder der Stadt) den Rücken kehren, weil sie es unzumutbar finden, mehr Steuern zu zahlen und weniger Leistungen zu erhalten. Liegt in den Gebietskörperschaften, die kein Geld drucken können, ein ausgeprägtes Wohlstandsgefälle zwischen ihren Bürgern vor, so münden diese Entwicklungen gewöhnlich in der einen oder anderen Form von Bürgerkrieg oder Revolution.[4]

---

4 Zur Klarstellung: Steht eine Regierung finanziell auf schwachen Füßen, muss das nicht bedeuten, dass ihr die Kaufkraft ausgeht. Es heißt aber, dass dieses Risiko weitaus größer ist als bei einer Regierung, die finanziell solide aufgestellt ist.

Während ich diese Zeilen schreibe, läuft diese spätzyklische Dynamik gerade in den Vereinigten Staaten ab, und zwar sowohl auf nationaler als auch auf bundesstaatlicher Ebene. Der große Unterschied dabei besteht darin, dass die Regierungen der Bundesstaaten kein Geld drucken können, um ihre Schulden zu zahlen, die Landesregierung schon. Die US-Regierung und viele Bundestaats- und Kommunalverwaltungen ächzen unter hohen Defiziten, gewaltigen Schuldenbergen und großem Wohlstandsgefälle, und die Zentralbank (die US-Notenbank Federal Reserve) hat die Befugnis, Geld zu drucken. Während ich an diesem Buch arbeite, druckt die Zentralbank jede Menge Geld und kauft US-Bundesanleihen in großer Zahl. So finanziert der Staat seine Ausgaben, die weit höher ausfallen als seine Einnahmen. Für die US-Bundesregierung und diejenigen, die sie unterstützen möchte, ist das gut – doch alle, die Dollars und auf Dollar lautende Schuldtitel halten, haben effektiv viel Kaufkraft eingebüßt.

● ***Die Gebietskörperschaften (Kommunen, Bundesstaaten/-länder und Länder) mit dem größten Wohlstandsgefälle, der höchsten Verschuldung und den schlimmsten Einnahmeausfällen dürften die heftigsten Konflikte verzeichnen.*** Interessant ist diesbezüglich, dass die Bundesstaaten und Städte in den USA mit dem höchsten Pro-Kopf-Einkommen und dem höchsten Wohlstandsniveau in aller Regel auch diejenigen mit der höchsten Verschuldung und dem größten Wohlstandsgefälle sind – zum Beispiel Großstädte wie San Francisco, Chicago und New York City und Bundesstaaten wie Connecticut, Illinois, Massachusetts, New York und New Jersey.

In dieser Situation müssen Ausgaben gekürzt oder auf anderem Wege Mittel aufgetrieben werden. Stellt sich die Frage, wer am Ende dafür aufkommt: die Wohlhabenden oder die Mittellosen? Dass es nicht die Mittellosen sein können, versteht sich von selbst. Ausgabenkürzungen sind für die Ärmsten am schwersten zu verkraften. Deshalb müssen die Menschen höher besteuert werden, die sich das leisten können, und das Risiko eines Bürgerkriegs oder einer Revolution nimmt zu.

Merken die Besitzenden, dass ihnen Steuern für den Schuldendienst und die Rückführung von Defiziten abverlangt werden, suchen sie ihr Heil gewöhnlich in der Flucht, was den Aushöhlungsprozess in Gang bringt. Aus diesem Grund ziehen in den USA derzeit manche von einem Bundesstaat in einen anderen um. Schwächelt die Konjunktur, beschleunigt sich dieser Prozess. Diese Umstände sind die maßgeblichen Treiber des Steuerzyklus.

● ***Die Geschichte beweist, dass höhere Besteuerung und Kürzungen bei den Ausgaben der aussagekräftigste Frühindikator für Bürgerkriege oder Revolutionen in der einen oder anderen Form sind, wenn ein hohes Wohlstandsgefälle und schlechte wirtschaftliche Rahmenbedingungen vorliegen.*** Dabei kann es zu Gewaltausbrüchen kommen, muss es aber nicht.

Diese Zyklen nehme ich in meinen persönlichen Interaktionen wahr. So lebe ich beispielsweise im US-Bundesstaat Connecticut – dem Staat mit dem höchsten Pro-Kopf-Einkommen und dem größten Wohlstands- und Einkommensgefälle im Land, der bei der Pro-Kopf-Verschuldung und den ungedeckten Pensionsverpflichtungen einen Spitzenplatz belegt. Ich beobachte, wie die Besitzenden und die Mittellosen sich auf ihr eigenes Leben fokussieren und sich wenig Gedanken um die jeweils andere Gruppe machen, weil sie kaum mit ihr in Berührung kommen. Ich habe Einblick in das Leben von Reichen und Armen, weil ich Kontakte zu den Menschen in unseren begüterten Kreisen pflege und weil sich meine Frau für demotivierte, abgehängte Schüler aus sozial schwachen Bezirken einsetzt und so Verbindung zu Menschen aus weniger betuchten Kreisen hat. Ich weiß, wie schlimm die Lage in diesen mittellosen Gruppen ist und dass sich die Besitzenden (die den Mittellosen reich und dekadent vorkommen) gar nicht reich fühlen. Ich sehe, wie sich jeder auf seine eigenen Probleme konzentriert. Die Wohlhabenden kämpfen mit ihrer Work-Life-Balance, kümmern sich darum, dass ihre Kinder eine gute Ausbildung bekommen und so weiter, die Bedürftigen haben Probleme, überhaupt ein Einkommen zu erzielen und Essen auf den Tisch zu stellen, der Gewalt aus dem Weg zu gehen, ihren Kindern eine anständige Ausbildung zu verschaffen und dergleichen mehr.[5]

Mir ist bewusst, dass diese beiden Gruppen einander eher kritisch und stereotyp betrachten und sich tendenziell eher ablehnend gegenüberstehen, als sich empathisch als Mitglieder einer Gemeinschaft zu verstehen, die sich gegenseitig unterstützen sollten. Ich weiß, wie schwierig es sein kann, einander zu helfen, weil es diese Stereotype gibt und weil die Besitzenden nicht der Ansicht sind, dass sie im Überfluss leben und die Mittellosen ihre finanzielle Unterstützung verdienen. Mir macht Angst, wohin das führen könnte angesichts der derzeitigen Lage, die sich voraussichtlich noch verschlechtern dürfte. Ich habe aus der Nähe gesehen, wie die Gesundheits- und Budgetschocks durch COVID-19 die schlimme Lage der Bedürftigen offensichtlich gemacht und die finanzielle Kluft noch weiter aufgerissen haben, was die klassische toxische Mischungsdynamik herbeiführen könnte.

● ***Es kommt nicht so sehr auf die Durchschnittswerte an, sondern vielmehr darauf, wie viele Menschen leiden und welche Macht diese haben.*** Wer Maßnahmen befürwortet, die für das Gesamtergebnis gut sind – wie Freihandel, Globalisierung oder technischer Fortschritt, der

---

5 Natürlich lassen sich diese Probleme nicht gleichsetzen. Doch ich habe in beiden Fällen festgestellt, dass die Menschen nur noch ihre eigenen Anliegen und ihr eigenes Umfeld wahrnehmen und keine Ahnung davon haben, wie die Menschen leben, zu denen sie keine direkten Kontakte pflegen. In vielen Gemeinden gibt es Menschen – und Kinder, was besonders herzzerreißend ist –, die bitterarm und benachteiligt sind. Es besteht akuter Mangel an Geld für grundlegende Dinge wie ordentliche Schulsachen, Nahrung und Gesundheitsversorgung, und in einer von Gewalt und Trauma geprägten Umgebung setzt sich ein Zyklus fort, in dem Kinder intellektuell und physisch unterernährt und traumatisiert werden. Sie wachsen zu benachteiligten Erwachsenen heran, was ihre Chancen auf dem Arbeitsmarkt verringert, sodass sich der Kreislauf fortsetzt. Bedenken Sie Folgendes: Eine aktuelle, von unserer Stiftung finanzierte Studie hat ergeben, dass 22 Prozent der Schüler in Connecticut – dem nach Pro-Kopf-Einkommen reichsten US-Bundesstaat – »demotiviert« und »abgehängt« sind. Demotiviert sind Schüler oder Schülerinnen mit Fehlzeiten von mehr als 25 Prozent und ungenügenden Noten. Abgehängt bedeutet, der- oder diejenige kommt gar nicht mehr und wird vom System daher nicht mehr erfasst. Stellen Sie sich vor, welche Folgen das in zehn Jahren haben wird – und welche menschlichen und sozialen Kosten dieser Kreislauf verursacht. Und unsere Gesellschaft hat keine Grenzen dafür festgelegt, wie sehr sich die Lage noch verschlimmern darf.

Menschen verdrängt –, ohne daran zu denken, was passiert, wenn dieses Gesamtergebnis nicht so aufgeteilt wird, dass es den meisten Menschen zugutekommt, der übersieht, dass dadurch alles in Gefahr gerät. ● ***Eine Gesellschaft, die in Frieden und Wohlstand leben möchte, braucht Produktivität, von der die Mehrheit der Menschen profitiert.*** Was glauben Sie: Ist das heute der Fall?

Was lässt sich aus der Geschichte über den Kurs herauslesen, den in finanzielle Schieflage geratene Regierungen einschlagen können, um die Produktivität so zu steigern, dass die meisten Menschen etwas davon haben? Es ist belegt, dass eine ausreichende Umstrukturierung und/oder Abwertung bisher aufgelegter Schuldtitel und anderer Verpflichtungen viel bewirkt. Das ist die klassische Lösung in Phase 5 und 6. Sobald Umstrukturierung und Abwertung die Schuldenlast verringern, was nicht ohne gewisse Härten vonstattengeht, ermöglicht die geringere Verschuldung einen Wiederaufbau.

● ***Eine wesentliche Voraussetzung für den Erfolg ist, dass die neu geschaffenen Kredit- und Geldmittel eingesetzt werden, um Produktivitätssteigerungen und positive Investmentrenditen zu erzielen, und nicht einfach verschenkt werden, ohne dass Produktivität und Erträge steigen, denn dann wird das Geld so stark abgewertet, dass weder die Regierung noch sonst jemand über größere Kaufkraft verfügt.***

● ***Die Geschichte lehrt, dass Kredite und Investitionen, die breit angelegte Produktivitätszuwächse und Investmentrenditen hervorbringen, welche die Fremdkapitalkosten übersteigen, dazu führen, dass der Lebensstandard steigt, während Schulden getilgt werden. Deshalb sind es gute Maßnahmen.*** Reicht das zur Schuldenfinanzierung verliehene Geld nicht aus, spricht absolut nichts dagegen, dass die Zentralbank Geld druckt und als letztinstanzlicher Kreditgeber einspringt, solange das Geld so investiert wird, dass die Erträge für den Schuldendienst reichen. Es ist historisch belegt und zwingend logisch, dass die richtigen Investitionen in Bildung auf jedem Niveau (auch in berufliche Bildung), Infrastruktur und Forschung, die zu produktiven Erkenntnissen führt, sehr gute Ergebnisse bringen. So haben sich beispielsweise umfangreiche Bildungs- und Infrastrukturprogramme fast immer bezahlt gemacht (etwa zur Zeit der Tang-Dynastie und vielen anderen chinesischen Dynastien, im römischen Reich, im Umayyaden-Kalifat, im indischen Mogulreich, während der Meiji-Restauration in Japan und in Form der chinesischen Bildungsentwicklungsprogramme der letzten Jahrzehnte), wenn auch mit langen Vorlaufzeiten. De facto waren Verbesserungen in den Sektoren Bildung und Infrastruktur, selbst wenn sie durch Schulden finanziert wurden, wesentliche Bausteine im Aufstieg praktisch aller Imperien. Eine nachlassende Qualität dieser Investitionen trug fast immer zum Niedergang solcher Reiche bei. Richtig ausgeführt, können solche Interventionen die klassische toxische Mischung effektiv entkräften.

Diese Konstellation geht üblicherweise mit weiteren Problemen einher. Je mehr der folgenden Bedingungen vorliegen, desto höher die Wahrscheinlichkeit eines schwerwiegenden Konflikts wie Bürgerkrieg oder Revolution.

+ Dekadenz

In frühen Zyklusphasen fließen gewöhnlich mehr Zeit und Geld produktiven Zielen zu, in späteren werden sie dagegen verstärkt für Luxus und Überfluss aufgewendet (also die schöneren Dinge des Lebens wie teure Immobilien, Kunstgegenstände, Schmuck und Kleidung). Diese Entwicklung setzt bereits in Phase 4 ein, wenn solche Ausgaben angesagt sind. Ist Phase 5 erreicht, nimmt sie allmählich groteske Formen an. Häufig werden solche dekadenten Ausgaben kreditfinanziert, was die Finanzlage verschlechtert. Die psychologischen Veränderungen, die im Regelfall mit dieser Entwicklung einhergehen, sind nachvollziehbar. Die Besitzenden sind der Ansicht, dass sie ihr Geld verdient haben und daher nach Gutdünken für Luxus ausgeben können. Die Mittellosen empfinden das als unfair und selbstsüchtig, da es ihnen zur selben Zeit schlecht geht. Neben wachsenden Ressentiments verringern dekadente Ausgaben (im Unterschied zum Sparen und Investieren) die Produktivität. ● ***Es kommt darauf an, wofür eine Gesellschaft Geld ausgibt. Investiert sie es so, dass Produktivität und Einkommenssteigerungen entstehen, sieht die Zukunft rosiger aus, als wenn sie es in Konsumgüter steckt, die nicht zur Erhöhung der Produktivität und der Einkommen beitragen.***

+ Bürokratie

● ***In der Frühphase des Zyklus innenpolitischer Ordnung gibt es nur wenig Bürokratie. In der Spätphase nimmt die Bürokratie dagegen überhand, was vernünftige und nötige Entscheidungen erschwert.*** Das liegt daran, dass die Dinge im Zuge der Entwicklung komplizierter werden, bis ein Punkt erreicht ist, an dem selbst offenkundig positive Maßnahmen nicht mehr möglich sind – was revolutionäre Umwälzungen erfordert. In einem rechtsstaatlichen, vertragsgestützten System (das viele Vorteile hat) kann das zum Problem werden, weil das Recht mitunter offensichtlich positiven Entwicklungen im Wege steht. Ich will Ihnen dafür ein Beispiel geben, das mir vertraut ist, weil es meiner Frau und mir am Herzen liegt.

Weil in der US-Verfassung nicht verfügt ist, dass Bildung Aufgabe der Nationalregierung ist, sind dafür überwiegend Bundesstaaten und Kommunen zuständig. Schulen werden aus den Einnahmen finanziert, die Städte und Gemeinden aus lokalen Steuern beziehen. Das ist zwar von Bundesstaat zu Bundesstaat unterschiedlich, doch in aller Regel erhalten Kinder aus reicheren Kommunen in finanzkräftigeren Bundesstaaten eine weit bessere Schuldbildung als solche aus ärmeren Gemeinden in finanziell schlechter aufgestellten Bundesstaaten. Das ist offensichtlich ungerecht und unproduktiv, obwohl sich die Mehrheit der Menschen darüber einig ist, dass Kinder gleiche Bildungschancen haben sollten. Doch weil diese Struktur so fest im US-politischen System verankert ist, lässt sich dieser Missstand ohne einen radikalen neuen Ansatz kaum beheben. Es gibt allerdings mehr Beispiele dafür, wie die Bürokratie vernünftigen, produktiven Maßnahmen Steine in den Weg legt, als ich an dieser Stelle nennen kann, was heutzutage in Amerika ein großes Problem ist.

+ Populismus und Extremismus

Unruhen und Unzufriedenheit schaffen Rahmenbedingen für Leitfiguren mit starker Persönlichkeit, die antielitär sind und vorgeben, für die einfachen Leute zu kämpfen. Diese werden auch als Populisten bezeichnet. Populismus ist ein politisches und gesellschaftliches Phänomen, welches Normalbürger anspricht, die den Eindruck gewinnen, dass sich die Eliten nicht für ihre Anliegen einsetzen. Es entwickelt sich gewöhnlich, wenn ein Wohlstands- und Chancengefälle vorliegt, die eigene Kultur durch Menschen mit anderen Werten im eigenen Land und im Ausland bedroht erscheint und das »Establishment der Elite« in Machtpositionen für die meisten Menschen nur wenig erreicht. Populisten kommen an die Macht, wenn diese Situation die einfachen Leute in Rage versetzt, die sich wünschen, dass sich Menschen mit politischer Macht für sie stark machen. Populisten können von rechts oder von links kommen, sind weit extremer als gemäßigte Zeitgenossen und sprechen tendenziell die Emotionen des einfachen Volkes an. Gewöhnlich setzen sie eher auf Konfrontation als auf Kooperation und auf Ausschluss statt auf Integration.

Das führt zu zahlreichen Auseinandersetzungen zwischen linken und rechten Populisten über unversöhnliche Differenzen. Die Umwälzungen, die sich unter ihrem Einfluss vollziehen, fallen unterschiedlich extrem aus. So nahm der Linkspopulismus in den 1930er-Jahren die Form des Kommunismus an, der Rechtspopulismus die des Faschismus, während in den USA und im Vereinigten Königreich gewaltlose revolutionäre Veränderungen stattfanden. In jüngerer Vergangenheit war in den Vereinigten Staaten die Wahl von Donald Trump 2016 ein Schritt hin zum Rechtspopulismus, während die Popularität von Bernie Sanders, Elizabeth Warren und Alexandria Ocasio-Cortez den

Zulauf zum Linkspopulismus belegte. In etlichen Ländern ist ein zunehmender politischer Trend zum Populismus zu verzeichnen. Nun könnte man meinen, die Wahl Joe Bidens signalisiere einen Wunsch nach weniger Extremismus und mehr Mäßigung, doch das wird die Zukunft zeigen.

Behalten Sie Populismus und Polarisierung als Marker im Auge. Je mehr diese Phänomene um sich greifen, desto weiter fortgeschritten ist die Phase 5 in dem betreffenden Land – und desto näher rücken Bürgerkrieg und Revolution. In Phase 5 werden die Gemäßigten zur Minderheit. In Phase 6 gibt es keine Gemäßigten mehr.

+ Klassenkampf

In Phase 5 verstärkt sich der Klassenkampf. Der Grund dafür: In der Regel ● ***neigen die Menschen in Not- und Konfliktzeiten eher dazu, andere stereotyp als Angehörige einer oder mehrerer Klassen zu betrachten und diese Klassen entweder als Feinde oder Verbündete***. In Phase 5 zeigt sich das immer deutlicher. In der sechsten Phase nimmt es kritische Formen an.

Ein klassischer Marker für Phase 5, der in Phase 6 noch stärker zutage tritt, ist die Verteufelung der Angehörigen anderer Klassen. So entstehen gewöhnlich eine oder mehrere Sündenbockklassen, die gemeinhin als Wurzel allen Übels gelten. So entsteht der Drang, sie auszuschließen, wegzusperren oder zu vernichten, was dann in Phase 6 passiert. Dämonisiert werden häufig ethnische und sozioökonomische Gruppen.

Das klassische Schreckensbeispiel dafür stammt aus der Nazizeit: die Behandlung der Juden, die für praktisch alle Probleme Deutschlands verantwortlich gemacht und verfolgt wurden. Chinesische Minderheiten außerhalb Chinas sind in wirtschaftlichen und sozialen Krisenzeiten ebenfalls verteufelt worden und mussten als Prügelknaben herhalten. Im Vereinigten Königreich waren es in verschiedenen schwierigen Perioden die Katholiken, denen diese Rolle zukam – etwa während der glorreichen Revolution und im englischen Bürgerkrieg. Gängige Zielscheiben sind auch reiche Kapitalisten – vor allem solche, die ihr Geld nach Ansicht anderer auf Kosten der Armen verdienen. Andere zu verdammen und zu Sündenböcken zu machen, sind klassische Symptome und Probleme, die wir im Auge behalten sollten.

+ Der Verlust der Wahrheit im öffentlichen Raum

Dass man nicht mehr weiß, was wahr ist, weil es von den Medien verzerrt dargestellt wird und die Propaganda zunimmt, kommt immer häufiger vor, wenn Menschen stärker polarisiert, emotionsgesteuert und politisch motiviert sind.

In Phase 5 arbeiten die kämpferischen Elemente in aller Regel mit den Medien zusammen, um die Gefühle der Menschen zu manipulieren, sich Rückhalt zu verschaffen und die Opposition auszuschalten. Anders formuliert: Linksorientierte Medienvertreter tun sich in dem schmutzigen Kampf mit dem linken Lager zusammen, rechtsorientierte mit anderen Rechten. Es kommt zu Auswüchsen in Form von Medien, die sich wie eine Bürgerwehr gerieren: Häufig werden andere angegriffen und im Grunde von den Medien vorverurteilt, sodass ihr Leben ruiniert wird, ohne dass sie je vor einem Richter gestanden hätten. Eine übliche Methode unter den Populisten der 1930er-Jahre, den Linken (den Kommunisten) ebenso wie den Rechten (den Faschisten), war es, die Kontrolle über die Medien zu übernehmen und »Propagandaminister« zu ernennen, um sie zu steuern. Die so produzierten Medien waren ausdrücklich darauf ausgerichtet, die Bevölkerung gegen die Gruppen einzunehmen, die die Regierung als »Staatsfeinde« betrachtete. Die Regierung des demokratisch geführten Vereinigten Königreichs richtete im Ersten und im Zweiten Weltkrieg ein »Informationsministerium« ein, um staatliche Propaganda zu verbreiten. Führende Zeitungsverleger wurden von der Regierung ausgezeichnet, wenn sie sich nach den Wünschen der Regierung richteten, um den Propagandakrieg[6] zu gewinnen. Wer nicht kooperierte, wurde verunglimpft und bekam das schmerzhaft zu spüren. Revolutionäre verzerrten die Wahrheit in allen möglichen Publikationen ebenso. Während der französischen Revolution schürten von Revolutionären geleitete Zeitungen antimonarchistische und antireligiöse Stimmung. Doch als dieselben Revolutionäre dann an der Macht waren, schlossen sie während der Schreckensherrschaft alle Zeitungen, die abweichendes Gedankengut verbreiteten. Bei großem Wohlstandsgefälle und populistischen Überzeugungen sind Geschichten, die den Eliten schaden, populär und lukrativ – in rechtslastigen Medienkanälen besonders solche, die linksorientierte Eliten herabwürdigen, und umgekehrt. Die Geschichte beweist, dass eine spürbare Zunahme solcher Aktivitäten ein typisches Problem der Phase 5 ist. Im Zusammenspiel mit der Befugnis, andere Strafen zu verhängen, können die Medien zu einer mächtigen Waffe werden.

Dass genau dies geschieht, während ich an diesem Buch arbeite, ist weitgehend unbestritten. Den Medien – ob klassischer oder sozialer Art – wurde zu unseren Lebzeiten nie so wenig Wahrheitsgehalt beigemessen. So stellte beispielsweise eine Gallup-Umfrage im Jahr 2019 fest, dass lediglich 13 Prozent der befragten Amerikaner »großes Vertrauen« in die Medien hätten und nur 41 Prozent der Befragten hatten »ein einigermaßen großes« Vertrauen. 1976 vertrauten dagegen 72 Prozent der US-Bürger den Medien. Und das ist kein Randproblem im Mediensektor. Es ist vielmehr ein gesamtgesellschaftliches Massenproblem. Der drastische Vertrauensverlust setzt sogar ehemaligen Ikonen journalistischer Vertrauenswürdigkeit wie dem *Wall Street Journal* oder der *New York Times* zu, deren Vertrauenswerte abgestürzt sind. Sensationsstorys sind aber nicht nur politisch motiviert, sondern lohnen

---

6 Viscount Northcliffe, der im Vereinigten Königreich zur Zeit des Ersten Weltkriegs knapp die Hälfte der Tageszeitungsauflagen kontrollierte, war für seine deutschenfeindliche Berichterstattung bekannt und wurde von der Regierung 1918 zum »Propagandaleiter im feindlichen Ausland« ernannt.

sich auch wirtschaftlich in einer Zeit, in der Medienunternehmen finanzielle Probleme haben. Die meisten Medienvertreter, mit denen ich gesprochen habe, teilen meine Besorgnis – allerdings in aller Regel nicht offen. Doch Martin Baron, damals Chefredakteur der *Washington Post*, sagte zu dem Problem: »In einer Gesellschaft, in der sich die Menschen nicht auf grundlegende Fakten einigen können – wie soll da eine Demokratie funktionieren?« Diese Dynamik beeinträchtigt die Meinungsfreiheit, weil sich die Menschen nicht mehr trauen, den Mund aufzumachen, wenn sie in traditionellen und sozialen Medien durch verzerrte Darstellungen attackiert werden, die ihnen schaden sollen.

Selbst ausgesprochen tüchtige, einflussreiche Menschen haben inzwischen so viel Angst vor den Medien, dass sie sich zu wichtigen Fragen nicht mehr äußern und auch nicht um öffentliche Ämter kandidieren wollen. Da die meisten Prominenten schon Opfer dieser Praxis waren, stimmt mir fast jeder zu, mit dem ich spreche: Es sei gefährlich für Menschen, die für Wahrheit und Gerechtigkeit kämpfen, sich offen und stimmgewaltig zu Wort zu melden – vor allem wenn das Menschen ärgert, die sich gern über die Medien wehren. Das Problem wird daher aus Angst vor den Reaktionen der Medien nicht öffentlich diskutiert, doch im Privaten dafür ständig. Vor Kurzem sprach ich beim Mittagessen mit einem General, der ein sehr hohes politisches Amt bekleidet hatte und gerade aus dem Staatsdienst ausgeschieden war, über seine Pläne. Ich fragte ihn nach seinem größten Anliegen. »Etwas für mein Land zu tun, natürlich«, entgegnete er. Ich wollte wissen, ob er daran denke, sich zur Wahl zu stellen. Daraufhin erklärte er mir, er sei zwar bereit, für sein Land zu sterben, doch eine Kandidatur käme für ihn persönlich nicht infrage, weil die Gegner Medien und soziale Medien einsetzen würden, um Lügen zu verbreiten, die ihm und seiner Familie schaden könnten. Dieser General und ebenso fast alle anderen Menschen in meinem Bekanntenkreis, auf die wir eigentlich hören sollten, trauen sich nicht, sich offen zu äußern, weil sie befürchten, Attacken von Extremisten aus dem gegnerischen Lager könnten durch sensationslüsterne Medien erst ermöglicht und dann noch verstärkt werden. Viele meiner Freunde finden es unvernünftig, dass ich so offen über kontroverse Themen spreche wie in diesem Buch, weil manche Menschen oder Gruppierungen ganz sicher versuchen werden, mich deshalb medial niederzuknüppeln. Vermutlich haben sie recht. Doch dieses Risiko gehe ich ein.[7]

+ Regeln werden zunehmend missachtet und es wird mit allen Mitteln gekämpft

● ***Sind die Anliegen, für die sich Menschen leidenschaftlich einsetzen, diesen wichtiger als das Entscheidungssystem, so ist das System in Gefahr. Regeln und Gesetze greifen nur, wenn sie eindeutig sind und den meisten Menschen so viel an ihrer Einhaltung liegt, dass sie sich bereit***

---

7 Was ist zu tun? Die Nachrichtenmedien haben insofern eine Sonderrolle, als sie die einzige Branche sind, die ohne Qualitätssicherung oder Machtkontrolle arbeitet. Wie viele andere bin auch ich der Ansicht, dass es verheerend wäre, wenn sie staatlich reguliert würde. Gleichzeitig bin ich aber überzeugt, dass etwas gegen dieses Problem getan werden muss. Wenn genügend Menschen protestieren, könnten sich die Medien vielleicht dazu motivieren lassen, eine Organisation zur Selbstregulierung zu gründen, die Ratings einführen und überwachen würde wie seinerzeit die Motion Picture Association. Ich weiß nicht, was zu tun ist, weil ich in dieser Frage nicht kompetent bin und es mir nicht zukommt, Lösungsvorschläge für dieses Problem zu unterbreiten. Es ist jedoch meine Aufgabe, darauf hinzuweisen, dass wir in einer Zeit leben, in der nicht mehr Richtigkeit und journalistische Integrität primäre Ziele der meisten Medien sind, sondern stattdessen Sensationsgier, Kommerzdenken und der politische Wunsch vorherrschen, die Meinung der Menschen zu manipulieren – wie ein Krebsgeschwür, das unsere Gesundheit bedroht. Wenn auch Sie Fake News und verzerrte Darstellungen in den Medien für problematisch halten und wenn Sie daran interessiert sind, in Medien und Propaganda Hinweise darauf zu erkennen, ob und wie dies abläuft, dann sollten Sie auf folgende allgemein empfohlene Hinweise achten. Fragen Sie sich:
1) Enthält eine Story haltlose Anschuldigungen, die Emotionen auslösen, oder fundierte Fakten unter Angabe der Quellen? Wird auf Fakten verzichtet, um eine spannende Story zu servieren, ohne dass Quellen genannt werden, sollten Sie die Geschichte nicht glauben.
2) Sind dem Autor Kommentare oder Gegenargumente zu seinen Behauptungen willkommen oder nicht? Ist er bereit, diese mit seinem Artikel zu veröffentlichen?
3) Decken sich die in dem Bericht erwähnten Anschuldigungen mit dem, was juristisch festgestellt und nachgewiesen wurde? Werden Menschen oder Gruppierungen in den Medien schlimme Dinge vorgeworfen, ohne dass sie vom Rechtssystem angeklagt und verurteilt wurden (dessen Verfahren zur Ermittlung der Wahrheit auf der Würdigung der Beweislage beruht), sollten Sie sich zumindest fragen, warum das der Fall ist, und die Geschichte eher anzweifeln.
4) Haben sich ein Autor oder ein Kanal zuvor bereits voreingenommen gezeigt, können Sie davon ausgehen, dass sie und ihre Geschichten tendenziös sind.

zeigen, dafür Kompromisse einzugehen. Ist beides nicht mehr richtig gegeben, ist unser Rechtssystem in Gefahr. Sind die rivalisierenden Parteien nicht bereit, vernünftig miteinander zu sprechen und zivilisiert Entscheidungen zu treffen, um das Beste für alle zu erreichen – Entscheidungen, die von ihnen verlangen, freiwillig zu verzichten, obwohl sie im Kampf Erfolgschancen hätten –, dann bricht eine Art Bürgerkrieg aus, in dem die relative Macht der beteiligten Parteien auf die Probe gestellt wird. In dieser Phase geht es um das Gewinnen um jeden Preis. Dann wird normalerweise auch unfair gekämpft. Wenn die Vernunft abhandenkommt und der Leidenschaft weicht, ist das Endstadium von Phase 5 gekommen. ● ***Geht es nur noch ums Gewinnen, setzen sich unethische Auseinandersetzungen durch und verstärken sich selbst. Kämpft jeder für seine Anliegen und keiner kann sich mehr auf irgendetwas einigen, so steht das System vor dem Bürgerkrieg oder der Revolution.***

Das vollzieht sich gewöhnlich auf verschiedene Weise:

- **Im Spätstadium der Phase 5 werden Rechts- und Polizeisystem normalerweise von denjenigen, die Einfluss darauf nehmen können, als politische Waffen missbraucht. Es entstehen auch private Polizeiorgane – also Gangster, die Leute zusammenschlagen und berauben, und Leibwächter, die das verhindern sollen.** So bildete beispielsweise die nationalsozialistische Partei einen paramilitärischen Flügel, bevor sie an die Macht kam. Dieser entwickelte sich dann unter der Naziregierung zu einer offiziellen Truppe. Auch die kurzlebige British Union of Fascists in den 1930er-Jahren und der Ku-Klux-Klan in den USA waren de facto paramilitärische Gruppen. Solche Entwicklungen sind ganz typisch und daher als Marker für den Übergang in die nächste Phase zu betrachten.
- **Am Ende der Phase 5 kommt es verstärkt zu Demonstrationen, die immer gewalttätiger werden.** Weil die Grenze zwischen gesunden Protesten und den Anfängen einer Revolution

manchmal fließend ist, ist es für die Machthaber oft ein kniffliger Balanceakt, Demonstrationen zuzulassen, aber nicht die vermeintliche Freiheit zu gestatten, gegen das System zu revoltieren. Solche Situationen verlangen großes Führungsgeschick. Ein klassisches Dilemma entsteht, wenn Demonstrationen zur Revolution ausarten. Demonstrationsfreiheit oder Unterdrückung von Protesten – für die Führung eines Landes sind beide Kurse riskant, da revolutionäre Kräfte dadurch jeweils so erstarken könnten, dass sie das System stürzen. Und kein System lässt sich von seinen Bürgern widerstandslos abschaffen – der Versuch gilt in den meisten Fällen als Verrat und kann mit der Todesstrafe belegt sein. Dessen ungeachtet ist es der Job von Revolutionären, Systeme zu stürzen. Daher messen Regierungen und Revolutionäre ihre Kräfte, um zu prüfen, wo die Grenzen sind. Wallt breit angelegt Unzufriedenheit auf und die Machthaber lassen zu, dass diese um sich greift, kann die Situation so hochkochen, dass der Topf bei dem Versuch explodiert, den Deckel daraufzusetzen. Im Endstadium von Phase 5 baut sich gewöhnlich ein Crescendo auf, das die Gewaltausbrüche auslöst, die den Übergang in eine Periode kennzeichnen, welche die Historiker offiziell als Bürgerkrieg etikettieren. Ich bezeichne sie als Phase 6 des großen Zyklus. ● ***Wenn Menschen im Kampf zu Tode kommen, ist das der Marker, der mit großer Sicherheit den Eintritt in die nächste, gewalttätigere Bürgerkriegsphase anzeigt, die so lange anhält, bis Gewinner und Verlierer eindeutig feststehen.***

Womit wir bei meinem nächsten Grundsatz angelangt wären: ● ***Im Zweifel aussteigen. Wer nicht in einen Bürgerkrieg oder einen Krieg verwickelt werden möchte, sollte sich absetzen, solange das noch problemlos möglich ist.*** Das ist gewöhnlich in Phase 5 der Fall. Die Geschichte belegt, dass sich die Tore für Ausreisewillige meist schließen, wenn es richtig ernst wird. Das Gleiche gilt für Investments und Geld, da Länder in solchen Zeiten Kapitalverkehrskontrollen und andere Maßnahmen einführen.

● ***Die Grenze zwischen Phase 5 (in der die Finanzlage prekär ist und heftige innen- und außenpolitische Konflikte schwelen) und Phase 6 (wenn Bürgerkrieg herrscht) liegt dort, wo das System zur Beilegung von Meinungsverschiedenheiten aussetzt.*** Anders formuliert: Das passiert, wenn das System irreparabel beschädigt ist, die Menschen untereinander gewalttätig werden und die Führung die Kontrolle verliert.

Wie Sie sich sicherlich vorstellen können, sind revolutionäre Veränderungen innerhalb eines bestehenden Systems oder der bisherigen Ordnung wesentlich leichter zu verkraften als der Zusammenbruch eines Systems oder einer Ordnung und der Aufbau eines/einer neuen. Die Zerstörung eines Systems oder einer Ordnung ist zwar traumatischer, doch nicht unbedingt eine schlechtere Methode als Veränderungen innerhalb eines Systems.

Es ist nie einfach, zu entscheiden, ob etwas Überliefertes, was nicht gut funktioniert, beibehalten und erneuert oder durch etwas Neues ersetzt werden sollte. Das gilt umso mehr, wenn das Neue noch unklar ist und das, was ersetzt werden soll, so bedeutend wie die innenpolitische Ordnung. Dennoch kommt es vor, wird aber gewöhnlich nicht verstandesmäßig entschieden, sondern häufiger aus emotionalen Beweggründen.

● ***In der Phase 5 (in der sich die USA derzeit befinden) ist die entscheidende Frage, wie weit sich das System biegen lässt, bevor es bricht.*** Das demokratische System, das der Bevölkerung ziemlich alle Freiheiten gibt, lässt mehr Biegung zu, weil die Menschen verändern können, wer sie regiert, und selbst für ihre Regierung verantwortlich sind. In einem solchen System kann ein Regimewechsel leichter friedlich vonstattengehen. Doch der demokratische Prozess nach dem Grundsatz »Jeder hat eine Stimme« hat den großen Nachteil, dass Spitzenpolitiker in einem Beliebtheitswettbewerb von Menschen gewählt werden, die deren Fähigkeiten mehrheitlich längst nicht so sorgfältig prüfen, wie es die meisten Organisationen tun würden, wenn sie die richtige Person für einen Führungsposten suchen. Auch in sehr konfliktträchtigen Zeiten hat die Demokratie nachweislich schon versagt.

Demokratie erfordert Konsensentscheidungen und Kompromisse. Dafür müssen viele Menschen mit gegenläufigen Ansichten innerhalb des Systems gut zusammenarbeiten. So ist sichergestellt, dass Parteien mit großer Wählerschaft repräsentiert werden können. Doch wie bei allen großen Ausschüssen, deren Teilnehmer stark abweichende Ansichten vertreten (und einander möglicherweise sogar unsympathisch finden), ist das Entscheidungssystem nicht dazu angetan, effiziente Entscheidungsprozesse zu fördern. ● ***Das größte Risiko einer Demokratie besteht darin, dass fragmentierte, antagonistische Entscheidungsprozesse entstehen, die letztlich nicht effektiv sind, was zu schlechten Ergebnissen führt. Dann kommt es zu Revolutionen unter Führung populistischer Autokraten, die große Bevölkerungsgruppen repräsentieren, welche sich einen starken, fähigen Anführer wünschen, der das Chaos in den Griff bekommt und dafür sorgt, dass es ihnen in ihrem Land gut geht.***

Wohlgemerkt zeigt die Geschichte, dass in föderalistischen Demokratien (wie den USA) in Zeiten großer Konflikte gewöhnlich Konflikte zwischen den Bundesstaaten und der Zentralregierung über ihre jeweiligen Befugnisse entstehen. Das wäre ein zu beachtender Marker, der in den USA bisher noch nicht häufig erkennbar ist. Käme es dazu, wäre das ein Signal für die weitere Entwicklung in Richtung Phase 6.

Es sind schon viel zu viele Demokratien zusammengebrochen, um sie alle zu analysieren, geschweige denn näher zu beschreiben. Ich habe mich zwar mit etlichen genauer befasst, um die Muster herauszuarbeiten, sie aber nicht bis ins Letzte ergründet, und ich will an dieser Stelle auch nicht tiefer in diese Thematik einsteigen. Nur so viel: Die in den Erläuterungen zur Phase 5 geschilderten Faktoren – vor allen anderen prekäre Finanzlage, Dekadenz, innenpolitische Streitigkeiten und Unruhen und/oder ein größerer außenpolitischer Konflikt – führen im Extremfall zu einer Konstellation mit dysfunktionalen Rahmenbedingungen und zu einem Machtkampf unter Führung einer starken Leitfigur. Archetypische Beispiele dafür sind unter anderem Athen 500 bis 300 vor Christus, das Ende der römischen Republik in den rund 100 Jahren bis 27 vor unserer Zeitrechnung,[8] die Weimarer Republik in den 1920er-Jahren und die schwachen Demokratien Italiens, Japans und Spaniens in den 1920er- und 1930-Jahren, die zu rechten (faschistischen) Autokratien mutierten, um Ordnung ins Chaos zu bringen.

● ***In verschiedenen Phasen sind bei Staatslenkern unterschiedliche Führungsqualitäten gefragt, um jeweils das optimale Ergebnis zu erzielen.*** **Phase 5 ist ein Scheideweg, der einerseits zum Bürgerkrieg oder zur Revolution führen kann, andererseits aber auch zu friedlicher und im Idealfall konstruktiver Koexistenz.** Der friedliche, konstruktive Weg ist natürlich der ideale, doch viel schwieriger zu beschreiten. Er erfordert einen »starken Friedensstifter«, der alles tut, um das Land zusammenzuhalten, und auch der Gegenseite die Hand reicht, um sie in Entscheidungen einzubinden und die Ordnung so umzugestalten, dass sie nach einhelliger Ansicht der Mehrheit gerecht ist und funktioniert (das heißt, insofern hochproduktiv, als dass die meisten Bürger davon profitieren). **Dafür gibt es in der Geschichte nur wenige Präzedenzfälle. Wir werden dafür beten.** Andernfalls muss es einen »starken Kämpfer« geben, der in der Lage ist, das Land durch die Hölle des Bürgerkriegs beziehungsweise der Revolution zu führen.

PHASE 6: ES GIBT BÜRGERKRIEG

● ***Bürgerkriege sind unvermeidlich. Statt also anzunehmen, dass das »bei uns schon nicht passieren wird«, wie es die meisten Menschen in den meisten Ländern tun, wenn genug Zeit ohne Bürgerkrieg verstrichen***

---

8 In der römischen Republik und im alten Athen waren demokratische Elemente vorhanden, doch nicht jeder konnte teilhaben oder gleichberechtigt wählen. Demokratien existieren zwar schon seit Jahrtausenden, doch erst seit Kurzem dürfen fast alle Menschen wählen. So gab es beispielsweise in den USA erst 1870 ein allgemeines Wahlrecht für afroamerikanische Männer. Frauen aller Hautfarben dürfen erst seit 1920 wählen.

ist, sollte man besser auf der Hut sein und auf die Anzeichen dafür achten, wie lange er noch auf sich warten lässt. Im vorigen Abschnitt haben wir uns mit gewaltlosen Revolutionen befasst, die innerhalb der bestehenden Ordnung stattfanden. In diesem Abschnitt werfen wir einen genaueren Blick auf die Marker und die Muster von Bürgerkriegen und Revolutionen, die fast immer mit Gewalt verbunden waren und die alte Ordnung umstürzten und durch eine neue ersetzten. **Ich hätte unzählige Beispiele dafür untersuchen können, um zu verstehen, wie das abläuft, habe mich aber auf die 29 meiner Ansicht nach aussagekräftigsten beschränkt, die der folgenden Tabelle zu entnehmen sind. Diese Gruppe habe ich in solche Fälle aufgeteilt, die große Veränderungen am System oder Regime herbeiführten, und in die anderen, die das nicht taten.** So war zum Beispiel der Amerikanische Bürgerkrieg ein wirklich blutiger Konflikt, der das bestehende System beziehungsweise die bisherige Ordnung aber nicht zu Fall brachte. Deshalb ist er in der zweiten Gruppe im unteren Teil der Tabelle aufgeführt. Bürgerkriege, die zum Umsturz eines Systems oder einer Ordnung führten, sind im oberen Teil zu finden. Diese Kategorien sind natürlich schwammig, doch auch hier dürfen wir uns durch gewisse Ungenauigkeiten nicht den Blick darauf verstellen lassen, was wir gar nicht erkennen könnten, wenn wir auf Präzision beharrten. Die meisten dieser Konflikte – wenn auch nicht alle – liefen in der in diesem Abschnitt geschilderten archetypischen Weise ab.

Ein klassisches Beispiel für einen Bürgerkrieg, der das System zerstörte, sodass ein neues aufgebaut werden musste, war die russische Revolution beziehungsweise der russische Bürgerkrieg von 1917. Daraus entstand die kommunistische innenpolitische Ordnung, die Ende der 1980er-Jahre schließlich in Phase 5 eintrat, was in dem Versuch mündete, Umwälzungen innerhalb des bestehenden Systems zu erreichen – nämlich die *Perestroika* (Umstrukturierung). Dieser Versuch scheiterte jedoch. Darauf folgte der Zusammenbruch der sowjetischen Ordnung im Jahr 1991. Die kommunistische innenpolitische Ordnung hatte 74 Jahre

KONFLIKT	LAND	AUSBRUCH	
Aufstand der Niederlande	NLD	1566	Fallbeispiele, bei denen Veränderungen am System oder Regime hervorgerufen wurden
Englischer Bürgerkrieg	GBR	1642	
Glorreiche Revolution	GBR	1688	
Amerikanische Revolution	USA	1775	
Französische Revolution	FRA	1789	
Trienio Liberal	ESP	1820	
Französische Revolution von 1848	FRA	1848	
Meiji-Restauration	JPN	1868	
Xinhai-Revolution	CHN	1911	
Russische Revolution und Bürgerkrieg	RUS	1917	
Deutsche Revolution/Ende der Monarchie	DEU	1918	
Aufstieg Hitlers/politische Gewalt	DEU	1929	
Aufstieg japanischer Militaristen	JPN	1932	
Spanischer Bürgerkrieg	ESP	1936	
Chinesischer Bürgerkrieg	CHN	1945	
Jakobitenaufstand	GBR	1745	Fallbeispiele, bei denen keine Veränderungen am System oder Regime hervorgerufen wurden
Pugatschow-Aufstand	RUS	1773	
Patrioten-Revolte in den Niederlanden	NLD	1781	
Weißer-Lotus-Rebellion	CHN	1794	
Deutsche Revolutionen von 1848	DEU	1848	
Taiping-Aufstand	CHN	1851	
Panthai-Aufstand	CHN	1856	
US-Bürgerkrieg	USA	1861	
Dungan-Aufstand	CHN	1862	
Pariser Kommune	FRA	1871	
Boxer-Aufstand	CHN	1899	
Russische Revolution von 1905	RUS	1905	
Nationaler Schutzkrieg	CHN	1915	
Krise vom 6. Februar 1934	FRA	1934	

standgehalten (von 1917 bis 1991). An ihre Stelle trat das neue System beziehungsweise die neue Ordnung, das/die heute in Russland herrscht und nach dem Zusammenbruch der alten Ordnung auf dem klassischen Wege aufgebaut wurde, der in diesem Kapitel in meinen Erläuterungen zu den Phasen 1 und 2 beschrieben ist.

Ein weiteres Beispiel ist die Meiji-Restauration in Japan – das Ergebnis einer dreijährigen Revolution (1866–1869), zu der es kam, weil Japan von der Außenwelt abgeschottet war und keinen Fortschritt verzeichnete. Die Amerikaner zwangen die Japaner, sich zu öffnen, was eine revolutionäre Gruppe dazu veranlasste, zu kämpfen und die bisherigen Machthaber (unter Führung der militärischen Shogun) im Kampf niederzuwerfen. Das führte zum Umsturz der innenpolitischen Ordnung, die damals von den vier Ständen bestimmt wurde – Schwertadel, Landwirtschaft, Handwerk und Handel –, die Japan regierten. Diese alte japanische Ordnung unter traditionsbewusster Führung war ultrakonservativ (soziale Mobilität war ungesetzlich) und wurde durch Revolutionäre ersetzt, die vergleichsweise progressiv waren und alles veränderten, indem sie einem modernisierenden Kaiser an die Macht verhalfen. Zu Anfang dieser Periode gab es viele Arbeitskonflikte, Streiks und Krawalle, denen die klassischen Auslöser zugrunde lagen: Wohlstandsgefälle und schlechte Wirtschaftslage. Im Zuge des Reformprozesses sah die Führung universelle Grundschuldbildung für Jungen und Mädchen vor, führte den Kapitalismus ein und öffnete das Land nach außen. Das geschah mithilfe neuer Technologien, was dazu führte, dass Japan äußerst wettbewerbsfähig wurde – und wohlhabender obendrein.

Es gibt viele Beispiele für Länder, die genau richtig handelten, um revolutionär vorteilhafte Verbesserungen zu erzielen. Es gibt aber auch viele Beispiele für Revolutionäre, die Fehler begingen, die der Bevölkerung auf Jahrzehnte hinaus schreckliches Leid bescherten. Japan durchlief infolge seiner Reformation übrigens die klassischen Phasen des großen Zyklus. Es wurde extrem reich und erfolgreich. Mit der Zeit wurde es dekadent, überschuldet und fragmentiert, geriet in eine wirtschaftliche Depression und führte kostspielige Kriege. Das alles löste einen klassischen Niedergang aus. Die Meiji-Ordnung und ihr klassischer großer Zyklus dauerten 76 Jahre, von 1869 bis 1945.

● ***Bürgerkriege und Revolutionen finden unweigerlich statt, um die innenpolitische Ordnung radikal zu verändern. Sie bringen die vollständige Umstrukturierung von Wohlstand und politischer Macht mit sich, einschließlich der kompletten Umstrukturierung der Schulden, des Finanzeigentums und der politischen Entscheidungsprozesse.*** Diese Veränderungen sind die natürliche Folge der Notwendigkeit, maßgebliche Veränderungen vorzunehmen, die innerhalb des bisherigen Systems nicht möglich sind. Sie kommen in fast allen Systemen vor. Der Grund dafür: Fast alle Systeme haben Vorteile für bestimmte Klassen von Menschen, und zwar auf Kosten anderer Klassen, was irgendwann so unerträglich wird, dass ein Kampf um den künftigen Kurs ausbricht. Klaffen große Lücken bei Wohlstand und Werten und die Wirtschaftslage verschlechtert sich, sodass das System für einen hohen Prozentsatz der Bürger nicht mehr funktioniert, greifen die Menschen zu den Waffen, um das System zu verändern. Diejenigen, die wirtschaftlich am stärksten unter Druck stehen, kämpfen, um den anderen, die über Wohlstand und Macht verfügen und vom bestehenden System profitieren, Wohlstand und Macht abzujagen. Naturgemäß möchten die Revolutionäre das System grundlegend verändern, weshalb sie bereit sind, die Gesetze zu brechen, nach denen sie sich richten sollten, wenn es nach den bisherigen Machthabern ginge. Solche revolutionären Veränderungen vollziehen sich gewöhnlich gewaltsam durch Bürgerkriege. Sie können aber, wie bereits beschrieben, auch friedlich und ohne Umsturz erfolgen.

Bürgerkriegszeiten sind gewöhnlich ausgesprochen brutal. Solche Auseinandersetzungen sind anfangs normalerweise energische, geordnete Machtkämpfe. Verstärken sich Kampfhandlungen und Emotionen und beide Seiten sind zu allem bereit, um zu gewinnen, eskaliert die Brutalität von Bürgerkriegen und Revolutionen in Phase 6 de facto so stark, wie es in Phase 5 noch als unvorstellbar gegolten hätte. Die Eliten und die Gemäßigten suchen gewöhnlich das Weite, werden verhaftet oder getötet. Bei der Lektüre über Bürgerkriege und Revolutionen wie dem spanischen Bürgerkrieg, dem chinesischen Bürgerkrieg, der russischen Revolution und der französischen Revolution sträubten sich mir die Haare.

Wie läuft so etwas ab? Die Dynamik, die in Phase 5 zum Übergang in Phase 6 führt, habe ich bereits beschrieben. In dieser Phase verstärken sich diese Kräfte noch. Lassen Sie mich das näher erklären.

WIE BÜRGERKRIEGE UND REVOLUTIONEN ABLAUFEN

Wie bereits beschrieben, führt der Zyklus des Vermögensaufbaus und des Wohlstandsgefälles, der bewirkt, dass ein sehr kleiner Prozentsatz der Bevölkerung einen außerordentlichen großen Anteil des Wohlstands kontrolliert, letztlich dazu, dass die mittellose Mehrheit die reiche Minderheit durch Bürgerkriege und Revolutionen stürzt. Das ist schon unvorstellbar oft passiert.

Bei den meisten archetypischen Bürgerkriegen und Revolutionen kam es zu einer Machtverschiebung von rechts nach links, bei vielen aber auch zu einer Verlagerung von Wohlstand und Macht nach rechts – weg vom linken Lager. Letztere kamen jedoch seltener vor und unterschieden sich auch sonst. Sie traten gewöhnlich ein, wenn die bisherige Ordnung zur dysfunktionalen Anarchie verkam und sich ein großer Teil der Bevölkerung nach starker Führung, Disziplin und Produktivität sehnte. Beispiele für Revolutionen von links nach rechts gab es in Deutschland, Spanien, Japan und Italien in den 1930er-Jahren, beim Untergang der Sowjetunion in den 1980er-Jahren bis Anfang der 1990er-Jahre, beim Staatsstreich in Argentinien 1976, als eine Militärjunta Isabel Perón absetzte, und bei dem Coup, der 1851 das zweite Kaiserreich in Frankreich begründete. In jedem von mir untersuchten Fall klappte oder scheiterte das aus ein und demselben Grund. Wie im Falle der Linken hatte die neue innenpolitische Ordnung nur Bestand, wenn sie für breite wirtschaftliche Erfolge sorgte – sonst nicht. Weil allgemeiner wirtschaftlicher Wohlstand die wichtigste Voraussetzung für den Erfolg eines neuen Regimes ist, gehen die langfristigen Trends sowohl zu größerem Gesamtwohlstand als auch zu einer breiteren Wohlstandsverteilung (das heißt besseren wirtschaftlichen und gesundheitlichen Bedingungen für den Durchschnittsbürger). Dieses übergreifende Bild kann man aber leicht aus den Augen verlieren, wenn man sich gerade in einem Abschnitt des großen Zyklus befindet.

Angeführt wurden (und werden) Bürgerkriege oder Revolutionen meist von gebildeten Angehörigen der Mittelschicht. So handelte es sich bei dreien der maßgeblichen Anführer der französischen Revolution um den bürgerlich aufgewachsenen Anwalt Georges-Jacques Danton, den Arzt, Wissenschaftler und Journalisten Jean-Paul Marat, der ebenfalls aus bürgerlichem Hause stammte, und den Anwalt und Staatsmann Maximilien (de) Robespierre. Auch er hatte einen bürgerlichen Hintergrund. Anfangs wurde diese Revolution von vielen liberalen Aristokraten wie dem Marquis de Lafayette unterstützt, deren Familien einigermaßen wohlhabend waren. Dasselbe gilt für die russische Revolution: Wladimir Lenin hatte Jura studiert, Leon Trotzki kam aus einer bürgerlichen Intellektuellenfamilie. Der chinesische Bürgerkrieg wurde von Mao angeführt, der aus einer mäßig wohlhabenden Familie kam und verschiedene Fächer studiert hatte: Jura, Wirtschaftswissenschaft und politische Theorie, und von Zhou Enlai – Sprössling gebildeter Beamter aus der Mittelschicht. **Außerdem waren (und sind) diese Anführer in aller Regel charismatisch, führungsstark und in der Lage, gut mit anderen zusammenzuarbeiten, um große, straff geführte Organisationen aufzubauen, die so mächtig sind, dass sie Revolutionen auslösen können. Wollen Sie wissen, wer die Revolutionäre der Zukunft sind? Dann sollten Sie ein Auge auf Menschen mit diesen Eigenschaften haben. Mit der Zeit entwickeln sie sich gewöhnlich von idealistischen Intellektuellen, die das System gerechter gestalten möchten, zu brutalen Revolutionären, die um jeden Preis gewinnen wollen.**

Ein großes Wohlstandsgefälle in wirtschaftlich schwierigen Zeiten war im Regelfall der größte Konfliktherd, doch es gab immer auch noch andere Gründe für Auseinandersetzungen, die insgesamt viel Widerstand gegen die Führung und das System erzeugten. Bei den meisten Revolutionen tun sich die Revolutionäre, die gegen diese verschiedenen Missstände angehen wollen, zusammen, um revolutionären Wandel herbeizuführen. Während der Revolution wirken sie geeint, doch nach dem Sieg entzweien sie sich gewöhnlich in Machtfragen und anderen Themen.

Wie bereits angesprochen, **leidet die amtierende Regierung in der Bürgerkriegs-/Revolutionsphase des Zyklus fast immer an akutem Geld-, Kredit- und Kaufkraftmangel. Deshalb versucht sie ja, den Besitzenden Geld abzunehmen, weshalb diese ihr Vermögen an Orte und in Anlagen umschichten, die zugriffssicher sind. Das versucht die Regierung durch Kapitalverkehrskontrollen zu unterbinden – also Kontrollen für Kapitalbewegungen in andere Hoheitsgebiete (Länder), Währungen oder Vermögenswerte, die schwieriger zu besteuern und/oder weniger produktiv sind (wie Gold).**

Dass Feinde im Ausland Länder, in denen innenpolitische Unruhe herrscht, eher herausfordern, kommt erschwerend hinzu. Dazu kommt es, weil innenpolitische Konflikte Schwächen verursachen, die Kriege mit anderen Ländern wahrscheinlicher machen. Innenpolitische Konflikte spalten die Menschen im Land, belasten sie finanziell und erfordern Aufmerksamkeit, die die Führung sonst anderen Angelegenheiten widmen könnte. Und das alles führt zu Schwächen, die andere Mächte ausnutzen können. Hauptsächlich aus diesem Grund finden innen- und außenpolitische Konflikte in aller Regel in zeitlicher Nähe zueinander statt. Dafür gibt es aber auch noch andere Gründe wie zum Beispiel eine aufgeheizte Stimmung. Starke populistische Leitfiguren, die in solchen Zeiten an die Macht kommen, sind von Natur aus kampfeslustig. Kommt es zu innenpolitischen Konflikten, meint so mancher Anführer einer Partei, eine vermeintliche Bedrohung durch einen äußeren Feind könne das Land geschlossen hinter ihn bringen, weshalb er den Konflikt in aller Regel schürt. Entbehrungen sorgen dafür, dass Menschen oder Nationen eher bereit sind, für das zu kämpfen, was sie brauchen – auch für Ressourcen, über die andere Länder verfügen.

● ***An fast allen Bürgerkriegen war die eine oder andere ausländische Macht beteiligt, um den Ausgang zu ihrem Vorteil zu beeinflussen.***

● ***Wann ein Bürgerkrieg oder eine Revolution beginnt, weiß man oft erst, wenn man bereits mittendrin ist.*** Historiker ordnen dem Anfang und Ende von Bürgerkriegen zwar Daten zu, doch sind diese willkürlich festgelegt. Die Wahrheit ist: Wenn es passiert, ist fast niemandem klar, dass gerade ein Bürgerkrieg begonnen oder geendet hat. Doch jeder merkt, wenn Bürgerkrieg herrscht. So haben beispielsweise viele Historiker den 14. Juli 1789 zu dem Tag erklärt, an dem die Französische Revolution begann, weil damals ein Mob ein Waffenarsenal und Gefängnis stürmte: die Bastille. Seinerzeit war aber niemandem klar, dass die Französische Revolution begonnen hatte. Die Menschen hatten auch keine Vorstellung davon, wie furchtbar blutrünstig der Bürgerkrieg und die Revolution werden würden. Man kann vielleicht nicht wissen, was die Zukunft bringt, doch es gibt vage Marker dafür, wo man gerade steht, die erkennen lassen, in welche Richtung die Entwicklung geht, und Aufschluss geben über die sich voraussichtlich anschließende Phase.

Bürgerkriege sind unglaublich brutal, weil bis zum Tod gekämpft wird. Jeder wird zum Extremisten, weil er sich auf eine Seite schlagen und kämpfen muss – und Gemäßigte ziehen in Messerstechereien gern den Kürzeren.

Als Führungspersönlichkeit im Bürgerkrieg oder in der Revolution eignen sich »inspirierende Generäle« am besten – starke Persönlichkeiten, die in der Lage sind, sich Rückhalt zu sichern und die verschiedenen Kämpfe zu gewinnen, die sie ausfechten müssen. Weil brutal gekämpft wird, müssen sie die für den Sieg nötige Brutalität mitbringen.

Die Zeitspanne, die Historiker gewöhnlich als Dauer eines Bürgerkriegs angeben, liegt bei wenigen Jahren. Darin entscheidet sich, wer die offiziellen Gewinner und Verlierer sind – danach, wem es gelingt, die Regierungsgebäude in der Hauptstadt zu besetzen. Doch wie der Anfang lässt sich auch das Ende eines Bürgerkriegs oder einer Revolution nicht so genau bestimmen, wie uns das die Historiker vermitteln. Die Kämpfe um die Konsolidierung der Macht können sich noch lange hinziehen, nachdem der Krieg offiziell bereits beendet ist.

Bürgerkriege und Revolutionen bringen in aller Regel größtes Leid mit sich, führen aber oft zu Umstrukturierungen, die – gut gemacht – die Grundlage für bessere Ergebnisse in der Zukunft bilden können. Wie sich die Zukunft nach dem Bürgerkrieg oder Revolution gestaltet, hängt davon ab, wie die nächsten Schritte gemanagt werden.

FAZIT

Aus meiner Geschichtsforschung weiß ich, dass nichts von Dauer ist – außer der Evolution. Die Evolution verläuft zyklisch, wie Ebbe und Flut, und es ist schwer, diese Zyklen zu verändern oder dagegen anzukämpfen. Um mit den Veränderungen richtig umzugehen, muss man unbedingt wissen, in welcher Zyklusphase man sich befindet. Und man muss die zeitlosen, universellen Grundsätze dafür kennen. Mit den Rahmenbedingungen verändert sich auch, welcher Ansatz der beste ist. Will heißen, die optimale Lösung richtet sich nach den Umständen, und die Umstände verändern sich fortlaufend auf die gerade analysierte Art und Weise. Deshalb ist es ein Fehler, strikt daran zu glauben, dass ein wirtschaftliches oder politisches System grundsätzlich das beste ist, denn es wird sicherlich Zeiten geben, in denen dieses System für die gerade vorliegenden Umstände nicht optimal geeignet ist. Passt sich eine Gesellschaft dann nicht an, geht sie unter. Aus diesem Grund ist es am besten, Systeme ständig zu reformieren, um sich gut anzupassen. Die

Nagelprobe für ein System besteht schlicht darin, wie gut es liefert, was die meisten Menschen wollen. Das lässt sich objektiv messen, und das können wir und werden wir auch weiterhin tun. Abgesehen davon besagt die lauteste und klarste Botschaft der Geschichte, dass sich kompetente Zusammenarbeit, um produktive Win-win-Beziehungen hervorzubringen, die sowohl Wachstum als auch eine gute Verteilung des Kuchens ermöglichen, damit die meisten Menschen zufrieden sind, weit besser auszahlt und weniger Leid verursacht, als Bürgerkriege um Wohlstand und Macht auszufechten, die dazu führen, dass eine Seite die andere unterjocht.

KAPITEL 6

DER GROSSE ZYKLUS AUSSENPOLITISCHER ORDNUNG UND UNRUHE

Die Beziehungen zwischen den Menschen und den Ordnungen, die ihr Zusammenleben regeln – ob innen- oder außenpolitisch –, funktionieren ganz ähnlich und verschmelzen sogar. Vor nicht allzu langer Zeit wurde gar nicht zwischen innen- und außenpolitischer Ordnung unterschieden, weil es keine klar gezogenen und wechselseitig anerkannten Grenzen zwischen Ländern gab. Aus diesem Grund **gilt der sechsphasige Zyklus der Ordnung und Unruhe, den ich im vorangegangenen Kapitel für die Entwicklungen innerhalb eines Landes beschrieben habe, auch auf internationaler Ebene – mit einer großen Ausnahme:** ● ***Internationale Beziehungen werden deutlich stärker durch ungezügelte Machtdynamik bestimmt.*** **Das liegt daran, dass sämtliche Regierungssysteme effektive und einvernehmlich festgelegte 1) Gesetze und gesetzgeberische Kapazitäten, 2) Strafverfolgungsstrukturen (wie die Polizei), 3) Möglichkeiten zur Verurteilung (wie Gerichte) und 4) klare, konkrete Folgen brauchen, die Verbrechen nach sich ziehen und die auch vollstreckt werden (also Geld- und Frei-**

heitsstrafen). Das alles existiert auf internationaler Ebene entweder gar nicht oder kann die Beziehungen zwischen Ländern nicht so effektiv regulieren wie die Beziehungen zwischen Menschen in einem Land.

Es hat zwar Anläufe gegeben, die außenpolitische Ordnung regelkonformer zu gestalten (durch den Völkerbund und die Vereinten Nationen), doch im Großen und Ganzen führten diese ins Leere, weil die betreffenden Organisationen nicht über mehr Vermögen und Macht verfügten als die mächtigsten Länder. **Konzentriert sich mehr Macht auf einzelne Länder als auf Länderkollektive, geben die mächtigeren Einzelländer den Ton an. Haben also die USA, China oder andere Länder mehr Macht als die Vereinten Nationen, bestimmen diese Länder auch eher, wo es langgeht. Im Prinzip gilt eben das Recht des Stärkeren – und unter Gleichen wird selten kampflos auf Vermögen und Macht verzichtet.**

Gibt es Meinungsverschiedenheiten zwischen mächtigen Ländern, wenden sich diese nicht an ihre Anwälte, um sich vor Gericht vertreten zu lassen. Stattdessen bedrohen sie einander und einigen sich entweder oder bekämpfen sich. **Die internationale Ordnung folgt viel eher dem Gesetz des Dschungels als internationalem Recht.**

Es gibt fünf maßgebliche Arten von Auseinandersetzungen zwischen Ländern: Handels-/Wirtschaftskriege, Technologiekriege, Kapitalkriege, geopolitische Kriege und militärische Kriege. Lassen Sie uns diese zunächst kurz definieren.

1. **Handels-/Wirtschaftskriege:** Konflikte über Zölle, Einfuhr-/Ausfuhrbeschränkungen und andere Wege, einem Konkurrenten wirtschaftlich zu schaden
2. **Technologiekriege:** Konflikte darüber, welche Technologien anderen zugänglich gemacht und welche unter dem Aspekt der nationalen Sicherheit geschützt werden
3. **Geopolitische Kriege:** Konflikte um Gebiete und Bündnisse, die am Verhandlungstisch oder durch explizite oder implizite Verpflichtungen gelöst werden – nicht im Kampf entschieden

4. **Kapitalkriege:** Konflikte, die mithilfe von Finanzinstrumenten wie Sanktionen ausgetragen werden (etwa durch Unterbrechung von Geld- und Kreditströmen, indem Institute und Staaten, die diese anbieten, bestraft werden) oder indem der Zugang anderer Länder zu den Kapitalmärkten eingeschränkt wird
5. **Militärische Kriege:** Konflikte, in denen tatsächlich scharf geschossen wird und Streitkräfte zum Einsatz kommen

Die meisten Auseinandersetzungen zwischen Nationen fallen in eine oder mehrere dieser Kategorien (Cyberkrieg spielt zum Beispiel bei allen eine Rolle). Sie werden um Wohlstand und Macht geführt, und um die entsprechenden Ideologien. **Bei den meisten dieser Arten von Kriegen wird zwar nicht geschossen und getötet, doch Machtkämpfe sind sie alle.** Meistenteils entwickeln sich die ersten vier Gattungen mit der Zeit zu einem harten Wettbewerb zwischen rivalisierenden Nationen, bis dann ein militärischer Krieg ausbricht. **Solche Kämpfe und Kriege, ob sie nun mit oder ohne Schusswaffen und Tote geführt werden, stellen die Ausübung von Macht auf die jeweilige Gegenseite dar. Sie können ganz offen oder verhalten verlaufen, je nachdem wie wichtig die Frage ist, um die es geht, und wie viel Macht die Gegner im Verhältnis besitzen. Bricht ein militärischer Krieg aus, werden alle vier anderen Dimensionen nach Kräften als Waffen eingesetzt.**

Wie in den vorangegangenen Kapiteln erörtert, verbessern und verschlimmern sich sämtliche Faktoren, die innen- und außenpolitische Zyklen antreiben, im Regelfall im Gleichtakt. Ist die Lage ernst, gibt es mehr Differenzen, was die Kampfbereitschaft erhöht. Das liegt in der Natur des Menschen, und deshalb gibt es den großen Zyklus, der zwischen guten und schlechten Zeiten schwankt.

● ***Offene Kriege brechen gewöhnlich aus, wenn existenzielle Fragen auf dem Spiel stehen (die für das Fortbestehen eines Landes so wichtig sind, dass die Menschen bereit sind, dafür zu kämpfen und zu sterben) und nicht friedlich zu lösen sind. Die Kriege, die daraus entstehen, klä-***

ren, welche Seite sich durchsetzt und im Anschluss die Vorherrschaft hat. Diese Klarheit darüber, wer die Regeln macht, wird dann zur Grundlage einer neuen internationalen Ordnung.

Die folgende Grafik zeigt die Zyklen innen- und außenpolitischer Friedens- und Konfliktzeiten in Europa bis ins Jahr 1500 anhand der Todesopfer. Wie Sie sehen, **gab es drei große Zyklen zunehmender und abnehmender Konflikte, die im Schnitt je rund 150 Jahre dauerten. Große Bürgerkriege oder internationale Kriege erstrecken sich zwar nur über kurze Zeit, stellen aber normalerweise den Höhepunkt langjähriger Konflikte dar, die dazu geführt haben.** Der Erste und der Zweite Weltkrieg wurden zwar jeweils gesondert vom klassischen Zyklus gesteuert, waren aber auch miteinander verflochten.

TODESOPFER VON KONFLIKTEN IN EUROPA, SCH.-W. (% IM PERIODENVERGLEICH, GLEITENDER 15-JAHRESDURCHSCHNITT)

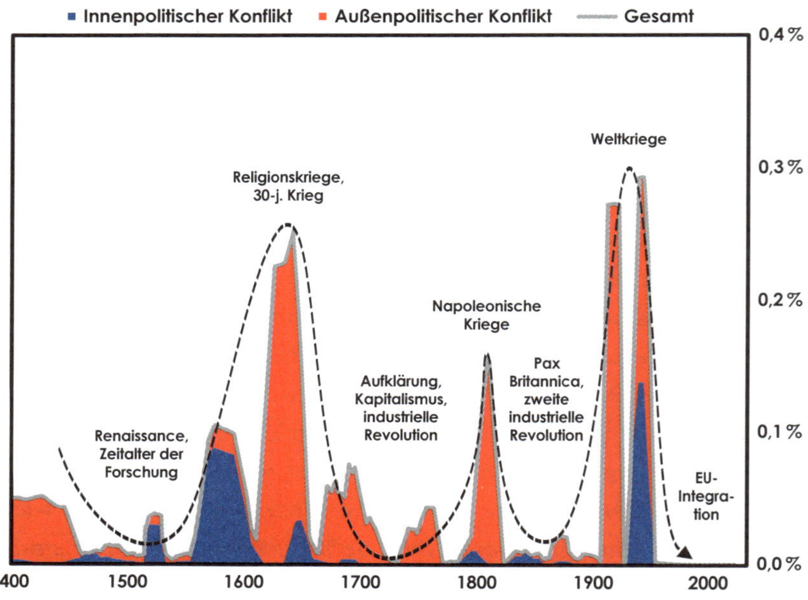

Sie sehen schon: **Jeder Zyklus setzt sich aus einer relativ langen Periode des Friedens und Wohlstands zusammen (zum Beispiel die Renaissance, die Aufklärung und die industrielle Revolution), die den Keim für schreckliche, brutale Kriege mit anderen Ländern birgt (wie der Dreißigjährige Krieg, die napoleonischen Kriege und die beiden Weltkriege).** Sowohl die Aufwärtsbewegungen (die Zeiten des Friedens und Wohlstands) als auch die Abschwünge (die Phasen der Depression und des Kriegs) wirken sich auf die ganze Welt aus. Nicht alle Länder blühen gleichzeitig mit den führenden Mächten auf, weil die einen Länder auf Kosten der anderen profitieren. So war der Niedergang Chinas von etwa 1840 bis 1949, auch das »Jahrhundert der Demütigung« genannt, der Ausbeutung des Landes durch die westlichen Mächte und Japan zuzuschreiben.

Bedenken Sie beim Weiterlesen, dass ● ***man bei einem Krieg mit ziemlicher Sicherheit von zwei Dingen ausgehen kann: 1) Er entwickelt sich nicht wie geplant und 2) er wird viel schlimmer als gedacht.*** Aus diesen Gründen drehen sich so viele der nachstehenden Grundsätze darum, blutige Kriege zu vermeiden. Doch ob sie aus gutem oder falschem Grund geführt werden – solche Kriege gibt es immer wieder. Ich bin zwar der Überzeugung, dass die meisten Kriege tragisch sind und aus widersinnigen Gründen angezettelt werden, möchte aber eines klarstellen: Es gibt Kriege, die es wert sind, geführt zu werden, weil alles andere unerträgliche Folgen hätte (etwa den Verlust der Freiheit).

DIE ZEITLOSEN, UNIVERSELLEN KRÄFTE, DIE DIE AUSSENPOLITISCHE ORDNUNG VERÄNDERN

Wie in Kapitel 2 erläutert, ist das wichtigste Motiv für Einzelne, Familien, Unternehmen, Staaten und Länder neben der Sicherung der eigenen Interessen und des eigenen Überlebens das Streben nach Wohlstand und Macht. Weil Wohlstand insofern mit Macht gleichzusetzen ist, als er Möglichkeiten bietet, militärische Stärke aufzubauen, den Handel zu kontrollieren und Einfluss auf andere Nationen zu nehmen, ● ***gehen innenpolitische und militärische Stärke Hand in Hand.*** Kanonen (militärische Macht) kosten ebenso Geld wie Butter (nötige Sozialausgaben im eigenen Land). Gelingt es einem Land nicht, beides in angemessener Menge bereitzustellen, bietet es Gegnern im In- und Ausland offene Flanken. Aus meinen Recherchen über chinesische Dynastien und europäische Imperien weiß ich, dass ● ***die nötige Finanzkraft, um Rivalen auszustechen, eine der wichtigsten Stärken ist, die ein Land haben kann.*** Auf diese Weise haben die Vereinigten Staaten die Sowjetunion im Kalten Krieg geschlagen. Wer genug Geld richtig ausgibt, der muss nicht zu den Waffen greifen. Der langfristige Erfolg hängt davon ab, zuverlässig sowohl für die »Kanonen« als auch für die »Butter« zu sorgen, ohne dass es zu Exzessen kommt, die den Niedergang einleiten. Anders formuliert: Ein Land muss finanziell stark genug sein, um seinen Bürgern sowohl einen hohen Lebensstandard als auch Schutz vor Feinden von außen zu bieten. Den wirklich erfolgreichen Ländern gelingt das schon seit 200 oder 300 Jahren. Doch kein Land schaffte das ununterbrochen.

Konflikte entstehen, wenn die dominierende Macht bröckelt oder eine neue Macht ähnliche Stärke erreicht – oder beides. ● ***Das Risiko eines militärischen Krieges ist dann am größten, wenn beide Parteien 1) über eine ungefähr vergleichbare militärische Stärke verfügen und 2) unversöhnliche, existenzielle Differenzen vorliegen.*** Während ich an diesem Buch arbeite, ist der potenziell brisanteste Konflikt der zwischen den Vereinigten Staaten und China bezüglich Taiwan.

Gegnerische Länder haben die Wahl: Entweder sie kämpfen, oder sie geben nach. Das ist keine einfache Entscheidung. Beides ist mit Kosten verbunden. Kampfhandlungen kosten Leben und Geld, wer nachgibt, verliert seinen Status, denn er zeigt Schwäche und büßt dadurch Rückhalt ein. Haben zwei konkurrierende Länder jeweils die Macht, den Gegner zu vernichten, müssen beide stark darauf vertrauen können, dass ihnen der andere keine untragbaren Schäden zufügt oder sie gar vernichtet. Doch das Gefangenendilemma wird nur höchst selten intelligent gelöst (eine ausführliche Erklärung dazu finden Sie im Nachtrag zu Kapitel 2).

Da es in internationalen Beziehungen nur die Regeln gibt, die sich die mächtigsten Akteure selbst auferlegen, sind manche Ansätze erfolgversprechender als andere. Insbesondere ist jede Herangehensweise, die mit größerer Wahrscheinlichkeit zu einem Win-win-Ergebnis führt, jeder anderen vorzuziehen, die eine Lose-lose-Situation zur Folge hat. Daher gilt der folgende zentrale Grundsatz: ● ***Um mehr Win-win-Konstellationen hervorzubringen, muss am Verhandlungstisch berücksichtigt werden, was beiden Parteien besonders wichtig ist und wie man am besten zu einem tragfähigen Kompromiss findet.***[1, 2]

Kompetente Zusammenarbeit, um Win-win-Beziehungen hervorzubringen, die Wohlstand und Macht steigern und gut verteilen, sind viel lukrativer und weit weniger belastend als Kriege, die dazu führen, dass eine Seite die andere unterjocht. Die Dinge von der Warte des anderen zu betrachten und klar zu erkennen zu geben, wo die eige-

---

1 Ein stark vereinfachtes Beispiel für einen Win-win-Ansatz wäre, wenn jedes Land sich die wichtigsten zehn Dinge heraussucht, die es erreichen oder vor denen es geschützt werden möchte, und ihnen insgesamt 100 Punkte zuweist, um darzulegen, wie wichtig ihm diese Aspekte sind. Dann könnte man den idealen Kompromiss finden. So vermute ich zum Beispiel, dass die Wiedervereinigung mit Taiwan auf Chinas Liste ganz oben stehen würde – so weit oben sogar, dass es dafür selbst einem Krieg nicht aus dem Weg gehen würde. Ich kann mir nicht vorstellen, dass es auch nur annähernd dieselbe Priorität für die USA hat, eine solche Entwicklung, wenn sie friedlich abläuft, zu verhindern. Auf der US-Liste steht aber sicher etwas anderes ganz oben, sodass man vielleicht einen Kompromiss finden könnte, der beide Seiten zufriedenstellt.

2 Es mag naiv klingen, doch ich wünschte, im Umgang mit den Kriegen zwischen den USA und China könnten wir auf die Macht des Austauschs wohlüberlegter Argumente setzen. Ich stelle mir zum Beispiel vor, wie großartig es wäre, wenn die Staatschefs oder Vertreter der beiden Länder öffentlich eine Reihe gut vorbereiteter Diskussionen führen würden – wie die Debatten im Präsidentschaftswahlkampf –, sodass die Bürger beider Länder zuhören und beide Sichtweisen verstehen könnten. Ich bin mir sicher, wir würden dann fundierter und empathischer urteilen und hätten bessere Aussichten auf eine friedliche Lösung.

nen Schmerzgrenzen liegen (welche Punkte also nicht verhandelbar sind), sind die Grundvoraussetzungen dafür, dass dies gelingen kann. ● ***Gewinnen bedeutet, das zu bekommen, was wirklich wichtig ist, ohne etwas wirklich Wichtiges dafür aufzugeben. Kriege, die weit mehr Todesopfer und Kosten verursachen, als sie Nutzen bringen, sind daher nicht intelligent.*** Dennoch finden laufend »dumme« Kriege statt – aus Gründen, die ich noch erläutern werde.

Die Gefahr, in einen dummen Krieg verwickelt zu werden, ist groß. Das liegt a) am Gefangenendilemma, b) der Eskalation von Retourkutschen, c) den vermeintlichen Nachteilen, die es für die im Niedergang befindliche Macht hat, wenn sie nachgibt, und d) an Missverständnissen, zu denen es kommt, wenn schnelle Entscheidungen getroffen werden müssen. Rivalisierende Großmächte stehen in aller Regel vor dem Gefangenendilemma.

Sie brauchen Optionen, dem Gegner zu versichern, dass sie nicht zum Vernichtungsschlag ausholen werden, solange es der andere nicht tut. Eskalierende Retourkutschen sind insofern gefährlich, als jede Seite immer einen Schritt weitergehen muss, um nicht zu verlieren, was sich der Gegner mit seinem letzten Schachzug gesichert hat. Das ist wie beim Feiglingsspiel – treibt man es zu weit, kommt es zum Frontalzusammenstoß.

Erlogene, emotionale Appelle, die die Menschen aufhetzen, erhöhen die Gefahr dummer Kriege. Leitfiguren tun also gut daran, die Lage und ihre Reaktionen wahrheitsgemäß und mit Bedacht zu erklären. (Das ist vor allem in einer Demokratie sehr wichtig, in der es auf die Meinung des Volkes ankommt.) Im schlimmsten Fall setzen Regierende ihrer Bevölkerung emotional aufgeladene Lügen vor – und noch schlimmer wird es, wenn sie Macht über die Medien erlangen.

Im Großen und Ganzen wechseln sich Win-win-Beziehungen und Lose-lose-Beziehungen tendenziell zyklisch ab. In guten Zeiten ist die Wahrscheinlichkeit größer, dass Menschen und Imperien kooperative Beziehungen pflegen, in schlechten wird eher

gekämpft. Verliert die bisherige Großmacht im Verhältnis zu einer aufstrebenden Macht an Einfluss, will sie den Status quo beziehungsweise die bisherigen Regelungen naturgemäß aufrechterhalten. Die im Aufstieg begriffene Macht möchte sie dagegen verändern, damit sie den vorliegenden Fakten entsprechen.

»In der Liebe und im Krieg ist alles erlaubt«, heißt es. Ich weiß nicht, ob das in der Liebe so ist, aber im Krieg trifft es auf jeden Fall zu. Als beispielsweise die Briten im Amerikanischen Unabhängigkeitskrieg in Reih und Glied antraten und die Revolutionäre, hinter Bäumen versteckt, aus dem Hinterhalt auf sie schossen, fanden die Briten das unfair und beschwerten sich. Die Revolutionäre gewannen, hielten die Briten für albern und waren der Ansicht, dass Anliegen wie Unabhängigkeit und Freiheit es rechtfertigten, nach anderen Regeln Krieg zu führen. So ist das nun mal.

Das bringt mich zu dem einen abschließenden Grundsatz: ● ***Verschaffe dir Macht, achte sie und setze sie weise ein.*** Es ist gut, Macht zu besitzen, denn Macht ist grundsätzlich mehr wert als Verträge, Regeln und Gesetze. Wenn es darauf ankommt, bekommen diejenigen ihren Willen, die über die Macht verfügen, ihre Auslegung der Regeln und Gesetze durchzusetzen oder diese neu zu schreiben. Macht sollte respektiert werden, weil es nicht klug ist, einen Krieg anzufangen, den man verlieren wird.

Besser, man handelt für sich den bestmöglichen Vergleich aus (es sei denn, man hat Märtyrerallüren – und das ist gewöhnlich eher aus dummen Ego-bedingten Gründen der Fall als aus vernünftigen strategischen). Ebenso wichtig ist es, Macht weise einzusetzen. Das bedeutet nicht unbedingt, andere dazu zu zwingen, herauszugeben, was man haben möchte – etwa indem man sie tyrannisiert. Dazu gehört die Erkenntnis, dass Großzügigkeit und Vertrauen effektive Faktoren sind, die Win-win-Beziehungen hervorbringen können – und diese zahlen sich so viel besser aus als Lose-lose-Beziehungen. Anders ausgedrückt: Oftmals ist es nicht der beste Weg, sich mit aller Härte durchzusetzen. Der Weg des geringeren Widerstands führt mitunter leichter zum Ziel.[3]

Im Zusammenhang mit der weisen Anwendung von Macht kommt es auch darauf an zu entscheiden, wann man sich einigen und wann man kämpfen sollte. Dazu muss sich eine Partei vor Augen führen, wie sich ihre Macht im Laufe der Zeit verändert. Im Idealfall nutzt man seine Macht, um einen Vertrag auszuhandeln, ihn durchzusetzen oder einen Krieg dann zu führen, wenn die eigene Macht am größten ist. Das bedeutet, es lohnt sich, frühzeitig zu kämpfen, wenn die eigene Macht im Verhältnis abnimmt, und erst möglichst spät, wenn sie noch zunimmt.

Aus einer Lose-lose-Beziehung muss man sich auf die eine oder andere Weise befreien – bevorzugt durch ihre Lösung, möglicherweise aber auch durch Krieg. Klug geht mit der eigenen Macht gewöhnlich der um, der sie nicht zeigt, denn das führt gewöhnlich dazu, dass sich andere bedroht fühlen und selbst eine Drohkulisse aufbauen, was eine wechselseitige Eskalation zur Folge hat, die beide Seiten gefährdet. Am besten nutzt man Macht wie ein verstecktes Messer, das man im Ernstfall aus der Tasche ziehen kann. Es gibt aber auch Zeiten, in denen die Demonstration der eigenen Macht und die Drohung, sie einzusetzen, die eigene Verhandlungsposition am effektivsten verbessern und einen Kampf verhindern. Wer weiß, was der anderen Partei am wichtigsten und am wenigsten wichtig ist – und vor allem wofür sie zu den Waffen

---

3 So hatte ich bei Bridgewater beispielsweise als Eigentümer immer die autokratische Entscheidungsbefugnis, entschied mich aber, diese Macht nicht auszuüben. Stattdessen entwickelte ich eine Ideen-Meritokratie (die ich in *Die Prinzipien des Erfolgs* beschreibe), und mit dieser arbeitete ich. Ebenso entschied ich mich, die Menschen, mit denen ich zusammenarbeitete, großzügiger zu behandeln, als ich musste, gleichzeitig aber extrem hohe Standards aufrechtzuerhalten, weil ich wusste: Ein solches Vorgehen würde die unglaublichen Beziehungen und Ergebnisse ermöglichen, die wir erreicht haben – und zwar weit besser, als wenn ich mit mehr Härte vorgegangen wäre. Man sollte daher unbedingt bedenken, dass hervorragende Beziehungen viel Macht erzeugen und sich an und für sich sehr auszahlen. Nichts ist effektiver und lohnenswerter für den Einzelnen und das Kollektiv als die Zusammenarbeit fähiger Köpfe, die sich füreinander einsetzen und alles füreinander geben.

greifen wird und wofür nicht –, der kann auf ein Gleichgewicht hinarbeiten, das beide Seiten als faire Konfliktlösung erachten.

Generell ist es zwar erstrebenswert, über Macht zu verfügen – nicht aber Macht zu besitzen, die man gar nicht braucht. Der Grund dafür: Machterhalt zehrt Ressourcen auf, vor allem Zeit und Geld. Außerdem ist mit Macht auch Verantwortung verbunden. Ich habe oft verblüfft festgestellt, dass weniger einflussreiche Menschen viel glücklicher sein können als besonders einflussreiche.

FALLSTUDIE: ZWEITER WELTKRIEG

Damit haben wir die Dynamik und die Grundsätze abgehandelt, die dem Zyklus der außenpolitischen Ordnung und Unruhe zugrunde liegen und aus der Analyse vieler Fallbeispiele abgeleitet wurden. Nun möchte ich gern kurz auf den Zweiten Weltkrieg eingehen, denn er liefert das aktuellste Fallbeispiel für die symbolträchtige Dynamik der Entwicklung vom Frieden zum Krieg. Es ist zwar nur ein einziges Fallbeispiel, macht jedoch deutlich, wie das Zusammentreffen der drei großen Zyklen – also die Überschneidungen und Verflechtungen von Geld- und Kreditzyklus, Zyklus der innenpolitischen Ordnung und Unruhe und Zyklus der außenpolitischen Ordnung und Unruhe – die Voraussetzungen für einen verheerenden Krieg sowie die Grundlagen für eine neue Weltordnung schufen. Die Geschichten aus dieser Zeit sind an und für sich hochinteressant, doch deshalb so besonders bedeutsam, weil wir daraus lernen können, die aktuellen und künftigen Entwicklungen aus dem richtigen Blickwinkel zu betrachten. Insbesondere befinden sich die Vereinigten Staaten und China in einem Wirtschaftskrieg, der sich möglicherweise zu einem militärischen Krieg entwickeln könnte, und Vergleiche zwischen den 1930er-Jahren und heute liefern wertvolle Erkenntnisse darüber, was passieren könnte und wie sich ein furchtbarer Krieg vermeiden lässt.

DER KRIEGSPFAD

Um ein Bild von den 1930er-Jahren zu vermitteln, gebe ich einen Überblick über die wichtigsten geopolitischen Ereignisse, die zum offiziellen Ausbruch des Kriegs in Europa im Jahr 1939 und zur Bombardierung von Pearl Harbour 1941 führten. Im Anschluss fasse ich den Krieg und die Entstehung einer neuen Weltordnung im Jahr 1945 in aller Kürze zusammen, als sich die USA auf dem Höhepunkt ihrer Macht befanden.

Die Weltwirtschaftskrise, die nach dem großen Crash von 1929 einsetzte, löste in fast allen Ländern gewaltige innenpolitische Konflikte um Wohlstand aus. Deshalb wendete man sich populistischeren, autokratischeren, nationalistischeren und militaristischeren Leitfiguren und Strategien zu. Diese Bewegungen waren entweder rechts- oder linksorientiert und unterschiedlich ausgeprägt – je nach der Situation des betreffenden Landes und der Stärke seiner demokratischen beziehungsweise autokratischen Traditionen. In Deutschland, Japan, Italien und Spanien lagen extrem schlechte wirtschaftliche Bedingungen vor, und die demokratischen Traditionen waren noch nicht so gefestigt. Daraus entstanden heftigste innenpolitische Konflikte. Rechte Populisten und Autokraten (Faschisten) hatten Zulauf. Ebenso gab es zu anderen Zeiten in der Sowjetunion und China – ebenfalls Länder in extrem schwieriger Lage und ohne Demokratieerfahrung – eine Hinwendung zu populistischen/autokratischen Leitfiguren der Linken (Kommunisten). In den Vereinigten Staaten und im Vereinigten Königreich waren die demokratischen Traditionen viel stärker und die wirtschaftliche Lage nicht ganz so schlecht. Dort gab es zwar mehr populistische und autokratische Tendenzen als zuvor, doch waren diese längst nicht so stark wie in anderen Ländern.

DEUTSCHLAND UND JAPAN

Deutschland hatte zuvor unter gewaltigen Reparationszahlungen infolge des Ersten Weltkriegs geächzt, befreite sich jedoch mit dem Young-Plan

1929 allmählich von seinem Joch. Dieser sah einen erheblichen Schuldenerlass und den Abzug ausländischer Truppen aus Deutschland bis spätestens 1930 vor.[4] Doch die Weltwirtschaftskrise traf Deutschland hart. Die Arbeitslosigkeit stieg auf fast 25 Prozent, es gab eine Pleitewelle und die Armut griff um sich. Wie üblich kam es zu Auseinandersetzungen zwischen den linken und den rechten Populisten (den Kommunisten und den Faschisten). Adolf Hitler, der größte Populist (Faschist), nutzte das Gefühl der nationalen Demütigung, um eine nationalistische Ekstase heraufzubeschwören. Den Versailler Vertrag und die Länder, die ihn Deutschland aufgezwungen hatten, machte er zum Feindbild. Er stellte ein nationalistisches 25-Punkte-Programm auf und warb um Unterstützung dafür. Als Reaktion auf innenpolitische Auseinandersetzungen und um die Ordnung wiederherzustellen, wurde Hitler 1933 zum Reichskanzler ernannt. Seine nationalsozialistische Partei fand viel Rückhalt bei Industriellen, die die Kommunisten fürchteten. Zwei Monate später errang sie die meisten Stimmen und damit die Mehrheit im Reichstag.

Hitler weigerte sich, weitere Reparationszahlungen zu leisten, schied aus dem Völkerbund aus und übernahm 1934 autokratisch die Macht in Deutschland. In der Doppelrolle als Reichskanzler und Reichspräsident wurde er zum obersten Führer des Landes. In Demokratien gibt es stets Gesetze, die es den Regierenden ermöglichen, besondere Befugnisse auszuüben. Hitler sicherte sich sämtliche dieser Befugnisse. Er berief sich auf Artikel 48 der Weimarer Verfassung, um viele Bürgerrechte außer Kraft zu setzen und die politische Opposition der Kommunisten zu unterdrücken. Er erzwang die Verabschiedung des Ermächtigungsgesetzes, das ihm gestattete, auch ohne Billigung des Reichstags und des Reichspräsidenten Gesetze zu erlassen. Er ging rücksichtslos gegen jede Opposition vor – er zensierte oder übernahm die Kontrolle über Zeitungen und Sender, richtete eine Geheimpolizei ein (die Gestapo),

4 Die konkreten Entwicklungen und nähere Informationen über diese Zeit sind in meinem Buch *Principles: So navigieren Sie Ihr Vermögen durch große Schuldenkrisen* erläutert.

um Oppositionelle auszuheben und auszuschalten, erkannte Juden ihre Bürgerrechte ab, entzog der evangelischen Kirche Finanzmittel und ließ Kirchenvertreter verhaften, die sich ihm widersetzten. Nachdem er die arische Rasse für überlegen erklärt hatte, untersagte er Nichtariern jede Tätigkeit im Staatsdienst.

Denselben autokratischen beziehungsweise faschistischen Ansatz verfolgte Hitler beim Wiederaufbau der deutschen Wirtschaft, kombiniert mit umfangreichen fiskal- und geldpolitischen Anreizprogrammen. Er privatisierte Staatsbetriebe und förderte Investitionen von Unternehmen. Er trat aggressiv dafür ein, den Lebensstandard arischer Deutscher zu heben. So gründete er beispielsweise Volkswagen, um bezahlbare Autos für jedermann zu bauen, und ordnete den Bau von Autobahnen an. Die dadurch deutlich gestiegenen Staatsausgaben finanzierte er, indem er die Banken zwang, Staatsanleihen zu kaufen. Die so entstehenden Schulden wurden durch Unternehmensgewinne und durch ihre Monetarisierung durch die Reichsbank zurückgezahlt. Diese Fiskalpolitik funktionierte im Großen und Ganzen gut, um Hitlers Ziele zu erreichen. Das ist ein weiteres Beispiel dafür, wie produktiv es sein kann, wenn man in der eigenen Währung Kredit aufnimmt und die eigenen Schulden und Defizite anwachsen lässt, solange das geborgte Geld so investiert wird, dass die Produktivität zunimmt und Kapitalflüsse entstehen, mit denen sich der Schuldendienst problemlos stemmen lässt. Selbst wenn dieser nicht zu 100 Prozent gedeckt ist, lassen sich die wirtschaftlichen Ziele eines Landes auf diese Weise ausgesprochen kostengünstig erreichen.

Zu den wirtschaftlichen Effekten dieser Politik: Als Hitler 1933 an die Macht kam, lag die Arbeitslosenquote bei 25 Prozent. 1938 war sie auf null gesunken. Das Pro-Kopf-Einkommen erhöhte sich in den fünf Jahren nach Hitlers Machtergreifung um 22 Prozent, das reale Wachstum betrug von 1934 bis 1939 im Schnitt über 8 Prozent pro Jahr. Wie den folgenden Grafiken zu entnehmen ist, kletterten deutsche Aktien von 1933 bis 1938, als der heiße Krieg begann, stetig höher – um fast 70 Prozent.

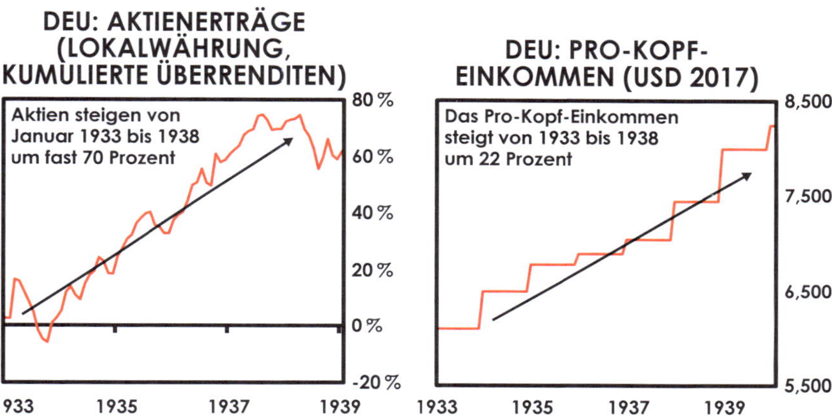

1935 begann Hitler mit dem Aufbau des Militärs und führte eine Wehrpflicht für Arier ein. Deutschlands Militärausgaben nahmen schneller zu als in jedem anderen Land, weil **die deutsche Wirtschaft mehr Ressourcen brauchte und sich diese mit militärischer Macht verschaffen wollte.**

Wie Deutschland **litt auch Japan ganz besonders unter der Weltwirtschaftskrise und reagierte darauf mit autokratischen Tendenzen.** Japan war wirtschaftlich besonders anfällig, weil es als Inselstaat, der nicht über ausreichende natürliche Ressourcen verfügte, auf den Export angewiesen war, um Einnahmen zu erzielen, mit denen es die nötigen Importe finanzierte. Als die Ausfuhren zwischen 1929 und 1931 um rund 50 Prozent einbrachen, war Japan wirtschaftlich am Ende. **1931 wurde das Land zahlungsunfähig.** Das bedeutet, es musste seine Goldreserven angreifen, vom Goldstandard abgehen und den Wechselkurs freigeben. Daraufhin verlor die japanische Währung so stark an Wert, dass Japan die Kaufkraft ausging. **Diese verheerende Lage und das große Wohlstandsgefälle lösten Kämpfe zwischen Rechts und Links aus. 1932 hatten der rechtsorientierte Nationalismus und Militarismus plötzlich enormen Zulauf in der Hoffnung, dass Ordnung und wirtschaftliche Stabilität zwangsweise wiederhergestellt werden**

könnten. Japan begann, sich die natürlichen Ressourcen (Öl, Eisen, Kohle und Gummi) und das Humankapital (Arbeitssklaven), die es brauchte, von anderen Ländern zu holen. 1931 marschierten die Japaner in der Mandschurei ein und stießen nach China und Asien vor. Wie bei Deutschland könnte man sagen, dass Japans Strategie der militärischen Aggression, um sich nötige Ressourcen zu beschaffen, kostengünstiger war, als sich auf den klassischen Handels- und Wirtschaftsverkehr zu verlassen. 1934 kam es in Teilen Japans zu einer schweren Hungersnot, was noch mehr politische Unruhen auslöste und die rechtsorientierte militaristische, nationalistische und expansionistische Bewegung verstärkte.

In den Folgejahren erstarkte Japans faschistische Top-down-Kommandowirtschaft und baute einen militärisch-industriellen Komplex auf, um seine bestehenden Stützpunkte in Ostasien und Nordchina zu schützen und Vorstöße in andere Länder zu unterstützen. Wie in Deutschland blieben auch in Japan die meisten Unternehmen weiter in privaten Händen, doch was produziert wurde, bestimmte die Regierung.

Was ist eigentlich Faschismus? Berücksichtigen Sie dazu die folgenden drei Hauptauswahlmöglichkeiten eines Landes bei der Entscheidung für seinen Regierungsansatz: 1) Bottom-up- oder Top-down-Entscheidungen (demokratisch oder autokratisch), 2) kapitalistisches oder kommunistisches Eigentum an den Produktionsmitteln (mit dem Sozialismus als Mittelweg) und 3) individualistisch (wenn das Wohlergehen des Einzelnen über allem anderen steht) oder kollektivistisch (wenn das Wohlergehen der Masse Vorrang genießt). Suchen Sie sich aus jeder Kategorie denjenigen Ansatz aus, den Sie im Hinblick auf die Werte und Ambitionen Ihres Landes für optimal halten, und Sie haben Ihren bevorzugten Ansatz. Faschismus ist autokratisch, kapitalistisch und kollektivistisch. Die Faschisten glauben an eine autokratische Top-down-Führung, in der die Regierung privat geführten Unternehmen vorschreibt, was sie zu produzieren haben, sodass die positiven Effekte für den Einzelnen dem nationalen Erfolg untergeordnet werden, als beste Methode, das Land und seine Menschen wohlhabender und mächtiger zu machen.

DIE USA UND DIE ALLIIERTEN

In den USA trieben die Schuldenprobleme amerikanische Banken nach 1929 in den Ruin, sodass sie weltweit weniger Kredit vergaben, was internationalen Kreditnehmern schadete. Zeitgleich sorgte die Depression für eine schwache Nachfrage, was zum Zusammenbruch der Importe und des Absatzes anderer Länder in den USA führte. Mit sinkenden Einkommen ging die Nachfrage weiter zurück und die Kreditprobleme wuchsen an – in einer sich selbst verstärkenden wirtschaftlichen Abwärtsspirale. Die USA reagierten mit Protektionismus, um Arbeitsplätze zu sichern, und hoben mit der Verabschiedung des Smoot-Hawley Tariff Act von 1930 die Zölle an, was die Konjunktur in anderen Ländern noch mehr belastete.

● ***Zölle zu erhöhen, um heimische Unternehmen und Arbeitsplätze zu schützen, ist in wirtschaftlich schlechten Zeiten üblich, führt aber zu Effizienzeinbußen, weil die Produktion dann nicht dort stattfindet, wo sie am effizientesten ausgeführt werden kann.*** **Letztlich schwächen die Zölle die Weltwirtschaft zusätzlich, da Zollkriege bewirken, dass die Länder, die Zölle erheben, Exportgeschäft verlieren. Allerdings profitieren die Unternehmen, die dadurch geschützt werden, von den Zöllen, und sie können den Machthabern, die sie verhängen, politische Unterstützung zukommen lassen.**

Die Sowjetunion hatte sich noch nicht von der verheerenden Revolution und dem Bürgerkrieg von 1917 bis 1922, vom verlorenen Krieg gegen Deutschland, vom kostspieligen Krieg gegen Polen und einer Hungersnot im Jahr 1921 erholt und wurde in den 1930er-Jahren durch politische Säuberungen und wirtschaftliche Not gebeutelt. Auch China litt von 1928 bis 1930 unter Bürgerkrieg, Armut und einer Hungersnot.

Als sich die Lage 1930 verschlimmerte und die Zölle eingeführt wurden, wurde aus schlechten Bedingungen in diesen Ländern die blanke Verzweiflung.

Dürreperioden in den USA und in der Sowjetunion kamen in den 1930er-Jahren erschwerend hinzu. ● ***Schwerwiegende Naturereignisse (wie Dürren, Überschwemmungen und Seuchen) lösen häufig Zeiten großer wirtschaftlicher Not aus, die in Verbindung mit weiteren ungünstigen Bedingungen zu Phasen mit starken Konflikten führen.*** Im Zusammenspiel mit extremer Regierungspolitik kamen in der UdSSR Millionen Menschen zu Tode. Gleichzeitig sorgten innenpolitische Auseinandersetzungen und die Angst vor Nazideutschland für Säuberungsaktionen, bei denen Hundertausende der Spionage bezichtigt und ohne Prozess hingerichtet wurden.

● ***Deflationäre Depressionen sind Schuldenkrisen, die entstehen, weil die Kreditnehmer nicht genug Geld haben, um ihren Schuldendienst zu leisten. Das führt unweigerlich dazu, dass Geld gedruckt wird, Schulden umstrukturiert werden und die Regierung Ausgabeprogramme verfolgt, die die Menge der verfügbaren Geld- und Kreditmittel erhöhen, aber ihren Wert mindern. Die einzige Frage ist, wie lange sich die Regierung mit diesem Schritt Zeit lässt.***

In den USA dauerte es dreieinhalb Jahre vom Crash im Oktober 1929 bis zu den Maßnahmen, die Präsident Franklin D. Roosevelt im März 1933 ergriff. In Roosevelts ersten 100 Amtstagen legte er gleich mehrere umfangreiche staatliche Investitionsprogramme auf, die durch kräftige Steuererhöhungen finanziert wurden, und verursachte hohe Haushaltsdefizite, die durch die Monetarisierung von Schulden durch die US-Notenbank gedeckt wurden. Er führte Arbeitsmarktprogramme, die Arbeitslosenversicherung, Sozialhilfe und arbeitnehmer- und gewerkschaftsfreundliche Programme ein. Nach seinem Steuergesetz von 1935, das damals im Volksmund als »Schröpf-die-Reichen-Steuer« bezeichnet wurde, stieg der Spitzensteuersatz für natürliche Personen auf 75 Prozent (1930 hatte er noch bei 25 Prozent gelegen). 1941 betrug der persönliche Spitzensteuersatz 81 Prozent, der Höchstsatz bei der Körperschaftssteuer 31 Prozent gegenüber 12 Prozent im Jahr 1930. Roosevelt verhängte auch etliche weitere Steuern. Trotz all dieser Steuern und der auflebenden Konjunktur, die für noch höhere Steuereinnahmen sorgte, erhöhten sich die Haushaltsdefizite von rund 1 Prozent des BIP auf etwa 4 Prozent des BIP, weil so viel mehr Geld ausgegeben wurde.[5] **Von 1933 bis Ende 1936 warf der Aktienmarkt 200 Prozent Gewinn ab, und die Wirtschaft wuchs mit einer atemberaubenden realen Durchschnittsrate von rund 9 Prozent.**

1936 verringerte die US-Notenbank die Geld- und Kreditmenge, um die Inflation zu bekämpfen und die überhitzte Konjunktur abzukühlen. Dadurch rutschte die fragile US-Wirtschaft zurück in die Rezession – und andere große Volkswirtschaften wurden ebenfalls geschwächt, was die innenpolitischen und internationalen Spannungen verschärfte.

Parallel dazu entfachte sich der Konflikt zwischen den linken und rechten Populisten (den Kommunisten und den Faschisten) in Spanien zu einem brutalen Bürgerkrieg. Dem rechten Flügel unter Franco gelang es mit der Unterstützung Hitlers, Spanien von der linken Opposition »zu säubern«.

● ***In Zeiten großer wirtschaftlicher Belastungen und einem hohen Wohlstandsgefälle kommt es in aller Regel zur revolutionär großen Umverteilung von Vermögen.*** **Läuft das friedlich ab, wird das durch umfangreiche Steuererhöhungen für die Reichen und eine kräftige Vergrößerung der Geldmenge erreicht, wodurch die Forderungen der Schuldner abnehmen. Vollzieht sie sich gewaltsam, gibt es Enteignungen.** In den USA und im Vereinigten Königreich gab es zwar Umverteilungen von Wohlstand und politischer Macht, doch Kapitalismus und Demokratie überlebten. In Deutschland, Japan, Italien und Spanien nicht.

---

5 Die konkreten Entwicklungen während der Weltwirtschaftskrise sind in meinem Buch *Principles: So navigieren Sie Ihr Vermögen durch große Schuldenkrisen* ausführlich erläutert.

● ***Einem militärischen Konflikt geht gewöhnlich ein Wirtschaftskrieg voraus.*** Ebenfalls typisch ist vor der Erklärung eines offenen Krieges ein Jahrzehnt der Auseinandersetzungen auf wirtschaftlichem, technologischem und geopolitischem Terrain und im Kapitalverkehr. In dessen Verlauf versuchen sich die im Konflikt befindlichen Mächte gegenseitig einzuschüchtern und testen die Grenzen der Macht des anderen aus. 1939 beziehungsweise 1941 gelten zwar als offizieller Beginn des Kriegs in Europa und im Pazifik, doch in Wirklichkeit gab es schon in den zehn vorausgegangenen Jahren Konflikte. **Neben wirtschaftlich motivierten Auseinandersetzungen im eigenen Land und den daraus resultierenden politischen Veränderungen standen alle beteiligten Länder vor zunehmenden internationalen wirtschaftlichen Konflikten im Kampf um größere Stücke des schrumpfenden Kuchens.** Weil internationale Beziehungen von Macht nicht vom Gesetz geregelt werden, zeigten Deutschland und Japan immer expansionistischere Tendenzen und forderten das Vereinigte Königreich, die USA und Frankreich im Wettbewerb um Ressourcen und geopolitischen Einfluss zunehmend heraus.

Bevor ich zum heißen Krieg übergehe, möchte ich die üblichen Taktiken noch etwas näher beleuchten, die eingesetzt werden, wenn Wirtschafts- und Kapitalinstrumente zur Waffe werden. Das waren – und sind noch immer:

1. **Das Einfrieren und Einziehen von Vermögenswerten:** Ein Gegner oder Rivale wird daran gehindert, Auslandsanlagen zu nutzen oder zu veräußern, auf die er angewiesen ist. Solche Maßnahmen können alle möglichen Formen annehmen, vom Einfrieren von Guthaben bestimmter Gruppen in einem Land (zum Beispiel die aktuellen Sanktionen der USA gegen die iranische Revolutionsgarde oder das erste Einfrieren japanischer US-Vermögenswerte im Zweiten Weltkrieg) bis hin zu schärferen Maßnahmen wie der einseitigen Nichtanerkennung von Schulden

oder der offenen Einziehung von Vermögenswerten eines Landes (so sprechen beispielsweise manche US-Spitzenpolitiker davon, die amerikanischen Schulden bei China nicht zu tilgen).

2. **Die Sperrung des Zugangs zu den Kapitalmärkten:** Dann wird einem Land der Zugang zum eigenen Kapitalmarkt oder zu den Kapitalmärkten anderer Länder verwehrt. (So verbot Deutschland 1887 den Kauf russischer Wertpapiere und Schuldtitel, um Russland an der Aufrüstung zu hindern. Dasselbe drohen die USA derzeit China an.)
3. **Embargos/Blockaden:** In diesem Fall wird der Handel mit Waren und/oder Dienstleistungen im eigenen Land oder manchmal auch mit neutralen Drittländern blockiert, um ein bestimmtes Land zu schwächen oder daran zu hindern, notwendige Güter zu beziehen (wie beim US-Öl-Embargo gegen Japan und als die USA japanischen Schiffen im Zweiten Weltkrieg den Zugang zum Panamakanal verwehrten), oder es wird die Ausfuhr aus dem betreffenden Land in andere Länder unterbunden, wodurch ihm Einnahmen entgehen (wie bei der Blockade des Vereinigten Königreichs durch Frankreich während der napoleonischen Kriege).

Wenn Sie sich dafür interessieren, wie diese Taktiken von 1600 bis heute eingesetzt wurden, können Sie das auf *www.economicprinciples.org* in englischer Sprache nachlesen.

DER HEISSE KRIEG BEGINNT

Im November 1937 verkündete Hitler auf einem geheimen Treffen mit seiner Führungsspitze seine Pläne zur Erweiterung Deutschlands, um sich Ressourcen zu sichern und die arische Rasse zu vereinen. Anschließend setzte er sie in die Tat um – zunächst durch den Anschluss Österreichs und dann durch die Annexion des Teils der damaligen Tschechoslowakei, der über Öl verfügte. Europa und die USA sahen alarmiert zu, wollten sich aber so kurz nach den Verheerungen des Ersten Weltkriegs nicht wieder in einen Krieg hineinziehen lassen.

Wie bei allen Kriegen gab es auch damals weitaus mehr unbekannte als bekannte Größen, weil a) rivalisierende Mächte nur dann einen Krieg wagen, wenn ihre Kräfte einigermaßen vergleichbar sind (denn sonst wäre das für die offensichtlich schwächere Macht eine fatale Dummheit) und b) zu viele Aktionen und Reaktionen möglich sind, um sie alle einzukalkulieren. Bei Ausbruch eines heißen Krieges steht nur eines mit Bestimmtheit fest: Er führt aller Voraussicht nach zu größtem Leid und möglicherweise in den Ruin. Deshalb lassen sich kluge Staatslenker in aller Regel nur dann darauf ein, wenn die andere Seite sie in eine Lage gebracht hat, in der sie entweder kämpfen müssen oder Verluste erleiden, wenn sie nachgeben. Für die Alliierten war dieser Punkt am 1. September 1939 erreicht, als Deutschland in Polen einmarschierte.

Die Deutschen schienen unaufhaltsam. Schlag auf Schlag eroberten sie Dänemark, Norwegen, die Niederlande, Belgien, Luxemburg und Frankreich und stärkten ihre Allianzen mit Japan und Italien, die dieselben Feinde hatten und ideologisch ähnlich ausgerichtet waren. Durch einen blitzschnellen Eroberungskrieg (beispielsweise im ölreichen Rumänien) konnte Hitlers Wehrmacht eigene Ölreserven schonen und sich rasch neue sichern. Der Hunger nach Rohstoffen und deren Übernahme waren ein maßgeblicher Motor der Kriegsmaschinerie der Nazis auf ihren Feldzügen nach Russland und im Nahen Osten. Der Krieg mit den Sowjets war unvermeidlich. Blieb nur die Frage, wann. Obwohl Deutschland und die UdSSR einen Nichtangriffspakt unterzeichnet hatten, marschierte Deutschland im Juni 1941 in Russland ein. Damit begann ein extrem kostspieliger Zweifrontenkrieg.

Im Pazifik weitete Japan 1937 seine Besatzungsgebiete in China aus und übernahm brutal die Kontrolle über Schanghai und Nanjing. Dabei wurden allein bei der Eroberung Nanjings schätzungsweise 200.000

chinesische Zivilisten und entwaffnete Soldaten getötet. Die USA blieben zwar isolationistisch, stellten der Regierung Chiang Kai-sheks aber Kampfflugzeuge und Piloten zur Verfügung, um sie gegen die Japaner einzusetzen – und befanden sich damit mit einem Bein im Krieg. Die Konflikte zwischen den USA und Japan flammten auf. Ein japanischer Soldat schlug den US-Konsul John Moore Allison in Nanjing ins Gesicht und japanische Kampfflugzeuge versenkten ein US-amerikanisches Kanonenboot.

Im November 1940 wurde Roosevelt wiedergewählt, nachdem er mit dem Wahlkampfversprechen angetreten war, die USA aus dem Krieg herauszuhalten. Dabei ergriffen die USA bereits wirtschaftliche Maßnahmen, um ihre Interessen zu wahren – vor allem im Pazifik. Länder, mit denen sie sympathisierten, unterstützten sie mit Wirtschaftshilfe, gegen andere verhängten sie Sanktionen. Zu einem früheren Zeitpunkt im Jahr 1940 hatte Verteidigungsminister Henry Stimson aggressive Wirtschaftssanktionen gegen Japan initiiert, die im Ausfuhrkontrollgesetz von 1940 gipfelten. Mitte 1940 verlegten die USA ihre Pazifikflotte nach Hawaii. Im Oktober verschärften sie das Embargo und verboten »sämtliche Eisen- und Stahllieferungen an andere Ziele als Großbritannien und die Nationen der westlichen Hemisphäre«. Dadurch sollte Japan von Ressourcen abgeschnitten werden, um das Land zum Rückzug aus den meisten bereits eroberten Gebieten zu zwingen.

Im März 1941 verabschiedete der Kongress das Leih- und Pachtgesetz, das es den USA gestattete, den Ländern, die ihrer Einschätzung nach so handelten, wie es »für die Verteidigung der Vereinigten Staaten wesentlich« war, kriegswichtiges Material zu liefern – unter anderem an Großbritannien, die Sowjetunion und China. Die Alliierten zu unterstützen hatte für die USA geopolitische und wirtschaftliche Vorteile, weil sie am Verkauf von Waffen, Nahrungsmitteln und anderen Gütern an ihre künftigen Verbündeten gut verdienten, die selbst Probleme hatten, gleichzeitig Krieg zu führen und die Produktion aufrechtzuerhalten. Doch Gewinnerzielung war nicht ihr einziges Motiv. Großbritannien ging das Geld aus (will heißen, das Gold). Deshalb stundeten die USA die Zahlungen bis Kriegsende (und verzichteten in manchen Fällen sogar ganz darauf). Das Leih- und Pachtgesetz war zwar keine offizielle Kriegserklärung, beendete jedoch effektiv die Neutralität der Vereinigten Staaten.

● ***Schwächelt ein Land, nutzen die Gegner solche Schwächen zu ihrem Vorteil.*** Frankreich, die Niederlande und Großbritannien hatten Kolonien in Asien. Zu sehr mit dem Krieg in Europa beschäftigt, waren sie nicht in der Lage, diese gegen die Japaner zu verteidigen. Im September 1940 begann Japan mit dem Einmarsch in mehreren Kolonien in Südostasien, angefangen mit Französisch-Indochina. Damit erweiterte es seine großostasiatische Wohlstandssphäre um das südliche Ressourcengebiet. 1941 sicherte sich Japan die Ölvorkommen in Niederländisch-Ostindien.

Diese territoriale Ausdehnung Japans bedrohte die Ambitionen der USA im Pazifik. Im Juli und August 1941 reagierte Roosevelt, indem er sämtliche japanischen Vermögenswerte in den Vereinigten Staaten einfror, den Panamakanal für japanische Schiffe sperrte und für Öl- und Gasexporte nach Japan ein Embargo verhängte. Damit war Japans Handelsverkehr zu drei Vierteln lahmgelegt und das Land war von 80 Prozent seiner Ölversorgung abgeschnitten. Japan rechnete sich aus, dass seine Ölvorräte noch zwei Jahre reichen würden, und musste sich daher entscheiden: zurückrudern oder die USA angreifen.

Am 7. und 8. Dezember 1941 griff Japan koordiniert die US-Streitkräfte in Pearl Harbor und auf den Philippinen an. Das gab den Anstoß für die Kriegserklärung im Pazifik, die die USA auch in den Krieg in Europa hineinzog. Nach verbreitetem Eindruck hatten die Japaner zwar nicht geplant, den Krieg zu gewinnen, doch die optimistischsten Angehörigen der japanischen Führungsspitze gingen davon aus, dass die USA verlieren würden, weil sie einen Zweifrontenkrieg führten und weil ihr individualistisches/kapitalistisches politisches System den autoritären/faschistischen Systemen Japans und Deutschlands mit ihrem befehlsorientierten militärisch-industriellen Komplex unterlegen waren. Ebenso waren sie überzeugt davon, dass ihre Bereitschaft, für ihr Land zu leiden und zu sterben, größer war – ein ausschlaggebender Faktor dafür, welche Seite gewinnen würde. ● ***In einem Krieg ist die eigene Leidensfähigkeit noch wichtiger als die Fähigkeit, anderen Leid zuzufügen.***

WIRTSCHAFTSPOLITIK IN KRIEGSZEITEN

Ebenso interessant wie die klassischen wirtschaftlichen Kriegstaktiken ist die klassische Wirtschaftspolitik zu Kriegszeiten im eigenen Land. Dazu gehören staatliche Kontrollen in fast allen Bereichen, wenn das Land seine Ressourcen von der Gewinnerzielung auf die Kriegsführung umstellt. Zum Beispiel bestimmt dann die Regierung über Folgendes: a) welche Güter produziert werden dürfen, b) welche Waren in welchen Mengen ge- und verkauft werden können (Rationierung), c) welche Güter ein- und ausgeführt werden können, d) Preise, Löhne und Gewinne, e) Zugriff auf persönliche finanzielle Vermögenswerte und f), ob man sein Geld außer Landes bringen kann. Weil Kriege kostspielig sind, gibt die Regierung gewöhnlich g) eine Menge Schuldtitel aus, die monetarisiert werden, h) verlässt sich im internationalen Geschäft auf nicht kreditgebundenes Geld wie Gold, weil Kreditmittel nicht akzeptiert werden, i) regiert autokratischer, j) verhängt Wirtschaftssanktionen verschiedener Art gegen Gegner, unter anderem indem es ihnen den Zugriff auf Kapital sperrt, und k) erlebt, wie gegnerische Länder dieselben Sanktionen verhängen.

Als die USA nach dem Angriff auf Pearl Harbour in Europa und im Pazifik in den Krieg eintraten, wurden in den meisten Ländern klassische wirtschaftspolitische Maßnahmen für Kriegszeiten eingeführt – von Regierenden, deren autokratischeres Vorgehen bei der Bevölkerung breite Unterstützung fand. Die folgende Tabelle weist die Wirtschaftskontrollen in allen maßgeblichen Ländern aus.

KRIEGSBEWIRTSCHAFTUNG

	Rationierung	Produktionskontrollen	Preis-/Lohnkontrollen	Import- oder Exportbeschränkungen	Übernahme der Zentralbank
Alliierte					
Vereinigte Staaten	Ja	Ja	Ja	Ja	Ja
Vereinigtes Königreich	Ja	Ja	Ja	Ja	Zum Teil
Achsenmächte					
Deutschland	Ja	Ja	Ja	Ja	Ja
Japan	Ja	Ja	Ja	Ja	Ja

Die Marktentwicklung in den heißen Kriegsjahren war stark durch staatliche Kontrollen und davon beeinflusst, wie sich die einzelnen Länder schlugen, da sich die Erfolgsaussichten veränderten. Die nachstehende Tabelle zeigt die Kontrollen über Märkte und Kapitalflüsse, die von den maßgeblichen Ländern in den Kriegsjahren eingeführt wurden.

WIE SICH VORSCHRIFTEN AUF VERMÖGENSWERTE AUSWIRKEN

	Marktschließungen	Kontrollen der Vermögenspreise	Einschränkungen des Eigentums an Vermögenswerten	Devisenkontrollen	Spitzensteuersatz	Begrenzung von Neuemisionen	Deckelung der Unternehmensgewinne
Alliierte							
Vereinigte Staaten	Nein	Ja	Ja	Ja	94 %	–	Ja
Vereinigtes Königreich	Ja	Ja	Ja	Ja	98 %	Ja	Ja
Achsenmächte							
Deutschland	Ja	Ja	Ja	Ja	60 %	Ja	Ja
Japan	Ja	Ja	Ja	Ja	74 %	Ja	Ja

In zahlreichen Ländern wurden die Börsen geschlossen, sodass Aktionäre keinen Zugriff auf ihr Kapital hatten. Ich sollte auch darauf hinweisen, dass Geld- und Kreditmittel zwischen nicht alliierten Ländern im Krieg gewöhnlich nicht akzeptiert wurden, weil man mit Recht skeptisch war, ob so eine Währung noch irgendeinen Wert hatte. Wie bereits erwähnt, ist in Kriegszeiten Gold – manchmal auch Silber oder Tauschgeschäfte – die Währung der Wahl. In solchen Zeiten unterliegen Preise und Kapitalflüsse gewöhnlich Kontrollen, sodass schwer zu sagen ist, wie hoch die realen Preise vieler Güter wirklich sind.

Weil ein verlorener Krieg in aller Regel mit dem Totalverlust von Wohlstand und Macht einhergeht, richteten sich die Entwicklungen an den Börsen, die im Krieg noch geöffnet waren, weitgehend danach, wie sich die Länder in wichtigen Schlachten schlugen, da das Ergebnis die Aussichten auf Sieg oder Niederlage für die verschiedenen Seiten beeinflusste. So entwickelten sich beispielsweise deutsche Aktien zu Beginn des Zweiten Weltkriegs überdurchschnittlich, als Deutschland Gebiete besetzte und seine militärische Dominanz bewies. Nachdem alliierte Mächte wie die USA und das Vereinigte Königreich das Kriegsblatt gewendet hatten, verbuchten sie unterdurchschnittliche Ergebnisse. Nach der Schlacht von Midway 1942 setzten Aktien der alliierten Länder zu einem Höhenflug an, der sich bis Kriegsende fast ununterbrochen fortsetzen sollte. Die Aktien der Achsenmächte zeigten wenig Bewegung oder gaben nach. Wie ausgewiesen, waren die Börsen in Deutschland und Japan bei Kriegsende geschlossen und öffneten erst rund fünf Jahre später wieder – praktisch mit totalem Wertverlust, während US-Aktien extreme Stärke zeigten.

Das eigene Vermögen in Kriegszeiten zu schützen, ist schwer, da die normale Wirtschaftstätigkeit eingeschränkt ist, traditionell sichere Anlagen nicht mehr sicher sind, der Kapitalverkehr begrenzt ist und hohe Steuern verhängt werden, wenn Menschen und Länder um ihr Überleben kämpfen. Den Wohlstand derjenigen zu schützen, die ihn besitzen, hat keine Priorität gegenüber der Notwendigkeit, Wohlstand umzuverteilen, damit er auch zu den Bedürftigsten gelangt. Für Investoren gilt: Stoßen Sie alle Schuldtitel ab und kaufen Sie Gold, weil Kriege mit Anleihen und frisch gedrucktem Geld finanziert werden, was beides im Wert sinkt, und weil kreditgestützte Mittel mit Recht nur widerwillig akzeptiert werden.

AKTIENERTRAGSINDEX (USD)

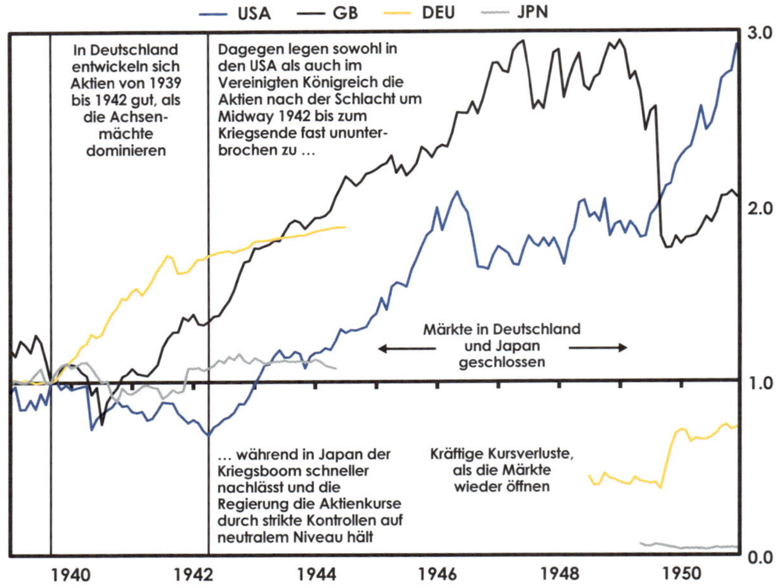

FAZIT

Jede Weltmacht hat ihre große Blütezeit, was den jeweils einzigartigen Umständen sowie ihrem Charakter und ihrer Kultur zuzuschreiben ist (wenn sie zum Beispiel über die wesentlichen Elemente einer starken Arbeitsmoral, Kompetenz, Disziplin, Bildung et cetera verfügt). Doch irgendwann geht es immer abwärts. Manche kommen mit dem Niedergang besser zurecht als andere – ohne größere Traumata. Doch er kommt auf jeden Fall. Verläuft er traumatisch, können die Zeiten so schlimm werden wie nie zuvor in der Geschichte, wenn heftiges Gerangel um Wohlstand und Macht menschlich und wirtschaftlich einen hohen Preis fordert.

Doch so muss der Zyklus nicht ablaufen, wenn Länder in reichen, mächtigen Phasen produktiv bleiben, mehr einnehmen als sie aus-

geben, dafür sorgen, dass der größte Teil der Bevölkerung vom System profitiert, und Wege finden, mit ihren wichtigsten Rivalen Win-win-Beziehungen einzugehen und aufrechtzuerhalten. Etliche Imperien und Dynastien konnten sich jahrhundertelang halten, und die Vereinigten Staaten haben sich mit 245 Jahren als eine der langlebigsten Großmächte erwiesen.

In Teil II befasse ich mich mit den USA, den beiden Reservewährungsimperien, die ihnen vorausgegangen sind – und dem, das eines Tages auf sie folgen könnte. Im Folgenden hoffe ich, dass diese Erklärung des archetypischen großen Zyklus und der drei Zyklen, aus denen er sich zusammensetzt, Ihnen helfen wird, historische Muster und ihre Bedeutung zu erkennen. Doch bevor wir tiefer in die Geschichte eintauchen, will ich Ihnen noch verraten, welche Rolle diese drei großen Zyklen in meinem Ansatz als Investor spielen.

KAPITEL 7

INVESTIEREN MIT BLICK AUF DEN GROSSEN ZYKLUS

Mein Erfolg im Privat- und Berufsleben beruht darauf, dass es mir gelingt zu erkennen, wie die Welt funktioniert, mir Grundsätze dafür zu überlegen, wie ich möglichst gut darin zurechtkomme, und dann meine Wetten zu platzieren. Zu diesem Zweck wurden auch die Recherchen durchgeführt, an denen ich Sie in diesem Buch teilhaben lasse. Naturgemäß drängt sich mir mit Blick auf die bisher abgehandelten Themen der Gedanke auf, wie sich das alles auf meine Investments ausgewirkt hat. Um sicher zu sein, dass ich damit richtigliege, muss ich wissen, wie sich mein Ansatz im Zeitverlauf bewährt hätte. Wenn ich nicht überzeugend erklären kann, was in der Vergangenheit passiert ist, oder zumindest eine Strategie dafür habe, wie ich angesichts der mir unbekannten Faktoren damit umgegangen wäre, wäre das in meinen Augen grob fahrlässig.

Wie Sie aus meinen Analysen der letzten 500 Jahre bis heute ersehen können, gab es große Zyklen, in denen viel Vermögen und Macht angehäuft und wieder eingebüßt wurden. Der Faktor, der am meisten dazu beitrug, war der Kredit- und Kapitalmarktzyklus.

Aus Sicht eines Investors könnte man ihn auch als großen Investmentzyklus bezeichnen. Ich hatte das dringende Bedürfnis, so viel über diese Zyklen in Erfahrung zu bringen, dass ich mein Portfolio taktisch so umschichten oder streuen konnte, um mich vor ihnen zu schützen und/oder von ihnen zu profitieren. Das kann aber nur gelingen, wenn ich genug über sie weiß und im Idealfall sagen kann, in welcher Zyklusphase sich ein bestimmtes Land gerade befindet.

In meinen rund 50 Jahren als globaler Makroinvestor habe ich viele zeitlose, universelle Fakten entdeckt, aus denen sich meine Investmentgrundsätze zusammensetzen. Ich werde hier nicht auf alle ausführlich eingehen, doch die meisten in meinem nächsten Buch erläutern: *Principles: Economics and Investing*. **An dieser Stelle will ich mich auf einen wichtigen Grundsatz beschränken.**

● ***Alle Märkte werden in erster Linie von nur vier Determinanten bestimmt: Wachstum, Inflation, Risikoprämien und Abzinsungssätze.***

Das kommt daher, weil alle Investments im Prinzip Tauschgeschäfte darstellen: Wir zahlen heute einen Pauschalbetrag für künftige Zahlungsströme. Wie hoch diese ausfallen, richtet sich nach Wachstum und Inflation. Daraus, welche Risiken Anleger beim Investieren im Verhältnis zu Barguthaben einzugehen bereit sind, ergibt sich die Risikoprämie. Und welchen Wert ein Investment heute darstellt – also der sogenannte Bar- oder Gegenwartswert –, wird vom Abzinsungssatz bestimmt.[1]

Auf der Veränderung dieser vier Determinanten beruht die Veränderung der Investmenterträge. Wenn Sie mir sagen, wie sich jede dieser Determinanten entwickelt, kann ich Ihnen sagen, was mit den Investments passiert. Dieses Wissen ermöglicht es mir, Zusammenhänge herzustellen zwischen dem Weltgeschehen und der Marktentwicklung –

---

1 Der Abzinsungssatz ist der Zinssatz, der herangezogen wird, um zu bewerten, was ein künftiger Geldbetrag heute wert ist. Um ihn zu berechnen, vergleicht man, welcher heutige Geldbetrag, wenn man ihn zu diesem Zinssatz (also dem Abzinsungs- oder Diskontierungssatz) investieren würde, zu einem bestimmten künftigen Zeitpunkt einen bestimmten Wert annähme.

und umgekehrt. Und es verrät mir, wie ich meine Investments so ausgewogen gestalten kann, dass mein Portfolio keine auf ein bestimmtes Umfeld ausgerichtete Schieflage aufweist. So entsteht eine sinnvolle Diversifizierung.

Durch ihre Fiskal- und Geldpolitik üben Regierungen Einfluss auf diese Faktoren aus. Folglich werden die Zyklen von Interaktionen zwischen den Absichten von Regierungen und den tatsächlichen Ereignissen angetrieben.[2] Sind beispielsweise Wachstum und Inflation zu niedrig, drucken die Zentralbanken mehr Geld und vergeben mehr Kredit, wodurch Kaufkraft entsteht, was zunächst das Wirtschaftswachstum ankurbelt und dann – mit einer gewissen Verzögerung – die Inflation. Beschränken die Zentralbanken Geld- und Kreditwachstum, geschieht das Gegenteil: Wirtschaftswachstum und Inflation gehen zurück.

Dabei besteht ein Unterschied zwischen den Maßnahmen von Zentralregierungen und von Zentralbanken zur Beeinflussung von Marktrenditen und der Wirtschaftslage. Zentralregierungen bestimmen darüber, woher das von ihnen eingesetzte Geld kommt und wohin es fließt, denn sie können Steuern erheben und Geld ausgeben. Sie können aber keine Geld- und Kreditmittel erzeugen. Das können die Zentralbanken – doch diese können nicht entscheiden, wo diese Geld- und Kreditmittel in der Realwirtschaft landen. Solche Maßnahmen von Zentralregierungen und Zentralbanken wirken sich auf den Kauf und Verkauf von Waren, Dienstleistungen und Investments aus und treiben deren Preise nach oben oder nach unten.

Für mich schlagen sich diese Treiber in jeder Anlage auf eigene Weise nieder, die im Licht der Effekte auf ihre künftigen Cashflows logisch ist. Jede Anlage ist ein Portfoliobaustein. Die Herausforderung besteht darin, das Portfolio in Anbetracht dieser Umstände richtig

2 Brechen Regierungen und ihre Systeme zusammen, übernehmen Kräfte, die nicht von der Regierung gesteuert werden. Das ist dann eine ganz andere Geschichte, die ich an dieser Stelle nicht erzählen werde.

aufzubauen. Fällt das Wachstum unter sonst gleichen Bedingungen beispielsweise stärker aus als erwartet, dürften die Aktienkurse anziehen. Sind Wachstums- und Inflationsraten höher als angenommen, dürften die Kurse von Anleihen fallen. **Mein Ziel ist dabei, diese Bausteine zu einem Portfolio zusammenzufügen, das breit gestreut ist und sich taktisch daran orientiert, welche aktuellen oder künftigen Entwicklungen weltweit Einfluss auf diese vier Treiber nehmen.** Diese Bausteine lassen sich nach Ländern und nach Tendenz zu einem bestimmten Umfeld aufschlüsseln – bis auf die Ebene einzelner Sektoren und Unternehmen. Entsteht aus diesem Konzept ein ausgewogenes Portfolio, stellt es sich dar wie in der folgenden Grafik. Durch diese Linse betrachte ich historische Ereignisse, Marktgeschichte und Portfolioverhalten.

DIE BAUSTEINE EINES BREIT GESTREUTEN PORTFOLIOS

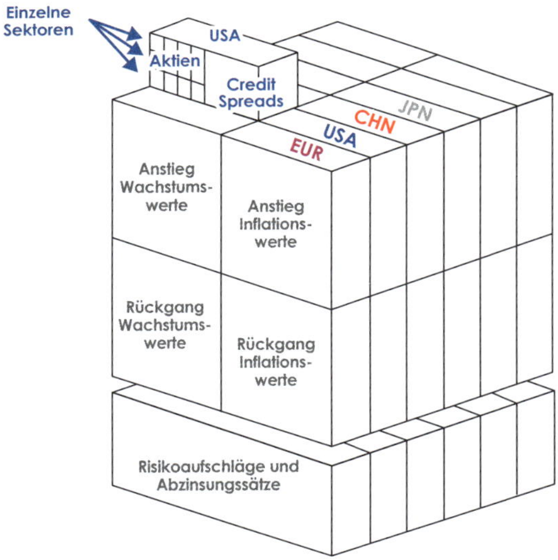

Meines Wissens unterscheidet sich mein Ansatz aus zwei Gründen von dem der meisten anderen Investoren: Erstens interessieren sich diese nicht für historische Parallelen, weil sie Vergangenes und frühere Anlageerträge für sich als weitgehend irrelevant erachten. Zweitens betrachten sie Anlageerträge nicht durch die gerade beschriebene Linse. Ich bin überzeugt, dass diese Perspektive mir und Bridgewater einen Wettbewerbsvorteil verschafft. Was Sie damit anfangen wollen, bleibt Ihnen überlassen.

Die meisten Investoren stützen ihre Erwartungen auf Entwicklungen, die sie bereits selbst erlebt haben. Ein paar Gründlichere werfen einen Blick zurück, um zu prüfen, wie sich ihre Regeln für Entscheidungen in den 1950er- oder 1960er-Jahren bewährt hätten. Kein Investor und auch kein führender Wirtschaftspolitiker, den ich kenne – und ich kenne viele, darunter die allerbesten –, weiß wirklich gut darüber Bescheid, was sich in der Vergangenheit zugetragen hat, und warum. Die meisten Investoren, die sich für längerfristige Renditen interessieren, schauen auf die Zahlen für die USA und das Vereinigte Königreich (die Länder, die den Ersten und den Zweiten Weltkrieg gewonnen haben) als repräsentative Werte. Das hat seinen Grund: Es gibt nämlich nicht viele Aktien- und Rentenmärkte, die den Zweiten Weltkrieg überlebt haben. Dabei sind diese Länder und Zeiträume gar nicht repräsentativ, sondern die Investoren erliegen einem Trugschluss: dem sogenannten Survivorship Bias.[3] Betrachtet man die Renditen der USA und des Vereinigten Königreichs, hat man auf einzigartige Weise begnadete Länder in der beispiellos friedvollen, produktiven Periode vor sich, die dem besten Teil des großen Zyklus entspricht. Werden andere Länder und frühere Zeiten außer Acht gelassen, entsteht aber ein verzerrtes Bild.

Richten wir unseren Blick, ausgehend von unserem Wissen über große Zyklen, nur ein Jahrzehnt weiter nach hinten und schauen uns an, was sich an verschiedenen Orten zugetragen hat, so führen uns lo-

---

3 Anm. d. Red.: Als Survivorship Bias beziehungsweise Überlebensirrtum bezeichnet man die Tendenz, einen erfolgreichen Überlebenden einer Katastrophe eher wahrzunehmen als den erfolglos Verstorbenen. Stangl, W. (2022). Stichwort: *Survivorship Bias – Online Lexikon für Psychologie und Pädagogik*. Online Lexikon für Psychologie und Pädagogik. https://lexikon.stangl.eu/28301/survivorship-bias (06.02.2022).

gische Überlegungen zu einer regelrecht schockierenden neuen Sichtweise. Diese möchte ich Ihnen gerne eröffnen, weil ich das für richtig und wichtig halte.

In den 35 Jahren vor 1945 wurde in den meisten Ländern praktisch alles Vermögen vernichtet oder konfisziert. In manchen Ländern wurden viele Kapitalisten getötet oder eingesperrt, weil sie zur Zielscheibe wurden für die Wut über nicht funktionierende Kapitalmärkte und gescheiterten Kapitalismus sowie andere Aspekte der alten Ordnung. Betrachten wir die Entwicklungen der letzten Jahrhunderte, so erkennen wir, dass solche extremen Boom-/Bust-Zyklen regelmäßig aufgetreten sind. Es gab immer wieder Zyklen mit Boomphasen für Kapital und Kapitalisten (wie die zweite industrielle Revolution und das Vergoldete Zeitalter Ende des 19., Anfang des 20. Jahrhunderts), gefolgt von Übergangsphasen (wie die Periode von 1900 bis 1910 mit zunehmenden innen- und außenpolitischen Konflikten um Wohlstand und Macht), die wiederum Zeiten heftiger Konflikte und wirtschaftlicher Abschwünge nach sich zogen (wie es sie von 1910 bis 1945 gab). Ebenso offensichtlich ist, dass die Kausalzusammenhänge, die der Entwicklung dieser Boom- und Bust-Phasen zugrunde liegen, inzwischen stärker auf die endzyklischen Bust- und Umbauphasen ausgerichtet sind als auf die frühzyklischen Boom- und Aufbauphasen.

Ich möchte schlicht und ergreifend sichtbar machen und begreifen, was in der Vergangenheit passiert ist, und Ihnen das verständlich darstellen. Genau das will ich im Folgenden versuchen. Ich setze damit im Jahr 1350 an, obwohl die Geschichte schon viel früher begann.

DER GROSSE ZYKLUS DES KAPITALISMUS UND DER MÄRKTE

Bis etwa 1350 verboten es Christentum und Islam, Geld zu verleihen und dafür Zinsen zu verlangen (im Judentum war es innerhalb der jüdischen Gemeinde ebenfalls untersagt), weil es so schlimme Folgen

hatte. Es lag in der Natur der Menschen, sich mehr Geld zu leihen, als sie zurückzahlen konnten, was zu Spannungen und häufig zu Gewalttaten zwischen Kreditnehmern und Kreditgebern führte. Weil keine Kredite vergeben wurden, war die Währung »hart« (sprich: aus Gold oder Silber). Etwa 100 Jahre später, im Zeitalter der Entdeckungen, fuhren Entdecker um die Welt, um Gold, Silber und andere harte Vermögenswerte zu finden und dadurch reicher zu werden. So entstanden damals die größten Vermögen. Die Entdecker und ihre Geldgeber teilten sich den Gewinn. Das war ein effektives anreizgestütztes System, zu Reichtum zu gelangen.

Die Alchemie des Kreditwesens, wie wir es heute kennen, entstand um 1350 in Italien. Die Regeln für die Kreditvergabe änderten sich, und es entwickelten sich neue Geldarten: Bareinlagen, Anleihen und Aktien, mehr oder minder in ihrer heutigen Form. Wohlstand bestand künftig aus Zahlungszusagen – von mir als »finanzieller Wohlstand« bezeichnet.

Bedenken Sie, welch immense Wirkung die Erfindung und Entwicklung von Renten- und Aktienmärkten hatten. Zuvor war Wohlstand stets real. Stellen Sie sich vor, wie viel mehr »finanzieller Wohlstand« durch die Erschaffung dieser Märkte entstand. Um den Unterschied zu vorher deutlich zu machen, müssen Sie sich nur überlegen, wie groß Ihr »Vermögen« wäre, wenn Sie keine Zahlungszusagen in Form von Barguthaben, Aktien und Anleihen hätten: eher gering, vermutlich. Sicher kämen Sie sich dann mittellos vor und würden sich ganz anders verhalten. Sie würden beispielsweise mehr Realvermögen aufbauen. Und genau so war es, bevor es Barguthaben, Anleihen und Aktien gab.

Mit der Erfindung und dem Anwachsen des finanziellen Wohlstands unterlag Geld keiner Einschränkung durch die Bindung an Gold und Silber mehr. Weil Geld und Kredit und damit Kaufkraft nicht mehr so knapp waren, war es übliche Praxis für Unternehmer, die eine gute Idee hatten, ein Unternehmen zu gründen und sich Geld zu leihen und/oder einen Teil dieses Unternehmens zu veräußern, in dem sie Aktien ausgaben, um Kapital für nötige Einkäufe einzuwerben. Das war ihnen möglich, weil Zahlungszusagen zu Geld wurden, welches die Form von Buchgeld annahm. Um 1350 waren die Menschen, die dieses Kunststück zuwege brachten – allen voran die Familie Medici aus Florenz – in der Lage, Geld zu erschaffen. Durch Kreditschöpfung lässt sich das tatsächlich vorhandene Geld vervielfachen (wie es Banken tun) und viel Kaufkraft erzeugen, sodass man weniger andere Geldarten (Gold und Silber) braucht. Die Entstehung neuer Geldformen war und ist eine Art Alchemie. Wer es erzeugen und einsetzen konnte – Banker, Unternehmer und Kapitalisten –, wurde reich und mächtig.[4]

Dieser Prozess der Vergrößerung des Finanzvermögens setzt sich bis heute fort. Inzwischen ist der finanzielle Wohlstand so groß, dass hartes Geld (Gold und Silber) und andere konkrete Vermögensgegenstände (wie Immobilien) im Vergleich unbedeutend sind. Doch natürlich gilt: Je mehr Zusagen in Form von Finanzvermögen vorliegen, desto größer ist das Risiko, dass diese nicht eingehalten werden. Und daraus ergibt sich der klassische große Schulden-/Geld-/Wirtschaftszyklus.

Überlegen Sie sich einmal, wie viel Finanzvermögen es heute im Verhältnis zu Realvermögen gibt, und stellen Sie sich vor, was passieren würde, wenn die Besitzer des Finanzvermögens tatsächlich versuchen würden, es in Realvermögen umzuwandeln – es zu verkaufen, um andere Dinge zu kaufen. Das entspräche einem Run auf eine Bank und ginge gar nicht! Anleihen und Aktien sind im Vergleich zu ihrer Kaufkraft zu werthaltig. Doch Sie wissen ja: Mit Fiatgeld können die Zentralbanken das nötige Geld drucken und bereitstellen, um die Nachfrage zu decken. Das ist eine zeitlose, universelle Tatsache.

Sie wissen auch, dass Papiergeld und finanzielle Vermögenswerte (also Aktien und Anleihen), die im Grunde Zahlungsversprechen darstellen, als solche wenig Nutzen bringen. Ihr Nutzen liegt in ihrer Kaufkraft.

Wie in Kapitel 3 bereits ausführlicher erläutert: **Kreditschöpfung bedeutet, dass im Gegenzug für die Zusage der Rückzahlung Kaufkraft**

---

4 Wie diese Alchemie funktioniert, können Sie heute an den Digitalwährungen beobachten.

erzeugt wird. Sie wirkt daher auf kürzere Sicht stimulierend, auf längere deprimierend. So entstehen Zyklen. Im Laufe der Geschichte stand der Wunsch, Geld zu bekommen (durch Kreditaufnahme oder Aktienverkäufe) in symbiotischer Beziehung mit dem Wunsch, es zu sparen (durch Investition in Form von Krediten oder durch den Kauf von Aktien). **Das löste Wachstum in Form von Kaufkraft aus und gab letztlich Anstoß zu weit mehr Zahlungsversprechen, als gehalten werden können, und zu gebrochenen Zahlungsversprechen in Form von Depressionen durch Kreditausfälle und Kurseinbrüche auf dem Aktienmarkt.**

Dann werden Banker und Kapitalisten (bildlich und buchstäblich) aufgehängt. Viele Vermögen und Leben werden ruiniert und eine Menge Fiatgeld (Geld, das man drucken kann und das keinen Substanzwert besitzt) gedruckt, um aus der Krise zu kommen.

DAS UMFASSENDERE BILD DES GROSSEN ZYKLUS AUS SICHT EINES INVESTORS

Die gesamte einschlägige historische Entwicklung von 1350 bis heute durchzugehen, wäre für Sie und mich gleichermaßen ermüdend. Ich will Ihnen aber vor Augen führen, wie sich die Lage dargestellt hätte, wenn Sie im Jahr 1900 angefangen hätten, Geld anzulegen. Zuvor möchte ich Ihnen noch erklären, wie ich über Risiken denke, denn diese Risiken werde ich im Folgenden herausarbeiten.

In meinen Augen **besteht das Risiko eines Investments darin, dass es nicht genug Geld einbringt, um Ihre Bedürfnisse zu erfüllen** – *nicht* in der Volatilität, die von der Standardabweichung gemessen wird: dem fast ausschließlich eingesetzten Risikomaß.

Für mich **sind die drei größten Risiken, mit denen Anleger konfrontiert sind, dass ihre Portfolios nicht die benötigten Renditen liefern, um ihre Ausgaben decken zu können, dass ihre Portfolios vor dem Ruin stehen und dass ihnen ein großer Teil ihres Vermögens ab-**

genommen wird (beispielsweise durch hohe Steuern). Die beiden erstgenannten Risiken klingen ähnlich, unterscheiden sich aber faktisch, weil es sowohl möglich ist, höhere durchschnittliche Erträge zu erzielen, als benötigt werden, als auch, eine oder mehrere Phasen mit verheerenden Verlusten zu erleben.

Um das ins richtige Verhältnis zu setzen, stellte ich mir vor, ich wäre im Jahr 1900 gelandet, um herauszufinden, wie es meinen Investments seither in jedem Jahrzehnt ergangen wäre. Ich entschied mich dafür, dafür die zehn größten Mächte zum Stand von 1900 heranzuziehen und weniger etablierte Länder außen vor zu lassen, die stärker zu schlechten Ergebnissen neigten. Praktisch alle diese Länder waren große, wohlhabende Imperien (oder hätten es werden können), und sie alle waren vernünftige Anlageziele (oder hätten es werden können) – vor allem für Anleger, die ein diversifiziertes Portfolio anstreben.

Sieben dieser zehn Länder erlebten, wie ihr Wohlstand praktisch vollständig zunichte gemacht wurde. Selbst Länder, deren Wohlstand nicht komplett vernichtet wurde, verzeichneten etliche verheerende Jahrzehnte für Anlageerträge, wodurch sie finanziell praktisch am Ende waren. Zwei der großen Industriestaaten – Deutschland und Japan, auf die man zu bestimmten Zeiten als künftige Gewinner hätte setzen können – verloren in den Weltkriegen ihren gesamten Wohlstand und viele Menschenleben. Nach meiner Feststellung sah das für viele andere Länder ähnlich aus. Die USA und das Vereinigte Königreich (und ein paar andere) waren einzigartig erfolgreich, doch selbst sie erlebten Phasen, in denen viel Vermögen ausradiert wurde.

Hätte ich mir diese Erträge aus der Zeit, bevor 1945 die neue Weltordnung eingeführt wurde, nicht angesehen, wären mir diese Phasen der Vernichtung gar nicht aufgefallen. Und hätte ich in der Weltgeschichte nicht 500 Jahre zurückgeschaut, hätte ich nicht wahrgenommen, dass sich das schon fast überall gleich mehrfach wiederholt hat.

Die in der folgenden Tabelle aufgeführten Zahlen geben die annualisierten Realrenditen für die einzelnen Jahrzehnte an – das bedeutet, dass die Verluste für das gesamte Jahrhundert etwa 8-mal so groß sind wie ausgewiesen, die Gewinne rund 15-mal so groß.[5]

ÜBERSICHT ÜBER DIE RENDITEN VON VERMÖGENSWERTEN FÜR ALLE GROSSMÄCHTE

(reale Renditen, Zehnjahreszeiträume, ann.)

	VEREINIGTE STAATEN			VEREINIGTES KÖNIGREICH			JAPAN			DEUTSCHLAND		
	Aktien	Anleihen	Cash	Aktien	Anleihen	Cash	Aktien	Anleihen	Cash	Aktien	Anleihen	Cash
1900 bis 1910	9%	0%	1%	3%	2%	2%	4%	1%	4%	3%		2%
1910 bis 1920	-2%	-4%	-3%	-6%	-7%	-5%	1%	-5%	-4%	-14%	-10%	-14%
1920 bis 1930	16%	7%	5%	10%	8%	7%	-3%	12%	10%	-24%	-95%	-86%
1930 bis 1940	0%	7%	3%	1%	5%	1%	6%	4%	-1%	7%	11%	6%
1940 bis 1950	3%	-2%	-5%	3%	-1%	-4%	-28%	-34%	-33%	-4%	-16%	-19%
1950 bis 1960	16%	-1%	0%	13%	-1%	-1%	27%	-1%	5%	26%	5%	2%
1960 bis 1970	5%	-1%	2%	4%	0%	2%	8%	8%	2%	3%	5%	1%
1970 bis 1980	-2%	-1%	-1%	-4%	-3%	-3%	3%	-2%	-1%	-7%	4%	0%
1980 bis 1990	13%	9%	4%	16%	8%	5%	19%	9%	4%	10%	6%	3%
1990 bis 2000	14%	6%	2%	12%	8%	5%	-7%	9%	2%	13%	7%	3%
2000 bis 2010	-3%	8%	0%	0%	4%	2%	-3%	4%	1%	-2%	6%	2%
2010 bis 2020	11%	4%	-1%	5%	5%	-1%	10%	2%	0%	7%	5%	-1%

5 Über zehn Jahre kumuliert sind die Gewinne größer als die Verluste, weil auf Gewinnen aufgebaut wird. Werden stattdessen Verluste verzeichnet und die Nulllinie erreicht, wirken sich künftige prozentuale Verluste in US-Dollar nicht mehr so stark aus. Der Vergleich der aufs Jahr gerechneten Gewinne und Verluste beruht auf annualisierten Gewinnen von durchschnittlich 10 Prozent und annualisierten Verlusten von durchschnittlich –5 Prozent. Bei extremeren Veränderungen verändern sich auch die Multiplikatoren.

ÜBERSICHT ÜBER DIE RENDITEN VON VERMÖGENSWERTEN FÜR ALLE GROSSMÄCHTE

(reale Renditen, Zehnjahreszeiträume, ann.)

	FRANKREICH			NIEDERLANDE			ITALIEN		
	Equity	Bond	Cash	Equity	Bond	Cash	Equity	Bond	Cash
1900 bis 1910	1%	3%	2%	5%	1%	1%		3%	4%
1910 bis 1920	-7%	-8%	-6%	1%	-6%	-3%	-9%	-8%	-6%
1920 bis 1930	-2%	-1%	-4%	1%	11%	6%	-6%	-5%	-1%
1930 bis 1940	-10%	2%	0%	2%	6%	3%	4%	5%	5%
1940 bis 1950	-20%	-22%	-23%	2%	-3%	-6%	-13%	-30%	-30%
1950 bis 1960	17%	0%	-2%	14%	0%	-2%	20%	2%	1%
1960 bis 1970	0%	2%	1%	2%	0%	0%	0%	2%	0%
1970 bis 1980	-2%	-3%	0%	-3%	2%	-2%	-13%	-8%	-1%
1980 bis 1990	16%	9%	5%	16%	7%	5%	15%	4%	6%
1990 bis 2000	13%	10%	5%	20%	7%	4%	9%	15%	6%
2000 bis 2010	-2%	5%	1%	-6%	5%	1%	-4%	5%	1%
2010 bis 2020	7%	6%	-1%	8%	5%	-1%	3%	8%	-1%

	RUSSLAND			CHINA			ÖSTERREICH-UNGARN		
	Equity	Bond	Cash	Equity	Bond	Cash	Equity	Bond	Cash
1900 bis 1910	-2%	3%	4%	7%	6%	3%	4%	3%	2%
1910 bis 1920	-100%	-100%	-36%	3%	1%	4%	-9%	-10%	-8%
1920 bis 1930				9%	6%	1%	-6%	-44%	-44%
1930 bis 1940				2%	-7%	-6%			
1940 bis 1950				-100%	-100%	-73%			
1950 bis 1960									
1960 bis 1970									
1970 bis 1980									
1980 bis 1990									
1990 bis 2000									
2000 bis 2010	15%		-2%	4%		1%			
2010 bis 2020	7%	4%	1%	2%	2%	0%			

Vielleicht vermittelt die folgende Grafik noch ein klareres Bild, denn sie zeigt, welcher Prozentsatz von Ländern über Fünfjahreszeiträume für ein Portfolio aus 60 Prozent Aktien und 40 Prozent Anleihen Verluste verbuchte.

ANTEIL DER PORTFOLIOS, DIE ÜBER FÜNF JAHRE X % EINGEBÜSST HABEN, NACH LÄNDERN (60/40-PORTFOLIO, REALE RENDITE)[6]

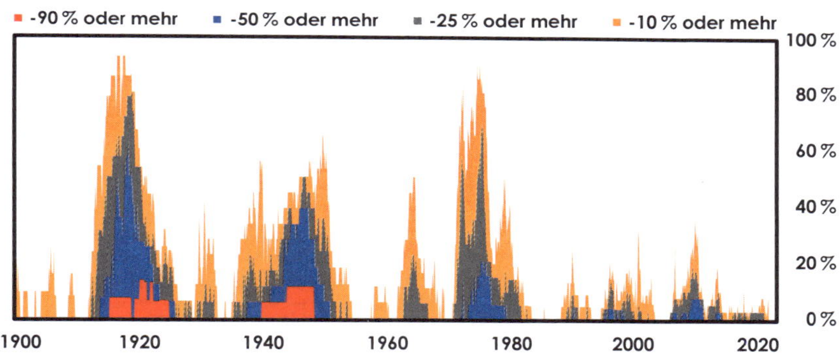

Die nachstehende Tabelle weist die verheerendsten Investmentbeispiele für größere Länder genauer aus. Sie werden feststellen, dass die USA in dieser Tabelle nicht enthalten sind, weil sie nicht zu diesen Negativbeispielen zählen. **Die USA, Kanada und Australien waren die einzigen Länder, die keine anhaltenden Verlustphasen erlebten.**

6 Für China und Russland beruhen die Daten zu Anleihen vor 1950 auf einer Modellierung anhand der Renditen von einem inländischen Anleger gehaltener Anleihen in Hartwährung, als wären diese gegen die Landeswährung abgesichert. Aktien und Anleihen wurden so modelliert, als wären sie zum Zeitpunkt der Revolution vollständig ausgefallen. Die annualisierten Renditen gehen von einem vollständigen Zehnjahreszeitraum aus, selbst wenn die Märkte in dem Jahrzehnt geschlossen waren.

SCHLIMMSTE ANLEGERERFAHRUNGEN (ALLER MASSGEBLICHEN LÄNDER)[7]

Größte Rückgänge der realen Renditen von 60/40-Portfolios um mehr als 40 % über Zwanzigjahreszeiträume

Land	20-Jahreszeit-räume	Niedrigste Rendite über 20 Jahre (real, kumuliert)	Nähere Angaben
Russland	1900 bis 1918	-100 %	Der russische Bürgerkrieg endete mit kommunistischer Herrschaft, Nichtanerkennung von Schulden und der Zerstörung der Finanzmärkte
China	1930 bis 1950	-100 %	Im Zweiten Weltkrieg schlossen die Märkte für Vermögenswerte und wurden zerstört, als Ende der 1940er-Jahre die Kommunisten die Herrschaft übernahmen.
Deutschland	1903 bis 1923	-100 %	Die Hyperinflation der Weimarer Republik führte zum Zusammenbruch der Vermögenswerte nach dem Ersten Weltkrieg.
Japan	1928 bis 1948	-96 %	In Japan kollabierten Märkte und Währung, als die Märkte nach dem Zweiten Weltkrieg wieder öffneten und die Inflation in die Höhe schoss.
Österreich	1903 bis 1923	-95 %	Ähnlich wie in der Weimarer Republik (nur nicht so bekannt) führte Hyperinflation nach dem Ersten Weltkrieg zu niedrigen Anlagerenditen.
Frankreich	1930 bis 1950	-93 %	Die Weltwirtschaftskrise, der Zweite Weltkrieg und die deutsche Besetzung hatten niedrige Renditen und hohe Inflation zur Folge.
Italien	1928 bis 1948	-87 %	Wie bei den anderen Achsenmächten auch brachen die italienischen Märkte nach dem Zweiten Weltkrieg zusammen.
Italien	1907 bis 1927	-84 %	Nach dem Ersten Weltkrieg litt Italien unter einer Depression und hoher Inflation, was Mussolini zum Aufstieg verhalf.

7 Fälle mit niedrigen Anlagerenditen in kleineren Ländern wie Belgien, Griechenland, Neuseeland, Norwegen, Schweden, der Schweiz und Schwellenländern sind in dieser Tabelle nicht berücksichtigt. Beachten Sie bitte, dass aus Platzgründen für jedes Land/jeden Zeitraum das schlechteste Zwanzigjahresfenster angegeben ist (das heißt, wenn für Deutschland 1903–1923 aufgenommen wurde, fällt Deutschland von 1915–1935 heraus). Für unsere 60/40-Portfolios sind wir von einer monatlichen Neugewichtung über den Zwanzigjahreszeitraum ausgegangen.

Frankreich	1906 bis 1926	-75 %	Auf den Ersten Weltkrieg zu Beginn des 20. Jahrhunderts folgte Frankreichs inflationsbedingte Währungskrise Anfang der 1920er-Jahre.
Italien	1960 bis 1980	-72 %	Italien erlebte in den 1960er- und 1970er-Jahren eine Reihe von Rezessionen, hohe Arbeitslosigkeit und Inflation sowie Währungsabwertungen.
Indien	1955 bis 1975	-66 %	Nach der Unabhängigkeit schwächten mehrere schwere Dürreperioden das Wirtschaftswachstum in Indien und sorgten für hohe Inflation.
Spanien	1962 bis 1982	-59 %	Die Umstellung auf die Demokratie nach Franco belastete die spanische Wirtschaft in Verbindung mit den inflationären 1970er-Jahren.
Deutschland	1929 bis 1949	-50 %	Die Weltwirtschaftskrise, gefolgt von den Verheerungen des Zweiten Weltkriegs, bescherten Vermögenswerten in Deutschland schwere Zeiten.
Frankreich	1961 bis 1981	-48 %	Wie andere europäische Nationen verbuchte Frankreich in den 1960er- und 1970er-Jahren schwächeres Wachstum, rückläufige Wechselkurse und eine hohe Inflation.
Vereinigtes Königreich	1901 bis 1921	-46 %	Auf den Ersten Weltkrieg zu Beginn des 20. Jahrhunderts folgte die Depression von 1920/21.

Natürlich überlege ich mir, wie ich in diesen Zeiträumen wohl vorgegangen wäre, wenn ich sie erlebt hätte. Ich bin mir sicher: Selbst wenn ich die Zeichen, die ich in diesem Buch beschreibe, richtig gedeutet hätte, hätte ich nie im Brustton der Überzeugung dermaßen katastrophale Entwicklungen vorausgesagt – wie schon gesagt, erlebten sieben von zehn Ländern, wie ihr gesamter Wohlstand vernichtet wurde. Anfang des 20. Jahrhunderts hätten selbst diejenigen, die ein paar Jahrzehnte zurückgeblickt hätten, die Ereignisse nicht kommen sehen, weil es aufgrund der Entwicklungen in der zweiten Hälfte des 19. Jahrhunderts genügend Gründe für Optimismus gab.

Rückblickend meinen heute viele, dass der Erste Weltkrieg in den Jahren, die ihm direkt vorausgingen, doch leicht vorhersehbar gewesen sein müsste. Doch dem war nicht so. Vor dem Krieg hatte es rund 50 Jahre lang kaum Konflikte zwischen den Großmächten der Welt gegeben. In diesen 50 Jahren hatte die Welt die höchsten Innovations- und Produktionssteigerungsraten aller Zeiten erlebt, was zu enormem Wohlstand und großer Blüte geführt hatte. Die Globalisierung erreichte einen neuen Höhepunkt. Die globalen Exporte vervielfachten sich in den 50 Jahren vor dem Ersten Weltkrieg. Die Länder waren enger verflochten denn je. Die USA, Frankreich, Deutschland, Japan und Österreich-Ungarn waren rasch aufstrebende Imperien, die atemberaubenden technischen Fortschritt verzeichneten. Das Vereinigte Königreich war nach wie vor die beherrschende Weltmacht. In Russland schritt die Industrialisierung schnell voran. Von den Ländern aus der Tabelle der „schlimmsten Anlegererfahrungen" befand sich nur China offensichtlich im Niedergang. Starke Allianzen unter europäischen Mächten galten seinerzeit als Mittel zur Wahrung des Friedens und zur Aufrechterhaltung der Machtverhältnisse. Mit Blick auf das 20. Jahrhundert sah alles gut aus – abgesehen von dem Umstand, dass Wohlstandsgefälle und Ressentiments zunahmen und die Verschuldung stark angewachsen war.

Von 1900 bis 1914 verschlechterte sich die Lage und auf internationaler Ebene nahmen die Spannungen zu. Dann traten die eben beschriebenen Zeiten mit ihren verheerenden Renditen ein.

Doch es sollte noch schlimmer kommen.

Enteignungen, enteignungsgleiche Besteuerung, Kapitalverkehrskontrollen und Marktschließungen hatten gewaltige Auswirkungen auf den Wohlstand. Heutzutage weiß kein Investor mehr, was das ist, und hält es für unvorstellbar, weil ein Blick zurück über die letzten Jahrzehnte nichts dergleichen erkennen lässt. Die folgende Tabelle zeigt, in welchen Jahrzehnten diese Ereignisse auftraten. Naturgemäß fanden die schlimmsten Enteignungen in Zeiten statt, in denen das Wohlstandsgefälle und die innenpolitischen Konflikte um den Wohlstand groß waren, während sich die Wirtschaftslage eintrübte und/oder Krieg herrschte.

PERIODEN, IN DENEN VERMÖGEN EINGEZOGEN WURDE[8]

	1900	1920	1940	1960	1980	2000
Vereinigtes Königreich						
USA	Ja	Ja				
China			Ja	Ja		
Deutsch-land		Ja				
Frankreich						
Russland	Ja	Ja	Ja			
Österreich-Ungarn						
Italien		Ja				
Niederlande						
Japan			Ja			

PERIODEN MIT STRENGEN/ZUNEHMENDEN KAPITALKONTROLLEN

	1900	1920	1940	1960	1980	2000
Vereinigtes Königreich	Ja	Ja	Ja	Ja		
USA	Ja	Ja				
China			Ja	Ja	Ja	
Deutschland	Ja	Ja	Ja	Ja		
Frankreich	Ja			Ja		
Russland	Ja	Ja	Ja	Ja	Ja	Ja
Österreich-Ungarn	Ja					
Italien		Ja				
Niederlande				Ja		
Japan		Ja		Ja		

8 Diese Tabelle ist zwar nicht erschöpfend, doch berücksichtige ich Beispiele, bei denen mir eindeutige Nachweise für das Auftreten im betreffenden Zwanzigjahreszeitraum vorliegen. Für diese Analyse wurde der Einzug von Vermögen definiert als umfassende Beschlagnahmung von Privatvermögen, einschließlich umfangreicher unwirtschaftlicher Zwangsveräußerungen durch eine Regierung (oder im Falle einer Revolution durch die Revolutionäre). Maßgebliche Kapitalkontrollen wurden definiert als spürbare Einschränkungen für Anleger, ihr Kapital in oder aus andere(n) Länder(n) oder Anlagen umzuschichten. Gezielte Maßnahmen wie Sanktionen, die nur auf einzelne Länder ausgerichtet sind, sind jedoch nicht eingeflossen.

Die nächste Grafik weist den Anteil maßgeblicher Länder aus, die ihre Aktienmärkte während dieser Zeit schlossen. Börsenschließungen kamen in Kriegszeiten häufig vor und natürlich schlossen die kommunistischen Länder ihre Aktienmärkte für eine ganze Generation.

BÖRSENSCHLIESSUNGEN IN ALLEN GROSSEN VOLKSWIRTSCHAFTEN

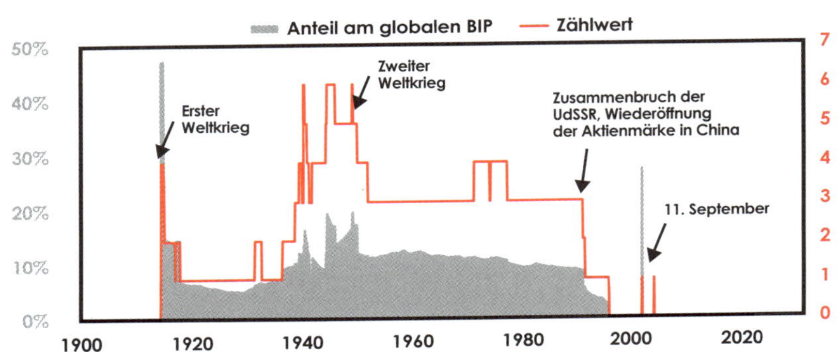

Die schlimmen Zeiten waren in allen Zyklen vor 1900 ähnlich schlimm. Dass **diese Perioden innen- und außenpolitischer Kämpfe um Wohlstand und Macht viele Todesopfer forderten,** kam erschwerend hinzu.

TODESOPFER GRÖSSERER GEWALTSAMER KONFLIKTE (IN PROZENT DER BEVÖLKERUNG)

Innenpolitisch und außenpolitisch

	1900	1910	1920	1930	1940	1950	1960	1970	1980	1990	2000	2010
Vereinigtes Königreich	0%	2%	0%	0%	1%	0%	0%	0%	0%	0%	0%	0%
USA	0%	0%	0%	0%	0%	0%	0%	0%	0%	0%	0%	0%
China	0%	0%	1%	2%	3%	1%	1%	1%	0%	0%	0%	0%
Deutschland	0%	3%	0%	9%	15%	0%	0%	0%	0%	0%	0%	0%
Frankreich	0%	4%	0%	0%	1%	0%	0%	0%	0%	0%	0%	0%
Russland	0%	4%	5%	10%	13%	0%	0%	0%	0%	0%	0%	0%
Österreich-Ungarn	0%	2%										
Italien	0%	2%	0%	0%	1%	0%	0%	0%	0%	0%	0%	0%
Niederlande	0%	0%	0%	1%	2%	0%	0%	0%	0%	0%	0%	0%
Japan	0%	0%	0%	1%	4%	0%	0%	0%	0%	0%	0%	0%

Selbst für die glücklichen Investoren aus Ländern, die den Krieg gewannen (wie den USA, die zweimal größter Gewinner waren), gab es zwei weitere Widerstände: das Problem, den richtigen Zeitpunkt zu erwischen, und die Steuern.

Die meisten Anleger verkaufen in der Nähe des absoluten Tiefpunkts, wenn es schlecht steht, weil sie Geld brauchen und in aller Regel in Panik geraten. Sie kaufen fast auf dem Höhepunkt, weil sie dann viel Geld haben und in Euphorie verfallen. Das bedeutet, dass sie schlechtere Renditen erzielen als die von mir ausgewiesenen Markterträge. Eine aktuelle Studie belegt, dass US-Anleger von 2000 bis 2020 pro Jahr um rund 1,5 Prozent schlechter abschnitten als US-Aktien.

Was Steuern anbelangt, so schätzt die nächste Tabelle den durchschnittlichen Steuereffekt für S&P-500-Investoren über sämtliche Zwanzigjahreszeiträume (anhand der Durchschnittssteuersätze für das heutige oberste Quintil über den gesamten Analysezeitraum). Die verschiedenen Spalten geben die unterschiedlichen Möglichkeiten wieder, in den US-Aktienmarkt zu investieren, unter anderem über nachgelagert besteuerte Altersvorsorgeprogramme (bei denen erst am Ende der Anlagefrist Steuern anfallen)[9] und über Positionen in physischen Aktien bei jährlicher Wiederanlage der Dividenden, als würden die Aktien in einem Depot gehalten. Weil diese verschiedenen Methoden unterschiedliche steuerliche Auswirkungen haben (wobei die Altersvorsorgepläne davon am wenigsten beeinflusst werden), sind die Effekte in jedem Fall erheblich, vor allem bei den realen Renditen. Schließlich können die Steuern einen maßgeblichen Teil der Erträge aufzehren. US-Anleger mussten in einem beliebigen Zwanzigjahreszeitraum im Schnitt etwa ein Viertel ihrer realen Aktienerträge ans Finanzamt abführen.

9 Anm. d. Red.: Der 401k-Plan bezeichnet ein vom Arbeitgeber mitfinanziertes Modell der privaten Altersvorsorge in den USA. Seinen Namen verdankt das Modell der Verankerung im Abschnitt 401(k) im Internal Revenue Code, dem Hauptbestandteil des amerikanischen Steuergesetzes.

EFFEKT DER STEUERN AUF DIE ROLLIERENDEN S&P-GESAMTRENDITEN ÜBER 20 JAHRE[10]

	Vor Steuern	Nach Steuern (401[k])	Nach Steuern (Brokerage)
Durchschn. ann. Gesamtrendite	9,5 %	8,2 %	7,9 %
Durchschnittliche Steuerbelastung (ann. Gesamtrendite)		-1,3 %	-1,6 %
Durchschnittliche Steuerbelastung (% der Gesamtrendite)		-14 %	-17 %
Durchschn. ann. Gesamtrendite	6,2 %	4,9 %	4,6 %
Durchschnittliche Steuerbelastung (ann. Gesamtrendite)		-1,2 %	-1,6 %
Durchschnittliche Steuerbelastung (% der Gesamtrendite)		-20 %	-26 %

ÜBERBLICK ÜBER DEN GROSSEN KAPITALMARKTZYKLUS

Wie der klassische große Schulden- und Kapitalmarktzyklus funktioniert, habe ich bereits erklärt. Um noch einmal zu rekapitulieren: **Im Aufwärtstrend steigt die Verschuldung. Finanzieller Wohlstand und Verpflichtungen nehmen im Verhältnis zum Realvermögen so stark zu, dass die Zahlungszusagen für die Zukunft (also der Wert von Barguthaben, Anleihen und Aktien) nicht erfüllt werden können. Das löst eine Schuldenkrise à la Bank-Run aus, die wiederum dazu führt, dass Geld gedruckt wird, um die Probleme von Zahlungsausfällen**

10 Für die steuerlichen Auswirkungen für die 401(k)-Methode wird am Ende jedes Anlagezeitraums von 20 Jahren ein Einkommensteuersatz von 26 Prozent zugrunde gelegt (effektiver durchschnittlicher Bundessatz für das oberste Quintil des Congressional Budget Office, Stand 2017) (d. h. steuerfreies Anlagewachstum). Für die steuerlichen Auswirkungen bei der Brokerage-Methode werden Dividenden (mit demselben Einkommensteuersatz von 26 Prozent) und Veräußerungsgewinne separat besteuert, wobei die Steuern auf sämtliche Veräußerungsgewinne (zu einem Satz von 20 Prozent) sowohl auf das Kapital als auch auf wiederangelegte Dividenden am Ende jedes Anlagezeitraums von 20 Jahren anfallen und Verluste mit Gewinnen verrechnet werden.

und fallenden Aktienkursen zu lösen. In der Folge verliert das Geld an Wert, und das Finanzvermögen nimmt im Verhältnis zum Realvermögen ab, bis der reale (inflationsbereinigte) Wert der Renditen finanzieller Vermögensgegenstände im Vergleich zu Realvermögen gering ist. Dann beginnt der Zyklus von vorne.

Dabei handelt es sich um eine stark vereinfachte Beschreibung, doch Sie verstehen bestimmt, worauf ich hinauswill: In der Abschwungphase dieses Zyklus verzeichnen finanzielle Vermögenswerte im Vergleich zu Realvermögen negative Realrenditen, und die Zeiten sind schlecht. Wir befinden uns im kapitalfeindlichen, antikapitalistischen Zyklusabschnitt, der sich fortsetzt, bis das andere Extrem erreicht ist.

Dieser Zyklus geht aus den folgenden beiden Grafiken hervor. Die erste zeigt den Wert des gesamten Finanzvermögens im Verhältnis zum Gesamtwert des Realvermögens. Die zweite weist die reale Geldmarktrendite aus (also den Tagesgeldsatz). Ich ziehe zu diesem Zweck keine globalen Werte, sondern Zahlen für die USA heran, weil diese seit 1900 am kontinuierlichsten vorliegen. **Wie Sie sehen, kommt es zu einem Umschwung, wenn im Verhältnis zum Realvermögen viel Finanzvermögen vorhanden ist und die realen Renditen finanzieller Vermögenswerte, allen voran von Geldmarkt- und Schuldinstrumenten (wie Anleihen), dürftig sind. Das ist der Fall, weil die Zinsen und Renditen für die Inhaber von Schuldtiteln niedrig und kümmerlich sein müssen, um den Schuldnern das Leben leichter zu machen, die sich übernommen haben, und um zu weiterem Schuldenwachstum zu animieren, um die Wirtschaft anzukurbeln.** Das ist das klassische Endstadium des langfristigen Schuldenzyklus. Dazu kommt es, wenn immer mehr Geld gedruckt wird, um die Schuldenlast zu lindern, und neue Schuldtitel aufgelegt werden, um die Kaufkraft zu erhöhen. Dadurch sinkt der Wert der Währung gegenüber anderen Wertspeichern und gegenüber Waren und Dienstleistungen. **Wenn der Wert finanzieller Vermögenswerte irgendwann so stark zurückgegangen ist, dass sie im Vergleich zu Sachwerten billig wirken, ist das andere**

Extrem erreicht, und das Pendel schlägt in die andere Richtung aus: Dann setzen wieder Frieden und Wohlstand ein, der Zyklus geht in die Aufwärtsphase über und finanzielle Vermögenswerte erzielen hervorragende reale Renditen.

ANTEIL DES FINANZVERMÖGENS AM GESAMTVERMÖGEN, USA

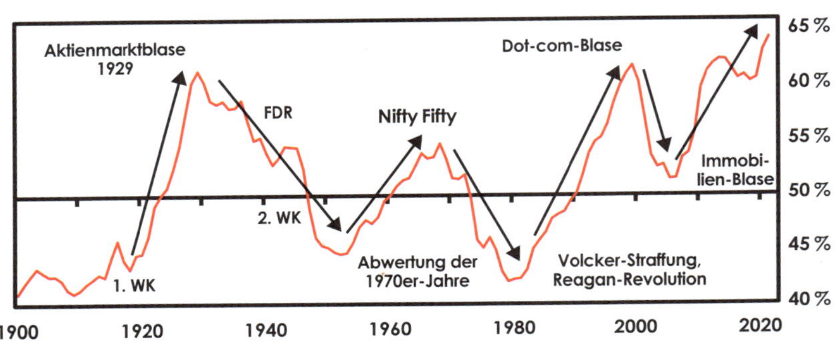

REALE T-BILL-RENDITEN (GEGENÜBER VPI)

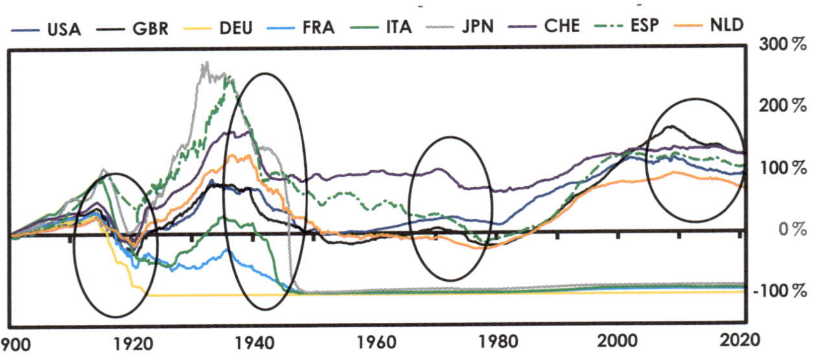

Wie bereits erläutert, gewinnen Hartgeld und harte Vermögenswerte in Zeiten, in denen die Währung abwertet, gegenüber Bargeld an Wert. So zeigt beispielsweise die nachstehende Grafik, dass in Zeiten, in denen der Wert des klassischen 60/40-Aktien-/Anleihenportfolios

abnahm, der Goldpreis anstieg. Damit sage ich nichts darüber aus, ob Gold eine gute oder eine schlechte Anlage ist. Ich beschreibe lediglich die Mechanismen von Wirtschaft und Markt und wie sich diese in vergangenen Marktbewegungen und Investmenterträgen niedergeschlagen haben, um Ihnen meine Sicht auf frühere und künftige Entwicklungen und die Gründe dafür nahezubringen.

GOLDRENDITE IN DEN VERLUSTPHASEN VON 60/40-PORTFOLIOS

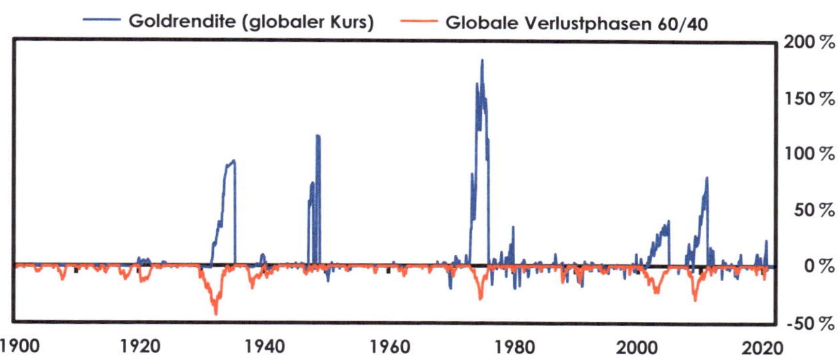

Eine der wichtigsten Fragen, die sich Anleger regelmäßig stellen sollten, lautet: Kompensieren die gezahlten Zinsen ausreichend für das bestehende Abwertungsrisiko?

Der klassische große Schulden-/Geld-/Kapitalmarktzyklus, der sich im Zeitverlauf überall wiederholt und aus den gerade angesprochenen Grafiken hervorgeht, zeigt sich im relativen Wert von 1) realem/konkretem Geld und realem/konkretem Vermögen und 2) Finanzgeld und Finanzvermögen. Der Wert von Finanzgeld und Finanzvermögen beschränkt sich darauf, inwieweit Sie damit reales Geld und Realvermögen mit realem Wert (Substanzwert) erwerben können. Diese Zyklen sind stets so abgelaufen, dass sich in den Anstiegsphasen Finanzgeld und Finanzvermögen (also die aufgelegten Fremd- und Eigenkapitalinstrumente) im Vergleich zu der Menge Realgeld und Realvermögen, auf die sie Ansprüche darstellen, steigern. Das geschieht, weil a) es sich für Kapitalisten auszahlt, die mit der Auflegung und dem Verkauf finanzieller Vermögenswerte befasst sind, b) es für die Politik eine effektive Möglichkeit zur Förderung von Wohlstand darstellt, die Menge an Geld- und Kreditmitteln und anderen Kapitalmarktanlagen zu erhöhen, und c) die Illusion entsteht, dass die Menschen reicher sind, weil der ausgewiesene Wert von Finanzanlagen steigt, wenn der Wert von Geldmarkt- und Schuldinstrumenten fällt. Auf diese Weise erzeugen Zentralregierungen und Zentralbanker stets deutlich höhere Ansprüche auf reales Geld und Realvermögen, als je in Realvermögen und reales Geld umgewandelt werden könnte.

In der Anstiegsphase des Zyklus legen Aktien, Anleihen und andere Investments zu, wenn die Zinsen fallen, weil sinkende Zinsen unter sonst gleichen Bedingungen die Vermögenspreise ansteigen lassen. Kommt mehr Geld ins System, so steigt die Nachfrage nach Finanzanlagen, wodurch die Risikoprämien zurückgehen. Ziehen diese Anlagen an, weil die Zinsen sinken und mehr Geld im System ist, erscheinen sie genau dann attraktiver, wenn die Zinsen und die künftig erwartbaren Renditen von Finanzanlagen fallen. Je mehr Ansprüche auf vorhandene Werte in Umlauf sind, desto höher das Risiko. Dies sollte an sich durch einen höheren Zins kompensiert werden, doch im Regelfall ist das nicht so, weil die Lage für den Moment gut aussieht und die Erinnerungen an frühere Schulden- und Kapitalmarktkrisen verblasst sind.

Die Grafiken, die ich Ihnen zuvor vorgelegt habe, um die Zyklen begreiflich zu machen, würden ohne ein paar Zinsdiagramme ein unvollständiges Bild zeichnen. Die Zinsen werden in den folgenden vier Grafiken ausgewiesen, die bis ins Jahr 1900 zurückgehen. Sie geben die realen (inflationsbereinigten) Anleiherenditen, die nominalen (also nicht inflationsbereinigten) Anleiherenditen sowie die nominalen und realen Geldmarktsätze für die USA, Europa und Japan zum Zeitpunkt meiner Arbeit an diesem Buch an. Wie Sie sehen werden, waren sie schon viel höher und sind jetzt ausgesprochen niedrig. Die realen Renditen von auf Reservewährungen lautenden Staatsanleihen sind, während ich diese Zeilen schreibe, so niedrig wie fast noch nie, die nominalen Anleiherenditen liegen bei rund 0 Prozent – ebenfalls rekordverdächtig niedrig. Wie ausgewiesen, sind die realen Geldmarktrenditen sogar noch geringer, wenn auch nicht so negativ wie in den großen Monetarisierungsphasen 1930 bis 1945 und 1915 bis 1920. Die nominalen Geldmarktrenditen bewegen sich nahe historischer Tiefststände.

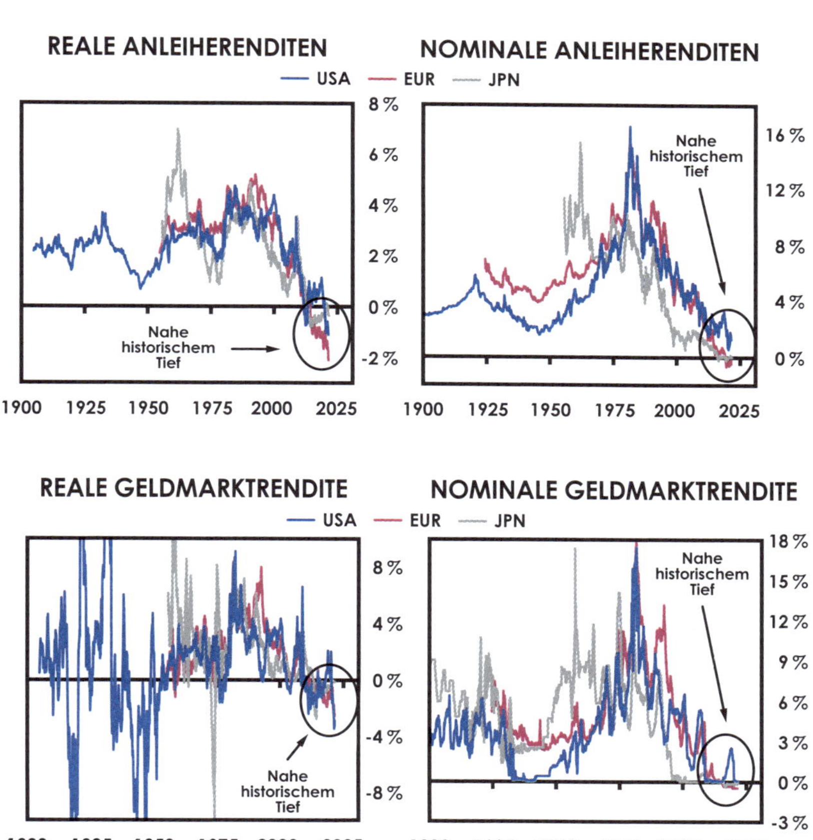

Was bedeutet das für Investments? Man investiert, um Geld in Werten zu speichern, die sich zu einem späteren Zeitpunkt in Kaufkraft verwandeln lassen. Bei der Kapitalanlage zahlt man einen Pauschalbetrag ein, um künftig Zahlungen zu erhalten. Sehen wir uns an, was das zum Zeitpunkt der Arbeit an diesem Buch für ein Geschäft ist. Wenn Sie heute 100 US-Dollar anlegen, wie viele Jahre müssen Sie dann warten, um Ihre 100 US-Dollar zurückzuerhalten und obendrein noch eine Rendite zu erzielen? Legen Sie in US-amerikanischen, japanischen, chinesischen und europäischen Anleihen an, könnte es sein, dass Sie rund 45, 150 beziehungsweise 30 Jahre[11] warten müssen, um Ihr Kapital zurückzubekommen (vermutlich mit einer sehr geringen oder ohne Nominalrendite). In Europa bekommen Sie Ihr Kapital derzeit angesichts negativer nominaler Zinsen vermutlich nie zurück. Doch weil Sie ja versuchen, Kaufkraft zu erhalten, müssen Sie die Inflation berücksichtigen. Während ich an diesem Buch arbeite, erhalten Sie in den USA und Europa Ihre Kaufkraft möglicherweise nie zurück, in Japan wird es über 250 Jahre dauern. Tatsächlich gilt: In Ländern mit negativen Realzinsen steht quasi fest, dass Sie künftig über deutlich weniger Kaufkraft verfügen werden. Statt Renditen unter der Inflationsrate zu erzielen – sollten Sie da nicht lieber irgendetwas kaufen, das die Inflation ausgleicht oder sogar mehr als das? Ich nehme jede Menge Investments wahr, von denen ich Ergebnisse erwarte, die deutlich über der Inflation liegen. Die folgenden Grafiken zeigen die Rückzahlungsfristen für Barguthaben und Anleihepositionen in den USA nominal und real. Wie Sie sehen, sind diese so lang wie nie – ganz offensichtlich regelrecht absurd.

11 Gestützt auf die Niveaus der nominalen Renditen 30-jähriger Staatsanleihen (als ewige Anleihen behandelt) vom August 2021.

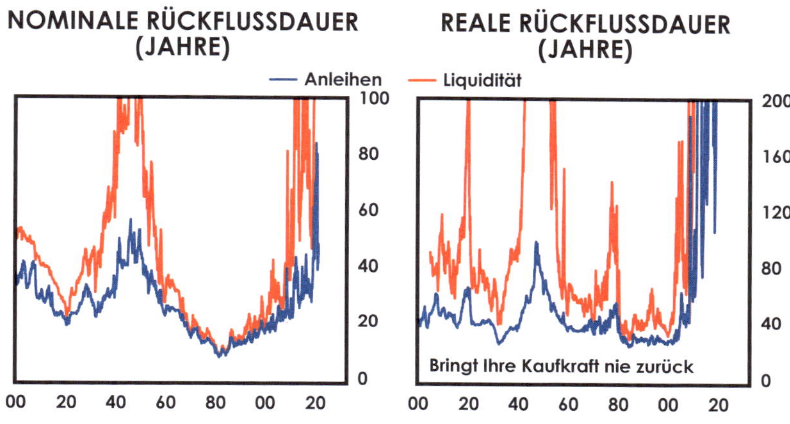

FAZIT

Vorstehend habe ich Ihnen den großen Zyklus seit 1900 aus der Sicht eines Investors demonstriert. Indem ich weltweit 500 Jahre und in China 1.400 Jahre zurückging, erkannte ich im Grunde dieselben Zyklen, die sich aus mehr oder minder gleichen Gründen immer wieder vollzogen.

Wie in diesem Buch bereits angesprochen, sind die schlimmen Zeiten in den Jahren vor der Einführung der neuen Weltordnung 1945 ganz typisch für die späte Übergangsphase des großen Zyklus, in der revolutionäre Veränderungen und Umstrukturierungen erfolgen. Diese waren zwar furchtbar, wurden aber durch kräftige Aufwärtstrends, die sich an die schmerzhafte Umstellung von der alten auf die neue Ordnung anschlossen, mehr als wettgemacht. Weil das alles schon so oft passiert ist und weil ich nicht genau sagen kann, was die Zukunft bringt, kann ich nicht investieren, ohne mich gegen solche Entwicklungen abzusichern – oder dagegen, dass ich falschliegen könnte.

TEIL II

WIE DIE WELT IN DEN LETZTEN 500 JAHREN FUNKTIONIERT HAT

KAPITEL 8

500 JAHRE IM ZEITRAFFER

In Teil I habe ich beschrieben, wie das Perpetuum mobile meines Erachtens funktioniert. In diesem Teil werde ich Ihnen zeigen, was dieses Perpetuum mobile in den letzten 500 Jahren der Geschichte bewirkt hat. Auch diesmal fange ich mit einem stark gerafften Überblick an. Dieses Kapitel bereitet den Boden für die übrigen Kapitel des zweiten Buchteils, der genauer darüber Aufschluss gibt, wie der große Zyklus bei den Niederländern, den Briten, den Amerikanern und den Chinesen verlaufen ist. In Teil III werde ich schließlich versuchen, einen Blick in die Zukunft zu werfen, indem ich Ihnen verrate, was mein Modell zu mehreren der heute tonangebenden Ländern zu sagen hat. Doch zuvor müssen wir in das Jahr 1500 zurückblicken, um uns ein besseres Bild davon machen zu können, wie die Welt aussah, als diese Geschichte begann.

DIE WELT IM JAHR 1500

Im Jahr 1500 sah die Welt ganz anders aus, funktionierte aber so wie heute. Das hat einen einfachen Grund: Zwar hat sich seit 1500 viel verändert, doch die Abläufe sind die gleichen wie eh und je. Evolutionäre Aufwärtstrends sorgen für Fortschritte, große Zyklen lösen im Zuge dieser Aufwärtstrends Auf- und Abschwünge aus.

Ein paar der größten Unterschiede zur Welt im Jahr 1500:

Damals war die Welt viel »größer«. Vor 500 Jahren konnte man am Tag zu Pferd etwa 40 Kilometer zurücklegen. Heute gelangt man in der gleichen Zeit bis ans andere Ende der Welt. Die Apollo-Astronauten waren schneller auf dem Mond und wieder zurück, als ein Reisender anno 1500 brauchte, um von Paris nach Rom zu kommen. Dadurch waren die relevanten Regionen – also wer auf wen Einfluss nehmen konnte – viel kleiner, weshalb die Welt deutlich größer wirkte. Europa war eine Welt für sich, Russland eine andere, und China und die umliegenden Gebiete eine noch fernere. Staaten, die im Rückblick winzig und zahlreich erscheinen, kamen den Menschen damals gar nicht so vor. Weil es Landesgrenzen wie heute noch nicht gab, befanden sie sich mit ihren Anrainern quasi ständig im Kampf um Wohlstand und Macht.

Doch mit dem Jahr 1500 veränderte sich das Bild rasch. Für die europäischen Mächte war längst das Zeitalter der Entdeckungen angebrochen, allen voran für die Portugiesen und die Spanier. Dadurch waren sie mit fernen Reichen in Berührung gekommen. Wie allen Zeiten großer Veränderungen gingen auch dem Zeitalter der Entdeckungen technische Entwicklungen voraus, die Menschen reich machen konnten. In diesem Fall war es die Erfindung von Schiffen, die in der Lage waren, die Welt zu umrunden, um Reichtümer anzuhäufen: durch den Handel mit den von den Entdeckern vorgefundenen Einheimischen oder durch Plünderung. Damals wurden die Expeditionen von wohlhabenden Herrschern finanziert, die dafür Anteil an den Reichtümern haben wollten, die den Entdeckern zurückgebracht wurden.

Länder gab es nicht, sondern Territorien, die von Familien verwaltet wurden. Im Jahr 1500 existierten noch keine souveränen Staaten mit Grenzen und Herrschaftsordnungen. Sie waren noch nicht erfunden.

Stattdessen gab es **große Familiengüter (die Königreiche) und von Königen und Kaisern angeführte Dynastien, die praktisch ständig mit ihren Nachbarn um Wohlstand und Macht rangen.** Eroberte, beanspruchte und vereinnahmte ein Königreich genügend Fläche, bezeichnete man es als Imperium. Weil es Familien waren, die im Zentrum der Herrschaftsordnung standen, konnten Königreiche und Dynastien seinerzeit andere Länder erben, wenn deren Herrscher starben und sich kein enger Verwandter fand – so wie man heute sein Elternhaus oder ein Familienunternehmen erbt. Arrangierte Ehen waren die logische Konsequenz, denn so konnte das Imperium in der Hand eines engeren Familienkreises bleiben, ohne über mehrere Generationen zu zerfasern und sich aufzulösen.

Religionen und ihre Leitfiguren hatten damals viel mehr Einfluss als heute – und die Wissenschaft, wie wir sie kennen, gab es noch nicht. Fast überall auf der Welt setzten sich die Eliten (das heißt, der kleine Prozentsatz der Bevölkerung, der über das Gros des Wohlstands und der Macht verfügte) aus Monarchen zusammen, die vermeintlich von Gottes Gnaden herrschten, aus Kirchenvertretern, die für die göttliche Macht standen, und aus adeligen Grundbesitzern, die über die Bauern bestimmten und diese mehr oder minder wie Arbeitstiere behandelten. Die Monarchen beschäftigten Minister, Bürokraten und Soldaten, die ihre Gebiete für sie kontrollierten und verteidigten.

Obwohl Europäer und Chinesen an anderen Enden der Welt lebten und praktisch keine Berührung hatten, gingen sie im Grunde sehr ähnlich vor – wenngleich die chinesischen Institutionen größer, höher entwickelt und nicht so stark religiös beeinflusst waren wie die in Europa.

Die Welt war längst nicht so egalitär wie heute. Dass a) alle Menschen gleich behandelt werden sollten und b) dem Gesetz unterstanden, war damals noch nicht vorstellbar. Das galt sowohl innerhalb der Königreiche als auch für deren Umgang miteinander. In beiden Fällen gab Macht durch Waffen und Gewalt den Ton an. Bis ins 14. und 15. Jahrhundert existierte im größten Teil Westeuropas noch die Leibeigenschaft, was bedeutet, dass Bauern im Grunde als Eigentum ihrer Herrscher behandelt wurden. Das hieß, dass den Menschen nur Revolten blieben, um sich durchzusetzen. Das hatte sich im Jahr 1500 weitgehend verändert, doch die Rechte der Normalbürger blieben bis zur Aufklärung im 18. Jahrhundert schwach.

DIE IMPERIEN DER WELT IM JAHR 1500

EUROPA

- **Spanien und alle von Spanien kontrollierten Gebiete wurden von der Dynastie der Habsburger beherrscht – und dazu noch ein Sammelsurium von Territorien, die das Heilige Römische Reich bildeten. Dazu zählten Teile der heutigen Niederlande, Belgiens, Italiens, Deutschlands und Österreichs.** Das Habsburgerreich war das mächtigste der westlichen Welt.
- **In Frankreich herrschte die Familiendynastie der Valois (später Bourbonen), die größten Rivalen der Habsburger.** Das hatte viele militärische Auseinandersetzungen zwischen den Familien zur Folge.
- **Großbritannien wurde von der Dynastie der Tudors regiert.** Sie waren in Europa noch kein maßgeblicher Faktor, gewannen aber an Einfluss.
- **Florenz, Venedig und Mailand, die vielfach als Republiken von mächtigen Familien verwaltet wurden,** waren das Zentrum des Geschehens. Aus diesen Staaten kamen um 1500 die meisten finanziellen, kommerziellen, intellektuellen und künstlerischen Innovationen Europas. Sie waren schwerreich und spielten eine Hauptrolle bei der damaligen Gestaltung Europas und der

westlichen Welt, was sich wegen der von ihnen geförderten revolutionären Ideen noch jahrhundertelang auswirken sollte, wie ich an anderer Stelle noch genauer schildern werde.

- **Der Kirchenstaat wurde vom Papst und von der katholischen Kirche geführt.** Im gesamten christlichen Europa richteten sich die Beziehungen zwischen Monarchen, dem Adel und der Kirche nach der typischen Formel, der zufolge sich Eliten gegenseitig unterstützen, um die herrschende Ordnung zu ihren Gunsten zu beeinflussen. Infolgedessen konnte die Kirche immense Reichtümer anhäufen. Sie stammten meist von armen Bauern, die der Kirche Geld gaben (über das System des sogenannten Zehnten) und unbezahlt kirchliche Ländereien bewirtschafteten.
- **In Russland herrschten zunächst die Rurikiden und später die Romanows.** Das Land war damals eine periphere Macht und schien den Europäern fern.
- **Das nach seiner Regentenfamilie benannte Osmanische Reich** hatte seinen Machtmittelpunkt in Konstantinopel, das es 1453 erobert hatte.

Darüber hinaus gab es in ganz Europa noch Hunderte, vielleicht sogar Tausende familiengeführter Kleinstaaten. Sie befanden sich ständig im Krieg, weil sie sich gegen ihre Nachbaren verteidigen oder diese angreifen mussten. Bündnisse und Feindschaften spielten stets eine große Rolle und veränderten sich laufend. Die folgende Karte zeigt die europäischen Großmächte im Jahr 1550. Es gab aber noch viele Kleinstaaten, die wir darauf nicht unterbringen konnten.

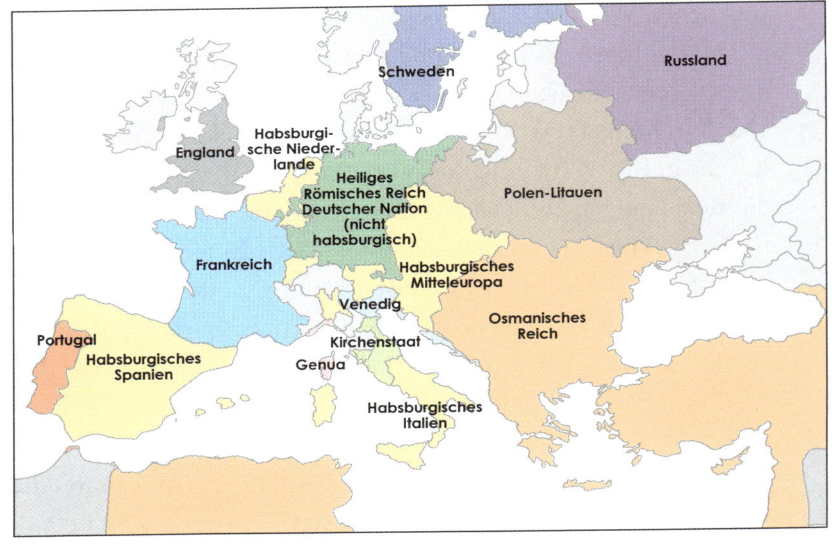

ASIEN

Die Ming-Dynastie beherrschte fast ganz China, das damals das fortschrittlichste, mächtigste Imperium der Welt war. Wie die europäischen Reiche wurde es von einer Familie geführt, an deren Spitze ein Kaiser mit einem »Mandat des Himmels« stand. Der Kaiser hatte eine Bürokratie unter sich, die von Ministern und Militärführern verwaltet und geschützt wurde. Diese arbeiteten in symbiotischen – bisweilen allerdings auch kontroversen – Beziehungen mit den adeligen Grundbesitzern zusammen, die ihrerseits über die Bauern bestimmten. Die Ming-Dynastie stand 1500 kurz vor ihrem Höhepunkt und war Europa bei Wohlstand, Technik und Macht um Längen voraus. Sie hatte enormen kulturellen und politischen Einfluss in ganz Ostasien und Japan.[1]

1 Die familiären Beziehungen in einer chinesischen Dynastie sind übrigens nicht mit einem von Liebe und Fürsorge geprägten Familienbild zu verwechseln, denn wie in Europa waren die Machtkämpfe zwischen Familienmitgliedern brutal und endeten oft tödlich.

Seinerzeit waren die konfuzianischen Gelehrten in der sozialen Hierarchie ganz oben angesiedelt, was ihnen politische Karrieren ermöglichte. Um weiterzukommen, musste man den Konfuzianismus gründlich studiert haben und Prüfungen ablegen, bei denen der Konkurrenzdruck groß war. Politische Entscheidungen stützten sich häufig auf die Auslegung konfuzianischer Ideale durch den amtierenden Herrscher. Der »Neokonfuzianismus«, der damals dominierte, verschob den Fokus des Glaubenssystems hin zu einer rationaleren, philosophischeren, akademischeren und humanistischeren Form. Diese pragmatische, evidenzbasierte und wissenschaftliche Denkart war der Hauptgrund dafür, dass China Europa im Mittelalter so rasant hinter sich ließ. Damals hatten Gelehrte und Wissenschaftler viel Einfluss, was erstaunlichen technischen Fortschritt ermöglichte – Schießpulver, Druckerpresse und Architektur sind nur ein paar Beispiele dafür. Die Alphabetisierungsquote war im Vergleich zu anderen Ländern zur damaligen Zeit extrem hoch. Auch auf medizinischem Gebiet war China fortschrittlich. So gab es schon ein breit angelegtes Programm zur Bekämpfung der Pocken mittels einer Frühform der Impfung – Jahrhunderte, bevor Europa so weit war. Chinas Finanzsystem war ebenfalls vergleichsweise hoch entwickelt, mit Vorläufern von Körperschaften und Banken, Erfahrungen mit der Verwendung (und dem Missbrauch) gedruckter Banknoten und relativ anspruchsvollen Finanzmärkten. Militärisch war das Land ebenfalls ausgesprochen stark. Die Ming-Dynastie verfügte über die größte Flotte der Welt und hatte ein stehendes Heer mit einer Million Soldaten.

In seinem großartigen Buch *Aufstieg und Fall der großen Mächte* beschrieb das der Historiker Paul Kennedy sehr treffend:

> »Von allen Zivilisationen der vormodernen Zeit erschien keine so fortgeschritten, empfand sich keine als so überlegen wie die Chinas. Seine beträchtliche Bevölkerungszahl, 100–130 Millionen verglichen mit Europas 50–55 Millionen im 15. Jahrhundert; seine bemerkenswerte Kultur; seine außerordentlich fruchtbaren

und bewässerten Ebenen, verbunden durch ein seit dem 11. Jahrhundert bestehendes hervorragendes Kanalsystem; und seine vereinheitlichte, hierarchische und von wohlausgebildeten konfuzianischen Bürokraten geleitete Verwaltung hatten der chinesischen Gesellschaft einen Zusammenhalt und eine Kultiviertheit gegeben, die den Neid der ausländischen Besucher erregte.«[2]

Ebenso ironisch wie typisch: Das gewaltige Ausmaß des Reichtums und der Macht der Ming-Dynastie ist eine mögliche Erklärung für ihren späteren Niedergang. In der Überzeugung, alles zu haben, was sie brauchten, geboten die Kaiser Chinas Weltentdeckerambitionen Einhalt, schotteten das Land ab und gaben sich Vergnügungen hin. Die Regierungsarbeit überließen sie ihren Ministern und Eunuchen, was zu unproduktivem internem Machtgerangel, Korruption,

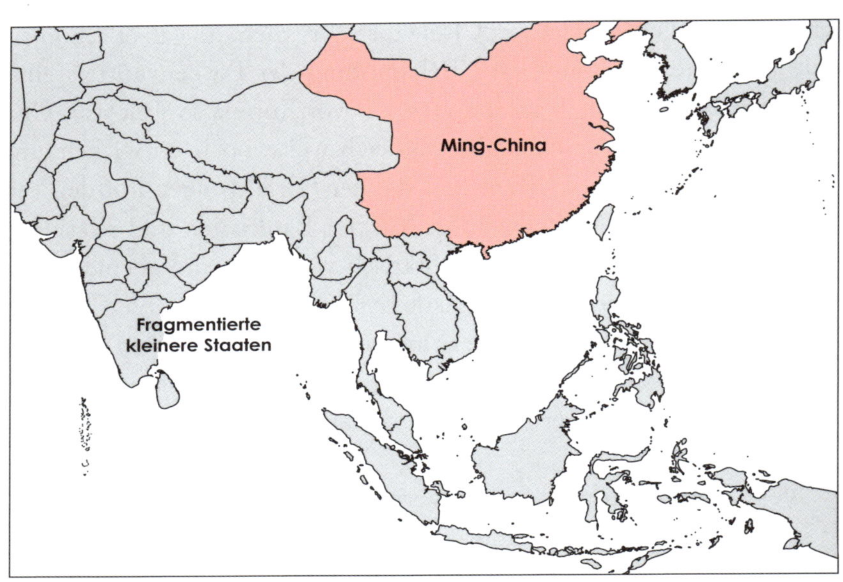

2 Anm. d. Übers.: Zitiert nach Paul Kennedy, *Aufstieg und Fall der großen Mächte – Ökonomischer Wandel und militärischer Konflikt von 1500 bis 2000*, Frankfurt, S. Fischer Verlag, 1989, S. 32

Schwäche und Angreifbarkeit führte. Es vollzog sich eine Abkehr von pragmatischem wissenschaftlichem Studium und Innovation und eine Hinwendung zu pedantischem Gelehrtentum. Wie Sie in Kapitel 12 erfahren werden, hat dies dazu beigetragen, dass China gegenüber Europa in den Rückstand geriet.

Das übrige Asien zeichnete sich 1500 durch Fragmentierung aus. Indien bestand aus mehreren Königreichen, darunter das Sultanat von Delhi im Norden und das hinduistische Königreich Vijayanagar im Süden. Noch war Indien kein beachtenswertes Imperium, doch das sollte es werden, als es in den 1520er-Jahren vom Mogulreich erobert wurde und dadurch letztlich zu einer der größten Weltmächte aufstieg. Ebenso war **Japan um 1500 in viele Verwaltungseinheiten unterteilt, erlebte einen Bürgerkrieg und war isoliert – und folglich ebenfalls kein nennenswerter Machtfaktor.**

DER NAHE OSTEN

- **Das bereits angesprochene Osmanische Reich beherrschte Mitte des 16. Jahrhunderts große Teile des Nahen Ostens, bis ihm in der neuen Safawiden-Dynastie in Persien (dem heutigen Iran) ein ernstzunehmender Rivale erwuchs.**

DER AMERIKANISCHE KONTINENT

- **Dort waren die größten Imperien das Aztekenreich mit seinem Zentrum in Mexiko (dessen Hauptstadt Tenochtitlán hatte damals vermutlich eine größere Bevölkerungszahl als jede europäische Stadt) und das Inkareich in Südamerika. Doch schon bald kamen die Europäer und richteten beide Mächte zugrunde. Es entstanden neue Kolonien, darunter auch der Grundstock für die Vereinigten Staaten, die 276 Jahre später gegründet werden sollten.**

AFRIKA

- **Der gewaltige Kontinent, der dreimal so groß ist wie Europa, setzte sich aus Dutzenden von Königreichen zusammen, oft durch weite, dünn besiedelte Gebiete voneinander getrennt.** Das größte von ihnen war im Jahr 1500 das Songhaireich in Westafrika, das einen Ruf als Handelsplatz und Zentrum islamischer Gelehrsamkeit genoss.

So sah die Welt im Jahr 1500 aus. **Wenig später sollte sich die Weltordnung gewaltig verändern.**

WAS SEIT 1500 PASSIERT IST

Wie Sie sich vielleicht denken können, gab es seit 1500 viel zu viele wichtige Ereignisse, als dass ich sie hier zusammenfassen könnte. Ich kann aber die wichtigsten Veränderungen herausgreifen, die sich in der Welt von 1500 bis heute zugetragen haben, und mich dabei auf die bedeutendsten Themen und Umwälzungen konzentrieren, auf die ich in den folgenden Kapiteln noch näher eingehen werde. Die maßgeblichen Veränderungen waren solche im Denken, die die Menschen dazu veranlassten, ihr Verhalten zu ändern – insbesondere in Bezug darauf, wie Wohlstand und Macht aufzuteilen sind. Sie lagen den tatsächlichen Entwicklungen zugrunde. Die Perioden mit den größten Veränderungen sind leicht zu ermitteln. Wir bezeichnen sie allgemein als »Revolutionen« und »Zeitalter« (manchmal aber auch anders).

Achten Sie bei der Lektüre dieser kurzen Zusammenfassung der letzten 500 Jahre auf Entwicklungen und Zyklen. Sie werden merken: Es gab sowohl 1) mehrere Revolutionen der Geisteshaltung, die über Hunderte von Jahren zu erstaunlichen Entwicklungen und Fortschritten führten, als auch 2) viele Zyklen mit friedlichen und blühen-

den Perioden, die sich mit Depressionen und Kriegen abwechselten, wenn eine alte Ordnung verging und sich eine neue etablierte.

DIE KOMMERZIELLE REVOLUTION (12.–16. JHD.)

Unter kommerzieller Revolution ist die Abkehr von einer ausschließlich landwirtschaftsgestützten Wirtschaft und die Entstehung eines Wirtschaftssystems zu verstehen, das Handel mit verschiedenen Gütern einschloss. Diese Entwicklung setzte im 12. Jahrhundert ein und hatte sich um 1500 auf die italienischen Stadtstaaten konzentriert, weil diesen das Zusammentreffen zweier Faktoren immensen Reichtum bescherte. Erstens wurde der Handel Europas mit der übrigen Welt (vor allem mit Gewürzen und Luxusgütern) zu Land von den Kriegen zwischen dem christlichen Europa und dem Osmanischen Reich stark behindert, was dem Seehandel enorme Chancen eröffnete. Zweitens entwickelten sich in italienischen Stadtstaaten republikanische Regierungen nach dem Vorbild der Römischen Republik. Sie wurden findiger und aufgeschlossener regiert als das übrige Europa, was die Entwicklung eines starken Kaufmannsstands zuließ.

Ein Paradebeispiel dafür war Venedig. Sein Regierungssystem sah viel wechselseitige Kontrolle vor, um sicherzustellen, dass der Regierungsansatz meritokratischer war als im übrigen Europa. Venedigs Herrscher – die Dogen – waren nicht befugt, einen Nachfolger zu ernennen, und durften keine Familienmitglieder in die Regierung berufen. Ein neuer Doge wurde von mehreren Ausschüssen gewählt, deren Mitglieder in manchen Fällen aus mehreren Hundert aristokratischen Familien durch das Los bestimmt wurden. Die Italiener hatten gut funktionierende Kapitalmärkte geschaffen, unterstützt durch neue Errungenschaften in der Buchführung und neutrale Institutionen zur Durchsetzung von Verträgen. Dass Privatleute und Regierungen Kredit aufnahmen, hatte es schon gegeben, doch vor 1500 waren das in aller Regel bilaterale Geschäfte unter reichen Bürgern. Kreditausfälle (oder auch die Ausweisung oder gar Hinrichtung von Kreditnehmern) waren keine Seltenheit. Weil diejenigen, die am Handel verdienten – also der Kaufmannsstand –, von einem gut funktionierenden Finanzsystem profitieren konnten, in dem Ersparnisse so investiert werden konnten, dass die Produktivität gesteigert wurde, kreierten sie eine Reihe von Finanzinnovationen, darunter auch Kreditmärkte.

Als die Erlöse aus dem Handel flossen und einheitliche Münzen gebraucht wurden, stellten in den italienischen Stadtstaaten geprägte Münzen, allen voran der Florentiner, soliden Wert dar, waren dafür weithin anerkannt und wurden infolgedessen als Weltwährungen akzeptiert. Auf der Grundlage ihrer stabilen Währungen entwickelten diese Stadtstaaten effektive Märkte für die Kreditvergabe und für öffentlich gehandelte Anleihen. Venedig legte Anfang des 12. Jahrhunderts eine ewige Anleihe mit 5-prozentiger Verzinsung auf, die die Regierung entweder ausgab (um Kredit aufzunehmen) oder zurückkaufte – je nachdem wie die Finanzlage und die Bedürfnisse es jeweils erforderten. Venedigs Händler hielten die Anleihen und übten maßgeblichen Einfluss auf die Regierung aus. Ein Ausfall war daher das absolut letzte Mittel. Dass die Anleihen über Jahrhunderte ohne Ausfälle liefen, vermittelte den Kreditgebern Vertrauen. Einrichtungen zum Handel dieser Anleihen auf dem Zweitmarkt machten diese zu einer liquiden Anlageform.

Die Möglichkeit, sich rasch zu günstigen Zinsen Geld zu leihen, war für Venedig eine große Bereicherung. Es kam zwar letztlich doch zu Zahlungsausfällen, nachdem Venedig um 1500 mehrere Kriege verloren hatte, doch anderswo setzten sich liquide Rentenmärkte durch, etwa in den Niederlanden und im Vereinigten Königreich.

DIE RENAISSANCE (14.–17. JHD.)

In den italienischen Stadtstaaten entwickelte sich um 1300 eine neue Denkart, die sich in vieler Hinsicht an den alten Griechen und Rö-

mern orientierte. Sie verbreitete sich bis ins 17. Jahrhundert in ganz Europa – in einer Epoche, die als Renaissance bezeichnet wird. Die Denker der Renaissance vollzogen eine drastische Kehrtwende: Sie erklärten sich die Welt nicht mehr mit göttlichem Ratschluss, sondern durch logisches Denken. Diese Umwälzung trug zu Entdeckungen bei, die sich in atemberaubendem Tempo abspielten und in Europa zu großen Fortschritten in der Kunst und in der Technik führten. Sie nahm ihren Anfang in den norditalienischen Stadtstaaten, denen die kommerzielle Revolution Reichtum beschert hatte, der Fortschritten im Handel, in der Produktion und im Bankwesen Vorschub leistete, welche durch Intellektualität und Kreativität ermöglicht wurden. **Die Renaissance stellt eines der besten historischen Beispiele für einen sich selbst verstärkenden Zyklus dar, wie ich ihn in Kapitel 5 beschrieben habe: friedliche Zeiten, in denen Kreativität und Handel einander zuarbeiten und so für Wirtschaftsaufschwung und großen Fortschritt sorgen.**

Eine zentrale Rolle spielten dabei Menschen und Familien wie die Medici, die die Entwicklung aktiv vorantrieben. Sie waren Kaufleute und Bankiers, keine feudalen Könige. Und sie setzten ihr großes Vermögen ein, um Kunst, Architektur und Wissenschaft zu fördern.[3] Die

3 Die Familie Medici, die Florenz zu dieser Zeit regierte und entwickelte (wenngleich der Stadtstaat unter ihrer Ägide technisch eine Republik blieb), gelangte als Wirtschaftslenker und Bankiers zu Wohlstand und Macht. Die Medici nutzten ihren Reichtum, ihren Einfluss und ihre Intelligenz, um noch reicher und mächtiger zu werden, und leisteten einen gewaltigen Beitrag zu Kunst und Wissenschaft. Sie verschafften sich in Europa auch erhebliche politische Macht. So stellte die Familie Medici während ihrer Herrschaft vier Päpste, um mehr Macht zu gewinnen und/oder der Gesellschaft zu dienen. Etliche Medici waren selbst Künstler und politische Leitfiguren, die sich nicht nur für die Reichen einsetzten, sondern auch für die Mittelschicht und die ärmeren Klassen der Stadt. Doch wie bei vielen Familien und Monarchien, die über mehrere Generationen regierten, gab es nach ein paar Generationen ein Familienoberhaupt, das in dieser Funktion und als Staatslenker Schwächen zeigte. Im Zusammenspiel mit vermeintlichen Exzessen in wirtschaftlichen Krisenzeiten führte das zu einer Revolution. Die Medici verloren gleich mehrfach ihren Einfluss auf Florenz. In den anschließenden 300 Jahren kamen sie zwar immer wieder an die Macht, während sich die Renaissance fortsetzte, hatten Mitte des 16. Jahrhunderts infolge von Kriegen, veränderten Handelsrouten und schlechten Kreditentscheidungen, die ihre Finanzen strapazierten, sowie neuen gesellschaftlichen Normen und politischen Praktiken aber zu kämpfen und scheiterten schließlich.

Blütezeit der Kunst und Architektur ging mit enormem wissenschaftlichem, technischem und wirtschaftlichem Fortschritt einher. **Wissen und Ideen verbreiteten sich schnell, weil Mitte des 15. Jahrhunderts die Druckerpresse erfunden wurde.**

PRODUKTION VON BÜCHERN/MANUSKRIPTEN IN GROSSEN EUROPÄISCHEN LÄNDERN (IN MIO.)

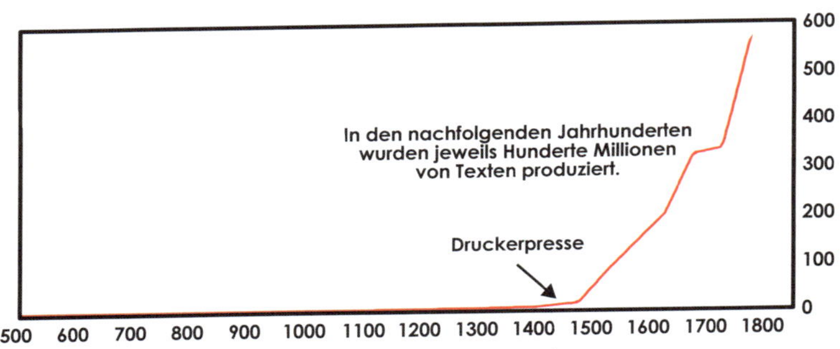

Viele Innovationen der europäischen Renaissance waren in China übrigens schon jahrhundertelang bekannt, weil die Chinesen die Voraussetzungen dafür längst entdeckt hatten – zum Beispiel die Druckerpresse, die wissenschaftliche Methode und die meritokratische Vergabe von Positionen. So kann man sich den Neokonfuzianismus gewissermaßen als chinesische Renaissance vorstellen, weil er – wie die Renaissance in Europa – stärker als religiöse Anschauungen zu logischerem, evidenzbasiertem Denken und Erfindungsgeist führte.

Als sich die neuen Ideen im späten 16. und frühen 17. Jahrhundert in ganz Europa verbreiteten, entfalteten Koryphäen wie Shakespeare und Francis Bacon in England, Descartes in Frankreich und Erasmus in den Niederlanden prägende Wirkung. Der Lebensstandard stieg drastisch – wenn auch eher für die Eliten als für die Bauern. In Italien führte diese relativ friedliche und blühende Periode letztlich zu Exzessen, Dekadenz und Niedergang, da die Stadtstaaten ihre Wettbewerbsfähigkeit einbüßten und sich ihre Finanzlage verschlechterte.

DAS ZEITALTER DER ENTDECKUNGEN UND DES KOLONIALISMUS (15.–18. JHD.)

Das Zeitalter der Entdeckungen begann im 15. Jahrhundert, als Europäer auf der Suche nach Reichtum die ganze Welt bereisten und zum ersten Mal auf breiter Front Kontakte zwischen vielen verschiedenen Völkern herstellten, wodurch die Welt kleiner wurde. Diese Zeit fiel ungefähr mit der Renaissance zusammen, weil sich die technischen Wunderwerke dieser Epoche in Fortschritte beim Schiffsbau und in der Schifffahrt übersetzten und die Reichtümer, die diese Schiffe mit sich brachten, weitere Entwicklungen der Renaissance finanzierten.

Die regierenden Familien förderten diese lukrativen Forschungsreisen und teilten sich den Gewinn mit den Entdeckern. So finanzierte Heinrich der Seefahrer, der Bruder des Oberhaupts der portugiesischen Königsfamilie, mehrere der ersten großen Reisen und begründete ein Handelsimperium in Afrika und Asien. Spanien tat es ihm nach und eroberte und kolonisierte zügig große Teile der westlichen Hemisphäre, darunter die edelmetallreichen Reiche der Azteken und Inkas. Obwohl Portugal und Spanien Rivalen waren, war die unerforschte Welt groß, und wenn es Streit gab, konnte dieser erfolgreich beigelegt werden. Spaniens Übergang ins Reich der Habsburger und die Kontrolle über äußerst profitable Silberminen verschafften dem Land im 16. Jahrhundert eine stärkere Position als Portugal. Für einen Zeitraum von rund 60 Jahren, beginnend im späten 16. Jahrhundert, regierte der Habsburgerkönig auch in Portugal. In beiden Ländern schlug sich der Wohlstand in einem goldenen Zeitalter für Kunst und Technik nieder. Das spanische Weltreich wurde so groß, dass es »das Reich, in dem die Sonne nie untergeht« genannt wurde – eine Formulierung, die später auch für das britische Empire verwendet werden sollte.

Während europäische Nationen Wege fanden, noch mehr Kapital aus ihren Entdeckungen zu schlagen, veränderte das Aufkommen des globalen Handels ihre Volkswirtschaften. Insbesondere befeuerte der Zustrom neuer Reichtümer (allen voran in Form von Silber) nach Europa die Teuerung bei elementaren Gütern und Dienstleistungen. Im Zuge einer Entwicklung, die als Preisrevolution oder auch als Große Elisabethanische Inflation bezeichnet wurde, **verdoppelten sich die Preise in Europa alle paar Jahrzehnte, nachdem sie über Jahrhunderte stabil geblieben waren. Das führt uns vor Augen, wie große Veränderungen wirtschaftliche Folgen haben können, die – ausgehend von den eigenen aktuellen Erfahrungen – unvorstellbar sind.**

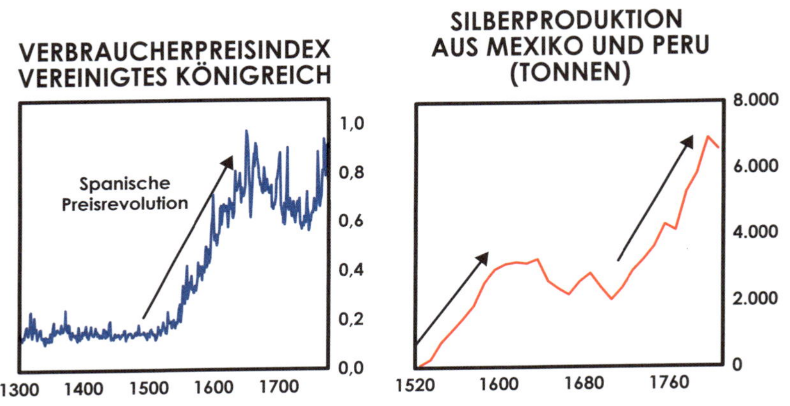

Der Entdeckungsdrang führte schließlich dazu, dass Europa mit Asien, insbesondere mit China, Japan und Vorderindien, Handel trieb und diese Regionen ausbeutete. Die ersten solchen Entdecker, die 1513 nach China kamen, waren die Portugiesen – wenngleich andere europäische Weltreisende wie Marco Polo schon vorher Kontakt aufgenommen hatten. Die Europäer waren fasziniert von der Qualität des Porzellans, der Seide und anderer Güter aus China, die bald heißbegehrt waren. Die Chinesen waren aber nicht daran interessiert, europäische Waren zu kaufen, die sie minderwertig fanden. Silber jedoch nahmen sie gern, denn das war in China ebenso Zahlungsmittel wie in Europa. Wie an anderer Stelle noch genauer erläutert wird, hatte China jahrhundertelang Probleme, weil die Edelmetalle, die es brauchte, um die Geldversorgung zu sichern, so knapp waren. Doch die Europäer hatten auch nicht genügend

Silber, um damit zu handeln, und an anderen Gütern waren die Chinesen nicht interessiert. Das führte letztlich zu den Opiumkriegen und zu anderen interessanten Geschichten, auf die später noch einzugehen sein wird.

Die chinesische Ming-Dynastie erlebte ihre eigene Version des Zeitalters der Entdeckungen, nahm davon aber wieder Abstand. Erstmals im frühen 15. Jahrhundert betraute Ming-Kaiser Yongle seinen vertrauenswürdigsten Admiral, Zheng He, mit sieben großen Seeexpeditionen – den »Schatzreisen« – rund um die Welt. Diese Expeditionen dienten zwar nicht der Kolonialisierung (und die Historiker streiten sich, inwieweit sie einen kommerziellen Hintergrund hatten), doch sie trugen dazu bei, Chinas Macht im Ausland zu demonstrieren. Yongles Flotte war die größte und am höchsten entwickelte der Welt. Seine Schiffe waren größer und solider gebaut als alle, die europäische Länder noch mindestens ein Jahrhundert lang produzierten.

Chinas internationaler Einfluss, belegt durch die Zahl der Städte im Ausland, die China offiziell tributpflichtig waren, nahm rasch zu. Die Ming-Kaiser beschlossen jedoch, diese Reisen zu beenden und ihr Reich auf sich selbst zurückzuziehen. Ob das darauf zurückzuführen war, dass Yongles Militär- und Schifffahrtsmissionen so teuer waren, oder darauf, dass die Kaiser glaubten, in China alles zu haben, was sie brauchten, sodass solche Expeditionen überflüssig waren, darüber kann man nur spekulieren.

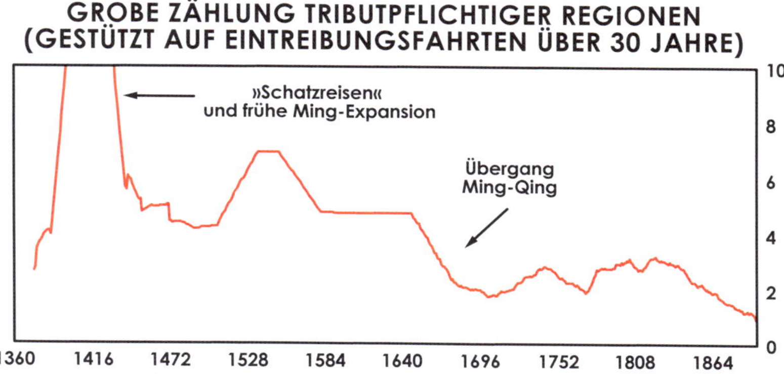

Das Ergebnis dieses Rückziehers war ein Zeitalter des Isolationismus in China und auch in Japan, wo es Sakoku genannt wurde. Über die nächsten Jahrhunderte fand in China und Japan insgesamt eine schubweise Entwicklung von der Aufgeschlossenheit gegenüber Fremden hin zu Distanzierung und Abschottung statt.

DIE REFORMATION (1517–1648)

Im 16. Jahrhundert setzte in Europa eine protestantische Bewegung ein, die eine Revolution gegen die römisch-katholische Kirche lostrat. Das war einer der Gründe für mehrere Kriege und den Untergang der bisherigen europäischen Ordnung. Wie bereits erklärt, bestand diese seinerzeit aus Monarchen, Adel und Klerus in symbiotischer Beziehung. Die Reformation zielte auf die Macht und die Korruption in der römisch-katholischen Kirche ab – und auf eine unabhängige Religion, in der die Menschen sich direkt an Gott wandten, ohne Vermittlung nach den Regeln der Kirche. Damals lebten viele katholische Bischöfe und andere hochrangige Kleriker wie Fürsten in Palästen, und die Kirche betrieb einen Ablasshandel, durch den man sich vom Fegefeuer freikaufen konnte. Die römisch-katholische Kirche war nicht nur Religion, sondern auch Staat, und regierte direkt über einen großen Teil des modernen Italiens (den Kirchenstaat).

Die Reformation begann 1517, als Martin Luther seine 95 Thesen anschlug und damit das päpstliche Monopol auf die Auslegung der Bibel und die päpstliche Macht als solche infrage stellte. Als er sich weigerte, zu widerrufen, wurde er zum Ketzer erklärt und exkommuniziert. Seine Ideen – und die anderer Theologen – fassten in großen Teilen Europas dennoch Fuß, was der politischen Unterstützung durch Adlige zu verdanken war, die Schlüsselrollen bekleideten, aber auch der neuen Technik der Druckerpresse. **Diese Entwicklung – im Zusammenspiel mit den üblichen ständigen Machtkämpfen – ließ die bestehende europäische Weltordnung zusammenbrechen.**

In so gut wie allen großen christlichen Hoheitsgebieten äußerte sich die Reformation unmittelbar durch verstärkte innenpolitische Konflikte und Instabilität, die auch auf die Beziehungen der Länder untereinander übergriffen. **Die Religionskriege waren untrennbar mit den Kriegen gegen die bisherige Ordnung und die bestehenden Eliten verflochten. Dazu gehörte ein langer Bürgerkrieg in Frankreich, dem schätzungsweise 3 Millionen Menschen zum Opfer fielen. Auch der englische Bürgerkrieg war davon maßgeblich beeinflusst. Am Ende erreichte die Reformation, dass den Protestanten erhebliche Rechte und Freiheiten zugestanden wurden. Sie untergrub zudem die Macht des Heiligen Römischen Reiches und der Habsburger, sorgte in Deutschland für tiefe Spaltungen, die sich bis zum Ende des unglaublich brutalen Dreißigjährigen Krieges Mitte des 17. Jahrhunderts weiter verschärfen sollten, und für mehr als 100 Jahre Bürgerkrieg. Wie üblich zog der große Krieg eine neue Ordnung nach sich, gefolgt von einer Phase des Friedens und Wohlstands.**

DIE NEUE WELTORDNUNG NACH DEM DREISSIGJÄHRIGEN KRIEG (1648)

Auf den ersten Blick standen sich im Dreißigjährigen Krieg protestantische und katholische Länder gegenüber. Die Geschichte war aber in Wirklichkeit etwas komplizierter: Bei der Frage, wer an wessen Seite kämpfte, spielten breitere geopolitische Interessen an Geld und Macht eine Rolle. Am Ende des Krieges wurde die neue Ordnung im Westfälischen Frieden festgeschrieben. Die größten Durchbrüche, die darin verfügt wurden, waren die Einführung geografischer Grenzen und die Hoheitsrechte der Menschen innerhalb dieser Grenzen, selbst zu bestimmen, was in ihrem Land passierte. Wie meistens nach größeren Kriegen und nach der Einführung einer neuen Ordnung folgte eine längere Periode des Friedens zwischen den Ländern.

Die Niederlande gingen aus dem Chaos als führende globale Wirtschaftsmacht hervor. Doch das Gerangel um Wohlstand und Macht – vor allem zwischen den im Niedergang begriffenen Monarchien und ihren Untertanen – setzte sich auf dem gesamten Kontinent fort.

DIE ERFINDUNG DES KAPITALISMUS (17. JHD.)

Die erstmals in den Niederlanden angestoßene Entwicklung öffentlich zugänglicher und breit genutzter Aktienmärkte ermöglichte es Sparern, ihre Kaufkraft effektiv auf Unternehmer zu übertragen, die diese produktiv und gewinnbringend nutzen konnten. Dadurch verbesserte sich die Ressourcenallokation erheblich, und es kurbelte die Wirtschaft an, weil neue Kaufkraft entstand. Ein Produkt dieser Entwicklung sind die Kapitalmarktzyklen. An der Entstehung des Kapitalismus waren viele Elemente beteiligt. Damit in Zusammenhang stehen etliche ähnliche Entwicklungen im Finanzwesen und in der Wirtschaft – allen voran die Entstehung öffentlicher Aktien- und Rentenmärkte wie die Eröffnung der Amsterdamer Börse 1602 und die Emission der ersten Staatsanleihe der Bank of England (mit der der Krieg gegen Frankreich finanziert werden sollte) im Jahr 1694. Neben den Fortschritten durch die wissenschaftliche Revolution war die Erfindung des Kapitalismus ein Hauptgrund für die einsetzende Wachstumsbeschleunigung beim realen BIP, die aus der ersten Grafik in Kapitel 1 hervorgeht. Diese Innovation und ihre enorme Wirkung werden im nächsten Kapitel näher beleuchtet.

DIE WISSENSCHAFTLICHE REVOLUTION (16.–17. JHD.)

Die wissenschaftliche Revolution war sozusagen die Verlängerung der in der Renaissance angestoßenen Umwälzungen. Die Menschen suchten die Wahrheit nicht mehr in der Religion, sondern in logischen

Überlegung und in dem reformatorischen Eifer, Autorität infrage zu stellen und eigenständig zu denken. Diese Faktoren begünstigten die Entwicklung der wissenschaftlichen Methode, durch die der Mensch mehr über die Welt erfuhr, indem Protokolle eingeführt wurden, mit deren Hilfe wissenschaftliche Entdeckungen untersucht und bewiesen werden konnten. Das bereitete den Boden für viele Erkenntnisse, die den Lebensstandard hoben.

Ein Pionier des wissenschaftlichen Vorgehens war Anfang des 17. Jahrhunderts Francis Bacon, wenngleich viele maßgebliche Fortschritte in der Astronomie – insbesondere die Arbeit von Kopernikus und Galileo – zuvor stattgefunden hatten, nämlich bereits im 16. Jahrhundert. Durch diese Entdeckungen erweiterte sich das Wissen der Europäer über das Sonnensystem erstmals seit der Antike. Viele ähnliche bedeutende Entwicklungen gab es in der Anatomie, der Mathematik, der Physik (wie Isaac Newtons Bewegungsgesetze) und in zahlreichen weiteren Disziplinen. Europäische Regierungen begannen, diese Forschungsarbeit zu unterstützen und zu finanzieren. Das berühmteste Beispiel dafür ist wohl die Royal Society in London, die 1660 gegründet wurde und wesentlich zur Förderung des Austauschs von Gedanken und Erkenntnissen beitrug (von 1703 bis 1727 unter Newtons Vorsitz). Über die folgenden Jahrhunderte bewirkten unter anderem die Entdeckungen im Zuge der wissenschaftlichen Revolution, dass viele maßgebliche europäische Mächte Wirtschaftswachstum und größere Wettbewerbsfähigkeit entfalten konnten, allen voran das Vereinigte Königreich. Die Ideen und Methoden, die dieser Revolution zugrunde lagen, fanden auf immer mehr Fachgebieten Anwendung – im Zuge einer Bewegung, die als »Aufklärung« bezeichnet wurde.

DIE ERSTE INDUSTRIELLE REVOLUTION (18.–19. JHD.)

Dass die Menschen die Freiheit und das nötige Kapital bekamen, um erfinderisch und produktiv zu werden, führte, ausgehend vom Vereinigten Königreich im 18. Jahrhundert, zur Umstellung auf neue maschinelle Fertigungsprozesse. Dadurch entstand die erste Periode nachhaltiger, breit angelegter Produktivitätssteigerungen seit Tausenden von Jahren. Diese Verbesserungen begannen mit landwirtschaftlichen Erfindungen, die die Produktivität steigerten. Das führte zu einem Bevölkerungsboom und zu einem langfristigen Urbanisierungstrend, da die Landwirtschaft nicht mehr so arbeitsintensiv war. Die Industrie profitierte davon, dass mehr Menschen in die Städte strömten, denn dadurch vergrößerte sich das Angebot an Arbeitskräften stetig. Es entstand ein positiver Kreislauf, der zu Verschiebungen von Wohlstand und Macht innerhalb und zwischen Nationen führte. Die neue Stadtbevölkerung brauchte andere Waren und Dienstleistungen. Dazu war ein größerer Verwaltungsapparat erforderlich, der in Bereiche wie Wohnraum, sanitäre Einrichtungen und Bildung investieren musste, aber auch in die Infrastruktur, die das neue industrielle kapitalistische System benötigte – wie Gerichte, Aufsichtsbehörden und Zentralbanken. Die Macht wanderte in die Hände der Bürokraten in der Zentralregierung und der Kapitalisten, die die Produktionsmittel kontrollierten.

Geopolitisch kamen diese Entwicklungen vor allem dem Vereinigten Königreich zugute, das bei vielen der bedeutendsten Innovationen eine Pionierrolle spielte. Um 1800 holten die Briten bei der Wirtschaftsleistung pro Kopf die Niederländer ein, Mitte des 19. Jahrhunderts ließen sie sie hinter sich. Damals näherte sich das britische Empire seinem höchsten Anteil an der globalen Wirtschaftsleistung jemals (von rund 20 Prozent).

DIE AUFKLÄRUNG UND DAS ZEITALTER DER REVOLUTIONEN (17.– 18. JHD.)

Die auch als »Zeitalter der Vernunft« bezeichnete Aufklärung war im Grunde nichts anderes als die Anwendung der wissenschaftlichen Methode auf das Verhalten der Menschen. Diese Denkart setzte sich

im 18. und 19. Jahrhundert in Europa durch und leistete der weiteren Beschneidung der Rechte von Monarchie und Kirche Vorschub – und auch der Erweiterung der Rechte des Einzelnen, die bereits vorausgegangene Geistesströmungen charakterisiert hatte. Neue Fachgebiete wie die Wirtschaftswissenschaft gewannen dank Denkern wie Adam Smith an Bedeutung, während Männer wie John Locke und Montesquieu die politische Philosophie in neue Richtungen lenkten. Die aufklärerischen Ideen dieser und anderer Persönlichkeiten waren es im Besonderen, die Vernunft und individuelle Freiheit förderten und die Macht von Monarchie und Religion untergruben. So entstand eine Bewegung zum Umsturz von Monarchien, die als das Zeitalter der Revolutionen in die Geschichte einging. Diese Revolutionswelle erfasste die Amerikaner, die Franzosen, die Spanier, die Deutschen, die Portugiesen und die Italiener. Ganz typisch führte diese Epoche des Aufruhrs dazu, dass manche Nationen sich einen starken Mann suchten, der Ordnung schaffen sollte. In Frankreich war es Napoleon, der den Lauf der Geschichte nicht nur für die Franzosen veränderte, sondern für ganz Europa, das er erobern wollte. Napoleon war der klassische gütige Diktator, der Ordnung und Wohlstand ins Chaos brachte und sein Imperium mit militärischem Geschick erweiterte. Doch wie es so oft der Fall ist, übernahm er sich und scheiterte schließlich.

DIE NAPOLEONISCHEN KRIEGE UND DIE NACHFOLGENDE NEUE WELTORDNUNG (1803–1815)

Die Napoleonischen Kriege zogen sich von 1803 bis 1815, als Großbritannien Napoleon und seine Verbündeten besiegte. Wie üblich oblag es den Siegern, eine neue Weltordnung einzuführen, die auf dem Wiener Kongress zusammengezimmert wurde. Sie zog die Grenzen neu, um sicherzustellen, dass keine europäische Macht zu dominant werden konnte. Alldem lagen Konzepte vom Gleichgewicht der Kräf-

te zugrunde, durch das Kriege vermieden werden sollten. Die Briten gingen daraus als führendes Weltreich hervor. Und auch diesmal setzte nach dem Krieg und der Einführung einer neuen Ordnung die übliche längere Phase des Friedens und des Wohlstands ein: die Pax Britannica.

WESTLICHE MÄCHTE IM VORMARSCH AUF ASIEN (19. JHD.)

Die Briten und andere westliche Mächte verlegten Mitte des 18. und bis ins 19. Jahrhundert hinein ihre Kanonenboote nach Indien, China und Japan, was die Geschichte dieser Länder stark beeinflusste. Damals waren China und Japan auf Isolationskurs. Indien wurde vom Mogulreich kontrolliert, das sich in Südasien zu einer maßgeblichen Kraft entwickelt hatte, doch im 18. Jahrhundert einen raschen Niedergang erlebte. Die westlichen Mächte, die damals militärisch deutlich überlegen waren, wollten allen drei Ländern Handelsbeziehungen aufdrängen. Die Chinesen wehrten sich gegen die Briten, verloren aber. Die Japaner beobachteten dies und öffneten sich ihrerseits für den Handel, nachdem der US-Kommandeur Matthew Perry 1853 mit vier Kriegsschiffen in die Bucht von Edo (Tokio) eingelaufen war. **Diese Entwicklungen hatten am Ende den Sturz der Qing-Dynastie, den Rücktritt der japanischen Regierung und die fortgesetzte Kontrolle Indiens durch die Briten zur Folge. Vor allem in Japan und China führten sie auch zu der Erkenntnis, dass Modernisierung nottat. Das löste in Japan die Meiji-Restauration aus und in China die Selbststärkungsbewegung. In Japan brachte das Erfolg, in China nicht. Das Land litt weiter unter dem, was die Chinesen als »Jahrhundert der Demütigung« bezeichnen.**

DIE ZWEITE INDUSTRIELLE REVOLUTION (1850–FRÜHES 20. JHD.)

Ab Mitte des 19. Jahrhunderts setzte eine zweite große Innovationswelle ein, in deren Mittelpunkt dampfbetriebene Fortbewegungsmittel (wie Eisenbahnen) und Strom, Telefon, austauschbare Fertigungsteile und andere Innovationen der Jahrhundertwende standen. Während sich die erste industrielle Revolution auf das Vereinigte Königreich konzentrierte, kam die zweite vor allem den Vereinigten Staaten zugute. **Ganz typisch führte diese Periode sowohl zu großem Reichtum und großem Wohlstandsgefälle als auch zu Exzessen auf den Kapitalmärkten und zu einer Ära, die in den USA als »vergoldetes Zeitalter« bezeichnet wird.**

DIE ERFINDUNG DES KOMMUNISMUS (1848)

Die Erfindung und Entwicklung des Kommunismus Mitte des 19. Jahrhunderts war eine Reaktion auf den Kapitalismus und das dadurch entstandene Wohlstandsgefälle sowie darauf, dass die industrielle Revolution den Eigentümern der neuen Technik mehr brachte als den Arbeitern. Konflikte zwischen Kommunisten und den etablierten Mächten verschärften sich um die Jahrhundertwende und gaben im 20. Jahrhundert Anlass zu gleich mehreren größeren Revolutionen, etwa in Russland und China, wo kommunistische Regierungen an die Macht kamen.

Damit wären wir im 20. Jahrhundert angekommen, das zwei große Zyklen mit Auf- und Abschwüngen, Kriegen und Neuordnungen zu verzeichnen hat. Wie es aussieht, befinden wir uns derzeit in der Spätphase des zweiten. Weil ich darauf in den Kapiteln 10 bis 13 noch ausführlich eingehen werde und weil den meisten von Ihnen diese beiden Zyklen deutlich vertrauter sein dürften, will ich es bei die-

sem Überblick bewenden lassen und im Folgenden in die Geschichte der Niederländer und ihres Aufstiegs zum ersten Reservewährungsimperium der Welt eintauchen.

KAPITEL 9

AUFSTIEG UND NIEDERGANG DES NIEDERLÄNDISCHEN IMPERIUMS UND DES GULDEN IM GROSSEN ZYKLUS

Nach etlichen Anläufen zum Aufruhr Mitte des 16. Jahrhunderts erlangten die Niederländer, die damals vom habsburgischen Spanien kontrolliert wurden, genügend Einfluss, um sich 1581 de facto die Unabhängigkeit zu sichern. Von 1625 bis zum Zusammenbruch im Jahr 1795 verschafften sich die Niederländer so viel Wohlstand und Macht, dass sie sowohl die Habsburger als auch China als reichstes Weltreich ablösen konnten.

Dem niederländischen Imperium gelang der Aufstieg aus den klassischen, in den vorangegangenen Kapiteln erläuterten Gründen. Den Höhepunkt erreichte diese Entwicklung um 1650 – eine Zeit, die heute als »Goldenes Zeitalter der Niederlande« bezeichnet wird. Weil die Niederlande ein kleines Land mit geringer Bevölkerungszahl sind, konnten sie nicht zur dominierenden militärischen Macht auf dem europäischen Kontinent aufsteigen. Dieses Manko machten sie jedoch durch eine Kombination aus Wirtschaftskraft, Finanzgeschick und einer starken Marine problemlos wett, mit der sie ihr Imperium aus Handelsstationen und Kolonien in aller Welt sichern konnten. So konnte sich die Währung des Landes, der niederländische Gulden, zur ersten globalen Reservewährung entwickeln.

Die folgende Grafik zeigt die neun Einflussfaktoren, die für den Aufstieg und letztlich den Niedergang der Niederlande verantwortlich sind.

DIE NIEDERLANDE: INDEX DER HAUPTDETERMINANTEN

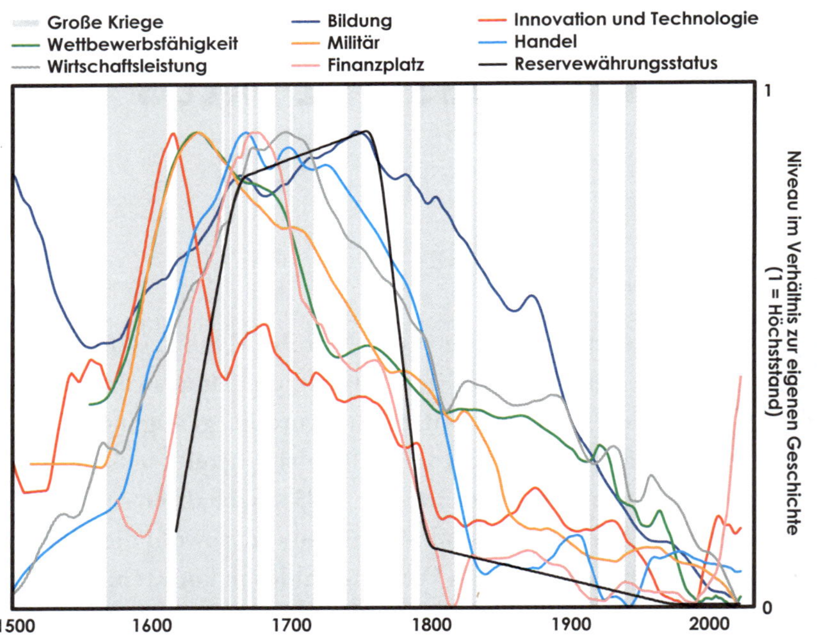

Nicht aus dieser Grafik ersichtlich ist der Niedergang der vorherigen Führungsmacht, dem Habsburgerreich. Dieser geht aus der folgenden Grafik hervor, die den gesamten Entwicklungsbogen des niederländischen Imperiums aufzeigt – unter Angabe der wichtigsten Ereignisse. Die Zahlen geben die ungefähren Zeitspannen der sechs Phasen des Zyklus der innenpolitischen Ordnung an.

ENTWICKLUNG DER NIEDERLANDE 1550 BIS 1850

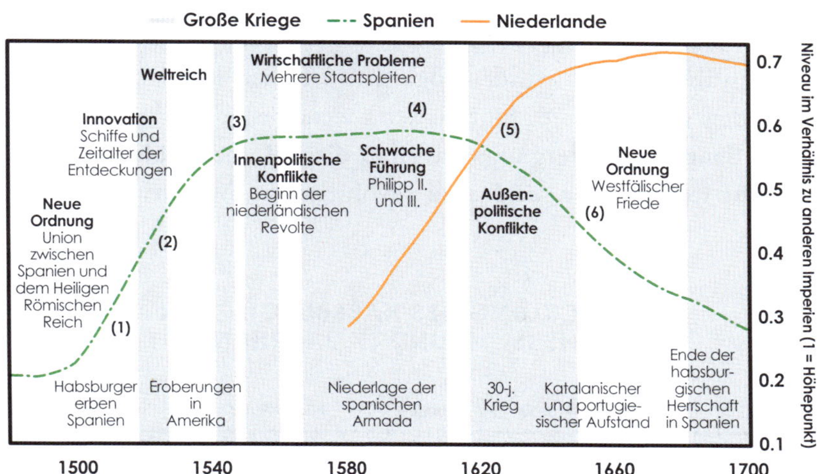

Die Geschichte beginnt mit dem Niedergang der spanischen Habsburger, der für die Niederländer die erste Phase ihres großen Zyklus einleitete.

DER ÜBERGANG VOM SPANISCHEN/HABSBURGISCHEN REICH ZUM NIEDERLÄNDISCHEN IMPERIUM

Neue Imperien erstarken, wenn alte schwächeln und in Dekadenz verfallen. Die Geschichte des niederländischen Imperiums begann, als sich das habsburgische Reich in jeder klassischen Hinsicht schwach, dekadent und überfordert zeigte.

Von 1519 bis 1556 war Karl V. römisch-deutscher Kaiser und Oberhaupt des Habsburgerreichs. Der Reichsverband, den er kontrollierte – zu dem der größte Teil der heutigen Niederlande, Belgiens, Italiens, Deutschlands, Österreichs und Spaniens gehörte –, machte es zum mächtigsten Familienimperium Europas. **Besonders stark war Spa-**

nien[1]**, weil es im Zeitalter der Entdeckungen reich und mächtig geworden war.** Die spanische Flotte war eindeutig die schlagkräftigste in ganz Europa. Spanische Silbermünzen waren schon beinahe eine Reservewährung – sie wurden sogar in so fernen Ländern wie China verwendet. Mitte des 16. Jahrhunderts wendete sich jedoch das Blatt, als **die Saat des Niedergangs aufging, die auf dem Höhepunkt ausgebracht worden war, und eine revolutionäre Machtverschiebung auslöste.**

ENTWICKLUNG DES HABSBURGISCHEN SPANIENS IM 16. UND 17. JAHRHUNDERT

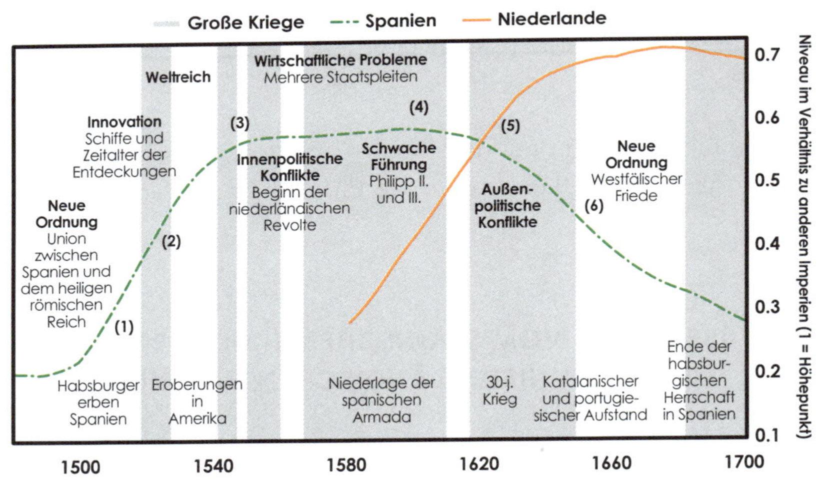

1 Bis 1500 war das Territorium des heutigen Spaniens mehr oder minder vereint – nach über 500 Jahren des Konflikts zwischen christlichen Königreichen und muslimischen Mächten, die den größten Teil der Region seit dem 8. Jahrhundert beherrscht hatten. Die beiden größten Königreiche, Kastilien und Aragon, wurden durch die Heirat ihrer Regenten 1469 verschmolzen. 1492 eroberten diese Spaniens letztes muslimisches Königreich in Granada. Die entstehende spanische Großmacht hatte ein starkes Militär und enge Bindungen an die katholische Kirche – die Reconquista des muslimischen Spaniens nahm zu großen Teilen die Form päpstlich unterstützter Kreuzzüge an, und religiöse und monarchistische Autoritäten waren, wie bei der Spanischen Inquisition, oft eng abgestimmt.

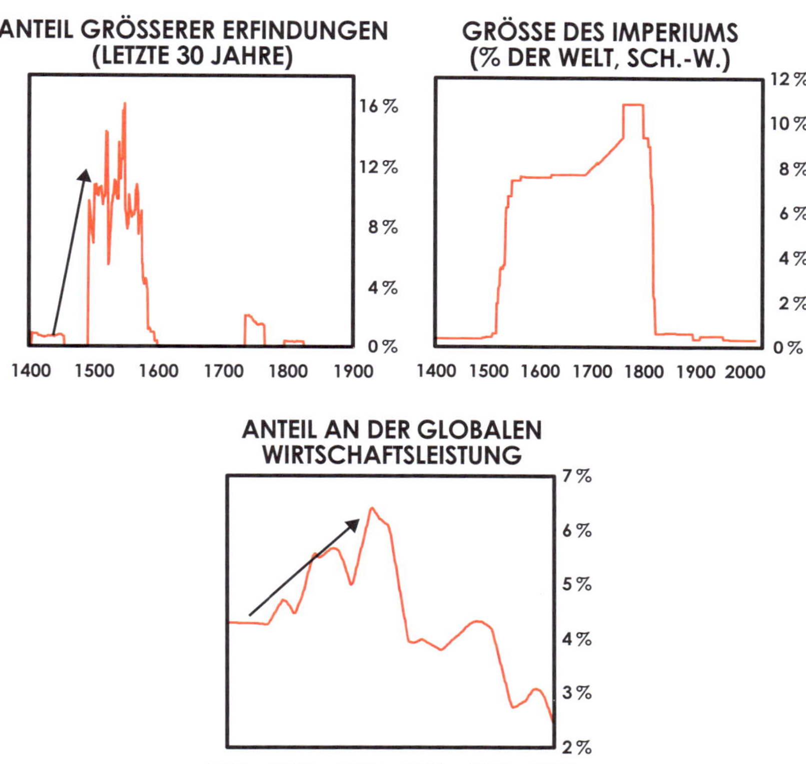

Der Niedergang der Habsburger vollzog sich in vieler Hinsicht typisch. Es gab Revolutionen der Armen und Ohnmächtigen gegen die Eliten, die über Reichtum und Macht verfügten. Diese stellten die bestehende Ordnung infrage. So kamen, wie im vorigen Kapitel geschildert, neue religiöse Ideen in Form der Reformation auf, die eine Revolution gegen die katholische Kirche darstellte, welche als dekadent und ausbeuterisch wahrgenommen wurde. Seinerzeit waren die katholische Kirche und das Heilige Römische Reich eine reiche, mächtige politische Kraft und fester Bestandteil der bisherigen Ordnung. **Die Revolution begann, als ein Zusammenschluss oppositioneller religiöser Gruppierungen, allgemein unter der Bezeichnung »Protestantismus« geläufig, das Sys-**

tem herausforderte. Martin Luther veröffentlichte 1517 seine 95 Thesen und stellte damit die päpstliche Auslegung der Bibel und die päpstliche Macht an sich infrage. Als sich Luther weigerte, zu widerrufen, wurde er zum Ketzer erklärt und exkommuniziert. Seine Ideen fassten in weiten Teilen Europas dennoch Fuß, was der politischen Unterstützung durch adelige Schlüsselfiguren zu verdanken war, aber auch Europas neuer technischer Errungenschaft: der Druckerpresse.

Dies alles trug sich in wirtschaftlich schwierigen Zeiten zu, als sich die Konflikte verstärkten, was zu Instabilität und blutigen Bürgerkriegen[2] führte und schließlich Mitte des 17. Jahrhunderts im brutalen Dreißigjährigen Krieg gipfelte. Die schlimmsten Folgen hatte das für das Heilige Römische Reich und die Habsburger.

Karl V. gelang es nicht, die revolutionären Auswirkungen der Reformation und damit die Beschädigung der bisherigen Ordnung zu verhindern. 1555 musste er den Augsburger Reichs- und Religionsfrieden unterzeichnen, der das Heilige Römische Reich und die Dynastie der Habsburger schwächte. Er dankte ab und teilte seine Herrschaftsgebiete unter seinem Bruder Ferdinand (der das Heilige Römische Reich bekam) und seinem Sohn Philip II. auf (der fast das gesamte übrige Habsburgerreich erhielt, vor allem Spanien, aber auch die Niederlande, Belgien, große Teile Italiens und die spanischen Kolonien). Von diesem Zeitpunkt an nahm der Niedergang einen klassischen Verlauf:

- **Das Reich war militärisch überfordert.** Spanien hatte nicht nur mit hartnäckigem Aufruhr gegen seine unpopuläre Herrschaft in den Niederlanden, sondern auch mit dem Osmanischen Reich, verschiedenen italienischen Staaten, den Franzosen und den Briten zu kämpfen. Diese Kriege kosteten viel Geld und ließen die

2 So forderten beispielsweise die Religionskriege in Frankreich von 1550 bis 1600 Millionen Todesopfer, während England im 16. Jahrhundert gleich mehrfach gewaltsam die Konfession wechselte, wenn neue Monarchen den Thron bestiegen. Auch später noch lagen dem blutigen englischen Bürgerkrieg Mitte des 17. Jahrhunderts in hohem Maße religiöse Unruhen zugrunde.

Macht der Habsburger Familiendynastie schon vor dem Dreißigjährigen Krieg bröckeln.

- **Verheerende Staatsfinanzen sorgten für die übliche toxische Mischung aus höheren Steuern, laufend frisch gedrucktem Geld und wachsender Verschuldung.** Philip II. geriet während seiner Regierungszeit vier Mal in Zahlungsschwierigkeiten.
- **Die Unter- und Mittelschicht litt unter steigenden Nahrungsmittelpreisen**, die aufgrund der Preisrevolution in beispiellosem Tempo anzogen.
- **Innenpolitische Konflikte nahmen zu** – und zwar aus allen bereits erwähnten Gründen.
- **Die Führung geriet ins Straucheln.** Philip II. und sein Sohn, Philip III., pflegten lieber einen ausschweifenden Lebensstil, als zu regieren, und ließen letztlich Geld drucken, um hohe Defizite zu decken, was die Inflation in die Höhe trieb und wirtschaftliche Probleme verursachte. Ihr Umfeld verhielt sich ähnlich.

Die folgende Grafik gibt den Wert der beliebtesten, weithin in Umlauf befindlichen Münzen in Silber wieder. Damals war es eine populäre Methode, Geld zu »drucken«, indem man den Münzen billige Basismetalle beimischte und sie dadurch abwertete. Wie Sie sehen, begann das Anfang des 17. Jahrhunderts.

SPANISCHER MARAVEDI (GRAMM SILBER, INDEXIERT)

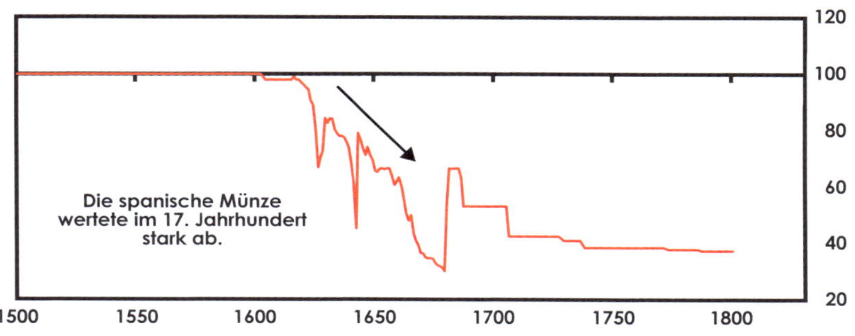

Doch die Entwicklungen im 16. Jahrhundert besiegelten das Schicksal des Habsburgerreichs noch nicht. Sie beendeten noch nicht einmal dessen Anspruch auf die Niederlande – das sollte erst das Ende des Dreißigjährigen Kriegs 1648 mit sich bringen. Sie schufen aber die Voraussetzungen für den Aufstieg der Niederländer.

DER AUFSTIEG

Von 1581 bis etwa 1625 wurde das niederländische Imperium nach dem klassischen Muster eines aufstrebenden Weltreichs aufgebaut (wie in Kapitel 1 beschrieben). Konkret heißt das:

- Unter Führung von Wilhelm dem Schweiger rebellierten die Niederländer im Achtzigjährigen Krieg erfolgreich gegen Spanien. In der Folge erklärte die Vereinigte Niederlande 1581 ihre Unabhängigkeit. Wilhelm – sozusagen der Gründervater der Niederlande – war ein fähiger Feldherr und einte die verschiedenen niederländischen Provinzen gegen die Spanier.
- Während sich Spanier und Niederländer in den folgenden Jahrzehnten weiter bekriegten, schafften es die Niederländer, ihre Unabhängigkeit zu erringen. Damit war der Keim gelegt für den Aufstieg einer geeinteren niederländischen Republik (insbesondere als Philip II. den Handel mit den Niederländern unterband und sie zwang, auf eigene Faust ins Ausland zu expandieren).
- **Weil die Republik so gestaltet war, dass alle zugehörigen Provinzen einen hohen Grad an Souveränität behielten, wurde der Aufstieg des niederländischen Imperiums nicht von einem einzelnen Monarchen oder Anführer vorangetrieben, sondern von einer Gruppe von Staatsmännern.** Adlige übernahmen zwar meist wichtige Funktionen, doch das System sah

wechselseitige Kontrollen und eine Partnerschaft vor, was sich als durchaus effektiv erwies.

- **Niederländische Werte und die niederländische Kultur setzten Schwerpunkte auf Bildung, Sparsamkeit, Verdienst und Toleranz.**
- Der Bruch mit Spanien erlaubte es den Niederländern, eine **offenere und erfinderischere Gesellschaft** zu werden.
- **Die Niederländer erfanden Schiffe, die die Welt umsegeln konnten, um Reichtümer zu sammeln, und den Kapitalismus, der diese Schiffe zu finanzieren vermochte. Weitere produktive Unterfangen und noch viel mehr Durchbrüche ließen die Nation reich und mächtig werden. Die Niederländer gründeten das erste Mega-Unternehmen der Welt: die Niederländische Ostindien-Kompanie, auf die rund ein Drittel des Welthandels entfiel.[3] Die Aufgeschlossenheit der Niederländer für neue Ideen, Menschen und Technik verhalf dem Land zu einem raschen Aufstieg.**
- Um den Handel zu fördern, **investierte die niederländische Regierung verstärkt ins Militär**, was es dem Land gestattete, noch mehr Handel zu kontrollieren, indem es die Briten in verschiedenen militärischen Auseinandersetzungen verdrängte.
- **Außerdem schufen die Niederländer die erste globale Reservewährung neben Gold und Silber: den niederländischen Gulden, dem ein innovatives Banken- und Währungssystem zugrunde lag, das mit der Gründung der Amsterdamer Wechselbank ins Leben gerufen wurde.[4]**

3 Grobe Schätzung auf der Grundlage meiner eigenen Berechnungen.

4 Im vorliegenden Kapitel meinen wir mit »Gulden« generell die Gulden-Banknoten, die bei der Amsterdamer Wechselbank verwendet wurden, nicht die physische Münze, die auch »Gulden« genannt wurde und aus Edelmetall bestand (also Geld vom Typ 1).

Infolge dieser klassischen, soliden, fundamentalen Schritte wurden die Niederländer reich. Das Pro-Kopf-Einkommen in den Niederlanden erhöhte sich auf mehr als das Doppelte der meisten anderen europäischen Mächte. Die Niederländer investierten weiterhin kräftig in Bildung und Infrastruktur, um auf ihren Erfolgen aufzubauen. Die Alphabetisierungsquote war dort bald zweimal so hoch wie im Weltdurchschnitt. Die Niederländer entwickelten ihre Kapitalmärkte weiter, und **Amsterdam wurde zum wichtigsten Finanzplatz der Erde.** Das alles schafften die Niederländer, obwohl in ihrem Land nur 1 bis 2 Millionen Menschen lebten.

Die folgenden Grafiken geben einen Einblick in die Einzigartigkeit der niederländischen Bildung, Innovationsfähigkeit und Handelsgeschäfte im 17. Jahrhundert sowie die Auswirkungen, die diese Faktoren auf das Einkommen der Niederländer hatten. All diese Punkte werden an anderer Stelle in diesem Kapitel noch genauer beleuchtet.

Kurzum: Die Niederländer waren hochgebildete, fleißige und erfinderische Zeitgenossen – de facto zeichneten sie in ihrer Blütezeit für etwa ein Viertel aller maßgeblichen Erfindungen der Welt verantwortlich; eine Spitze, die sich ausbildete, kurz bevor die Niederlande von Spanien unabhängig wurden.

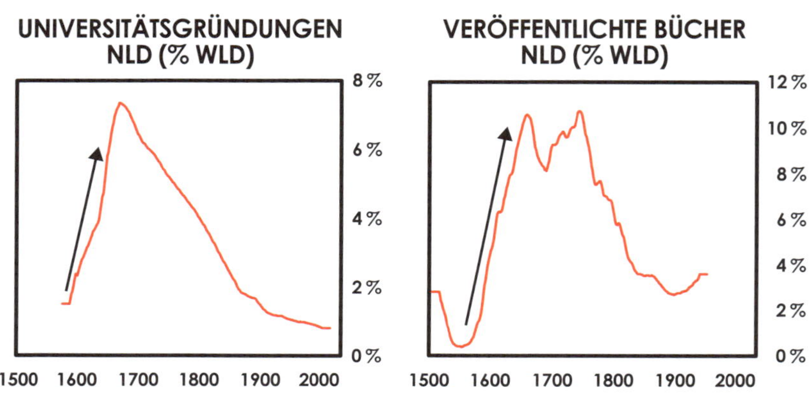

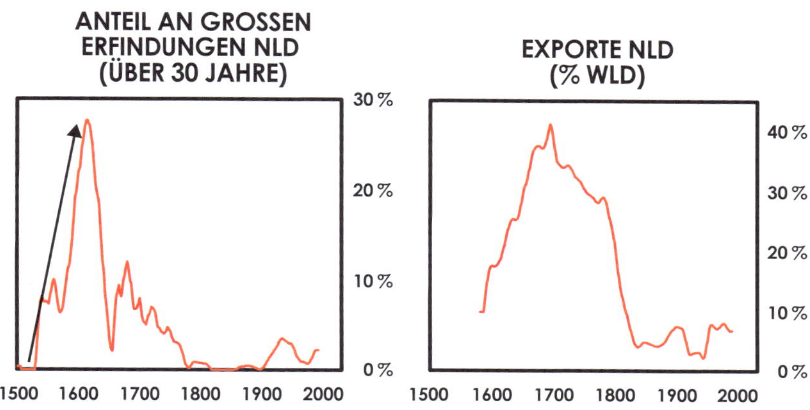
ANTEIL AN GROSSEN ERFINDUNGEN NLD (ÜBER 30 JAHRE)
30 %
20 %
10 %
0 %
1500 1600 1700 1800 1900 2000
EXPORTE NLD (% WLD)
40 %
30 %
20 %
10 %
0 %
1500 1600 1700 1800 1900 2000

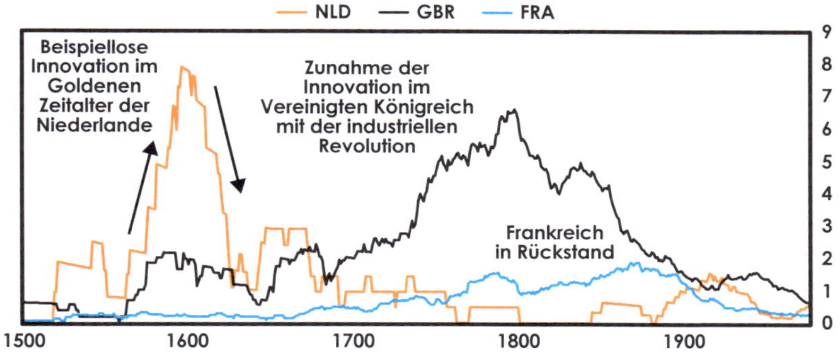
GROSSE ERFINDUNGEN (PRO MIO. EINWOHNER)
NLD
GBR
FRA
Beispiellose Innovation im Goldenen Zeitalter der Niederlande
Zunahme der Innovation im Vereinigten Königreich mit der industriellen Revolution
Frankreich in Rückstand
9 8 7 6 5 4 3 2 1 0
1500 1600 1700 1800 1900

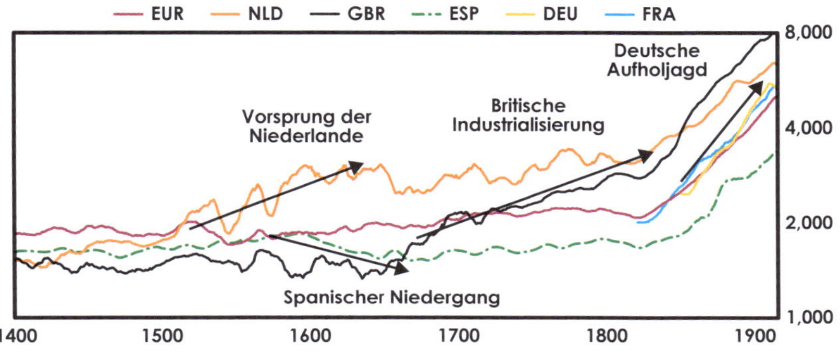
REALES BIP PRO KOPF (USD 2017)
EUR
NLD
GBR
ESP
DEU
FRA
Deutsche Aufholjagd
Britische Industrialisierung
Vorsprung der Niederlande
Spanischer Niedergang
8,000
4,000
2,000
1,000
1400 1500 1600 1700 1800 1900

Noch einmal: Die beiden wichtigsten Erfindungen der Niederländer waren 1) einzigartige, effektive Segelschiffe, mit denen sie die ganze Welt bereisen konnten, wodurch sie angesichts des militärischen Geschicks, das sie sich im Zuge ihrer Auseinandersetzungen in Europa angeeignet hatten, großen Reichtum gewinnen konnten, und 2) der Kapitalismus, der die Mittel für diese Vorstöße lieferte.

DER KAPITALMARKTZYKLUS DER NIEDERLÄNDER

Der Kapitalismus, wie wir ihn heute kennen, ist eine niederländische Erfindung. Für die Niederländer war das eine gute Sache, und für die Welt ebenfalls – doch wie die meisten großen Erfindungen brachte auch diese potenziell tödliche Konsequenzen mit sich. Produktion, Handel und Privateigentum hatte es zuvor schon gegeben, **die Möglichkeit, dass sich eine große Zahl von Menschen über öffentliche Aktienmärkte kollektiv an gewinnbringenden Unternehmungen beteiligen konnte, aber nicht. Das ermöglichten erst die Niederländer, als sie 1602 die erste Aktiengesellschaft der Welt (die Niederländische Ostindien-Kompanie) und die erste Börse erfanden.**

Wie die meisten Erfindungen entstanden auch diese Kapitalmarktentwicklungen aus Notwendigkeit und Eigeninteresse heraus. Die Weltreisen auf der Suche nach neuen Handelsrouten waren riskante Abenteuer. Deshalb fanden es die Kaufleute vernünftig, einen Teil der mit diesen Reisen verbundenen Risiken im Austausch gegen einen Anteil an den künftigen Gewinnen auf andere zu übertragen. Als die Niederländer Mitte des 16. Jahrhunderts Eigenkapitalanteile an ihren Reisen einführten, war das absolut revolutionär. Bis 1600 wurden solche Anteile ausschließlich von einer kleinen Zahl von Kaufleuten gehalten, waren weitgehend intransparent und illiquide, sodass sich ihre Attraktivität für externe Investoren in Grenzen hielt.

Als im August 1602 die Amsterdamer Börse gegründet wurde, an der die Niederländische Ostindien-Kompanie notierte, streute sich das Eigentum deutlich breiter (mehr als jeder 50. erwachsene Niederländer hielt Aktien). Die klaren Regeln der Börse zu Eigentum an und Übertragung von Anteilen sorgte für deutlich mehr Transparenz auf dem Markt. **Die Niederländische Ostindien-Kompanie war eine ebenso revolutionäre Erfindung. Als erstes transnationales Unternehmen der Welt hatte sie viele derselben Merkmale, die Unternehmen bis heute aufweisen:** Aktionäre, ein Unternehmenslogo, einen Verwaltungsrat und dergleichen mehr. Die Kapitalmärkte ermöglichten es den Anlegern, zu sparen, den Kaufleuten, Kapital einzuwerben, und allen gemeinsam boten sie einen liquiden Markt, auf dem Kapital problemlos und effizient transferiert werden konnte. Das war der Treibstoff für ein neues Zeitalter der Vermögensbildung. Auf dem Höhepunkt Anfang des 18. Jahrhunderts entfiel nahezu einer von 100 Dollar des gesamten niederländischen BIP auf Dividenden der Niederländischen Ostindien-Kompanie.

Vor allem aber stachen die Niederländer die Spanier und Portugiesen aus und sicherten sich dadurch den Hauptgewinn: einen größeren Anteil am äußerst lukrativen Handel zwischen Europa und Asien, insbesondere China und Indonesien.

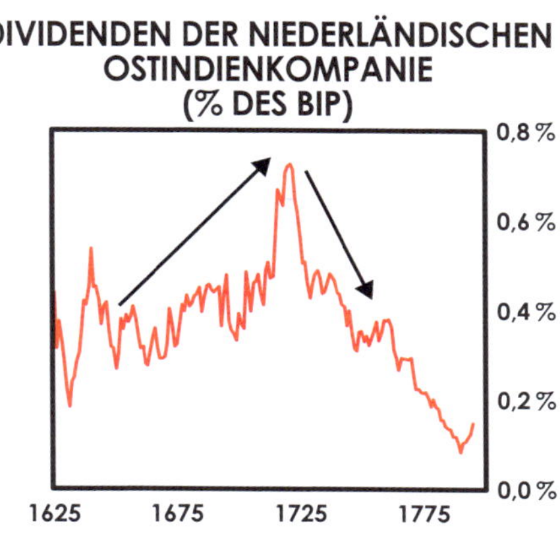

Neben einem Aktienmarkt entwickelten die Niederländer auch ein innovatives Bankensystem, das rasch wuchs und bald den internationalen Handel für niederländische und ausländische Kaufleute finanzierte. Vor den niederländischen Innovationen im Bankwesen war die internationale Währungssituation ein einziges Chaos. Ende des 16. Jahrhunderts kursierten in den Niederlanden rund 800 verschiedene aus- und inländische Münzen, von denen viele abgewertet waren (das heißt, ihr Edelmetallgehalt war verringert worden). Sie ließen sich nur schwer von Fälschungen unterscheiden. Dadurch entstand eine Ungewissheit um den Wert des Geldes, die den internationalen Handel bremste und verteuerte.

1609 wurde die Bank von Amsterdam als Wechselbank eingerichtet, um gewerbliche Kreditnehmer vor dem allgemein in Umlauf befindlichen unzuverlässigen Warengeld zu schützen. Die Amsterdamer Wechselbank übernahm Tätigkeiten, die für monetäre Stabilität sorgen und die niederländische Münze, die Akkreditive der Bank und das niederländische Finanzsystem ins Zentrum des globalen Finanzwesens katapultieren sollten. Wohlgemerkt handelte es sich bei dem Gulden der Bank, obwohl ihm harte Währung zugrunde lag, im Wesentlichen um Geld vom Typ 2. Somit waren alle Voraussetzungen gegeben, dass der Gulden zu einer echten Reservewährung werden konnte – der ersten ihrer Art.

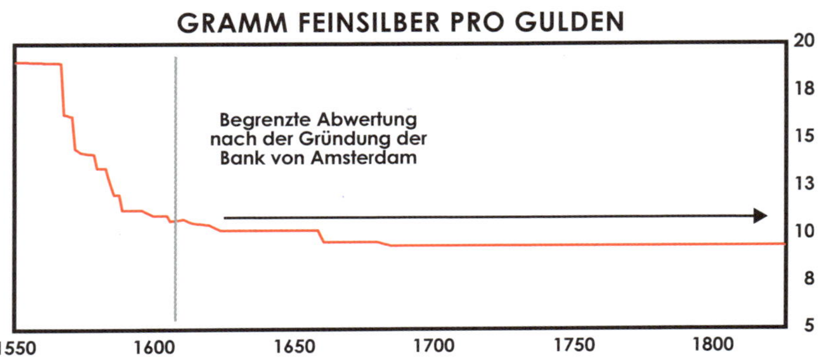

Eine Folge dieses Systems war, dass der Gulden weiterhin ein effektives Tauschmittel und ein Wertspeicher blieb. **Die Wechsel der Bank von Amsterdam verbesserten seinen Status als Reservewährung. Im baltischen und russischen Handel erfolgten Preisbildung und Vertragsabwicklung fast ausschließlich in Gulden und Wechseln der Amsterdamer Wechselbank.**[5]

DIE NEUE WELTORDNUNG: DREISSIGJÄHRIGER KRIEG UND WESTFÄLISCHER FRIEDEN

Dann kam der Dreißigjährige Krieg (1618–1648). In dem europaweiten Konflikt spielten die Niederländer zwar nur eine vergleichsweise untergeordnete Rolle, doch angesichts seiner Bedeutung für die innen- und außenpolitische Ordnung des breiteren Europas ist es durchaus angezeigt, diesen Krieg etwas genauer zu analysieren. Er ist außerdem ein klassisches Beispiel dafür, wie innen- und außenpolitische Ordnung ineinandergreifen.

Damals waren alle klassischen Faktoren im Gleichgewicht der Kräfte im Spiel. In diesem Fall war der Dreißigjährige Krieg ein klassischer Kampf um Wohlstand und Macht, der lediglich etwas länger ausfiel. Auf der einen Seite stand der katholische Kaiser des habsburgischen Österreichs, der mit den deutschen katholischen Gebieten im Bund war (allen voran mit den Bayern), aber auch mit Spanien und dem Kirchenstaat. Auf der anderen Seite stand der protestantische deutsche Adel, der jeweils mit Dänemark, den Niederlanden, Schweden und Frankreich verbündet war. Man kämpfte um Geld, Religion (Protestanten gegen Katholiken) und Geopolitik. Die Allianzen waren ziemlich komplex. So war die französi-

5 1650 war es durchaus üblich, dass, sagen wir, ein Kaufmann in London Waren, die er aus Moskau importiert hatte, mit einem Wechsel bezahlte, den er auf sein Guthaben in Amsterdam zog. Sowohl die Zahl der Konten als auch die Einlagenbasis der Bank stiegen bis 1650 laufend an.

sche Monarchie – obwohl katholisch und unter politischer Führung von Kardinal Richelieu[6] – zunächst heimlich, später offen mit den lutherischen Schweden und den überwiegend calvinistischen Niederlanden alliiert. Das lag daran, dass Geld und Geopolitik mehr wogen als religiöse Ideologien.

Die Habsburger verloren den Krieg. Ihre Position war dadurch erheblich geschwächt. Der Vertrag, der die neue internationale Ordnung festlegte – der Westfälische Frieden –, verstärkte die Autonomie der einzelnen Fürsten des Heiligen Römischen Reiches und ließ die ohnehin begrenzte Autorität des österreichischen Kaisers über die übrigen Staaten weiter schwinden. Vor allem aber **gingen aus dem in Westfalen geschlossenen Vertrag die Länder hervor, wie wir sie heute kennen. Will heißen, er begründete die staatliche Souveränität, innerhalb der eigenen geografischen Grenzen Entscheidungen zu treffen** (zum Beispiel über Religion, Sprache und sämtliche geltenden Regeln). Außerdem institutionalisierte er, dass diese Grenzen respektiert wurden und es somit nicht länger fortlaufend zu grenzüberschreitenden Griffen nach der Macht kam (ohne dass von vorherein klar war, dass das zu einem größeren Krieg führen würde). Dass sich das Konzept des Staates herausbildete, führte zu Nationalismus und zur Verfolgung nationaler Interes-

6 Kardinal Richelieu war damals der wichtigste Staatsmann Frankreichs und von 1624 bis 1642 Erster Minister. Richelieu war ein brillanter Kopf, der gleich zwei Rivalen um die Kontrolle über die französische Monarchie beriet: die Königinmutter und ihren noch jungen Sohn Louis XIII. (unglaublich, aber wahr!). Richelieu hatte seine eigenen speziellen Ansichten dazu, wie eine innenpolitische Ordnung auszusehen hatte: Der Staat sollte die absolute Macht besitzen und sich auch über die Wünsche der Monarchie, der Kirche und des Adels hinwegsetzen. Richelieu war aber nicht nur ein großer Denker, der das Gesamtbild im Blick hatte, sondern auch ein Verwaltungsgenie, das dafür sorgte, dass das System gut funktionierte. Er steigerte die Effizienz im ganzen Königreich, erhob effektiv Steuern und übte Macht über den Adel und die kommunalen Behörden aus. Er führte die Begriffe der Staatsräson und des Gleichgewichts der Kräfte ein – zum Beispiel, indem er das politische Ziel verfolgte, dass Frankreich einen Ausgleich zur habsburgischen Hegemonie schaffen sollte. Erst kurz zuvor waren Machiavellis Theorien in Umlauf gekommen. Sein Konzept, Mitteleuropa geteilt und im Gleichgewicht zu halten (weil es vereint andere Regionen dominieren würde), funktionierte von 1624 bis zur Französischen Revolution (mehr dazu finden Sie in Henry Kissingers Buch *World Order*).

sen, wodurch sich das Konzept des Kräftegleichgewichts zwischen rivalisierenden Staaten neu gestaltete. **Gleichzeitig schmälerte sich dadurch die Macht religiöser Autoritäten erheblich.**

Aus dem Westfälischen Frieden ging hervor, was ich als »Kriegserschöpfung« bezeichne. Das trug im Anschluss zu einer langen Periode des Friedens und Wohlstands bei. Wie alle großen Kriege hatte auch der Dreißigjährige Krieg verheerende Verluste an Leib, Leben, Besitz und Wohlstand zur Folge. Ein Viertel der europäischen Bevölkerung fiel im Kampf, starb an Krankheiten oder verhungerte. **Weil Kriege stets um so viel schrecklicher sind, als es sich selbst die eifrigsten Kriegstreiber ausmalen können, führen sie zu Verträgen, die die Ordnung neu definieren und auf die friedliche Zeiten folgen – bis der nächste große Krieg beginnt.**

Die Niederländer profitierten enorm von den neuen Machtverhältnissen und von der Periode relativer Stabilität. Am bedeutsamsten war aber wohl, dass sie dadurch vor der Bedrohung durch habsburgische Dominanz geschützt wurden.

Ebenso gilt, dass ● ***Kriege verheerende finanzielle Folgen haben – und zwar für die Gewinner, aber weitaus stärker für die Verlierer.*** So litt beispielsweise Frankreich, obwohl es zu den »Siegern« zählte und über weite Strecken nur indirekt am Krieg beteiligt war, in der Folge unter so schweren Finanzproblemen und Instabilität, dass die Menschen dort in Massen auf die Barrikaden gingen. Das zu den Verlierern zählende Habsburgerreich war noch schlimmer dran. Im Vergleich zu den Franzosen und Spaniern waren die finanziellen Folgen für die Niederländer längst nicht so dramatisch. Sie profitierten von dem Frieden, der das Goldene Zeitalter der Niederlande beförderte. Außerdem kamen den Niederländern auch die militärischen Entwicklungen im Zuge des Krieges zugute. Im Zusammenspiel mit den Fähigkeiten der Niederländischen Ostindien-Kompanie im Schiffsbau konnten die Niederländer durch diese starke Kombination aus Seefahrt und Militär ihre Macht weltweit ausdehnen.

DER HÖHEPUNKT

Das Goldene Zeitalter der Niederländer verleitete diese dazu, sich so auf das »gute Leben« zu konzentrieren, dass es sie finanziell schwächte. Parallel dazu gewannen andere Mächte an Stärke und begannen, die Niederländer herauszufordern. Durch den neu entstandenen Kapitalismus in Verbindung mit den neuartigen Ansätzen der Aufklärung kamen wirtschaftliche Umwälzungen in Gang: die sogenannte industrielle Revolution, in der Großbritannien eine zentrale Rolle übernahm. Die Niederländer, die im 17. Jahrhundert bei Innovationen, Handel und Wohlstand absolut konkurrenzlos gewesen waren, gerieten in Rückstand. Und schließlich wurden die Kosten für die Aufrechterhaltung eines im Abstieg begriffenen, überschuldeten Imperiums untragbar.

Die folgende Grafik weist eine Reihe maßgeblicher Schritte aus.

POSITION DER NIEDERLANDE IM VERHÄLTNIS ZU ANDEREN GROSSMÄCHTEN (SCHÄTZUNG)

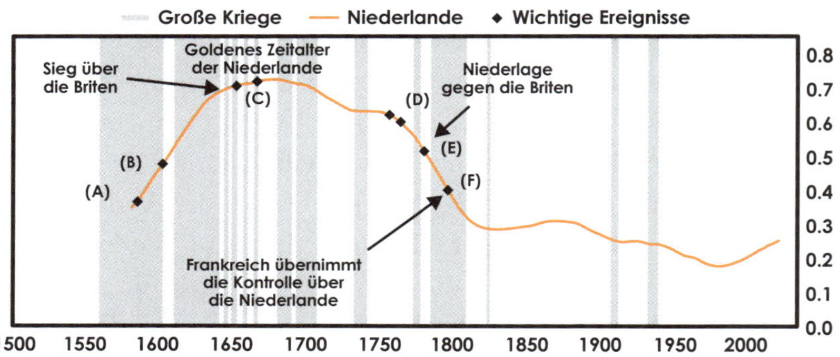

(A) Die Niederländer erklären ihre Unabhängigkeit von Spanien.
(B) Die Niederländische Ostindien-Kompanie, die Amsterdamer Wechselbank und die Börse werden gegründet.
(C) Erster und Zweiter Englisch-Niederländischer Krieg
(D) Siebenjähriger Krieg und Schattenbankkrise von 1763
(E) Vierter Englisch-Niederländischer Krieg, Run auf die Amsterdamer Wechselbank
(F) Verstaatlichung der Niederländischen Ostindien-Kompanie, Niedergang des niederländischen Imperiums

Auf dem Höhepunkt ihrer Macht erlebten die Niederländer, wie sich das Blatt in Bezug auf viele der klassischen Faktoren wendete, die wir bereits angesprochen haben:

- Der Vorsprung der Niederländer **in Bildung und Technologie schmolz zusammen.**
- Die Niederländer waren generell und durch den Niedergang der Niederländischen Ostindien-Kompanie nicht mehr **wettbewerbsfähig.**
- **Im 18. Jahrhundert konnten die Briten den Niederländern durch die industrielle Revolution die wirtschaftliche und finanzielle Vormachtstellung in Europa streitig machen.**
- Geringeres Wirtschaftswachstum, als es andere Mächte verzeichneten, erschwerte es den Niederländern, ihr gewaltiges Imperium zu finanzieren und zu unterhalten (insbesondere, weil es von einer so kleinen Nation kontrolliert wurde). Mit den zunehmenden militärischen Konflikten (im Versuch, ihren großen Reichtum in aller Welt zu verteidigen) **übernahmen sich** die Niederländer, **was zur Überschuldung führte.**
- **Das alles bereitete den Boden für den Niedergang des Guldens als Reservewährung**, der sich letztlich beschleunigte, nachdem die Niederländer einen **Krieg** gegen die Briten **verloren hatten** (und mit ihm auch wichtige Vermögenswerte).
- Mit der Schwächung des niederländischen Imperiums ging seine **Erosion als Finanzzentrum** einher, insbesondere nach mehreren Schuldenkrisen und einem Run auf die Zentralbank und die Währung.

Obwohl der Westfälische Frieden Europa eine vergleichsweise friedliche, stabile Zeit bescherte, waren die Niederlande in ihrer Weltreich-Ära nach wie vor in etliche Konflikte verstrickt, da die Gegner Schwäche wahrnahmen und angriffen – vor allem auf See, wo es um den Handel ging. Hier eine kurze Übersicht über die Kriege, die die Niederländer führten, um ihr Imperium aufzubauen, und später, um es nicht zu verlieren:

- **Achtzigjähriger Krieg (1566–1648):** Dabei handelte es sich um den Aufstand der protestantischen Niederlande gegen das katholische Spanien. Ihre Unabhängigkeit erklärten die Niederländer zunächst 1581, doch ganz unabhängig wurden sie erst 1648 mit dem Westfälischen Frieden, der den Dreißigjährigen und den Achtzigjährigen Krieg beendete.
- **Erster Englisch-Niederländischer Krieg (1652–1654):** Das war ein Handelskrieg, der ausgelöst wurde, als das englische Parlament 1651 sein Schifffahrtsgesetz erließ und damit verfügte, dass sämtliche Waren aus seinen amerikanischen Kolonien von britischen Schiffen befördert werden mussten. Dieser Krieg ging mehr oder minder unentschieden aus und löste die Handelsrivalität zwischen den beiden Nationen nicht.
- **Dänisch-Schwedischer Krieg (1657–1660):** Dieser begann, als Schweden dem niederländischen Verbündeten Dänemark den Krieg erklärte und damit die hochprofitablen Handelsrouten der Ostsee bedrohte. Die Niederländer siegten über die Schweden.
- **Zweiter Englisch-Niederländischer Krieg (1665–1667):** England und die Niederlande fochten einen weiteren Handelskonflikt aus, den die Niederlande für sich entschieden.
- **Französisch-Niederländischer Krieg (1672–1678) und Dritter Englisch-Niederländischer Krieg (1672–1674):** Auch diese Kriege wurden um den Handel geführt. Die Niederländer vereitelten die Pläne der Franzosen, die Niederlande zu erobern, und zwangen sie, verschiedene Zölle zu senken – doch zu empfindlich hohen Kosten.
- **Vierter Englisch-Niederländischer Krieg (1780–1784):** Diesen Krieg zettelten die Briten als Vergeltung dafür an, dass die

> Niederlande in der Amerikanischen Revolution die Kolonien unterstützten. Er endete mit einer deutlichen Niederlage der Niederländer und läutete das Ende des Guldens als Reservewährung ein.

Die Ironie dabei: Es war ein militärischer Sieg, der fast einem Jahrhundert des Friedens vorausging und zum Machtverlust der Niederlande führte. 1688 heiratete Wilhelm III. von Oranien Maria II. – die Tochter des unpopulären Königs von England –, marschierte erfolgreich in England ein und übernahm dort die Macht. Diese Episode wird auch »glorreiche Revolution« genannt und schuf eine neue innenpolitische Ordnung für England. Auf kurze Sicht war es für die Niederländer natürlich ein Vorteil, dass Wilhelm III. den englischen Thron bestieg. **Die Folgen zweiter Ordnung in Form wirtschaftlicher Integration und militärischer Kooperation spielten eine maßgebliche Rolle im Niedergang der niederländischen Wirtschaftsmacht und des Guldens über das nächste Jahrhundert.**

Nach 1688, als England wettbewerbsfähiger wurde, verlagerten niederländische Kaufleute ihre Geschäfte nach London, was dessen Aufstieg zum internationalen Finanzzentrum Vorschub leistete. Wilhelm III. zog ebenfalls nach England, statt seine Aufmerksamkeit der Regierung der Niederlande zu widmen. Als er 1702 starb, ohne Erben zu hinterlassen, zerbrach das direkte Bindeglied zwischen den beiden Nationen. Die verschiedenen niederländischen Provinzen, die er unter sich vereint hatte, zersplitterten. England und die Niederlande setzten zwar ihre militärische Partnerschaft gegen die Franzosen über die mehr als 80 Jahre bis zum Vierten Englisch-Niederländischen Krieg die meiste Zeit über fort, doch Mitte des 18. Jahrhunderts kam man sich auf vielen Märkten ins Gehege.

Zu diesem Zeitpunkt war das niederländische Imperium schon nicht mehr das führende Weltreich. Allen voran die Briten hatten aus den niederländischen Innovationen gelernt und investierten selbst in Bildung, um die Fähigkeiten der eigenen Bevölkerung zu stärken. Diese Fähigkeiten führten in Verbindung mit der Anwendung des Kapitalismus zur fortlaufenden Verbesserung bestehender Konzepte, um die Produktion effizienter zu gestalten – unter anderem durch die Vereinheitlichung von Produktionsfaktoren und durch die Verlagerung der Fertigung von Einzelhandwerkern in Fabriken. Das führte auch zu spektakulären neuen Erfindungen. So konnten die Briten produktiver werden, sich einen größeren Anteil am Handel sichern und militärische Macht aufbauen.

Hinzu kam der klassische Faktor, **dass die Niederländer mit zunehmendem Reichtum an Wettbewerbsfähigkeit verloren.** So zahlten sie beispielsweise allgemein höhere Löhne als andere Teile Europas. Die Niederländische Ostindien-Kompanie verlor ihren Wettbewerbsvorsprung ebenfalls. Sie konnte beispielsweise nicht effektiv mit gefragten neuen Produkten wie Tee handeln. **Das Wirtschaftswachstum verlangsamte sich in den Niederlanden im Vergleich zu anderen Mächten, was es den Niederländern erschwerte, ihr riesiges Reich zu finanzieren und zu unterhalten.** Durch zunehmende militärische Konflikte, um ihren großen Reichtum zu schützen, **überschuldeten sie sich.**

So vollzog sich etwa ab 1725 bis um 1800 der finanzielle Niedergang nach klassischem Muster. Die folgenden Grafiken stellen den Aufstieg und Niedergang der Amsterdamer Wechselbank höchst anschaulich dar.

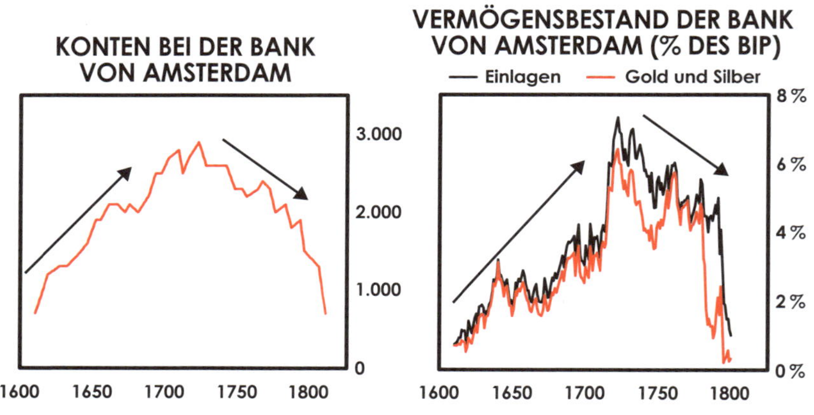

Ganz klassisch blieb der Reservewährungsstatus des Guldens noch solide, obwohl die Macht der Niederlande ansonsten zu bröckeln begann. Weil Wechsel das vorherrschende Kreditinstrument im internationalen Handel waren, mussten alle Kaufleute, die mit den Niederländern Geschäfte machen wollten, ein Konto bei der Amsterdamer Wechselbank eröffnen, sodass **etwa 40 Prozent des Welthandels in Amsterdam mit Bankgulden abgewickelt wurde.** Die Bedeutung der Niederländer im Handels- und Finanzgeschäft, die Maßnahmen der Amsterdamer Wechselbank, die den Gulden zu einem höchst effektiven Tauschmittel und Wertspeicher machten, und der Umstand, dass niederländische Gewerbetreibende und Banken auf seiner Verwendung beharrten, zementierte im Zusammenspiel die Stellung des Guldens als erste globale Reservewährung.[7] Dadurch hatten die Niederländer das »außerordentliche Privileg«, jede Menge Kredit aufnehmen zu können.

DER NIEDERGANG

Um 1750 wurden die Briten (und auch die Franzosen) stärker als die Niederländer, weil ihre Macht gewachsen und die Niederländer schwächer geworden waren. Nach klassischem Muster a) verschuldeten sich die Niederländer verstärkt, b) erlebten intern viele Kämpfe um Vermögen[8] und c) wurden auf militärischem Gebiet schwächer. Das alles machte sie abstiegsanfällig und angreifbar.

---

7 Die verfügbaren Daten zum Zahlungsverkehr stützen die These, dass auf den Gulden ein großer Anteil am Welthandel entfiel: Der jährliche Wert der über die Bank abgewickelten Zahlungen erreichte in den 1760er-Jahren mit rund dem 1,5-Fachen des jährlichen BIP der niederländischen Republik seinen Höchststand (wobei manche Schätzungen mehr als doppelt so hoch ausfallen). Ähnliche Kennzahlen für das Vereinigte Königreich im Jahr 1868 und die Vereinigten Staaten im Jahr 1955 belaufen sich auf das 3,6- beziehungsweise das 2,7-Fache.

8 Ein gutes Beispiel dafür ist die Popularität der Patriotenbewegung in den Niederlanden etwa um diese Zeit.

Als die Erträge aus dem Ausland ausblieben, schichteten wohlhabende niederländische Sparer ihr Geld in britische Anlagen um, die durch höhere Wachstumsraten und Renditen attraktiver waren.[9] Dennoch wurde der Gulden weiterhin breit als globale Reservewährung verwendet. Wie bereits erläutert, geben gewöhnlich erst andere maßgebliche Faktoren für den Aufstieg und Fall von Imperien nach – der Reservewährungsstatus erst mit gewisser Verzögerung. Dann **forderte ganz klassisch eine aufstrebende Großmacht die bisherige Großmacht in einem Krieg heraus.**

In den 1770er-Jahren begannen die Briten, den Schiffsverkehr der Niederländer zu stören, und ließen den Konflikt eskalieren, nachdem diese während der Amerikanischen Revolution Waffen an die Kolonien geliefert hatten. Zur Vergeltung versetzten die Engländer der niederländische Marine in der Karibik 1781 einen verheerenden Schlag, übernahmen die dortigen niederländischen Territorien – und die ostindischen ebenso. Die Niederländische Ostindien-Kompanie, die die Hälfte ihrer Flotte und den Zugang zu wichtigen Handelsrouten eingebüßt hatte, musste bei der Amsterdamer Wechselbank hohe Kredite aufnehmen, um zu überleben. Rivalen nutzten die Niederlage der Niederländer als Chance, sich weitere Anteile am niederländischen Schifffahrtsgeschäft zu sichern. Britische Blockaden der Niederlande und der ostindischen Inseln lösten eine Liquiditätskrise aus. Die finanziellen Folgen dieser Ereignisse sind aus den folgenden Grafiken ersichtlich.

---

9 In diesem Zeitraum war eine allgemeine Zunahme von Auslandsinvestitionen durch Niederländer zu verzeichnen. Beispiele dafür sind der Erwerb von Aktien der British East India Company durch Niederländer sowie der Verkauf von Anleihen der City of London an niederländische Investoren. Eine nähere Beschreibung finden Sie in Hart, Jonker und van Zanden, *A Financial History of the Netherlands*.

BILANZ DER NIEDERLÄNDISCHEN OSTINDIEN-KOMPANIE (% DES BIP)[10]

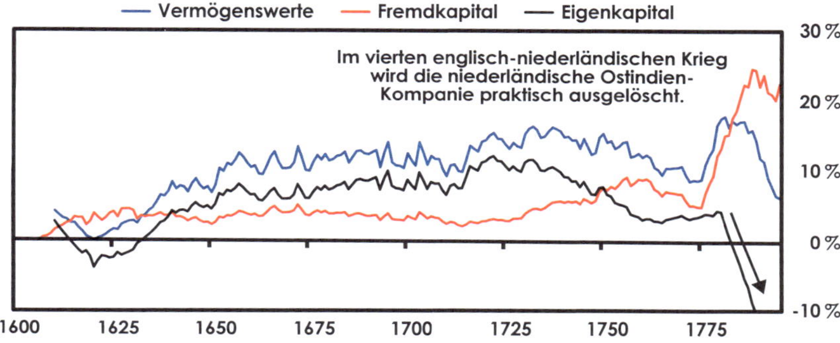

GEWINN- UND VERLUSTRECHNUNG DER NIEDERLÄNDISCHEN OSTINDIEN-KOMPANIE (IN MIO. GULDEN)

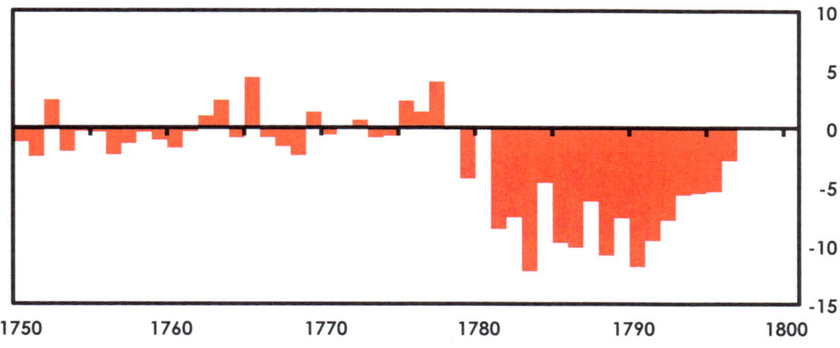

Finanzielle Verluste und hohe Schulden veranlassten die Zentralbank zu der klassischen Maßnahme, mehr Geld zu drucken. Da die Amsterdamer Wechselbank immer mehr Papiergeld druckte, um der Nie-

10 Diese Grafik weist lediglich das Finanzergebnis der Niederländischen Ostindien-Kompanie *in patria* aus, also in den Niederlanden. Die Umsätze und Schulden aus ihrem Asiengeschäft sind darin nicht berücksichtigt, wohl aber die Umsätze mit aus Asien bezogenen und in Europa verkauften Waren.

derländischen Ostindien-Kompanie Kredit zu geben, wurde bald klar, dass nicht genügend Gold und Silber vorhanden waren, um sämtliche auf dem Papier bestehenden Ansprüche darauf zu befriedigen. Das löste ganz klassisch die »Bank Run«-Dynamik aus: Anleger versuchten, ihr Papiergeld gegen Edelmetalle einzutauschen. Als der Edelmetallbestand der Bank erschöpft war, stieg die Guldenmenge sprunghaft an, wenngleich die Nachfrage nach Gulden nachließ, wie die folgende Grafik zeigt.

VERMÖGENSBESTAND DER BANK VON AMSTERDAM (% DES BIP)

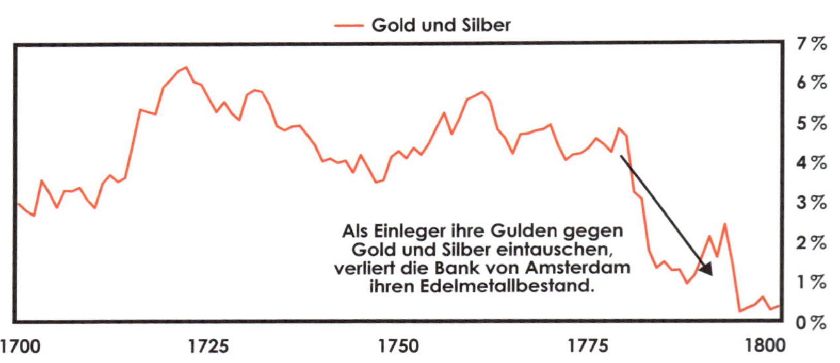

Die nächste Grafik weist die Kreditexplosion in der Bilanz der Zentralbank im Zuge des Vierten Englisch-Niederländischen Kriegs aus. (Zum Vergleich: Der vollständigen Bilanz bei Beginn des Kriegs war zu entnehmen, dass rund 20 Millionen Bankgulden ausstehend waren, woraus sich eine Verlängerung der Bilanz der Amsterdamer Wechselbank um rund 50 Prozent ergibt.) Der Amsterdamer Wechselbank blieb keine Wahl: Die Niederländische Ostindien-Kompanie war systemrelevant (»too big to fail«), weil der Staat auf ihre Kredite angewiesen war.

AUSSTEHENDE KREDITE DER BANK VON AMSTERDAM (IN MIO. GULDEN)

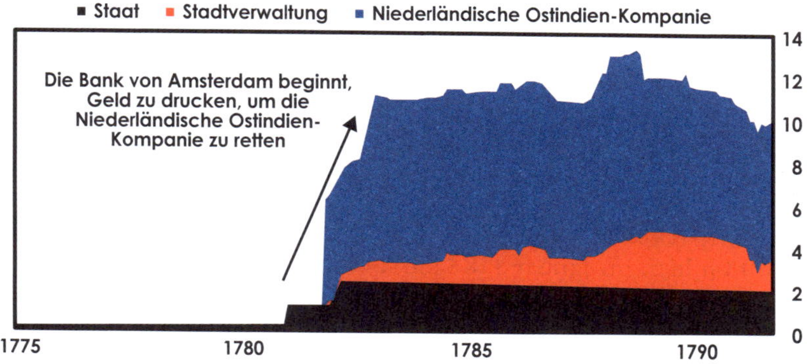

Die Zinsen kletterten und die Amsterdamer Wechselbank musste den Gulden abwerten, was dessen Glaubwürdigkeit als Wertspeicher schadete.[11] Die Folge: Das britische Pfund löste den niederländischen Gulden als führende Reservewährung ab.

Was den Niederländern passierte, war ganz typisch, wie aus der Übersicht in Kapitel 1 dazu zu entnehmen, warum Imperien aufsteigen und fallen, und auch der Beschreibung in Kapitel 3, wie Geld, Kredit und Schulden funktionieren. **Die Amsterdamer Wechselbank begann mit einem Währungssystem vom Typ 1 (Edelmetall), das sich zu einem Währungssystem vom Typ 2 (an Edelmetall gebundenes Papiergeld) entwickelte.** Wie üblich vollzog sich dieser Übergang zu einer Zeit, in der finanzielle Belastungen und militärische Konflikte vorlagen. Er war riskant, weil die Umstellung das Vertrauen in die Währung untergrub und die Gefahr einer Bank-Run-ähnlichen Dynamik erhöhte – und genau diese setzte letztlich ein. Die Einlagen der Amsterdamer Wechsel-

11 Die Amsterdamer Wechselbank war ihrer Zeit voraus und verwendete Bücher anstelle von echtem »Papiergeld«. Siehe Quinn und Roberds, »The Bank of Amsterdam Through the Lens of Monetary Competition«.

bank (das heißt die Positionen in kurzfristigen Schuldtiteln) waren fast 200 Jahre lang zuverlässige Wertspeicher gewesen. Allmählich notierten sie jedoch mit hohen Abschlägen auf Guldenmünzen (die aus Gold und Silber bestanden). Die Zentralbank nutzte ihren Münz- und Edelmetallbestand (also ihre Reserven), um auf dem offenen Markt die eigene Währung aufzukaufen und so den Wert der Einlagen zu stützen. Doch ihr fehlten ausreichende ausländische Währungsreserven, um das auf unbestimmte Zeit zu betreiben. Mit Münzen unterlegte Konten bei der Bank brachen von 17 Millionen Gulden im März 1780 auf nur mehr 300.000 Gulden im Januar 1783 ein, als die Eigentümer der Gold- und Silbermünzen diese zurückverlangten. Der Bank-Run kennzeichnete das Ende des niederländischen Imperiums und des Guldens als Reservewährung. 1791 wurde die Bank von der Stadt Amsterdam übernommen, 1795 stürzte die französische Revolutionsregierung die niederländische Republik und richtete stattdessen einen Satellitenstaat ein. Die Niederländische Ostindien-Kompanie wurde 1796 verstaatlicht, sodass ihre Aktien wertlos wurden, und erlosch 1799.

Nachstehende Grafiken weisen die Wechselkurse des Guldens im Verhältnis zum britischen Pfund und zu Gold aus. Als feststand, dass die Bank keine Glaubwürdigkeit mehr genoss, flüchteten die Anleger in andere Vermögenswerte und Währungen.[12]

---

12 Historische Daten lassen vermuten, dass die Bankeinlagen 1795 mit einem Abschlag von 25 Prozent auf die eigentlichen Münzen notierten. Siehe Quinn und Roberds, »Death of a Reserve Currency.«

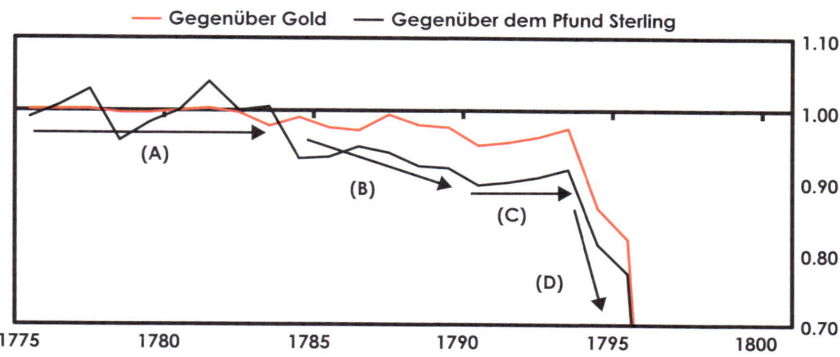

(A) In der Niedergangsphase ist der Gulden die meiste Zeit über stabil.
(B) Der Vierte Englisch-Niederländische Krieg führt dazu, dass Geld gedruckt wird, und übt ersten Druck auf den Gulden aus (Run auf die Amsterdamer Wechselbank).
(C) Kurze Stabilisierungsphase, als Anleger zu Beginn der Französischen Revolution Zuflucht in sicheren Häfen suchen.
(D) Die Franzosen werfen die Niederlande nieder. Die Konten bei der Bank werden praktisch ausgelöscht.

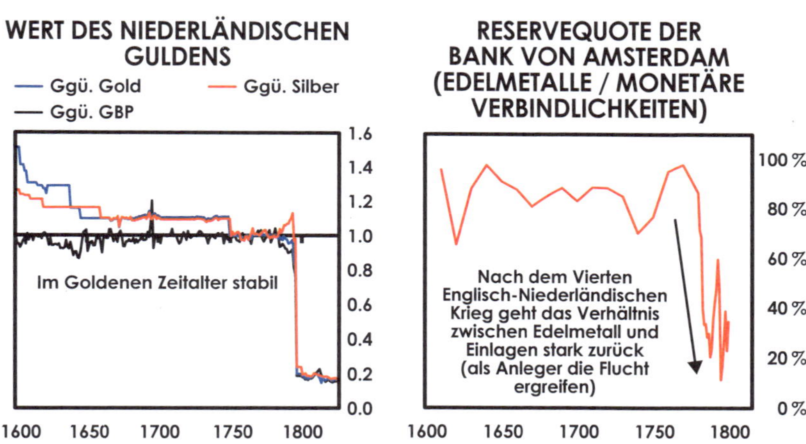

13 Um die voraussichtlichen wirtschaftlichen Aspekte eines Depotinhabers bei der Amsterdamer Wechselbank vollständig darzustellen, gingen wir davon aus, dass jeder Einleger einen proportionalen Anteil des noch in den Bankgewölben befindlichen Edelmetalls erhielt, als die Bank geschlossen wurde (was etwa 20 Prozent des vollständig besicherten Betrags entsprach, und damit einer Abwertung um insgesamt rund 80 Prozent).

Die folgende Grafik weist die Erträge von Aktionären der Niederländischen Ostindien-Kompanie in verschiedenen Jahren aus. Wie den meisten Unternehmen, bei denen sich eine Blase bildet, ging es auch der Niederländischen Ostindien-Kompanie zunächst sehr gut, und sie wirkte fundamental absolut solide. Das lockte auch dann noch Investoren an, als sich die Fundamentaldaten bereits verschlechterten. Das Genick brachen ihr schließlich ihr fundamentales Scheitern sowie die übermäßige Schuldenlast.

GESAMTRENDITE VOC NACH ERSTANLAGEJAHR (100 = AUSGANGSVERMÖGEN, 50-JAHRESINTERVALLE, LOG.)

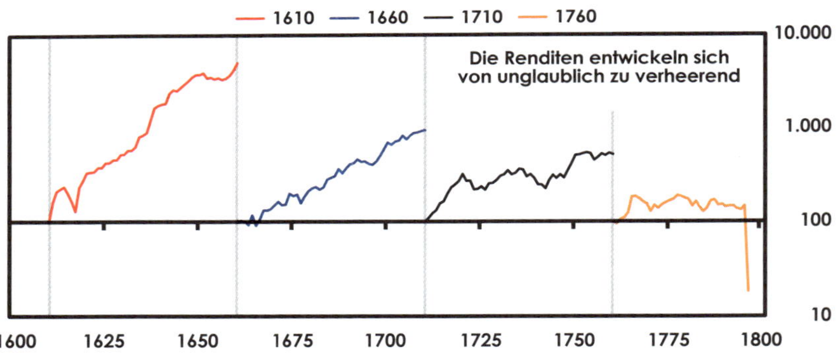

Üblicherweise gehen die Renditen von Investments in einem im Abstieg begriffenen Imperium im Verhältnis zu den Renditen von Investitionen in ein aufstrebendes Imperium zurück. Die Erträge von Anlagen in der British East India Company lagen beispielsweise deutlich über dem, was die Niederländische Ostindien-Kompanie abwarf, und die Renditen niederländischer Staatsanleihen nahmen sich im Vergleich zu den Schuldverschreibungen der britischen Regierung verheerend aus.

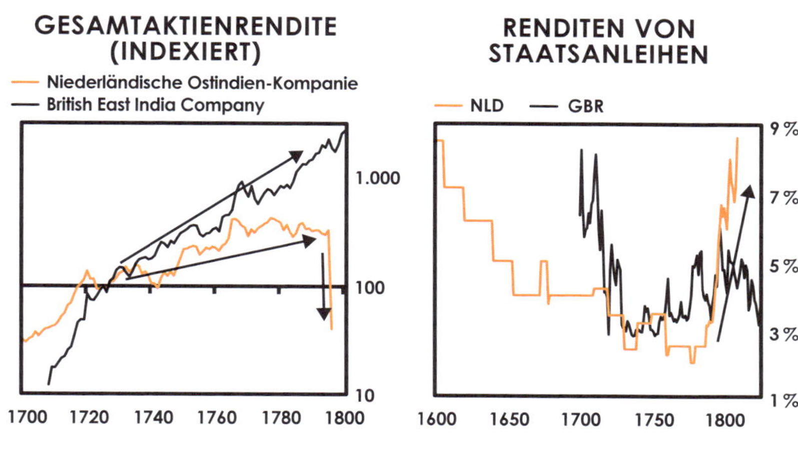

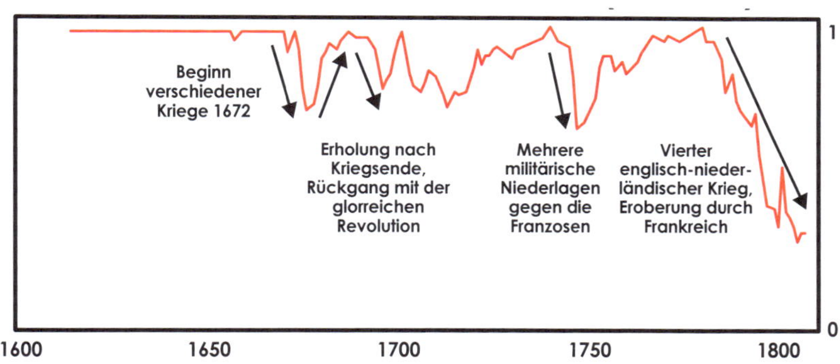

Der Niedergang des niederländischen Imperiums läutete den nächsten großen Zyklus in der Weltgeschichte ein: den Aufstieg und Fall des britischen Empire und seiner Reservewährung. Diese Geschichte – im Grunde dieselbe, nur etwa ein Jahrhundert später und in einer technisch höher entwickelten Form, mit Menschen, die andere Kleider trugen und eine andere Sprache sprachen – erzählt das nächste Kapitel.

KAPITEL 10

AUFSTIEG UND NIEDERGANG DES BRITISCHEN EMPIRE UND DES PFUND STERLING IM GROSSEN ZYKLUS

Die Weltordnung verändert sich, wenn zwei oder mehr Länder (oder Länderbündnisse) von vergleichbarer Macht gegeneinander antreten, eines davon gewinnt und dann so dominant wird, dass es andere Spielregeln festlegt: die neue Weltordnung. Bevor es dazu kommt, muss das aufstrebende Land zunächst eine Position vergleichbarer Stärke mit dem bisher tonangebenden Land erlangen, sodass die Geschichte des Aufstiegs eines mächtigen Landes schon beginnt, lange bevor es zur Großmacht wird. Ebenso setzt sich die Geschichte seines Niedergangs noch fort, wenn es längst keine Großmacht mehr ist. Das gibt das Bogendiagramm wieder, das die vereinfachten Versionen der Zyklen ausweist, die das niederländische, das britische, das amerikanische und das chinesische Imperium durchliefen. Sie kennen es schon, doch ich füge es an dieser Stelle erneut ein.

VERÄNDERTE WELTORDNUNG (KONZEPTIONELLES BEISPIEL)

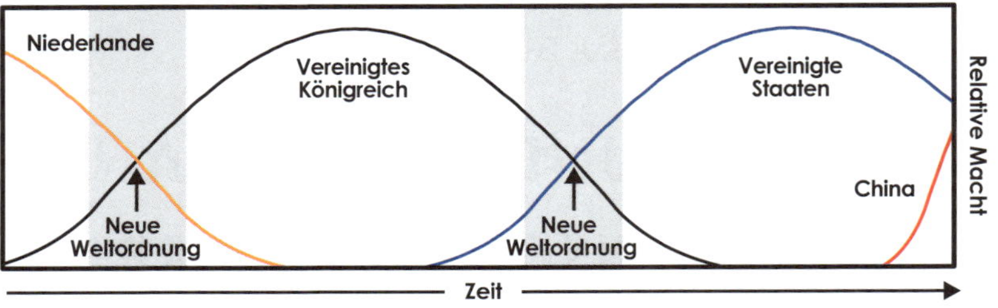

Der Aufstieg des britischen Empire setzte bereits ein, als es noch lange keine Vormachtstellung erreicht hatte. Zunächst musste es Bildung, Institutionen und die technische Entwicklung stärken, um wettbewerbsfähiger zu werden und später die Niederländer herauszufordern und zu besiegen. Die nächste Grafik weist meine Werte zu acht Machtmaßstäben für das britische Empire von 1600 bis heute aus. Wie ersichtlich, erhöhte sich das Niveau von Wettbewerbsfähigkeit, Bildung, Innovation und Technologie Anfang des 17. Jahrhunderts deutlich und stieg von 1600 bis 1800 kontinuierlich weiter an. Das zahlte sich von 1700 bis 1900 aus, als Wirtschaftsleistung, Anteil am Welthandel und Militär im Vereinigten Königreich im Gleichschritt expandierten. Mit der üblichen Verzögerung folgte die Entwicklung der britischen Finanzmärkte und des Finanzplatzes London an die Weltspitze, und noch etwas später verdrängte das Pfund den Gulden als globale Reservewährung.

Mit dem Sturz der Niederlande Ende des 18. Jahrhunderts fiel der Hauptrivale der Briten im Handels- und Finanzwesen weg. Der Aufstieg des Vereinigten Königreichs war jedoch erst zu Anfang des 19. Jahrhunderts abgeschlossen, denn es musste sich noch einer letzten rivalisierenden Großmacht entledigen – Frankreich unter Napoleon. Napoleon war immerhin drauf und dran, Europa zu erobern und Frankreich mit den napoleonischen Kriegen als führende Macht zu etablieren. Dadurch entstand die übliche Rivalität zweier Großmächte und die mit den umstrittenen Machtverhältnissen verbundene Dynamik, die ich be-

VEREINIGTES KÖNIGREICH: INDEX DER HAUPTDETERMINANTEN

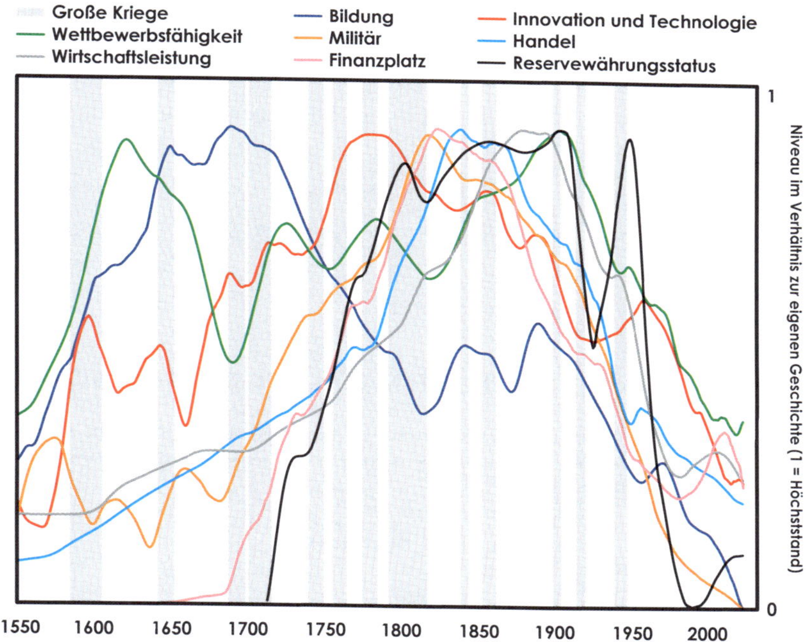

reits im Nachtrag zu Kapitel 2 beschrieben habe – mitsamt allen Allianzen und einer Eskalation bis hin zum großen Crescendo. An anderer Stelle folgt noch ein kurzer Abstecher in die ebenfalls typische französische Geschichte im Rahmen der Erklärungen für den Aufstieg des britischen Empire. Für den Moment will ich es jedoch mit einem Sprung zur Pointe bewenden lassen, die da lautet: **Großbritannien trug durch effektive wirtschaftliche und militärische Kriegsführung den Sieg davon. Im Anschluss gab der Sieger entsprechend dem klassischen Drehbuch für einen großen Zyklus und die Phase nach einem Krieg, in der sich die dominante Macht etabliert, eine neue Weltordnung vor, gefolgt von einer langen – in diesem Fall 100 Jahre währenden – Periode des relativen Friedens und Wohlstands. In dieser Zeit entwickelte sich das britische Empire zum größten Weltreich aller Zeiten.** Auf seinem Höhepunkt generierte das britische Empire, obwohl im Vereinigten Königreich nur 2,5 Prozent der Weltbevölkerung lebten, mehr als 20 Prozent des globalen Einkommens und herrschte über 20 Prozent der Landfläche weltweit und über 25 Prozent der globalen Bevölkerung.

Doch ich greife vor. Wie in der vorausgegangenen Grafik dargestellt, begann der Aufstieg Großbritanniens etwa um 1600. Fangen wir also dort an. Die folgende Grafik weist den Bogen und den zeitlichen Ablauf der zentralen Ereignisse aus. Die Zahlen geben die ungefähren Zeitspannen der sechs Phasen an, aus denen sich der Zyklus der innenpolitischen Ordnung zusammensetzt.

ENTWICKLUNG DES VEREINIGTEN KÖNIGREICHS 1600 BIS HEUTE

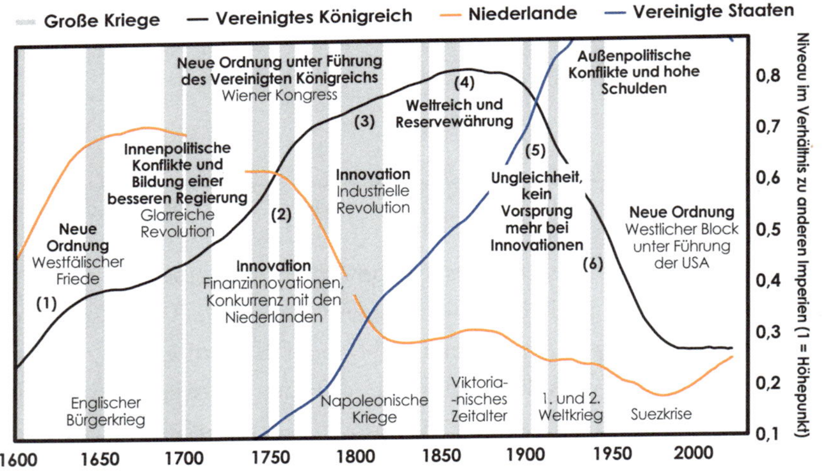

DER AUFSTIEG

Um den Boden für den Aufstieg des Vereinigten Königreichs zu bereiten, müssen wir uns zunächst ein Bild von der Lage sowie vom breiteren europäischen Hintergrund am Ende des 17. Jahrhunderts machen. Für die Briten und alle Europäer brachte das frühe 17. Jahrhundert gewaltige

Konflikte mit sich, die die bisherige Ordnung radikal veränderten oder gar auf den Kopf stellten. Wie in Kapitel 9 erläutert, **herrschten in Europa infolge des Dreißigjährigen Krieges große Verheerungen und Veränderungen, weil es sich dabei um einen Krieg zwischen Ideologien, Religionen und wirtschaftlichen Klassen handelte, der durch den Westfälischen Frieden eine neue europäische Ordnung schuf. Dieser Vertrag ließ die Länder entstehen, wie wir sie heute kennen, und hatte ein zerbrochenes Europa zur Folge. Im Anschluss trafen verschiedene Länder unterschiedliche Entscheidungen.** Großbritannien hatte mit Unruhen um Wohlstand und Macht im eigenen Land zu tun, die sich im Englischen Bürgerkrieg – einer äußerst gewalttätigen Fortsetzung der jahrhundertelangen Klassenkämpfe – und in der glorreichen Revolution niederschlugen, wonach der niederländische Regent Wilhelm III. mit wenig Gewaltanwendung den englischen Thron bestieg. Gemein ist diesen Konflikten, dass sie die Monarchie schwächten und das Parlament stärkten. Ebenso legten sie die Bedingungen für die Beziehungen zwischen den Königreichen England, Schottland und Irland fest. **Insbesondere führte der Englische Bürgerkrieg zur Aburteilung und Hinrichtung des Königs (Karl I.). An die Stelle der Monarchie trat das Commonwealth of England unter der Regierung des Heeresführers, der an der Spitze der Revolte gestanden hatte: Oliver Cromwell.**

Mit diesen Konflikten hielt die Rechtsstaatlichkeit anstelle der Monarchie Einzug und die Machtverhältnisse zwischen König und Parlament wurden neu geordnet. Das bildete den Grundstein für den späteren Aufstieg Großbritanniens, denn ein starkes Parlament ermöglichte die mehr oder minder meritokratische Wahl nationaler Spitzenpolitiker. Der Premierminister musste sich nunmehr das Vertrauen des Parlaments verdienen, statt sich nur am königlichen Hof beliebt zu machen. Staatsmänner, die Großbritannien während des anschließenden Aufstiegs und auf dem Höhepunkt seiner Macht regierten – wie William Pitt der Ältere und sein Sohn, William Pitt der Jüngere, Robert

Peel, William Gladstone und Benjamin Disraeli –, waren bei der Gestaltung Großbritanniens prägende Kräfte. Sie alle stammten nicht aus dem Landadel, sondern aus Kaufmannsfamilien.

Das revolutionäre Erstarken des Parlaments wurde prägend beeinflusst von dem neuen aufklärerischen Denken darüber, wer wie viel Macht besitzen und wie eine Regierung funktionieren sollte – Gedankengut, das Ende des 17. Jahrhunderts in ganz Europa um sich griff. Dem lagen frühere wissenschaftliche Überlegungen des Engländers Francis Bacon (1561–1626) zugrunde. **Im Zentrum dieser neuen, menschenorientierten Philosophie stand die Vorstellung, dass die Gesellschaft auf Vernunft und Wissenschaft beruhen sollte – und dass die Regierungsmacht nicht von Gott, sondern vom Volk kommt.**

Diskussionen und Skepsis wurden gefördert. Eine bessere Grundschulbildung (die zu steigenden Alphabetisierungsquoten führte), die Verbreitung von Ideen durch Druckwerke (damals wurden die ersten Enzyklopädien und Wörterbücher in größerer Stückzahl gedruckt) und eine wachsende Zahl von Menschen, die transnationalen Eliten angehörten (und belesen waren und grenzüberschreitende Kontakte pflegten) ließen einen neuen, weiteren »öffentlichen Raum« für politisches und gesellschaftliches Denken entstehen. Die Vordenker dieser Zeit lieferten Ideen und Konzepte, die in der westlichen Welt bis heute eine große Rolle spielen.

Das Gedankengut der Aufklärung beeinflusste jedes Land auf seine Weise. Das Spektrum reichte von eher autokratischen Monarchen wie Katharina der Großen in Russland über repräsentativere Regierungsformen, wie sie die Gründerväter der Vereinigten Staaten für sich wählten. **Neben dem wissenschaftlichen Schwerpunkt der Aufklärung, der maßgeblichen Entdeckungen Vorschub leistete, profitierte das Vereinigte Königreich ganz besonders von den starken politischen Institutionen und der Rechtsstaatlichkeit, die die Aufklärung nach sich zog.**

Diese Stärken brachten zwar keinen unmittelbaren Wohlstand, **doch mit der Zeit lieferte der Respekt des britischen Systems für die Rechtsstaatlichkeit im Zusammenspiel mit einer starken Bildung die Voraussetzungen für Wettbewerbsvorteile im gewerblichen Bereich und dadurch für Innovationen und führten zum Aufstieg des britischen Empire.**

Gleichzeitig **erlangte England Finanzkraft, weil es eine machtvolle zentrale Finanzverwaltung einrichtete, die es dem Staat ermöglichte, deutlich mehr Einnahmen zu erwirtschaften als seine internationalen Rivalen. Im 18. Jahrhundert war das Steueraufkommen in Großbritannien fast doppelt so hoch wie in Frankreich. Die Gründung der Bank of England im Jahr 1694 trug dazu bei, die Liquidität britischer Staatsanleihen zu standardisieren und zu erhöhen, was die Kreditaufnahmefähigkeit der Regierung verbesserte.** Diesen Reformen entsprechend gaben die Renditen von Staatsanleihen zu Anfang des 18. Jahrhunderts drastisch nach – und zwar sowohl absolut betrachtet als auch im Verhältnis zu anderen Ländern.

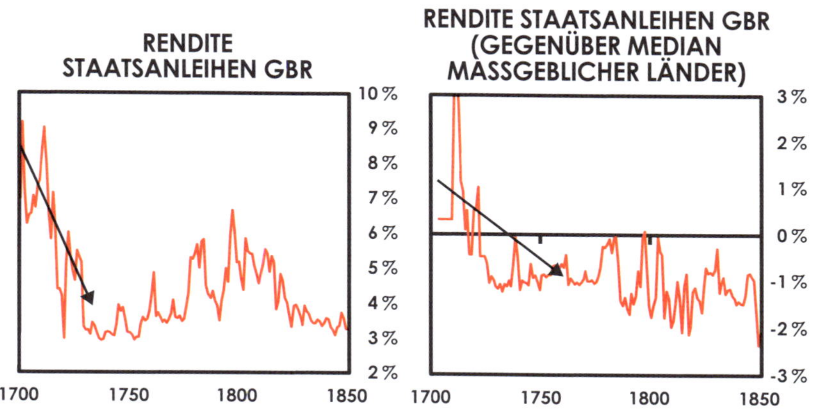

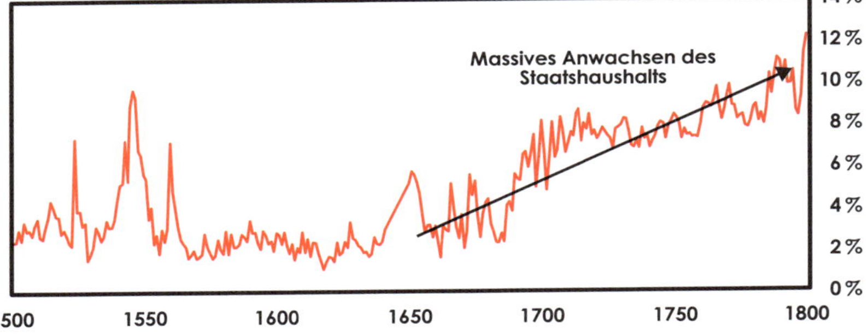

Im frühen 18. Jahrhundert lagen viele weitere klassische Anzeichen für ein aufstrebendes Imperium vor. Den folgenden Grafiken können Sie entnehmen, wie sich Großbritannien bei Innovationen damals vor seine größten Rivalen schob.

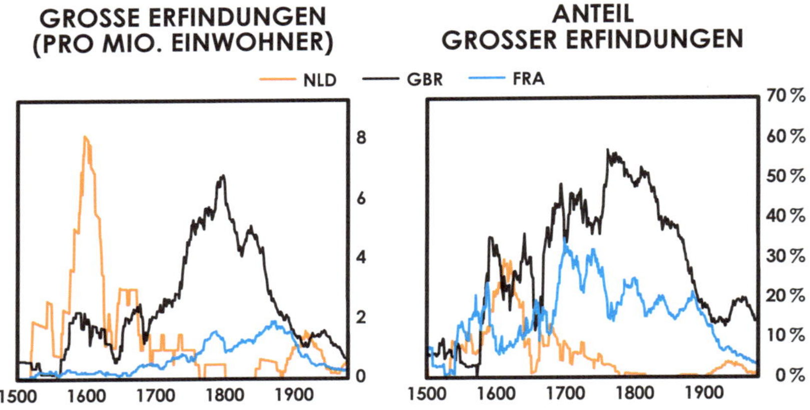

DIE INDUSTRIELLE REVOLUTION

Eine gebildete Bevölkerung mit einer von Erfindungsgeist geprägten Kultur und dem nötigen Kapital, um die Entwicklung neuer Ideen finanziell zu ermöglichen – vor allem Ideen dazu, wie Maschinen viele

Arbeiten effizienter erledigen konnten –, schob eine kräftige Welle der Wettbewerbsfähigkeit und des Wohlstands an. Dass England geologisch mit Eisen und Kohle ausgestattet war, verlieh dem wirtschaftlichen Wandel der ersten industriellen Revolution einen enormen Schub. Wie in Kapitel 8 bereits beschrieben, wandelte sich Europa durch diese Veränderungen von einer überwiegend ländlichen Agrargesellschaft mit vielen Armen und einer Machtkonzentration bei den elitären Grundbesitzern in eine urbane Industriegesellschaft, in der die Menschen insgesamt spürbar reicher wurden (wenn die Eliten auch ungleich stärker profitierten) und die Macht bei den Bürokraten der Zentralregierung und bei den Kapitalisten lag. Geopolitisch bewirkten diese Stärken, dass das Vereinigte Königreich die Niederlande als vorherrschende Wirtschafts- und Finanzmacht Europas um 1750 ablöste – 30 Jahre bevor die Briten die Niederländer im Kampf schlugen und eindeutig zum führenden Imperium der Welt avancierten.

Die Produktivitätsrevolution begann mit der Landwirtschaft. Landwirtschaftliche Erfindungen steigerten die Produktivität und verringerten die Arbeitsintensität der Landwirtschaft. Dadurch waren bald mehr und billigere Nahrungsmittel verfügbar, was einen Bevölkerungsboom auslöste. Im Zusammenspiel bewirkten diese Faktoren, dass die Menschen in die Städte strömten, sodass die Industrie durch den stetigen Zustrom von Arbeitskräften profitierte. Die industrielle Revolution erhielt nicht nur Impulse durch brandneue Erfindungen wie die Dampfmaschine, sondern auch durch die Anpassung und Optimierung bisheriger Konzepte, um effizienter zu produzieren – etwa die Standardisierung von Produktionsfaktoren und die Verlagerung der Produktion vom Einzelhandwerker in die Fabrik. Reichlich Arbeit, Energie und die Anbindung an die globalen Märkte verstärkten den Innovationsschub. Die folgende Liste vermittelt einen Eindruck vom zeitlichen Ablauf und vom Tempo der Innovation im Vereinigten Königreich:

- 1712: Erfindung der Dampfmaschine
- 1719: Gründung einer Seidenfabrik
- 1733: Erfindung des fliegenden Weberschiffchens, auch Schnellschütze genannt (Vorläufer der Mechanisierung des Webstuhls)
- 1764: Erfindung der Spinning Jenny (erste industrielle Spinnmaschine)
- 1765: Erfindung des Waterframe (Wasserantrieb für Spinnmaschinen), Modernisierung der Dampfmaschine
- 1785: Erfindung des mechanischen Webstuhls, Entwicklung der Eisenveredelung
- 1801: Erfindung des Straßendampfwagens
- 1816: Patentierung der schienentauglichen Dampflokomotive
- 1825: Bau der ersten Eisenbahnstrecke zwischen Manchester und Liverpool

Durch diese revolutionären Veränderungen in Landwirtschaft und Industrie wurde Europa urban und industrialisiert. Waren wurden in städtischen Fabriken von Maschinen produziert. Die neue Stadtbevölkerung verlangte neuartige Güter und Dienstleistungen, was ein Anwachsen des Verwaltungsapparats erforderte, der mehr Geld für Dinge wie Wohnraum, sanitäre Einrichtungen und Bildung ausgeben musste. Auch die nötige Infrastruktur – Gerichte, Aufsichtsbehörden und Zentralbanken – musste entstehen, damit das neue industrielle kapitalistische System florieren konnte. **Die Macht lag in den Händen der Bürokraten der Zentralregierung und der Kapitalisten, die die Produktionsmittel kontrollierten.**

Das galt vor allem im **Vereinigten Königreich, das bei vielen der wichtigsten Innovationen eine Pionierrolle übernahm und die neuen Produktionsmethoden einsetzte, um sich einen Vorsprung vor anderen Nationen zu verschaffen und sich zur führenden Supermacht der Welt aufzuschwingen.** Wie aus der Wirtschaftsleistung pro Kopf hervorgeht, schloss das Vereinigte Königreich beim Lebensstandard um 1800 herum zu den Niederlanden auf und überholte sie Mitte des 19. Jahrhunderts, als sich die Briten mit ihrem Anteil an der globalen Wirtschaftsleistung (von rund 20 Prozent) ihrem Zenit näherten. Parallel zu diesem Wirtschaftswachstum, das dadurch noch verstärkt wurde, entwickelten sich die Briten zur dominierenden Handelsnation der Welt und zogen Ende des 18. Jahrhunderts klar an den Niederländern vorbei. Diese Position hielten sie das gesamte 19. Jahrhundert hindurch. Gleichzeitig nahm die Wirtschaftsleistung aller Länder im 19. Jahrhundert quasi flächendeckend schneller zu. Die meisten Länder der Welt befanden sich in den Phasen 3 und 4 des Zyklus der innenpolitischen Ordnung.

REALES BIP PRO KOPF (USD 2017)

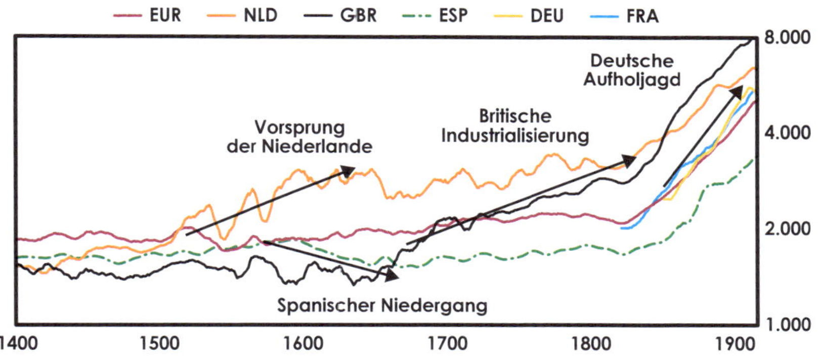

Natürlich mussten die Briten, als sie zur wirtschaftlichen Weltmacht avancierten, in der Lage sein, militärisch ihren Mann zu stehen, um ihre Interessen zu schützen und durchzusetzen. **Die militärische Stärke des Vereinigten Königreichs – insbesondere seine Marine – trug dazu bei, dass es eigene Kolonien gründen und die anderer europäischer Mächte übernehmen konnte, aber auch zur Sicherung der Kontrolle über globale Handelsrouten. Die Großmacht erwirtschaftete solche Gewinne, dass die Militärausgaben problemlos gedeckt werden konnten, weil sie die wirtschaftlichen Aktivitäten noch förderten.** Den Finanzinnovationen der Bank of England und dem Zusammenbruch des Guldens war zu verdanken, **dass sich London zum globalen Finanzzentrum entwickelte – und das Pfund Sterling zur Reservewährung der Welt. Anders ausgedrückt: Großbritannien vollzog die klassischen Schritte des großen Zyklus eines aufstrebenden Imperiums.**

Auch im Handel mit China trat Großbritannien in die Fußstapfen der Niederlande. Mit der industriellen Revolution waren in China gefertigte Luxusgüter in Europa längst nicht mehr so gefragt. Stattdessen stand aber ein Rohstoff hoch im Kurs – der Tee. China seinerseits war nicht an europäischen Waren interessiert, sondern wollte nach wie vor lieber in Edelmetallen bezahlt werden. Das war Konfliktstoff im britisch-chinesischen Verhältnis, der schließlich zu den Opiumkriegen führte – und zu Chinas Jahrhundert der Demütigung. Wer hätte das gedacht?

Rückblickend ist die Geschichte vom Aufstieg Großbritanniens leicht zu erklären. In der Rückschau kann man immer problemlos beschreiben, was sich zugetragen hat. Etwas ganz anderes ist es aber, sich im Eifer des Gefechts schon im Voraus darauf einzustellen und richtig zu positionieren. Wie hätte ich wohl die Lage seinerzeit beurteilt? Wenn ich mir die Werte ansehe, die meine Indikatoren und Systeme ausspucken, und über die damalige Situation nachdenke, frage ich mich, ob ich wohl auf das richtige Pferd gesetzt hätte. Deshalb sind die Daten und Entscheidungsregeln für mich so wichtig, denn so kann ich erkennen, was ich unternommen hätte – und mit welchem Ergebnis. Ich kann mir heute anschauen, was die Indikatoren seinerzeit angezeigt hätten, und weiß, dass sie genau das Bild geliefert hätten, das ich gerade beschrieben habe. Mir ist aber auch bewusst, dass im Gesamtbild nicht glasklar festgestanden hätte, dass sich das britische Empire zum dominanten Weltreich weiterentwickeln würde. Hätte ich also Anfang des 18. Jahrhunderts gelebt und schon meine Indikatoren gehabt, hätte ich daran abgelesen, dass die Niederländer nach wie vor auf ihrem Höhepunkt waren und auch Frankreich unter den Bourbonen eine aufstrebende Großmacht war. Ich hätte die Zeichen für beide damals optimistisch gedeutet.

WARUM NICHT DIE FRANZOSEN?

Zu Beginn des 18. Jahrhunderts war Frankreich ein Zentrum der Bildung und des Lernens – Dreh- und Angelpunkt der Aufklärung mit berühmten Denkern wie Voltaire und Montesquieu. Dort war auch eine florierende Verlagsbranche beheimatet. Meine Indikatoren hätten also angezeigt, dass die Franzosen als Macht genau stark waren wie die die Niederländer und die Briten. Von 1720 bis 1780 verdoppelte sich die Zahl der in Paris veröffentlichten Bücher über Kunst und Wissenschaft. Mit der Menge an Informationen erhöhte sich auch die Alphabetisierungsquote. Diese verdoppelte sich in Frankreich im Verlauf des 18. Jahrhunderts nahezu.

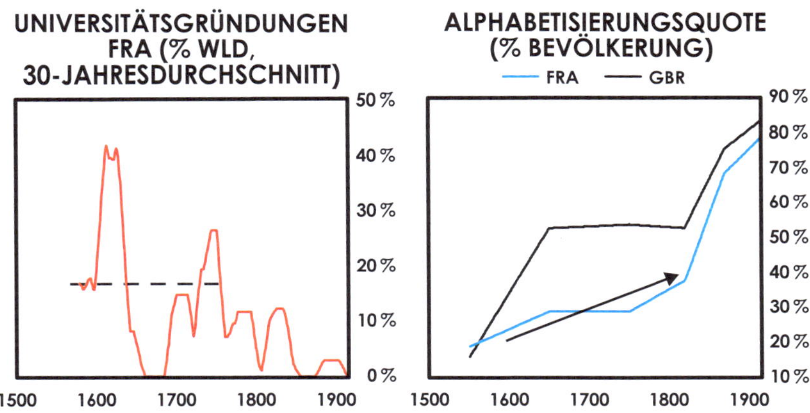

Im Frühstadium eines Aufwärtstrends im großen Schuldenzyklus hätte Frankreich ebenfalls wirtschaftlich solide gewirkt. Es stand jedoch kurz vor einem Investitionsboom, der sich unmittelbar zu einer Blase entwickeln und später in sich zusammenfallen sollte. Der berühmteste Ökonom Frankreichs war seinerzeit (der gebürtige Schotte) John Law, der glaubte, dass sich die Wirtschaft mit frischem Geld ankurbeln ließ. 1716 gründete er eine Nationalbank, die mit Land, Gold, Silber und

Staatsanleihen unterlegtes Papiergeld ausgeben konnte. Dadurch setzte im Zyklus der Aufschwung ein. Das Kapital für diese Bank, die Banque Générale, stammte ursprünglich von Aktionären, die auch im Verwaltungsrat der Bank saßen. Frankreich hatte seit 1673 eine Börse, als die Handelsverordnung von Finanzminister Jean-Baptiste Colbert im Handelsrecht[1] festgeschrieben wurde. Es lagen also alle Voraussetzungen für einen klassischen Kapitalmarktaufschwung vor. Gleichzeitig gründete Law auch die Compagnie d'Occident oder Mississippi-Gesellschaft – eine Handelsgesellschaft mit Monopolrechten in Französisch-Louisiana (der Hälfte der heutigen Vereinigten Staaten). Law ließ zu, dass französische Staatsanleihen verwendet werden durften, um Aktien an der Mississippi-Gesellschaft zu erwerben. Mit einem neuen Unternehmen, das mit einer aufregenden Geschichte über die Nutzung der Chancen auf Neuland aufwarten konnte, und einer Bank und staatlichen Mitteln, die dieses Unterfangen unterstützten, waren alle Gegebenheiten vorhanden. Als die Gesellschaft expandierte, nutzten die Inhaber von Staatsanleihen eifrig die Chance, ihre Schuldtitel in Eigenkapital umzuwandeln. Diese Möglichkeit wurde als großartige Investition wahrgenommen. Hätten Sie damals zugegriffen? Hätte ich mitgemacht? Und wenn nicht, hätten wir es dann bereut? Die Aktie setzte zum Höhenflug an, doch am Ende entwickelte sich auf ganz klassische Weise eine Blase. Als diese platzte, verloren die Aktien und Anleihen drastisch an Wert – aus dem üblichen Grund, dass ausstehende Ansprüche auf reale Vermögenswerte deutlich höher waren als die realen Vermögenswerte, die diesen Ansprüchen zugrunde lagen.

Naturgemäß flüchteten die Franzosen flugs aus dem nachgebenden Papiergeld in harte Währung. Neue Gesetze untersagten es, mehr als 5 Prozent Zinsen zu nehmen. Das bedeutete, dass nur noch Kredit-

1 Das bildete die gesetzliche Grundlage für monopolistische Aktiengesellschaften für den Ost- und Westindienhandel. Colberts Verordnung war von dem Wunsch motiviert, die Handelsgesellschaften mit privaten Mitteln zu finanzieren, nicht durch den Staat.

nehmer von höchster Bonität mit den stabilsten Anlagen Kapital auftreiben konnten. Infolgedessen wurde es für junge Unternehmen nahezu unmöglich, sich zu finanzieren. Es gab einfach nicht genug echtes Geld.

Hinzu kam – und auch das ist ganz typisch –, dass kostspielige Kriege die Finanzlage weiter verschlimmerten. Hier eine (unvollständige) Liste der Kriege, an denen Frankreich beteiligt war:

- **Pfälzer Erbfolgekrieg, auch Orléansscher Krieg, Krieg der Augsburger Allianz, Krieg der Großen Allianz oder Neunjähriger Krieg genannt (1688–1697):** Unter Führung von Ludwig XIV. expandierte Frankreich ins heutige Westdeutschland und löste damit einen Krieg gegen England, Spanien, Österreich und etliche deutsche Kleinstaaten aus.
- **Spanischer Erbfolgekrieg (1701–1714):** In einem Bündnis mit Spanien kämpfte Frankreich gegen eine Allianz an, der England, Österreich und die Niederlande angehörten, um die spanische Thronfolge. Der Krieg endete zwar damit, dass der französische Erbe die spanische Krone erhielt, doch verlangte diesem verschiedene Zugeständnisse an die übrigen Mächte ab (darunter die Abtretung spanischer Territorien in Italien und Belgien an Österreich und Zugeständnisse an England und die Niederlande in Bezug auf Kolonien und Handel).
- **Österreichischer Erbfolgekrieg (1740–1748):** Im Bündnis mit Spanien, Preußen und anderen deutschen Fürstentümern kämpfte Frankreich gegen Österreich und das Vereinigte Königreich, um die Gebietsansprüche deutscher Fürsten gegen Österreich durchzusetzen.
- **Siebenjähriger Krieg (1756–1763):** Frankreich verbündete sich mit Österreich, Schweden und Russland und kämpfte gegen Großbritannien und Preußen um deutsche Gebiete und französische und britische Kolonien, vor allem in Nordamerika.

- **Amerikanischer Unabhängigkeitskrieg (1775–1783):** Frankreich und Spanien unterstützten die amerikanischen Revolutionstruppen gegen die britische Regierung.

Manche dieser Kriege sicherten Frankreich zwar territoriale Ansprüche und bescherten dem Land strategische Gewinne, doch sie kosteten weit mehr, als sie einbrachten, was die französischen Staatsfinanzen letztlich stark beschädigte. Ohne modernes Finanzsystem fiel es Frankreich schwerer als den Briten, sich durch Anleihen zu finanzieren. Die Franzosen mussten daher belastende Steuern erheben, die unpopulär waren. Ein Beispiel dafür, wie sich Frankreichs unterlegene Finanzlage auf seine geopolitische Position auswirkte, sind die unterschiedlichen Erfahrungen der Briten und Franzosen im Amerikanischen Unabhängigkeitskrieg: Die Franzosen bezahlten die Kriegsanstrengungen komplett durch variabel verzinsliche Kredite, deren Zinsen mindestens doppelt so hoch waren wie die von der britischen Regierung gezahlten. Dadurch stiegen die Zahlungen Frankreichs für den Schuldendienst auf über 14 Millionen Pfund Sterling an, während Großbritannien lediglich 7 Millionen Pfund berappen musste. (Die nationale Verschuldung belief sich in beiden Ländern auf rund 220 Millionen Pfund.) Weil Adel, Klerus und bestimmte privilegierte Kommunen oft steuerlich begünstigt waren, wurden der übrigen Gesellschaft hohe Steuern aufgebürdet. Dadurch verschärfte sich das ohnehin hohe Einkommensgefälle in Frankreich weiter. Viele französische Arbeiter hatten kaum genug zum Leben. Das schürte den Klassenkampf.

Neben extremer Einkommensungleichheit gab es Korruption und Extravaganz an der Führungsspitze. Der Hof König Ludwig XVI. war für seine leichtfertigen Ausgaben bekannt. So wurde beispielsweise Marie-Antoinettes Weiler – ein dekorativer Hof in der Nähe des Parks von Versailles – mit hohem finanziellem Aufwand zu einem idealisierten Dorf umgestaltet. **Zwei große Kriege – der Siebenjährige Krieg und der Amerikanische Unabhängigkeitskrieg – sorgten für gewaltige**

Defizite. Diese beliefen sich während des Amerikanischen Unabhängigkeitskriegs auf rund 2 bis 3 Prozent des BIP und etwa ein Drittel der jährlichen Steuereinnahmen Frankreichs. Währenddessen wurden die Freiheits- und Gleichheitsideen der Aufklärung durch diesen Unabhängigkeitskrieg noch populärer, während **Ernteausfälle 1788 und 1789 zu explodierenden Brotpreisen und Hungersnöten führten.** Das war der sichere Weg in die Revolution.

Weil Frankreichs politisches Entscheidungssystem ineffizient und nicht repräsentativ war, konnte die Regierung weder die nötigen Einnahmen erzielen noch notwendige Veränderungen durchsetzen. Entscheidungen des Ancien Régime wurden auf praktisch jeder nachgelagerten Ebene unterminiert. Adel und Klerus widersetzten sich jedem Beschluss, der ihnen Nachteile brachte, und konnten sich großzügige Privilegien ausbedingen. Die kommunalen Behörden (auch *parlements* genannt) wurden gebraucht, um die Steuerpolitik umzusetzen, weigerten sich aber häufig. Was einem legislativen Organ im damaligen Frankreich am nächsten kam, waren die sogenannten Generalstände: Vertreter der drei Stände Frankreichs (Klerus, Adel und dritter Stand), die vom König einberufen wurden und zusammentraten, um bestimmte Gesetze zu billigen. Ihre Zustimmung galt als Voraussetzung für die Erhebung neuer nationaler Steuern. Ihre Befugnisse und Verfahren waren jedoch nicht eindeutig umrissen, und grundlegende Fragen – etwa dazu, wie die Vertreter gewählt wurden und wie viele Stimmen jeder Stand bekam – waren ungeklärt. 1789 bildete der dritte Stand, dem alle Bürger angehörten, die nicht der Kirche und dem Adel zuzurechnen waren (also 98 Prozent der Bevölkerung), eine eigene Versammlung und lud Mitglieder des ersten und zweiten Standes hinzu. Um das Zusammentreten dieser Nationalversammlung zu verhindern, schloss der König den dafür vorgesehenen Saal.

Proteste, Krawalle und Unruhen nahmen zu. **1791 erklärte die neu gewählte Nationalversammlung Frankreich zur Republik.** Im Januar 1793 wurde Ludwig XVI. (zu diesem Zeitpunkt offiziell »Bürger Capet«

genannt) zum Tode verurteilt. Wie bei Revolutionen üblich, kam es kurz darauf zu Gewaltausbrüchen. Es gab Säuberungsaktionen, denen zum Opfer fiel, wem mangelnder Eifer unterstellt wurde. Während der französischen Schreckensherrschaft wurden schätzungsweise 20.000 bis 30.000 Menschen hingerichtet. 1795 war Frankreich bankrott, und die Assignaten – so die Bezeichnung der zur Finanzierung von Staatsausgaben gedruckten Währung – verzeichneten eine Hyperinflation.

FRANZÖSISCHE INFLATION (5-JAHRESDURCHSCHNITT)

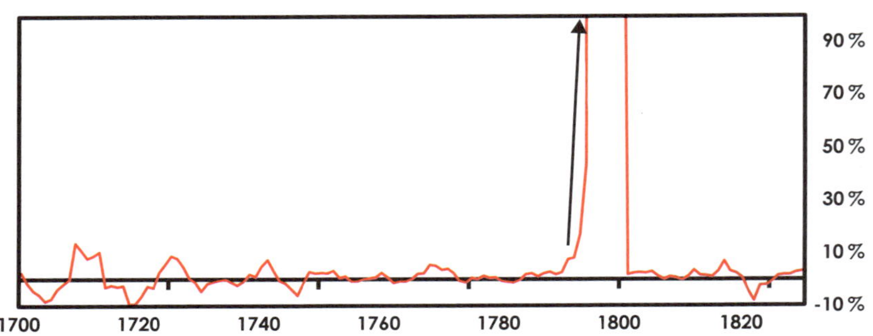

Ebenfalls ganz klassisch führte die Revolution zu einer Gegenreaktion: Die Revolutionsführer wurden selbst verhaftet, es wurde eine neue Verfassung aufgesetzt und bestätigt. Das neue System (das Direktorium) erwies sich als wenig effektiv und wurde von vornherein durch Finanzprobleme gelähmt. Dennoch **druckte die Regierung weiter Geld und zwang wohlhabende Bürger, ihr Kredit zu geben.** Die Inflationsspirale wurde schließlich durch die Einführung einer harten Währung gestoppt, der Napoleons militärische Erfolge in Italien zugrunde lagen, und durch die Entscheidung, zwei Drittel der Staatsschulden ausfallen zu lassen. Weitere Maßnahmen wie Steuererhöhungen stärkten die Haushaltslage der Regierung zusätzlich. 1796 ließ die Regierung die Druckerpressen, mit denen Geld gedruckt worden war, feierlich zerstören.

FRANZÖSISCHE WÄHRUNG IM VERGLEICH ZU GOLD (INDEXIERT, LOG.)

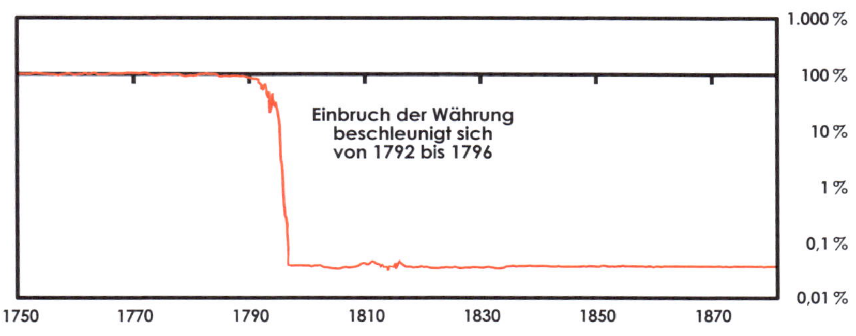

DER AUFTRITT NAPOLEONS

Die Blase, das große Wohlstandsgefälle und die hohen Kriegskosten führten in den Bankrott und in die Revolution, die die alte Ordnung abschaffte und eine neue einführte. Die neue Ordnung setzte sich aus Revolutionsführern zusammen, die einander bekämpften und zehn Jahre belastendes Chaos verursachten, sodass ein starker Mann gebraucht wurde, um wieder Ordnung zu schaffen. Das entsprach eins zu eins dem klassischen melodramatischen Ablauf, den es in der Vergangenheit schon so oft gegeben hatte. **Wie gerufen trat Napoleon ins Bild – der klassische Held, der seine Chance zu nutzen wusste.** Er hatte sich als Feldherr einen ausgezeichneten Ruf erworben, als Frankreich versuchte, sein republikanisches System auf andere europäische Länder auszuweiten, und er erfreute sich großer Beliebtheit. 1799 übernahm er mit einem Staatsstreich die Führung, setzte sich selbst als ersten Konsul und schließlich als Kaiser ein und regierte bis 1814 diktatorisch. **Gewappnet mit zentralisierter Macht und breitem Rückhalt, stabilisierte er die Wirtschaft und professionalisierte die Regierung.** Frankreich galt weithin als aufstrebendes Imperium und ehrfurchtgebietender Rivale für andere europäische Mächte.

Als Österreich und Russland Frankreich den Krieg erklärten, errang Napoleon eingangs eindrucksvolle militärische Siege. Schon bald kontrollierte er Spanien, Portugal, Italien und große Teile Deutschlands. Die Geschichte der Napoleonischen Kriege werde ich hier nicht ausführlicher darstellen. Dazu nur so viel: Letztlich übernahm er sich. Mit Napoleons Einmarsch in Russland verließ ihn das Kriegsglück. **Am Ende wurde Frankreich besiegt. Die primären Siegermächte waren Großbritannien und Russland.**

Erheblichen Einfluss auf den Ausgang des Krieges hatte wohlgemerkt die deutlich größere Finanzkraft des Vereinigten Königreichs. Ihr war zu verdanken, dass **das Land den europäischen Koalitionspartnern im Kampf gegen Frankreich viel Geld leihen konnte.** Es waren seine finanziellen Ressourcen und seine Seemacht, die es Großbritannien erlaubten, den Kampf auch noch fortzuführen, nachdem das Land und seine Verbündeten wiederholte Niederlagen erlitten hatten.

EINE NEUE WELTORDNUNG: DER WIENER KONGRESS

Nun wissen wir schon, wie das abläuft: Nach einem Krieg setzen sich die Sieger zusammen und schaffen eine neue Weltordnung. Nichts anderes geschah beim Wiener Kongress. Wie die Sieger nach dem Dreißigjährigen Krieg in Westfalen, **so verfügte auch das Viererbündnis aus Großbritannien, Österreich, Preußen und Russland auf dem Wiener Kongress (1814/15) eine neue Weltordnung zu seinen Gunsten und schuf ein System der wechselseitigen Kontrollen zwischen europäischen Mächten, das mehr oder minder ein ganzes Jahrhundert lang Bestand haben sollte.** Henry Kissinger beschreibt die geopolitische Bedeutung dieser Entwicklungen äußerst treffend:

> Vielleicht erfüllte er nicht alle Hoffnungen einer idealistischen Generation, doch er schenkte dieser Generation womöglich etwas

> noch Wertvolleres: eine Zeit der Stabilität, die zuließ, dass ihre Hoffnungen verwirklicht wurden, ohne einen größeren Krieg oder eine nachhaltige Revolution … Die Phase der Stabilität, die sich anschloss, war der beste Beweis dafür, dass eine »legitime« Ordnung entstanden war, die von allen Großmächten akzeptiert wurde, sodass diese hinfort versuchten, innerhalb des vorgegebenen Rahmens Anpassungen vorzunehmen, statt diesen umzustoßen.

In Wien waren alle Großmächte vertreten, wenngleich die wichtigsten Entscheidungen vom harten Kern und Frankreich ausgehandelt wurden. Wie die USA bei der Pariser Friedenskonferenz nach dem Ersten Weltkrieg und in den Verhandlungen nach dem Zweiten Weltkrieg legte es auch das Vereinigte Königreich nicht auf den Zugewinn größerer Gebiete an. **Das primäre Ziel war vielmehr, das Machtungleichgewicht in Europa zu beheben, das zum Krieg geführt hatte. Regionen, die zuvor aus schwachen geteilten Staaten bestanden hatten – wie Italien, Deutschland und die Niederlande –, erlebten eine spürbare territoriale Konsolidierung als Gegengewicht zu zentraler organisierten Staaten wie Frankreich.** Gleichzeitig förderten Verträge über die internationale Flussschifffahrt die Expansion des Handels. Taktisch sollten der Erste und Zweite Pariser Frieden Frankreich nicht vernichten, sondern lediglich im Zaum halten. Daher verlor es auch nur einen minimalen Teil seines Staatsgebiets.[2]

Die Siegermächte waren ausnahmslos Monarchien, und viele der von ihnen ergriffenen Maßnahmen sollten den alten Zustand wiederherstellen (beispielsweise die Dynastie der Bourbonen in Frankreich

---

2 Der Erste Pariser Frieden von 1814 sah vor, dass Frankreichs Grenzen wieder so gezogen wurden, wie sie 1792 gewesen waren. Das bedeutete, dass Frankreich sogar manche der Kolonialgebiete zurückbekam, die sich das Vereinigte Königreich im Krieg einverleibt hatte. Der Zweite Pariser Frieden nach Napoleons Rückkehr aus dem Exil und seiner zweiten, endgültigen Niederlage war weniger vorteilhaft. Er erlegte Frankreich hohe Reparationszahlungen auf, es musste sich mit Besatzungstruppen abfinden und weitere Territorien abtreten. Dennoch behielt es die Kontrolle über den größten Teil seines Herrschaftsgebiets zur Zeit der Französischen Revolution.

wieder an die Macht bringen). Nichtsdestotrotz übten die neuen Ideen der Aufklärung weiterhin Einfluss aus. **Regierungen wandelten sich graduell unterschiedlich (das zaristische Russland blieb weitgehend autokratisch) zu repräsentativeren, rechtsstaatlicheren Systemen.** In England war die Liberalisierung die Folge allmählicher Reformen, während auf dem Kontinent eine Reihe von Revolutionen (allen voran die liberalen Revolutionen von 1848) Veränderungen hervorriefen. **Mit der Zeit führten nationalistische Bewegungen zur Vereinigung Deutschlands und Italiens sowie zur Destabilisierung des österreichischen und des osmanischen Vielvölkerreichs.**

GROSSBRITANNIEN VOR DEM HÖHEPUNKT SEINER MACHT

Keine Macht profitierte so sehr von der neuen Stabilität wie das britische Empire. **Nicht nur, dass die größten wirtschaftlichen und militärischen Rivalen Großbritanniens geschwächt waren, auch das Machtgleichgewicht erlaubte es dem Vereinigten Königreich, teuren militärischen Konflikten vor der eigenen Haustür aus dem Weg zu gehen und sich auf den Handel und die eigenen Kolonien zu konzentrieren – eine Politik, die als »splendid isolation« bezeichnet wird und den Boden für das »imperiale Jahrhundert« bereitete.** Natürlich gab es auch in diesen Jahren wirtschaftlich schlechtere Zeiten (etwa die Panik von 1825 im Vereinigten Königreich und die Paniken von 1837 und 1873 in den USA). Auch militärische Konflikte blieben nicht aus (zum Beispiel der Krimkrieg zwischen Russland auf der einen Seite und dem Osmanischen Reich und einer Koalition westeuropäischer Mächte auf der anderen). Diese waren aber nicht so gravierend, dass sie viel am Gesamtbild geändert hätten – einer ausgesprochenen Blütezeit mit den Briten an der Spitze. Wie bereits angesprochen, erwirtschafteten die Briten auf dem Höhepunkt ihrer Macht Ende des 19. Jahrhunderts um 1870 20 Prozent des globalen Einkommens und kontrollierten 40 Prozent des globalen

Exports, 20 Prozent der globalen Landmasse und 25 Prozent der Weltbevölkerung. Selbstredend entwickelte sich das Pfund zur unangefochtenen globalen Reservewährung. Die Grafiken auf den Folgeseiten vermitteln einen guten Eindruck von Großbritanniens überragender Stärke.

Geopolitisch expandierte das Vereinigte Königreich im Ausland das gesamte 19. Jahrhundert hindurch weiter, bis schließlich Kanada, Australien, Indien und große Teile Afrikas dazugehörten.[3] Und auch dort, wo das britische Empire nicht explizit die Herrschaft übernahm, konnte es zunehmend in anderen Ländern intervenieren, um sich zu Bedingungen Zugang zum Handel zu verschaffen, die für die anderen nicht immer fair waren. So endeten beispielsweise die Opiumkriege gegen China mit einem Vertrag, der sicherstellte, dass die Briten Opium nach China ausführen durften, obwohl es dort Landesgesetze dagegen gab. Durch diese Kolonien hatte das Vereinigte Königreich eine sichere Rohstoff-, Wohlstands- und Einnahmequelle und vorteilhafte Handelsvereinbarungen. Die nächste Grafik macht das deutlich.

GRÖSSE DES BRITISCHEN IMPERIUMS (% WELT, SCH.-W.)

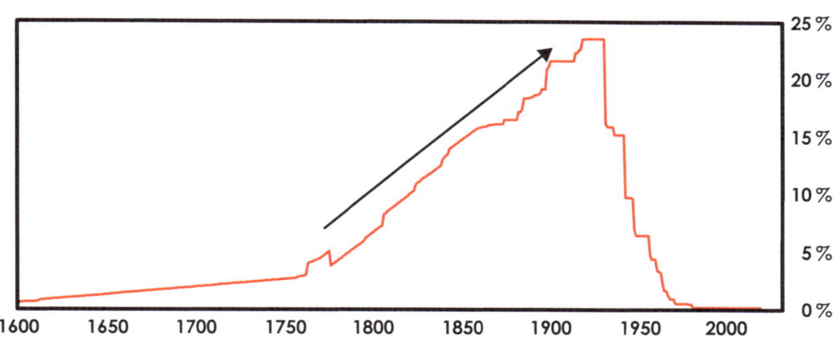

3 Eine entscheidende Rolle bei der Expansion des Vereinigten Königreichs spielte die British East India Company, die die politischen und wirtschaftlichen Einflüsse der Briten auf das heutige Indien, Pakistan und Bangladesch ab dem späten 18. Jahrhundert bis ins 19. Jahrhundert hinein konsolidierte. Dieses riesige Gebiet blieb so lange unter der privatwirtschaftlichen Kontrolle dieses Unternehmens, bis die Briten 1857 in einen größeren Aufstand eingreifen und Indien als britisches Territorium übernehmen mussten.

DER HÖHEPUNKT

Der Status des Pfund Sterling als Reservewährung setzte der Dominanz der Briten bei kolonialer Ausdehnung, militärischer Reichweite, Welthandel und Investitionsströmen die Krone auf. **Der britische Anteil am Welthandel erhöhte sich mit der industriellen Revolution und der Ausdehnung des Empires und gipfelte um 1850 mit einem Anteil von rund 40 Prozent am globalen Export.** Der auf Pfund Sterling lautende Anteil am Handel war aber noch größer als nur der britische. Von 1850 bis 1914 wurden fast 60 Prozent des Welthandels in Pfund abgewickelt. Diese Konstellation barg die Ursachen für den beginnenden Niedergang, der für die Hochphase des großen Zyklus typisch ist.

BRITISCHER ANTEIL AM GLOBALEN EXPORT (% DES GESAMTVOLUMENS)

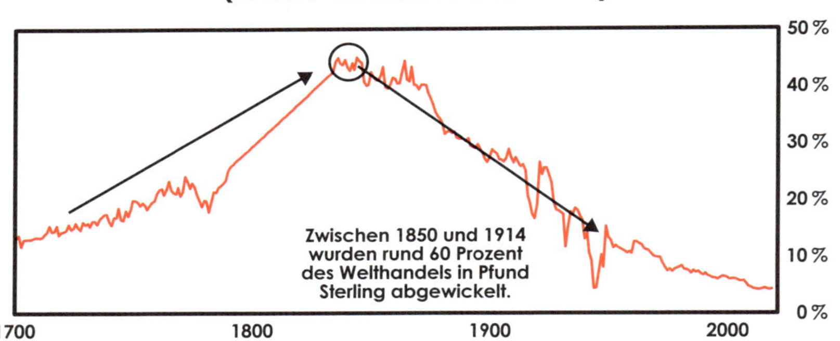

Selbst als der britische Anteil am globalen Export zurückging, konnte das Vereinigte Königreich in diesem Zeitraum einen beständigen Leistungsbilanzüberschuss ausweisen. Nach 1870 wurde dieser durch ein hartnäckiges Handelsdefizit gefährdet, das durch Erträge aus Investitionen in Übersee finanziert wurde. Mit den Einnahmen aus den Leistungsbilanzüberschüssen wurde ein wachsender Anteil an globalen grenzüberschreitenden Investitionen finanziert, da andere Länder als Anlageziele attraktiver wurden.

INTERNATIONALE INVESTITIONEN (% DES BIP, INDUSTRIELÄNDER)

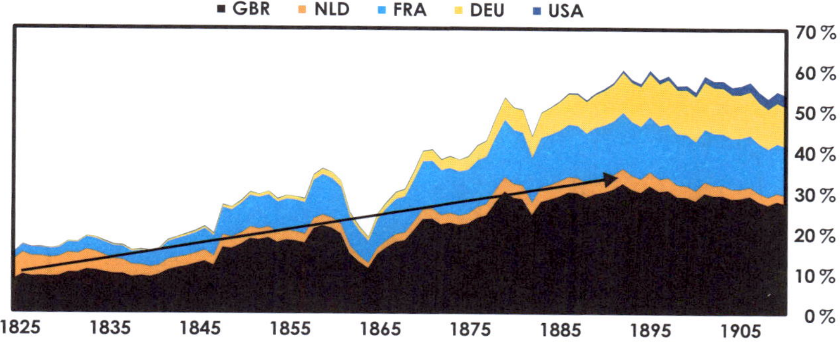

1818 vergab die englische Rothschild-Bank ihren ersten großen Staatskredit an Preußen. Mit zunehmender Liquidität des Pfund Sterling folgte eine ganze Welle weiterer staatlicher Kreditnehmer. Schulden, Handel und Kapitalströme weltweit lauteten immer häufiger auf das Pfund.[4] Noch verstärkt wurde das Vertrauen in das Pfund durch das Wirtschaftsmanagement der Bank of England, die immer häufiger als letztinstanzlicher Kreditgeber einsprang, um die Effekte einer Bankpanik abzufedern.[5]

4 Zwar wurden international verbreitet private Pfundbestände gehalten, doch über weite Teile des 19. Jahrhunderts gab es wohlgemerkt kaum Zentralbankreserven – insbesondere, wenn man das mit der Rolle vergleicht, die der Dollar heute in Zentralbankportfolios spielt. Bis zum Ende des Ersten Weltkriegs wurden nicht auf die eigene Währung lautende Zentralbankanlagen gemeinhin in Edelmetallen gehalten.

5 Die Panik von 1866 ist ein gutes Beispiel dafür. Vereinfacht dargestellt waren die Londoner Geldmärkte die liquidesten für die Finanzierung von Handelsgeschäften. Doch nach einem Boom-Jahrzehnt waren viele Kreditgeber in einer angespannten Lage. Mit Overend, Gurney & Co. ging ein großer Marktakteur bankrott – sozusagen das Lehman-Brothers-Debakel des 19. Jahrhunderts. Die Krise war jedoch innerhalb weniger Tage überstanden, da sich die Bank of England bereit zeigte, als letztinstanzlicher Kreditgeber einzuspringen, und so den Verlust des Vertrauens in das System abwendete.

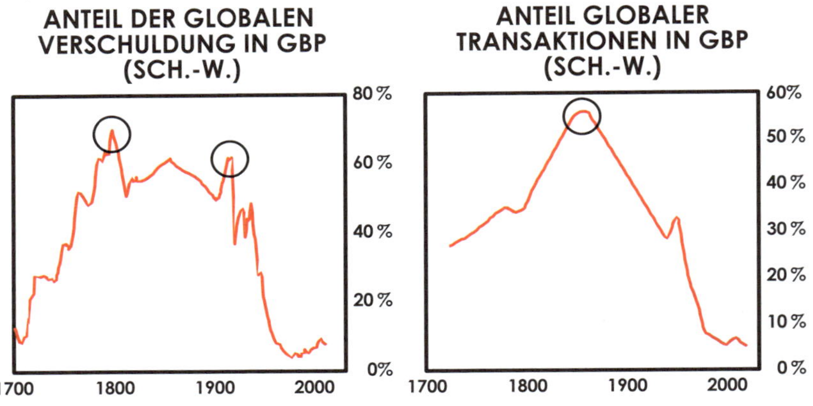

Obwohl das britische Empire seine territoriale und finanzielle Reichweite in den letzten Jahrzehnten des 19. Jahrhunderts noch weiter ausdehnte, gab es schon Anzeichen für den bevorstehenden Niedergang, ausgelöst von den klassischen Faktoren: 1) rückläufige Wettbewerbsfähigkeit, 2) zunehmende Ungleichheiten und Konflikte und 3) der Aufstieg neuer Rivalen, allen voran Deutschland und die USA.

NACHLASSENDE WETTBEWERBSFÄHIGKEIT

Distanziert betrachtet ging das Wirtschaftswachstum Mitte bis Ende des 19. Jahrhunderts im Grunde auf die zweite industrielle Revolution zurück, eine anhaltende Phase der Innovation, in der Wissenschaft und Technik eine maßgebliche Rolle spielten, neue Legierungen entwickelt wurden und die Verwendung neuer Energiequellen wie Petroleum und Strom um sich griff. Damals wurden das Telefon und die Glühbirne erfunden, und nicht viel später das Auto. **Verkehr, Kommunikation und Infrastruktur verbesserten sich**, und der Siegeszug der kapitalistischen Unternehmen steigerte die Produktivität. **Das Ergebnis war ein deutlicher Anstieg der Wirtschaftsleistung pro Arbeitnehmer in den Län-**

dern, denen es gelang, diese Umstellung effizient mitzumachen – allen voran die USA und Deutschland. Das Vereinigte Königreich konnte nicht Schritt halten, obwohl britische Erfindungen vielen dieser neuen Entwicklungen maßgeblich Vorschub leisteten. Dass es dem Vereinigten Königreich nicht gelang, seine Industrie neu zu organisieren, führte zu rückläufiger Wirtschaftsleistung pro Arbeitnehmer im Vergleich zu anderen führenden Industriemächten. Diese nachhaltige Veränderung bei Innovation und Wirtschaftskraft ist den folgenden Grafiken zu entnehmen.

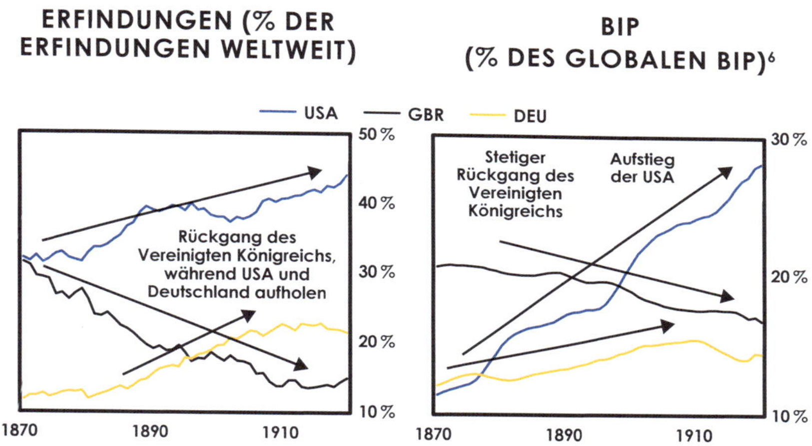

ZUNEHMENDE UNGLEICHHEIT

Die Erträge aus der Industrialisierung verteilten sich im Vereinigten Königreich sehr ungleichmäßig, was zu extremen Ungleichheiten führte. Ende des 19. Jahrhunderts besaß das oberste Prozent der Bevölkerung mehr als 70 Prozent des Gesamtvermögens. Dieses Gefälle war in vergleichbaren Ländern nicht ganz so groß. Den obersten 10 Prozent der

6 Im britischen BIP-Anteil sind die Einkommen von Ländern berücksichtigt, die unter Kontrolle des britischen Empire standen.

Briten gehörten unfassbare 93 Prozent des nationalen Vermögens.[7] Wie aus der nächsten Grafik ersichtlich, fiel der Höhepunkt des Wohlstandsgefälles um 1900 mit dem Höhepunkt des britischen Empire zusammen. Danach setzte die nächste Welle der Konflikte um Wohlstand und Macht ein, denen große Wohlstandsunterschiede und die für die Spätphase eines großen Zyklus typischen Bedingungen zugrunde lagen, die Sie aus Teil I kennen.

WOHLSTANDSGEFÄLLE IM VEREINIGTEN KÖNIGREICH (OBERSTES PROZENT VERMÖGENSANTEIL)

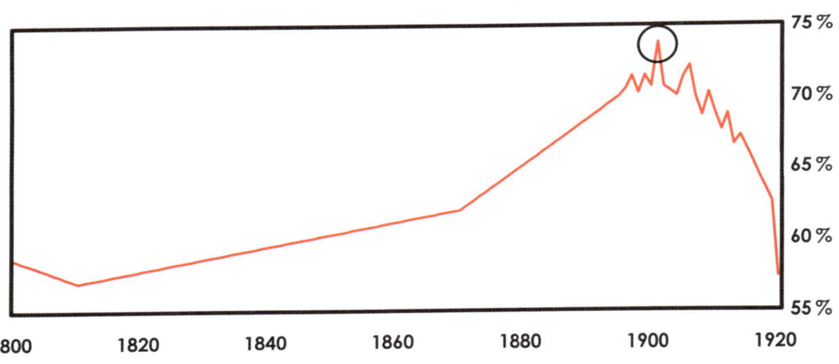

Die Mischung aus sozialem Wandel und wachsender Ungleichheit löste schwerwiegende Spannungen aus. Englands Politik reagierte Mitte des 19. Jahrhunderts darauf, indem sie sich überwiegend auf Reformgesetze konzentrierte, die das Wahlrecht ausbauten und korrupte Praktiken verminderten, durch die Wahlen weniger demokratisch wurden. Anfang des 20. Jahrhunderts folgten auf diese politischen Reformen soziale Umwälzungen, darunter die Einführung eines staatlichen Rentensystems, einer Kranken- und Arbeitslosenversicherung und der Ausgabe kostenloser Mahlzeiten an Schulkinder. Auch Gewerkschaften waren im Auf-

7 Zum Vergleich: Der Anteil des obersten Prozents am Vermögen beträgt im Vereinigten Königreich heute rund 20 Prozent, der Anteil der obersten 10 Prozent liegt bei rund 50 Prozent.

wind und stärkten die Verhandlungsposition der Arbeitnehmer. 1911 waren rund 25 Prozent der infrage kommenden Männer Gewerkschaftsmitglieder. Die Labour Party wurde zur maßgeblichen politischen Kraft. Diese zunehmende Macht schlug sich in immer ausgedehnteren Streiks nieder – zum Beispiel im ersten landesweiten Streik der Bergleute im Jahr 1912, der einen Mindestlohn im Kohlebergbau zur Folge hatte.

DIE ENTSTEHUNG GEOPOLITISCHER RIVALEN

Neben solchen Problemen im eigenen Land standen auch die Auslandsterritorien des Vereinigten Königreichs vor Herausforderungen. In Afrika, Russland, dem Nahen Osten und Zentralasien wetteiferten die Franzosen um Einfluss, auf dem amerikanischen Kontinent die USA. **Der bedeutendste Rivale war aber Deutschland.** Die Vereinigten Staaten, die andere große aufstrebende Macht, verharrten in seligem Isolationismus. Ein großer Ozean ermöglichte es ihnen, die Konflikte in Europa weitgehend zu ignorieren. **Als auf dem Wiener Kongress die neue Weltordnung begründet wurde, war Deutschland nach wie vor aus etlichen Kleinstaaten zusammengestückelt.** Während das von den Habsburgern regierte österreichische Reich viel Einfluss ausübte, gewann Preußen rasch an Bedeutung und verfügte über eine der schlagkräftigsten Armeen Europas. **Im anschließenden Jahrhundert gelang es ihm, die übrigen deutschen Staaten erfolgreich zu einen und sich eine Vormachtstellung in der Region zu erarbeiten. Das war vor allem Otto von Bismarcks brillanter diplomatischer Führung[8] zu ver-**

8 Während Preußen und später das Deutsche Reich Monarchien waren, die von der Familie der Hohenzollern regiert wurden, verfügte Bismarck über sehr effektive Befugnisse. Er war vom Monarchen zunächst zum preußischen Ministerpräsidenten ernannt worden und von der Vereinigung 1871 bis 1890 dann zum deutschen Kanzler. Dem Historiker Eric Hobsbawm zufolge »blieb [Bismarck] im multilateralen Diplomatenschach nach 1871 fast 20 Jahre lang unangefochtener Meister«.

danken. Aber auch andere klassische Voraussetzungen für den Erfolg lagen vor: Stärken bei Bildung und Wettbewerbsfähigkeit.

Sobald Deutschland vereint war, erlebte es den klassischen positiven Kreislauf einer aufstrebenden Macht. Das neue Deutschland, das ein effektives Bildungssystem als entscheidenden Schritt betrachtete, um wirtschaftlich zu Großbritannien aufzuschließen, baute dieses von Grund auf neu auf, und seine Vorgängerstaaten ebenso. Sie fokussierten sich dabei sowohl auf die Vermittlung praktischer gewerblicher Kompetenzen als auch auf hochkarätiges wissenschaftliches Wissen – in Theorie und Praxis. Ab den 1860er-Jahren gab es auf Primarebene eine allgemeine Schulpflicht, die gesetzlich festgeschrieben war. Darüber hinaus gründete Deutschland drei neue Forschungsuniversitäten.

ÖFFENTLICHE BILDUNGSAUSGABEN (% DES BIP)

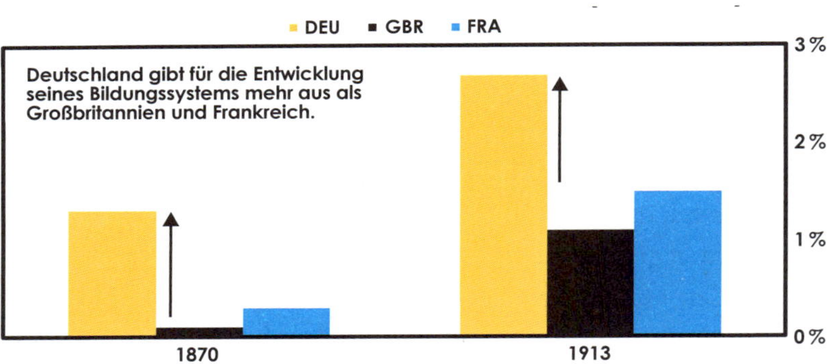

Um eine Kultur der Innovation zu entwickeln, vergab die deutsche Regierung Kredite an Unternehmen, leistete aber auch technische Beratung und Unterstützung. Sie bezuschusste Erfinder und eingewanderte Unternehmer, verschenkte Maschinen und räumte Nachlässe und Ausnahmeregelungen bei Zöllen auf den Import von Ausrüstung für die Industrie ein. Deutschland achtete auch weiterhin stark auf Rechtsstaatlichkeit, die gezielt auf die wirtschaftliche Entwicklung ausgerichtet war.

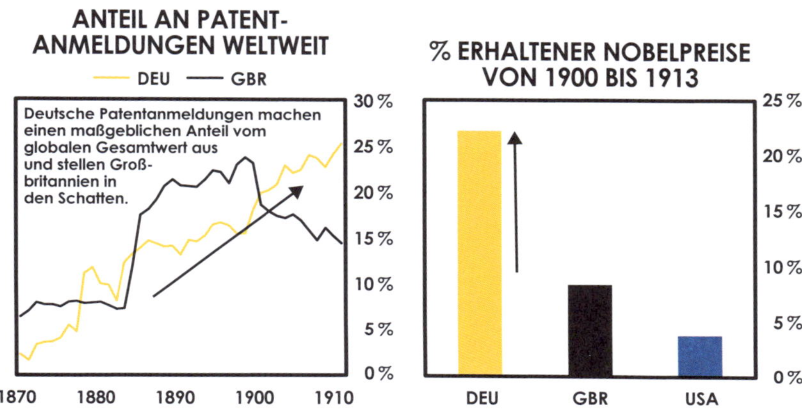

Das Ergebnis dieser Anstrengungen: Deutschlands Anteil an der globalen Produktionsleistung erhöhte sich von 1860 bis 1900 von rund 5 auf 13 Prozent, während die auf andere europäische Mächte entfallenden Prozentsätze stagnierten oder zurückgingen. **1900 hatte Deutschland Großbritannien (ohne das Empire) beim BIP überrundet, wenngleich die Briten nach wie vor führende Handelsnation der Welt waren.**

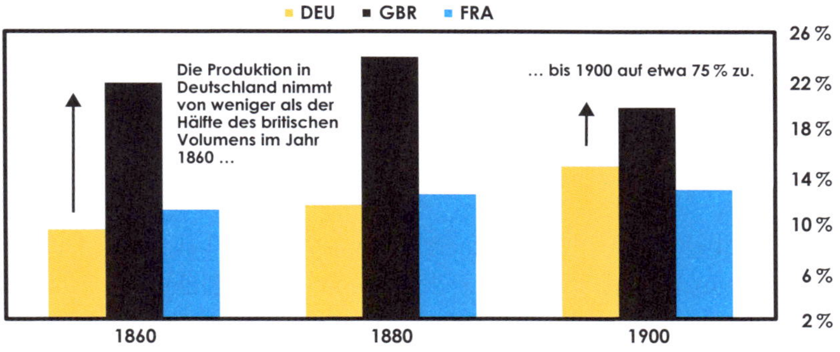

Bismarck war zwar ein gewiefter Diplomat, für den die wirtschaftliche Entwicklung und Diplomatie im Umgang mit der internationalen Konkurrenz Vorrang hatten, doch seine Nachfolger waren weniger versiert und gleichzeitig aggressiver. **Als Wilhelm II. 1888 zum Kaiser gekrönt wurde, zwang er Bismarck zum Rücktritt und schlug einen politischen Kurs ein, der Deutschland zur Weltmacht machen sollte.** Das bewirkte, dass sich andere Mächte, allen voran Russland und das Vereinigte Königreich, verstärkt mit Frankreich solidarisierten (das seit dem Deutsch-Französischen Krieg 1871 ein erbitterte Rivale Deutschlands war), um Deutschland etwas entgegenzusetzen. **Wilhelm ging dazu über, Deutschlands militärische Macht auszubauen – insbesondere die Marine –, was einen Rüstungswettlauf mit dem Vereinigten Königreich auslöste.** So begann gleich die nächste Rivalität zwischen Großmächten.

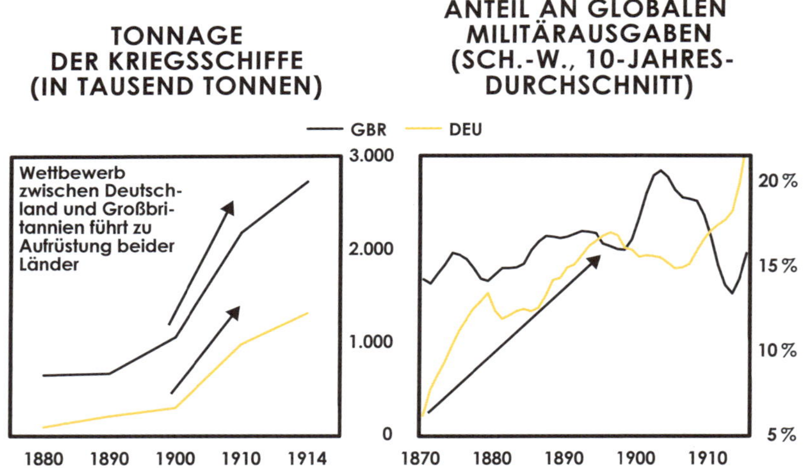

Die Briten behielten ihre Vormachtstellung auf See bei, doch der Rüstungswettlauf belastete die Finanzen der großen Mächte und destabilisierte die geopolitische Ordnung. **Die Konkurrenz zwischen dem Vereinigten Königreich und Deutschland war nur eine Rivalität von vielen, die sich europaweit herauskristallisierten – Frankreich und**

Deutschland waren uneins, Deutschland war die Industrialisierung Russlands zunehmend ein Dorn im Auge, und Österreich und Russland kämpften um Einfluss auf dem Balkan. Obwohl diese Länder untereinander durch eheliche Bande und Handelsbeziehungen stärker verflochten waren denn je und die allermeisten Menschen nie damit gerechnet hätten, explodierte das Pulverfass 1914 zu einem offenen Krieg – dem Ersten Weltkrieg. Denn zum ersten Mal war die Welt so klein und vernetzt, dass die meisten maßgeblichen Regionen der Welt auf die eine oder andere Weise betroffen waren.

Angesichts der Komplexität und der Ausmaße des Ersten Weltkriegs und der Fülle der vorhandenen Literatur will ich lediglich versuchen, einen Gesamteindruck zu vermitteln. Kurzum: Er war verheerend. **In diesem Krieg starben etwa 8,5 Millionen Soldaten und 13 Millionen Zivilisten. Er hinterließ ein auf ganzer Linie erschöpftes, geschwächtes und verschuldetes Europa.** In Russland kam es 1917 zur Revolution, 1918 brach die Spanische Grippe aus und raffte in den beiden Folgejahren schätzungsweise 20 bis 50 Millionen Menschen weltweit dahin. In Prozent der europäischen Bevölkerung verloren in dieser Zeit mehr Menschen ihr Leben als während der Napoleonischen Kriege oder im Dreißigjährigen Krieg. Doch auch dieser Krieg ging vorüber, und wieder entstand eine neue Weltordnung.

1919 trafen die Siegermächte – die USA, Großbritannien, Frankreich, Japan und Italien – in Paris zu einer Friedenskonferenz zusammen, um im Vertrag von Versailles die neue Weltordnung festzulegen. Die inzwischen als führende Macht anerkannten Vereinigten Staaten spielten in den Verhandlungen eine maßgebliche Rolle. Tatsächlich wurde der Begriff »neue Weltordnung« geprägt, um die Vision von US-Präsident Woodrow Wilson für ein globales Regulierungssystem zu beschreiben (den Völkerbund, der jedoch rasch scheiterte). Hatte der Wiener Kongress im Jahr 1815 eine relativ nachhaltige Weltordnung geschaffen, so bewirkten die auf der Pariser Friedenskonferenz formulierten Bedingungen das Gegenteil: Sie machten den nächsten

Krieg unvermeidlich, wenngleich das seinerzeit noch nicht abzusehen war. Die Gebiete der Verlierermächte (Deutschland, Österreich-Ungarn, das Osmanische Reich und Bulgarien) wurden zerstückelt, und die Länder wurden von den Siegern zu Reparationszahlungen verpflichtet. **Die daraus resultierende Schuldenlast trug in Deutschland zu einer inflationären Depression bei, die von 1920 bis 1923 andauerte. Andernorts traten große Teile der Welt in ein Jahrzehnt des Friedens und Wohlstands ein: die goldenen Zwanzigerjahre. Wie üblich bauten sich Schulden und Wohlstandsgefälle auf, bis 1929 die Blase platzte und die Weltwirtschaftskrise auslöste. Diese beiden großen Boom-and-Bust-Zyklen lagen zwar ungewöhnlich nahe beisammen, folgten jedoch dem klassischen Muster. Ich werde an dieser Stelle nicht in das Auf- und Abschwung-Geschehen der 1920er-Jahre abschweifen, weil das bereits an anderer Stelle behandelt wurde. Ich nehme daher den Faden in der Weltwirtschaftskrise wieder auf.**

Diese führte in Verbindung mit den großen Wohlstandsunterschieden in fast allen maßgeblichen Ländern zu einem Umsichgreifen von Populismus und Extremismus. In manchen Ländern – zum Beispiel in den USA und im Vereinigten Königreich – hatte das größere Umverteilungen von Vermögen und politischer Macht zur Folge, ohne dass Kapitalismus und Demokratie deshalb abgeschafft wurden. In anderen jedoch, allen voran den wirtschaftlich schwächeren (Deutschland, Japan, Italien, Spanien), griffen populistische Diktatoren nach der Macht und versuchten, ihre Territorien zu vergrößern.

Bevor ein offener Krieg ausbricht, gibt es im klassischen Verlauf gewöhnlich ein Jahrzehnt der Scharmützel auf wirtschaftlichem, technischem und geopolitischem Gebiet sowie auf den Kapitalmärkten. Die Zeit von der Weltwirtschaftskrise bis zum Zweiten Weltkrieg bildete diesbezüglich keine Ausnahme. Deutschland und Japan zeigten immer stärkere expansionistische Tendenzen und traten vermehrt mit dem Vereinigten Königreich, den USA und Frankreich in Konkurrenz um Ressourcen und territorialen Einfluss. Diese Spannungen eskalierten letztlich.

Der Zweite Weltkrieg, der nur zwei Jahrzehnte nach dem Ersten Weltkrieg stattfand, kostete sogar noch mehr Menschenleben und Geld. Deutschland und Japan verloren, und die USA, das Vereinigte Königreich und die Sowjetunion siegten. Wirtschaftlich verloren das Vereinigten Königreich und die Sowjetunion aber ebenfalls. Die USA dagegen gewannen im Verhältnis enorm an Wohlstand. Das Pro-Kopf-BIP in Deutschland und Japan ging um mindestens 50 Prozent zurück, und die Währungen beider Länder brachen im Nachgang zum Krieg zusammen, wie die folgenden Grafiken belegen. **Wie üblich, setzten sich die siegreichen Kriegsteilnehmer zusammen und bestimmten 1945 eine neue Weltordnung.**

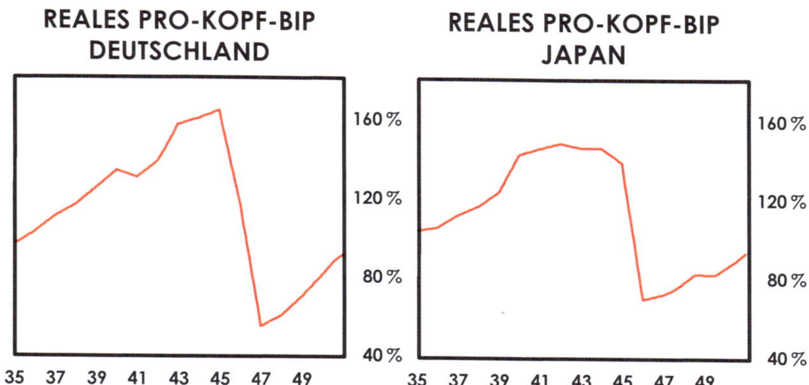

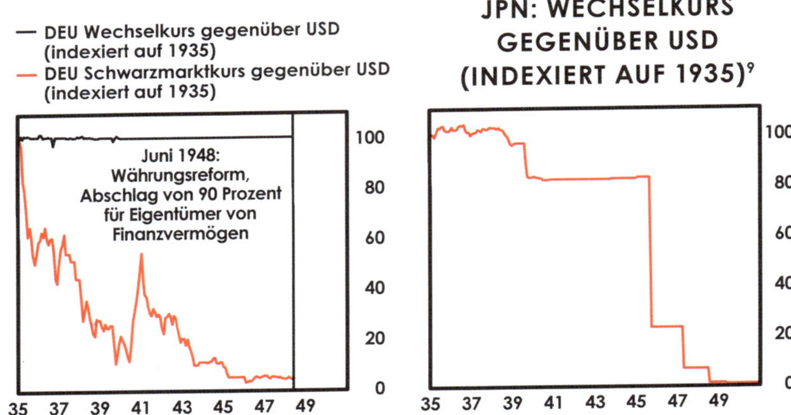

DER NIEDERGANG

Der Sieg der Alliierten im Jahr 1945 hatte eine gewaltige Verschiebung von Wohlstand und Macht zur Folge. Die USA gingen daraus als dominantes Weltreich hervor – ganz ähnlich wie die Briten aus den Napoleonischen Kriegen. Die Briten standen mit hohen Schulden da und mit einem riesigen Imperium, dessen Unterhalt mehr kostete, als es einbrachte. Hinzu kamen zahlreiche Rivalen, die inzwischen wettbewerbsfähiger waren, und eine Bevölkerung, in der ein großes Wohlstandsgefälle zu einem starken Auseinanderklaffen der politischen Ansichten führte.

Es dauerte noch weitere 20 Jahre, bis das Pfund Sterling seinen Status als internationale Reservewährung vollständig einbüßte. Ähnlich wie mit der englischen Sprache, die so untrennbar ins internationale Wirtschafts- und Diplomatiegefüge eingewoben ist, dass sie kaum ersetzbar wäre, verhält es sich mit Reservewährungen. Die

9 Diese Grafik weist die amtlichen Wechselkurse zwischen Dollar und D-Mark sowie die inoffiziellen Kurse (also die Schwarzmarktpreise) aus, die auf den tatsächlichen Transaktionen zwischen New York und Deutschland in dieser Zeit beruhten. Die inoffiziellen Daten zeigen, dass der wahre Wert der D-Mark damals verfiel.

Zentralbanken anderer Länder hielten bis in die 1950er-Jahre hinein einen größeren Anteil ihrer Reserven in Pfund, und ein Drittel des internationalen Handels wurde 1960 noch in Pfund Sterling abgewickelt. **Der Status des Pfunds bröckelte aber seit Kriegsende,** weil scharfsichtige Investoren erkannten, wie stark sich die Finanzlage des Vereinigten Königreichs von der US-amerikanischen unterschied, und dass die Schuldenlast der Briten anstieg, während ihre Reserven per saldo gering waren. Unter diesen Aspekten waren auf britische Pfund lautende Schuldtitel kein gutes Geschäft.

Der Niedergang des Pfund Sterling zog sich in die Länge und war mit mehreren erheblichen Abwertungen verbunden. Nachdem Versuche, das Pfund konvertierbar zu machen, 1946/47 scheiterten, wurde die Währung gegenüber dem US-Dollar 1949 um 30 Prozent abgewertet. Das brachte zwar auf kurze Sicht Erleichterung, doch in den beiden folgenden Jahrzehnten sorgte die nachlassende Wettbewerbsfähigkeit der Briten wiederholt für Zahlungsbilanzprobleme, die 1967 in einer neuerlichen Abwertung gipfelten. Etwa um diese Zeit lief die D-Mark dem Pfund den Rang als am zweithäufigsten gehaltene Reservewährung ab. Was damals vor sich ging, ist den folgenden Grafiken zu entnehmen.

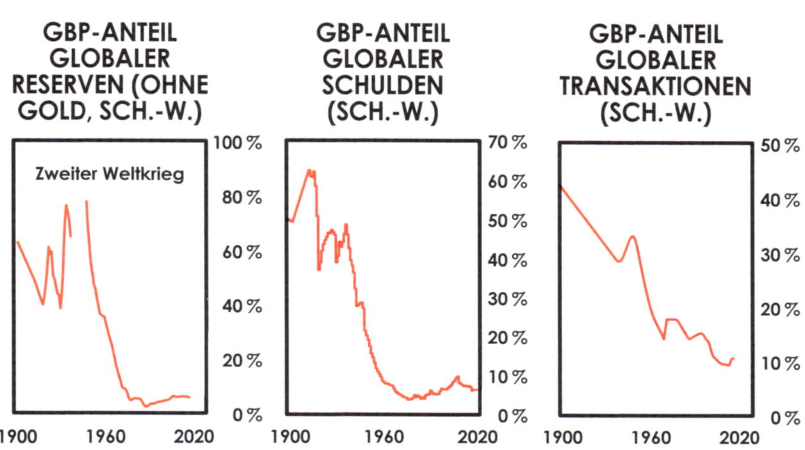

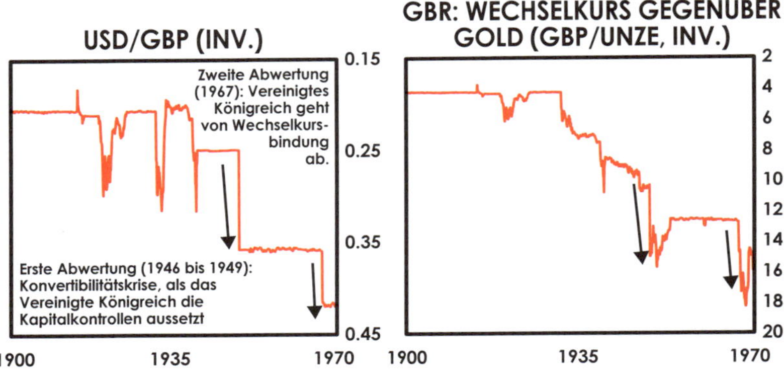

DIE AUSGESETZTE KONVERTIBILITÄT DES PFUNDS 1947 UND DIE ABWERTUNG VON 1949

Für das Pfund werden die 1940er-Jahre oft als Krisenjahre bezeichnet. Der Krieg zwang das Vereinigte Königreich, bei Alliierten und Kolonien hohe Summen aufzunehmen, und diese Verpflichtungen mussten auf Pfund Sterling lauten. Nach dem Krieg konnte das Vereinigte Königreich seine Schulden nicht bedienen, ohne entweder die Steuern zu erhöhen oder die Staatsausgaben zu kürzen. Das Land kam nicht umhin, zu verfügen, dass seine Schuldinstrumente (also die Staatsanleihen) von ehemaligen Kolonien nicht proaktiv veräußert werden durften. Den USA lag daran, dass die Briten die Konvertibilität so bald wie möglich wiederherstellten, da die Beschränkungen der Weltwirtschaft Liquidität entzogen und so die Exportgewinne der USA beeinträchtigten. Die Bank of England war ebenfalls sehr daran interessiert, die Kapitalverkehrskontrollen wieder abzuschaffen, damit das Pfund seine Rolle als globale Handelswährung wieder übernehmen und so die Einnahmen des Finanzsektors in London erhöhen und internationale Investoren dazu animieren konnte, auch weiterhin Ersparnisse in Pfund Sterling vorzuhalten. **1946 wurde vereinbart, dass die USA dem Vereinigten König-**

reich einen Kredit in Höhe von 3,75 Milliarden US-Dollar gewähren würden (etwa 10 Prozent des britischen BIP). Er sollte einen potenziellen Run auf das Pfund abfedern. Wie erwartet, geriet das Pfund unter erheblichen Verkaufsdruck, als die teilweise Konvertibilität im Juli 1947 wiederhergestellt wurde. Das Vereinigte Königreich und die Länder des Sterlingraums gingen auf Sparkurs, um die Bindung des Pfunds an den US-Dollar aufrechtzuerhalten. Der Import von Luxusgütern wurde eingeschränkt, die Verteidigungsausgaben wurden drastisch gekürzt, Dollar- und Goldreserven wurden angegriffen und Verträge unter Sterling-Volkswirtschaften geschlossen, Reservebestände nicht in Dollar zu diversifizieren. Premierminister Clement Attlee hielt eine dramatische Rede und appellierte darin an die Opferbereitschaft aus Kriegstagen:

> Wir fechten eine weitere Schlacht um Großbritannien aus. Diese Schlacht können wenige nicht gewinnen. Sie erfordert gemeinschaftliche Anstrengungen der ganzen Nation. Ich bin zuversichtlich, dass diese unternommen werden und dass wir wieder den Sieg davontragen.

Unmittelbar im Anschluss an diese Rede beschleunigte sich der Run auf das Pfund. **Ende August war die Konvertibilität ausgesetzt – sehr zum Ärger der USA und anderer internationaler Investoren, die im Vorfeld der Konvertibilität Sterling-Anlagen gekauft hatten.** Der Chef der belgischen Nationalbank drohte damit, keine Pfund-Transaktionen mehr zuzulassen, was diplomatische Interventionen erforderlich machte. **Die Abwertung kam zwei Jahre später, als die Politiker im Vereinigten Königreich und in den USA merkten, dass eine Konvertibilität des Pfund Sterling zum aktuellen Kurs nicht möglich war.** Die Wettbewerbsfähigkeit kehrte zurück, die Leistungsbilanz besserte sich und Mitte/Ende der 1950er-Jahre war die vollständige Konvertibilität wieder hergestellt. Wie sich das darstellte, ist folgenden Grafiken zu entnehmen.

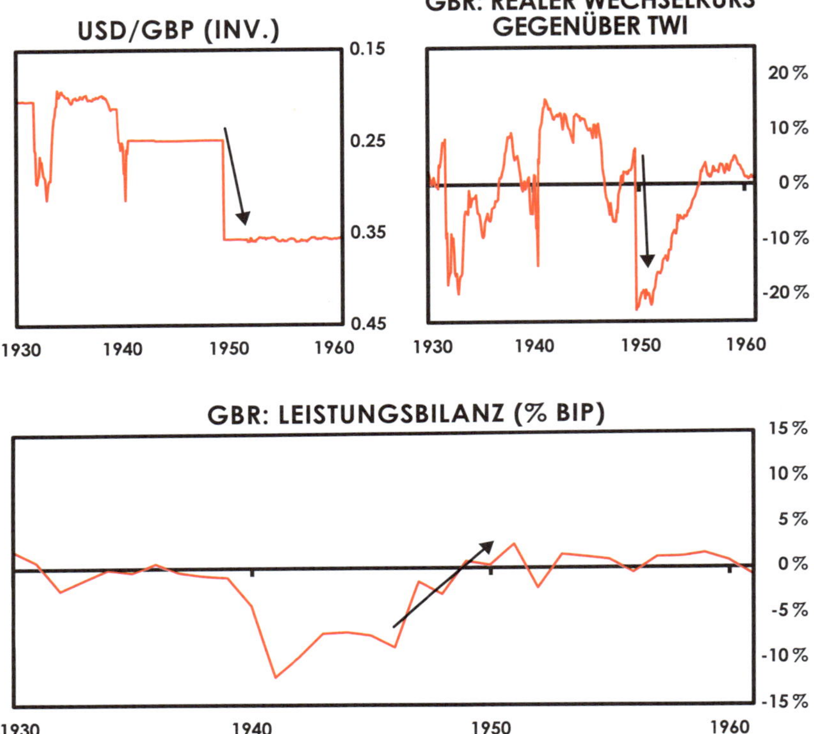

Die Abwertung löste keine panikartige Flucht aus dem Pfund aus, wenngleich die Fundamentaldaten weiterhin schlecht waren, weil ein großer Teil der britischen Anlagen von der US-Regierung gehalten wurde, die bereit war, bei der Bewertung Einbußen hinzunehmen, um die Konvertibilität wiederherzustellen, und von Volkswirtschaften des Sterlingraums wie Indien und Australien, deren Währungen aus politischen Gründen an das Pfund Sterling gebunden waren. Dennoch **war jedem umsichtigen Beobachter der unmittelbaren Nachkriegsentwicklungen klar, dass das Pfund international nicht mehr die Rolle spielen würde, die es vor dem Zweiten Weltkrieg innehatte.**

DIE GESCHEITERTEN INTERNATIONALEN BEMÜHUNGEN ZUR STÜTZUNG DES PFUNDS IN DEN 1950ER- UND 1960ER-JAHREN UND DIE ABWERTUNG VON 1967

Die Abwertung von 1949 schaffte zwar kurzfristig Erleichterung, doch bald stand das Pfund erneut vor Zahlungsbilanzproblemen. Die internationale Politik sah das mit großer Besorgnis. Es wurde befürchtet, dass ein Wertverfall des Pfund Sterling oder eine rasche Umschichtung in den US-Dollar dem neuen Währungssystem von Bretton Woods erheblichen Schaden zufügen könnte (vor allem vor dem Hintergrund des Kalten Krieges und der Angst vor dem Kommunismus). **Daher wurden diverse Anstrengungen unternommen, um das Pfund zu stärken und seine Rolle als internationale Liquiditätsquelle zu erhalten.** Außerdem verfügte das Vereinigte Königreich, dass der gesamte Handel innerhalb des Common Market in Pfund abgewickelt werden und seine sämtlichen Währungen ans Pfund Sterling gekoppelt werden sollten. Das hatte zur Folge, dass in den 1950er- und frühen 1960er-Jahren das Vereinigte Königreich am ehesten als regionale Wirtschaftsmacht anzusehen war, und das Pfund Sterling als regionale Reservewährung. Doch mit diesen Maßnahmen ließ sich das Problem nicht lösen: Das Vereinigte Königreich war zu hoch verschuldet und nicht ausreichend wettbewerbsfähig. Es konnte nicht gleichzeitig seine Schulden begleichen und noch die Waren kaufen, die es importieren musste. Das Pfund Sterling musste daher 1967 erneut abgewertet werden. **Danach waren selbst Länder des Sterlingraums nicht mehr bereit, ihre Reserven in Pfund vorzuhalten, sofern das Vereinigte Königreich deren zugrunde liegenden Wert nicht in US-Dollar garantierte.**

Nach der Abwertung war das Vertrauen in das Pfund Sterling stark geschwunden. Zentralbanken gingen dazu über, ihre Sterling-Reserven abzubauen, und kauften US-Dollar, D-Mark und Yen. Sie beschränkten sich also nicht darauf, bei neuen Reservebeständen das Pfund nicht mehr so stark zu berücksichtigen. Der durchschnittliche Anteil des Pfund Sterling an den Reservebeständen der Zentralbanken brach innerhalb von zwei

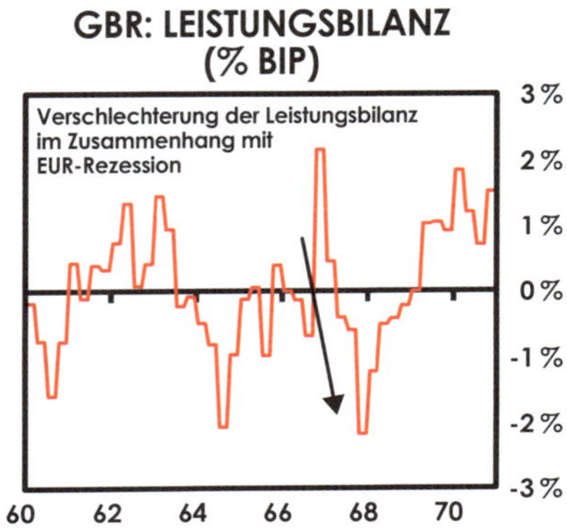
GBR: LEISTUNGSBILANZ
(% BIP)
Verschlechterung der Leistungsbilanz
im Zusammenhang mit
EUR-Rezession
3 %
2 %
1 %
0 %
-1 %
-2 %
-3 %
60
62
64
66
68
70

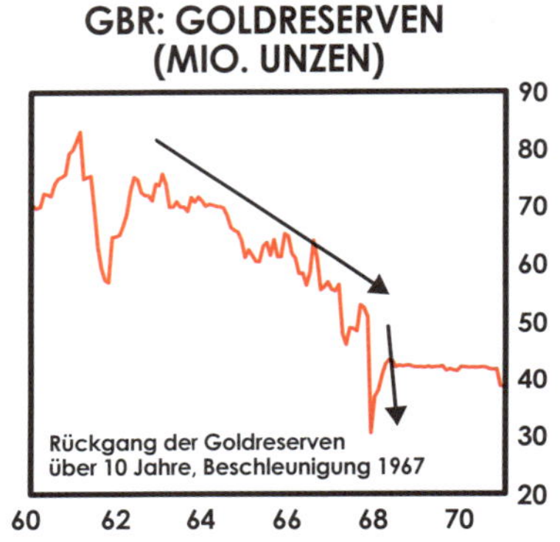
GBR: GOLDRESERVEN
(MIO. UNZEN)
Rückgang der Goldreserven
über 10 Jahre, Beschleunigung 1967
90
80
70
60
50
40
30
20
60
62
64
66
68
70

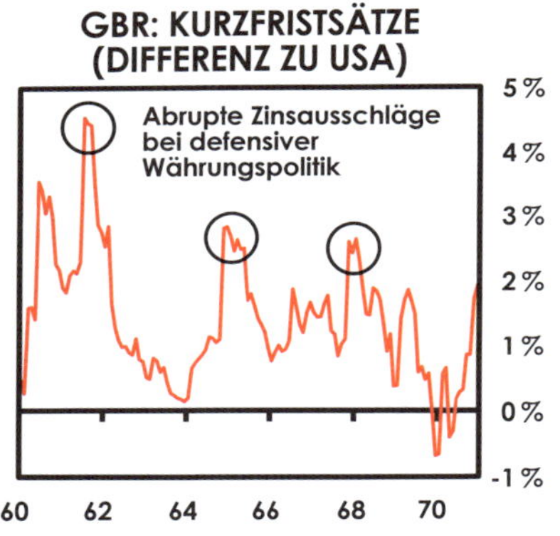
GBR: KURZFRISTSÄTZE
(DIFFERENZ ZU USA)
Abrupte Zinsausschläge
bei defensiver
Währungspolitik
5 %
4 %
3 %
2 %
1 %
0 %
-1 %
60
62
64
66
68
70

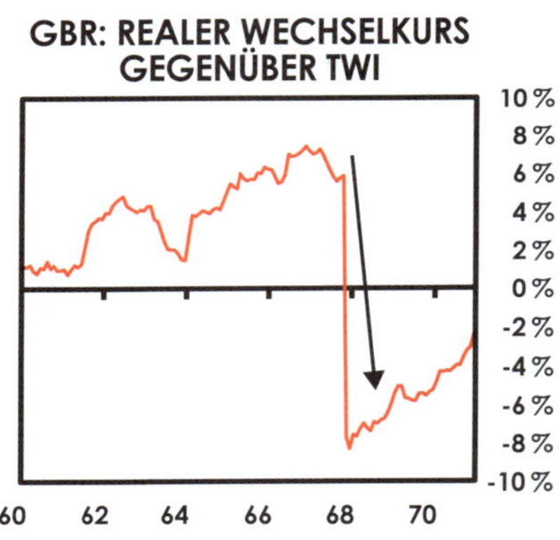
GBR: REALER WECHSELKURS
GEGENÜBER TWI
10 %
8 %
6 %
4 %
2 %
0 %
-2 %
-4 %
-6 %
-8 %
-10 %
60
62
64
66
68
70

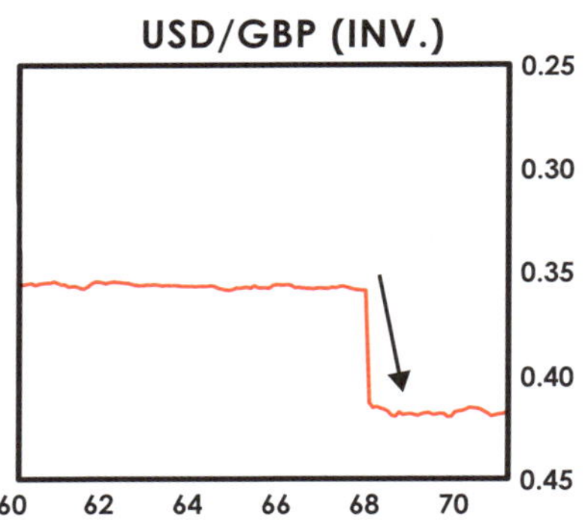
USD/GBP (INV.)
0.25
0.30
0.35
0.40
0.45
60
62
64
66
68
70

Jahren ein. **Länder, die nach 1968 weiterhin einen hohen Reserveanteil in Pfund hielten, hielten de facto US-Dollar, weil ihnen das Sterling Agreement aus dem Jahr 1968 90 Prozent ihres Dollarwerts garantierte.**

DURCHSCHNITTLICHER ANTEIL DES GBP AN ZENTRALBANKRESERVEN (% DES GESAMTVOLUMENS)

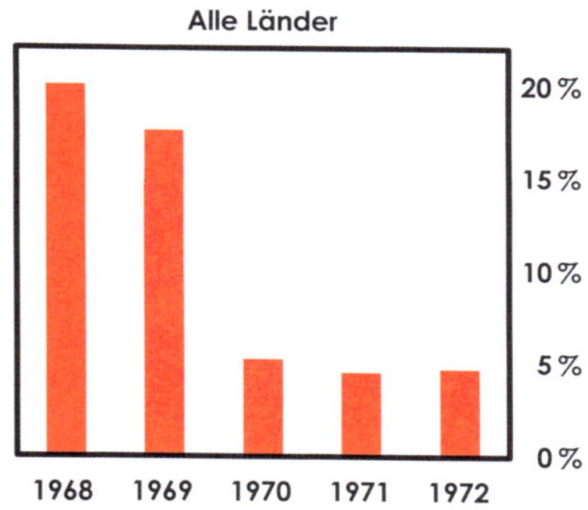

Zentralbanken beginnen nach der Abwertung mit dem Verkauf ihrer Sterling-Reserven. Der Anteil des GBP bricht ein.

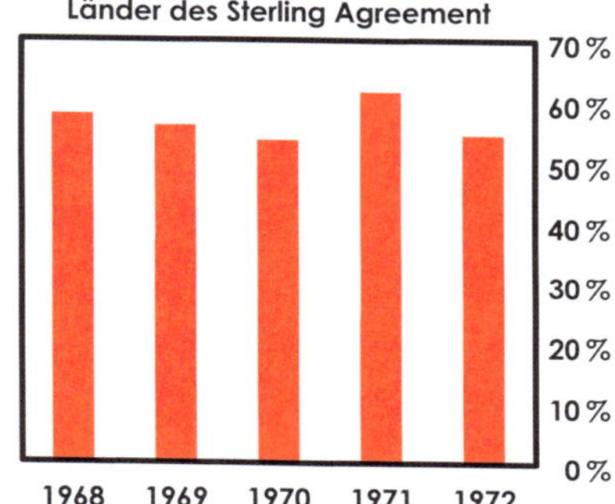

Sterling-Agreement-Länder sicher zu, weiterhin GBP zu halten, doch nur 90 Prozent von deren Dollarwert wird von der britischen Regierung garantiert.

EUROPA NACH DEM ZWEITEN WELTKRIEG

Wie wir wieder und wieder beobachten konnten, bringen die immensen Kosten eines Krieges Länder dazu, nach dem Krieg eine neue Weltordnung zu beschließen, um sicherzustellen, dass sich ein solcher Krieg nicht wiederholt. Naturgemäß dreht sich so eine neue Weltordnung um den Sieger – häufig das neue aufstrebende Imperium. Nach dem Zweiten Weltkrieg waren das eindeutig die USA.

Die wichtigsten geopolitischen Elemente der Nachkriegsordnung:

- **Die USA waren die dominierende Macht, was das Land de facto zur Weltpolizei avancieren ließ.** Natürlich entstanden fast unmittelbar Spannungen zwischen den USA und der zweiten führenden Weltmacht, der Sowjetunion. Die USA und ihre Alliierten gründeten ein Militärbündnis – die NATO –, und die sowjetischen Staaten schlossen sich zum Warschauer Pakt zusammen. Diese beiden Lager standen sich im Kalten Krieg gegenüber.

- **Die Vereinten Nationen wurden gegründet, um globale Streitigkeiten beizulegen.** Ganz klassisch befand sich ihr Hauptsitz im Herzen des aufstrebenden Imperiums (in diesem Fall in New York). Ihr hauptsächliches Machtorgan, der UN-Sicherheitsrat, wurde von den Siegermächten dominiert – ebenfalls eine klassische Entwicklung.

Zu den wichtigsten Elementen der neuen Weltordnung für das Finanzwesen zählten:

- **Das Währungssystem von Bretton Woods, das den US-Dollar als Reservewährung der Welt etablierte,**
- **der IWF und die Weltbank, die den Unterbau für das neue globale Finanzsystem liefern sollten,**
- **New York als neues Finanzzentrum der Welt.**

Aus europäischer Perspektive lag der maßgebliche Aspekt der neuen Weltordnung in der Verschiebung der Machtverhältnisse. Die zuvor weltweit tonangebenden europäischen Mächte waren erschöpft und wurden von neuen Supermächten in den Schatten gestellt, die größer waren als jeder europäische Staat (vor allem nachdem deren Kolonien unabhängig wurden). Angesichts dieser Belastungen und der eindeutigen Lehren über die Kosten der Spaltung aus den beiden Weltkriegen lag der hohe Wert europäischer Einheit auf der Hand. Das gab den Anstoß für die neue europäische Ordnung, die sich nach und nach zur Europäischen Union entwickelte.

Die Geschichte von Robert Schuman, einem der Gründerväter der EU, kann erklären, warum Europa zusammenrückte. Schumans Vater war Franzose und wurde später deutscher Staatsbürger, als seine Heimat Elsass-Lothringen 1871 von den Deutschen annektiert wurde. Schuman war gebürtiger Deutscher, wurde aber französischer Staatsbürger, als Elsass-Lothringen nach dem Ersten Weltkrieg an Frankreich zurückfiel. Im Zweiten Weltkrieg gehörte er als Politiker der Vichy-Regierung an, bevor er ihr den Rücken kehrte, um sich der französischen Widerstandsbewegung (Résistance) anzuschließen. Als der Krieg endete, war er untergetaucht, weil auf ihn 100.000 Reichsmark Kopfgeld ausgesetzt waren. Ein wichtiger Partner Schumans war Konrad Adenauer, der erste Nachkriegskanzler der Bundesrepublik Deutschland. Als gemäßigter Bürgermeister war dieser von den Nazis aus dem politischen Leben ausgeschlossen und 1944 in ein Konzentrationslager deportiert worden. Nach seiner Wahl zum christdemokratischen Bundeskanzler 1949 fokussierte er seine Politik auf den Wiederaufbau der deutschen Wirtschaft, auf die Versöhnung mit den übrigen europäischen Mächten und auf den Widerstand gegen den Kommunismus. Das Gemeinschaftsprojekt von Schuman, Adenauer und den übrigen EU-Gründern war es, Krieg »nicht nur undenkbar, sondern materiell unmöglich« zu machen.

Der erste Schritt bestand in der Gründung der Europäischen Gemeinschaft für Kohle und Stahl, der sogenannten Montanunion. Das hört sich nach einem eng gefassten Wirtschaftspakt an, doch dessen erklärtes Ziel war die Entstehung einer europäischen Föderation. Hier ein Auszug aus der Schuman-Erklärung:

> Die Zusammenlegung der Kohle- und Stahlproduktion wird sofort die Schaffung gemeinsamer Grundlagen für die wirtschaftliche Entwicklung sichern – die erste Etappe der europäischen Föderation – und die Bestimmung jener Gebiete ändern, die lange Zeit der Herstellung von Waffen gewidmet waren, deren sicherste Opfer sie gewesen sind.[10]

10 Anm. d. Übers.: Zitiert nach https://european-union.europa.eu/principles-countries-history/history-eu/1945-59/schuman-declaration-may-1950_de.

Aus diesem Vertrag gingen supranationale Organe hervor – eine Hohe Behörde, eine Gemeinsame Versammlung und ein Gerichtshof –, deren Entscheidungen und Vorgaben für die Einzelländer verbindlich waren, die Steuern erheben, Kredite vergeben und Programme für Arbeitnehmerschutz auflegen konnten. Sechs Nationen unterzeichneten den Vertrag, weitere schlossen sich im Zeitverlauf an. Schließlich entwickelte sich daraus eine Zollunion (durch die römischen Verträge 1957), die Grenzen der Mitgliedstaaten öffneten sich (durch das Schengener Abkommen 1985), und letztlich einigte man sich auf einen Rahmen für eine politische und wirtschaftliche Union einschließlich einer gemeinsamen europäischen Unionsbürgerschaft (durch den Vertrag von Maastricht 1992).

Ganz klassisch ging diese neue geopolitische Ordnung in Europa mit einer neuen Finanz-/Wirtschaftsordnung einher. Der Vertrag von Maastricht schuf die Grundlage für eine neue Gemeinschaftswährung (den Euro) und gemeinsame Wirtschaftsregelungen – auch zu staatlichen Defiziten. Die Integration der 27 Mitgliedstaaten (und ihrer über 400 Millionen Bürger), von denen viele in der Vergangenheit gegeneinander

VERGLEICH EUROZONE MIT USA UND CHINA

	EUR	USA	CHN
Wertung für das Imperium (0 bis 1)*	0,55	0,87	0,75
Pro-Kopf-BIP (USD 2017, KKP-ber.)	41.504	60.236	16.411
BIP (% WLD, KKP-ber.)	13 %	17 %	23 %
Bevölkerung (% WLD)	4 %	4 %	18 %
Exporte (% WLD)	12 %	11 %	15 %
Militärausgaben (% WLD)	9 %	28 %	19 %
Akademiker (% WLD)	13 %	20 %	22 %
Patente (% WLD)	11 %	17 %	41 %
Nobelpreise (% WLD)	11 %	32 %	2 %
Aktienmarktkapitalisierung (% WLD)	8 %	55 %	10 %
Internationale Devisentransaktionen (% WLD)	28 %	55 %	2 %
Offizielle Währungsreserven (% WLD)	21 %	62 %	2 %

* Für die Entwicklung des europäischen Imperiums werden die großen Länder der Eurozone zu Vergleichszwecken als Einheit betrachtet.

Krieg geführt hatten, ist eine beeindruckende Leistung, durch die die EU auf Augenhöhe mit anderen Großmächten rückt.

Die relativen Abschwünge und Krisen der Europäischen Union im frühen 21. Jahrhundert traten aus den klassischen Gründen für Abwärtsphasen des großen Zyklus auf, die aus den acht Maßstäben für Macht und den übrigen Indikatoren hervorgehen, die in Kapitel 2 beschrieben wurden. Es handelt sich dabei um dieselben Gründe, aus denen andere Imperien Krisen erlebt haben. Insbesondere ist Europa hoch verschuldet, seine Wirtschaft krankt an fundamentaler Schwäche, die innenpolitischen Konflikte sind vergleichsweise groß, seine Vitalität und sein Erfindungsgeist eher gering und sein Militär nicht besonders stark. Wohlstands- und Einkommensungleichheit zwischen und innerhalb der Mitgliedstaaten führten zum Aufstieg von Populisten, die vielfach Gegner der Europäischen Union sind und im Falle des Vereinigten Königreichs den Austritt erreichten. Kurz, Europa in seiner Gesamtheit (und damit auch das Vereinigte Königreich) ist von seiner Stellung als vor nicht allzu langer Zeit noch führende Großmacht auf eine sekundäre Machtposition abgesunken.

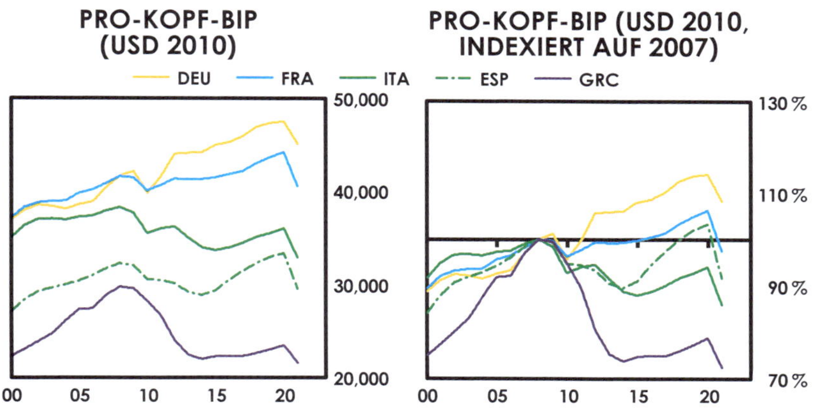

Betrachten wir nun zwei weitere Mächte: die USA und China.

KAPITEL 11

AUFSTIEG UND NIEDERGANG DER USA UND DES US-DOLLAR IM GROSSEN ZYKLUS

Dieses Kapitel befasst sich mit der Aufwärtsphase des großen Zyklus der USA ab dem 19. Jahrhundert, der allmählichen Ablösung des Vereinigten Königreichs als mächtigstem Weltreich und dem jüngsten Niedergang. Noch geht die Geschichte der USA als führende Weltmacht weiter und ist für die moderne Welt von größter Bedeutung. Daher gehe ich auf diesen großen Zyklus etwas ausführlicher ein als im Falle der Niederländer und der Briten – vor allem im Hinblick auf den Status des US-Dollar als globale Reservewährung und die wirtschaftlichen und geldpolitischen Kräfte, die darauf wirken.

Die Grafik auf der Folgeseite gibt die acht Arten von Macht an, aus denen sich der Gesamtbogen für die USA zusammensetzt. **Daraus können Sie die Geschichte entnehmen, die sich hinter dem Aufstieg und Niedergang der USA seit 1700 verbirgt.** Die kräftige Entwicklung der Bildung und die herausragenden Leistungen auf diesem Gebiet führten zu Fortschritten bei Innovation und Technologie, Wettbewerbsfähigkeit auf den Weltmärkten und Wirtschaftsleistung. Das alles befeuerte die Entwicklung der Finanzmärkte und der USA zum Finanzzentrum sowie zur führenden Macht auf militärischer Ebene und im Welthandel – und, mit erheblicher Verzögerung, auch zur Entwicklung des US-Dollar zur Reservewährung. Die Vorsprünge der USA sind in den Bereichen Bildung, Wettbewerbsfähigkeit und Handel zurückgegangen, in Bezug auf Innovation und Technologie, Reservewährungsstatus, Finanzmärkte und Status als Finanzzentrum aber nach wie vor noch ausgeprägt. **Aus dieser Grafik nicht ersichtlich sind die Abweichungen bei der Einkommens- und Bilanzsituation der USA sowie deren innenpolitische Konflikte – beides Faktoren, die Anlass zur Sorge geben.** (Ein vollständigeres aktuelles Bild vermittelt Ihnen das letzte Kapitel dieses Buchs.)

VEREINIGTE STAATEN: INDEX DER HAUPTDETERMINANTEN

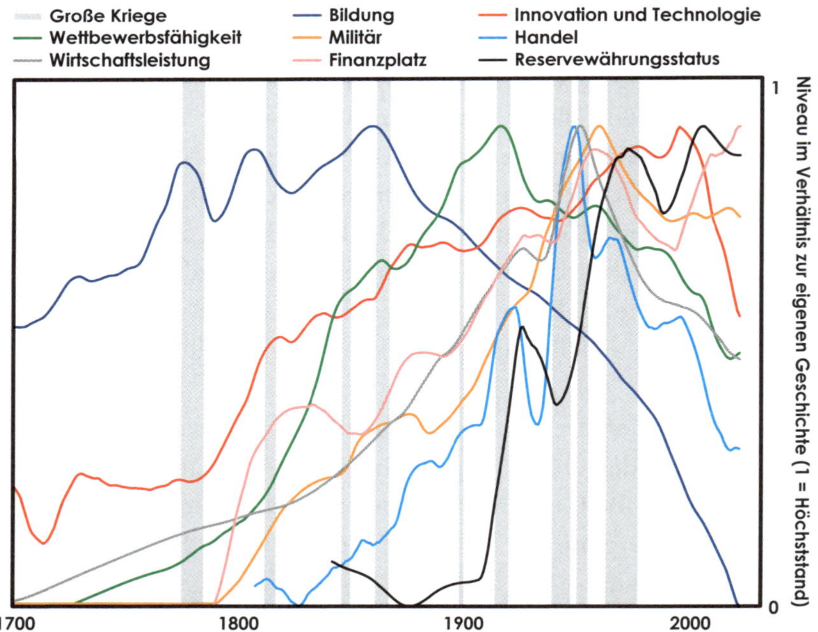

Die folgende Grafik fasst all diese Faktoren zusammen, um den übergreifenden Bogen für die USA abzubilden – von der Zeit vor dem Revolutionskrieg und unter Berücksichtigung der wichtigsten Ereignisse im Zuge der Entwicklung. Die Zahlen geben die ungefähren Zeitspannen der sechs Phasen des Zyklus der innenpolitischen Ordnung an.

ENTWICKLUNG DER USA BIS HEUTE

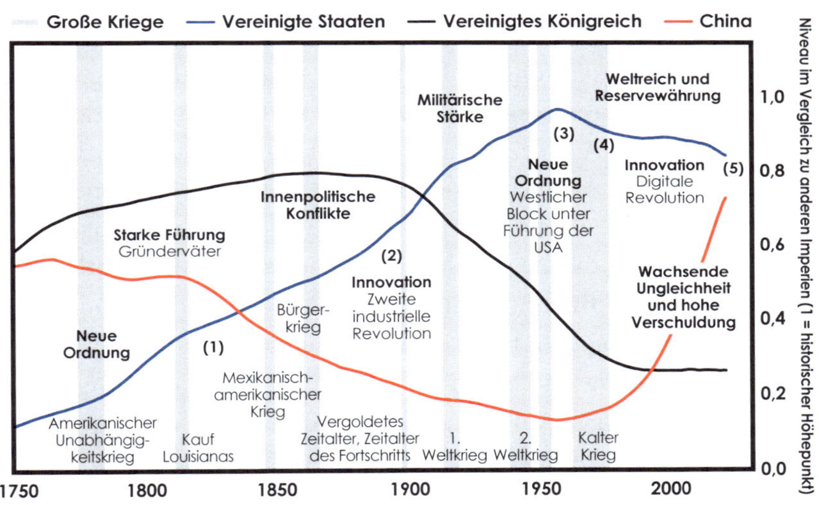

Betrachten wir nun die Geschichte der USA von ihren Anfängen bis zur Entstehung dieses Buchs.

DER AUFSTIEG

Wie alle neuen Länder und Dynastien **durchliefen auch die USA den üblichen Revolutions- und Post-Revolutionsprozess nach dem Unabhängigkeitskrieg, in dem sich eine neue innenpolitische Ordnung herausbildete, weil 1) eine koordinierte Gruppe starker Leitfiguren**

um Einfluss rang, 2) sich diese Gruppe durchsetzte und ihren Einfluss konsolidierte, 3) die neue Führung eine Vision hatte, die von der Bevölkerung mitgetragen wurde, die aber 4) in verschiedene Gruppierungen zerfiel, welche sich im Konflikt darüber befanden, wie die Regierung diese Vision umsetzen sollte. Letztlich 5) einigten sich diese Gruppierungen auf ein Kontrollsystem, das vertraglich niedergelegt wurde (im Falle der USA zunächst in den Konföderationsgesetzen und später dann in der Verfassung), 6) entschieden über die Beschaffenheit der Staatsführung (also das Geld- und Kreditsystem, das Rechtssystem, die Rechtssetzungsverfahren, das Militär et cetera) und 7) gaben den Menschen Arbeit und sorgten dafür, dass alles gut funktionierte. Das alles gelang den USA auf einzigartig friedlichem Weg durch Verhandlungen, nahezu unverbrüchlicher Vertragstreue und eine gelungene Politikgestaltung, was ihnen eine großartige Ausgangssituation verschaffte.

Aus der Grafik, die die acht Machtarten abbildet, ist ersichtlich, dass das rasch steigende Bildungsniveau dem gewaltigen Aufschwung bei Innovation, Technologie und Wettbewerbsfähigkeit vorausging, der – mit einer Unterbrechung durch den Bürgerkrieg – bis zu den Weltkriegen anhielt. Es gab einiges Auf und Ab bei der innen- und außenpolitischen Finanz- und Schuldensituation und ebenso in Bezug auf die wirtschaftliche und militärische Lage. Ich werde darauf nicht im Einzelnen eingehen, möchte allerdings darauf hinweisen, dass die Entwicklung grundsätzlich dem archetypischen Muster folgte, dem immer dieselben, bereits beschriebenen Kausalzusammenhänge zugrunde liegen. Der Aufwärtstrend war in den USA nach dem Zweiten Weltkrieg besonders kräftig, hatte aber im Grunde schon Ende des 19. Jahrhunderts eingesetzt. Und an diesem Punkt nehmen wir den Faden auf.

Nach dem US-Bürgerkrieg kam die zweite industrielle Revolution, eine der klassischen Phasen, in der friedliches Streben nach Wohlstand und Wohlergehen in England, Kontinentaleuropa und den Vereinigten Staaten zu hohen Einkommenssteigerungen und technischem Fortschritt führte.

In den USA wurden diese Zuwächse finanziert durch ein marktwirtschaftliches kapitalistisches System, das ganz klassisch sowohl großen Reichtum als auch ein enormes Wohlstandsgefälle mit sich brachte. Die Unterschiede sorgten für Unzufriedenheit und politischen Progressivismus, der reiche, mächtige Monopole zerschlug (das sogenannte Trust Busting) und die Steuern für die Reichen erhöhte, angefangen mit der Verabschiedung eines Verfassungszusatzes, der 1913 die Erhebung von Bundeseinkommensteuern ermöglichte. Die wachsenden Stärken der USA schlugen sich im zunehmenden Anteil an der globalen Wirtschaftsleistung und am Welthandel nieder, aber auch in der verstärkten Finanzkraft (veranschaulicht durch New Yorks Aufstieg zum führenden Finanzzentrum der Welt), in der fortgesetzten Spitzenposition bei der Innovation und in der erfolgreichen Nutzung seiner Finanzprodukte.

DER LANGE AUFSTIEG DES US-DOLLAR UND DER US-AMERIKANISCHEN KAPITALMÄRKTE

Dass sich der US-Dollar zur dominanten Reservewährung der Welt entwickelte, war keinesfalls selbstverständlich. Im ersten Jahrhundert ihres Bestehens war das Finanzsystem der Vereinigten Staaten vollkommen unterentwickelt. Das Bankwesen funktioniert dort wie in den meisten Ländern ganz klassisch wie in Kapitel 3 und 4 beschrieben. Anders formuliert: Bei den Banken wurde hartes Geld hinterlegt, und diese vergaben insgesamt mehr Kredit, als Deckung vorhanden war. Dieses Schneeballsystem fiel in sich zusammen, sodass Banken ihren Verpflichtungen nicht nachkamen und das Geld abgewertet wurde. In den USA gab es keine Zentralbank, die die Finanzmärkte kontrollierte oder als letztinstanzlicher Kreditgeber einsprang. **Die USA durchliefen viele Boom-/Bust-Zyklen nach klassischem Muster: Eine Menge kreditfinanzierter Investitionen (in Land, Eisenbahnen et cetera) geriet ins Wanken,**

was Kreditausfälle und eine Kreditklemme zur Folge hatte. Panik im Bankensystem war daher keine Seltenheit. Allein in New York kam es zwischen 1836 und 1913 ganze acht Mal zu größerer Panik im Bankensystem, und auch auf regionaler Ebene war das keine Seltenheit. Der Grund dafür: Das stark fragmentierte Bankensystem verfügte über eine starre Geldmenge, keine Einlagensicherung und ein pyramidenartiges Reservesystem (in dem eine kleine Zahl New Yorker Großbanken als »Korrespondenzbanken« fungierten oder für einen hohen Anteil der Banken im ganzen Land Reserven hielten), wodurch das Ansteckungsrisiko durch eine strauchelnde Bank zunahm.

Wie London war New York längst ein etabliertes Handelszentrum, als es zum globalen Finanzplatz wurde – eine Entwicklung, die erst nach der Jahrhundertwende zum 20. Jahrhundert einsetzte. 1913 standen nur zwei US-Banken auf der Liste der 20 größten Banken weltweit – auf Platz 13 und 17. Zum Vergleich: Britische Banken belegten gleich neun Positionen, darunter drei unter den Top 5. Um das ins Verhältnis zu setzen, muss man wissen, dass die USA damals bei der Wirtschaftsleistung weit vor dem Vereinigten Königreich lagen und beim Anteil am Exportmarkt gleichauf. **Viele der bedeutendsten Finanzinnovationen im aufstrebenden New Yorker Finanzzentrum ergaben sich aus den Bedürfnissen eines großen Handelsplatzes.** Das Investmentbankgeschäft setzte in den USA zum Höhenflug an. Dort entwickelte sich im 19. Jahrhundert ein Clearing-Haus für Kapital – das zu großen Teilen aus Europa stammte – für die Finanzierung des US-Booms in dieser Zeit. Wie zuvor in London entwickelten sich auch hier Versicherungsgesellschaften schneller als das Bankwesen. In der Vorkriegszeit waren die großen Versicherer größer als die Großbanken.

Dass die US-Wirtschaft dynamischer war und sich rascher veränderte als die europäischen und britischen Märkte, zeigte sich auch im US-Aktienmarkt, der gleich nach dem Amerikanischen Bürgerkrieg abhob. Wie bereits erläutert, **war die zweite Hälfte des 19. Jahrhunderts eine Boomphase des Friedens und Wohlstands, die auch als zweite indus-**

trielle Revolution, »vergoldetes Zeitalter« und »Zeitalter der Räuberbarone« bezeichnet wird, denn es war eine Ära, in der Kapitalismus und Innovation florierten, das Wohlstandsgefälle stark auseinanderklaffte, sich Dekadenz abzeichnete und Unmut aufkam. Die Gegenreaktion erfolgte um 1900. 1907 kam es zum klassischen Bankrott. Die Unruhen hatten 1913 die Gründung des US-Zentralbanksystems (Federal Reserve) zur Folge. 1910 überholten die USA Großbritannien bei der Aktienmarktkapitalisierung. Neue Sektoren und Unternehmen erlangten rasch Rang und Namen. Ein Beispiel dafür war US Steel: 1901 gegründet und nur 15 Jahre später das wertvollste US-Unternehmen.

Dann kam der Erste Weltkrieg – der Krieg, mit dem nur wenige überhaupt gerechnet hatten und von dem niemand gedacht hätte, dass er so lange dauern würde: von 1914 bis 1918. An diesem Krieg waren die USA die meiste Zeit über gar nicht beteiligt. Sie waren das einzige größere Land, das während des Krieges die Goldkonvertibilität beibehielt. In Europa belastete nicht nur das Kriegstreiben die Volkswirtschaften und Märkte, sondern die Politik der europäischen Regierungen unterminierte das Vertrauen in ihre Währungen zusätzlich. Im Verhältnis dazu profitierte die finanzielle und wirtschaftliche Lage in den USA vom Krieg. Dass die Alliierten ihre Kriegsschulden überwiegend bei den USA gemacht hatten, befeuerte die Verwendung des US-Dollar als Währung für globale Staatsanleihen.

Gemäß dem üblichen Drehbuch trafen die Siegermächte – in diesem Fall die USA, Großbritannien, Frankreich, Japan und Italien – nach dem Krieg zusammen, um die neue Weltordnung aufzustellen. Dieses Treffen, die Pariser Friedenskonferenz, fand Anfang 1919 statt, dauerte sechs Monate und führte zum Friedensvertrag von Versailles. Dieser sah eine Aufteilung der Gebiete der Verlierer (Deutschlands, Österreich-Ungarns, des Osmanischen Reichs und Bulgariens) vor und stellte diese unter die Kontrolle der Siegermächte. Den Verlierern wurden hohe Schulden aufgebürdet, die sie bei den Siegermächten abtragen mussten, um diesen die Kriegskosten zurückzuzahlen – und zwar in Gold.

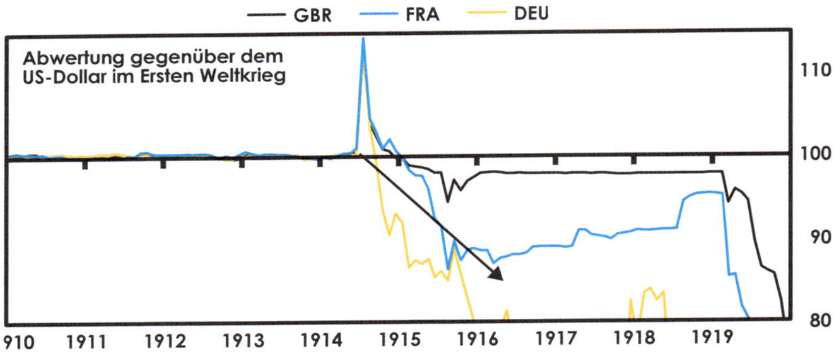

Geopolitisch profitierten die Vereinigten Staaten auch, weil sie bei der Gestaltung der neuen Weltordnung eine Führungsrolle übernahmen, wenngleich sie weiterhin eher isolationistisch agierten, während Großbritannien sein globales Kolonialreich vergrößerte und überwachte. Das Währungssystem war unmittelbar nach dem Krieg im Fluss. Während die meisten Länder versuchten, die Goldkonvertibilität wiederherzustellen, wurde eine Währungsstabilität im Verhältnis zu Gold erst nach einer Phase der drastischen Abwertungen und der Inflation erreicht.

Wie üblich setzte nach den Kriegsjahren mit der neuen Weltordnung eine Phase des Friedens und des Wohlstands ein, getragen von fantastischen Innovationen, Produktivität und einem Kapitalmarktboom, der im Spätstadium des Aufschwungs für hohe Schulden und ein ausgeprägtes Wohlstandsgefälle sorgte. In den goldenen Zwanzigerjahren wurden viele Schulden gemacht (Zusagen auf die Zahlung von Papiergeld, das in Gold umgewandelt werden konnte), um spekulative Anlagen (allen voran Aktien) zu kaufen. Um dem Einhalt zu gebieten, straffte die US-Notenbank die Geldpolitik im Jahr 1929. Das brachte die Blase zum Platzen und löste die Weltwirtschaftskrise aus. Dadurch gerieten praktisch alle Nationen in wirtschaftliche Not, sodass in und zwischen Ländern Kämpfe um Wohlstand ausbrachen, die zehn Jahre später in heiße Kriege mündeten.

Auf die Entwicklungen im Vorfeld und während des Zweiten Weltkriegs bin ich in Kapitel 6 bereits eingegangen – als Beispiel für die Kriegsphase des großen Zyklus der außenpolitischen Ordnung und Unruhe. Diesbezüglich ist vor allem zu bedenken, dass der Sieg der Alliierten 1945 die nächste Veränderung der Weltordnung mit sich brachte. Diese war mit einer erheblichen Wohlstands- und Machtverschiebung verbunden. **Im Vergleich gingen die USA daraus als großer Sieger hervor, weil sie vor dem Krieg und während des Krieges viel verkauft und viel Kredit gegeben hatten, weil die Kampfhandlungen quasi ausschließlich außerhalb des US-Territoriums stattfanden, sodass es in den USA keine physischen Schäden zu beklagen gab, und weil die Vereinigten Staaten im Verhältnis zu den meisten anderen maßgeblichen Ländern viel weniger Todesopfer verzeichneten.**

DER HÖHEPUNKT

DAS GEOPOLITISCHE UND MILITÄRISCHE SYSTEM DER NACHKRIEGSZEIT

Drehbuchmäßig setzten sich die Siegermächte zusammen, um die neue Weltordnung und deren neue Geld- und Kreditsysteme zu bestimmen.

Die USA, Russland (damals die UdSSR) und Großbritannien gingen aus den Kämpfen als größte Weltmächte hervor, wobei die USA eindeutig am reichsten und militärisch am stärksten waren. Deutschland, Japan und Italien waren weitgehend zerstört. Großbritannien war im Grunde zahlungsunfähig. Frankreich war vom Krieg verheert und hatte wenig zum Sieg beigetragen. China befand sich im Bürgerkrieg, der gleich nach Japans Kapitulation wieder losgebrochen war. **Unmittelbar nach dem Krieg arbeiteten die USA und Russland zwar recht gut zusammen, doch es dauerte nicht lange, bis die beiden größten Mächte**

mit ihren gegenläufigen Ideologien in einen kalten Krieg eintraten. Die folgende Grafik weist die aggregierten Machtindizes für die USA, das Vereinigte Königreich, Russland und China seit dem Ende des Zweiten Weltkriegs aus. Wie Sie sehen, legte Russland im Vergleich zu den USA bis 1980 zwar zu, erreicht jedoch nie auch nur annähernd dieselbe Machtstellung. Allerdings war es deutlich mächtiger als China. Nach 1980 geriet Russland in den Niedergang, während China in den rasanten Aufstieg überging. Die USA setzten ihren allmählichen Abwärtstrend fort.

POSITION DER GROSSEN IMPERIEN IM VERHÄLTNIS ZUEINANDER

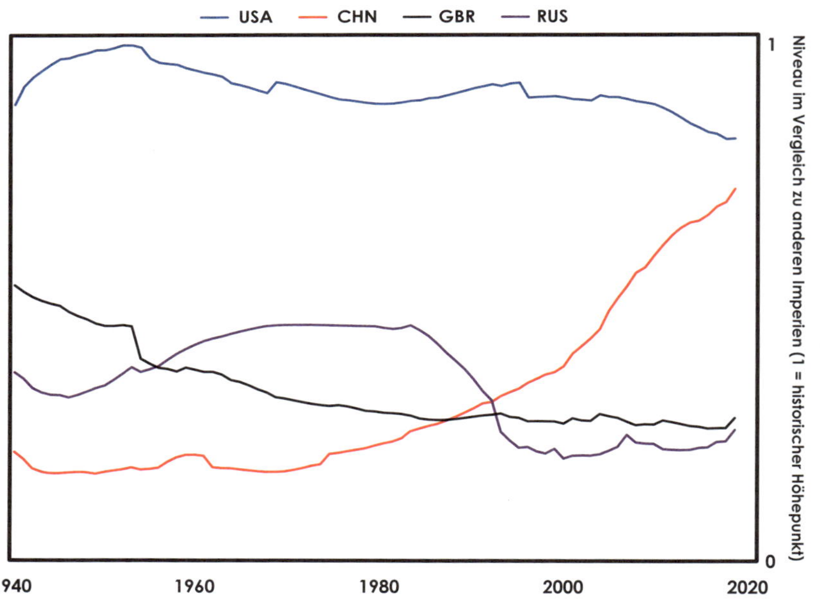

Der Bruch zwischen den beiden von den USA beziehungsweise den Russen kontrollierten Blöcken war von vornherein abzusehen. In einer Rede vom März 1947 umriss Präsident Harry Truman, was heute als Truman-Doktrin bezeichnet wird:

> Zum gegenwärtigen Zeitpunkt der Weltgeschichte muss fast jede Nation zwischen alternativen Lebensformen wählen. Nur zu oft ist diese Wahl nicht frei. Die eine Lebensform gründet sich auf den Willen der Mehrheit und ist gekennzeichnet durch freie Institutionen, repräsentative Regierungsform, freie Wahlen, Garantien für die persönliche Freiheit, Rede- und Religionsfreiheit und Freiheit von politischer Unterdrückung. Die andere Lebensform gründet sich auf den Willen einer Minderheit, den diese der Mehrheit gewaltsam aufzwingt. Sie stützt sich auf Terror und Unterdrückung, auf die Zensur von Presse und Rundfunk, auf manipulierte Wahlen und auf den Entzug der persönlichen Freiheiten. Ich glaube, es muss die Politik der Vereinigten Staaten sein, freien Völkern beizustehen, die sich der angestrebten Unterwerfung durch bewaffnete Minderheiten oder durch äußeren Druck widersetzen.[1]

Wie in Kapitel 6 angesprochen, gilt im Vergleich zur Innenpolitik, dass ● ***internationale Beziehungen weitaus stärker von unverhohlener Machtdynamik bestimmt werden.*** **Das liegt daran, dass innerhalb von Ländern Gesetze und Verhaltensregeln gelten, während es im Umgang zwischen Ländern vor allem auf rohe Macht ankommt. Gesetze, Regelungen und sogar miteinander vereinbarte Abkommen und Schiedsorganisationen (wie Völkerbund, Vereinte Nationen und die Welthandelsorganisation) haben wenig zu sagen. Deshalb sind militärische Stärke und starke militärische Bündnisse so wichtig.** 1949 schlossen sich zwölf Länder aus dem US-amerikanischen Lager zum Nordatlantikpakt (NATO) zusammen. (Weitere kamen später hinzu.) 1954 begründeten die USA, das Vereinigte Königreich, Australien, Frankreich, Neuseeland, die Philippinen, Thailand und Pakistan den Südostasienpakt (SEATO). Acht Länder aus dem sowjetischen Lager bildeten 1955 den Warschauer Pakt.

---

1 Anm. d. Übers.: Zitiert nach https://de.wikipedia.org/wiki/Truman-Doktrin.

Wie der folgenden Grafik zu entnehmen ist, investierten die Amerikaner und die Sowjets kräftig in den Ausbau ihres Atomwaffenarsenals. Etliche weitere Länder folgten ihrem Beispiel. Heute verfügen elf Länder über Kernwaffen in unterschiedlicher Menge und Kapazität oder stehen kurz davor. Nuklearwaffen stärken offensichtlich die Verhandlungsposition im globalen Machtspiel. Verständlich also, weshalb manche Länder so daran interessiert sind und andere Länder verhindern möchten, dass bestimmte Länder Zugriff darauf erhalten. Es hat zwar noch keinen Atomkrieg gegeben, doch die USA haben seit dem Zweiten Weltkrieg mehrere konventionelle Kriege geführt, allen voran den Koreakrieg in den 1950er-Jahren, den Vietnamkrieg in den 1960er- und 1970er-Jahren, die beiden Golfkriege 1990 beziehungsweise 2003 und den Krieg in Afghanistan von 2001 bis 2021. Diese Kriege haben die Vereinigten Staaten viel Geld, viele Menschenleben und viel öffentlichen Rückhalt gekostet. Waren sie das wert? Das haben andere zu entscheiden. Die Sowjetunion mit ihrer im Vergleich zu den USA deutlich kleineren, schwächeren Wirtschaft geriet in die Zahlungsunfähigkeit, weil sie so viel Geld ausgab, um den USA militärisch nicht nachzustehen und ihr Imperium zusammenzuhalten.

ATOMWAFFENARSENAL (ANZAHL DER SPRENGKÖPFE, LOG.)

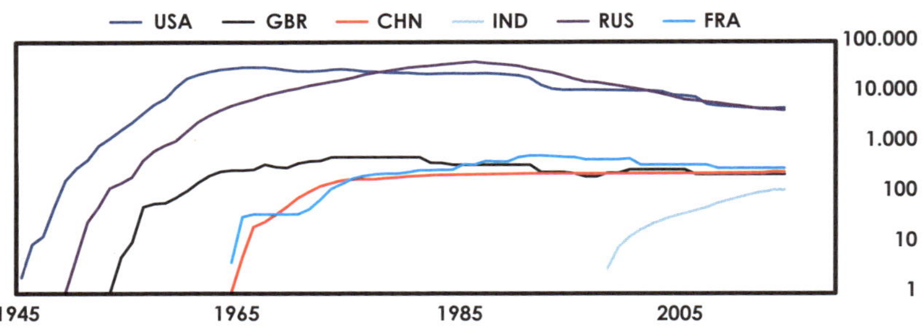

Zu militärischer Macht gehört natürlich viel mehr als Nuklearwaffen, und seit dem Kalten Krieg hat sich vieles verändert. Ich bin zwar kein

Militärexperte, hatte aber die Gelegenheit, mich mit solchen Leuten auszutauschen. Das bringt mich zu der Überzeugung, dass die USA insgesamt zwar nach wie vor die stärkste Militärmacht sind, doch nicht in jeder Hinsicht in allen Teilen der Welt dominieren, und dass die militärischen Herausforderungen für die USA zunehmen. Die Wahrscheinlichkeit, dass die USA einen Krieg gegen China und Russland dort verlieren würden, wo diese Länder stark sind -- oder zumindest untragbare Verluste erleiden könnten –, ist erheblich. Auch manche zweitrangigen Mächte könnten den USA unzumutbare Verluste zufügen. Die guten alten Zeiten nach 1945, als die USA noch die einzige dominante Macht waren, sind vorbei. Meiner Auffassung nach gibt es eine Reihe von Hochrisikoszenarien. Für das Besorgniserregendste halte ich jedoch einen gewaltsamen Vorstoß Chinas, Taiwan unter seine Kontrolle zu bringen.

Wie wird der nächste hochkarätige militärische Konflikt aussehen? Durch neue Technologien sicher ganz anders als früher. Dem klassischen Muster zufolge geben Siegerländer mehr Geld aus, investieren mehr und halten länger durch als ihre Gegner. Doch das ist eine Gratwanderung.

● ***Weil Militärausgaben einer Regierung nicht mehr für soziale Programme zur Verfügung stehen und weil sich Rüstungstechnik und zivile Technologie nicht trennen lassen, besteht das größte militärische Risiko für die führenden Mächte darin, dass sie im Wirtschafts- und Technologiekrieg ins Hintertreffen geraten.***

Bei Geschäften zwischen Ländern gilt eher der Fremdvergleichsgrundsatz. Das bedeutet, dass die Währung nicht so leicht künstlich verbilligt werden kann, was denjenigen schadet, die Bestände dieser Währung halten. International gehandelte Währungen sind daher eher werthaltig. Das spielt eine Rolle, wenn Währungen in Form der darauf lautenden Schuldtitel ein Wertspeichermedium sind. Manchmal ist die Verschuldung weltweit so hoch, dass es im Interesse aller Regierungen liegt, ihre Währungen abzuwerten. In solchen Zeiten kann Gold (oder neuerdings auch digitale Währungen) Vorzüge bieten. Doch in solchen Zeiten steigt auch die Wahrscheinlichkeit, dass Regierungen solche alternativen Währungen für ungesetzlich erklären, soweit ihnen das möglich ist. Brechen auf Fiatwährungen beruhende Geld- und Kreditsysteme zusammen, sind letztlich auf harten Währungen fußende Währungssysteme die Folge.

DIE WÄHRUNGS- UND WIRTSCHAFTSSYSTEME DER NACHKRIEGSZEIT

In der Nachkriegszeit gab es ein Währungs- und Wirtschaftssystem für das US-geführte Lager und eines für das sowjetische. Ferner gab es ein paar eigenständige Länder mit eigenständigen Währungen, die nicht überall akzeptiert wurden. 1944 fanden sich Vertreter aus 44 Ländern in Bretton Woods, New Hampshire, zusammen, um ein Währungssystem zu erarbeiten, das den US-Dollar an Gold band und die Währungen anderer Länder an den Dollar. Das System der Sowjetunion bildete sich auf der Grundlage des Rubels, den keiner haben wollte. ● ***Geschäfte zwischen verschiedenen Ländern laufen ganz anders als Geschäfte innerhalb eines Landes.*** Eine Regierung möchte auf das Geld, das innerhalb der eigenen Staatsgrenzen verwendet wird, Einfluss nehmen. Indem sie die Geldmenge, die Fremdkapitalkosten und den Wert der Währung erhöht oder verringert, übt sie erhebliche Macht aus.

Weil Geld und Wirtschaft so wichtig sind, greife ich dieses Thema an dieser Stelle erneut auf und gehe noch einmal darauf ein, wie das System funktioniert. Im Währungssystem der Nachkriegszeit verwendeten Menschen und Unternehmen im eigenen Land staatlich kontrolliertes Papiergeld. **Wollten sie etwas von einem anderen Land kaufen, tauschten sie in aller Regel mithilfe ihrer Zentralbank die Papierwährung ihres Landes gegen die Papierwährung des anderen Landes. Die Zentralbank rechnete mit der Zentralbank des anderen Landes in Gold ab.** Amerikaner bezahlten in US-Dollar, und die Verkäufer im anderen Land tauschten diese entweder bei ihrer Zentralbank gegen die

Landeswährung oder behielten sie, weil sie sie für einen besseren Wertspeicher hielten als ihre eigene Währung. Das Ergebnis: Gold floss aus dem Reservebestand der US-Zentralbank auf die Depots der Zentralbanken anderer Länder ab, während im Ausland US-Dollar gehortet wurden.

Eine Folge des Bretton-Woods-Abkommens war, dass der Dollar zur führenden Reservewährung der Welt avancierte. Das war nur folgerichtig, denn die beiden Weltkriege hatten aus den USA das mit Abstand reichste und mächtigste Land werden lassen. Am Ende des Zweiten Weltkriegs hatten die USA so viel Gold/Geld angespart wie nie zuvor – etwa zwei Drittel allen Goldes/Geldes in staatlicher Hand weltweit, was dem Gegenwert der Importe von acht Jahren entsprach. Auch nach dem Krieg verdienten die USA sehr gut am Export.

Die Volkswirtschaften Europas und Japans waren durch den Krieg vernichtet worden. Um Abhilfe zu schaffen und die Ausbreitung des Kommunismus zu verhindern, griffen ihnen die USA mit umfangreichen Hilfsprogrammen unter die Arme (mit dem Marshall- und dem Dodge-Plan). Das war a) vorteilhaft für die heruntergewirtschafteten Länder, b) wirtschaftlich vorteilhaft für die USA, weil diese Länder das Geld verwendeten, um US-Produkte zu kaufen, c) vorteilhaft für den geopolitischen Einfluss der USA und d) vorteilhaft, um die Stellung des US-Dollar als dominante Reservewährung der Welt zu zementieren.

Geldpolitisch bestimmte von 1933 bis 1951 die US-Notenbank über Geldmenge, Fremdkapitalkosten (also Zinsen) und die Verwendung des Geldes. Dabei hatte sie keine marktwirtschaftlichen Ziele vor Augen, sondern die übergeordneten Ziele ihres Landes.[2] Insbesondere druckte

2 Der Zeitraum von 1933 bis 1951 reichte von der Aussetzung der Goldkonvertibilität des US-Dollar durch Roosevelt bis zur geldpolitischen Absprache (Monetary Accord) zwischen der US-Notenbank und dem US-Finanzministerium. Die Politik expliziter Einflussnahme auf die Zinsstrukturkurve, womit die Fed den Abstand zwischen kurz- und langfristigen Zinsen steuerte, dauerte von 1942 bis 1947.

die Fed eine Menge Geld, um Schuldtitel aufzukaufen, deckelte die Zinssätze, die Kreditgeber verlangen konnten, und kontrollierte, wofür das Geld verwendet werden durfte. Auf diese Weise trieb hohe Inflation die Zinsen nicht in untragbare Höhen, und staatliche Vorschriften verhinderten, dass andere Anlageoptionen deutlich attraktiver wurden als die Schuldtitel, in denen die Menschen ihre Ersparnisse anlegen sollten, wenn es nach der Regierung ging. **Nach einer kurzen Nachkriegsrezession, die dem Rückgang der Militärausgaben geschuldet war, traten die USA in eine längere Periode des Friedens und Wohlstands ein, wie sie für den Anfang eines neuen großen Zyklus typisch ist.**

In der Nachkriegsrezession verdoppelte sich die Arbeitslosenquote (auf rund 4 Prozent), da rund 20 Millionen Menschen außerhalb des Militärs und angeschlossener Gewerbe Arbeit finden mussten. Gleichzeitig sorgte die Abschaffung der Rationierungsgesetze, die die Möglichkeiten der Menschen begrenzt hatten, Konsumprodukte zu kaufen, für einen sprunghaften Anstieg der Verbraucherausgaben. Veteranen konnten zinsgünstig Hypotheken aufnehmen, was einen Boom auf dem Immobilienmarkt auslöste. Durch die Wiederaufnahme gewinnorientierter Tätigkeiten stieg die Nachfrage nach Arbeitskräften, sodass sich der Arbeitsmarkt rasch erholte. Das Exportgeschäft florierte, weil Marshall- und Dodge-Plan im Ausland für Nachfrage nach US-Waren sorgten. Auch die US-amerikanische Privatwirtschaft globalisierte sich und investierte von 1945 bis 1980 im Ausland. Aktien waren billig, Dividendenrenditen hoch. Daraus entstand ein Bullenmarkt, der mehrere Jahrzehnte Bestand hatte und die Vormachtstellung New Yorks als Finanzzentrum der Welt festigte, weil dadurch noch mehr Investitionsgelder flossen. Der US-Dollar wurde als Reservewährung dadurch weiter gestärkt. Das war ein ganz klassischer Verlauf – ein sich wechselseitig selbst verstärkender Aufschwung im großen Zyklus.

Die USA hatten genug Geld, um die Bildung zu verbessern, fantastische Technologien zu erfinden (zum Beispiel jene, die es ihnen ermöglichten, auf den Mond zu fliegen) und vieles mehr. Seinen Gip-

fel bildete der Aktienmarkt 1966 aus. Danach waren die guten Zeiten für 16 Jahre vorbei, obwohl das seinerzeit niemand ahnte. Ungefähr um diese Zeit kam ich erstmals mit den Ereignissen in Berührung. Ich begann 1961 zu investieren – im Alter von zwölf Jahren. Natürlich hatte ich damals von Tuten und Blasen keine Ahnung und wusste nicht zu würdigen, wie viel Glück meine Zeitgenossen und ich hatten. Ich war zur richtigen Zeit am rechten Ort geboren worden. Die Vereinigten Staaten waren das führende Produktionsland, Arbeitskräfte stellten folglich einen Wert dar. Die meisten Erwachsenen konnten gute Jobs finden und ihre Kinder aufs College schicken. Die Aufstiegsmöglichkeiten waren unbegrenzt. Da die Mehrheit der Menschen der Mittelschicht angehörte, waren die Menschen mehrheitlich zufrieden.

Die USA unternahmen alles, was dazu beitrug, die Welt noch stärker zu »dollarisieren«. Ihre Banken bauten ihr Auslandsgeschäft aus und vergaben im Ausland Kredite. 1965 verfügten erst 12 US-Banken über Niederlassungen in anderen Ländern. 1970 waren es bereits 79 Banken, 1980 hatte fast jede größere US-Bank mindestens eine ausländische Zweigstelle, und deren Gesamtzahl war auf 787 angewachsen. Das Kreditgeschäft boomte weltweit. Ebenso typisch war aber, dass a) sich diejenigen, denen es gut ging, übernahmen und finanziell unkluge Entscheidungen trafen, während b) der globale Wettbewerb zunahm, insbesondere aus Deutschland und Japan. Infolgedessen verschlechterten sich Kreditposition und Finanzlage der USA, als ihre Handelsüberschüsse abschmolzen.

Die Amerikaner hatten keinen Gedanken daran verschwendet, wie viel das Weltraumprogramm, der Krieg gegen die Armut und der Vietnamkrieg kosten würden. Weil sie sich so reich vorkamen und der US-Dollar als Reservewährung sicher schien, gingen die Amerikaner davon aus, dass sie sich ihre »Kanonen-und-Butter«-Fiskalpolitik für alle Zeit leisten können würden. Ende der 1960er-Jahre wuchs das reale BIP kaum mehr als 0 Prozent, die Inflation lag bei rund 6 Prozent, die kurzfristigen staatlichen Zinsen bei etwa 8 Prozent und die Arbeitslosigkeit bei circa 4 Prozent. In diesem Jahrzehnt warfen US-Aktien jährlich 8 Prozent ab, Anleihen deutlich weniger: An die Aktienvolatilität angepasste Anleihen brachten minus 3 Prozent pro Jahr. Der amtliche Goldpreis war in US-Dollar fixiert. Im weiteren Verlauf des Jahrzehnts kam es zu einer geringen Marktpreiserhöhung. Rohstoffe zeigten weiter Schwäche und rentierten 1 Prozent im Jahr.

DIE 1970ER-JAHRE: DAS ZAHLUNGSBILANZPROBLEM ENTSTEHT – NIEDRIGES WACHSTUM, HOHE INFLATION

Wie in Kapitel 3 bereits erläutert: Werden Ansprüche auf harte Währung (also Banknoten oder Papiergeld) eingeführt, entspricht die Höhe der Ansprüche anfangs dem Bestand an harter Währung in der Bank. Doch die Inhaber der Anspruchspapiere und die Banken entdecken schnell die wundersame Welt von Kredit und Schulden. Die Inhaber von Schuldtiteln sind zufrieden, weil sie ihr Papiergeld der Bank leihen und dafür Zinsen einnehmen können. Die Bank ihrerseits ist zufrieden, weil sie das Geld an andere verleihen kann, die ihr einen höheren Zins zahlen, sodass sie Gewinne einstreicht. Die Kreditnehmer der Banken sind zufrieden, weil sie dadurch Kaufkraft erhalten, die sie sonst nicht hätten. Und die Gesamtgesellschaft ist ebenfalls zufrieden, weil Vermögenspreise und Produktivität steigen.

Nach 1945 standen ausländische Zentralbanken vor der Wahl: Sollten sie zinstragende Schuldtitel halten oder unverzinste Goldbestände? Weil auf US-Dollar lautende Schuldtitel als so gut wie Gold galten, in Gold konvertierbar waren und noch dazu höhere Erträge abwarfen, weil sie Zinsen brachten, fuhren die Zentralbanken ihre Goldreserven im Verhältnis zu ihren Positionen in auf US-Dollar lautenden Schuldtiteln von 1945 bis 1971 zurück. **Wie in Kapitel 4 erläutert, ist dieses Investorenverhalten ganz klassisch und findet ein Ende, wenn a) deutlich mehr Ansprüche auf reales Geld (also Gold) in Umlauf sind, als reales Geld in der Bank, und b) offenbar wird, dass die Menge realen Geldes in**

der Bank (also die Goldreserven) abnimmt. Dann können die Zinsen so hoch gar nicht sein, dass es noch sinnvoll wäre, Schuldtitel (also Ansprüche auf harte Währung) zu halten, statt eigenes Papiergeld in Gold einzutauschen. Wenn es so weit ist, setzt ein Bank-Run ein, und es kommt zwangsläufig zu Ausfällen und Umstrukturierungen. Genau das führte zum Zusammenbruch des goldgebundenen Bretton-Woods-Währungssystems.

Da die Inflation 1969/70 anzog und die Konjunktur schwächelte, konnte sich die Fed eine weiterhin straffe Geldpolitik nicht leisten. Darunter litt die US-Zahlungsbilanz, und der Dollar setzte zum Sturzflug an. Anstelle von Überschüssen schoben die USA untragbar große Zahlungsbilanzdefizite vor sich her. (Das heißt, sie kauften in der übrigen Welt mehr ein, als sie an diese verkauften.) Im Sommer 1971 hatten US-amerikanische Touristen in Europa Probleme, ihre US-Dollar gegen D-Mark, französische Francs und britische Pfund zu tauschen. **Die Regierung Nixon sicherte zu, den Dollar nicht »abzuwerten«, doch im August 1971 zogen die USA ihre Zusage zurück, ihre Verbindlichkeiten in Gold zu begleichen, und boten stattdessen Papiergeld an.** Liquiditäts- und Kreditengpässe waren damit vom Tisch, und das Jahrzehnt der Stagflation begann. Gleichzeitig hatten andere Industrieländer zu wirtschaftlicher Stärke zurückgefunden und zeigten sich auf den Weltmärkten äußerst wettbewerbsfähig.

Statt diese Probleme als Hinweise auf künftige Entwicklungen zu werten, taten sie die US-Amerikaner als vorübergehende Rückschläge ab. Doch im Zuge der Dekade sorgten wirtschaftliche Schwierigkeiten für politische Probleme und umgekehrt. Vietnamkrieg und Watergate-Affäre nahmen kein Ende, und dann waren da noch von der OPEC ausgelöste Ölpreissteigerungen und die dürrebedingte Teuerung bei Nahrungsmitteln. Als die Kosten stiegen, nahmen die Amerikaner mehr Geld auf, um ihren Lebensstil beizubehalten, und die Fed ließ zu, dass die Geldmenge schneller wuchs, um die hohe Kreditnachfrage zu bedienen und zu verhindern, dass die Zinsen in untragbare Höhe stiegen.

Die US-Dollar, die diese Defizite produzierten, flossen in Länder mit Haushaltsüberschüssen, die sie bei US-amerikanischen Banken hinterlegten, welche sie an rohstoffproduzierende Schwellenländer in Lateinamerika und anderswo verliehen. Spar- und Darlehenskassen nahmen kurzfristig Geld auf, um längerfristige Hypotheken und andere Kredite auszureichen. Dabei nutzten sie die positive Spanne zwischen kurzfristigen Zinsen (zu denen sie sich finanzierten) und langfristigen Sätzen (die sie für ihre Kredite verlangten) als Gewinnquelle. Die Inflation und ihre Effekte auf die Märkte kamen in zwei großen Wellen, eingeklammert von Phasen mit extrem gestraffter Geldpolitik, Kursstürzen am Aktienmarkt und tiefer Rezession. **Anfang der 1970er-Jahre hatten die wenigsten Amerikaner Erfahrungen mit Inflation. Entsprechend unbedarft ließen sie zu, dass diese um sich griff. Am Ende des Jahrzehnts hatten sie ein Trauma davongetragen und gingen davon aus, dass es immer so bleiben würde.**

Ende der 1970er-Jahre lag das Wachstum des realen BIP bei rund 2 Prozent, die Inflation um 14 Prozent, die kurzfristigen Zinssätze betrugen etwa 13 Prozent, die Arbeitslosenquote circa 6 Prozent. Im Verlauf des Jahrzehnts legte Gold sprunghaft zu, Rohstoffe hielten mit der anziehenden Inflation Schritt und wiesen Renditen von rund 30 beziehungsweise 15 Prozent pro Jahr aus. Doch die hohe Inflationsrate machte die bescheidene jährliche Nominalrendite von 5 Prozent für Aktien und 4 Prozent (an die Aktienvolatilität angepasst) für US-Staatsanleihen zunichte.

DAS SYSTEM NACH BRETTON WOODS

Nach der Abkoppelung des US-Dollar und anderer Währungen von Gold im Jahr 1971 ging die Welt zu einem unverankerten Fiatwährungssystem über (beziehungsweise Typ 3, wie in Kapitel 3 erläutert), und der Dollar verlor gegenüber Gold, anderen Währungen, Aktien

und letztlich so gut wie allem an Wert. Das neue Währungssystem wurde von den führenden Wirtschaftspolitikern der Vereinigten Staaten, Deutschlands und Japans ausgehandelt.[3] Paul Volcker war Staatssekretär für internationale Währungsangelegenheiten, als Präsident Nixon die Goldbindung aufgab, und von 1979 bis 1987 Chef der US-Notenbank. Er hatte vor, während und nach diesen Jahren mehr Einfluss auf die Gestaltung und Orientierung des dollarbasierten Währungssystems als jeder andere. Ich hatte das Glück, ihn näher zu kennen, und kann daher persönlich bestätigen, dass er ein ausgesprochen charakterstarker, fähiger, einflussreicher und bescheidener Mensch war – ein klassischer Held und Vorbild in einer Welt, der es an beidem mangelt, vor allem in der Wirtschaftspolitik. Meiner Ansicht nach sollten er und seine Ideen gründlicher studiert werden.

Ich kann mich noch gut an die Inflationsmentalität der damaligen Zeit erinnern. Sie brachte die Amerikaner dazu, Kredit aufzunehmen und ihre Löhne sofort auszugeben, um »schneller zu sein als die Inflation«. Sie kauften auch Werte, die sich nicht vermehren ließen, wie Gold und Grundstücke am Strand. Die panische Flucht aus Dollarschuldtiteln löste überdies einen Zinsanstieg aus und trieb den Goldpreis von den 35 US-Dollar, auf die er 1944 fixiert worden war und wo er sich bis 1971 auch offiziell hielt, auf 850 US-Dollar im Jahr 1980.

Die meisten Menschen wussten zwar nicht, wie die Geld- und Kreditdynamik funktionierte, bekamen sie aber in Form hoher Inflation und hoher Zinsen zu spüren, weshalb sich auch die Politik ständig damit beschäftigte. Gleichzeitig gab es viel Konflikt und Aufruhr wegen des Vietnamkriegs und der Ölembargos, die die Benzinpreise in die Höhe trieben und zu Rationierung führten, Auseinandersetzungen der Gewerkschaften mit Unternehmen über Löhne und Sozialleistungen, Wa-

---

3 Eine großartige Beschreibung dieses Findungsprozesses im Übergang vom alten Währungssystem auf das neue Fiatmodell finden Sie in *Changing Fortunes* von Paul Volcker und Toyoo Gyohten – sehr zu empfehlen.

tergate und das Amtsenthebungsverfahren gegen US-Präsident Nixon und anderes mehr. Diese Probleme spitzten sich zu bis Ende der 1970er-Jahre, als 52 Amerikaner in der US-Botschaft in Teheran 444 Tage lang als Geiseln festgehalten wurden. Die Amerikaner hatten den Eindruck, dass ihr Land auseinanderfiel. Den meisten von ihnen war aber nicht klar, dass die Wirtschaftslage in kommunistischen Ländern noch viel schlechter war.

Wie Sie im nächsten Kapitel erfahren werden, kam in China durch den Tod Mao Zedongs 1976 Deng Xiaoping an die Macht und übernahm ein Land, das wirtschaftlich keinen Fuß auf den Boden bekam und vor innenpolitischen Konflikten stand. Dengs Marktreformen führten zu einer Veränderung der Wirtschaftspolitik, die kapitalistische Elemente wie Privateigentum an Unternehmen, die Entwicklung von Fremd- und Eigenkapitalmärkten, unternehmerische technische und gewerbliche Innovationen und sogar den Aufstieg milliardenschwerer Kapitalisten zuließ – alles unter strenger Aufsicht der Kommunistischen Partei Chinas. Dieser Wandel in der Führung und in den Herangehensweisen, der seinerzeit unbedeutend erschien, sollte sich zur prägendsten Einzelkraft des 21. Jahrhundert auswachsen.

1997 BIS 1982: DIE UMSTELLUNG AUF STRAFFE GELDPOLITIK UND KONSERVATISMUS

US-Präsident Jimmy Carter, der – wie die meisten Spitzenpolitiker – wenig Ahnung von den Mechanismen der Geldpolitik hatte, wusste: Es musste etwas getan werden, um die Inflation zu bremsen. Er ernannte im August 1979 einen starken Währungspolitiker (Volcker) zum Notenbankchef. Im Oktober 1979 **gab Volcker bekannt, er werde das Wachstum der Geldmenge (M1) auf 5,5 Prozent begrenzen.** Ich rechnete das durch und folgerte daraus: Tat er, was er sagte, würde die Liquidität knapp werden, was die Zinsen durch die Decke und Kreditnehmer in den Ruin treiben würde, die kein Geld mehr aufnehmen konnten, um damit ihren Schuldendienst zu leisten. Volcker hielt sich an seinen Plan – gegen heftigen politischen Widerstand. Er ließ die Zinsen auf das höchste Niveau »seit Jesus Christus« steigen, wie es der deutsche Bundeskanzler Helmut Schmidt seinerzeit formulierte.

1980 verlor Carter die US-Präsidentschaftswahl. Gewählt wurde Ronald Reagan, der als Konservativer galt, der schon für Disziplin sorgen würde, wo das nötig war. In führenden Ländern (den G7, also die USA, das Vereinigte Königreich, Deutschland, Japan, Frankreich, Italien und Kanada – was zeigt, dass die globalen Machtverhältnisse vor 40 Jahren noch ganz anders aussahen als heute) wurde ebenfalls konservativ gewählt, um das Inflationschaos in den Griff zu bekommen. Gleich zu Anfang ihrer Amtszeit führten Reagan in den USA und Margaret Thatcher im Vereinigten Königreich wegweisende Auseinandersetzungen mit den Gewerkschaften.

● ***Wirtschaftslehre und Politik schwanken unterschiedlich stark nach links und rechts, wenn die jeweiligen Übertreibungen unerträglich werden und die Erinnerungen an die Probleme mit dem anderen Extrem verblassen.*** **Das ist wie in der Mode – die Krawattenbreite und die Rocklänge verändern sich mit der Zeit. Steht das eine Extrem hoch im Kurs, ist zu erwarten, dass es nicht mehr lange dauert, bis ein vergleichbarer Ausschlag in die Gegenrichtung folgt.** Die straffere Geldpolitik brach Schuldnern das Genick und bremste die Kreditaufnahme, was die Weltwirtschaft in den schlimmsten Abschwung seit der Weltwirtschaftskrise trieb. Die US-Notenbank senkte nach und nach die Zinsen, doch die Märkte rutschten weiter ab. Im August 1982 konnte Mexiko seine Anleihen nicht mehr bedienen. Interessanterweise reagierte der US-Aktienmarkt darauf mit kräftigen Kursgewinnen.

Was dann kam, erteilte mir eine äußerst schmerzhafte Lektion. Die Schuldenkrise hatte ich noch vorhergesehen, was für mich einträglich war. Das verleitete mich aber dazu, a) von einer durch Zahlungsausfälle ausgelösten Depression auszugehen, die sich nie einstellte, und

b) eine Menge Geld darauf zu setzen, das ich natürlich verlor. Aufgrund meiner persönlichen Verluste und der Verluste von Kunden musste ich allen Beschäftigten meines jungen Unternehmens Bridgewater Associates kündigen und war so schlecht bei Kasse, dass ich mir 4.000 Dollar von meinem Vater leihen musste, um meine privaten Rechnungen zu zahlen. Etwas Besseres hätte mir andererseits gar nicht passieren können, denn es veränderte meine Herangehensweise an Entscheidungen grundlegend. Was mir entgangen war: Lauten Schulden auf Währungen, die Zentralbanken drucken und umstrukturieren können, lassen sich Schuldenkrisen so gut steuern, dass sie nicht systemgefährdend sind. Weil die US-Notenbank den Banken Geld verschaffen konnte, die die ausgefallenen Kredite ausgereicht hatten, bekamen diese keine Cashflow-Probleme. Und weil das US-amerikanische Rechnungswesen die Banken nicht zwang, die faulen Kredite als Verluste zu verbuchen, war das Problem nicht so groß, dass es sich nicht lösen ließ. Ich lernte daraus, dass **der Wert von Vermögensgegenständen der Kehrwert von Geld und Kredit ist (will heißen, je billiger Geld und Kredit, desto höher die Vermögenspreise) und dass der Wert des Geldes dem Kehrwert der Bestandsmenge entspricht. Drucken die Zentralbanken viel Geld und geben viel (und billiger) Kredit, ist es eine gute Idee, sich mehr Vermögenswerte anzueignen.**

DIE DEFLATORISCHEN BOOM-JAHRE VON 1980 BIS 1990

In den 1980er-Jahren gab es einen Börsen- und Konjunkturboom, der in den Vereinigten Staaten mit rückläufiger Inflation und fallenden Zinsen einherging, während in den höher verschuldeten Schwellenländern, denen keine Zentralbank beispringen konnte, inflationäre Depressionen stattfanden. Der Umschuldungsprozess zog sich von 1982 bis 1989 hin, als der nach dem damaligen US-Finanzminister Nicholas Brady benannte Brady-Plan ins Leben gerufen wurde. Dieser beendete das »verlorene

Jahrzehnt« in diesen Ländern (als Anfang der 1990er-Jahre mit verschiedenen Ländern Einigungen erzielt wurden). **Das Auf und Ab des gesamten Schuldenzyklus von 1971 bis 1991, das fast jeder auf der Welt ordentlich zu spüren bekam, war der Abkehr der USA vom Goldstandard zuzuschreiben, der Inflation, die darauf folgte, und der unvermeidlichen Inflationsbekämpfung durch straffere Geldpolitik, die den US-Dollar erstarken und die Inflation drastisch zurückgehen ließ.** Auf den Märkten schlug sich dieser große Zyklus a) in Form der galoppierenden Inflation, des Höhenflugs inflationsgesicherter Anlagen sowie Baissemärkten für Anleihen in den 1970er-Jahren nieder, b) in Form der brutalen Straffung der Geldpolitik von 1979 bis 1981, die dafür sorgte, dass Barbestände die beste Investition waren, und dazu führte, dass Schuldner außerhalb Amerikas deflationäre Umstrukturierungen ihrer Schulden vornehmen mussten, und c) in Form sinkender Inflationsraten und einer ausgezeichneten Entwicklung von Anleihen, Aktien und anderen desinflationären Vermögenswerten in den 1980er-Jahren. Die folgenden Grafiken stellen das sehr anschaulich dar, da sie die Auf- und Abwärtstrends der auf Dollar lautenden Inflationsraten und Zinsen von 1945 bis heute ausweisen. Wer Überlegungen über die Zukunft anstellt, sollte diese Entwicklungen und die Mechanismen, die ihnen zugrunde lagen, unbedingt berücksichtigen.

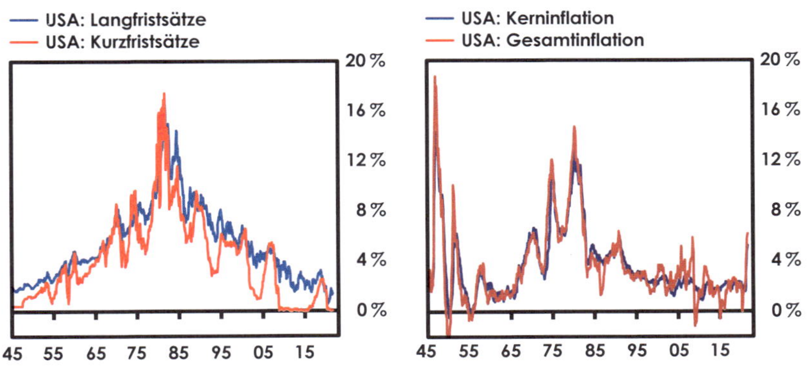

Die ganze Zeit über blieb der US-Dollar die globale Reservewährung. Der gesamte Zeitraum belegte mit Nachdruck, wie vorteilhaft es für die USA war, über die Währung zu verfügen, auf die weltweit die meisten Schulden lauteten.

1990 BIS 2008: GLOBALISIERUNG, DIGITALISIERUNG UND SCHULDENFINANZIERTE BOOMPHASEN

Ihren wirtschaftlichen Fehlschlägen verdankte es die Sowjetunion, dass sie es sich angesichts der Ausgaben Reagans im Rüstungswettlauf nicht mehr leisten konnte, a) ihr Imperium, b) ihre Wirtschaft und c) ihr Militär zu unterhalten. Die Folge war der Zusammenbruch der Sowjetunion im Jahr 1991. Es war offensichtlich, dass der Kommunismus allenthalben scheiterte oder bereits gescheitert war. Deshalb wendeten sich viele Länder von diesem System ab, und die Welt trat in eine ausgesprochene Blütezeit der Globalisierung und der kapitalistischen freien Marktwirtschaft ein.

Seither haben drei Konjunkturzyklen stattgefunden, die uns in unsere derzeitige Situation gebracht haben – einer, auf dessen Höhepunkt im Jahr 2000 die Dotcom-Blase platzte und zur anschließenden Rezession führte, einer, der in der Blase von 2007 gipfelte, die die globale Finanzkrise von 2008 nach sich zog, und einer, der 2019 einen Gipfel ausbildete – kurz bevor 2020 das Coronavirus einen Abschwung auslöste. Neben dem Niedergang der Sowjetunion fielen in diese Zeit auch der Aufstieg Chinas, die Globalisierung und technischer Fortschritt, der Menschen überflüssig machte. Das war positiv für die Unternehmensgewinne, vergrößerte aber das Wohlstands- und Chancengefälle.

Länder und ihre Grenzen verloren an Bedeutung. Waren und die Erträge, die sie erwirtschafteten, entfielen allgemein stets auf jene Standorte, an denen sie am kostengünstigsten produziert werden konnten. Das führte zu Produktion und Entwicklung in Schwellenländern, verstärkte die Mobilität von Menschen zwischen Ländern und ließ das Wohlstandsgefälle zwischen Ländern schrumpfen und innerhalb der Länder anwachsen. Arbeitnehmer mit niedrigeren und mittleren Einkommen aus Industrieländern litten darunter, während Arbeitskräfte in produktiven Schwellenländern im Vergleich enorm profitierten. Obwohl das die Sachlage doch etwas vereinfacht darstellt, trifft durchaus zu, dass **in dieser Zeit Arbeitskräfte in anderen Ländern – allen voran in China – und auch Maschinen die Arbeitnehmer der US-amerikanischen Mittelschicht ersetzten.**

Die folgende Grafik weist die Waren- und Dienstleistungsbilanz[4] für die USA und China seit 1990 in realen (also inflationsbereinigten) US-Dollar aus. Wie Sie unschwer erkennen werden, wenn wir im folgenden Kapitel näher auf China eingehen, hatten Chinas Wirtschaftsreformen und die Politik der offenen Tür, nachdem Deng Xiaoping 1978 an die Macht gekommen war, sowie die Aufnahme Chinas in die Welthandelsorganisation 2001 zu einer Explosion der Wettbewerbsfähigkeit und des Exportgeschäfts in China geführt. Beachten Sie bitte, wie sich chinesische Überschüsse und US-amerikanische Defizite etwa ab 2000 bis circa 2010 beschleunigten und im Anschluss wieder leicht annäherten (um während der Pandemie unlängst wieder zuzunehmen). Dabei verbucht China tendenziell weiterhin Überschüsse, die USA nach wie vor Defizite. Diesen Überschüssen verdankt China hohe Ersparnisse, die ihm gewaltige Finanzkraft verleihen.

● ***Den meisten Menschen ist wichtiger, was sie bekommen, als woher das Geld dafür stammt. Gewählte Volksvertreter sind daher stets motiviert, viel geliehenes Geld auszugeben, Wählern viele Versprechungen zu machen und Schulden und andere Verbindlichkeiten einzugehen, die in der Zukunft Probleme bereiten.*** Das war sicherlich in der Zeit von 1990 bis 2008 der Fall.

---

4 Daran wird gemessen, ob ein Land insgesamt mehr ausgibt, als es einnimmt.

WAREN- UND DIENSTLEISTUNGSEXPORTE ABZÜGLICH WAREN- UND DIENSTLEISTUNGSIMPORTE (REAL, MRD. USD, 12MMA)

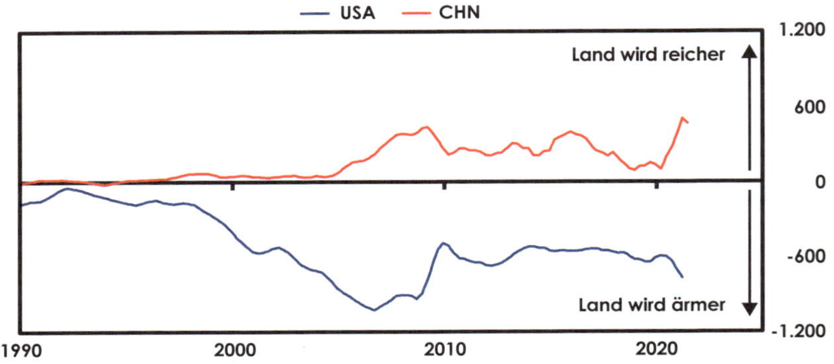

Während des gesamten langfristigen Schuldenzyklus von 1945 bis 2008 senkte die Fed jedes Mal prompt die Zinsen, wenn sie die Konjunktur ankurbeln wollte, und stellte mehr Geld und Kredit zur Verfügung, wodurch Aktien- und Anleihenkurse und auch die Nachfrage in die Höhe getrieben wurden. So war das bis 2008 – das heißt, Zinsen wurden gesenkt und schneller Schulden gemacht, als Einnahmen erwirtschaftet, sodass untragbare Blasen entstanden. Das änderte sich, als 2008 die Blase platzte und die Zinsen erstmals seit der Weltwirtschaftskrise gegen null gingen. Wie in meinem Buch *Principles: So navigieren Sie Ihr Vermögen durch große Schuldenkrisen* ausführlicher erläutert, gibt es drei Arten von Geldpolitik: 1) zinsorientierte Geldpolitik (die ich als Geldpolitik 1 bezeichne, weil sie als Erstes zum Einsatz kommt und die bevorzugte Methode ist), 2) das Drucken von Geld und der Aufkauf finanzieller Vermögenswerte, allen voran Anleihen (was ich als Geldpolitik 2 bezeichne und was heute unter »Quantitative Easing« – quantitative Lockerungen – läuft), und 3) die Koordinierung von Fiskal- und Geldpolitik. In diesem Fall gibt die Zentralregierung viel kreditfinanziertes Geld aus, und die Zentralbank kauft die betreffenden Schuldtitel (bei mir Geldpolitik 3, denn es ist der dritte und letzte Ansatz, der zum Tragen kommt, wenn die ersten beiden keine Wirkung mehr zeigen). Die folgenden Grafiken belegen, wie die

Schuldenkrisen 1933 und 2008 beide dazu führten, dass die Zinsen auf 0 Prozent absackten und die US-Notenbank im großen Stil Geld druckte.

NICHT-FINANZSCHULDEN PRIVATSEKTOR (% DES BIP, 6MMA)

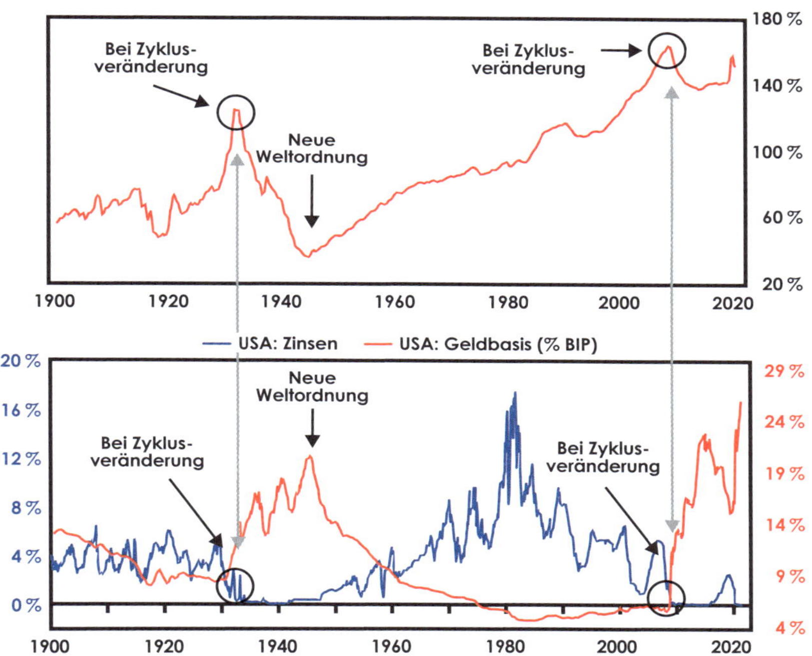

Diese Veränderung der Geldpolitik hatte gewaltige Effekte und Auswirkungen.

DER GELDFINANZIERTE KAPITALISMUSBOOM VON 2008 BIS 2020

2008 hatte die Schuldenkrise zur Folge, dass die Zinsen bis auf 0 Prozent gesenkt wurden. Das veranlasste die drei Hauptreservewährungs-zentralbanken (unter Federführung der Fed), von einer zinsorientierten

Geldpolitik zu einer Politik des Gelddruckens und des Aufkaufs finanzieller Vermögenswerte überzugehen. Zentralbanken druckten Geld und kauften finanzielle Vermögenswerte. Dadurch bekamen Investoren Geld in die Hände, die andere finanzielle Vermögenswerte erwarben, sodass die Preise solcher Werte stiegen. Davon profitierte nicht nur die Wirtschaft, sondern vor allem auch jene, die so reich waren, dass sie finanzielle Vermögenswerte besaßen, wodurch sich das Wohlstandsgefälle vergrößerte. Es kostete im Grunde nichts, sich Geld zu leihen. Das nutzten Kreditnehmer aus der Investmentbranche und aus der Wirtschaft. Sie griffen zu und verwendeten die Mittel, um einzukaufen, was die Aktienkurse und die Unternehmensgewinne beflügelte. Das Geld kam aber nicht gleichmäßig bei allen an, sodass sich Wohlstands- und Einkommensunterschiede weiter verschärften – auf das höchste Niveau seit dem Zeitraum von 1930 bis 1945.

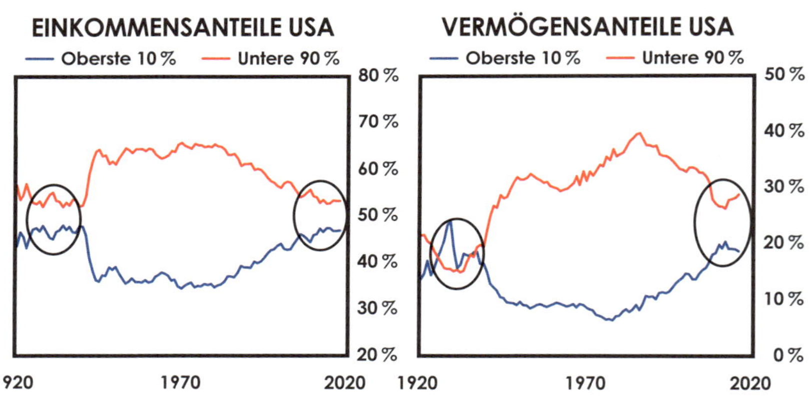

2016 setzte sich der Unternehmer und Kapitalist/Populist Donald Trump aus dem rechten Lager mit klaren Ansagen an die Spitze einer Revolte gegen das politische Establishment und die »Eliten«. Er trat als Bewerber um das Präsidentenamt mit dem Versprechen an, Menschen mit konservativen Werten zu unterstützen, die ihre Jobs verloren hatten und mit Problemen kämpften. Im Amt senkte er die

Körperschaftssteuern und ließ ein hohes Haushaltsdefizit auflaufen, und die Fed lockerte entsprechend die Geldpolitik. Mit den wachsenden Schulden wurde vergleichsweise kräftiges markwirtschaftliches Wachstum finanziert, was manchen Menschen mit geringeren Einkommen gewisse Erleichterungen verschaffte. Damit ging aber eine Vergrößerung des Wohlstands- und Wertegefälles einher, sodass die Habenichtse den Wohlhabenden immer ablehnender gegenüberstanden. **Gleichzeitig tat sich die politische Kluft zwischen immer extremeren Republikanern auf der einen und immer extremeren Demokraten auf der anderen Seite weiter auf.** Das geht aus den beiden folgenden Grafiken hervor. Die erste zeigt auf, wie konservativ die Republikaner im Senat und im Repräsentantenhaus im Vergleich zu früher geworden sind, und wie liberal die Demokraten. Diesem Maßstab zufolge haben sich beide Seiten extremisiert und die Differenzen sind größer denn je. Ob das exakt den Tatsachen entspricht, weiß ich nicht genau, doch im Groben trifft es meiner Ansicht nach zu.

IDEOLOGISCHE POSITIONEN DER GROSSEN PARTEIEN

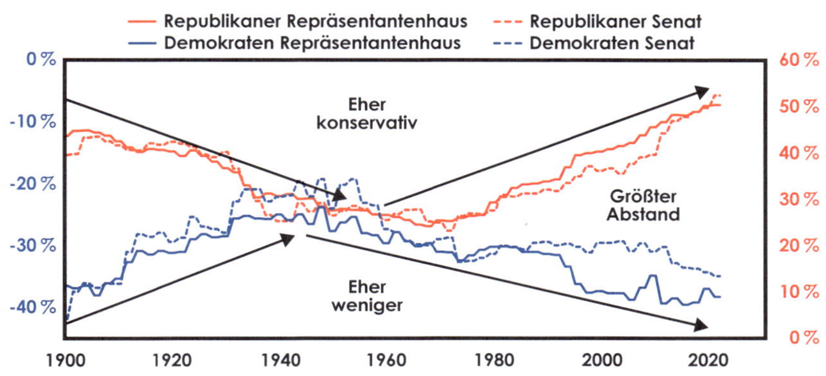

Die nachstehende Grafik weist den Prozentsatz der Abstimmungen entlang der Parteilinie für den durchschnittlichen Abgeordneten aus. Dieser ist so hoch wie nie. Das schlägt sich auch in der gesunkenen Bereitschaft nieder, von der Parteilinie abzuweichen, um Kompromisse zu finden und zu einer Einigung zu gelangen. Anders ausgedrückt: Die politische Spaltung im Land ist tief und unversöhnlich.

ANTEIL DER STIMMEN DER KONGRESSABGEORDNETEN, DIE GEMÄSS DER PARTEILINIE ABGEGEBEN WERDEN

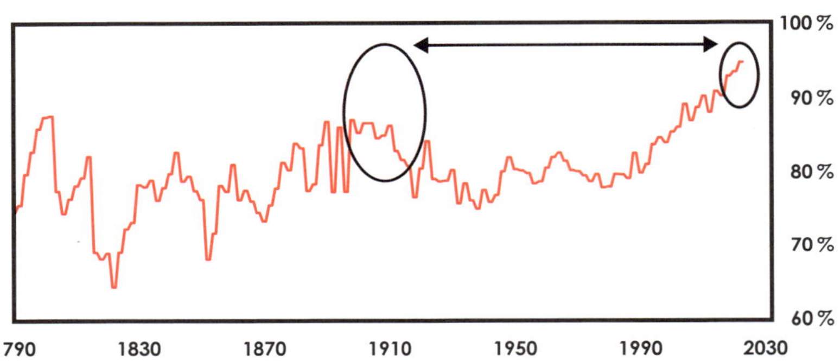

Dieses Diagramm weist kammerübergreifend die durchschnittliche Vorhersagbarkeit der linken/rechten Ideologie eines bestimmten Kongressmitglieds bei der Abstimmentscheidung für jede Sitzung des Kongresses aus, gemessen von NOMINATE, einem wissenschaftlichen Modell für ideologische Präferenz.

In wirtschaftlichen und geopolitischen Meinungsverschiedenheiten mit internationalen Rivalen, allen voran China und dem Iran, aber auch mit Verbündeten wie Europa und Japan in Handelsfragen und bezüglich der Zahlung von Militärausgaben, nahm US-Präsident Trump eine aggressivere Verhandlungsposition ein. Die Konflikte mit China über Handel, Technologie, Geopolitik und Kapital verschärften sich am Ende seiner Amtszeit 2021. Wirtschaftssanktionen, wie sie von 1930 bis 1945 eingesetzt wurden, wurden wieder eingeführt oder zumindest ins Gespräch gebracht.

Im März 2020 brach die Coronavirus-Pandemie aus. Einkommen, Arbeitsmarkt und Konjunktur brachen ein, als das Land (und ein Großteil der Welt) in den Lockdown ging. Die US-Regierung machte kräftig Schulden, um Einzelne und Unternehmen finanziell

zu unterstützen, und die Fed druckte eine Menge Geld und kaufte viele Schuldtitel auf. Das Gleiche gilt für andere Zentralbanken. Aus den folgenden Grafiken geht hervor, wie sich Arbeitslosenquoten und Zentralbankbilanzen maßgeblicher Länder entwickelt haben, seit Daten vorliegen. Wie ersichtlich, drucken die Zentralbanken so viel Geld und kaufen so aggressiv finanzielle Vermögenswerte auf, dass die bisherigen Rekordsummen aus den Kriegsjahren inzwischen fast erreicht oder sogar schon überschritten sind.

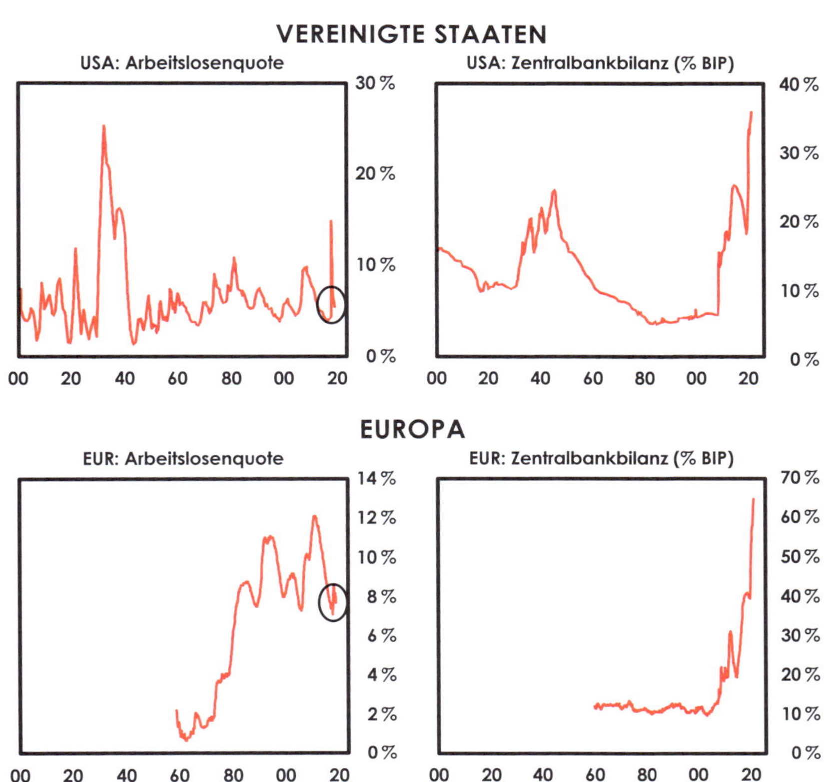

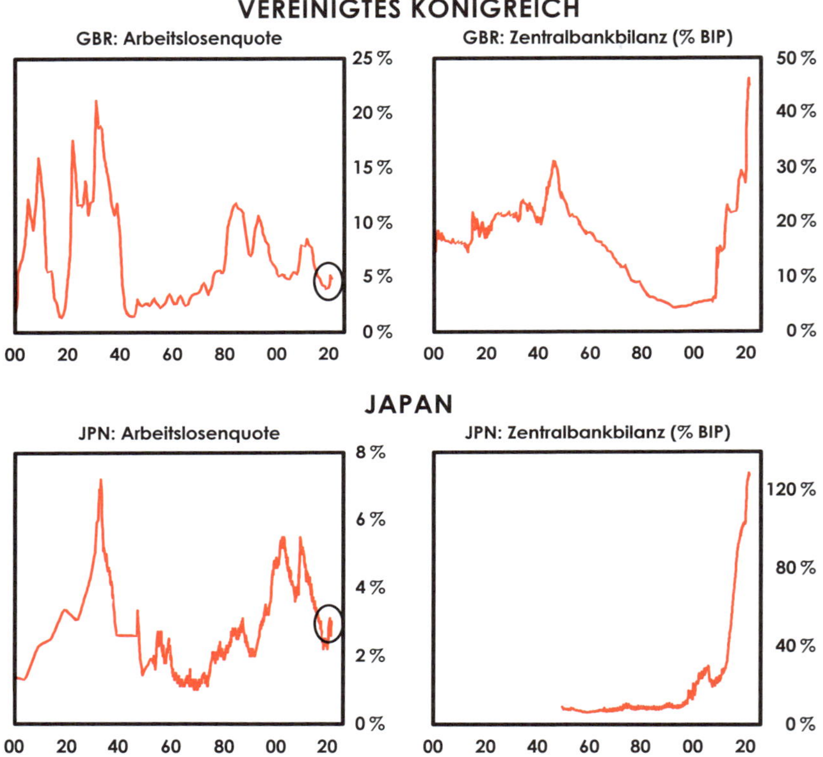

Wie aus der Geschichte bekannt und in Kapitel 4 bereits erläutert, ● *drückt es den Wert von Geld und Kredit, wenn Geld- und Kreditmittel kräftig zunehmen, was wiederum den Wert anderer Investmentwerte in die Höhe treibt.*

Wie die Fed 2020 Geld druckte und Schuldtitel aufkaufte, erinnerte stark an Roosevelts Politik vom März 1933, Nixons vom August 1971, Volckers vom August 1982, Ben Bernankes vom November 2008 und Mario Draghis vom Juli 2012. Es ist inzwischen zum Standardprogramm für Zentralbanken geworden und wird so lange weiterlaufen, bis es nicht mehr funktioniert.

WO DIE USA HEUTE IN IHREM GROSSEN ZYKLUS STEHEN

Den statistischen Daten meines Modells zufolge haben die USA ihren großen Zyklus zu ungefähr 70 Prozent – plus/minus 10 Prozent – durchlaufen. Die Grenze zu Phase 6 des Bürgerkriegs oder der Revolution, in der zu den Waffen gegriffen wird, ist noch nicht überschritten, doch die innenpolitischen Konflikte sind gewaltig und nehmen zu. Die jüngsten Wahlen haben gezeigt, wie gespalten das Land ist – nahezu 50 zu 50, und zwar scheinbar unvereinbar.

Die folgende Grafik zeigt, wie sich die Bevölkerung vor 50 Jahren darstellte. Demzufolge gab es damals in jeder Partei mehrheitlich Gemäßigte, und die Extremisten waren nicht so extrem.

POLITISCHES SPEKTRUM VOR 50 JAHREN

Heute sieht das folgendermaßen aus – also mit einer größeren Konzentration und einer größeren Zahl von Menschen an den Extremen.

POLITISCHES SPEKTRUM 2021[5]

Aus der Geschichte wissen wir: ● ***Je stärker die Polarisierung, desto höher entweder a) das Risiko einer politischen Pattsituation, die die Aussichten auf revolutionäre Veränderungen zur Bereinigung von Problemen verringert, oder b) die Gefahr einer Form des Bürgerkriegs oder der Revolution.***

5 Die Schattierung zeigt den Polarisierungsgrad an.

In Kapitel 5 habe ich die klassischen Marker für die Wahrscheinlichkeit einer Eskalation von Phase 5 in Phase 6 beschrieben. **Die drei wichtigsten Marker, die ich derzeit im Auge habe, sind: 1) Missachtung von Regeln, 2) emotionale Angriffe beider Seiten gegeneinander und 3) Blutvergießen.**

In Kapitel 14 erfahren Sie, welche quantitativen Maßstäbe ich einsetze, um die Entwicklungen zu verfolgen. Diese behalte ich auch weiterhin im Auge und informiere Sie über meine Beobachtungen auf www.economicprinciples.org. Zuvor werfen wir aber noch einen Blick auf eine aufstrebende Weltmacht – nämlich China – und deren potenzielle Konflikte mit den USA.

KAPITEL 12

AUFSTIEG CHINAS UND DES RENMINBI IM GROSSEN ZYKLUS

Die Emotionen sind zwischen den USA und China so hochgekocht, dass ich von vielen Seiten gebeten wurde, dieses Kapitel nicht zu veröffentlichen. Wir befänden uns quasi im Krieg, hieß es. Schriebe ich etwas Positives über China, so stieße das US-Leser vor den Kopf. Äußerte ich mich kritisch, könnte das die Chinesen verärgern – und die Medien würden alles noch schlimmer machen, indem sie mir das Wort im Mund herumdrehten. Das mag stimmen, doch ich kann schon deshalb nicht auf ein offenes Wort verzichten, weil die Beziehung zwischen den USA und China zu bedeutend ist, um unerwähnt zu bleiben – zumindest von jemandem, der beide Länder so gut kennt wie ich. Würde ich mich dazu nicht ehrlich äußern, könnte ich das mit meiner Selbstachtung nicht vereinbaren.

Ich fürchte mich nicht vor Kritik – ich begrüße sie sogar. Ich gebe hier lediglich den letzten Schritt meines Lernprozesses wieder, der darin besteht, mir durch persönliche Erfahrungen und Recherchen einen Eindruck zu verschaffen, meine Erkenntnisse schriftlich festzuhalten, sie auf die Probe zu stellen, indem ich sie klugen Köpfen vorlege, nachzuhaken, wenn diese anderer Meinung sind, und das wieder und wieder zu tun, bis ich das Zeitliche segne. Das habe ich mit China fast 40 Jahre lang durchexerziert, wie aus dieser Analyse hervorgeht. Sie ist dennoch unvollständig. Ob sie in jeder Hinsicht zutrifft, wird sich erst noch herausstellen. Ich präsentiere sie Ihnen, damit Sie sie auf der Suche nach der Wahrheit verwenden oder kritisieren können.

Im Fokus dieses Kapitels stehen China und die chinesische Geschichte, das nächste dreht sich dann um die Beziehungen zwischen den USA und China. Ich hoffe, in diesem Kapitel klarer zu machen, wo die Chinesen historisch stehen – und wie sie uns und sich selbst vor dem Hintergrund ihrer Geschichte wahrnehmen. Ich bin sicher kein Fachmann für die chinesische Kultur und die chinesische Arbeitsweise, glaube aber, dass mir meine zahlreichen direkten Kontakte nach China, meine Forschungsarbeit über Geschichte und Wirtschaft und meine US-amerikanische und globale Sichtweise ein besonderes Gespür für Vergangenheit und Gegenwart vermitteln. Ob das zutrifft, können Sie nach der Lektüre selbst entscheiden.

Die chinesische Kultur – damit meine ich die grundlegenden Erwartungen der Menschen, wie sich Familien und Gemeinschaften im Umgang miteinander verhalten sollten, wie Anführer führen und Gefolgsleute folgen sollten, was sich über Tausende von Jahren durch den Aufstieg und Fall vieler Herrscherdynastien und die Entwicklung der konfuzianischen und neo-konfuzianischen Philosophie sowie anderer Überzeugungen herausgebildet hat. Diese typisch chinesischen Werte und Vorgehensweisen haben sich mir wieder und wieder manifestiert – zum Beispiel in den Wirtschafts- und Führungsansätzen zweier Männer: Lee Kuan Yew, ehemaliger langjähriger Premierminister von Singapur, und Deng Xiaoping, der die Reform und Öffnung Chinas initiierte. Beide verbanden konfuzianische Werte mit kapitalistischer Praxis. In Dengs Fall entstand daraus eine »sozialistische Marktwirtschaft chinesischer Prägung«.

In den letzten Jahren habe ich mich im Rahmen meiner Analysen zum Aufstieg und Fall von Imperien und ihren Währungen auch mit dem Studium der chinesischen Geschichte befasst, um besser zu verstehen, wie die Chinesen denken und handeln – vor allem ihre Leitfiguren, die stark von der Geschichte beeinflusst sind. Ich setzte mit meiner Forschungsarbeit im Jahr 600 an, kurz vor der Tang-Dynastie.[1] Natürlich kann ich mich einigermaßen gesichert nur zu meinen Eindrücken von den Menschen und Vorgängen äußern, mit denen ich direkte Berührung hatte. Meine Gedanken zu historischen Persönlichkeiten wie Mao Zedong stützen sich auf gesammelte Fakten, die Gedanken, die Fachleute im Gespräch äußerten, sowie auf Bücher und Mutmaßungen. So viel kann ich aber sagen: Zusammengenommen vermitteln mir meine persönlichen Erfahrungen, die Anstrengungen meines Research-Teams und meine umfassende Triangulation mit manchen der kenntnisreichsten Chinatheoretikern und -praktikern auf dem Planeten ein hohes Maß an Vertrauen in meine Schlussfolgerungen.

Seit meiner ersten Chinareise im Jahr 1984 habe ich viele Chinesen aus allen Bevölkerungsschichten persönlich kennengelernt, und die jüngere Geschichte Chinas habe ich so direkt miterlebt wie die US-amerikanische. Daher bilde ich mir ein, die amerikanische und die chinesische Sicht der Dinge recht gut zu verstehen. Allen, die noch nicht länger in China waren, empfehle ich dringend, über die karikaturistischen Darstellungen hinauszublicken, die häufig von voreingenommener Seite gezeichnet werden, und sich von allen Stereotypen freizumachen, die sie vielleicht auf der Grundlage ihres Wissens über das alte »kommunistische China« übernommen haben – denn sie sind falsch. Sie sollten das, was sie hören oder lesen, mit dem abgleichen, was Menschen erzählen, die viel Zeit in China verbracht und mit Chi-

1 Der vollständige Bericht über die chinesischen Dynastien ist auf www.economicprinciples.org abrufbar.

nesen zusammengearbeitet haben. Nebenbei bemerkt halte ich die verbreiteten verzerrten Darstellungen in den Medien und die blinde, nahezu fanatische Loyalität, die dem sorgfältigen Ausloten unterschiedlicher Ansichten entgegenstehen, für ein erschreckendes Symbol unserer Zeit.

Um eines klarzustellen: Ich bin kein Ideologe. Ich wähle meinen Standpunkt in einer Frage nicht danach, ob er sich mit amerikanischen oder chinesischen oder auch mit meinen persönlichen Überzeugungen deckt. Ich bin Pragmatiker. Ich gehe die Dinge wie ein Arzt an, der sich auf logische Überlegungen und Kausalzusammenhänge stützt und daran glaubt, was sich im Zeitverlauf bewährt hat. Ich kann meine Leserschaft daher nur um Nachsicht und Aufgeschlossenheit bitten, wenn ich meine Erkenntnisse weitergebe.

Die Faktoren, die meiner Ansicht nach für die Gesundheit eines Landes entscheidend sind, habe ich im Zusammenhang mit den 18 Determinanten bereits zu Anfang dieses Buchs dargelegt. Aus diesen habe ich acht Maßstäbe für Macht herausgegriffen: Bildung, Wettbewerbsfähigkeit, Innovation/Technologie, Handel, Wirtschaftsleistung, Militär, Status als Finanzzentrum und Reservewährungsstatus. Auch die Stärken und Schwächen Chinas habe ich unter diesen Gesichtspunkten bewertet. Außerdem versuche ich, die Situation der Chinesen aus ihren Augen zu betrachten.

Als kleine Gedächtnisstütze zeigt die nachstehende Grafik die Position der führenden Länder der Welt im Verhältnis zueinander, gemessen an Indizes für die acht verschiedenen Machtfaktoren. Bei der Analyse des Aufstiegs und Falls der großen Imperien seit 1500 habe ich jeden dieser Maßstäbe berücksichtigt. Genauso gehe ich nun für China vor, schlage einen kurzen historischen Bogen und gehe dann gründlicher auf die wichtigsten Punkte ein.

POSITION DER GROSSEN IMPERIEN IM VERHÄLTNIS ZUEINANDER

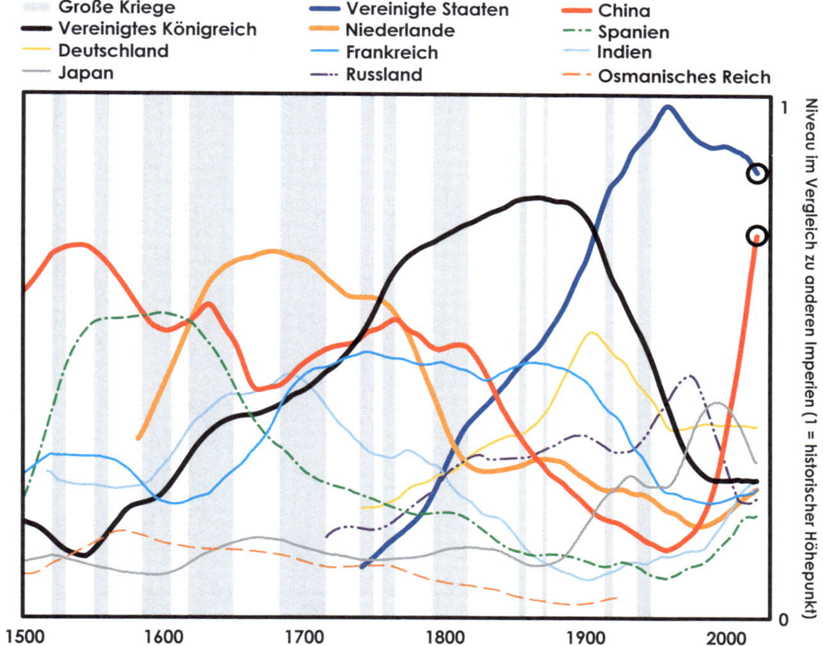

In einer genaueren Aufschlüsselung dieses Aufstiegs weist die folgende Grafik die acht Machtmaßstäbe für China von 1800 bis heute aus.

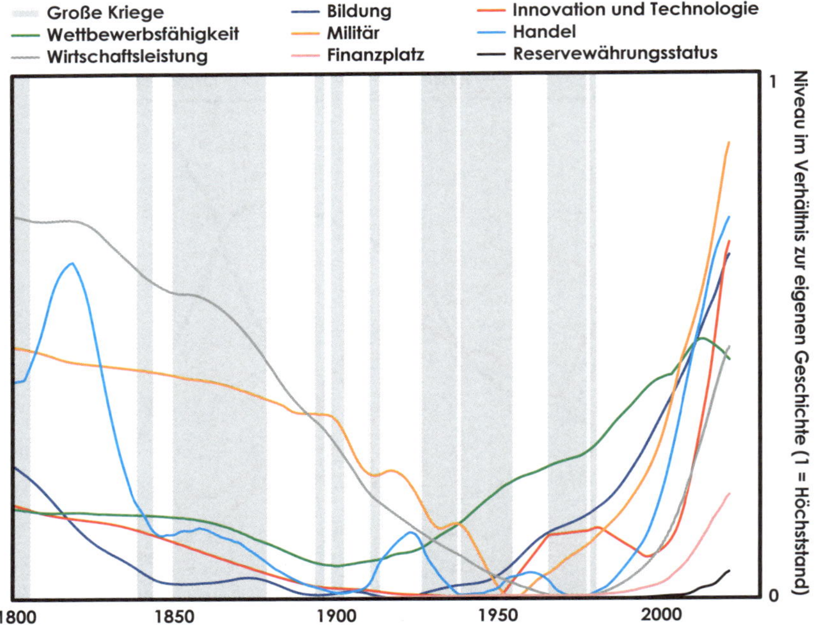

Anders als die Zyklen für das niederländische, das britische und das US-amerikanische Imperium, die jeweils mit dem Aufstieg begannen, gefolgt von einem ausgedehnten Niedergang, stellt sich der chinesische Zyklus über die letzten 200 Jahre als langer Niedergang dar, gefolgt von einem rasanten Aufstieg. Trotz der umgekehrten Reihenfolge liegen dem Zyklus dieselben Triebkräfte zugrunde. Sieben der acht Machtfaktoren erreichten ihren Tiefpunkt in der Zeit von 1940 bis 1950. Seither tendierten die allermeisten – allen voran wirtschaftliche Wettbewerbsfähigkeit, Bildung und militärische Macht – bis um 1980 allmählich aufwärts, als Chinas wirtschaftliche Wettbewerbsfähigkeit und der chinesische Handel zum Höhenflug ansetzten. Das war kurz nach der Einführung von Deng Xiaopings Reformpolitik der offenen Tür. Und das ist kein Zufall. Seit meinem

ersten Besuch in China im Jahr 1984 bis etwa 2008 entsprach der Anstieg der Verschuldung dem – ausgesprochen kräftigen – Wirtschaftswachstum. Anders formuliert: Es gab rasante Verbesserungen, ohne die Wirtschaft zu überschulden. 2008 setzte dann die Finanzkrise ein, und China machte wie alle Welt eine Menge Schulden, um seine Wirtschaft anzukurbeln. Folglich stieg der Verschuldungsgrad. Als Xi Jinping 2012 an die Macht kam, verbesserte er Chinas Schulden- und Wirtschaftsmanagement erheblich, sorgte für weiteres Wachstum bei Innovation und Technologie, stärkte die Bildung und das Militär und geriet immer mehr in Konflikt mit den USA. **Inzwischen liegt China mit den USA als führende Macht im Handel, bei der Wirtschaftsleistung und im Hinblick auf Innovation und Technologie mehr oder minder gleichauf und baut seine bereits starke Position bei den Faktoren Militär und Bildung rasch weiter aus. Im Finanzsektor gewinnt China an Bedeutung, doch in Bezug auf den Status als Reservewährung und Finanzplatz hinkt es noch hinterher. Auf all das gehen wir in diesem Kapitel noch näher ein, doch um das heutige China zu verstehen, ist zunächst ein kurzer Abriss seiner unglaublichen Geschichte angezeigt.**

CHINAS LANGE GESCHICHTE IN KURZEN WORTEN

Um China auch nur ansatzweise zu verstehen, ist historisches Grundwissen erforderlich. Man muss die vielen Muster kennen, die sich in seiner Geschichte wiederholen, und die zeitlosen, universellen Grundsätze, die seine Führung aus dem Studium dieser Muster abgeleitet hat. Es ist eine echte Aufgabe, sich auch nur die Grundlagen der chinesischen Geschichte anzueignen. Diese überspannt 4.000 Jahre, ist so reichhaltig und komplex und hat so viele unterschiedliche, teils widersprüchliche Auslegungen erfahren, dass ich überzeugt bin: Es gibt nicht die eine Quelle der Wahrheit. Und ich bin das schon gar nicht. Dennoch gibt es viele Punkte, in denen sich kenntnisreiche Menschen einig sind.

Und viele chinesische und ausländische Theoretiker und Praktiker haben mich an ihren unschätzbaren Erkenntnissen teilhaben lassen. Das Gelernte hier zusammenzuführen, war für mich eine ebenso wertvolle wie faszinierende Erfahrung. Ich kann zwar nicht garantieren, dass meine Sichtweise die beste ist, wohl aber, dass ich sie mit verschiedenen der bestinformierten Menschen der Welt abgeglichen habe.

Ihren Anfang nahm die chinesische Zivilisation um 2000 vor Christus mit der Xia-Dynastie, die etwa 400 Jahre Bestand hatte und der zugeschrieben wird, China die Bronzezeit gebracht zu haben. Konfuzius, dessen Philosophie bis heute den größten Einfluss darauf hat, wie Chinesen miteinander umgehen, lebte von 551 bis 479 vor unserer Zeitrechnung. Die Qin-Dynastie vereinte um 221 vor unserer Zeitrechnung den größten Teil des geografischen Gebiets, das wir heute China nennen. Auf sie folgten die 400 Jahre der Han-Dynastie, die erstmals bis heute verwendete Regierungssysteme entwickelte. Im Jahr 618 unserer Zeitrechnung rückte die Tang-Dynastie in den Vordergrund.

Die folgende Grafik legt an China dieselben Machtmaßstäbe an, die Sie aus der Grafik über die großen Imperien kennen, und zwar über mehr als 1.400 Jahre: von 600 bis heute. Ausgenommen die Zeit von circa 1840 bis 1950, als China einen drastischen Niedergang erlebte, zählte es in der Geschichte stets zu den mächtigsten Imperien

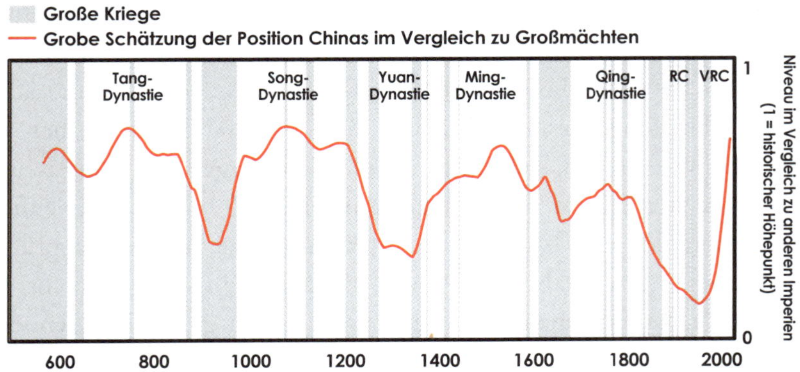

der Welt. Nach dem Bürgerkrieg setzte – zunächst allmählich, dann ausgesprochen rasant – wieder ein Aufstieg ein. Heute liegt China hinter den USA an zweiter Stelle und ist auf der Überholspur.

Die meisten Dynastien, die China im Verlauf dieser Zeitspanne regierten, waren ebenso kultiviert wie mächtig. (Ich nenne hier nur die bedeutendsten aus der Grafik, es gab aber noch viele weitere.) Jede dieser Dynastien hat ihre eigene faszinierende Geschichte, doch ihnen allen gerecht zu werden, würde den Rahmen dieses Kapitels bei Weitem sprengen.

- **Die Tang-Dynastie (618–907) gilt bei vielen Chinesen als ein Höhepunkt des kaiserlichen Chinas.** Die Tang kamen nach einer längeren Phase der Entzweiung und des Bürgerkriegs an die Macht, die darin gipfelte, dass China unter der kurzlebigen Sui-Dynastie wieder vereint wurde, die den Tang unmittelbar vorausging. Die Dynastie wurde von einem führungsstarken Vater-Sohn-Gespann begründet: Besonders hervorzuheben ist hier der Sohn, der zweite Tang-Kaiser Taizong. Die Tang einten China nicht nur militärisch, sondern führten ein stabiles Regierungssystem und äußerst effektive Maßnahmen ein, die hochwertiger Bildung, herausragender technischer Entwicklung, internationalem Handel und verschiedenen Ideen Vorschub leisteten. Taizong war ein herausragender revolutionärer Anführer, der es verstand, Macht zu konsolidieren, eine große Dynastie aufzubauen und seine Nachfolge so zu regeln, dass die Dynastie auch ohne ihn stark blieb. Es setzte eine Phase großen Wohlstands ein, die etwa 150 Jahre andauerte und sich besonders durch militärische Stärke auszeichnete, wodurch es den Tang gelang, profitable Handelsrouten in Zentralasien unter ihre Kontrolle zu bringen. Ende des 8. Jahrhunderts setzte jedoch der Niedergang der Tang ein – aus ganz klassischen Gründen: Die Regierungsqualität litt, Wirtschafts- und Wertgefälle führten zum Zerfall, der die Zentralregierung schwächte und korrumpierte (was im Zusammenspiel mit innenpolitischen Auseinandersetzungen eine Reihe von Rebellionen zur Folge hatte), die Finanzlage verschlechterte sich und Naturkatastrophen verschlimmerten sich.

- **Es folgten die Nördliche und die Südliche Song-Dynastie (960–1279). In dieser Zeit war China die innovativste und dynamischste Wirtschaftsmacht der Welt.** Der Niedergang der Tang-Dynastie hatte dem Land im 10. Jahrhundert eine Phase des Bürgerkriegs und der Entzweiung gebracht. Aus diesem Konflikt heraus kam die Song-Dynastie unter der Herrschaft von Kaiser Taizu 960 an die Macht. Taizu war einer der klassischen starken Revolutionsführer, die Ordnung ins Chaos bringen mussten und konnten. Er stieg als Feldherr erfolgreich in eine Machtposition auf und setzte dann auf breiter Front Reformen durch, um a) die verschiedenen Splittergruppen, die zuvor um die Macht gerungen hatten, zu vereinen, b) ein zentrales Top-down-Regierungsführungssystem für das Militär und die Zivilgesellschaft zu entwickeln und c) Bildung und Qualität der Regierungsführung auszuweiten (insbesondere durch eine Reform der kaiserlichen Beamtenprüfung). Dass China unter Taizu und seinen Nachfolgern auf Bildung und Meritokratie setzte und darin investierte, brachte die Song-Dynastie auf den klassischen guten Weg, der zu enormem wissenschaftlichem und technischem Fortschritt führte.[2] Nach mehreren Generationen, etwa um das Jahr 1100, kam jedoch der Niedergang der Dynastie, ausgelöst durch eine Mischung aus Führungsschwäche, Finanzproblemen und anderen klassischen Faktoren. In dieser geschwächten Verfassung wurde sie von außen angreifbar. Im

2 Zu den vielen Erfindungen der Song-Dynastie gehörten der Buchdruck mit beweglichen Lettern, ein Kompass für Seefahrer und das Papiergeld.

12. und 13. Jahrhundert verloren die Song zunächst die Kontrolle über die nördliche Hälfte Chinas. Später, nach einer Art Renaissance, die auch als Südliche Song-Dynastie bezeichnet wird, kam dann die Eroberung durch den Mongolenführer Kublai Khan.

- **Kublai Khan begründete die vergleichsweise kurzlebige Yuan-Dynastie (1279–1368).** Kublai Khan regierte die meiste Zeit über gut und erwies sich als klassischer Begründer einer Dynastie: Er förderte die Bildung, einte das Land und tat sich im Vergleich zu vielen anderen Mongolenherrschern durch seinen meritokratischen und aufgeschlossenen Regierungsstil hervor. Unter Kublai Khan erstarkten Chinas Wirtschaft und Handel nach einer langen Phase der Konflikte. Gleichzeitig betrieben die Yuan aber teure Eroberungskriege. In der Spätphase seiner Regierungszeit griff die Korruption um sich. Dass es ihm nicht gelang, eine stabile Nachfolgeregelung zu treffen, führte nach seinem Tod zu verschiedenen Bürgerkriegen und Krisen. Die besagte Korruption und Instabilität trugen zu Aufständen bei, durch die die Dynastie nach nicht einmal 100 Jahren unterging.
- **Die Ming-Dynastie (1368–1644) herrschte über ein im Großen und Ganzen blühendes, friedliches Reich. Gegründet wurde sie durch den Kaiser Hóngwu, der in Armut geboren wurde und zum großen Feldherrn aufstieg, der Peking eroberte und die Mongolenherrscher vertrieb. In einer 14-jährigen Säuberung, die 30.000 Hinrichtungen nach sich zog, konsolidierte er seine Macht.** Nachdem sie der unpopulären Yuan-Dynastie durch eine erfolgreiche Rebellion die Macht abgenommen hatten, bauten die ersten Ming-Herrscher eine meritokratische Gesellschaft auf, die sich durch hervorragende Bildung und staatsbürgerliches Verhalten auszeichnete und so Innovationen Vorschub leistete. Mit der Zeit weitete die Ming-Dynastie den Handel mit Europa aus (da chinesische Waren qualitativ überlegen waren), was große Mengen Silber ins Land brachte, und

lenkte die nationalen Energien von Subsistenzwirtschaft in Industrie um. Geld- und fiskalpolitisch waren die Ming allerdings weniger erfolgreich. Auch gelang es ihnen weder, Chinas Einfluss auf den internationalen Handel dauerhaft zu zementieren, noch angemessen auf etliche Krisen zu reagieren, was China gefährdete und angreifbar machte. Schlimmer noch: Die Kleine Eiszeit verursachte verheerende Ernteausfälle und zog eine Hungersnot nach sich. Am Ende führten Krieg, Hunger und Umweltkatastrophen im Zusammenspiel mit einem starren, ineffektiven Staatsapparat in die endgültige Katastrophe, die 1644 die fast 300-jährige Ming-Dynastie zusammenbrechen ließ.

- **Die Qing-Dynastie (1644–1912) kam an die Macht, als die benachbarten Mandschu aus der Instabilität und den Rebellionen im China der Ming-Zeit Kapital schlugen, indem sie das Land herausforderten.** Die Entwicklung gipfelte in der Plünderung Pekings durch Rebellen, als sich der letzte Ming-Kaiser das Leben nahm. **Dann begann der Zyklus unter der Qing-Dynastie von vorne. China erreichte seine maximale territoriale Ausdehnung und herrschte über ein Drittel der Weltbevölkerung, während die Reformen unter der Herrschaft dreier lange regierender Kaiser eine ausgedehnte Periode des wirtschaftlichen Wohlstands herbeiführten.**[3] Dann erschienen die europäischen Mächte auf der Bildfläche. Wie bereits an anderer Stelle erwähnt, nutzten die europäischen Mächte im Zeitalter der Entdeckungen ihre militärische Stärke, um mit rohstoffreichen, militärisch unterlegenen fremden Ländern Handel zu treiben und sie auszubeuten. Das begann am Anfang des 19. Jahrhunderts und läutete ein Zeitalter ein, das in China als »Jahrhundert der Demütigung« bezeichnet wird. Die Europäer

3 Chinas Anteil am globalen BIP stieg auf 30 Prozent, die Bevölkerung wuchs im 18. Jahrhundert auf mehr als das Doppelte an.

wollten mit den Chinesen handeln, hatten diesen aber nichts Interessantes anzubieten. Daraufhin brachten die Briten Opium nach China, um die Chinesen abhängig zu machen und ihnen im Anschluss Opium zu verkaufen. Im 19. Jahrhundert folgten etliche militärische Auseinandersetzungen (allen voran die Opiumkriege), die Chinas Niedergang beschleunigten. China gelang es nicht, sich erfolgreich dagegen zu wehren, und es kam zu heftigen innenpolitischen Konflikten und Unruhen (insbesondere der Taiping-Aufstand). Das setzte sich bis zum Zusammenbruch der Qing-Dynastie im Jahr 1912 fort.

Die Lehren aus dieser Geschichte sind der derzeitigen chinesischen Führung noch sehr präsent. Ich finde sie – vor allem im Kontext der historischen Muster – ausgesprochen faszinierend.

DER TYPISCHE ABLAUF EINES DYNASTISCHEN ZYKLUS

Wie das typische Imperium hatte auch die typische maßgebliche chinesische Dynastie rund 250 Jahre lang Bestand – plus/minus 150 Jahre –, und richtete sich im Großen und Ganzen nach demselben Aufstiegs- und Niedergangsmuster.[4] Besonders gut ist zu erkennen, wie sich der in Kapitel 5 näher beschriebene Zyklus der innenpolitischen Ordnung wieder und wieder abspielt. Rekapitulieren wir kurz:

---

4 Zur Klarstellung: Die meisten Dynastien waren unmaßgebliche Dynastien von kurzer Dauer oder regionale Dynastien, die in instabilen Phasen Chinas rasch aufstiegen und wieder verschwanden. Die Gesamtzahl der Dynastien wird je nach Quelle unterschiedlich angegeben, weil noch nicht einmal eindeutig bestimmbar ist, was nun eine unmaßgebliche oder regionale Dynastie von einer anderen Verwaltungsform unterscheidet. Von den maßgeblichen Dynastien gab es circa neun, die China einten und oft über längere Zeiträume regierten. Zu dieser Gruppe gehören auch die fünf, auf die sich unsere Fallstudie fokussiert, von 600 bis heute (Tang, Song, Yuan, Ming und Qing) sowie vier aus den vorangegangenen 800 Jahren (Qin, Han, Jin und Sui).

- **Phase 1, in dem die neue Ordnung eingeführt wird und die neue Führung ihre Macht konsolidiert,** was …
- **Phase 2 zur Folge hat, in der die Systeme zur Allokation von Ressourcen und die staatlichen Verwaltungsapparate aufgebaut und justiert werden,** was im Erfolgsfall zu …
- **Phase 3 führt, in der Frieden und Wohlstand herrschen.** Darauf folgt …
- **Phase 4, die sich durch große Ausgabe- und Schuldenexzesse und eine Zunahme des Wohlstandsgefälles und der Kluft bei politischen Überzeugungen auszeichnet.** Daran schließt sich …
- **Phase 5 an, in der eine ausgesprochen schlechte Finanzlage und heftige Konflikte vorliegen,** gefolgt von …
- **Phase 6 mit Bürgerkriegen/Revolutionen,** womit wir wieder bei …
- Phase 1 angekommen wären, die zu Phase 2 führt, und so weiter, sodass sich der gesamte Zyklus wiederholt.

Gehen wir diesen Zyklus einmal kurz durch. **Der typische Zyklus beginnt mit starken Anführern, die die Kontrolle übernehmen und Verbesserungen durchsetzen, die für den Aufbau eines großen Imperiums unabdingbar sind.** Wie bei den meisten großen Imperien folgt auf den ursprünglichen Sieg im Kampf um die Vorherrschaft in aller Regel **das Ringen darum, einen möglichst großen Teil der Bevölkerung auf Linie zu bringen und zu einen** (oft durch Konflikte, mit denen sich die Macht der neuen Führung etabliert). Daran schließt sich gewöhnlich ein Frieden an, der entsteht, weil keine Partei die dominierende Macht herausfordern will (Phase 1).

Dann widmet sich der neue Herrscher dem Aufbau des Imperiums. Voraussetzung für den Erfolg eines solchen Imperiums ist **eine clevere, entschlossene Bevölkerung, die gut zusammenarbeitet.** Es muss aber auch **finanziell solide aufgestellt** sein. Das alles wird erreicht durch Systeme, die Menschen mit **solider Bildung und viel Selbstdisziplin** heranbilden und hervorbringen. **Damit die fähigsten Zeitgenossen die wichtigsten Funktionen übernehmen, müssen sie auf meritokratischer Grundlage ausgewählt werden. In chinesischen Dynastien erfolgte dies oft durch die kaiserliche Beamtenprüfung. Es war durchaus üblich, dass neue Dynastien Bildungsreformen einführten.** Des Weiteren ist ein **effektives System zur Ressourcenallokation** erforderlich (Phase 2).

In dieser Zeit des Friedens und des Machtaufbaus geht es dem Imperium gewöhnlich wirtschaftlich gut, und seine Finanzlage verbessert sich. Während die finanziellen Mittel anfangs in aller Regel begrenzt und die Schulden niedrig sind, weil die Verbindlichkeiten des Vorgängerimperiums gelöscht sind, verfügt das neue Imperium manchmal über Vermögenswerte, die es zuvor durch den gewonnenen Krieg erworben hat. In der chinesischen Geschichte waren wesentliche Variablen die Verteilung und Besteuerung von Grundbesitz. Mit einer neuen Dynastie wurden die »korrupten Eliten« des bisherigen Systems oft geschwächt oder gestürzt, was die verfügbaren Ressourcen des Staates kräftig erhöhte. Von diesen Ressourcen profitierte die Dynastie und expandierte. Sie entwickelte wirtschaftliche, technische und militärische Stärke, die einander Vorschub leisteten. So bringt es eine Dynastie beispielsweise wirtschaftlich und militärisch voran, wenn sie über erfolgreiche Technologien verfügt, weil diese für beide Zwecke genutzt werden können und weil militärische Stärke die wirtschaftlichen Interessen des Landes schützt (zum Beispiel durch die Sicherung von Handelsrouten). Das wiederum stärkt die Dynastie auch finanziell. Auf dem Höhepunkt funktioniert die Regierung der Dynastie gut, ihre Ressourcen und Menschen werden produktiv eingesetzt und frühere Investitionen zahlen sich aus. Die Wirtschaft floriert und ist autark, die Menschen sind wohlhabend und tun sich durch Gelehrsamkeit, Künste, Handel, Architektur und andere Elemente großer Zivilisationen hervor (Phase 3).

Zum Niedergang eines Imperiums kommt es normalerweise, weil die stärkenden Kräfte nachlassen und eine rivalisierende Macht auftaucht. Die Führung zeigt Schwäche, lässt sich oft korrumpieren und/oder lässt zu, dass andere korrumpiert werden.[5] Im Regelfall übernimmt sich so eine Dynastie irgendwann und verschuldet sich oft hoch. Die Schuldenprobleme werden gewöhnlich aus der Welt geschafft, indem reichlich Geld gedruckt wird, dessen Wert infolgedessen sinkt. Auch die Bevölkerung der Dynastie zerfällt zunehmend, verfolgt nicht mehr dieselben Ziele und verliert die Fähigkeit, gut zusammenzuarbeiten. Das Wohlstandsgefälle nimmt zu, was die Produktivität untergräbt und politische Konflikte auslöst. Häufig kommt dann noch irgendeine Naturkatastrophe ins Spiel, oft eine Dürre oder eine Überschwemmung, die die Probleme der Dynastie verschärft. Je mehr davon gleichzeitig stattfindet, desto größer die Wahrscheinlichkeit, dass die Dynastie scheitert.

Der Niedergang geht dann mit eskalierenden Aufständen und später mit einem blutigen Bürgerkrieg einher (Phasen 5 und 6). Letztlich taucht ein neuer starker Anführer auf der Bildfläche auf, entscheidet den Konflikt für sich, und der Zyklus beginnt mit einer neuen Dynastie von vorne (Phase 1).

Der Niedergang der verschiedenen Dynastien zeichnet sich durch wiederkehrende Motive aus – Motive, wie sie sich auch im Niedergang mancher der übrigen in diesem Buch angesprochenen Mächte finden.

1. **Zunehmende Ungleichheit und Haushaltsprobleme, die sich im Zuge der Regierungszeit einer Dynastie entwickeln, sind wesentliche Faktoren, die zu ihrem Niedergang beitragen.** Wird eine neue Dynastie begründet, sind Grundbesitz und Vermögen

---

5 »Schlechte« Kaiser mischten sich gewöhnlich nicht in die Angelegenheiten des Imperiums ein und tolerierten Korruption – oder beteiligten sich sogar daran –, während sie nötige öffentliche Investitionen ignorierten. Mehrere waren auch für besondere ideologische Strenge bekannt, für ihr schlechtes Urteilsvermögen und das schlechte Urteilsvermögen ihrer wichtigsten Berater und dafür, dass sie sich vor allem dem Luxus hingaben, den ihnen ihre Positionen ermöglichten. Die letzten Kaiser der meisten Dynastien kamen oft erst auf den Thron, als die Dynastie bereits geschwächt war, und hatten häufig nur begrenzten Einfluss auf das politische Geschehen oder waren gar nicht daran beteiligt (zum Beispiel, weil sie noch Kinder waren).

häufig gleichmäßiger verteilt, weil die in den Händen der Eliten der alten Dynastie konzentrierten Besitztümer umverteilt werden. Das verhindert nicht nur soziale Auseinandersetzungen, sondern verbessert auch die Haushaltslage (denn Eliten können sich der Besteuerung oftmals geschickter entziehen als die breitere Basis kleinerer Grundbesitzer). Im Laufe der Jahre konzentriert sich der Grundbesitz dann auf immer weniger Familien, die (durch Bestechung, offizielle Einflussnahme oder andere Möglichkeiten, ihr Vermögen vor den Steuereintreibern zu verstecken beziehungsweise zu schützen) Steuern vermeiden und so ihren Reichtum vergrößern können. Die dadurch entstehende Ungleichheit ist ein direkter Auslöser von Konflikten, und die bröckelnde Steuerbasis des Staates schwächt diesen und macht ihn krisenanfälliger.

2. **Geldpolitische Probleme trugen gewöhnlich zum Niedergang von Imperien bei.** Im Falle der Song-, Yuan- und Ming-Dynastie hatte die Regierung Probleme, eine ausreichende Geldmenge in Form von Metallmünzen vorzuhalten, und druckte daher Geld – vor allem in Kriegszeiten oder bei Katastrophen natürlichen oder menschlichen Ursprungs. Probleme mit der Steuererhebung verstärkten diesen Effekt. Dadurch kam es zu hoher Inflation oder Hyperinflation, was die Sachlage verschlimmerte.
3. **Die Qualität der Regierungsführung und Infrastruktur nahm unter jeder neuen Dynastie zunächst zu und ging dann im Verlauf ihrer Regierungszeit wieder zurück.** In der Spätphase der Song-, Ming- und Qing-Dynastie lag ein jahrelanger Investitionsstau in der öffentlichen Verwaltung vor, der China anfällig für Hungersnöte und Überschwemmungen machte. Pauschal lässt sich das zwar für Dutzende von Kaisern kaum sagen, doch gewöhnlich folgten dem visionären Gründer der Dynastie (zum Beispiel den Begründern der Song- und Yuan-Dynastie mit ihrer positiven Einstellung zu Technik und Wissenschaft) Herrscher nach, die strenger und konservativer waren (zum Beispiel in der

Qing-Dynastie), die sich zu sehr auf das kaiserliche Vermögen und Luxus fokussierten (etwa die letzten Regenten der Nördlichen Song-Dynastie) und/oder den Außenhandel nicht ausreichend förderten (unter der Ming-Dynastie).

4. **Innenpolitische Konflikte entstanden normalerweise durch wirtschaftliche Unterschiede in Verbindung mit schlechten Zeiten (in den allermeisten Fällen ausgelöst durch Missernten, hohe Verschuldung, schlechte Regierungsführung und Naturkatastrophen, manchmal auch durch Auseinandersetzungen mit Kräften, die von außen kamen).** Mit dem Sturz von Dynastien gingen häufig größere Naturkatastrophen und Phasen einher, in denen sich rasche klimatische Veränderungen vollzogen, die für schmerzhafte Disruptionen sorgten. Die klassische Abwärtsspirale sah folgendermaßen aus: 1) Unzulängliche Technologie und Investitionen (sowohl in neue Projekte als auch für Wartung und Instandhaltung) bewirkt, dass die Infrastruktur empfindlicher auf Naturkatastrophen reagiert. 2) Es tritt eine Katastrophe ein (im Falle Chinas in aller Regel eine Dürre oder eine Überschwemmung an einem großen Fluss), die Ernteausfälle zur Folge hat und in manchen Fällen ganze Dörfer vernichtet, weil die Nahrung knapp wird und Hungersnöte einsetzen. 3) Populistische Aufstände im Inland aufgrund der Katastrophen. Dieser Prozess spielte beim Niedergang der Song-, Yuan-, Ming- und Qing-Dynastie eine große Rolle.
5. **Die größten Unruhen waren auf schlechte Lebensbedingungen und ein großes Wohlstandsgefälle zurückzuführen.** Dann rebellierte der kleine Mann gegen die Exzesse der Elite (wie beim Fang-La-Aufstand unter der Song-Dynastie, dem Aufstand der roten Turbane unter der Yuan-Dynastie und dem Weiße-Lotus-Aufstand unter der Qing-Dynastie). Umgekehrt war Stabilität im Inland durch gute Lebensbedingungen für die meisten Menschen ein wesentliches Merkmal der Blütezeiten.

6. **Isolation und konfuzianisch geprägte kulturelle Einflüsse, die Gelehrsamkeit Vorrang gaben vor Wirtschaft, Technik und militärischer Stärke, schwächten Chinas Konkurrenzfähigkeit auf diesen Gebieten, sodass es von stärkeren »Barbaren« geschlagen oder überholt werden konnte – etwa von den Mongolen, den ausländischen Mächten in den Opiumkriegen und der übrigen Welt in der abgeschotteten Mao-Periode.**

Auch Chinas physische Voraussetzungen durch Geografie und Geologie hatten maßgebliche Auswirkungen auf den Aufstieg und Niedergang von Dynastien. Dazu muss man zunächst wissen, dass China ganz verschieden und uneinheitlich beschaffen ist. So ist der Norden kälter, flacher und trockener, der Süden bergiger, deutlich wärmer und feuchter, weshalb der landwirtschaftliche Ertrag der verschiedenen Gebiete Chinas oft sehr unterschiedlich ausfällt. Ein geeintes China ist aber durch die Vielfalt und Koordination seiner Einzelteile weitgehend eigenständig. Dennoch ist China aufgrund dieser Bedingungen sowie der mangelnden Verfügbarkeit von sauberem Wasser, Anbauflächen und Fischgründen vor der Küste seit jeher von Nahrungsmittelknappheit bedroht. Aus diesem Grund **gab es in China oft keine Ernährungssicherheit.** Bis heute werden noch viele Nahrungsmittel importiert. **Auch wichtige natürliche Ressourcen sind in China Mangelware**, zum Beispiel Öl, bestimmte Mineralien und Lebensmittel. **Hinzu kommt eine hohe Luftverschmutzung, die sich auf die Gesundheit der Menschen und auf die Landwirtschaft auswirkt, wenngleich hier rasche Verbesserungen vorangetrieben werden.**

Diese Voraussetzungen **veranlassten frühere und aktuelle Regierungen in China, Lehren zu ziehen und sich vor** dem neuerlichen Eintritt **solcher Naturereignisse und politischen Katastrophen zu schützen** und deren untragbare Folgen zu verhindern. Anders ausgedrückt, lässt sich aus der Geschichte viel lernen, und Sie dürfen mir eines glauben: Diese Lehren beeinflussen allesamt die Entscheidungen der heutigen Führung Chinas – ob bei der langfristigen Planung oder bei anstehenden Fällen.

Eine besonders interessante Beobachtung für mich ist, wie weit die Muster des archetypischen großen Zyklus zurückreichen, denn Chinas Geschichte ist so lang und so gut dokumentiert. Ebenso hat mich fasziniert, was sich ereignete, als die östliche und die westliche Welt vom 17. bis zum 20. Jahrhundert stärker interagierten und wie sich die großen Zyklen hier und dort aufeinander auswirkten, als die Welt kleiner wurde und die Verflechtungen größer.

Die wichtigste Erkenntnis, die ich aus dem Studium der Geschichte so vieler Länder zog, ist vermutlich, dass ich dadurch die großen Muster von Ursachen und Wirkungen erkennen kann. Die Einnahme einer sehr langfristigen Perspektive fühlte sich für mich an wie die Zoom-Funktion bei Google Maps: Plötzlich konnte ich Konturen erkennen, die ich zuvor nicht wahrgenommen hatte, und sehen, wie sich aus mehr oder minder denselben Gründen dieselben Geschichten abspielten – wieder und wieder. Außerdem wurde mir klar, wie es sich auf die Mentalität der Chinesen ausgewirkt hat, eine so lange Geschichte studieren zu können – eine Mentalität, die sich von der gegenwartsfokussierten Denkweise der Amerikaner stark unterscheidet. Die meisten Amerikaner gehen davon aus, dass ihre Geschichte nur 300 oder 400 Jahre umfasst (weil sie glauben, dass alles erst mit den europäischen Siedlern begann), und sie sind nicht besonders daran interessiert, daraus zu lernen.

Ungeachtet dessen erscheinen 300 Jahre den Amerikanern als eine sehr lange Zeit, den Chinesen dagegen nicht. Für die meisten Amerikaner ist eine Revolution oder ein Krieg, der das US-System stürzt, absolut unvorstellbar – für die Chinesen dagegen geradezu unvermeidlich, weil sie das immer wieder erlebt haben und die Muster studieren, die solchen Entwicklungen stets vorausgehen. Während sich die meisten Amerikaner auf bestimmte Ereignisse konzentrieren (vor allem auf aktuelle Entwicklungen), betrachten die meisten chinesischen Spitzenpolitiker diese im Kontext größerer, evolutionärer Muster.

Die Amerikaner sind impulsive Taktiker. Sie kämpfen um alles, was sie sich für den Moment wünschen. Die meisten Chinesen sind Strategen. Sie planen, wie sie sich verschaffen können, was sie sich für die Zukunft wünschen. Meiner Erfahrung nach sind chinesische Führungspersönlichkeiten auch viel philosophischer (im buchstäblichen Sinne, nämlich als Leser philosophischer Werke) als US-amerikanische. So hatte ich beispielsweise eine Begegnung mit einem chinesischen Spitzenpolitiker, der gerade US-Präsident Donald Trump getroffen hatte und sich um einen potenziellen Konflikt zwischen den USA und China sorgte. Er erklärte mir, wie er an dieses Treffen herangegangen war, was sich deutlich von dem unterscheidet, was Präsident Trump wahrscheinlich getan hat. Ich kenne den Betreffenden schon viele Jahre und habe mich mit ihm in dieser Zeit in erster Linie über die Wirtschaft und die Märkte in China und in aller Welt unterhalten. Über die Jahre hat sich eine Freundschaft entwickelt. Er ist ein hoch gebildeter, kluger, bescheidener und liebenswürdiger Mensch. Er erzählte mir, er habe sich im Vorfeld des Gesprächs mit Trump um das Worst-Case-Szenario Gedanken gemacht: wenn eskalierende Retourkutschen außer Kontrolle geraten und zum Krieg führen würden. Dabei verwies er auf die Geschichte und erzählte mir aus dem Leben seines Vaters, um mir seine Ansicht dazu zu vermitteln, dass Kriege so unvorstellbar viel Schaden anrichteten – und der nächste Krieg noch viel verheerender sein könnte als der letzte, der bereits mehr Menschen das Leben gekostet hatte als jeder Krieg zuvor. Als Beispiel bezog er sich auf den Ersten Weltkrieg. Er erzählte mir, um sich zu beruhigen und gleichmütiger zu werden, habe er die *Kritik der reinen Vernunft* von Immanuel Kant gelesen, und ihm sei klar geworden, dass er nicht mehr tun konnte, als sich nach Kräften zu bemühen. Alles andere würde dann seinen Lauf nehmen. Ich erzählte ihm vom Gelassenheitsgebet[6] und emp-

6 »Gott, gib mir die Gelassenheit, Dinge hinzunehmen, die ich nicht ändern kann, den Mut, Dinge zu ändern, die ich ändern kann, und die Weisheit, das eine vom anderen zu unterscheiden.«

fahl ihm, zu meditieren. Ich fuhr nach Hause und las noch einmal die *Kritik der reinen Vernunft*, was ich sehr anspruchsvoll fand. Ich bewundere diesen Mann nach wie vor, und ich schätze seine Ansichten sehr.

Ich erzähle Ihnen diese Geschichte, weil ich Ihnen vermitteln möchte, wie ein chinesischer Spitzenpolitiker über die Gefahren von Kriegen denkt, und als ein Beispiel für meine vielen Interaktionen mit diesem Spitzenpolitiker und die vielen Interaktionen mit vielen chinesischen Spitzenpolitikern und anderen Chinesen, damit Sie diese durch meine und durch ihre Augen sehen können.

Das chinesische Denken ist viel stärker durch die chinesische Geschichte und Philosophie – allen voran die konfuzianische, taoistische, legalistische, marxistische – geprägt als das US-amerikanische Denken von der amerikanischen Geschichte und ihren jüdisch-christlich-europäischen Wurzeln. Ein namhafter chinesischer Historiker erzählte mir, Mao habe die Mammutchronik *Umfassender Zeitspiegel zur Hilfe bei der Regierung* gelesen, die 16 Dynastien und 1.400 Jahre chinesischer Geschichte von etwa 400 vor Christus bis 960 nach Christus umfasst, und die noch gewaltigeren *24 Dynastiegeschichten*, und zwar gleich mehrfach – ebenso wie zahlreiche Werke über chinesische Geschichte und die Schriften ausländischer Philosophen, allen voran Marx. Er schrieb und sprach auch selbst philosophisch, verfasste Gedichte und praktizierte Kalligrafie. Wenn Sie sich dafür interessieren, was und vor allem wie Mao dachte, empfehle ich Ihnen, *Über die Praxis*, *Über den Widerspruch* und natürlich die *Worte des Vorsitzenden Mao Tsetung* zu lesen, ein Kompendium seiner Zitate zu vielen Themen.[7]

Der Planungshorizont chinesischer Spitzenpolitiker erstreckt sich weit über ein Jahrhundert, denn so lange hat eine gute Dynastie min-

7 Ich bedanke mich herzlich bei Kevin Rudd, dem ehemaligen australischen Premierminister und derzeitigen Präsidenten und CEO des Asia Society Policy Institute, für den Hinweis auf diese Bücher und dafür, dass er mir die chinesische Politik verständlicher machte.

destens Bestand. Die Chinesen wissen, dass der typische Entwicklungsbogen verschiedene Phasen umfasst, die mehrere Jahrzehnte dauern. Und das planen sie ein.

Phase 1 des aktuellen chinesischen Imperiums begann unter Mao mit der Revolution, der Kontrolle über das Land und der Konsolidierung der Macht und der Institutionen. Phase 2, also der Aufbau von Vermögen, Macht und Zusammenhalt, ohne dabei die führende Weltmacht (das heißt die Vereinigten Staaten) zu bedrohen, vollzog sich unter Deng und dessen Nachfolgern bis zu Xi. Phase 3, in der auf diese Errungenschaften aufgebaut wird und China sich zu dem entwickelt, was es am 100. Geburtstag der Volksrepublik im Jahr 2049 sein will – nämlich zu einem »modernen sozialistischen Land, das wohlhabend, stark, demokratisch, kulturell fortschrittlich und harmonisch ist« –, erfolgt unter Xi und dessen Nachfolgern. **Das oberste Ziel ist, dass die chinesische Wirtschaft doppelt so groß wird wie die US-amerikanische und die positiven Effekte dieses Wachstums vielen zugutekommen.**[8] Die kurzfristigen Ziele und die Wege dorthin wurden in dem Plan »Made in China 2025«[9] dargelegt, in Xis neuem Plan »China Standards 2035« und in den üblichen Fünf-Jahres-Plänen.[10]

Chinesische Spitzenpolitiker versuchen nicht nur, ihre Pläne umzusetzen. Sie legen auch klare Kennzahlen fest, um ihre Leistung zu beurteilen, und sie erreichen die meisten ihrer Ziele. Ich behaupte nicht, dass dieser Prozess vollkommen ist, denn das wäre unrichtig. Ich behaupte auch nicht, dass es keine politischen und

8 Weil in China etwa viermal so viele Menschen leben wie in den USA, muss das Pro-Kopf-Einkommen nur die Hälfte des US-amerikanischen betragen, um insgesamt die doppelte Größe zu erreichen. Aus meiner Sicht gibt es keinen Grund, aus dem China und die USA künftig nicht vergleichbare Pro-Kopf-Einkommen erzielen sollten. Damit wäre Chinas Wirtschaft dann viermal so groß wie die amerikanische.

9 Der Plan »Made in China 2025« sieht vor, dass China in den meisten Bereichen weitgehend autark wird und in Hightech-Sparten wie künstlicher Intelligenz, Robotik, Halbleiter, Pharmazeutik und Luft- und Raumfahrt weltweit in Führung geht.

10 Im März 2021 veröffentlichte China seinen 14. Fünf-Jahres-Plan und seine Ziele für 2035.

sonstigen Probleme gäbe, die zu Meinungsverschiedenheiten führen könnten – auch zu ganz brutalen Auseinandersetzungen über konkrete Maßnahmen –, denn (nicht öffentlich) gibt es diese. Ich sage lediglich, dass die Chinesen weitaus längerfristige, historisch fundierte Sichtweisen und Planungshorizonte haben, die sie auf kurzfristige Pläne und Vorgehensweisen herunterbrechen, und dass sie mit diesem Ansatz bisher eine hervorragende Umsetzungsbilanz vorweisen können. Zufälligerweise haben meine eigene Suche nach Mustern in der Geschichte und meine Methode, taktische Entscheidungen zu treffen, auf meine Weltsicht und Herangehensweise einen ganz ähnlichen Effekt. Will heißen, mittlerweile sind die letzten 500 Jahre für mich die jüngere Geschichte, die aussagekräftigsten historischen Bögen erscheinen mir etwa 100 und mehr Jahre lang, und die Muster, die ich auf diese Weise erkannt habe, helfen mir, mir im Voraus eine Vorstellung davon zu machen, wie Ereignisse vermutlich ablaufen werden und wie ich mich in den kommenden Wochen, Monaten und Jahren darauf einstellen sollte.

CHINAS LEHREN UND VORGEHENSWEISEN

Die chinesische Kultur entwickelte sich aus den Erfahrungen heraus, die die Chinesen sammelten, und aus den Lehren, die sie daraus über die Jahrtausende gezogen haben. Diese flossen in Philosophien darüber ein, wie die Welt funktioniert und wie mit diesen Realitäten am besten umzugehen ist. Daraus ergab sich, wie sich Menschen im Umgang miteinander verhalten, wie politische Entscheidungen getroffen werden und wie Wirtschaftssysteme arbeiten sollten. In der westlichen Welt dominieren die jüdisch-christliche, die demokratische und die kapitalistische/sozialistische Philosophie. Jeder Einzelne pickt sich mehr oder minder nach Gutdünken die Mischung heraus, die ihm am besten gefällt. In China waren bis ins frühe 20. Jahrhundert Konfuzianismus, Taoismus und Legalismus die wichtigsten philosophischen Strömungen. Dann kamen Marxismus und Kapitalismus hinzu. Die Kaiser hatten gewöhnlich bestimmte Präferenzen, die sie umsetzten, daraus lernten und entsprechende Anpassungen vornahmen. Funktionierte die Mischung, überlebte die Dynastie und florierte (auch »Mandat des Himmels« genannt). Funktionierte sie nicht, scheiterte die Dynastie, und eine andere rückte nach. Dieser Prozess läuft schon seit Menschengedenken und wird sich fortsetzen, solange es Menschen gibt, die über ein kollektives Vorgehen entscheiden müssen.

Obwohl ich diesen Philosophien kaum in wenigen Sätzen gerecht werden kann, will ich das im Folgenden versuchen:

- **Der Konfuzianismus strebt nach Harmonie, die dadurch erreicht werden soll, dass jeder seine Rolle in der Hierarchie kennt und weiß, wie er sie gut ausfüllt,** angefangen in der Familie (zwischen Mann und Frau, Vater und Sohn, älteren und jüngeren Geschwistern und so weiter), bis hin zum Herrscher und seinen Untertanen. Jeder Mensch respektiert die über ihm Stehenden und gehorcht ihnen. Diese verhalten sich wohlwollend, setzen aber gleichzeitig strenge Verhaltensregeln durch. Alle Menschen sollen freundlich, aufrichtig und gerecht sein. Der Konfuzianismus legt Wert auf Harmonie, breit angelegte Bildung und Meritokratie.
- **Der Legalismus befürwortet die rasche Eroberung und Einigung von »allem unter dem Himmel« durch einen autokratischen Anführer.** Er geht davon aus, dass die Welt ein Dschungel ist, in dem man tötet oder getötet wird, und strikter Gehorsam gegenüber der kaiserlichen Zentralregierung gefordert wird, ohne dafür mit größerem Wohlwollen rechnen zu können. Das westliche Pendant zum Legalismus ist der Faschismus.
- **Der Taoismus (Daoismus) lehrt, dass es vor allem darauf ankommt, in Einklang mit den Gesetzen der Natur zu leben.**

> Taoisten glauben, die Natur bestehe aus Gegensätzen – Yin und Yang –, und Harmonie entstehe, wenn diese im Gleichgewicht sind.

Bis ins frühe 20. Jahrhundert, als der Marxismus bei Mao und seinen Nachfolgern Anklang fand, waren der Konfuzianismus und der Neo-Konfuzianismus die beiden einflussreichsten Philosophien, gewöhnlich mit einer legalistischen Beimischung. Den Marxismus erläutere ich noch kurz, wenn wir ins 20. Jahrhundert vordringen.

All diese chinesischen Systeme sind hierarchisch und nicht egalitär. Wang Qishan, chinesischer Vizepräsident und herausragender Historiker und Kulturforscher, erklärte mir den wesentlichen Unterschied zwischen Amerikanern und Chinesen folgendermaßen: Den Amerikanern gehe das Individuum über alles, den Chinesen die Familie und das Kollektiv. **Amerika wird nach dem Bottom-up-Prinzip geführt (also demokratisch) und mit Blick auf den Einzelnen optimiert. China wird nach dem Top-down-Prinzip geführt und mit Blick auf das Kollektiv optimiert.**

Das chinesische Wort für »Land« bestehe aus zwei Zeichen: für »Staat« und für »Familie«, erklärte er mir. Die chinesische Führung versuche daher, ihren Staat so zu lenken, wie Eltern ihrer Ansicht in der Familie agieren sollten – so, dass jeder seinen Platz kennt und alle über ihm Stehenden mit kindlichem Respekt behandelt. Deshalb sind die Chinesen bescheidener und respektvoller und eher bereit, Regeln zu beachten, während die Amerikaner arroganter und egalitärer auftreten und sich ungern an Regeln halten. Meiner Beobachtung nach stellen die Chinesen lieber Fragen und lernen, während die Amerikaner anderen gern erzählen, wie sie die Dinge sehen.

Zur Regierungsstruktur (das heißt, wer innerhalb der Hierarchie der Zentralregierung an wen berichtet und wie sich dies in Interaktionen mit Regional- und Kommunalverwaltungen niederschlägt) haben die Chinesen über viele Dynastien und Tausende von Jahren ausgeklügelte Ansätze entwickelt. Darauf näher einzugehen, würde zu sehr vom Thema wegführen.

Anders als andere Weltreiche, die andere Länder eroberten und besetzten, war China eher selten Besatzungsmacht. **China ist im Grunde eine riesige Ebene, umgeben von natürlichen Grenzen (Bergen und Meer). Das Gros der Bevölkerung verteilt sich über diese Ebene. Die chinesische Welt wurde größtenteils von diesen Grenzen beschränkt, und Kriege wurden meist um diese Grenzen geführt – überwiegend unter Chinesen, manchmal aber auch mit ausländischen Invasoren.**

Die traditionelle chinesische Militärphilosophie lehrt, dass man einen Krieg im Idealfall nicht durch Kampf gewinnt, sondern, indem man im Stillen die eigene Macht so ausbaut, dass der Gegner bereits kapituliert, wenn man diese Macht nur demonstriert. Sie fordert auch den umfassenden Einsatz von Psychologie, um das gegnerische Verhalten zu beeinflussen.[11] **Dennoch kam es in China oft zu gewalttätigen dynastischen Kriegen. Die wenigen Kriege, die außerhalb der Landesgrenzen ausgefochten wurden, dienten der Durchsetzung der relativen Macht Chinas und dem Handel.**

Gelehrte meinen, China wollte sein Reich nicht vergrößern, weil es bereits so groß und schwer zu kontrollieren war und weil eine kulturelle Reinheit angestrebt wurde, die sich am besten durch Abschottung erreichen ließ. **Traditionell pflegten die Chinesen Beziehungen zu Reichen außerhalb ihrer Grenzen eher so, wie man das ausgehend von den zuvor erwähnten Philosophien erwarten würde – also davon geprägt, dass jede Partei ihren Platz kennt und sich entsprechend verhält.** War China mächtiger, was in der Regel der Fall war, zahlten die weniger mächtigen Staaten einen »Tribut« in Form von Geschenken und Gefälligkeiten. Im Gegenzug wurden ihnen gewöhnlich Frieden, die Anerkennung ihrer Autorität und Handelsmöglichkeiten

---

11 Wenn Sie Sun Tsus *Die Kunst des Krieges* noch nicht gelesen haben, sollten Sie das nachholen. Dann verstehen Sie sicher, was ich meine.

zugesichert. Die untergeordneten Länder pflegten in der Regel weiter ihre eigenen Sitten, und China mischte sich nicht in die Regierung ein.[12]

DIE GELD- UND WIRTSCHAFTSPOLITISCHE GESCHICHTE CHINAS

Was Geld, Kredit und Wirtschaft angeht, ist Chinas Geschichte lang und kompliziert. Abgesehen davon hat das Land das komplette Spektrum der Geld-/Kredit-/Wirtschaftssysteme und -zyklen durchlaufen, das ich im Rahmen des großen Geld- und Kreditzyklus bereits beschrieben habe. Die meistverwendete Währung Chinas bestand aus Metall (überwiegend aus Kupfermünzen und im eigenen Land auch Silber). Das galt auch noch lange nachdem China im 9. Jahrhundert das Papiergeld erfunden hatte – bis zur Einführung des Yuan Ende des 19. Jahrhunderts. International war Silber die Hauptwährung, Gold kam aber manchmal ebenfalls zum Einsatz.

Für China war es besonders wichtig, die verschiedenen Systeme zu kennen, da das Land immer wieder von einem zum anderen wechselte,

12 In seinem hervorragenden Buch *The Chinese World Order: Traditional China's Foreign Relations* beschreibt der Historiker John Fairbank Chinas Beziehungen zu anderen Staaten folgendermaßen: »Zu der abgestuften, konzentrischen Hierarchie chinesischer Außenbeziehungen zählten andere Völker und Länder, die wir in die folgenden drei Hauptzonen untergliedern können: erstens die ›Sinozone‹, der die nächstgelegenen und kulturell ähnlichen tributpflichtigen Länder Korea und Vietnam angehörten, die in alten Zeiten innerhalb des chinesischen Kaiserreichs regiert worden waren, und auch die Ryūkyū-Inseln und kurzfristig Japan; zweitens die innerasiatische Zone, die aus tributpflichtigen Stämmen und Staaten von Nomaden- oder Halbnomadenvölkern Innerasiens bestanden, die nicht nur ethnisch und kulturell keine Chinesen waren, sondern auch außerhalb oder am Rande der Kulturzone der Chinesen angesiedelt, obwohl sie mitunter an der Chinesischen Mauer Druck ausübten; drittens die äußere Zone, der generell die ›äußeren Barbaren‹ (Wai-i) zuzuordnen waren, die geografisch (über Land oder Meer) weiter entfernt waren. Dazu zählten letztlich Japan und andere südost- oder südasiatische und europäische Staaten, von denen im Handelsverkehr Tribute erwartet wurden.«

was in verschiedenen Zeiten Wohlstand und Ruin zur Folge hatte – je nachdem wie das System gemanagt wurde. China erlebte gleich mehrere Zyklen 1) der Umstellung von harter Währung auf mit harter Währung unterlegtes Papiergeld (von Typ 1 auf Typ 2), woraufhin 2) das Vertrauen in die Währung zunahm, bis das Papiergeld schließlich ungedeckt zirkulierte (von Typ 2 auf Typ 3). Dann kam es 3) zum Zusammenbruch der Papierwährung, weil zu viel davon gedruckt worden war und das Vertrauen verloren ging, was zu einer Rückkehr zur harten Währung (von Typ 3 auf Typ 1) führte.

Wie in Kapitel 3 erläutert, gibt es drei grundlegende Arten von Währungssystemen. Bei der ersten, die ich als Währungssystem vom Typ 1 bezeichne, besitzt Geld einen Substanzwert (weil die Münzen aus Gold, Silber oder Kupfer bestehen). Bei der zweiten, die ich als Währungssystem vom Typ 2 bezeichne, ist Geld an Vermögenswerte mit Substanzwert gekoppelt (gewöhnlich in Form von Banknoten, die zu einem festen Kurs gegen Gold oder Silber eingetauscht werden können). Bei der dritten, dem Währungssystem vom Typ 3 oder Fiatwährungssystem, ist Geld an nichts Objektives mehr gebunden. Die folgende Grafik vermittelt stark vereinfacht, wie sich diese Währungssysteme in der chinesischen Geschichte seit der Tang-Dynastie immer wieder abgewechselt haben. Tatsächlich gab es in verschiedenen Teilen Chinas unterschiedliche Währungen, und mitunter wurden auch Münzen und Barren aus anderen Ländern verwendet (zum Beispiel der spanische Silberdollar Ende des 16. Jahrhunderts). Dennoch **ist die Grafik recht aufschlussreich und soll zeigen, dass China dasselbe Spektrum von Währungssystemen hatte wie die übrige Welt und dass diese im Grunde genauso funktionierten – insbesondere in Form von Zyklen, in denen aufgrund von Schuldenproblemen von der harten Währung abgegangen wurde, was zu Inflation, Hyperinflation und schließlich zur Rückkehr zu harter Währung führte.**

UMSTELLUNGEN ZWISCHEN VERSCHIEDENEN GELDARTEN IN DER CHINESISCHEN GESCHICHTE[13]

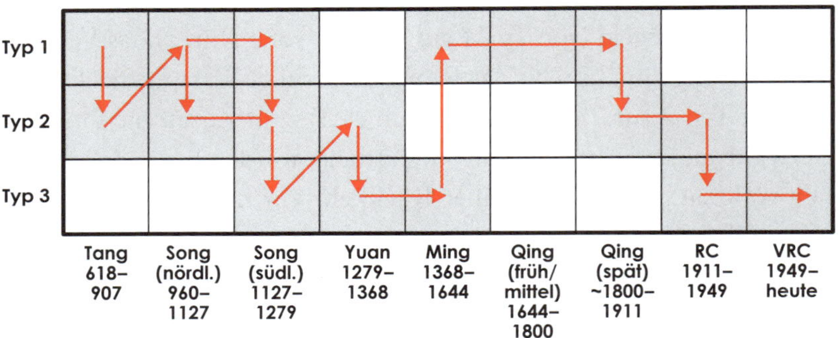

Als die Tang-Dynastie an die Macht kam, bestand Geld meist aus Kupfermünzen (also harter Währung). Doch ganz klassisch erwies sich das Angebot an harter Währung als Engpass – China wuchs rasch, und es gab nicht genug Kupfer, um ausreichend Geld bereitzustellen. Hinzu kam, dass Kupfermünzen nur einen geringen Wert hatten. Im Handel konnte es vorkommen, dass Kaufleute Hunderttausende von Kupfermünzen physisch befördern mussten, und das war unpraktisch. Aus diesem Druck heraus wurden die ersten Formen weicher geldartiger Instrumente erfunden. »Fliegendes Geld« für den Bargeldverkehr waren ursprünglich Bankwechsel (ähnlich wie Schecks), die die Kaufleute jedoch wie Geld in Umlauf brachten. Schließlich begann die Tang-Regierung, die Ausgabe und Verwendung zu beaufsichtigen.[14] Abgesehen davon liefen Geldgeschäfte im Alltag weiter hauptsächlich mit Kupfermünzen ab.

Richtiges Papiergeld (das allgemein als gesetzliches Zahlungsmittel konzipiert war) gab es erst etwas später in der chinesischen Geschichte.

---

13 Diese Grafik erstellte ich in Zusammenarbeit mit Professor Jiaming Zhu.

14 Diese Solawechsel glichen dem, was wir auch heute noch als Wechsel bezeichnen. Zuvor waren Solawechsel in variable Einheiten unterteilt, doch von der Regierung ausgegebene Papiere lauteten auf bestimmte Nennbeträge. Die Staatsverwaltung gab diese Wechsel (auch Jiaozi und Huizi genannt) gegen Münzen aus.

Im frühen 12. Jahrhundert unter der Song-Dynastie übernahm die Regierung die Geldschöpfungsindustrie und entwickelte das erste rohstoffbasierte Papiergeld. Dieses genoss bald breite Akzeptanz. Womit es unterlegt war, spielte eine untergeordnete Rolle. So begann eine Frühversion eines Fiatwährungssystems. Doch ähnlich wie Anleihen hatte das Papiergeld eine Laufzeit, nach der es eingezogen wurde.

Die Song-Dynastie erfand nicht nur das Fiatgeld, sondern druckte auch als Erste zu viel davon und wertete es ab. Mitte des 12. Jahrhunderts hatte das Song-Schatzamt aufgrund von Kriegen mit anderen Ländern und Revolten im eigenen Land mit hohen finanziellen Ansprüchen zu kämpfen. Wie im Niedergang eines Imperiums so üblich, druckte es lieber Fiatgeld, um Defizite zu finanzieren, als die Steuern zu erhöhen oder die Ausgaben zu senken. Das sollte vermieden werden, weil es die Unzufriedenheit noch geschürt hätte. Anfangs war die Monetarisierung der Defizite noch zu verkraften – die erste Fiatwährung, die Huizi-Noten, wurden erstmals 1160 in geringen Mengen ausgegeben und über 30 Jahre lang quasi zum Nennwert gehandelt. Doch bald schon druckte die Song-Regierung großzügiger, sodass sich die Menge in Umlauf befindlicher Huizi mehr als verdreifachte. Da das kaiserliche Schatzamt weiter durch innen- und außenpolitische Konflikte belastet blieb, verdreifachte sich die Geldmenge von 1209 bis 1231 beinahe erneut. Infolgedessen fiel der Marktwert des Papiergeldes (gemessen in realen Münzen) von 1195 bis in die 1230er-Jahre um mehr als 90 Prozent.

Dieselben Muster wiederholten sich mehrfach. Die Yuan-Dynastie, die sich durch die Metallwährung eingeschränkt fühlte, schuf eine neue Papierwährung (über die Marco Polo staunte), druckte dann aber zu viel davon, sodass ihr Wert letztlich verfiel. Auch die frühe Ming-Dynastie spürte die Einschränkungen durch die Metallwährung, führte Papiergeld ein, um die Errichtung eines neuen Staates zu finanzieren, druckte es im Übermaß und löste so irgendwann den Zusammenbruch der Währung aus. Das sind alles faszinierende Geschichten, auf die ich hier allerdings nicht im Detail eingehen kann.

Nach dem Scheitern des Fiatgelds zu Beginn der Ming-Dynastie verzichtete China bis ins 20. Jahrhundert auf weitere Experimente mit Papierwährungen. Stattdessen gab es in China ab der Mitte des 14. Jahrhunderts bis etwa 1933 verschiedene Arten von Metallmünzen, überwiegend aus Silber. Der Substanzwert dieses Silbers stellte den größten Teil ihres Wertes dar, wobei die Münzen selbst noch mit einer Prämie beaufschlagt wurden. In diesem Zeitraum prägte China die meiste Zeit über – mehr oder minder bis 1933 – selbst keine Münzen. Die Münzen stammten aus Spanien und später aus Mexiko und Nordamerika. 1933 beschlossen die Chinesen, eine eigene nationale Münze einzuführen, die in Umlauf kam. Zwei Jahre später beschloss die chinesische Regierung, den Yuan durch den Fabi zu ersetzen (was »gesetzliches Zahlungsmittel« bedeutet). Das war die Umstellung von einer Währung, die nicht gedruckt werden konnte, auf eine, bei der das möglich war. Der Fabi erfuhr eine immer rasantere Hyperinflation, weil die Regierung der Republik China im Zweiten Weltkrieg und in den anschließenden Endphasen des Chinesischen Bürgerkriegs zu viel davon druckte. Nach der Gründung der Volksrepublik China (VRC) wurde der Renminbi eingeführt, der bis heute in Gebrauch ist.

Chinas allgemeine wirtschaftliche Entwicklung begann mit einer überwiegenden Agrar- und Feudalwirtschaft, gefolgt von verschiedenen Inkarnationen der Produktion wie die Bronzezeit und die Eisenzeit. Die Chinesen entwickelten verschiedene Ansätze zum Außenhandel (überwiegend über die Seidenstraße). So entstand ein reicher Kaufmannsstand, was Zyklen hervorbrachte, im Zuge derer ein großes Wohlstandsgefälle zu Aufständen führte, in denen Vermögen eingezogen wurde. Da die chinesische Gesellschaft schon immer klug und fleißig war, brachten zahlreiche technische Innovationen die Wirtschaft voran. In verschiedenen Epochen der chinesischen Geschichte gab es auch privates Unternehmertum, was Zyklen hervorbrachte, in denen Wohlstandsunterschiede aufklafften, bis die Regierung auf verschiedenen Wegen Vermögen enteignete und umverteilte. China verzeichnete auch

Schuldenzyklen (wie in Kapitel 3 beschrieben), die sich aus denselben Gründen entwickelten. Innerhalb dieser großen Schuldenzyklen gab es stabile Phasen, in denen die Verschuldung nicht zu stark anwuchs, Blasenperioden mit Schuldenexzessen, Krisenzeiten, in denen das Geld nicht reichte, um Schulden zu bedienen, und Inflation (manchmal auch Hyperinflation), wenn Geld gedruckt wurde, um die Schuldenkrisen abzumildern.

Ein interessanter Aspekt: Während die meisten mächtigen Imperien über globale Reservewährungen verfügten, traf das auf Chinas mächtigste Dynastien nie zu.

Das hat seinen Grund:

- Bevor regelmäßig die Ozeane befahren wurden, gab es so etwas wie eine globale Reservewährung nicht (es wurde nur begrenzt gehandelt, und generell mithilfe von Edelmetallen). Im Laufe seiner Geschichte entwickelte sich China nie zu einem so ausgedehnten Imperium (einer »Weltmacht«), dass große Teile der Welt mit dem Land Geschäfte machen oder seine Solawechsel als Wertspeicher besitzen wollten. China errichtete auch nie ein Finanzzentrum, das mit den europäischen konkurrieren konnte, und war insgesamt längst nicht so kommerziell. Unter der Song-Dynastie hatte China bei der Finanzmarktentwicklung zwar einen Vorsprung (weil es die ersten Aktiengesellschaften gründete und Papiergeld einsetzte), doch im 17. Jahrhundert hinkte China bei der Finanz- beziehungsweise Kapitalmarktentwicklung weit hinter Europa her. Der Kommerz stand kulturbedingt bei der chinesischen Führung nicht so hoch im Kurs, sodass sich Handelsrecht und Finanzmärkte nicht so stark entwickelten. Aufgrund dieser Rückstände und seiner eher isolationistischen Politik fiel China auch bei der Innovation allgemein hinter Europa zurück, was wir an anderer Stelle noch näher beleuchten.

- Hinzu kommt, dass private Wirtschaft und Finanzmärkte in China nicht immer gleich stark Rückhalt fanden – in der Song- und Tang-Zeit mehr, in der Ming- und Qing-Zeit dagegen weniger, als die ersten globalen Handelsimperien entstanden. Infolgedessen waren die gesellschaftlichen und rechtlichen Gegebenheiten nicht so dazu angetan, Kapitalbildung und Investitionen zu fördern. (Zum Beispiel war das Unternehmensrecht längst nicht so hoch entwickelt wie in Europa, und chinesische Unternehmen waren in aller Regel Familienbetriebe.) Überdies zeigte der Staat insgesamt weniger Bereitschaft und Vermögen, in strategische Branchen zu investieren oder Innovation zu fördern. Dazu trug womöglich die konfuzianische Ideologie bei, da Kaufleute und Unternehmer von niedrigerem Stand waren als Gelehrte – eine Einstellung, die sich noch verstärkte, als sich unter der Ming- und Qing-Dynastie konservativere Strömungen des Konfuzianismus durchsetzten.

Während der inneren Unruhen und Kriege der 1920er- und 1930er-Jahre wuchs die Verschuldung drastisch an, was zu dem klassischen Zyklus führte, in dem die zugesicherten Zahlungen die Zahlungsfähigkeit deutlich überstiegen. Das löste verbreitete Ausfälle aus, was die klassische Abkehr vom Metallstandard zur Folge hatte und bewirkte, dass Metallmünzen und der Privatbesitz von Silber für ungesetzlich erklärt wurden. Wie bereits erläutert, **werden Währungen eingesetzt, um 1) Geschäfte im eigenen Land abzuwickeln, für die die Regierung das Kontrollmonopol besitzt (und die daher mit Fiatgeld oder gar mit Spielgeld ausgeführt werden können), und 2) im internationalen Geschäftsverkehr, in dem die Währungen echten Wert besitzen müssen oder nicht akzeptiert werden. Die Nagelprobe für den realen Wert einer Währung ist, ob diese international und im eigenen Land zum selben Wechselkurs aktiv verwendet und gehan-**

delt wird. Gibt es Kapitalverkehrskontrollen, die die freie Konvertierbarkeit der heimischen Währung im internationalen Zahlungsverkehr verhindern, ist diese Währung abwertungsanfälliger. Per definitionem gibt es für eine Reservewährung keine solchen Kontrollen. Vom Grundsatz her gilt daher: ● ***Werden für eine Währung Kapitalverkehrskontrollen eingeführt, sollte man diese tunlichst meiden – vor allem wenn im Inland große Schuldenprobleme vorliegen.***

China hatte in den 1930er-Jahren zwei Währungen: ein Fiatpapiergeld für Inlandsgeschäfte und eine Goldwährung für den internationalen Zahlungsverkehr. Das Fiatgeld wurde reichlich gedruckt und häufig abgewertet. Nach den Wirren des Zweiten Weltkriegs und des Chinesischen Bürgerkriegs wurden im Dezember 1948 die ersten Renminbi als Fiatwährung ausgegeben und in der Menge begrenzt, um die Hyperinflation zu beenden. 1955 folgte eine zweite Renminbi-Emission, 1962 eine dritte. Von 1955 bis 1971 war der Wechselkurs auf 2,46 Renminbi pro US-Dollar fixiert. In den 1970er- und 1980er-Jahren setzte dann neuerlich eine kräftige Inflation ein, ausgelöst von der globalen Abwertung von Geld im Verhältnis zu Gold 1971, dem globalen Inflationsdruck und dem Auslaufen der Preiskontrollen in China, den lockeren Kreditbedingungen und mangelnder Ausgabedisziplin bei staatseigenen Betrieben. 2005 wurde die Dollarbindung aufgehoben.

Die folgende Grafik zeigt, wie sich die Inflationsraten in China seit 1750 entwickelt haben, einschließlich der Perioden mit Hyperinflation. Die erste Epoche mit relativ stabiler Inflation war in erster Linie dem Umstand geschuldet, dass China Metall (Silber und Kupfer) als Geld verwendete, das nach Gewicht bewertet wurde. Nach dem Zusammenbruch der Qing-Dynastie erklärten sich Provinzen unabhängig und gaben eigene Silber- und Kupfermünzen aus, die ebenfalls nach Gewicht bewertet wurden. Aus diesem Grund kam es selbst in dieser Schreckenszeit nicht zu außergewöhnlich hohen Inflationsraten.

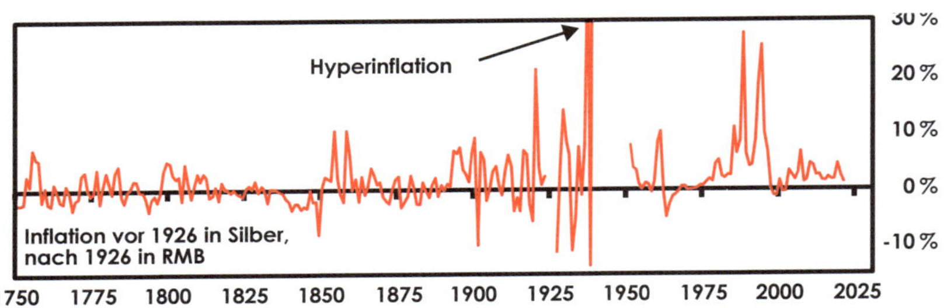

Die folgenden Grafiken weisen den Wert der chinesischen Währung in US-Dollar und Gold seit 1920 sowie die Inflations- und Wachstumsraten für diesen Zeitraum aus. Wie Sie sehen, gab es zwei größere Abwertungsphasen: die erste, als 1948 der neue Wechselkurs festgesetzt wurde, und dann eine zwischen 1980 und den 1990er-Jahren, als eine Reihe von Abwertungen vorgenommen wurden, um den Export zu fördern und Leistungsbilanzdefizite zu managen,[15] was sehr hohe Inflationsraten zur Folge hatte. Wie ersichtlich, war bis um 1978 ein relativ rasches, sprunghaftes Wachstum zu verzeichnen, im Anschluss dann ein rasches, aber nicht mehr so unberechenbares Wachstum, bis es dann durch die COVID-19-Pandemie unlängst eine Delle gab.

Während die meisten Chinesen eifrige Sparer sind und entsprechend risikobewusst, was sie von Haus aus dazu treibt, ihr Vermögen in sicheren liquiden Werten (wie Bareinlagen) und Sachwerten (wie Immobilien und eine gewisse Menge Gold) anzulegen, haben manche Anleger begrenzte Erfahrung mit risikoreicheren Anlagen wie Aktien und spekulativen Schuldtiteln und sind daher unter Umständen etwas naiv, lernen aber rasch dazu. Was nun aber die Kenntnisse der politischen Entscheidungs-

15 Die Abwertungen von 1985/86 und 1993 erfolgten nach einer Zeit der Öffnung des Handels und der Ausweitung von Sonderwirtschaftszonen. Diese Öffnungen sorgten für eine hohe Nachfrage nach ausländischer Währung und Importen, um Produktionskapazitäten aufzubauen. Bis diese Zonen zu deutlich mehr Exporten führten, sollten aber noch mehrere Jahre ins Land gehen. Diese Inkongruenz trug dazu bei, dass Chinas Leistungsbilanzdefizit anwuchs.

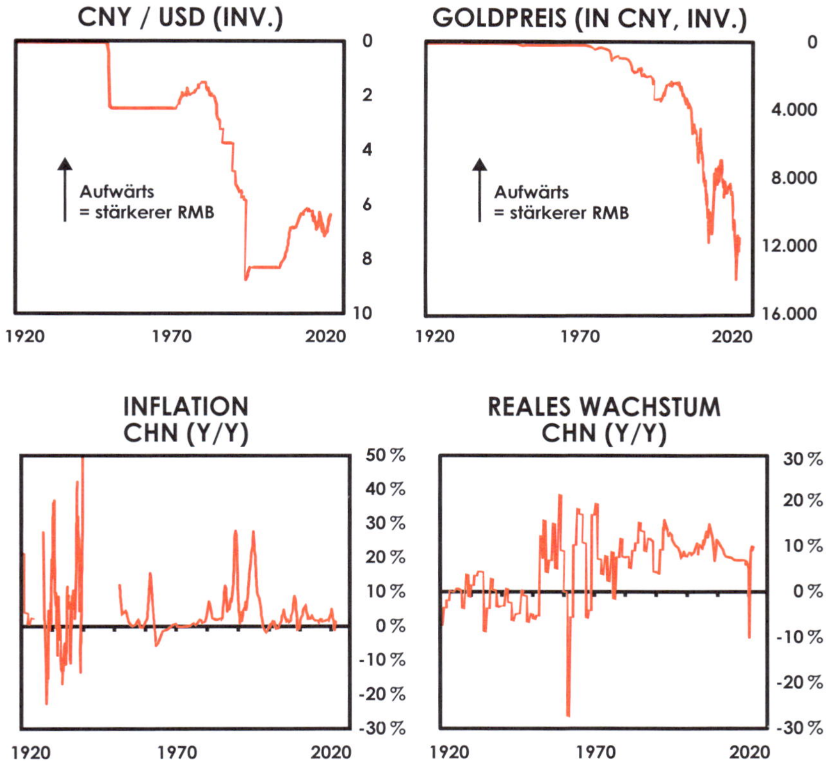

träger Chinas über Geld, Kredit, Geld- und Fiskalpolitik und die Umstrukturierung uneinbringlicher Forderungen angeht, so habe ich festgestellt, dass sie dazu ähnlich fundierte und zeitlose Ansichten haben wie zu allen anderen Aspekten ihrer Geschichte.

VON 1800 BIS HEUTE

Dazu gebe ich zunächst einen kurzen Überblick über die Periode zwischen 1800 und der Gründung der Volksrepublik China im Jahr 1949, analysiere die Mao-Zeit etwas genauer und werfe dann einen gründli-

cheren Blick auf die Zeitspanne vom Aufstieg Deng Xiaopings (1978–1997) und der Machtübernahme durch Xi Jinping (2012) bis heute. In Kapitel 13 wird es dann um die Beziehungen zwischen den USA und China gehen.

DER NIEDERGANG VON 1800 BIS 1949

Chinas Niedergang nach 1800 setzte ein, als a) die letzte Kaiserdynastie (die Qing-Dynastie) in Dekadenz verfiel und Schwäche zeigte, während b) die Briten und verschiedene andere westliche Länder erstarkten, was die Briten und andere Kapitalisten und Kolonialisten veranlasste, wirtschaftlich immer mehr Einfluss auf China auszuüben. Währenddessen c) brach Chinas Finanz- und Währungssystem unter einer Schuldenlast zusammen, die nicht mehr tragbar war. Dazu trug auch das Drucken von Geld bei, das dessen Wert kollabieren ließ. Gleichzeitig d) gab es im Inland Massenaufstände und Bürgerkriege. Dieser starke Rückgang im großen Zyklus, bei dem alle maßgeblichen Stärken in einen sich wechselseitig verstärkenden freien Fall gerieten, setzte sich von circa 1840 bis 1949 fort. Das Ende des Zweiten Weltkriegs 1945 hatte die Rückführung der meisten Ausländer aus China zur Folge (außer in Hongkong und Taiwan), und einen Bürgerkrieg, der entscheiden sollte, wie Vermögen und Macht aufzuteilen waren – also einen Krieg zwischen den Kommunisten und den Kapitalisten – in Festlandchina. **Diese lange Phase des Niedergangs war ein klassisches Beispiel für den archetypischen großen Zyklus. Daran schloss sich eine ebenso klassische Aufschwungphase eines großen Zyklus an, in der ein neuer Anführer an die Macht kommt, diese konsolidiert und mit dem Aufbau der grundlegenden Strukturen beginnt, die an nachfolgende Generationen weitergegeben werden, welche dann auf ihren jeweiligen Erfolgen aufbauen können.**

Wie bereits thematisiert, war das frühe 19. Jahrhundert die Zeit, in der Großbritannien aufstieg und weltweit expandierte – wodurch das

britische Empire mehr Berührung mit China bekam. Die British East India Company war an Tee, Seide und Porzellan aus China interessiert, weil diese Waren zu Hause sehr gut zu verkaufen waren. Doch die Briten konnten den Chinesen im Gegenzug nichts anbieten, was diese gern gekauft hätten, sodass sie für die begehrten Güter mit Silber bezahlen mussten, das damals eine Weltwährung war. Als den Briten das Silber ausging, schmuggelten sie aus Indien Opium nach China ein, das sie gegen Silber verkauften, welches sie dann verwendeten, um chinesische Waren zu erstehen. Die Chinesen wehrten sich und wollten dem Opiumverkauf Einhalt gebieten. Das führte zum Ersten Opiumkrieg (1839-1842), in dem **die technisch überlegene britische Marine die Chinesen letztlich besiegte. Daraufhin zwangen die Briten den Chinesen einen Vertrag auf, der ihnen Hongkong verschaffte sowie die Öffnung etlicher chinesischer Häfen für Händler aus Großbritannien (und in Folgeverträgen auch anderen Mächten) anordnete, allen voran Schanghai. Dadurch fielen letztlich große Teile Nordchinas Russland und Japan zu und das heutige Taiwan den Japanern.**

Die Qing-Regierung verschuldete sich kräftig im Ausland, um Aufstände im eigenen Land niederzuschlagen. Reparationen, insbesondere nach dem Boxeraufstand (einer Rebellion der Chinesen gegen Ausländer im Jahr 1901), stellten ebenfalls empfindlich hohe Verbindlichkeiten dar. Als der Aufstand scheiterte, forderten die siegreichen ausländischen Mächte den Gegenwert von rund 18.000 Tonnen Silber, strukturiert als Kredit über 40 Jahre, garantiert durch die Zolleinnahmen der von den Ausländern kontrollierten Häfen. Die finanziell ausgeblutete Qing-Regierung sah sich in den Jahrzehnten nach den Opiumkriegen mit zahlreichen Unruhen konfrontiert und wendete die letzten Ersparnisse auf, um deren Niederschlagung zu finanzieren. **Die Mischung aus 1) mangelnder Führungsstärke, 2) wackeliger Finanzlage, 3) innenpolitischen Unruhen, die die Produktivität beeinträchtigten und Geld und Menschenleben kosteten, 4) dem Kampf gegen ausländische Kräfte, der hohe finanzielle und menschliche Kosten verursachte,**

und 5) verschiedenen gewaltigen disruptiven Naturereignissen sorgte für einen sich wechselseitig und selbst verstärkenden Niedergang, das sogenannte Jahrhundert der Demütigung.

Wie stark diese Zeit die Ansichten chinesischer Spitzenpolitiker geprägt hat, ist leicht erkennbar und erklärt zum Beispiel, warum Mao im Kapitalismus ein System sah, in dem Unternehmen durch Imperialismus nach Gewinnen strebten (also durch die Kontrolle und Ausbeutung von Ländern, wie es die Briten und andere kapitalistische Mächte mit China gemacht hatten), wodurch sich die gierigen Eliten auf Kosten der Arbeitnehmer bereicherten. Mao betrachtete den Kapitalismus so ganz anders als ich, weil er ganz andere Erfahrungen damit hatte. Dabei treffen beide Sichtweisen zu. Der Kapitalismus hat mir und den meisten anderen Menschen, die ich kenne – auch Immigranten aus aller Welt –, ungeahnte Chancen eröffnet. Das Amerika, in dem ich aufgewachsen bin, war das Land der unbegrenzten Möglichkeiten, in dem man etwas lernen und sich einbringen konnte und dafür fair und potenziell unbegrenzt belohnt wurde. Diese Erfahrung, die Dinge von der Warte anderer zu betrachten, machte mir einmal mehr klar, wie wichtig radikale Aufgeschlossenheit und fundierter Widerspruch sind, wenn man die Wahrheit herausfinden will. Mich brachte das dazu, mich stärker mit dem Marxismus auseinanderzusetzen, um zu verstehen, warum er Mao und anderen als Philosophie sinnvoll erschien. Bis dahin hatte ich zu der Ansicht tendiert, ihn im besten Fall für unpraktikabel und im schlimmsten für eine mögliche üble Gefahr zu halten. Dabei wusste ich gar nicht, was Marx eigentlich gesagt hatte.

MARXISMUS-LENINISMUS ALS NEUER EINFLUSSFAKTOR

Bevor ich mich eingehender damit befasst hatte, hatte ich angenommen, der Marxismus-Leninismus sei ein funktionsuntüchtiges System, in dem Ressourcen in der Theorie verteilt würden nach dem Grundsatz »Jeder nach seinen Fähigkeiten, jedem nach seinen Bedürfnissen« – unproduktiv, weil es an Anreizen mangelte, erfinderisch zu werden und effizient zu arbeiten. Ich wusste nicht zu würdigen, dass Marx ein brillanter Kopf war, der ein paar gute Theorien und ein paar scheinbar schlechte aufgestellt hatte, die – wie er vermutlich selbst einräumen würde – von dem von ihm angestoßenen evolutionären System nicht ausreichend erprobt und optimiert waren. Heute frage ich mich, wie Marx, ein Pragmatiker, der daran glaubte, dass eine Philosophie einzig nach ihren Erfolgen oder Misserfolgen beurteilt werden sollte, das nahezu vollständige, universelle Scheitern des Kommunismus bewerten würde und wie das sein Denken verändert hätte.

Die Theorie beziehungsweise das System, das für Marx die größte Rolle spielte, wird als »dialektischer Materialismus« bezeichnet. Mit »dialektisch« ist gemeint, wie Gegensätze interagieren, um Veränderungen hervorzurufen, mit »Materialismus«, dass alles, was mit anderen Dingen mechanisch interagiert, einen materiellen (also physischen) Bestand hat. **Kurzum: Der dialektische Materialismus ist ein System, das Änderungen hervorbringen soll, indem es die »Widersprüche« der »Gegensätze« beobachtet und beeinflusst, die zu »Kämpfen« führen, deren Beilegung Fortschritt bewirkt. Dieses System wollte Marx auf einfach alles anwenden. Der Konflikt und Kampf zwischen den Klassen, der sich im Konflikt zwischen Kapitalismus und Kommunismus manifestiert, ist nur eines von vielen Beispielen.**

Für mich hört sich das in vieler Hinsicht richtig an.

Ich bin zwar kein Marxismus-Experte, doch der Prozess des dialektischen Materialismus gleicht durchaus dem Prozess, den ich für mich entdeckt und in meinem Buch *Die Prinzipien des Erfolgs* erläutert habe: den Kampf mit Konflikten, ihre Reflexion, die schriftliche Niederlegung der Grundsätze, die ich daraus ableite, und deren Optimierung – wieder und wieder, auf endlose, evolutionäre Weise, was ich als das »Durchlaufen von Schleifen« bezeichne. Anders formuliert: Ich bin der Überzeugung, dass der beste Ansatz darin besteht, aus Konflikten und Fehlern zu lernen und sich weiterzuentwickeln. Und wie mir scheint, sah Marx das genauso.

Meine Auffassung ist aber auch, dass der Kapitalismus – ein Anreizsystem, das die Einfallsreichsten und Produktivsten honoriert, mit Kapitalmärkten, die gute Kapitalallokationsentscheidungen belohnen und schlechte bestrafen – a) auf lange Sicht zu höherer Produktivität führt (und damit zu einem insgesamt größeren Kuchen), b) zu großen Wohlstandsunterschieden und c) zu Kapitalmärkten (vor allem Fremdkapitalmärkten), die in Schieflage geraten und zusammenbrechen können. Kommt es zu einem solchen Zusammenbruch eines Kapitalmarkts oder einer Wirtschaft, und es liegt gleichzeitig ein großes Wohlstands- und Wertgefälle vor, so führt das voraussichtlich in der einen oder anderen Form zu einer Revolution. Solche Umwälzungen können harmonisch und produktiv ausgehen, doch dem gehen meist heftige Konflikte und Zerstörung voraus. So weit gilt also, dass Marx und ich die Dinge offenbar gar nicht so viel anders sehen, aber wohl ganz andere Entscheidungen getroffen hätten und ganz andere Ansichten dazu gehabt hätten, was jeweils zu tun wäre. Wenn Sie mich fragen, a) ob mir lieber ist, was der Kapitalismus gebracht hat oder was der Kommunismus gebracht hat, und b) ob ich meine, dass unser heutiger kapitalistischer Kurs folgerichtiger ist als der bisher beobachtete kommunistische Weg, so würde ich mich in beiden Fällen für den Kapitalismus aussprechen. Fragen Sie mich aber, a) ob das kapitalistische und das kommunistische System reformiert werden müssen, damit der Kuchen effektiver wächst und gerechter verteilt wird, und b) ob Marx' Entwicklungsansatz des dialektischen Materialismus und mein 5-Schritte-Entwicklungsprozess im Großen und Ganzen ähnlich sind und die beste Methode für eine positive Entwicklung darstellen, würde ich diese beiden Fragen bejahen (ohne mich länger damit aufzuhalten, inwieweit sich unsere beiden Ansätze im Detail unterscheiden). Auch in Bezug auf das Wohlstandsgefälle teile ich die Ansicht, dass dieses historisch ein großes Problem ist und jedes System bedrohen kann. Ich glaube auch, dass Konflikte zu Kämpfen führen und dass deren Bewältigung Fortschritt hervorbringt. Konflikte zwischen Klassen (also den Vermögenden und den Habenichtsen) zählen meines Erachtens zu den Hauptttreibern für den Aufstieg und Niedergang von Imperien und daher für den Verlauf der Geschichte – wobei die Treiber die drei in diesem Buch bereits erläuterten großen Zyklen sind: Geld und Kredit sowie innere und äußere Ordnung beziehungsweise Unruhe.

All diese Zyklen hatten in sämtlichen maßgeblichen Ländern zwischen 1930 und 1945 ihre Abstiegs- und Konfliktphasen erreicht, was in China und in aller Welt Revolutionen und Kriege zur Folge hatte. Doch wie immer liefen sich die Kräfte des Niedergangs irgendwann tot, und es entstanden neue Ordnungen in einzelnen Ländern und in der Welt. Konkret endete der außenpolitische Krieg 1945. Damals wurden ausländische Truppen aus dem größten Teil Festlandchinas abgezogen. Im Anschluss fochten Chinas Kommunisten und Kapitalisten einen innenpolitischen Krieg aus, der 1949 endete. Das führte zu einer neuen inneren Ordnung: dem Kommunismus unter Mao. Versetzen Sie sich in Maos Lage im Zeitraum von 1900 bis 1949. Stellen Sie sich vor, wie er las, was Marx geschrieben hatte, und überlegen Sie, wie er in dieser Zeit und in der Zeit nach 1949 vorging. Es ist nachvollziehbar, dass Mao Marxist war und den etablierten, auf Harmonie ausgerichteten konfuzianischen Ansatz verachtete. Demokratie, wie wir sie kennen, ist in China nicht verankert. Der Legalismus mit seinem autokratischen Ansatz dagegen schon. Der Kapitalismus wiederum setzt sich inzwischen immer mehr durch und schlägt zunehmend Wurzeln.

Lenin baute auf Marx' Theorien auf, um einen zweistufigen Prozess zur Staatenbildung zu entwickeln, in dem es zunächst eine Vorhut der Arbeiterklasse im Zuge des »demokratischen Zentralismus« gibt (in dem nur Parteimitglieder stimmberechtigt sind), was nach und nach zu einem höher entwickelten kommunistischen Staat führt, in dem gemeinsames Eigentum an den Produktionsmitteln, soziale und wirtschaftliche Gleichheit und allgemeiner Wohlstand herrschen. **Mao fühlte sich von dem marxistisch-leninistischen Ansatz angesprochen,**

bei dem das Erreichen des kommunistischen Ideals am Ende eines langwierigen Entwicklungsprozesses stand. Diese Ansicht bekräftigte Deng Xiaoping in einem Fernsehinterview, das er 1986 mit dem US-Nachrichtenmagazin 60 Minutes führte. Darin sagte er, der von ihm eingeführte Kapitalismus sei mit dem Kommunismus nicht unvereinbar. »Dem Marxismus zufolge stützt sich die kommunistische Gesellschaft auf materiellen Überfluss … Nur wenn es materiellen Überfluss gibt, kann das Prinzip einer kommunistischen Gesellschaft – ›Jeder nach seinen Fähigkeiten, jedem nach seinen Bedürfnissen‹ – Anwendung finden. Der Sozialismus ist die erste Stufe des Kommunismus …« Mag sein, mag auch nicht sein. Die Zeit wird es weisen. Für mich hat bislang – in China oder anderswo – der Kapitalismus in diesem Wettbewerb eindeutig besser abgeschnitten. Doch zweifellos hat die chinesische Mischung aus Kommunismus und Kapitalismus in den vergangenen 40 Jahren wirtschaftlich Erstaunliches erreicht.

Im folgenden Abschnitt fasse ich in aller Kürze zusammen, was sich von 1949 bis heute abgespielt hat. Im Anschluss gehe ich dann näher auf die einzelnen Phasen ein.

DER AUFWÄRTSTREND VON 1949 BIS HEUTE

Stark vereinfacht können wir uns Chinas Entwicklung von 1949 bis heute als Ablauf in drei Phasen vorstellen:

1. **Die Mao-Phase von 1949 bis 1976**
2. **Die Deng- und Deng-Nachfolge-Phase von 1978 bis 2012**
3. **Die Xi-Jinping-Phase von 2012 bis heute**

In jeder Phase rückte China auf seinem langfristigen Entwicklungsbogen weiter vor und baute auf bisherige Leistungen auf. Kurz gesagt trug sich Folgendes zu:

- **Von 1949 bis zu seinem Tod im Jahr 1976 konsolidierte Mao (mit seinen verschiedenen Ministern, allen voran Zhou Enlai) seine Macht, baute Chinas Fundament an Institutionen, Regierungsführung und Infrastruktur auf und regierte China wie ein kommunistischer Kaiser.** Abgeschottet von der übrigen Welt, richtete sich China nach einem strengen kommunistischen System, in dem alles dem Staat gehörte und straff bürokratisch kontrolliert wurde. Unmittelbar nach dem Tod Maos und Zhou Enlais kam es 1976 bis 1978 zu einem Machtkampf zwischen der sogenannten Viererbande aus Hardlinern und den Reformisten. Deng Xiaoping und die Reformisten gingen daraus 1978 siegreich hervor, was die zweite Phase einleitete.
- **Deng und seine Minister regierten China direkt oder indirekt bis zu dessen Tod im Jahr 1997.** In dieser Phase ging China zu einem kollektiveren Führungsmodell über, öffnete sich der Außenwelt, führte marktwirtschaftliche/kapitalistische Praktiken ein und entwickelte sie weiter und wurde nicht nur finanzkräftiger, sondern auch in anderer, für die Vereinigten Staaten oder andere Länder nicht bedrohlich wirkender Hinsicht mächtiger. Um zu finanzieren, was seinerzeit als symbiotische Beziehung betrachtet wurde, in der die USA China preislich attraktive Produkte abkauften, liehen die Chinesen den Amerikanern Geld. Infolgedessen bauten die USA auf US-Dollar lautende Verbindlichkeiten auf, die Chinesen auf US-Dollar lautende Vermögenswerte. Nach Dengs Tod setzten seine Nachfolger Jiang Zemin und Hu Jintao (und ihre Regierungsmannschaften) diesen Kurs fort, sodass sich Chinas Wohlstand und Macht fundamental solide vergrößerte, ohne eine offensichtliche Bedrohung für die USA darzustellen. 2008 kam dann die globale Finanzkrise, die in den USA und anderen Industrieländern größere Spannungen um Wohlstand auslöste, den Unmut über die Abwanderung von Produktionsjobs nach China verstärkte und

in allen Ländern für mehr kreditfinanziertes Wachstum sorgte – auch in China.

- **2012 kam Xi Jinping an die Macht und herrschte über ein reicheres, mächtigeres China, das sich übermäßig verschuldete, zu korrupt wurde und mit den Vereinigten Staaten zunehmend in Konflikt geriet.** Er trieb Wirtschaftsreformen voran, nahm die Herausforderung an, gleichzeitig das Schuldenwachstum einzudämmen und die Wirtschaft aggressiv zu reformieren, förderte die Entwicklung führender Technologien und stellte sich zunehmend global auf. Er ging auch proaktiv gegen das Bildungsgefälle und die Einkommensungleichheit in China vor, setzte sich für Umweltschutz ein und konsolidierte die politische Kontrolle. Als die wachsende Macht Chinas und Xis ehrgeizige Ziele (zum Beispiel die Belt-and-Road-Initiative und der Plan »Made in China 2025«) deutlicher wurden, nahmen die Spannungen mit den USA zu – vor allem nachdem Donald Trump zum US-Präsidenten gewählt wurde (ein Populist/Nationalist, der im Wahlkampf versprochen hatte, der Abwanderung von Arbeitsplätzen in der Produktion aus den USA nach China einen Riegel vorzuschieben). Chinas Position im Verhältnis zu den USA war bald die einer rasch erstarkenden Macht, die die dominierende infrage stellt.

Lassen Sie uns das genauer betrachten.

PHASE 1: DER AUFBAU DES FUNDAMENTS (1949–1976)

Mao und die Kommunisten gewannen den Bürgerkrieg, gründeten 1949 die Volksrepublik China und konsolidierten rasch ihre Macht. Mao wurde de facto zum Kaiser mit dem Titel »Vorsitzender der Volksrepublik China« und Zhou Enlai zu seinem Premierminister (auch offiziell so genannt). Im eigenen Land setzte die neue Regierung zügig Verkehrs-

und Kommunikationsinfrastruktur instand und verstaatlichte das Bankensystem unter der Ägide der neuen Zentralbank, der People's Bank of China. Um die Inflation zu senken, drosselte sie die Kreditvergabe und stabilisierte den Wert der Währung. Außerdem verstaatlichte die Regierung die meisten Unternehmen und verteilte Ackerland von Großgrundbesitzern auf die Bauern um, die es bearbeiteten. Jeder erhielt einen Grundlohn, ob er arbeitete oder nicht. Das Leistungsprinzip spielte bei der Bezahlung keine Rolle. Die Absicherung, die dieses garantierte Grundeinkommen und die Nebenleistungen für alle boten, wurde kollektiv als »eiserne Reisschüssel« bezeichnet. Diese Eingriffe schufen zwar eine stabile Wirtschaft, aber wenig Motivation.

International schottete sich China ab. Dennoch sollte es nicht lange dauern, bis die neue Regierung in einen Krieg hineingezogen wurde. Wie in Kapitel 11 erläutert, teilte die neue Weltordnung von 1945 die Welt in zwei ideologische Hauptlager ein: die demokratischen Kapitalisten unter Führung der Vereinigten Staaten und die autokratischen Kommunisten unter Führung der Sowjetunion. Daneben gab es noch eine dritte Gruppe von Ländern, die sich zu keiner Seite bekannten. Viele dieser blockfreien Staaten waren kurz zuvor noch Kolonien gewesen, die meist dem im Niedergang begriffenen britischen Empire angehört hatten. China war eindeutig dem sowjetisch geführten Lager zuzurechnen. Am 14. Februar 1950 unterzeichneten Mao und Stalin einen Freundschafts-, Bündnis- und Beistandsvertrag, der Zusammenarbeit und gegenseitige militärische Unterstützung vorsah.

Am Ende des Zweiten Weltkriegs wurde Korea am 38. Breitengrad geteilt. Die Russen kontrollierten den Norden, die Amerikaner den Süden. Im Juni 1950 marschierte Nordkorea in Südkorea ein. Die Chinesen beteiligten sich zunächst nicht an den Kämpfen, weil sie eigene Probleme hatten und nicht in einen Krieg verwickelt werden wollten. In Abstimmung mit den Vereinten Nationen reagierten die Vereinigten Staaten, indem sie Truppen in den Kampf schickten. Der Krieg erreichte dadurch Nordkorea, das an China grenzt. Das nahmen die

Chinesen als Bedrohung wahr – umso mehr, als US-General Douglas MacArthur klargestellt hatte, dass er China angreifen werde. Obwohl die Sowjets und die Chinesen vereinbart hatten, sich gegenseitig zu unterstützen, wollte Stalin keinen Krieg mit den Vereinigten Staaten und griff China daher militärisch nicht so unter die Arme, wie es die Chinesen erwartet hatten. Die Chinesen waren für einen Krieg gegen die weit stärkere amerikanische (Atom-)Macht schlecht gerüstet, traten aber trotzdem in den Krieg ein und drängten die US-amerikanischen und UN-Streitkräfte an die zuvor gezogene Grenze zurück. Für Mao war das die erste große Herausforderung, die von den Chinesen als großer Sieg betrachtet wird.

Von der Gründung der Volksrepublik China im Jahr 1949 bis zum Tod Maos 1976 wuchs die chinesische Wirtschaft ziemlich rasch – mit einer durchschnittlichen Jahresrate von rund 6 Prozent. Die durchschnittliche jährliche Inflationsrate lag etwa bei 1 bis 2 Prozent, und das Land baute Devisenreserven in Höhe von circa 4 Milliarden US-Dollar auf. Das stellte zwar eine bescheidene Verbesserung dar, doch China war und blieb arm. Und die Entwicklung verlief alles andere als gleichmäßig. Für Volatilität sorgten insbesondere folgende Faktoren:

- Von 1952 bis 1957 erhöhte sich die Industrieproduktion mit sowjetischer Unterstützung um 19 Prozent pro Jahr, das Nationaleinkommen stieg um 9 Prozent pro Jahr und die Agrarproduktion um 4 Prozent pro Jahr. Die chinesische Regierung errichtete Industrieanlagen und importierte viel Technik aus der Sowjetunion. Sie reformierte auch die landwirtschaftlichen Praktiken und Methoden, indem sie Kooperativen einrichtete, die den Bauern Skalenvorteile durch Zusammenarbeit verschaffen sollten. Das waren sehr produktive Jahre. Doch nach Stalins Tod im Jahr 1953 kam Nikita Chruschtschow an die Macht, kritisierte Stalin und dessen Politik und stieß Mao vor den Kopf, was zur Folge hatte, dass sich beide Staatschefs – der chinesische und der sowjetische – offen attackierten. In der Folgezeit kam weniger Unterstützung von der Sowjetunion.

- Um 1960 wurde die Sowjetunion vom Verbündeten zum Gegner und entzog China sämtliche Wirtschaftshilfen.
- Von 1958 bis 1962 schrumpfte die Wirtschaft um 25 Prozent, was auf eine Dürre, Misswirtschaft durch den von oben verordneten Versuch, zur Industriemacht zu werden (der »große Sprung nach vorn«), und rückläufige Wirtschaftshilfe aus der Sowjetunion zurückzuführen war. Schätzungsweise 16 bis 40 Millionen Menschen verhungerten. Schätzungen lassen vermuten, dass die Industrieproduktion in diesem Zeitraum von dem Höchststand im Jahr 1959 um etwa 36 Prozent zurückging. Die Historiker sind sich darin einig, dass das eine schlimme Zeit war – gewisse Uneinigkeit herrscht aber darüber, in welchem Maße Maos Misswirtschaft dazu beitrug und in welchem Maße andere Ursachen.
- Von 1963 bis 1966 erholte sich die Wirtschaft und knackte neue Rekorde. Doch dann kam die Kulturrevolution.

Wie für jeden klassischen Zyklus typisch, wurden Zweifel an Maos Führung und Ideologie laut. Da die meisten chinesischen Kaiser von ihren eigenen Leuten gestürzt wurden, musste sich Mao (wie alle anderen auch) dieser Gefahr bewusst gewesen sein. Daher betrieb er von 1966 bis 1976 eine politische Umwälzung, die er Kulturrevolution nannte, um die Klassenverhältnisse in Ordnung zu bringen und den Maoismus zu stärken. Mao gewann den politischen/ideologischen Kampf, schaltete seinen Rivalen Lin Biao aus, der nach einem gescheiterten Staatsstreich, den er angeblich organisiert haben sollte, bei einem Flugzeugabsturz ums Leben kam. Das »Mao-Zedong-Denken« wurde in der Verfassung festgeschrieben. Maos Triumph kam das Land aber teuer zu stehen. Die Kulturrevolution schadete nicht nur der Bildung, sondern beeinträchtigte das Leben vieler oder kostete sie dieses sogar (die Schätzungen reichen von Hunderttausenden bis hin zu ganzen 20 Millionen Toten). Auch versetzte sie der chinesischen Wirtschaft einen herben Schlag. Anfang der 1970er-Jahre stabilisierte sich die Lage unter der operativen Leitung von Premierminister Zhou Enlai allmählich. 1969 kam es an der Grenze zu Zusammenstößen zwischen chinesischen und russischen Soldaten.

1971 war für China ein Jahr mit großen Veränderungen. Die Kulturrevolution brachte Unruhe ins Land, und Maos Gesundheitszustand verschlechterte sich. Unter anderem deshalb übernahm Zhou Enlai im Hintergrund immer mehr die Führung. 1973 wurde er zum »stellvertretenden Vorsitzenden der kommunistischen Partei« gewählt und schien damit der designierte Nachfolger Maos zu sein. 1971 wurde China aber auch von der Sowjetunion bedroht, die militärisch deutlich überlegen war und mit China eine 4.000 Kilometer lange Grenze teilte, an der die Konflikte zunahmen. 1975 ging Russland, nachdem sich die US-Amerikaner aus Vietnam zurückgezogen hatten, das auf 1.500 Kilometern an Südchina grenzte, ein Bündnis mit Vietnam ein und stationierte dort Truppen und Waffen. Maos geopolitischer Grundsatz besagte, dass man den größten Feind erkennen, dessen Verbündete neutralisieren und von ihm wegtreiben musste. Den größten Feind Chinas sah Mao in der Sowjetunion. Er erkannte, dass sich die Sowjets in einem kalten Krieg mit den Vereinigten Staaten befanden, der durchaus noch heißer werden konnte. Das veranlasste ihn zu einer strategisch motivierten Kontaktaufnahme. Henry Kissinger zufolge sollen chinesische Amtsträger gesagt haben: »Das Letzte, was die US-amerikanischen Imperialisten wollen, ist ein Sieg sowjetischer Revisionisten in einem sino-sowjetischen Krieg, denn dann [könnten die Sowjets] ein nach Ressourcen und Arbeitskräften weit mächtigeres Imperium aufbauen als das amerikanische.«

Ich weiß außerdem, dass der Reformer Zhou Enlai bereits seit Jahrzehnten eine strategische Beziehung zu den Vereinigten Staaten aufbauen wollte, denn das hat mir ein enger chinesischer Freund erzählt: Ji Chaozhu, 17 Jahre lang Zhou Enlais Dolmetscher, auch bei dessen ersten Gesprächen mit Kissinger.[16] China wollte eine Beziehung zu den Vereinigten Staaten begründen, um die russische Gefahr zu neutralisieren und seine geopolitische und wirtschaftliche Position zu verbessern. **Weil es 1971 eindeutig im Interesse Chinas und der Vereinigten Staaten lag, Beziehungen aufzunehmen, streckten beide Länder ihre Fühler aus.** Im Juli 1971 reiste Kissinger nach China – und im Februar 1972 dann US-Präsident Richard Nixon. Im Oktober 1971 erkannten die Vereinten Nationen die kommunistische Regierung Chinas unter Maos Führung an und gaben China einen Sitz im UN-Sicherheitsrat. **Während Nixons Chinaaufenthalt unterzeichneten Nixon und Zhou Enlai das Schanghai-Kommuniqué. In diesem Vertrag erklärten die USA, sie »erkennen an, dass alle Chinesen auf beiden Seiten der Taiwanstraße feststellen, dass es nur ein China gibt und Taiwan Teil von China ist.** Diese Position zieht die Regierung der Vereinigten Staaten nicht in Zweifel. Sie bekräftigt ihr Interesse an einer friedlichen Beilegung der Taiwan-Frage durch die Chinesen selbst«. **Trotz dieser Zusicherungen ist die Wiedervereinigung mit Taiwan nach wie vor die hartnäckigste Streitfrage zwischen China und den USA.**

Nach diesen ersten Schritten näherten sich die USA und China an und nahmen erste Handels- und andere Beziehungen auf.

Im Januar und im September 1976 verstarben zunächst Zhou Enlai und dann Mao, und das kommunistische China stand vor seiner ersten Nachfolgekrise. Von 1976 bis 1978 lieferte sich die Viererbande (konservative Hardliner, die für die Kulturrevolution eingetreten waren)

---

16 Ji Chaozhu war bis zum Studium in Harvard in den Vereinigten Staaten aufgewachsen. Sein Bruder stand Zhou Enlai nahe, und dieser hatte besagten Bruder mit Ji Chaozhu in die Vereinigten Staaten geschickt, um zu versuchen, gute Beziehungen zu den Amerikanern aufzubauen. Als der Koreakrieg ausbrach, kehrte er nach China zurück, wurde Zhous Dolmetscher und gehörte später der ersten chinesischen Delegation bei den Vereinten Nationen an. Außerdem war er chinesischer Botschafter in England. Viel von dem, was er mir erzählte, behalte ich für mich, weil ich es als vertraulich betrachte. Diese Information aber nicht.

einen Machtkampf mit Reformern (die wirtschaftliche Modernisierung und eine Öffnung nach außen anstrebten). Die Reformer konnten sich durchsetzen, und 1978 setzte sich Deng Xiaoping an die Spitze.

PHASE 2: DENG UND SEINE NACHFOLGER ERSTARKEN DURCH WIRTSCHAFTSREFORMEN UND ÖFFNUNG, OHNE DADURCH ANDERE LÄNDER ZU BEDROHEN (1978–2012)

Deng Xiaoping war 74 Jahre alt und konnte auf einen großen Erfahrungsschatz zurückgreifen. Von 1978 bis zu seinem Tod im Jahr 1997 ließ sich seine Politik im Wesentlichen mit zwei Begriffen zusammenfassen: Reform und Öffnung. Mit »Reform« waren marktwirtschaftliche Reformen gemeint. Die Märkte sollten genutzt werden, um Ressourcen zu verteilen und Menschen Anreize zu geben. »Öffnung« bedeutete Interaktionen mit der Außenwelt, um zu lernen, besser zu werden und Handel zu treiben. Damit hielt der Kapitalismus Einzug in den Kommunismus. China war nach wie vor extrem arm – sein Pro-Kopf-Einkommen lag unter 200 US-Dollar pro Jahr. Deng wusste, seine Maßnahmen würden China finanziell stärken, wenn sie nicht durch weitaus mächtigere ausländische Kräfte vereitelt würden, die wollten, dass China schwach blieb. Es ging also darum, seine Ziele so zu verfolgen, dass andere davon profitierten und sich nicht bedroht fühlten. **1979 nahm er umfassende diplomatische Beziehungen zu den USA auf.**

Schon sehr früh entwarf Deng einen 70-Jahres-Plan, der vorsah, a) die Einkommen zu verdoppeln und sicherzustellen, dass die Bevölkerung bis Ende der 1980er-Jahre genügend Nahrung und Kleidung besaß, b) das Pro-Kopf-BIP bis Ende des 20. Jahrhunderts zu vervierfachen (was 1995 erreicht wurde – fünf Jahre vor dem Plan) und c) das Pro-Kopf-BIP bis 2050 (dem 100. Jahrestag der Volksrepublik China) auf ein Niveau zu erhöhen, wie es einem Land auf mittlerem Entwicklungsstand entsprach. Er machte klar, dass China diese Ziele mit einer »sozialistischen Marktwirtschaft« erreichen werde, die er

auch als »Sozialismus chinesischer Ausprägung« bezeichnete. Diesen radikalen Schnitt machte er, ohne dabei den Marxismus/Leninismus zu kritisieren. Wie bereits erwähnt, sah er tatsächlich keinen fundamentalen Widerspruch zwischen den beiden Systemen, sondern betrachtete sie durch die Linse des dialektischen Materialismus als auflösbare Gegensätze, die dazu beitragen würden, auf dem langen Entwicklungsbogen hin zum Idealzustand des Kommunismus voranzukommen.

Während seiner Amtszeit reformierte Deng auch die Entscheidungsstrukturen der Regierung. Insbesondere bestimmte nicht mehr ein Einzelner (vordem Mao) über den Entscheidungsprozess, sondern es wurde im ständigen Ausschuss des Politbüros darüber abgestimmt, wenn kein Konsens erreicht werden konnte. Auch das System zur Auswahl der Mitglieder des ständigen Politbüroausschusses veränderte Deng: Während diese zuvor vom obersten Führer persönlich ausgewählt worden waren, sollten künftige Kandidaten – generell qualifizierte Regierungsbeamte – nach Rücksprache und in Verhandlung mit erfahrenen altgedienten Parteimitgliedern bestellt werden. Um seine neue Regierungsphilosophie zu institutionalisieren, setzte Deng die neue chinesische Verfassung auf, die 1982 verabschiedet wurde. Diese neue Verfassung bewirkte auch verschiedene Veränderungen, um Wirtschaftsreformen zu ermöglichen und die Politik der offenen Tür zu fördern, die Deng vorschwebte. Sie legte eine Begrenzung der Amtszeit für Spitzenpolitiker fest (auf zwei Fünf-Jahres-Perioden) und sollte von autokratischen Entscheidungen abhalten, indem sie seine »demokratisch-zentralistische Politik der kollektiven Führung« formalisierte. Die neue Verfassung sah auch mehr Religions-, Meinungs-, Rede- und Pressefreiheit vor, um die Chinesen zu ermuntern, »in Fakten nach der Wahrheit zu suchen«. **Diese Reformen ermöglichten die erste ordentliche Machtübergabe an den ständigen Ausschuss des Politbüros der nächsten Generation unter Leitung von Jiang Zemin und später Hu Jintao, die nach den vorgeschriebenen Fünf-Jahres-Zeiträumen abtraten. Jedes neue Führungsteam hielt sich an Dengs grundlegenden Kurs, China reicher**

und mächtiger zu machen, indem die Wirtschaft marktorientierter/kapitalistischer gestaltet, Chinas Handel mit anderen Ländern ausgebaut und von diesen gelernt wurde. Diese anderen Länder waren über ihre Interaktionen und Handelsbeziehungen zu China eher erfreut, als dass sie sich bedroht fühlten.

Aber auch die Rückgewinnung der im Jahrhundert der Demütigung verlorenen Gebiete war ein ausgesprochen wichtiges langfristiges Ziel. 1984, nach langem Hin und Her mit den Briten, wurde vereinbart, dass Hongkong 1997 an China zurückfallen sollte – im Rahmen des Ansatzes »Ein Land, zwei Systeme«. 1986 einigte sich China mit Portugal über die Rückgabe Macaus an China im Jahr 1999.

1984 hatte ich meine erste direkte Berührung mit China. Ich besuchte das Land auf Einladung der China International Trust Investment Corporation (CITIC), Chinas einzigem Unternehmen, dem es gestattet war, frei mit der Außenwelt Geschäfte zu machen. Die Geschäftsführung hatte mich gebeten zu erklären, wie die globalen Finanzmärkte funktionieren. Das Unternehmen war im Zusammenhang mit Dengs Reformen und Öffnungsmaßnahmen gegründet worden und wurde von Rong Yiren geleitet, einem alten chinesischen Kapitalisten, der auch nach der Verstaatlichung seines Familienbetriebs in China bleiben wollte.

Damals war China ausgesprochen arm und rückständig. Allerdings war mir sofort klar, dass die Menschen dort clever und zivilisiert waren, obwohl die Armut weit verbreitet war. Diesbezüglich unterschied es sich von den meisten anderen unterentwickelten Ländern, in denen ich gewesen war, denn dort schienen die Armen in einer anderen Zeit zu leben. Chinas Rückständigkeit war die Folge des allgemein mangelnden Zugangs zu Dingen, die in anderen Teilen der Welt verfügbar waren, und seines demotivierenden Systems. So verschenkte ich damals Taschenrechner für 10 Dollar, die selbst die hochrangigsten Chinesen für Wunderdinge hielten. Gleichzeitig befanden sich sämtliche Unternehmen (bis hin zum kleinen Restaurant) in staatlicher Hand und waren bürokratisch organisiert. Ein Chinese konnte sich seinen Arbeitsplatz nicht aussuchen, und seinen Beruf noch weniger. Finanzielle Anreize für gute Leistungen gab es nicht. Es gab auch keinen Privatbesitz, etwa eigene Immobilien, und man hatte keinerlei Berührungspunkte mit bewährten Verfahren und Produkten, die die Welt zu bieten hatte.

Weil ich wusste, dass die Abschottung der Grund für Chinas Armut war, war ich überzeugt, dass sich der Lebensstandard dort dem der Industrieländer angleichen würde, sobald sich das Land öffnete – so wie Wasser, wenn es nicht künstlich zurückgehalten wird, den gleichen Pegel erreicht. Das war unschwer vorstellbar. Ich weiß noch, wie ich im zehnten Stock des »Schokohauses« von CITIC einen Vortrag hielt. Ich zeigte aus dem Fenster auf die zweistöckigen Gebäude, die die *Hutongs* (engen Gassen) unter uns säumten, und erklärte meinem Publikum, dass schon bald Wolkenkratzer an ihrer Stelle stehen würden. »Sie kennen China nicht«, erklärten meine Zuhörer ungläubig. Und sie wüssten nicht um die Macht wirtschaftlicher Arbitrage, die infolge der Öffnung aufkommen würde, konterte ich.

Die Öffnung gab einer großartigen natürlichen Chance Raum, die die Chinesen optimal nutzten und Leistungen brachten, die selbst meine höchsten Erwartungen noch übertrafen. Das gelang ihnen durch die Durchführung und Umsetzung von Dengs Reformen, unterfüttert durch einzigartig chinesische kulturelle Einflüsse. Das erklärte Ziel, das mir in diesen frühen Tagen der Reform häufig genannt wurde, war, »die eiserne Reisschüssel zu zerschlagen«, die nicht länger demotivierende garantierte Beschäftigung und gesicherte Grundleistungen bieten sollte, und sie durch eine stärker anreizorientierte Vergütung zu ersetzen. Auch die Globalisierung tat das Ihre dazu. Die Welt wollte China aufnehmen.

Deng war ausgesprochen lernbegierig und wies seine politischen Entscheider an, so wie er von anderen zu lernen. Vor allem hörte er auf den Rat von Lee Kuan Yew aus Singapur und anderen Spitzenpolitikern der kulturell nahestehenden »asiatischen Tigerstaaten«. Ich kann mich noch an ein Essen mit dem Chef des chinesischen Handelsministeriums erinnern, bei dem er mich mit Detailwissen über den

Betrieb des Flughafens von Singapur überschwemmte (bis hin dazu, wie lange Passagiere warten mussten, um ihr Gepäck in Empfang zu nehmen), darüber, wie Singapur solche Erfolge gelungen waren, und wie China diese Praktiken übernehmen würde. Viele Jahre später durfte ich Lee Kuan Yew bei mir zu Hause in einer illustren Runde als Gast begrüßen. Wir fragten ihn, wie er über die derzeitigen und früheren Staatschefs dachte. Seine Ansichten interessierten uns sehr, denn schließlich hatte er über die vergangenen 50 Jahre die meisten von ihnen persönlich kennengelernt und gehörte dazu. Ohne zu zögern erklärte er, Deng sei der größte Staatschef des 20. Jahrhunderts. Warum? Weil er klug, weise und aufgeschlossen gewesen sei, extrem pragmatisch, und weil er für eine Milliarde Menschen, die in seinem Land lebten, enorm viel erreicht habe.

Als sich Deng 1987 offiziell aus dem ständigen Ausschuss des Politbüros zurückzog, blieb er de facto Staatschef von China, das sich in atemberaubendem Tempo weiter öffnete und kapitalistischer wurde. Ich hatte im Laufe der Jahre geringfügig Anteil an dieser Entwicklung. 1989 stellte mich meine Freundin bei CITIC, Wang Li (die für den Anleihenhandel zuständig war), einer Gruppe von Leuten vor, die wie sie selbst dazu ausersehen worden waren, die Organisation aufzubauen, die die ersten Aktienmärkte im neuen China begründen sollte (der Stock Exchange Executive Council, kurz SEEC). Sie waren auf Betreiben des visionären Wirtschaftsreformers und Historikers Wang Qishan von sieben Unternehmen ernannt worden.

China war nach wie vor bitterarm, und das SEEC-Büro war in einem schäbigen Hotel untergebracht, weil der Gruppe angemessene Mittel fehlten. Doch sie hatte, worauf es am meisten ankam: eine klare Mission, große Veränderungen anzustoßen, fähige Köpfe von einwandfreiem Charakter, die nötige Aufgeschlossenheit, um rasch dazuzulernen, und die Entschlossenheit, ihre Ziele zu erreichen. Für sie war das nicht nur ein Job, es war eine hehre Mission, die Lage in ihrem Land zu verbessern. Ich half ihnen gern. Über die folgenden Jahrzehnte verfolgte ich, wie sie und viele andere die chinesischen Finanzmärkte zu den größten der Welt ausbauten.

Dann kam ein Schock, der für viele alles infrage stellte. 1989 wuchs sich eine Bewegung zur Demokratisierung Chinas zu Demonstrationen aus, die im sogenannten Massaker am Platz des Himmlischen Friedens brutal niedergeschlagen wurden. Die Führung war uneins darüber, wie sie mit dieser Bewegung umgehen sollte. Letztlich war es Deng, der entschied, die Konservativen an den liberalen Kräften vorbei durchgreifen zu lassen. Die meisten Chinesen, mit denen ich damals sprach, befürchteten, China würde wieder in das alte Verhaltensmuster der Zeiten Maos und der Viererbande zurückfallen. Seinerzeit weilte zufällig gerade eine enge Freundin von CITIC zu Besuch bei meiner Familie: Madame Gu, deren Bruder der chinesische Verteidigungsminister war. Auf diese Weise konnte ich die Entwicklung aus ihrer Sicht und auch aus Sicht anderer chinesischer Freunde verfolgen. Madame Gu war in den ersten Jahren nach der »Befreiung« eine idealistische Mao-Anhängerin gewesen. In der Kulturrevolution verlor sie durch die Verfolgungen ihren Mann und wurde von Freunden gemieden. Sie überwand diese schlimme Erfahrung, setzte sich fortan für das Land ein, das sie liebte, und stieg bei CITIC in eine hohe Position auf. Sie weinte bei der Aussicht auf eine Wiederkehr der schrecklichen alten Zeiten. Was auf dem Platz des Himmlischen Friedens geschah, warf die Beziehungen der meisten Länder zu China stark zurück, hielt Deng und seine Regierung aber nicht davon ab, den Reformkurs fortzusetzen. Mit der Zeit gelangten die meisten meiner chinesischen Freunde, die über das brutale Vorgehen untröstlich gewesen waren, zu der Überzeugung, die Regierung habe richtig gehandelt. Sie hatten nämlich vor nichts mehr Angst als vor revolutionären Unruhen.

Im anschließenden Jahrzehnt wuchs die Wirtschaft kräftig weiter, und die Handels- und anderweitigen Beziehungen zum Westen waren so gut wie nie zuvor. Die einsetzende Globalisierung, die China enorm voranbrachte, ist zeitlich wohl im Jahr 1995 zu verorten, nach der Gründung der Welthandelsorganisation (WTO). (Diese Epoche endete de facto mit der Wahl Donald Trumps zum US-Präsidenten im Jahr 2016.) China trat der WTO 2001 bei, und seine Stellung im Welthandel entwickelte sich rasant. In jenem Jahr war das Handelsvolumen der Vereinigten Staaten mit 80 Prozent der WTO-Mitgliedsländer größer als das chinesische. Inzwischen ist China für rund 70 Prozent dieser Länder ein größerer Handelspartner als die Vereinigten Staaten.

Im Zeitalter der Globalisierung entstand eine symbiotische Beziehung zwischen China und den USA: Die Chinesen stellten extrem kostengünstig Konsumgüter her und liehen den USA Geld, um sich diese zu kaufen. Für die Amerikaner war das ein fantastisches Geschäft nach dem Motto »Jetzt kaufen, später bezahlen«, und den Chinesen gefiel, dass sie auf diese Weise Ersparnisse in der globalen Reservewährung aufbauen konnten. Ich fand es seltsam, dass die Chinesen, deren Verdienst im Schnitt etwa ein Vierzigstel des US-amerikanischen betrug, den Amerikanern Geld liehen. Schließlich sind reiche Leute doch gewöhnlich eher in der Lage, Kredit zu geben, als arme. Die Erkenntnis, wie bereitwillig sich die Amerikaner verschuldeten, um Konsumexzesse zu finanzieren, und wie viel höher der Stellenwert war, den das Sparen bei den Chinesen genoss, war für mich ein Schock. Mir wurde dadurch außerdem bewusst, wie Schwellenländer, die ihre Ersparnisse in den Anleihen oder Schuldtiteln der führenden Reservewährungsländer anlegen, diese Länder in die Überschuldung treiben können.

1992 spitzte sich die Krise durch Chinas »Schuldendreieck« zu. Sie wurde durch Schulden- und Wirtschaftsprobleme ausgelöst, die dadurch entstanden, dass Chinas fünf große staatseigene Banken Kredite an große, ineffiziente und unrentable Staatsbetriebe vergaben, die implizit von der Zentralregierung garantiert wurden. Zhu Rongji, ein mutiger Reformer an der Parteispitze, trieb federführend die Umstrukturierung der Wirtschaft voran, um diese effizienter zu gestalten. Dieser Prozess war höchst umstritten und schadete vielen, die vom bisherigen System profitiert hatten. Es bedurfte daher großer Kühnheit und Raffinesse und Unterstützung von ganz oben, um ihn umzusetzen. Bewährte Verfahren (zum Beispiel die Einrichtung sogenannter Bad Banks, um faule Kredite zu übernehmen und abzuwickeln) wurden eingeführt und auf chinesische Bedürfnisse zugeschnitten. Zhu wurde 1998 Premierminister und führte in dieser Funktion aggressiv weitere Reformen zur Modernisierung der chinesischen Wirtschaft und der Steigerung ihrer Effizienz durch, bis er 2003 aus dem Amt schied. Viele seiner ehemaligen Mitstreiter sind heute leitende Wirtschaftspolitiker Chinas.

1995 schickte ich meinen elfjährigen Sohn Matt nach China, wo er bei Madame Gu und ihrem Mann wohnte. Er besuchte eine damals arme einheimische Schule *(Shi Jia Hu Tong Xiao Xue).* Matt war, seit er drei Jahre alt war, schon oft mit mir in China gewesen und kannte Madame Gu inzwischen gut. Er sprach aber kein Chinesisch, das er durch Immersion lernen sollte. Obwohl seine Schule nicht viel Geld hatte (so wurde sie zum Beispiel erst ab Ende November beheizt, sodass die Kinder im Klassenzimmer ihre Jacken anbehielten), unterrichteten dort fähige, engagierte Lehrer, die den Kindern eine hervorragende umfassende Bildung vermittelten, zu der auch Charakterentwicklung zählte. Matt musste zwar auf gewohnten Komfort verzichten (so konnte er beispielsweise nicht warm duschen, weil es in dem alten Apartmenthaus, in dem er wohnte, nur an zwei Tagen in der Woche Warmwasser gab), wurde aber hervorragend ausgebildet, betreut und in seiner Entwicklung besser gefördert, als es an unserem reichen Wohnort der Fall gewesen wäre. Er entwickelte enge Bindungen zu seinen Lehrern und Freunden, die bis heute Bestand haben. Diese Erfahrung veranlasste ihn dazu, eine Stiftung für chinesische Waisenkinder zu gründen, die er zwölf Jahre lang leitete. Etwa zur selben Zeit **stellte ich ein chinesisches Team ein, das Kapital institutioneller amerikanischer Investoren in chinesischen Unternehmen anlegen sollte. Dieses Projekt führte ich mehrere Jahre lang fort, musste es dann aber aufgeben, weil mich die Leitung von Bridgewater zu sehr beanspruchte.**

1995 bis 1996 wurde allgemein bekannt, dass Dengs Gesundheit nachließ. Die chinesische Führung befürchtete, sein Tod könne als Gelegenheit erachtet werden, die chinesische Autorität infrage zu stellen. Vor allem sorgte sie sich, dass die Taiwanesen ein Referendum für Unabhängigkeit abhalten könnten. Der Präsident der Republik China auf Taiwan, Lee Teng-hui, den China als Unabhängigkeitsbefürworter ansah, hatte den USA kurz vor seiner erneuten Nominierung als Kandidat für die Präsidentenwahl in Taiwan 1996 gerade einen kontroversen Besuch abgestattet. Madame Gu kannte den für die Beziehungen zu Taiwan zuständigen chinesischen Beamten und arrangierte für mich ein Treffen mit ihm. Er erklärte mir, China würde alles tun, Krieg eingeschlossen, um Taiwans Unabhängigkeit zu verhindern. Sollte ein neuer chinesischer Staatschef ein Referendum zulassen, würde ihm das chinesische Volk das als Führungsschwäche auslegen. China hatte gesehen, wie die brutale Unterdrückung der Rebellen in der Republik Tschetschenien durch Russland den Rückhalt für eine Unabhängigkeit bröckeln ließ. Die Chinesen hofften, dass eine Reihe von Raketentests in der Taiwanstraße Taiwans Enthusiasmus ähnlich dämpfen würden. Im März 1996 entsendete US-Präsident Bill Clinton, der vor der Wiederwahl stand, zwei Flugzeugträger in die Taiwanstraße. Weitere Truppenbewegungen und Drohungen auf beiden Seiten folgten. Letztlich kam es nie zu dem Referendum in Taiwan, weshalb meine chinesischen Freunde ihre Strategie für erfolgreich hielten. Währenddessen dachten die Amerikaner, sie hätten die Chinesen in ihre Schranken gewiesen (was ich erst unlängst von einem amerikanischen Freund erfuhr, der an der Entscheidung zur Entsendung von US-Kriegsschiffen beteiligt war). Infolge der »dritten Taiwanstraßenkrise« bauten die Chinesen ihre Militärpräsenz in der Region stark aus. Das soll deutlich machen, a) wie wichtig China die Wiedervereinigung mit Taiwan ist, und b) wie kritisch die Lage vor 25 Jahren war, und damals war China militärisch längst nicht so stark wie heute. Kurz: **Käme es zu einer »vierten Taiwanstraßenkrise«, würde mir das große Sorgen bereiten.**

Deng starb am 19. Februar 1997. China war kaum wiederzuerkennen. Als er an die Macht gekommen war, lebten 90 Prozent der Bevölkerung in extremer Armut. Bei seinem Tod war diese Zahl um mehr als die Hälfte zurückgegangen. Aktuellen Daten zufolge liegt sie inzwischen unter 1 Prozent. Vom Einsetzen seiner Reformen im Jahr 1978 bis zu seinem Tod 1997 wuchs die chinesische Wirtschaft im Durchschnitt um 10 Prozent pro Jahr. Sie versechsfachte ihr Volumen bei einer durchschnittlichen Inflationsrate von nur 8 Prozent. Die Devisenreserven des Landes erhöhten sich von 4 auf beinahe 150 Milliarden US-Dollar (inflationsbereinigt in heutigen Dollar wäre das ein Zuwachs von mehr als 250 Milliarden US-Dollar). Diese Reserven deckten 1978 60 Prozent der jährlichen Importe, 1998 waren es schon über 125 Prozent (und beim Auslandsschuldendienst fast 800 Prozent).

Dengs Nachfolger Jiang Zemin und Hu Jintao und ihre Mannschaften setzten die Reformen fort und machten mit viel Auf und Ab (mehr Auf als Ab) weiter Fortschritte. 1997 kam die asiatische Finanzkrise. Unter Leitung von Zhu Rongji gelang es China, Schulden und Unternehmen ausgesprochen erfolgreich umzustrukturieren, unter anderem durch Veräußerung unrentabler Staatsbetriebe, Ausbau der Exportwirtschaft und der Devisenreserven, energischer Korruptionsbekämpfung und Weiterentwicklung und Optimierung von Märkten und Marktfunktionen. Diese und andere Veränderungen waren ausnahmslos bedeutende Entwicklungsschritte. Ich schätze mich glücklich, manche davon an der Basis persönlich miterlebt zu haben – zum Beispiel die Umstrukturierung von Schulden und die Veräußerung von Vermögen. Diese Ereignisse erschienen damals zwar bedeutsamer als im Rückblick, waren aber allesamt große Leistungen. Mir sind auch Fälle von Korruption und Fehlverhalten untergekommen, und ich erlebte den Kampf zwischen Gut und Böse, der zu weiteren Reformen führte, aus nächster Nähe.

Wie in friedlichen, unbeschwerten Nachkriegszeiten üblich, in denen die führende Macht nicht gefährdet ist und Schwellenländer noch keine Bedrohung darstellen, können diese von den führenden

Mächten viel lernen, da sie symbiotisch zusammenarbeiten, bis die aufstrebende Macht stark genug ist, um die führende zu bedrohen. Die Schwellenländer profitieren aber nicht nur von diesem Lernprozess, sondern auch vom Handel untereinander (bis sich dieser als nachteilig erweist), und ebenso von der Nutzung der Kapitalmärkte zum gegenseitigen Vorteil (bis sich auch das als nachteilig erweist).

Konkret kam es in China von 1978 bis 2008 zu einer Phase mit rasantem Wachstum, weil 1) sich die Welt noch in der friedlichen, florierenden Phase des großen Zyklus befand, in der Globalisierung und Kapitalismus – also die Überzeugung, dass Waren und Dienstleistungen dort produziert werden sollten, wo es am kostengünstigsten ist, dass fähige Köpfe ohne Ansehen ihrer Nationalität Freizügigkeit genießen sollten, dass Nationalismus schlecht ist und globale Chancengleichheit und gewinnorientierter Kapitalismus begrüßenswert sind – weithin als Weg in eine bessere Welt galten. Gleichzeitig 2) schwenkte Deng Xiaoping von der kommunistischen Abschottungspolitik, die gar nicht funktionierte, auf Marktwirtschaft und Staatskapitalismus und eine Politik der offenen Tür um, die hervorragende Ergebnisse brachte. Dadurch lernte China enorm viel, zog eine Menge ausländisches Kapital an und exportierte und sparte im ganz großen Stil.

Da die Chinesen in der Lage waren, kostengünstig zu produzieren, belieferten sie die ganze Welt erst mit Billigprodukten und später auch mit hochwertigeren Waren. Im Zuge dessen wurden sie immer reicher. Ganz ähnlich machten es auch andere Schwellenländer, die Welt verzeichnete Wachstum, und das Wohlstandsgefälle zwischen den reichsten und den ärmsten Ländern ging zurück, da die ärmsten Länder mehr Wachstum verbuchten, die reichsten weniger. Unter diesen Voraussetzungen ging es den meisten besser, allen voran den globalen Eliten. China erlangte eine vergleichbare Machtposition wie die Vereinigten Staaten, und gemeinsam erzeugten sie das Gros des neuen Wohlstands und der neuen Technologien der Welt. Europa, das vom 15. bis ins 20. Jahrhundert die größten Weltmächte gestellt hatte, wirkte im Vergleich schwach, Japan und Russland avancierten zu Sekundärmächten. Alle anderen Länder spielten nur eine Nebenrolle. In Schwellenländern wie Indien besserte sich zwar die Lage, doch Weltmachtstatus erlangte keines.

PHASE 3: DIE ENTSTEHUNG DER KONFLIKTE ZWISCHEN DEN USA UND CHINA UND DAS ENDE DER GLOBALISIERUNG (2008–HEUTE)

Ganz klassisch führen Phasen des durch Schuldenwachstum finanzierten Wohlstands zu Schuldenblasen und großem Wohlstandsgefälle. In den USA platzte diese Blase 2008 (wie schon 1929). Die Weltwirtschaft schrumpfte, und die Mittelschicht in Amerika und anderswo litt darunter (wie von 1929 bis 1932). Die Zinsen wurden auf null gedrückt (wie 1931). Das reichte aber nicht aus, sodass die Zentralbanken nach 2008 (wie 1934) eine Menge Geld druckten und finanzielle Vermögenswerte aufkauften. Das trieb deren Preise in den meisten Ländern ab 2009 in die Höhe (wie 1933 bis 1936). Davon profitierten die Besitzenden (also Menschen mit Finanzvermögen) mehr als die Besitzlosen (ohne Finanzvermögen), sodass das Wohlstandsgefälle noch stärker anwuchs (wie im Zeitraum von 1933 bis 1938). Die Habenichtse, vor allem diejenigen, deren Jobs von Chinesen und Immigranten übernommen worden waren, begannen, sich gegen die Eliten aufzulehnen, die von der Globalisierung profitierten. Wie üblich, wenn wirtschaftlich schlechte Zeiten mit einem großen Wohlstandsgefälle einhergehen, nahmen Populismus und Nationalismus weltweit zu (wie in den 1930er-Jahren). Und in dieser Phase wurde den führenden Mächten immer klarer, welche Bedrohung die aufstrebenden Mächte darstellen. **Die Ära des Friedens, des Wohlstands und der Globalisierung ging zu Ende und wich einer Zeit der Konflikte zwischen reichen und armen Ländern und dem aufstrebenden Land (China) und der dominierenden Weltmacht (den USA).**

Die Chinesen hielten viele auf US-Dollar lautende Schuldtitel – vor allem solche der quasistaatlichen US-Emittenten Fannie Mae und Freddie Mac. Eine Zeit lang hielt sich die US-Regierung gegenüber chinesischen Inhabern dieser Papiere bedeckt in der Frage, ob sie dafür geradestehen würde. Ich führte Gespräche mit chinesischen Großanlegern, und David McCormick (mittlerweile CEO von Bridgewater und damals Staatssekretär für internationale Angelegenheiten im US-Finanzministerium) und Hank Paulson (damals US-Finanzminister) ebenso. Wir waren alle beeindruckt vom Takt und von der Kooperationsbereitschaft, mit der die Chinesen dieses Dilemma angingen, das sie den USA verdankten. Sie traten ruhig, empathisch und kooperativ auf.

Im November 2008 trafen die Staatschefs der G20-Länder in der US-Hauptstadt Washington D. C. zusammen und vereinbarten, ihre Volkswirtschaften gemeinschaftlich durch aggressive Fiskal- und Geldpolitik zu stimulieren. Das erforderte eine deutliche Erhöhung der Staatsverschuldung, finanziert durch Geld- und Kreditschöpfung seitens der Zentralbanken. **Die Verschuldung wuchs in China von 2009 bis 2012 aufgrund dieser Politik deutlich rascher als die Wirtschaft.**

DER AUFSTIEG ZUR WELTMACHT

2012 kam Xi Jinping an die Macht, und es wurde eine neue Regierung gewählt. In bewährter Abfolge wurden zunächst die Mitglieder des Politbüros ausgewählt, dann die Minister, die stellvertretenden Minister und ihre leitenden nachgeordneten Mitarbeiter. Im Anschluss wurde der erste Satz Pläne aufgestellt. Wie immer, wenn eine neue Führung die Macht übernimmt, gab es viel Bewegung und großes Interesse, sowohl den Rechtsstaat durch Korruptionsbekämpfung zu stärken als auch die chinesische Wirtschaft durch die Festigung und den Ausbau marktorientierter Reformen. Es gab etliche Brainstorming-Sitzungen, und ich hatte das Glück, an mehreren teilnehmen zu dürfen. Dort arbeiteten Menschen mit unterschiedlichen Ansichten und besten Absichten hervorragend zusammen. Die Offenheit, Aufgeschlossenheit, Freundlichkeit und Intelligenz, die sie mitbrachten, waren wirklich beeindruckend.

Seither verfolge ich die finanziellen und wirtschaftlichen Entwicklungen in China aufmerksam und habe viele Gespräche mit führenden Wirtschaftspolitikern über Themen wie übermäßiges Schuldenwachstum, Entwicklung und Steuerung des Schattenbanksystems, Anfälligkeiten der Finanzsysteme, Handelsstreitigkeiten mit den USA und andere geführt. Ich bemühte mich dabei stets, die Dinge aus ihrer Sicht zu sehen, und überlegte mir, wie ich an ihrer Stelle vorgehen würde. Ich teilte ihnen meine Eindrücke so offen mit wie ein Arzt, der mit Kollegen eine Diagnose diskutiert – im Grunde ähnlich, wie ich sie Ihnen in diesem Buch darlege.[17] Wie Ihnen mittlerweile sicherlich klar ist, glaube ich, dass die Welt wie eine Maschine funktioniert, mit zeitlosen universellen Kausalzusammenhängen. Die chinesischen Spitzenpolitiker sehen das nicht anders, weshalb wir fast immer zu ähnlichen Schlussfolgerungen gelangen.

Im Laufe der Jahre hat die Regierung Xi eine aggressive Politik der Reformen und der Öffnung ihrer Märkte und ihrer Wirtschaft betrieben, ihre wachsende Verschuldung gemanagt, ihre Währung flexibler bewirtschaftet, Unternehmertum und marktorientierte Entscheidungen gefördert, vor allem in den Branchen, in denen China globaler Marktführer werden möchte, seine Kapazitäten in Technologien und Branchen der Zukunft ausgebaut, die wirtschaftlichen Vorteile für die Bürger und Regionen ausgebaut, die am meisten zurücklagen, und viel gegen Verschmutzung und Umweltbelastungen getan. Das sehen aber viele nicht – wie ich vermute, weil a) parallel zu den Reformen andere Kontrollen verschärft wurden, b) manche Fördermaßnahmen (wie die Verfügbarkeit von Kreditmitteln) für den Mittel-

17 Ich stelle grundsätzlich nie Fragen, die sie in die Verlegenheit bringen könnten, entweder vertrauliche Informationen preiszugeben oder mir die Antwort zu verweigern. Ich mache stets klar, dass es mir einzig und allein darum geht, zu verstehen und zu helfen.

stand nicht so nützlich sind wie für größere Staatsbetriebe (was mehr mit technischen Herausforderungen zu tun hat als mit geringem Interesse an der Förderung der Mittelstandsentwicklung), c) die Regierung die Wirtschaft nach dem Top-down-Prinzip bestimmt und mitunter erwartet, dass Banken und Unternehmen unwirtschaftliche Kredite vergeben (weil sie das Wohl des ganzen Landes im Auge hat), d) China sich beim Verfolgen nationaler Ziele mit seinen Unternehmen koordiniert, e) nicht zulässt, dass alle ausländischen Unternehmen unter denselben Rahmenbedingungen arbeiten dürfen wie chinesische Unternehmen und f) Fiskal- und Geldpolitik koordiniert werden, um die Wirtschaft stärker zu regulieren, als dies in den großen Reservewährungsländern der Fall ist – alles im Regelfall bei kapitalistischen Außenstehenden unpopulär.

Jedenfalls sehen viele Amerikaner diese Maßnahmen kritisch. Ich will hier nicht näher auf ihren potenziellen Nutzen eingehen, aber so viel sagen: **Wir sollten von der Führung jedes Landes erwarten, dass sie durch das richtige Management und die Koordinierung geld- und fiskalpolitischer Maßnahmen das optimale Verhältnis zwischen »Staat« (also der Beeinflussung und Steuerung der Wirtschaft durch die Regierung) und »Kapitalismus« (also der Steuerung der Wirtschaft und der Kapitalmärkte durch marktwirtschaftliche Kräfte) erreichen will, und wir sollten versuchen zu verstehen, welche Überlegungen ihren Ansätzen zugrunde liegen.** So hat Präsident Xi zum Beispiel geäußert, er wolle a) die Rolle der Regierung bei der Bepreisung und Allokation von Ressourcen verringern, die Kapitalmärkte entwickeln und Unternehmertum fördern, dabei aber b) die Makroökonomie stark beeinflussen und die Märkte und andere Lebensbereiche so regulieren, wie es für die meisten Chinesen nach seiner Überzeugung und nach der Überzeugung der Partei am besten ist. Anders formuliert: Er strebt eine Mischung aus Kapitalismus und marxistischem Kommunismus an. Wer sich noch nicht näher damit auseinandergesetzt hat, dass Kapitalismus und Kommunismus durchaus zusammenpassen, wer nicht genau hinschaut und wer nicht aus persönlichen Gesprächen die Lebenswirklichkeit und die Ansichten der Politiker kennt, findet das verständlicherweise verwirrend und kann folglich auch nicht die Übereinstimmungen erkennen, die inmitten dieser scheinbar großen Widersprüche existieren (das heißt die Dialektik, wie es Marx und die chinesische Führung formulieren würden).

Um diese Lebenswirklichkeit und ihre Ansichten zu verstehen, empfehle ich Ihnen, ihr Verhalten nicht stereotyp zu beurteilen (also danach, »was Kommunisten tun«), und zu akzeptieren, dass sie versuchen, diese beiden scheinbar unvereinbaren Dinge in Einklang zu bringen – und das auch weiterhin tun werden. Sie sehen den Kapitalismus als Weg, den Lebensstandard für die breite Masse zu heben, nicht als Selbstzweck zum Nutzen der Kapitalisten. Ob man diesen Ansatz nun richtig oder falsch findet: Was die Chinesen damit erreicht haben, ist äußerst beeindruckend. Wir sollten daher nicht davon ausgehen, dass die Chinesen ihren Ansatz zugunsten eines amerikanischen oder westlichen aufgeben. Wir sollten ihn vielmehr genauer beleuchten, um herauszufinden, was wir uns davon abschauen können – so wie die Chinesen den westlichen Ansatz studiert und daraus gelernt haben. Wir haben es schließlich mit einem Wettstreit der Ansätze zu tun, und das muss uns klar sein, wenn wir in diesem Wettbewerb erfolgreich sein wollen.

Außenpolitisch ist China stärker und energischer geworden, die Vereinigten Staaten dagegen konfrontativer. Insbesondere hat Chinas Stärke von 2012 bis heute (während ich an diesem Buch arbeite) zugenommen, was immer offensichtlicher ist und auch immer offener demonstriert wird (so tut der Plan »Made In China 2025« offen kund, dass China eine Führungsrolle in Branchen anstrebt, in denen derzeit die Vereinigten Staaten den Ton angeben). Das hat in den USA eine heftige Reaktion ausgelöst, wie vor allem nach der Wahl von Donald Trump im Jahr 2016 deutlich wurde.

Trump schlug Kapital aus dem Unmut der von der Globalisierung Abgehängten, die überzeugt sind, dass China im Wettbewerb unfair agiert und ihnen Jobs wegnimmt, und nährte einen neuen Geist des Protektionismus und des Nationalismus. Doch das galt nicht nur für Trump. Chinas Stärke wird auch von gemäßigteren Politikern als Provokation empfunden. Wo zuvor Synergien waren, herrscht heute harter Wettbewerb.

Im Grunde möchte sich China nicht beschränken lassen, und die Vereinigten Staaten (und verschiedene andere Länder) möchten es gern beschränken. Was bedeutet das geopolitisch? Wie Sie inzwischen wissen, verschieben sich Ländergrenzen im Zeitverlauf ständig, sind häufig umstritten, und das Völkerrecht hat auf die Beilegung solcher Streitigkeiten herzlich wenig Einfluss. 2009 erklärte China den Vereinten Nationen, es habe »unanfechtbare Souveränität« über ein Gebiet im Ost- und Südchinesischen Meer. Dieses Gebiet ist auf einer von China vorgelegten Karte aus der Zeit des Zweiten Weltkriegs mit einer Linie aus neun Strichen eingezeichnet. Es erstreckt sich über Küstengewässer östlich von Vietnam, nördlich von Malaysia und westlich der Philippinen, einschließlich einer Reihe von Inseln, und ist bedeutsam für Chinas Schifffahrtsbedürfnisse. Dort werden unentdeckte Ölvorkommen vermutet, die China gerne hätte, wie ich angesichts seines hohen Bedarfs an Ölimporten und der Gefahr, von den Öleinfuhren aus dem Nahen Osten abgeschnitten zu werden, gut nachvollziehen kann. Wenn Sie die Fallstudie zum Zweiten Weltkrieg aus Kapitel 6 gelesen haben und wissen, wie die USA Japan von Ressourcen abgeschnitten haben, kennen Sie das Problem: China braucht dringend Öl und andere Importe, die derzeit durch eine strategisch wichtige Meerenge, die Straße von Malakka, ins Land kommen.

Infolge all dessen sowie weiterer Behauptungen wird China inzwischen als Bedrohung oder Feind wahrgenommen, die Globalisierung hat sich umgekehrt und »Kriege« verschärfen sich, angefangen mit Handels- und Wirtschaftskriegen, was sich auf Technologiekriege und geopolitische Kriege und zuletzt auch auf den

Kapitalkrieg ausweitet. Noch verlaufen diese – gemessen an dem, was möglich wäre – vergleichsweise glimpflich, verdienen aber aufmerksame Beachtung. Letztlich deckt sich die wahrgenommene Macht eines Landes irgendwann mit der tatsächlichen Macht. Die tatsächliche Macht geht aus den Maßstäben und weiteren Fakten hervor, die ich zur Orientierung im Auge habe.

China wächst im Inneren weiter und weitet seine Investitionsvorhaben und seine Wirtschaftstätigkeit auch außerhalb seiner Grenzen kontinuierlich aus. **Es hat hohe Summen in Entwicklungsländern investiert, allen voran durch die Belt-and-Road-Initiative, die »neue Seidenstraße«, die sich über Zentralasien, angefangen mit angrenzenden Ländern (Kasachstan, Pakistan, Tadschikistan und Afghanistan), bis nach Europa erstreckt, und über Arabien und Südasien bis ins Mittelmeer und nach Afrika. Die bereits investierten Beträge und die geplanten Investitionen sind enorm – das Programm ist das größte seit dem Marshall-Plan. Und es zeigt deutlich: Wohlstand = Macht.** Die Maßnahmen wurden zwar von den Ländern begrüßt, die von Straßen und anderer Infrastruktur, Ressourcen und Handel profitieren, haben aber auch für Unmut gesorgt – in den Empfängerländern, weil diese Probleme haben, Kredite zurückzuzahlen, und weil sie sich von China zu stark gegängelt fühlen, und in den Vereinigten Staaten, weil durch Chinas Demonstration seiner weichen Macht der amerikanische Einfluss in den betreffenden Ländern zurückgeht.

Zur innenpolitischen Entwicklung Chinas ist zu sagen, dass Xi 2018 a) um sich und seine Unterstützer (den sogenannten Führungskern) Macht konsolidierte, b) durch eine Änderung der chinesischen Verfassung klarstellte, dass die Kommunistische Partei Chinas alles kontrolliert, c) die Begrenzung der Amtszeit für den Präsidenten und den Vizepräsidenten aufhob, d) Aufsichtsausschüsse einrichtete, die dafür sorgen, dass Regierungsbeamte im Einklang mit den Wünschen der Partei arbeiten, und e) Xis Sichtweise, das »Xi-Jinping-Denken«, in der Verfassung festschrieb. Während ich an diesem Buch arbeite,

sind maßgebliche politische Veränderungen, eine Verstärkung der Kontrollen und eine breitere Verteilung von Wohlstand im Gang. Manche befürchten, Xi werde allmählich autokratischer als Mao. Ich bin kein Fachmann für chinesische Politik, weshalb ich zu innenpolitischen Angelegenheiten Chinas nicht viel sagen kann. Ich will aber weitergeben, was ich höre: Xis kontroverse Maßnahmen zur Straffung seiner Kontrolle sind der Überzeugung geschuldet, dass China in eine schwierigere Phase in einer Welt der größeren Herausforderungen eintritt und in solchen Zeiten Einheit und Führungskontinuität besonders wichtig sind. Das gilt für die nächsten paar Jahre umso mehr. Wie bereits angesprochen, ● ***geht die Präferenz in Zeiten großer Krisen zu autokratischerer, weniger demokratischer Führung.***

Ende 2019 brach dann die COVID-19-Pandemie in China aus und löste 2020 einen weltweiten Konjunkturabschwung und massive Geld- und Kreditschöpfung aus, was mit verschieden gearteten Konflikten in den USA zusammenfiel (insbesondere Protesten gegen Rassenhass und einem äußerst hitzigen Präsidentschaftswahlkampf) – womit wir beim Tagesgeschehen angekommen wären.

Im Rückblick über die letzten vier Jahrzehnte hat sich Chinas Umstellung von Abschottung auf Öffnung und vom Hardcore-Kommunismus auf »Marktreformen« und Kapitalismus stärker auf die Wirtschaft Chinas, der USA und der übrigen Welt ausgewirkt als jeder andere Faktor. China hat sich von einem der rückständigsten Länder der Welt zu einer der beiden auf wirtschaftlichem, technischem, militärischem und geopolitischem Gebiet führenden Mächte entwickelt. Dieser Fortschritt wurde überwiegend in einer Ära des Friedens und Wohlstands erzielt, als das führende Imperium nicht bedroht war und Globalisierung und Zusammenarbeit florierten. Diese Epoche dauerte bis zum Platzen der Schuldenblase im Jahr 2008, als die Vereinigten Staaten und große Teile der übrigen Welt nationalistischer, protektionistischer und konfrontativer wurden, wie es der archetypische große Zyklus vorzeichnet.

Was Chinas Reformen und die Öffnung des Landes gebracht haben, geht aus der folgenden Tabelle hervor, die nur ein paar repräsentative statistische Daten angibt. Die Wirtschaftsleistung pro Kopf hat sich um das 25-Fache erhöht, der Prozentsatz der Menschen, die unter der Armutsgrenze leben, ist von 96 auf unter 1 Prozent zurückgegangen, die Lebenserwartung hat sich im Schnitt um rund 10 Jahre erhöht und die durchschnittliche Zahl von Schul- und Ausbildungsjahren um 80 Prozent. Das könnte ich endlos fortsetzen und für praktisch jeden Bereich gleichermaßen eindrucksvolle Statistiken vorlegen.

CHINAS ENTWICKLUNG SEIT 1949 UND 1978

	1949	1978	2018	Seit 1949	Seit 1978
Reales Pro-Kopf-BIP*	348	609	15.243	44fach	25fach
Anteil am globalen BIP	2 %	2 %	22 %	12fach	11fach
Bürger unter der Armutsgrenze (1,90 USD/Tag)**	-	96 %	1 %	Mindestens -96 %	-96 %
Lebenserwartung	41	66	77	+36 Jahre	+11 Jahre
Säuglingssterblichkeit (je 1.000 Geburten)	200	53	7	-96 %	-86 %
Urbanisierung	18 %	18 %	59 %	+41 %	+ 41 %
Alphabetisierung	47 %	66 %	97 %	+50 %	+31 %
Ausbildungsjahre (Durchschnitt)	1,7	4,4	7,9	+6,2 Jahre	+3,5 Jahre

* USD 2017, KKP-bereinigt
** Der Weltbank liegen nur Armutsdaten ab 1981 vor.

Die Indikatoren für Chinas Aufstieg sind zwar weitgehend repräsentativ, aber nicht präzise, weil sich Machtfaktoren nicht präzise messen lassen. Nehmen wir beispielsweise die Bildung: Der US-amerikanische Bildungsindex steigt zwar ziemlich rasant, erfasst aber nicht die relativen Verbesserungen in China, weil er sich aus dem durchschnittlichen und dem gesamten Bildungsniveau zusammensetzt. Diese Verzerrung wird von der nachstehenden

Tabelle bestmöglich vermittelt. Wie Sie sehen, liegt das durchschnittliche Bildungsniveau in China deutlich unter dem durchschnittlichen Bildungsniveau in den USA, doch die Gesamtzahl der Menschen, die in China ein höheres Bildungsniveau erreichen, ist deutlich höher als in den Vereinigten Staaten. Die Gesamtzahl der Absolventen von MINT-Fächern (Mathematik, Informatik, Naturwissenschaft und Technik) ist in China etwa dreimal so hoch wie in den Vereinigten Staaten. Gleichzeitig gibt es Grund zu der Annahme, dass die durchschnittliche Qualität der Bildung in China – vor allem auf College-Niveau – nicht so hoch ist. In einem aktuellen Ranking tauchen beispielsweise nur zwei chinesische Institute unter den 50 weltweit führenden Universitäten auf (die Tshinghua University auf Platz 29 und die Peking University auf Platz 49), aber 30 US-amerikanische. Dieses Bild von chinesischen Durchschnittswerten, die jeweils unter den US-amerikanischen für die gleiche Rubrik liegen, während die Gesamtzahl in China höher ausfällt als in den USA, ergibt sich, weil das durchschnittliche Entwicklungsniveau in China niedriger ist, während die chinesische Bevölkerung mehr als viermal so groß ist wie die amerikanische.

	VEREINIGTE STAATEN				CHINA			
	1980	Heute	Vdg.	Vdg. (%)	1980	Heute	Vdg.	Vdg (%)
Ausbildungs-jahre (Durchschnitt)	11,9	13,6	+1,7	+14 %	4,6	7,9	+3,3	+72 %
Staatliche Bildungs-ausgaben (% des BIP)	5,30 %	5,50 %	0,20 %	+4 %	1,90 %	5,20 %	3,30 %	+174 %
Bürger mit tertiärer Bildung (Mio., Sch.-w.)	25	60	+35	+140 %	3	120	+117	+3.900 %
Bürger mit tertiärer Bildung (% der Bev. im Erwerbsalter	17 %	28 %	11 %	+68 %	1 %	12 %	11 %	+2.272 %
Bürger mit tertiärer Bildung (% WLD)	35 %	15 %	-20 %	-57 %	4 %	31 %	+27 %	+590 %
Absolventen von MINT-Fächern	3	8	+5	+141 %	1	21	+21	+4.120 %
Absolventen von MINT-Fächern (% WLD)	29 %	11 %	-18 %	-62 %	5 %	31 %	+26 %	+535 %

Das schlägt sich in einer ganzen Reihe von Statistiken nieder. Während die Vereinigten Staaten insgesamt weltweit militärisch stärker sind als China, erscheinen die Chinesen in der Region des Ost- und Südchinesischen Meers militärisch überlegen. Dabei ist über die militärische Stärke beider Länder längst nicht alles bekannt, weil es der Geheimhaltung unterliegt.

Zusammenfassend ist zu sagen, dass sich China in der modernen Zeit so schnell entwickelt hat wie kaum je in seiner Geschichte, was grundlegende Lebensbedingungen anbelangt. Bei den Faktoren, die Voraussetzungen für mächtige Imperien sind, hat es offensichtlich zugelegt. China ist inzwischen in jeder Hinsicht eine maßgebliche und aufstrebende Macht. Im Folgenden wenden wir uns den Beziehungen zwischen den USA und China zu, um herauszufinden, wie diese heute aussehen und worum es Amerikanern und Chinesen jeweils in erster Linie geht.

KAPITEL 13

BEZIEHUNGEN UND AUSEINANDERSETZUNGEN ZWISCHEN DEN USA UND CHINA

In diesem Kapitel untersuche ich die derzeitigen Positionen der USA und Chinas und was diese für die Beziehungen zwischen den beiden Ländern bedeuten. Da die USA und China mittlerweile in vielen Bereichen Rivalen sind, kommt es hier zu »Konflikten« oder »Kriegen«, weshalb ich den diesbezüglichen Stand der Dinge analysiere. Es handelt sich dabei überwiegend um Neuauflagen alter, klassischer Konflikte (beispielsweise neue Technologien in einem klassischen Technologiekrieg, neue Waffen in einem klassischen militärischen Krieg et cetera), daher stelle ich diese in den Kontext wiederholter historischer Vorkommnisse und der zeitlosen, universellen Grundsätze, die wir aus der Analyse dieser Fallbeispiele abgeleitet haben. Ich gehe dabei durchaus auf das Spektrum der Möglichkeiten ein, die in Betracht gezogen werden können, jedoch ohne darüber zu spekulieren, wie die Zukunft aussehen könnte. Das behalte ich mir für das Schlusskapitel vor. In diesem Kapitel werde ich auch nicht mehr nur Fakten vermitteln, sondern auch Meinungen äußern (also meine ungewissen Mutmaßungen).

Im vorliegenden Kapitel stelle ich vor allem auf die Beziehungen zwischen den USA und China in den Fokus, doch in Wirklichkeit gleicht das Spiel, das Makroinvestoren und globale Entscheidungsträger spielen, eher einer multidimensionalen Schachpartie, die von jedem Spieler verlangt, viele Stellungen und mögliche Züge etlicher wichtiger Spieler (Länder) einzukalkulieren, die ebenfalls mitspielen. Dabei müssen all diese Akteure eine ganze Reihe wirtschaftlicher, politischer, militärischer und anderer Aspekte abwägen, um richtig zu reagieren. Die maßgeblichen weiteren Spieler, die an der laufenden multidimensionalen Schachpartie beteiligt sind, sind unter anderem Russland, Japan, Indien, andere asiatische Länder, Australien und europäische Länder, und sie alle müssen viele Überlegungen und Wählerstimmen berücksichtigen, die Einfluss auf ihre Züge nehmen. Aus dem mir vertrauten Spiel – dem globalen Makroinvestmentgeschäft – weiß ich, wie kompliziert es ist, gleichzeitig alle maßgeblichen Faktoren einzubeziehen, um letztlich erfolgreiche Entscheidungen zu treffen. Mir ist klar, dass meine Tätigkeit längst nicht so komplex ist wie die Aufgabe all jener, die an den Schaltstellen der Macht sitzen, und mir ist ebenso bewusst, dass mir nicht alle Informationen in derselben Qualität vorliegen. Es wäre daher vermessen, mir einzubilden, es besser als sie zu wissen, was vor sich geht und wie am besten zu verfahren ist. Aus diesen Gründen gebe ich meine Ansichten in aller Bescheidenheit preis. Unter diesem Vorbehalt stelle ich hier also offen und ehrlich dar, wie ich die Beziehungen zwischen den USA und China und die weltpolitische Lage im Licht dieser Auseinandersetzungen bewerte.

DIE GEGENWÄRTIGE POSITION DER AMERIKANER UND DER CHINESEN

In meinen Augen sind die beiden Länder und ihre Regierungen vom Schicksal und den Manifestationen des großen Zyklus in ihre jetzigen Positionen manövriert worden. Die Vereinigten Staaten haben

dadurch die sich wechselseitig verstärkenden Erfolge des großen Zyklus durchlaufen, die zu Exzessen und in der Folge zur Schwächung in verschiedenen Bereichen führten. Ebenso hat China dadurch die Abwärtsbewegungen seines großen Zyklus durchgemacht, die zu untragbar schlechten Bedingungen und in der Folge zu revolutionären Umwälzungen und zu den sich wechselseitig verstärkenden Aufschwüngen führten, die China heute verzeichnet. Die Vereinigten Staaten sind also offenbar aus all den klassischen Gründen im Niedergang begriffen, China im Aufstieg.

Schicksal und der große Schuldenzyklus bewirken, dass sich die USA inzwischen in der Spätphase des langfristigen Schuldenzyklus befinden, in der sie bereits überschuldet sind und rasch weitere Schuldtitel auflegen müssen, die sie nicht mehr mit harter Währung bedienen können. Daher müssen sie ihre Schulden auf die klassische spätzyklische Weise monetarisieren: indem sie Geld drucken, um Staatsdefizite zu finanzieren. Die Ironie an dieser so typischen Entwicklung: Dass die USA in dieser misslichen Lage sind, ist ihren Erfolgen zuzuschreiben, die zu den Exzessen führten. Zum Beispiel **liegt es an den großen globalen Erfolgen der Vereinigten Staaten, dass der US-Dollar zur dominanten Reservewährung der Welt avancierte, was es den Amerikanern ermöglichte, in der übrigen Welt (auch in China) exzessiv Kredit aufzunehmen. Das brachte die USA in die prekäre Situation, anderen Ländern (wie China) eine Menge Geld zu schulden, und diese Länder wiederum in die nicht minder heikle Lage, die Schuldtitel eines überschuldeten Landes zu halten, dessen Verschuldung rasch ansteigt, dessen Schulden monetarisiert werden und dessen Schuldtitel eindeutig negative Realzinsen abwerfen.** Mit anderen Worten: Es liegt am klassischen Reservewährungszyklus, dass China gern viele Ersparnisse in die globale Reservewährung stecken wollte, weshalb es den Amerikanern so viel Kredit gab, die ihrerseits daran interessiert waren, so viel Kredit aufzunehmen. Daraus entstand dieses massive schiefe Schuldner-Gläubiger-Verhältnis zwischen den Chinesen und den Amerikanern, während sie die beschriebenen Auseinandersetzungen miteinander führen.

Schicksal und die Funktionsweise des Wohlstandszyklus, vor allem in kapitalistischen Systemen, sorgten dafür, dass die Platzierung von Anreizen und Ressourcen den Amerikanern gewaltigen Fortschritt und großen Wohlstand bescherte – und letztlich ein klaffendes Wohlstandsgefälle, das inzwischen Konfliktstoff birgt und die innere Ordnung und Produktivität gefährdet, die die USA eigentlich bräuchten, um stark zu bleiben. **In China war es der klassische finanzielle Zusammenbruch aufgrund von Schwächen im Kredit- und Geldsystem, innenpolitischen Konflikten und Konflikten mit ausländischen Mächten, die genau zu der Zeit zu den finanziellen Rückschlägen im großen Zyklus führten, als die USA Aufwind hatten.** Und weil die Lage so schlecht war, dass sie zu revolutionären Umwälzungen führte, wurden letztlich Anreize und marktwirtschaftliche oder kapitalistische Methoden entwickelt, die China gewaltig voranbrachten, ihm großen Wohlstand eintrugen, aber auch das gewaltige Wohlstandsgefälle, das dem Land verständlicherweise zunehmend Kopfschmerzen bereitet.

Auf ähnliche Weise haben Schicksal und die Funktionsweise des globalen Machtzyklus die Vereinigten Staaten in die unglückliche Lage gebracht, dass sie sich entscheiden müssen, ob sie ihre Position und die bestehende Weltordnung im Kampf verteidigen oder den Rückzug antreten. Dem Umstand, dass die Vereinigten Staaten im Zweiten Weltkrieg den Krieg im Pazifik gewannen, verdanken sie beispielsweise, dass sie – und kein anderes Land – vor der Entscheidung stehen, ob sie Taiwan (von dem die meisten Amerikaner gar nicht wissen, wo es liegt oder wie man es buchstabiert) verteidigen oder sich zurückziehen sollen. Und es ist auch dem Schicksal und dem globalen Machtzyklus geschuldet, dass die Vereinigten Staaten heute Militärstützpunkte in über 70 Ländern unterhalten, um die Weltordnung zu verteidigen, obwohl es unwirtschaftlich ist.

● ***Die Geschichte lehrt, dass der Erfolg eines Landes davon abhängt, die Kräfte zu erhalten, die es stärken, ohne die Exzesse hervorzubringen, die zu seinem Niedergang führen. Den wirklich erfolgreichen Ländern ist das im großen Stil über 200 bis 300 Jahre gelungen. Aber noch keinem für immer.***

Bisher haben wir die Geschichte der letzten 500 Jahre betrachtet und uns dabei vor allem auf die Auf- und Abstiegszyklen des niederländischen, des britischen und des US-amerikanischen Reservewährungsimperiums konzentriert. Kurz sind wir auch auf die letzten 1.400 Jahre der chinesischen Dynastien eingegangen und inzwischen in der Gegenwart angekommen. Auf diese Weise wollten wir unsere derzeitige Situation in den Kontext des großen Gesamtbilds stellen, das uns hierhergebracht hat, und die Kausalzusammenhänge der Abläufe erkennen, um unsere aktuelle Lage in die richtige Perspektive zu setzen. Nun müssen wir genauer hinschauen und unsere gegenwärtige Position eingehender analysieren in der Hoffnung, dass wir das Gesamtbild dabei nicht aus den Augen verlieren. Ein solches genaueres Hinsehen bewirkt, dass Vorgänge, die im Rückblick kaum wahrnehmbar erscheinen – Huawei, Hongkong-Sanktionen, Schließungen von Konsulaten, Verlegungen von Kriegsschiffen, beispiellose geldpolitische Maßnahmen, politische Auseinandersetzungen, soziale Konflikte und vieles mehr –, zum Zeitpunkt ihres Auftretens weit bedeutender wirken. Und solche Ereignisse stürmen täglich auf uns ein. Jedes Einzelne würde ein eigenes Analysekapitel rechtfertigen. Das habe ich im Rahmen dieses Buchs aber nicht vor, sondern werde lediglich die wichtigsten Themen berühren.

Fünf Arten von Krieg sind historisch belegt: 1) Handels- und Wirtschaftskriege, 2) Technologiekriege, 3) geopolitische Kriege, 4) Kapitalkriege und 5) militärische Kriege. Ich würde diese Aufzählung noch um 6) Kulturkriege und 7) den Krieg gegen uns selbst ergänzen. Zwar wünscht sich jeder vernünftige Mensch, es gäbe diese »Kriege« nicht und wir würden stattdessen zusammenarbeiten, doch wir müssen realistisch bleiben und dürfen unsere Augen nicht davor verschließen, dass sie existieren. Wir sollten Beispiele aus der Vergangenheit und unsere Erkenntnisse über aktuelle Entwicklungen heranziehen, um uns zu überlegen, was wohl als Nächstes passiert und wie wir am besten damit umgehen.

Zurzeit erleben wir, wie diese Kriege graduell unterschiedlich ablaufen. Wir sollten sie aber nicht fälschlicherweise für Einzelkonflikte

halten, sondern als miteinander in Zusammenhang stehende Konflikte erkennen, die Ausläufer eines entstehenden größeren Konflikts sind. Beim Verfolgen der Entwicklungen sollten wir auf die strategischen Ziele beider Seiten achten und versuchen, diese zu verstehen – etwa ob sie versuchen, den Konflikt voranzutreiben (was manche Amerikaner als das Beste für die USA erachten, weil die Zeit für China spielt, denn China erstarkt schneller) oder zu entspannen (weil sie der Überzeugung sind, dass sie von einem Krieg nicht profitieren). Um zu verhindern, dass diese Konflikte unkontrolliert eskalieren, müssen die Regierungen beider Länder unmissverständlich darlegen, wo die »roten Linien« und »Stolperdrähte« verlaufen, die Veränderungen in der Schwere des Konflikts signalisieren.

Werfen wir nun einen Blick auf diese Kriege, gewappnet mit den Lehren aus der Geschichte und den Grundsätzen, die wir daraus ableiten.

DER HANDELS-/WIRTSCHAFTSKRIEG

Wie alle Kriege kann auch ein Handelskrieg von der höflichen Meinungsverschiedenheit bis zur lebensbedrohlichen Auseinandersetzung reichen – je nachdem wie weit es die gegnerischen Kräfte treiben.

Bislang ist der Handelskrieg zwischen den USA und China noch nicht sehr forciert worden. Er äußert sich ganz klassisch in Zöllen und Importbeschränkungen, die an das erinnern, was wir in ähnlichen Konfliktphasen bereits wiederholt erlebt haben (zum Beispiel den Smoot-Hawley Tariff Act von 1930). Die Handelsgespräche und ihr Erfolg schlugen sich in einem sehr eingeschränkten Phase-1-Handelsabkommen nieder, das 2019 geschlossen und zögerlich umgesetzt wurde. Wie wir gesehen haben, ging es bei den »Verhandlungen« darum, die Macht des anderen auf die Probe zu stellen, statt sich an globale Vorgaben und Richter (wie die Welthandelsorganisation) zu wenden, um eine faire Lösung zu erzielen. Solche Kriege werden grundsätzlich über

Kraftproben ausgefochten. Die große Frage ist, wie weit diese gehen und welche Formen sie annehmen.

Neben dem Handelsstreit haben die USA in wirtschaftlicher Hinsicht noch drei Hauptkritikpunkte an Chinas Praktiken:

1. **Die chinesische Regierung verfolgt eine breite Palette an in der Entwicklung befindlichen interventionistischen Strategien und Praktiken**, die den Marktzugang für importierte Waren und Dienstleistungen und für Unternehmen einschränken und so die heimischen Industrien durch unfaires Vorgehen schützen sollen.
2. **Die Chinesen unterstützen chinesische Industrien durch erhebliche staatliche Vorgaben, Ressourcen und behördliche Bestimmungen,** insbesondere auch durch Strategien, um sich vor allem in sensiblen Sektoren von ausländischen Unternehmen fortschrittliche Technologien zu verschaffen.
3. **Die Chinesen stehlen geistiges Eigentum**, wobei dieser Diebstahl zum Teil mutmaßlich staatlich gefördert wird, sich zum Teil wohl aber auch dem direkten Einfluss der Regierung entzieht.

Pauschal formuliert haben die Vereinigten Staaten darauf reagiert, indem sie sowohl versucht haben, das chinesische Vorgehen zu verändern (indem sie China zum Beispiel drängten, seine Märkte für Amerikaner zu öffnen), als auch, es mit gleicher Münze heimzuzahlen (indem sie amerikanische Märkte für die Chinesen schlossen). Die Amerikaner bekennen sich ebenso wenig wie die Chinesen zu allem, was sie tun (zum Beispiel bei der Beschaffung von geistigem Eigentum), weil der Imageschaden durch solche Eingeständnisse zu groß wäre. Wer Unterstützung für die eigene Sache sucht, der möchte sich als Staatschef grundsätzlich gern den Anführern *der* Armee zugerechnet wissen, die für das Gute kämpft – gegen die Heerscharen des Bösen, die schlimme Dinge tun. Aus diesem Grund vernehmen wir Anschuldigungen von beiden Seiten, die der jeweils anderen Seite Fehlverhalten vorwerfen, während keine Seite einräumt, selbst ganz ähnlich vorzugehen.

● ***Läuft alles rund, ist es nicht schwer, moralische Überlegenheit zu demonstrieren. Wenn es hart auf hart kommt, lässt sich zuvor noch als unethisch erachtetes Vorgehen leichter rechtfertigen (wird aber gern als moralisch bezeichnet).*** Spitzt sich die Auseinandersetzung zu, entsteht eine Dichotomie zwischen der idealistischen Beschreibung der Vorgänge (die gut für die Imagepflege im eigenen Land ist) und dem, was in der Praxis getan wird, um zu gewinnen. Das hat einen einfachen Grund: Jede kriegführende Partei möchte ihren Leuten vermitteln, dass »wir die Guten und die anderen die Bösen« sind, denn so lässt sich am effektivsten für Unterstützung werben – was manchmal so weit geht, dass Menschen bereit sind, für die Sache zu töten oder zu sterben. Obwohl es zutrifft, ist es nicht so einfach, Menschen zu inspirieren, wenn ein pragmatischer Staatslenker erklärt, dass »im Krieg alles erlaubt ist« – abgesehen von den moralischen Grundsätzen, die sich die Menschen selbst auferlegen. Dasselbe gilt für: »Wir müssen nach denselben Regeln spielen wie die anderen, sonst sind wir die Dummen, weil wir uns freiwillig eine Hand auf den Rücken binden.«

Meiner Überzeugung nach werden die USA kein besseres Handelsabkommen mehr bekommen. Ich halte die Risiken, dass sich dieser Krieg zuspitzt, für größer als die Wahrscheinlichkeit, dass er nachlässt. Ich glaube nicht, dass die Regierung Biden so schnell ein anderes Abkommen auf den Weg bringt oder Zölle verändert. Für welche Herangehensweise sie sich letztlich entscheidet, wird aber großen Einfluss darauf haben, wie die Amerikaner und die Chinesen ihr vom großen Zyklus vorgezeichnetes Schicksal in Angriff nehmen. Wie die Dinge heute liegen, sind sich die beiden politischen Parteien der USA in einer Sache – und womöglich nur einer – einig: China ist kämpferisch zu begegnen. Wie kämpferisch, und wie genau das aussehen soll, und wie die Chinesen darauf reagieren, ist vorerst noch unklar.

Wie könnte sich dieser Krieg verschärfen?

Am gefährlichsten wird ein Handels- oder Wirtschaftskrieg im klassischen Fall dann, wenn ein Land das andere von lebenswichtigen Importen abschneidet. Die Fallstudie zu den USA und Japan im Vorfeld des Zweiten Weltkriegs (aus Kapitel 6) liefert eine nützliche Analogie für das Verhältnis zwischen den USA und China, denn es gibt geografische und thematische Parallelen. Würden die USA den Import von Öl, anderen benötigten Rohstoffen, Technologien und/oder anderen wichtigen Gütern aus den USA und anderen Ländern nach China verhindern, wäre das ein klares, unmissverständliches Eskalationssignal. Ebenso könnte aber China den Konflikt verschärfen, indem es Unternehmen wie General Motors (das in China mehr Autos verkauft als in den USA) und Apple ausschließt oder den US-Import seltener Erden stoppt, die für die Produktion vieler Hightech-Produkte, Automotoren und Rüstungssysteme benötigt werden. Ich behaupte nicht, dass solche Maßnahmen wahrscheinlich sind, sondern möchte lediglich klarstellen, dass **Schritte, die die andere Seite von wesentlichen Importen abschneiden, als Zeichen für eine maßgebliche Eskalation zu werten wären, die zu einem weit dramatischeren Konflikt führen könnte.** Kommt es dazu nicht, wird die Evolution ihren Lauf nehmen. Dann werden sich die internationalen Zahlungsbilanzen in ihrer Entwicklung primär an der Wettbewerbsfähigkeit der betreffenden Länder orientieren.

Aus diesen Gründen **gehen beide Länder, allen voran China, zu mehr heimischer Produktion und einer »Abkoppelung« über.**[1] Wie Präsident Xi gesagt hat, vollzögen sich in der Welt »Veränderungen, wie sie sie seit 100 Jahren nicht erlebt hat«, und China müsse »angesichts eines von zunehmendem Protektionismus, globalem Konjunkturabschwung und einem schrumpfenden internationalen Markt geprägten

1 Die angesichts der Umstände zwar erforderliche Abkoppelung wird schwierig und sie wird zu erheblichen Effizienzminderungen führen. Chinas Hauptprogramm zum Erlangen einer Autarkie läuft unter der Bezeichnung »doppelter Wirtschaftskreislauf«. Von informierter Seite wurde mir dieses nicht als breit angelegt beschrieben, sondern eher als auf bestimmte, abgezirkelte Bereiche abgestellt, was mir durchaus logisch erscheint.

Umfelds … die Vorteile eines riesigen heimischen Marktes voll ausspielen«. Die nötigen Fähigkeiten hat sich das Land in den letzten 40 Jahren angeeignet. In den nächsten fünf Jahren sollten wir erleben, wie beide Länder voneinander unabhängiger werden. Das kann China allerdings in den kommenden fünf bis zehn Jahren deutlich schneller schaffen als die Vereinigten Staaten.

DER TECHNOLOGIEKRIEG

Der Technologiekrieg ist viel bedeutsamer als der Handels- oder Wirtschaftskrieg, denn wer ihn gewinnt, dürfte auch die militärischen und alle anderen Kriege für sich entscheiden.

Die USA und China sind inzwischen die dominanten Akteure in den Big-Tech-Sektoren der Welt, und diese Sektoren sind die Branchen der Zukunft. **Der chinesische Tech-Sektor hat sich im Inland rasch entwickelt, um die Chinesen in China zu versorgen und auf den Weltmärkten konkurrenzfähig zu werden. Gleichzeitig ist China nach wie vor stark von Technologien aus den Vereinigten Staaten und anderen Ländern abhängig.** Die Vereinigten Staaten sind durch die fortschreitende Entwicklung von und die zunehmende Konkurrenz durch chinesische Technologien bedroht, die Chinesen dadurch, dass sie von wesentlichen Technologien abgeschnitten werden könnten.

Vorerst erscheinen die Vereinigten Staaten auf technologischem Gebiet insgesamt überlegen, wenngleich das nicht für alle Technologien in gleichem Maße gilt und der Vorsprung der USA schrumpft. So haben die USA beispielsweise bei der Entwicklung modernster KI-Chips die Nase vorn, bei 5G liegen sie aber zurück. Gewisse, wenn auch unvollkommene Rückschlüsse darauf, wie sich der Vorsprung der USA derzeit ausnimmt, lässt die Marktkapitalisierung der Tech-Unternehmen zu, die derzeit für die USA insgesamt beim Vierfachen des Wertes für China liegt. Diese Berechnung unterschätzt Chinas relative Stärke aber, weil darin manche der großen nicht börsennotierten Unternehmen (wie Huawei und Ant Group) und die Technologieentwicklungen außerhalb von Unternehmen (also staatlich) nicht berücksichtigt sind, und Letztere sind in China größer als in den Vereinigten Staaten. Die größten börsennotierten chinesischen Tech-Unternehmen Tencent und Alibaba belegen weltweit bereits Platz sieben und acht und liegen damit nur knapp hinter verschiedenen der größten »FAAMG«-Aktien der USA. In manchen der wichtigsten Technologiesektoren ist China bereits in Führung gegangen. Immerhin 40 Prozent der größten zivilen Supercomputer der Welt befinden sich heute in China, und auch im Rennen um KI/Big Data setzt sich China in mancher Hinsicht an die Spitze, ebenso wie beim Wettlauf um Quantencomputing, Verschlüsselungs- und Kommunikationstechnik. Ähnliche Vorsprünge verzeichnet es auch bei anderen Technologien, etwa im Fintech-Segment: Nirgendwo auf der Welt ist das Volumen im E-Commerce und bei handygestützten Zahlungen so hoch wie in China – deutlich höher als in den USA. Es dürfte im Geheimen entwickelte Technologien geben, von denen selbst die bestinformierten Geheimdienste der USA nichts wissen.

China wird im Technologiebereich vermutlich weitere Fortschritte erzielen, auch bei der Qualität der dadurch ermöglichten Entscheidungsprozesse, und das schneller als die USA, denn Big Data + große KI + Großrechner = überlegene Entscheidungen. Die Chinesen erfassen weit mehr Daten pro Person, als in den USA gesammelt werden (und dort leben viermal so viele Menschen). Und sie investieren eifrig in KI und Rechenleistung, um davon optimal zu profitieren. In diese ebenso wie in andere Technologiebereiche fließen weit mehr Ressourcen als in den USA. Was die Bereitstellung von Kapital angeht, so versorgen Risikokapitalgeber und die Regierung chinesische Entwickler praktisch mit unbegrenzten Mitteln. Und zum Nachschub an Fachkräften ist zu sagen, dass die Zahl der Absolventen von MINT-Fächern (Mathematik, Informatik, Naturwissenschaft, Technologie), die einen technischen Beruf ergreifen möchten, in China etwa achtmal so hoch ist wie in den

USA. Insgesamt liegen die Vereinigten Staaten im Technologiesektor in Führung (wenn auch in manchen Bereichen im Rückstand), und natürlich verfügen sie über große Zentren für Innovationen, allen voran Spitzenuniversitäten und ihre großen Tech-Unternehmen. Die USA sind daher keinesfalls aus dem Rennen, doch sie fallen im Vergleich zurück, weil China seine technische Innovationsfähigkeit deutlich schneller steigert. Bedenken Sie: China ist das Land, dessen Regierung vor 37 Jahren noch von den Taschenrechnern fasziniert war, die ich verschenkte. Wo könnte dieses Land wohl in 37 Jahren stehen?

Um der Bedrohung auf technologischem Gebiet zu begegnen, reagieren die Vereinigten Staaten mitunter, indem sie chinesische Unternehmen (wie Huawei) daran hindern, in den Vereinigten Staaten Geschäfte zu machen, indem sie versuchen, die Verwendung ihrer Produkte international zu untergraben, und indem sie sie durch Sanktionen potenziell in ihrer Existenz bedrohen, weil sie so den Bezug zur Produktion benötigter Teile verhindern. Gehen die Vereinigten Staaten so vor, weil China diese Unternehmen nutzt, um in den Vereinigten Staaten und anderswo Spionage zu betreiben, weil die Vereinigten Staaten befürchten, dass diese und andere chinesische Technologieunternehmen wettbewerbsfähiger sein könnten, und/oder als Retourkutsche, weil die Chinesen amerikanischen Tech-Unternehmen nicht ungehinderten Zugang zum chinesischen Markt geben? Darüber lässt sich streiten. Zweifellos werden diese und andere chinesische Unternehmen rasch wettbewerbsfähiger. Die Vereinigten Staaten reagieren auf die Gefährdung ihrer Wettbewerbsfähigkeit, indem sie bedrohliche Tech-Unternehmen einschränken oder ausschalten. Interessant ist daran, dass die Vereinigten Staaten erst jetzt den Zugang zu geistigem Eigentum sperren, obwohl sie dazu vor nicht allzu langer Zeit noch viel bessere Gelegenheit gehabt hätten, weil sie im Vergleich zu anderen über so viel mehr davon verfügten. China ergreift inzwischen ähnliche Maßnahmen gegen die Vereinigten Staaten, was diesen zunehmend schaden dürfte, da chinesisches geistiges Eigentum in vielerlei Hinsicht besser wird.

Obwohl der Diebstahl von Technologien nach allgemeiner Einschätzung eine große Bedrohung darstellt,[2] erklärt das die gegen chinesische Tech-Unternehmen ergriffenen Maßnahmen nicht vollständig. Verstößt ein Unternehmen in einem Land gegen das Gesetz (zum Beispiel Huawei in den USA), würde man erwarten, dass ein solches Vergehen strafrechtlich verfolgt und Beweise vorgelegt würden, die belegen, dass in die Technologien Spionagetechnik eingebettet ist. Das geschieht aber nicht. Die Angst vor zunehmender Wettbewerbsfähigkeit ist ein großes oder gar das größere Motiv für die Angriffe auf chinesische Technologieunternehmen. Man kann aber nicht erwarten, dass die Politik das auch zugibt. Die US-amerikanische Regierung kann schlecht einräumen, dass US-amerikanische Technologie ihre Wettbewerbsfähigkeit einbüßt. Und sie kann dem amerikanischen Volk auch nicht mit Argumenten gegen freien Wettbewerb kommen, denn diesem hat sie seit jeher erzählt, dass Wettbewerb nicht nur fair ist, sondern auch die beste Methode, um zum optimalen Ergebnis zu gelangen.

Geistiges Eigentum wird schon seit Menschengedenken gestohlen, und das war seit jeher schwer zu verhindern. Wie wir aus den vorangegangenen Kapiteln wissen, haben das die Briten mit den Niederländern gemacht, und die Amerikaner mit den Briten. »Diebstahl« bedeutet, dass gegen ein Gesetz verstoßen wird. Im Krieg zwischen Ländern gibt es aber weder Gesetze noch Richter oder Geschworene, um strittige Fragen beizulegen, und die eigentlichen Entscheidungen, die getroffen werden, werden von den Entscheidern nicht immer offengelegt. Damit will ich nicht sagen, dass die Vereinigten Staaten keine guten Gründe für ihr aggressives Vorgehen haben. Das kann ich nicht beurteilen. Ich behaupte lediglich, dass die Gründe etwas anders aussehen könnten als angegeben. Protektionistische Maßnahmen, um Unternehmen vor ausländischer

2 Einem von fünf in Nordamerika ansässigen Unternehmen wurde nach eigenen Angaben in einer 2019 durchgeführten Umfrage (CNBC Global CFO Council) von chinesischen Unternehmen geistiges Eigentum gestohlen.

Konkurrenz zu schützen, gibt es schon lange. Die Technologie von Huawei ist sicherlich eine Bedrohung, weil sie amerikanischer Technologie in gewisser Hinsicht überlegen ist. Denken Sie nur an Alibaba und Tencent und vergleichen Sie sie mit ihren amerikanischen Pendants. Nun könnten sich Amerikaner fragen, warum diese Unternehmen in den USA nicht im Geschäft sind – nämlich mehr oder minder aus denselben Gründen, aus denen Amazon und etliche andere amerikanische Unternehmen in China nicht im freien Wettbewerb antreten. So oder so, **im Technologiebereich findet derzeit eine Loslösung statt, die Teil einer größeren Abkoppelung zwischen China und den USA ist, und diese wird enorme Auswirkungen darauf haben, wie die Welt in fünf Jahren aussieht.**

Wie könnte eine Verschärfung des Technologiekriegs aussehen?

Noch haben die Vereinigten Staaten einen technologischen Vorsprung (der jedoch rasch schrumpft). Infolgedessen sind die Chinesen derzeit stärker von importierten Technologien aus den USA und anderen Ländern abhängig, die unter US-Einfluss stehen. Das ist eine große Schwachstelle Chinas, die den Vereinigten Staaten eine effektive Waffe in die Hand gibt. Am offensichtlichsten zeigt sich diese bei modernsten Halbleitern, doch sie existiert auch in anderen Technologiesegmenten. Die Dynamik in Bezug auf den führenden Chiphersteller der Welt – die Taiwan Semiconductor Manufacturing Company, die die Chinesen und den Rest der Welt mit den benötigten Chips beliefert und unter US-amerikanischem Einfluss steht – ist eine von vielen interessanten Kräftespielen, die es zu beobachten gilt, vor allem da das Unternehmen in Taiwan sitzt. Es gibt viele derartige Technologieimporte, die für Chinas Wohlergehen von grundlegender Bedeutung sind, und deutlich weniger aus China eingeführte Produkte, die für Amerikas Wohlergehen wesentlich sind. **Würden die Vereinigten Staaten China den Zugang zu grundlegenden Technologien sperren, wäre das ein Alarmsignal für eine potenzielle Eskalationsstufe zum bewaffneten Konflikt.** Läuft dagegen alles so weiter wie bisher, dürfte China in fünf bis zehn Jahren technologisch viel unabhängiger und in einer deutlich stärkeren Position sein als die Vereinigten Staaten – und dann dürften sich diese Technologien bereits deutlich abgekoppelt haben. Das Bild verändert sich täglich. Man sollte sich ständig auf dem Laufenden halten.

DER GEOPOLITISCHE KRIEG

Seine Souveränität, insbesondere soweit es Festlandchina, Taiwan, Hongkong und das Ost- und Südchinesische Meer angeht, ist vermutlich Chinas größtes Anliegen. Darüber hinaus gibt es noch weitere Regionen von strategischer wirtschaftlicher Bedeutung wie die Länder, die an der chinesischen Belt-and-Road-Initiative beteiligt sind.

Wie Sie sich vielleicht vorstellen können, hatten Mao und jede chinesische Regierung bis heute durch das Jahrhundert der Demütigung im 19. Jahrhundert und die Invasionen ausländischer »Barbaren« in dieser Zeit guten Grund, auf Souveränität innerhalb der eigenen Grenzen zu pochen, sich die Teile Chinas zurückzuholen, die ihnen weggenommen wurden (wie Taiwan und Hongkong) und nie wieder so schwach zu sein, dass sie von ausländischen Mächten herumgeschubst werden konnten. Chinas Wunsch nach Souveränität und nach Beibehaltung seiner eigenen Vorgehensweisen (also seiner Kultur) ist der Grund, aus dem die Chinesen Forderungen der Amerikaner ablehnen, die chinesische Innenpolitik anders zu gestalten (demokratischer zu werden, die Tibetaner und die Uiguren anders zu behandeln, anders an das Thema Hongkong oder Taiwan heranzugehen et cetera). Unter vier Augen äußern manche Chinesen, sie würden den Vereinigten Staaten ja auch nicht vorschreiben, wie sie die Menschen innerhalb ihrer Grenzen behandeln sollen. Ferner sind sie der Ansicht, dass die Vereinigten Staaten und die europäischen Länder kulturell zur Missionierung neigen – also dazu, anderen ihre Werte, ihre jüdisch-christlichen Überzeugungen, Moralvorstellungen und Methoden aufzudrängen –, und diese Neigung habe sich über Jahrtausende entwickelt, schon vor den Kreuzzügen.

Für die Chinesen ist die Gefährdung ihrer Souveränität und die Missionierungsgefahr eine toxische Mischung, die Chinas Fähigkeit bedrohen könnte, mit den Ansätzen, die es für optimal hält, das Beste aus sich herauszuholen. Für die Chinesen sind ihre Souveränität und die Möglichkeit, die Dinge auf die Weise anzugehen, die sie für die beste halten, wie von ihrer hierarchischen Regierungsstruktur vorgegeben, absolut unantastbar. Zur Frage der Souveränität verweisen sie auch darauf, dass sie Grund zu der Annahme haben, die Vereinigten Staaten würden ihre Regierung – also die Kommunistische Partei Chinas – stürzen, wenn sie könnten, und das ist ebenfalls nicht hinnehmbar.[3] Das sind die größten existenziellen Bedrohungen, gegen die sich die Chinesen meines Erachtens unter Einsatz ihres Lebens wehren würden. Die Vereinigten Staaten müssen im Umgang mit China Vorsicht walten lassen, wenn sie einen heißen Krieg verhindern wollen. Alle Fragen, die nicht ihre Souveränität betreffen, dürften die Chinesen meiner Ansicht nach eher gewaltlos lösen und einen heißen Krieg vermeiden wollen.

Das vermutlich heikelste Souveränitätsthema ist Taiwan. Viele Chinesen glauben nicht, dass die Vereinigten Staaten sich jemals an die implizite Zusage halten werden, eine Wiedervereinigung Taiwans mit China zuzulassen, wenn sie dazu nicht gezwungen werden. Sie verweisen darauf, dass die USA mit dem Verkauf von F-16-Kampfjets und anderen Waffensystemen an die Taiwanesen eine friedliche Wiedervereinigung mit China offensichtlich nicht fördern. Daher glauben sie, dass es für sie nur eine Möglichkeit gibt, dafür zu sorgen, dass China sicher und geeint ist: Sie müssen so mächtig werden, dass sie sich den USA in der Hoffnung entgegenstellen können, dass diese angesichts chinesischer Überlegenheit Vernunft annehmen und sich abfinden. Nach mei-

3 Es herrscht breiter Konsens darüber, dass sich die Vereinigten Staaten zum Management ihrer Weltordnung bereits häufig eines »Regimewechsels« bedient haben.

nem Eindruck ist China in diesem Teil der Welt militärisch inzwischen bereits stärker. Auch dürfte das chinesische Militär rascher erstarken, wobei das vermutlich auf Abschreckung durch gesicherte gegenseitige Vernichtung hinauslaufen dürfte. Wie bereits angesprochen, **würde es mir große Sorgen bereiten, wenn es zum Kampf um die Souveränität käme – im Speziellen zu einer vierten Taiwanstraßenkrise.** Würden die USA zu den Waffen greifen, um Taiwan zu verteidigen? Sicher ist das nicht. Im anderen Fall wäre das für China ein großer geopolitischer Triumph und für die USA eine empfindliche Demütigung. Es würde den Niedergang des US-Imperiums im Pazifik und anderswo signalisieren, ebenso wie der Verlust des Suezkanals im Nahen Osten und anderswo das Ende des britischen Empire einläutete. Was das bedeutete, ging weit über diesen Verlust hinaus. Im Falle der Briten signalisierte es beispielsweise das Ende des Pfund Sterling als Reservewährung. Je demonstrativer die USA Taiwan verteidigen, desto größer der Gesichtsverlust bei einem verlorenen Krieg oder einem Rückzug. Das ist besorgniserregend, weil sich die Vereinigten Staaten bisher recht ostentativ für Taiwan stark machen. Dabei scheint eine baldige Zuspitzung eines direkten Konflikts in den Karten zu stehen. Greifen die USA zu den Waffen, gehe ich davon aus, dass ein Krieg mit China um Taiwan, in dem Amerikaner zu Tode kommen, in den USA sehr unpopulär wäre und dass die USA diesen Kampf vermutlich verlieren würden. Die große Frage ist daher, ob sich dieser Krieg ausweiten würde. Davor haben alle Angst. Es ist zu hoffen, dass die Angst vor diesem großen Krieg und der damit verbundenen Zerstörung ebenso wie die Angst vor der gegenseitigen Vernichtung dies verhindern werden.

Dabei bin ich aufgrund meiner persönlichen Gespräche **überzeugt, dass China sehr viel daran liegt, nicht in einen heißen Krieg mit den USA einzutreten oder andere Länder mit Gewalt unter seine Kontrolle zu bringen (im Unterschied zu dem Wunsch, das Beste aus sich zu machen und die Länder in seiner Region zu beeinflussen).** Ich weiß, dass sich die chinesische Führungsspitze der Schrecken eines heißen Krieges bewusst ist und dass sie befürchtet, die Welt könne unbeabsichtigt in einen solchen Krieg hineingeraten, wie es im Ersten Weltkrieg der Fall war. Den Chinesen wäre eine kooperative Beziehung lieber, wenn das möglich wäre. Ich vermute, sie würden die Welt gern in verschiedene Einflussbereiche aufteilen. Doch es gibt für sie »rote Linien« (also Grenzen für ihre Kompromissbereitschaft, deren Überschreitung zu einem heißen Krieg führen würden), und sie rechnen künftig mit schwierigeren Zeiten. So äußerte Präsident Xi 2018 in seiner Neujahrsansprache: »Global betrachtet stehen wir vor einer Zeit maßgeblicher Veränderungen, wie wir sie in 100 Jahren nicht erlebt haben. Was diese Veränderungen auch bringen werden, China wird seine nationale Souveränität und Sicherheit weiterhin entschlossen und zuversichtlich verteidigen.«[4]

Was ihren Einfluss auf die übrige Welt angeht, so gibt es sowohl für die Vereinigten Staaten als auch für China bestimmte Gebiete, die ihnen jeweils besonders wichtig sind – primär aufgrund ihrer Nähe (die Länder und Regionen, die ihnen geografisch am nächsten liegen, interessieren sie am meisten) und/oder weil sie von dort wesentliche Güter beziehen (auf keinen Fall wollen sie von der Zufuhr unverzichtbarer Mineralien oder Technologien abgeschnitten werden) und in geringerem Maße auch, weil es Märkte sind, in die sie exportieren. Für China sind in erster Linie die Regionen von Bedeutung, die das Land als zu China gehörig erachtet, in zweiter Linie die Anrainerstaaten (im Chinesischen Meer) und Regionen, durch die wichtige Versorgungskanäle verlaufen (Länder der Belt-and-Road-Initiative) oder die China mit wichtigen Importgütern beliefern. An dritter Stelle stehen weitere Länder von wirtschaftlicher oder strategischer Bedeutung für Partnerschaften.

In den letzten Jahren hat China seine Aktivitäten in diesen strategisch bedeutsamen Ländern stark ausgebaut, insbesondere in den Belt-and-Road-Ländern, in rohstoffreichen Entwicklungsländern und in ver-

4 Diese Erklärung erfolgte im Zusammenhang mit der Frage einer Wiedervereinigung mit Taiwan.

schiedenen Industrieländern. Das hat enorme Auswirkungen auf die geopolitischen Beziehungen. Dabei handelt es sich um wirtschaftliche Aktivitäten, die über zunehmende Investitionen in den Zielländern erfolgen (wie Kredite, Anlagenkäufe, der Bau von Infrastruktureinrichtungen wie Straßen und Stadien und die militärische oder sonstige Unterstützung der Regierungen dieser Länder). Gleichzeitig fahren die USA ihre Entwicklungshilfe für diese Regionen zurück. Diese wirtschaftliche Globalisierung hat solche Ausmaße angenommen, dass sich die meisten Länder gut überlegen müssen, welche politische Strategie sie in Bezug darauf verfolgen wollen, den Chinesen zu gestatten, innerhalb ihrer Grenzen Anlagen aufzukaufen.

Pauschal gesagt stellen sich die Chinesen offenbar zu den meisten nicht rivalisierenden Ländern eine Tributpflicht-ähnliche Beziehung vor. Je größer die geografische Nähe zu China, desto mehr Einfluss möchte Peking jedoch ausüben. Infolge dieser veränderten Umstände kämpfen die meisten Länder unterschiedlich stark mit der Frage, ob man sich besser auf die Vereinigten Staaten ausrichtet oder auf China. Chinas unmittelbare Nachbarn müssen sich darüber die meisten Gedanken machen. In Gesprächen mit Spitzenpolitikern aus verschiedenen Teilen der Welt habe ich wiederholt gehört, dass dabei zwei Aspekte absolut im Vordergrund stehen: Wirtschaft und Militär. Fast alle sagen, aus wirtschaftlicher Sicht würden sie sich für China entscheiden, weil China für sie wirtschaftlich (für Handel und Kapitalverkehr) wichtiger sei. Unter dem Aspekt der militärischen Unterstützung sehen sie Vorteile bei den Vereinigten Staaten. Die große Frage ist jedoch, ob die Vereinigten Staaten militärisch zu ihrem Schutz eingreifen würden, wenn das nötig wäre. Die meisten bezweifeln, dass die USA für sie in den Kampf ziehen würden. Und im asiatisch-pazifischen Raum wird sogar infrage gestellt, ob die USA stark genug wären, um zu gewinnen.

Die wirtschaftlichen Vorteile, die China diesen Ländern bietet, sind erheblich und funktionieren im Grunde ähnlich wie die Wirtschaftshilfen der Vereinigten Staaten für Schlüsselländer nach dem Zweiten

Weltkrieg: Sie tragen dazu bei, angestrebte Beziehungen zu konsolidieren. Noch vor wenigen Jahren hatten die Vereinigten Staaten keine ernstzunehmenden Rivalen. Es war für sie daher recht einfach, schlicht ihre Wünsche zu äußern und festzustellen, dass sich die meisten Länder danach richteten. Die einzigen konkurrierenden Mächte waren die Sowjetunion (die rückblickend keine echte Konkurrenz war), die eigenen Alliierten und ein paar Entwicklungsländer, die wirtschaftlich aber nicht mithalten konnten. **In den letzten Jahren nahmen die Chinesen zunehmend Einfluss auf andere Länder, während der US-amerikanische Einfluss zurückging.** Dasselbe gilt für multilaterale Organisationen – zum Beispiel die Vereinten Nationen, der IWF, die Weltbank, die Welthandelsorganisation, die Weltgesundheitsorganisation und der internationale Gerichtshof. Die meisten dieser Organisationen wurden von den Vereinigten Staaten ins Leben gerufen, als die amerikanische Weltordnung begann. Je mehr sich die Vereinigten Staaten aus diesen Organisationen zurückziehen, desto schwächer werden sie – und desto mehr Bedeutung bekommt China.

In den nächsten fünf bis zehn Jahren werden wir nicht nur Abkoppelungen in anderen Bereichen erleben, sondern sehen, welche Länder sich auf welche Führungsmacht ausrichten. Neben Geld und militärischer Stärke wird die Bildung dieser Allianzen davon beeinflusst werden, wie China und die USA mit anderen Ländern interagieren (also wie sie ihre weiche Macht einzusetzen verstehen). Umgangsformen und Werte werden dabei eine Rolle spielen. So habe ich in den Trump-Jahren gehört, wie Spitzenpolitiker aus aller Welt die Staatschefs beider Länder als »brutal« bezeichneten. Das hört man zwar über US-Präsident Biden nicht mehr so oft, doch im Großen und Ganzen befürchten andere Länder, dass sie abgestraft werden, wenn sie nicht genau das tun, was die Regierungschefs dieser beiden Länder wollen. Das ist ihnen so zuwider, dass es sie manchmal sogar in die Arme des jeweils anderen treibt. **Es wird darauf ankommen, wie diese Allianzen aussehen, denn aus der Geschichte wissen wir: Das mächtigste Land wird gewöhnlich durch**

Bündnisse von Ländern zu Fall gebracht, die für sich genommen nicht so mächtig sind, aber gemeinsam stärker.

Die möglicherweise interessanteste Beziehung, die es dabei im Auge zu behalten gilt, ist die zwischen China und Russland. Seit 1945 die neue Weltordnung begann, haben sich im Falle Chinas, Russlands und der Vereinigten Staaten zwei der drei Länder zusammengetan, um das dritte zu neutralisieren oder zu überwältigen. Russland und China haben einander viel zu geben (Russland natürliche Ressourcen und Rüstungstechnik an China, China Finanzmittel an Russland). Russland wäre auch deshalb ein guter Verbündeter, weil es über militärische Stärke verfügt. Die Anfänge dieser Entwicklungen können wir daran erkennen, welche Partei die Länder in bestimmten Fragen ergreifen – beispielsweise ob sie Huawei zulassen.

Zusätzlich zu den internationalen politischen Risiken und Chancen bestehen natürlich in beiden Ländern gewaltige innenpolitische Risiken und Chancen. Der Grund dafür: In beiden Regierungen kämpfen verschiedene Parteien um Einfluss, und es wird unweigerlich Veränderungen an der Führungsspitze geben, die zu Veränderungen der Politik führen. Wer das Sagen haben wird, ist praktisch unmöglich vorhersehbar, doch wer es auch ist, er wird vor den bestehenden Herausforderungen stehen, die sich im Zuge des großen Zyklus entwickeln werden, wie bereits erläutert. Da alle Spitzenpolitiker (und auch alle anderen an diesen Evolutionszyklen Beteiligten, uns eingeschlossen) in unterschiedlichen Abschnitten in diese Zyklen eintreten und wieder aussteigen, sind sie (und wir) mit einem bestimmten Szenario wahrscheinlicher Situationen konfrontiert, vor denen sie stehen werden. Da vor uns schon andere in der Geschichte in die gleichen Abschnitte früherer Zyklen ein- und wieder ausgetreten sind, können wir uns gewisse, wenn auch unvollkommene Vorstellungen vom Spektrum der Möglichkeiten machen, wenn wir uns anschauen, was unseren Vorgängern in den entsprechenden Phasen begegnet ist und wie sie damit umgegangen sind, und logische Schlussfolgerungen ziehen.

DER KAPITALKRIEG

Wie historisch belegt, zählt zu den größten Risiken in einem Konflikt, dass einem Land der Zugang zu seinem Geld beziehungsweise Kapital verwehrt wird. Das kann passieren a) durch gegnerisches Handeln und/oder b) durch selbstverschuldetes Vorgehen, das nachteilige Folgen hat (übermäßige Verschuldung und Abwertung der eigenen Währung), weil die Kapitalgeber unter diesen Bedingungen kein Kapital mehr bereitstellen wollen. In Kapitel 6 habe ich klassische Schachzüge in einem Kapitalkrieg beleuchtet. Manche davon kommen bereits zum Einsatz und könnten noch stärker genutzt werden, sodass wir ein Auge darauf haben sollten.

Ziel eines Kapitalkriegs ist es, den Feind von der Kapitalversorgung abzuschneiden, denn ohne Geld keine Macht.

In welchem Umfang es dazu kommt, richtet sich nach der Schwere des Konflikts. »Sanktionen«, wie sie heute heißen und eingesetzt werden, können viele Formen annehmen, die sich grob in die Kategorien finanziell, wirtschaftlich, diplomatisch und militärisch einordnen lassen. In jeder dieser Kategorien finden sie unterschiedliche Ausprägung und Anwendung. Auf die verschiedenen Versionen und Ziele will ich hier nicht näher eingehen, weil uns das zu weit vom Thema wegführen würde.

Was Sie unbedingt wissen sollten, ist Folgendes:

- **Größter Machtfaktor für die Vereinigten Staaten ist, dass sie über die führende Reservewährung der Welt verfügen. Das verleiht den USA enorme Kaufkraft, weil sie in der Lage sind, a) die globale Währung zu drucken und für breite Akzeptanz im Ausland zu sorgen, und b) zu kontrollieren, wer diese Währung bekommt.**
- **Die Vereinigten Staaten laufen Gefahr, ihren Reservewährungsstatus zu verlieren.**

Der US-Dollar ist nach wie vor die dominierende Reservewährung der Welt, weil er im Handel, im globalen Kapitalverkehr und für Reservebildung weit häufiger zum Einsatz kommt als jede andere Währung. Es ist nicht nur historisch belegt, sondern auch logisch, dass die führende Reservewährung nur langsam abgelöst wird – aus denselben Gründen, aus denen die führende Weltsprache nur langsam ersetzt wird: weil sie von so vielen Menschen übernommen wurde und untrennbar mit dem System verflochten ist. Die folgende Tabelle zeigt die bestehenden Reservewährungspositionen, wie sie aus den Beständen der Zentralbanken hervorgehen.

ANTEIL AN ZENTRALBANKRESERVEN NACH WÄHRUNG

USD	51 %
EUR	20 %
Gold	12 %
JPY	6 %
GBP	5 %
CNY	2 %

Auf der Grundlage von Daten bis einschließlich 2019

Weil der US-Dollar die dominante Währung im Welthandel, im Kapitalverkehr und für Reservebildung ist, ist er die führende Reservewährung der Welt. Dadurch befinden sich die USA in der beneidenswerten Position, dass sie das Geld der Welt drucken und ihre Gegner mit Sanktionen belegen können. Derzeit verfügen die USA über ein Spektrum an Sanktionen, das ihr am häufigsten verwendetes Waffenarsenal darstellt. 2019 waren rund 8.000 US-Sanktionen gegen natürliche Personen, Unternehmen und Regierungen verhängt. Diese Machtstellung ermöglicht es den USA, sich das Geld zu beschaffen, das sie brauchen. Gegnerischen Ländern können sie den Geld- und Kredithahn zudrehen, indem sie Finanzinstitute und andere davon abhalten, mit ihnen Geschäfte zu machen. Solche Sanktionen sind keinesfalls vollkommen oder allumfassend, doch generell durchaus effektiv.

Doch die Vereinigten Staaten laufen aus verschiedenen Gründen Gefahr, ihre Vormachtstellung als Reservewährungsmacht zu verlieren:

- **Die Mengen auf US-Dollar lautender Schuldtitel in den Portfolios von Ausländern (etwa in Form von Zentralbankreserven oder staatlichen Investitionsfonds) sind nach verschiedenen Maßstäben dafür, wie hoch Reservewährungsbestände sein sollten, unverhältnismäßig hoch.**[5]
- **Die US-Regierung und die US-Notenbank erhöhen die Menge auf US-Dollar lautender Schuldtitel und die Geldmenge unglaublich schnell, sodass es schwierig werden dürfte, auf ausreichende Nachfrage nach US-Schuldtiteln zu stoßen, ohne dass die Federal Reserve diese in größerem Umfang monetarisieren muss. Gleichzeitig sind die finanziellen Anreize, diese Schuldtitel zu halten, wenig attraktiv, weil die US-Regierung vernachlässigbare Nominalzinsen zahlt und die Realverzinsung negativ ist.**
- **Schuldtitel als Tauschmedium oder Wertspeicher zu halten, ist in Kriegszeiten weniger erstrebenswert als in Friedenszeiten.**

---

5 Der Anteil auf US-Dollar lautender Schuldtitel ist hoch im Verhältnis zu a) dem Prozentsatz der Vermögensallokationen, die internationale Investoren halten würden, um ihr Portfolio ausgewogen aufzustellen, b) der Höhe der Reservewährungsbestände, die angemessen ist, um den Finanzierungsbedarf des Handels und des Kapitalverkehrs zu decken, und c) der Größe und Bedeutung der US-amerikanischen Wirtschaft im Vergleich zu anderen Volkswirtschaften. Auf US-Dollar lautende Schuldtitel sind deshalb unverhältnismäßig voluminös, weil der US-Dollar die führende Reservewährung ist, was bedeutet, dass er als eine sicherere Anlage wahrgenommen wird, als er es in Wirklichkeit ist, und weil unverhältnismäßig viele Dollarkredite aufgenommen wurden. Inzwischen sind die meisten derjenigen, die entscheiden, welche Anteile ihrer Bestände auf verschiedene Märkte entfallen sollten, nicht mehr gewillt, den Anteil proportional zu den größeren Mengen an zum Verkauf stehenden US-Anleihen zu erhöhen, und denken sogar darüber nach, die in US-Schuldtiteln gehaltenen Anteile zu verringern. Sollte das eintreten, müsste die Federal Reserve mehr Schuldtitel kaufen.

Würde sich daher ein Krieg abzeichnen, würde der Wert von Schuldtiteln (die ein Versprechen auf den Erhalt von Fiatwährung darstellen) und Fiatwährung im Vergleich zu anderen Vermögenswerten zurückgehen. Derzeit ist das kein Problem, doch das könnte sich ändern, wenn die Kriege eskalieren.

- **Dass China US-Schuldtitel im Wert von circa 1 Billion US-Dollar hält, ist ein Risiko, aber kein unbeherrschbares, da das nur rund 4 Prozent der ausstehenden etwa 28 Billionen US-Dollar entspricht (Stand: Mai 2021). Doch weil anderen Ländern klar wird, dass Maßnahmen, die gegen China ergriffen werden, auch gegen sie ergriffen werden könnten, würde jede solche Maßnahme gegen chinesische Positionen in Dollar-Schuldinstrumenten voraussichtlich die mit solchen Anlagen verbundenen Risiken in den Augen ihrer Inhaber erhöhen – und die Nachfrage nach solchen Anlagen drücken.** Das ist derzeit kein Problem, könnte allem Anschein nach aber schon bald eines werden.
- **Die Rolle des US-Dollar als Reservewährung hängt stark davon ab, dass er international frei konvertierbar ist. Sollten die USA seinen Verkehr künftig einschränken und/oder eine Geldpolitik verfolgen, die den Interessen der restlichen Welt entgegensteht, würde das die Attraktivität des Dollar als führende globale Reservewährung verringern.** Auch das ist derzeit kein Problem, wird aber dazu werden, wenn potenzielle Devisenverkehrskontrollen ins Spiel gebracht werden, wie das gewöhnlich in der nächsten Zyklusphase der Fall ist.
- **Länder, die unter US-Sanktionen leiden, suchen Wege, diese zu umgehen oder die Befugnis der Vereinigten Staaten zu untergraben, solche Sanktionen zu verhängen.** So arbeiten beispielsweise Russland und China – beide Gegenstand solcher Sanktionen und durch schärfere künftige Sanktionen bedroht – gemeinsam an der Entwicklung eines alternativen

Zahlungssystems. Die chinesische Zentralbank hat eine digitale Währung aufgelegt, die Chinas Gefährdung durch US-Sanktionen verringert.

Brauchbare Alternativen gibt es derzeit auf dem Währungsmarkt nicht – aus folgenden Gründen:

- **Der US-Dollar (der 51 Prozent der Zentralbankreserven ausmacht)** wird fundamental schwächer, wie in Kapitel 11 beschrieben. Auf eine Wiederholung an dieser Stelle verzichte ich.
- **Der Euro (20 Prozent)** ist eine schwach strukturierte Fiatwährung kleinerer, unkoordinierter, finanzschwacher Länder, die dürftig durch eine stark fragmentierte Währungsunion zusammengehalten wird. Weil die Europäische Union finanziell, wirtschaftlich und militärisch bestenfalls eine zweitrangige Macht ist, ist der Anreiz gering, ihre Währung und die Schuldtitel zu kaufen, die auf Euro lauten, den die Zentralbank drucken kann.
- **Gold (12 Prozent)** ist eine harte Währung, die gehalten wird, weil sie sich über die Jahrhunderte bewährt hat und andere Anlagen effektiv diversifiziert, allen voran Fiatwährungen. Vor 1971 bildete Gold die Grundlage des globalen Währungssystems. Heutzutage ist es ein vergleichsweise lebloser Vermögenswert, da es keinen nennenswerten internationalen Handel oder Kapitalverkehr dafür gibt und weil es nicht zum Zahlungsbilanzausgleich verwendet wird. Auch ist der Goldmarkt zu klein, als dass er zu den aktuellen Preisen einen großen Vermögensanteil ausmachen könnte. Eine Umstellung von fiatwährungsbasierten Anlagen (wie Schuldtiteln) auf Gold, die nur bei einer Abkehr von diesem System erfolgen würde (wofür es historische Beispiele gibt), würde zu einer Explosion des Goldpreises führen.

- **Der Yen (6 Prozent)** ist eine Fiatwährung, die außer von Japanern international nicht breit verwendet wird und vielfach unter denselben Problemen leidet wie der US-Dollar, auch unter zu hoher, rasch steigender Verschuldung und deren Monetarisierung, sodass die Verzinsung unattraktiv ist. Außerdem ist Japan nur eine nachrangige globale Wirtschaftsmacht und militärisch schwach.
- **Das Pfund Sterling (5 Prozent)** ist eine aus anachronistischen Gründen gehaltene Fiatwährung mit relativ schwachen Fundamentaldaten. Das Vereinigte Königreich steht nach fast allen unseren Maßstaben für die wirtschaftliche/geopolitische Macht eines Landes vergleichsweise schwach da.
- **Der Renminbi (2 Prozent)** ist die einzige Fiatwährung, die aus fundamentalen Gründen als Reservewährung gewählt wird. China hat erhebliches Potenzial. Sein Anteil am Welthandel, am globalen Kapitalverkehr und am globalen BIP entspricht in etwa dem der Vereinigten Staaten.[6] China hat seine Währung so bewirtschaftet, dass sie gegenüber anderen Währungen und den Preisen von Waren und Dienstleistungen einigermaßen stabil ist, es verfügt über hohe Devisenreserven, die Zinsen liegen nicht bei null, die Realzinsen sind nicht negativ und das Land druckt weder im größeren Stil Geld noch monetarisiert es Schulden. Zunehmende Investitionen in China stärken die Währung, weil sie in dieser Währung durchgeführt werden müssen. Das sind die Pluspunkte. Negativ schlägt zu Buche, dass China relativ hohe Inlandsschulden aufweist, die umstrukturiert werden müssen, dass der Renminbi keine Währung ist, die im Welthandel und in Finanztransaktionen breite Anwendung findet, dass Chinas Clearingsystem unterentwickelt ist und dass nicht uneingeschränkt Geld in diese Währung ein- oder daraus abfließen darf.

---

6 Diese Daten sind kaufkraftparitätsbereinigt.

Es gibt daher keine attraktiven globalen Reservewährungen, die dem US-Dollar Konkurrenz machen könnten.

● ***Die Geschichte lehrt, dass immer dann, wenn a) Währungen unattraktiv werden und b) es keine attraktiven Alternativwährungen gibt, diese Währungen dennoch abwerten und sich das Kapital Wege in andere Anlagen (zum Beispiel Gold, Rohstoffe, Aktien, Immobilien et cetera) sucht. Infolgedessen muss gar keine starke alternative Währung vorhanden sein, damit es zur Abwertung einer Währung kommen kann.***

Das alles wird sich verändern. Sobald sich die Vereinigten Staaten und China im Kapitalkrieg befinden, wäre die Entwicklung einer chinesischen Währung und chinesischer Kapitalmärkte für die Vereinigten Staaten von Nachteil, für China von Vorteil. Wenn die USA Chinas Währung und die chinesischen Kapitalmärkte nicht attackieren, um sie zu schwächen, und/oder die Chinesen ihrer eigenen Währung und ihren Kapitalmärkten nicht selbst schaden (indem sie politische Veränderungen vorantreiben, die die Attraktivität dieser Märkte verringern), werden sich Chinas Währung und Kapitalmärkte vermutlich rasch in eine immer größere Konkurrenz für die US-Märkte entwickeln. Es bleibt der US-amerikanischen Politik überlassen, ob sie beschließt, diese Entwicklung zu stören, indem sie aggressiver agiert, oder sie hinzunehmen, was dazu führen dürfte, dass China im Vergleich stärker, autarker und weniger anfällig für Druck seitens der USA wird. Obwohl die Chinesen nicht so viele Möglichkeiten haben, dem US-Dollar und den US-amerikanischen Kapitalmärkten zu schaden, und ihre beste Strategie wäre, die eigene Währung zu stärken, könnte es sein, dass sie versuchen werden, den US-Dollar anzugreifen.

Wie ich im Zusammenhang mit meiner Analyse früherer Zyklen erläutert habe, verschärft sich der Krieg gewöhnlich, wenn der Zyklus fortschreitet. Ein Vergleich historischer Präzedenzfälle mit ihren heutigen Pendants – Reaktionen der USA und Japans vor dem Zweiten Weltkrieg mit Reaktionen der USA und Chinas heute – sollte im weiteren Zyklusverlauf daher aufschlussreich sein.

DER MILITÄRISCHE KRIEG

Ich bin kein Militärexperte, tausche mich aber mit solchen Fachleuten aus und informiere mich über die Thematik. Ich gebe hier also lediglich weiter, was ich in Erfahrung gebracht habe. Was Sie damit anfangen, bleibt Ihnen überlassen.

● ***Es ist unmöglich, sich ein Bild davon zu machen, wie der nächste größere militärische Krieg ablaufen würde. Vermutlich wäre er aber weit verheerender, als es sich die meisten Menschen vorstellen.*** Das kommt daher, weil im Geheimen eine Menge Waffen entwickelt wurden und weil die Kreativität und die Kapazität, anderen Leid zuzufügen, bei jeder Art der Kriegsführung stets gewaltig angewachsen sind, seit zuletzt die effektivsten Waffen eingesetzt und in Aktion erlebt wurden. Heute gibt es mehr Arten der Kriegsführung, als wir uns vorstellen können, und für jede mehr Waffensysteme, als alle denken. Natürlich ist ein Atomkrieg eine Schreckensvorstellung, aber ich habe ähnlich beängstigende Schilderungen der Folgen von Bio-, Cyber-, Chemie-, Weltraum- und anderen Arten der Kriegsführung gehört. Viele davon wurden noch nie erprobt, sodass sehr ungewiss ist, wie sie wirken würden.

Ausgehend von dem, was wir sicher wissen, **ist festzustellen, dass der geopolitische Krieg der Vereinigten Staaten und Chinas im Ost- und Südchinesischen Meer militärisch eskaliert, weil beide Seiten die Grenzen der anderen austesten. China ist in dieser Region militärisch inzwischen stärker als die Vereinigten Staaten, sodass die USA einen dortigen Krieg vermutlich verlieren würden. Weltweit und insgesamt sind die Vereinigten Staaten aber stärker und würden daher einen größeren Krieg vermutlich »gewinnen«.** Ein größerer Krieg ist aber zu komplex, um sich davon konkretere Vorstellungen zu machen, weil es so viele Unwägbarkeiten gibt – unter anderem wie sich andere Länder in diesem Fall verhalten würden und welche geheimen Technologien es gibt. In einem sind sich die meisten gut informierten Menschen einig: Ein solcher Krieg wäre unvorstellbar schrecklich.

Wohlgemerkt hat China seine militärische Stärke ebenso wie sein Wachstum in anderen Bereichen rasant gesteigert, vor allem in den letzten zehn Jahren. Diese Entwicklung dürfte sich künftig noch beschleunigen – umso mehr, wenn China die Vereinigten Staaten beim wirtschaftlichen und technischen Fortschritt weiter überrundet. **Manche können sich vorstellen, dass China in fünf bis zehn Jahren militärisch allgemein überlegen sein wird. Ob das stimmt, kann ich nicht sagen.**

Was potenzielle Austragungsorte militärischer Konflikte anbetrifft, so sind Taiwan, das Ost- und Südchinesische Meer und Nordkorea die absoluten Hotspots. An zweiter Stelle stehen Indien und Vietnam (aus Gründen, auf die ich hier nicht näher eingehen werde).

Ein ausgewachsener heißer Krieg zwischen den Vereinigten Staaten und China würde sämtliche bisher erwähnten Kriegsarten und andere mehr einschließen und auf die Spitze treiben, denn im Kampf ums Überleben würde jeder alles in die Waagschale werfen, was er hat – wie das andere Länder in der Geschichte vorgemacht haben. Das wäre dann der Dritte Weltkrieg, und dieser wäre weit tödlicher als der Zweite, wenngleich auch dieser aufgrund des technischen Fortschritts der Methoden, einander Schaden zuzufügen, schon viel mehr Opfer gefordert hat als der Erste.

Auch Stellvertreterkriege sind eine denkbare Option, die es im Auge zu behalten gilt, da sie äußerst effektive Möglichkeiten bieten, die Stärke und den globalen Einfluss der führenden Weltmacht zu dezimieren.

Zum potenziellen Zeitpunkt eines Krieges fällt mir der Grundsatz ein, dass ● ***es ein günstiger Moment ist, die Schwäche des Gegners aggressiv auszunutzen, wenn dieser mit heftigen inneren Unruhen im eigenen Land konfrontiert ist.*** So marschierten die Japaner in den 1930er-Jahren in China ein, als das Land gespalten und vom laufenden Bürgerkrieg erschöpft war.

● ***Die Geschichte hat uns vorgeführt, dass das Risiko einer Offensive dann als erhöht gelten muss, wenn ein Führungswechsel stattfindet und/oder Führungsschwäche vorliegt und gleichzeitig große innenpolitische***

Konflikte bestehen. Weil die Zeit für China spielt, falls es zu einem Krieg kommen sollte, ist es im Interesse der Chinesen, diesen hinauszuschieben (also noch um fünf bis zehn Jahre, bis sie vermutlich stärker und unabhängiger sind). Aus Sicht der USA sollte er eher früher stattfinden.

Im Folgenden gehe ich noch auf zwei weitere Kriegsgattungen ein: den Kulturkrieg, der bestimmt, wie sich jede Seite der Sachlage nähert, und auch, wofür die betroffenen Menschen wohl eher ihr Leben geben würden, als darauf zu verzichten, und den Krieg gegen uns selbst, der bestimmt, wie effektiv wir sind, und der dazu führen wird, dass wir hinsichtlich der entscheidenden Determinanten, die wir in Kapitel 1 untersucht haben, stark oder schwach sind.

DER KULTURKRIEG

● ***Wie Menschen miteinander umgehen, ist maßgeblich dafür, wie sie sich in Situationen verhalten, mit denen sie gemeinsam konfrontiert sind. Und die wichtigste Determinante für ihren Umgang miteinander ist die Kultur.*** Wie Amerikaner und Chinesen bei der Bewältigung der gerade geschilderten Konflikte miteinander umgehen werden, richtet sich nach ihren jeweiligen Prioritäten und danach, wie Menschen ihrer Ansicht nach miteinander umgehen sollten. Weil Amerikaner und Chinesen unterschiedliche Wertvorstellungen und kulturelle Normen haben, für die sie kämpfen und sterben würden, sollten beide Seiten unbedingt wissen, wie diese aussehen und wie richtig darauf zu reagieren ist, wenn wir unsere Differenzen friedlich lösen wollen.

Wie bereits beschrieben, **verlangt die chinesische Kultur von ihren Leitfiguren und der Gesellschaft, Entscheidungen überwiegend hierarchisch zu treffen, legt strenge Anstandsregeln an, stellt das kollektive Interesse vor die Interessen Einzelner und fordert, dass jeder seinen Platz kennen und seine Aufgabe korrekt erfüllen und alle, die in der Hierarchie über ihm stehen, mit dem Respekt eines Kin-**

des für seine Eltern behandeln muss. Die Chinesen streben auch eine »Herrschaft des Proletariats« an, was gemeinhin bedeutet, dass Chancen und Erträge breit gestreut werden. Die amerikanische Kultur schreibt ihren Spitzenpolitikern dagegen vor, das Land von unten nach oben zu regieren, fordert ein hohes Maß an persönlicher Freiheit, stellt Individualismus vor Kollektivismus, bewundert revolutionäres Denken und Verhalten und respektiert Menschen nicht wegen ihrer Stellung, sondern wegen der Qualität ihrer Ideen. Diese zentralen kulturellen Werte liegen den verschiedenen Wirtschafts- und Politiksystemen zugrunde, für die sich die Länder entschieden haben.

Ganz klar: Die meisten dieser Unterschiede kommen im Alltag kaum zum Tragen. Im Vergleich zu den gemeinsamen Überzeugungen von Amerikanern und Chinesen spielen sie generell keine so große Rolle – und davon gibt es viele. Auch sind nicht alle Chinesen und nicht alle Amerikaner davon gleichermaßen überzeugt, weshalb sich viele Amerikaner in China wohlfühlen und umgekehrt. Überdies sind sie nicht allgegenwärtig. So haben Chinesen in anderen Hoheitsgebieten wie Singapur, Taiwan und Hongkong einer westlichen Demokratie ähnliche Regierungssysteme umgesetzt. Nichtsdestotrotz wirken sich diese kulturellen Unterschiede unterschwellig auf fast alles aus, und wenn es ernste Konflikte gibt, sind sie entscheidend dafür, ob die Parteien zu den Waffen greifen oder sich friedlich einigen. **Das Hauptproblem zwischen Chinesen und Amerikanern besteht darin, dass manche die Werte und Vorgehensweisen der anderen nicht begreifen und nicht nachvollziehen können und einander nicht zugestehen, zu tun, was sie für das Beste halten.**

Die Öffnung beider Länder hat zwar zu verstärkten Interaktionen geführt, und ihre zunehmend ähnlichen Verhaltensweisen (zum Beispiel ähnliche wirtschaftliche Freiheiten, die zu ähnlichen Wünschen, Produkten und Ergebnissen führen) haben bewirkt, dass das Umfeld und die Menschen sich hier wie dort ähnlicher sind denn je, doch noch sind Unterschiede im Ansatz erkennbar. Sie schlagen sich darin nieder, wie die Regierung und ihre Bürger hier und dort interagieren und wie

Amerikaner und Chinesen interagieren – vor allem auf der Ebene vom Regierungschef zum politischen Entscheidungsträger. **Manche dieser kulturellen Unterschiede sind unwichtig, manche dagegen so bedeutsam, dass viele Menschen ihr Leben dafür geben würden.** Die meisten Amerikaner würden zum Beispiel lieber sterben, als ihre Freiheit aufzugeben, während den Chinesen persönliche Freiheit längst nicht so wichtig ist wie kollektive Stabilität.

Diese Unterschiede zeigen sich auch im täglichen Leben. So regelt beispielsweise die eher paternalistische chinesische Regierung, welche Videospiele Kinder spielen und wie viele Stunden am Tag sie spielen dürfen. In den Vereinigten Staaten sind Videospiele dagegen gar nicht staatlich reguliert, sondern gelten als Angelegenheit, über die im Einzelfall die Eltern zu entscheiden haben. Sicherlich hat jeder Ansatz seine Vor- und Nachteile.

Aufgrund der hierarchischen chinesischen Kultur ist es für die Chinesen ganz natürlich, staatliche Vorgaben zu akzeptieren. Die so gar nicht hierarchische Kultur der Amerikaner sorgt dafür, dass sie es akzeptabel finden, mit ihrer Regierung um das richtige Vorgehen zu kämpfen. So beeinflussten die unterschiedlichen kulturell geprägten Neigungen der Amerikaner und Chinesen auch, wie sie auf die Anweisung reagierten, zum Schutz vor COVID-19 Masken zu tragen, was Folgen zweiter Ordnung nach sich zog, weil sich die Chinesen daran hielten, die Amerikaner oft nicht. Das wirkte sich auf die Zahl der Infektionen und der Todesfälle aus, und auch auf die Wirtschaft. Diese kulturell bedingt unterschiedlichen Vorgehensweisen beeinflussen, inwieweit Chinesen und Amerikaner auf vieles unterschiedlich reagieren – Datenschutz, Meinungsfreiheit, Medienfreiheit et cetera. Deshalb läuft unter dem Strich hier wie dort so vieles anders.

Beide kulturelle Ansätze haben Vor- und Nachteile, auf die ich hier nicht im Einzelnen eingehen werde. Ich möchte lediglich darlegen, dass **es tief verwurzelte kulturelle Unterschiede sind, die einen Amerikaner zum Amerikaner machen und einen Chinesen zum Chinesen.**

Angesichts der eindrucksvollen Erfolgsbilanz Chinas und der kulturellen Verquickungen, die dieser zugrunde liegen, sind die Aussichten darauf, dass China seine Wertvorstellungen und sein System aufgeben könnte, ebenso gering wie umgekehrt bei den Amerikanern. Den Chinesen und ihren Systemen eine stärkere Amerikanisierung aufzuzwingen, wäre für sie gleichbedeutend mit einer Unterdrückung ihrer Grundüberzeugungen, die sie mit ihrem Leben schützen würden. Voraussetzung für eine friedliche Koexistenz ist, dass die Amerikaner eines begreifen müssen: Für die Chinesen sind ihre Werte und ihre Wege, diese Werte zu leben, das Nonplusultra – nicht anders als deren Werte und Way of Life für die Amerikaner.

So sollte man zum Beispiel akzeptieren, dass es die meisten Chinesen für besser halten, wenn Spitzenpolitiker von fähigen, weisen Leitfiguren berufen werden, statt die Wahl nach dem Motto »Jedem Bürger eine Stimme« der breiten Bevölkerung zu überlassen, weil sie überzeugt sind, dass die breite Bevölkerung nicht so gut informiert und auch nicht so qualifiziert ist. Die meisten meinen, dass die breite Masse nach Laune wählt und danach, was die Kandidaten den Wählern für ihre Unterstützung versprechen – nicht danach, was für sie das Beste ist. Ebenso glauben sie – wie schon Plato, und wie es in etlichen Ländern vorgemacht wurde –, dass Demokratien in schlechten Zeiten schnell zu dysfunktionalen Anarchien verkommen, wenn sich die Menschen darüber streiten, was zu tun sei, statt sich hinter einen starken, fähigen Staatslenker zu stellen.

Ferner sind sie der Ansicht, dass ihr System zur Besetzung von Spitzenpositionen besseren strategischen Entscheidungen für mehrere Generationen Vorschub leistet, weil die Amtszeit jedes Spitzenpolitikers nur ein kleiner Prozentsatz des erforderlichen Zeitraums ist, um auf dem langfristigen Entwicklungsbogen Fortschritte zu erzielen.[7] Ihrer Über-

7 Tatsächlich finden es die Chinesen schwierig, sich auf die mangelnde Kontinuität von Richtlinien und Weisungen in den USA einzustellen, die sich aus den scheinbar launenhaften Veränderungen der Themen ergibt, die der US-amerikanischen Öffentlichkeit am Herzen liegen, gemessen an ihren gewählten Repräsentanten.

zeugung nach ist das Beste für alle am wichtigsten – und das Beste für das Land. Und darüber bestimmen am besten die Leute an der Spitze. Das chinesische Regierungssystem gleicht eher der typischen Geschäftsleitung eines großen Unternehmens, insbesondere eines über mehrere Generationen geführten Familienbetriebs. Daher verstehen sie nicht, warum es den Amerikanern und anderen Westlern so schwerfällt zu begreifen, wieso sich das chinesische System nach diesem Ansatz richtet, und die Problematik demokratischer Entscheidungsprozesse nicht ebenso klar zu erkennen, wie es die Chinesen tun.

Um eines klarzustellen: Mir geht es hier nicht um die relativen Vorzüge des einen oder anderen dieser Entscheidungssysteme. **Ich möchte lediglich begreiflich machen, dass es ein Für und Wider für beide Seiten gibt, und Amerikanern und Chinesen helfen, die Dinge von der Warte des jeweils anderen zu betrachten. Vor allem aber möchte ich verstanden wissen, dass die Angelegenheit entweder darauf hinausläuft, das Recht des anderen, zu tun, was er für richtig hält, zu akzeptieren, zu tolerieren oder gar zu respektieren, oder darauf, dass Chinesen und Amerikaner auf Leben und Tod darum kämpfen müssen, was sie für alternativlos halten.**

Das Wirtschafts- und Politiksystem der Amerikaner und der Chinesen unterscheidet sich, weil sie eine ganz andere Geschichte haben, aus der kulturelle Unterschiede hervorgegangen sind. In Bezug auf die Wirtschaft existieren in China wie im Rest der Welt zwei unterschiedliche Ansichten: die klassische Linke (die Staatseigentum an den Produktionsmitteln, die Einkommensschwachen und die Umverteilung von Vermögen et cetera favorisiert – also das, was die Chinesen Kommunismus nennen) und die klassische Rechte (die Privateigentum an den Produktionsmitteln, die Erfolgreichen im System und eine deutlich eingeschränktere Umverteilung von Vermögen befürwortet). Wie in allen anderen Gesellschaften schwingt auch und besonders in China das Pendel zwischen beiden Extremen hin und her. Man kann also nicht behaupten, die Chinesen stünden kulturell bedingt links oder rechts. Die US-amerikanischen Präferenzen unterlagen in der weitaus kürzeren Geschichte der USA ähnlichen Schwankungen. Ich vermute, wenn die Vereinigten Staaten eine längere Geschichte hätten, hätten wir auch kräftigere Ausschläge gesehen – ebenso wie in Europa im Zuge seiner längeren Geschichte.

Aus diesen Gründen erscheinen die »linken« oder »rechten« Tendenzen eher als Schwankungen um revolutionäre Trends im großen Zyklus denn als zentrale Werte, die sich herausbilden. Tatsächlich nehmen wir genau diese Bewegungen derzeit in beiden Ländern wahr. Man kann also durchaus sagen, dass »rechte« Politik wie der Kapitalismus in China bald in höherem Kurs steht als in den Vereinigten Staaten – und umgekehrt. So oder so, in Bezug auf Wirtschaftssysteme scheint es nicht sehr viele klare Unterscheidungen zu geben, die in tiefen kulturellen Präferenzen wurzeln. Die Neigung der Chinesen zu hierarchischen Top-down-Systemen anstelle nicht hierarchischer Bottom-up-Gefüge scheint dagegen sehr wohl tief in ihrer Kultur und in ihrem politischen System begründet, während die Amerikaner eine starke Tendenz zu nicht hierarchischen Bottom-up-Konstrukten haben. Die Diskussion, welcher Ansatz am besten funktioniert und letztlich erfolgreicher ist, überlasse ich anderen, die sie hoffentlich unvoreingenommen führen. Ich will jedoch anmerken, dass die meisten kenntnisreichen Beobachter der Geschichte zu dem Schluss gelangt sind, dass keines dieser Systeme grundsätzlich gut oder grundsätzlich schlecht ist. ● ***Was am besten funktioniert, richtet sich jeweils a) nach den Umständen und b) danach, wie die Menschen, die diese Systeme einsetzen, miteinander umgehen. Kein System arbeitet auf Dauer gut – oder funktioniert überhaupt –, wenn die Einzelnen, die dazugehören, es nicht mehr respektieren als ihre persönlichen Wünsche, und wenn das System nicht so flexibel ist, dass es sich an andere Zeiten anpasst, ohne zusammenzubrechen.***

Im Gedanken daran, wie Amerikaner und Chinesen ihre gemeinsame Aufgabe, sich auf diesem gemeinsamen Planeten optimal zu entwickeln, wohl angehen werden, versuche ich mir vorstellen, wohin sie ihre starken kulturell bedingten Neigungen führen – und

vor allem ihre unversöhnlichen Unterschiede, die sie mit ihrem Leben verteidigen würden. So wären die meisten Amerikaner und viele Bürger westlicher Länder bereit, im Kampf ihr Leben zu geben für die Meinungsfreiheit – auch die politische. Den Chinesen ist dagegen die Achtung der Autorität wichtiger, was sich in den relativen Befugnissen Einzelner und der Organisationen niederschlägt und manifestiert, denen sie angehören, und auch in der Rechenschaftspflicht der gesamten Organisationen für die Handlungen Einzelner im Kollektiv.

Zu einem Zusammenstoß der Kulturen kam es im Oktober 2019, als Daryl Morey, der damalige General Manager der Houston Rockets, ein Bild twitterte, mit dem er seine Unterstützung für die pro-demokratische Protestbewegung in Hongkong zum Ausdruck brachte. Er zog den Beitrag rasch zurück und erläuterte, dass seine Ansichten nicht repräsentativ für die Einstellungen seiner Mannschaft oder der NBA seien. Daraufhin wurde Morey von amerikanischer Seite angegriffen (also von Presse, Politikern und der Öffentlichkeit), weil er nicht für die Meinungsfreiheit eintrete. Die chinesische Seite sah die ganze Basketball-Liga in der Verantwortung und strafte sie ab, indem sie die Übertragung sämtlicher NBA-Spiele im chinesischen Staatsfernsehen untersagte, NBA-Fanartikel aus dem Onlinehandel nahm und angeblich verlangt haben soll, dass die Liga Morey entlässt.

Zu dem Eklat kam es, weil den Amerikanern die Meinungsfreiheit so wichtig ist und weil sie der Ansicht sind, dass eine Organisation nicht für die Handlungen eines Einzelnen bestraft werden sollte. Die Chinesen ihrerseits finden, dass ein solcher Angriff geahndet werden und die Gruppe dafür geradestehen muss, wie sich einzelne Mitglieder verhalten. Leicht vorstellbar, wie aufgrund derart unterschiedlicher tiefer Überzeugungen dazu, wie Menschen miteinander umgehen sollten, aus schwerwiegenderen Vorfällen größere Konflikte entstehen könnten.

Wenn sich die Chinesen in einer überlegenen Position befinden, legen sie in aller Regel Wert auf a) klare Verhältnisse (die untergeordnete Partei soll wissen, dass sie unterlegen ist), b) Gehorsam

der untergeordneten Partei und c) darauf, dass der untergeordneten Partei bewusst ist: Ungehorsam zieht Strafe nach sich. So sieht die kulturelle Neigung beziehungsweise der Führungsstil der Chinesen aus. Dabei können sie großartige Freunde sein, die zur Stelle sind, wenn man sie braucht. Als der Gouverneur von Connecticut verzweifelt versuchte, in der ersten Welle von COVID-19-Erkrankungen und -Todesfällen Schutzausrüstung zu organisieren und von der US-Regierung und aus anderen amerikanischen Bezugsquellen nichts bekommen konnte, wandte ich mich hilfesuchend an meine chinesischen Freunde. Sie lieferten alles Nötige – und das war eine ganze Menge. Seit China auf dem Weltparkett agiert, waren die Regierungschefs (und die Bevölkerungen) etlicher Länder schon dankbar für Chinas Akte der Großzügigkeit, aber auch empört über seine harschen Abstrafungen. Über manche dieser kulturellen Unterschiede lässt sich zur beiderseitigen Zufriedenheit reden, doch verschiedene der wichtigeren werden kaum wegzudiskutieren sein.

Meiner Ansicht nach ist unbedingt zu begreifen und zu akzeptieren, dass Chinesen und Amerikaner unterschiedliche Wertvorstellungen haben und sich anders entscheiden, als es dem anderen gefällt. So mag weder den Amerikanern noch den Chinesen zusagen, wie die jeweils andere Seite in Menschenrechtsfragen verfährt. Stellt sich die Frage, was in diesem Fall zu tun ist: Sollten die Amerikaner gegen die Chinesen in den Krieg ziehen, um sie zu zwingen, so zu handeln, wie *sie* es für richtig halten, und umgekehrt? Oder sollten beide Seiten vereinbaren, sich nicht in die Angelegenheiten der anderen einzumischen? Meiner Ansicht nach ist es zu schwierig, unangebracht und vermutlich sogar unmöglich, andere Menschen in anderen Ländern zu etwas zu zwingen, was nach ihrer tiefsten Überzeugung nicht gut für sie ist. **Ob die Vereinigten Staaten den Chinesen Dinge aufzwingen können, oder China den Vereinigten Staaten, wird von den Machtverhältnissen abhängen.**

Ich habe die Thematik der Kriege zwischen den USA und China zwar gerade näher untersucht und das – im Verhältnis zu dem, was es zu wissen gäbe – Wenige dazu vermittelt, was ich darüber weiß, möchte Sie aber noch einmal darauf hinweisen, dass diese Kriege weitaus komplexer sind als Konflikte zwischen Einzelnen. Sie gleichen multidimensionalen Schachpartien, weil so viele Länder in so vieler Hinsicht mit so vielen anderen Ländern zu tun haben. Bei einer Betrachtung der Beziehungen zwischen den USA und China muss ich beispielsweise weit über deren bilaterales Verhältnis hinausgehen und ihre multilateralen Beziehungen in jeder wesentlichen Hinsicht berücksichtigen – zum Beispiel zu allen maßgeblichen Regierungen und zur Privatwirtschaft in Asien, Europa und dem Nahen Osten und zu allen wichtigen Beziehungen dieser Länder zu anderen Ländern und so weiter. Anders formuliert: Bei der Betrachtung der Beziehung zwischen den USA und China muss ich die Beziehung zwischen Saudi-Arabien und den USA und Saudi-Arabien und China einbeziehen, und dabei wiederum die Beziehung zwischen Saudi-Arabien und dem Iran, Israel und Ägypten ebenso wie viele weitere Beziehungen in all ihren wesentlichen Aspekten sowie der übrigen analogen Beziehungen. Die Vorgänge zu verfolgen, geschweige denn zu durchschauen, ist nur mithilfe eines leistungsfähigen Rechners und einer Menge Daten zu bewerkstelligen. Mir ist das viel zu hoch, und wenn ich mit globalen Spitzenpolitikern spreche, bin ich oftmals schockiert, wie wenig sie in Wirklichkeit darüber wissen, wie die anderen in diesem multidimensionalen Schachspiel eigentlich denken.

DIE GEFAHR EINES UNNÖTIGEN KRIEGS

Wie ich in Kapitel 6 erläutert habe, sind dumme Kriege oft die Folge eines Eskalationsprozesse der wechselseitigen Retourkutschen, in dem man auf jede Kleinigkeit reagiert, nur um nicht als schwach wahrgenommen zu werden – vor allem wenn auf beiden Seiten niemand wirklich versteht, was den anderen umtreibt. Die Geschichte lehrt uns, dass das vor allem für Imperien im Niedergang ein Problem darstellt, die ungleich schneller zur Waffe greifen als nachvollziehbar, weil jedes Nachgeben als Niederlage gewertet wird.

Nehmen wir das Taiwan-Problem. Selbst wenn die militärische Verteidigung Taiwans durch die USA nicht sinnvoll erschiene, könnte es bei anderen Ländern (die die USA nur unterstützen, solange diese für ihre Verbündeten kämpfen und gewinnen) als großer Status- und Machtverlust wahrgenommen werden, einen chinesischen Angriff auf Taiwan kampflos hinzunehmen. Hinzu kommt, dass solche Niederlagen einem Regierungschef von seinen eigenen Leuten als Schwäche ausgelegt werden, was ihn den politischen Rückhalt kosten kann, den er braucht, um an der Macht zu bleiben. Eine Gefahr stellt natürlich auch dar, dass man sich im Eifer des Gefechts aufgrund von Missverständnissen schnell verkalkulieren kann. All diese Kräfte sind starke Kriegstreiber, obwohl solche für beide Seiten zerstörerischen Kriege so viel schlimmer sind als friedlichere Zusammenarbeit und Wettbewerb.

Ebenso besteht das Risiko, dass unwahre emotionale Äußerungen in den USA und China in Umlauf geraten und eine Atmosphäre schaffen, die der Eskalation Vorschub leistet. So haben einer aktuelle Pew-Umfrage zufolge rekordhohe 73 Prozent der Amerikaner eine ungünstige Meinung über China, 73 Prozent finden, die Vereinigten Staaten sollen für die Menschenrechte in China eintreten, und 50 Prozent sind der Ansicht, dass die USA »China zur Verantwortung ziehen« sollten für seine Rolle in der COVID-19-Pandemie. Mir liegen zwar keine Umfragen zur öffentlichen Meinung der Chinesen über die Vereinigten Staaten vor, doch mir wird zugetragen, dass sie sich in vieler Hinsicht verschlechtert hat. Möglicherweise braucht es gar nicht viel, bis diese Menschen nach einer härteren Gangart im Konfliktfall verlangen.

Letztlich wären Spitzenpolitiker und Bürger beider Länder gut beraten, wenn sie anerkennen würden, dass die USA und China in einem Wettbewerb der Systeme und Fähigkeiten stehen. Jede Partei wird sich dabei unweigerlich nach dem System richten, das ihrer Ansicht nach für sie am besten funktioniert. Die Amerikaner haben einen geringfügigen

Machtvorsprung, der aber bereits schrumpft, und sind zahlenmäßig unterlegen. Die Geschichte hat gezeigt, dass die Bevölkerungszahl zwar eine große Rolle spielen kann, doch andere Faktoren (zum Beispiel die 18 aufgeführten Determinanten in Kapitel 2) weit bedeutsamer sind. Auch Imperien mit einer kleinen Bevölkerung können zur führenden Weltmacht werden, wenn sie alles richtig machen. Das alles läuft darauf hinaus, dass Stärke vor allem davon abhängt, wie wir uns verhalten.

DER KRIEG GEGEN UNS SELBST: WIR SIND DER FEIND

Den größten Krieg führen wir gegen uns selbst, denn wir haben den größten Einfluss auf unsere Stärke oder Schwäche. Weil ziemlich klar ist, was ein Land stark oder schwach macht, und weil diese Stärken und Schwächen messbar sind, ist leicht feststellbar, wo das betreffende Land steht. Diese Faktoren sind den Kapiteln 1 und 2 zu entnehmen und werden von 18 Determinanten gemessen. Diese werde ich hier kurz rekapitulieren. Im nächsten und letzten Abschnitt will ich aufzeigen, wie die Determinanten für die meisten Länder aussehen, und näher auf die Frühindikatoren darunter eingehen, damit wir eine Zukunftsprognose stellen können.

Zuvor wollen wir aber noch einmal kurz die konkreten Faktoren aufgreifen, auf denen ein mächtiges Imperium aufbaut. Das sind:

Eine so starke und fähige Führung, dass sie die wesentlichen Voraussetzungen für den Erfolg schaffen kann, darunter …

… **solide Bildung.** Mit solider Bildung meine ich mehr als Wissen und Kompetenz. Ich meine damit auch die Vermittlung von …

… **Charakterbildung, Umgangsformen und einer starken Arbeitsmoral**, was gewöhnlich die Familie übernimmt, aber auch die Schule. So entsteht mehr Bürgersinn, der sich auch in Faktoren niederschlägt wie …

… **geringe Korruptionsanfälligkeit und ausgeprägte Beachtung von Regeln wie Rechtsstaatlichkeit.**

Dass die Menschen gut zusammenarbeiten können und geschlossen einer Meinung darüber sind, wie man miteinander umgehen sollte, ist ebenfalls wichtig. Verfügen die Menschen über Wissen, Kompetenz, Charakterbildung und die nötigen Umgangsformen, um sich gut zu benehmen und gut zusammenzuarbeiten, und es liegt ein …

… **gutes System zur Ressourcenallokation vor,** das noch deutlich gewinnt durch …

… **Aufgeschlossenheit für die besten Ideen aus aller Welt,** dann erfüllt das Land die wichtigsten Voraussetzungen für den Erfolg. Dadurch wird es …

… **wettbewerbsfähiger auf den Weltmärkten**, sodass es mehr einnimmt, als es ausgibt, was dazu führt, dass das Land …

… **hohe Einkommenszuwächse verzeichnet** und dadurch …

… **mehr in Infrastruktur, Bildung, Forschung und Entwicklung investieren kann**, was wiederum …

… **rasche Produktivitätssteigerungen bewirkt** (mehr wertvolle Leistung pro Arbeitsstunde). Produktivitätssteigerungen vergrößern den Wohlstand und die Produktionskapazität. Erreicht das Land ein höheres Produktivitätsniveau, kann es produktive …

… **neue Technologien erfinden.** Diese sind wertvoll für Handel und Militär. Wird das Land auf diese Weise noch wettbewerbsfähiger, sichert es sich naturgemäß …

… **einen wachsenden erheblichen Anteil am Welthandel,** der wiederum …

… **ein starkes Militär** erfordert, um Handelsrouten zu schützen und Einfluss zu nehmen auf andere bedeutende Akteure außerhalb der eigenen Grenzen. Indem es eine wirtschaftliche Vormachtstellung erlangt, entwickelt das Land …

… eine starke, weit verbreitete Währung sowie Eigen- und Fremdkapitalmärkte. Logischerweise wird die Währung von Ländern, die den Handel und den Kapitalverkehr dominieren, häufiger als bevorzugtes globales Tauschmittel und bevorzugter Wertspeicher eingesetzt, was zur Folge hat, dass **diese Währung zur Reservewährung wird** und das Land …

… zumindest eines der führenden Finanzzentren der Welt aufbaut, um Kapital anzuziehen und zu verteilen und seinen Handel weltweit auszuweiten.

Alles, was diese Messgrößen positiv beeinflusst, ist gut. Was sie beeinträchtigt, ist schlecht. Aus diesem Grund sollten sich die Bürger aller Länder fragen, wie gut es ihnen gemeinsam und ihren Spitzenpolitikern gelingt, diese Kennzahlen aufwärts tendieren zu lassen. Ich hoffe ferner, dass sie auch an die Kausalzusammenhänge denken und die Exzesse und die Spaltung meiden, die zum Niedergang führen.

Im vorliegenden Fall sind die innenpolitischen Konflikte und Herausforderungen sowohl in China als auch in den USA ausschlaggebender und entscheidender als die außenpolitischen Kriege und Probleme. Dazu gehören politische Auseinandersetzungen innerhalb der Regierung des Landes und auf allen Regierungsebenen, Konflikte zwischen verschiedenen Gruppen (zum Beispiel zwischen Reich und Arm, Land- und Stadtbevölkerung, Konservativen und Progressiven, ethnischen Gruppen et cetera), demografische Veränderungen, Klimawandel und dergleichen mehr. Glücklicherweise haben wir die wichtigsten dieser Kräfte selbst in der Hand und können sie messen, woraus wir ersehen können, wie gut wir dastehen und – wenn wir nicht so gut dastehen – was wir ändern müssen, damit sich die Dinge in die richtige Richtung bewegen. **Am Ende bekommt jeder, was er verdient. Wie Churchill zu den Briten sagte: »Verdient den Sieg!«**

TEIL III

DIE ZUKUNFT

KAPITEL 14

DIE ZUKUNFT

»He who lives by the crystal ball is destined to eat ground glass«[1], sagt man im Englischen. Das weiß ich, seit ich etwa 14 Jahre alt war und meiner persönlichen Erfahrung nach steckt durchaus etwas Wahrheit in dieser Redensart. Das hat sich darauf ausgewirkt, wie ich die Zukunft und die Vergangenheit betrachte. Ich habe gelernt, zurückzuschauen, um 1) herauszufinden, was voraussichtlich passieren wird, und 2) mich und andere, für die ich verantwortlich bin, dagegen abzusichern, dass ich mich irren oder etwas Wichtiges übersehen könnte. Sie, ich und andere können gern über die in diesem Buch beschriebenen Muster und Kausalzusammenhänge streiten, doch wenn Sie das Buch eher aus praktischen Beweggründen denn aus beiläufigem Interesse gelesen haben, dann müssen Sie sich wie ich beruflich mit diesen Inhalten auseinandersetzen.

In diesem Kapitel möchte ich Ihnen verraten, was ich über die Herangehensweise an Zukunftsprognosen denke. Zwar weiß ich über die Zukunft vermutlich viel weniger, als ich nicht weiß, doch im Grunde weiß ich allerhand. Wirklich gut für die Zukunft gerüstet ist, wer 1) wahrnimmt, was passiert, und sich anpasst, auch wenn es nicht vorhersehbar war, 2) Wahrscheinlichkeiten für potenzielle Er-

1 Anm. d. Übers.: Zu Deutsch »Wer von der Kristallkugel lebt, ist dazu verurteilt, Glas zu essen«.

eignisse ermittelt und 3) genug über möglicherweise eintretende Entwicklungen weiß, um sich vor dem absolut Untragbaren zu schützen, auch wenn das nicht immer hundertprozentig gelingt.

Das Wissen über vergangene Entwicklungen lässt mich ins Kalkül ziehen, dass etwas Ähnliches in Zukunft wieder passieren könnte. Das ist ein großer Vorteil gegenüber all jenen, die nicht damit rechnen. So gibt es beispielsweise in der Geschichte etliche Beispiele für Revolutionen, Kriege und Naturereignisse, die blutige Folgen hatten, im Zuge derer praktisch alles Vermögen vernichtet oder eingezogen wurde. Weil ich das weiß, halte ich ständig Ausschau nach Frühindikatoren dafür, dass sich so etwas wiederholen könnte – und durch diese Frühindikatoren für solche Ereignisse, selbst wenn diese nicht perfekt anschlagen, bin ich besser dagegen gewappnet als jemand, der potenziellen Entwicklungen weiterhin unbedarft und unvorbereitet entgegensieht.

Vorstehendes Beispiel bezieht sich auf den schlimmstmöglichen Fall, doch Ahnungslosigkeit kann genauso folgenschwer sein, wenn das bestmögliche Szenario eintritt. Ich weiß noch sehr gut, wie mein Vater und seine Freunde es versäumten, sich den Boom nach der Weltwirtschaftskrise und dem Zweiten Weltkrieg zunutze zu machen, weil ihre Mentalität von dieser schlimmen Zeit geprägt war. Im Spiel des Lebens zahlt es sich aus, möglichst gut zu durchschauen, wie die Welt funktioniert, sich das komplette Spektrum der Möglichkeiten vor Augen zu führen (einschließlich ihrer Risiken und ihres Nutzens), und sich darauf zu verstehen, die richtigen Wetten zu platzieren.

Ich werde Ihnen verraten, wie ich das sehe. Bedenken Sie dabei jedoch bitte, dass keine meiner Aussagen in Stein gemeißelt ist. Zweck der Übung ist es, meine Trefferquote bei der Einschätzung von Wahrscheinlichkeiten zu optimieren. Es handelt sich daher um ein laufendes Projekt, an dessen Weiterentwicklung Sie sich hoffentlich beteiligen werden. Im Hinblick darauf habe ich vor, meine Erkenntnisse über diese Muster und Lektionen auf www.economicprinciples.org fortlaufend zu aktualisieren. Dort können wir auch interagieren, um ein noch genaueres Bild zu entwerfen.

MEIN ANSATZ

Kurz zusammengefasst, **stützt sich mein Ansatz auf meine Vorstellungen von a) Evolution, die im Zeitverlauf Veränderungen (im Allgemeinen Verbesserungen) hervorruft (wie Produktivitätssteigerungen, b) Zyklen, die in der Wirtschaft rhythmische Auf- und Abwärtsbewegungen auslösen (wie Schuldenblasen und Zusammenbrüche) und mitunter auch Dellen (arrhythmische Auf- und Abwärtsbewegungen wie Naturereignisse), und c) Indikatoren, an denen wir erkennen können, in welchem Zyklusabschnitt wir uns gerade befinden und welcher wohl als Nächstes kommen wird.** Ich will meine Gedanken dazu kurz zusammenfassen.

EVOLUTION

Die wichtigsten Entwicklungen sind leicht erkenn- und extrapolierbar. Es ist daher nicht schwer, sich einen recht guten Eindruck davon zu verschaffen, wie es ungefähr weitergeht – jedenfalls nicht, solange kein bahnbrechendes Ereignis eintritt, wie das einmal alle 500 Jahre der Fall ist. Aus den folgenden Grafiken geht die Entwicklung der Bevölkerung, der Lebenserwartung und des Wohlstands hervor.

Beginnen wir mit der Weltbevölkerung. Die linke Grafik startet mit dem Jahr 1500, die rechte mit dem Jahr 1900. Ich füge sie beide ein, weil ich Ihnen zeigen will, wie anders sich die Dinge darstellen würden, wenn man von 1900 aus 100 Jahre zurückschauen würde statt von heute. Sehen Sie, wie drastisch die Bevölkerung im 20. Jahrhundert angewachsen ist? Beachten Sie auch, dass die großen historischen Ereignisse, die in diesem Buch angesprochen werden – einschließlich der Weltwirtschaftskrise, der beiden Weltkriege und etlicher Naturkatastrophen – auf den breiteren Entwicklungstrend keine sichtbaren Auswirkungen zeigen.

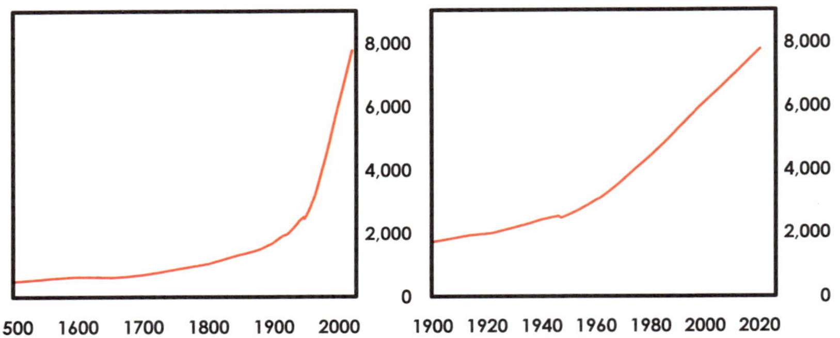

Die beiden nächsten Grafiken weisen die Wachstumsrate der Bevölkerung aus. Achten Sie auf die großen Auf- und Abwärtsbewegungen, die aus den vorangegangenen Grafiken nicht hervorgehen, weil sie im Verhältnis zum langfristigen Trend so unbedeutend sind. Hätten wir aber persönlich eine dieser Schwankungen erlebt, wäre das für uns eine Erfahrung auf Leben und Tod gewesen (denn nichts anderes waren sie).

WACHSTUM DER WELTBEVÖLKERUNG (VDG. ÜBER 10 JAHRE, SCH.-W.)

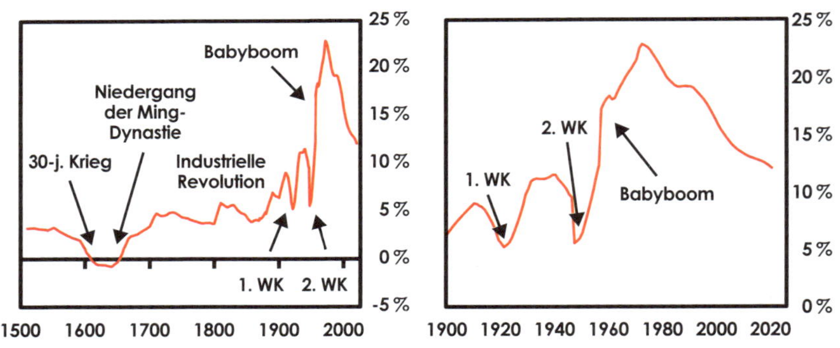

Die beiden folgenden Grafiken zeichnen ein ähnliches Bild für die Lebenserwartung. Die Kurven verlaufen aber deutlich zittriger als in den vorangegangenen Diagrammen, weil sich die durchschnittliche Lebenserwartung durch Großereignisse wie Kriege und Pandemien stärker verändert (mehr über die ganz großen Gefahren und wo sie auftraten, erfahren Sie auf www.economicprinciples.org). Die Lebenserwartung blieb etwa 350 Jahre lang wohlgemerkt einigermaßen unverändert (bei rund 25 bis 30 Jahren) und stieg erst etwa ab 1900 schneller an, als es große Verbesserungen bei Säuglingssterblichkeit und verschiedene medizinische Fortschritte wie Antibiotika gab.

LEBENSERWARTUNG WELTWEIT BEI DER GEBURT[2]

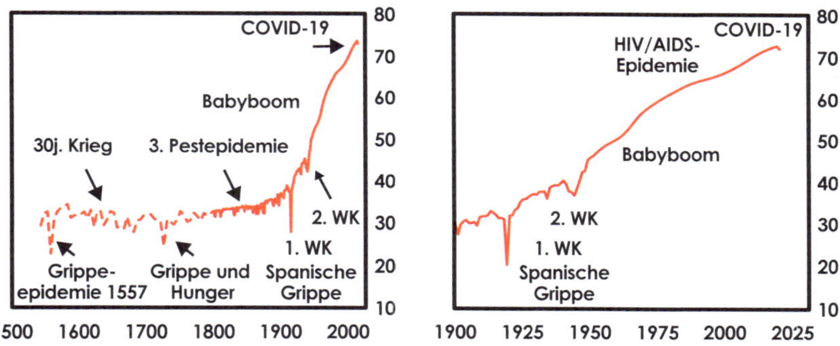

Betrachten wir nun den wirtschaftlichen Wohlstand, gemessen am realen (also inflationsbereinigten) BIP. Die erste Grafik weist im Großen und Ganzen ein ähnliches Bild auf: Der reale Wert der Produktionsleistung pro Kopf wuchs bis zum 19. Jahrhundert langsam an und nahm dann Fahrt auf, wobei dieser breite evolutionäre Trend stärker war als die zwischendurch verzeichneten Schwankungen.

2 Wohlgemerkt stützen sich etliche der Grafiken auf diesen Seiten zu länger zurückliegenden Zeiten auf Aufzeichnungen aus wenigen Ländern, weil der Bestand an verlässlichen Daten begrenzt ist. Die Lebenserwartung vor Beginn des 19. Jahrhunderts basiert ausschließlich auf Großbritannien (dargestellt durch die gestrichelte Linie). Das globale reale Bruttoinlandsprodukt setzt sich vor 1870 überwiegend aus verschiedenen europäischen Ländern zusammen. Und für das Gesamtvermögen vor dem 20. Jahrhundert liegen keine aussagekräftigen Aufzeichnungen vor, sodass ich Ihnen für diese Zeit kein Bildmaterial liefern kann.

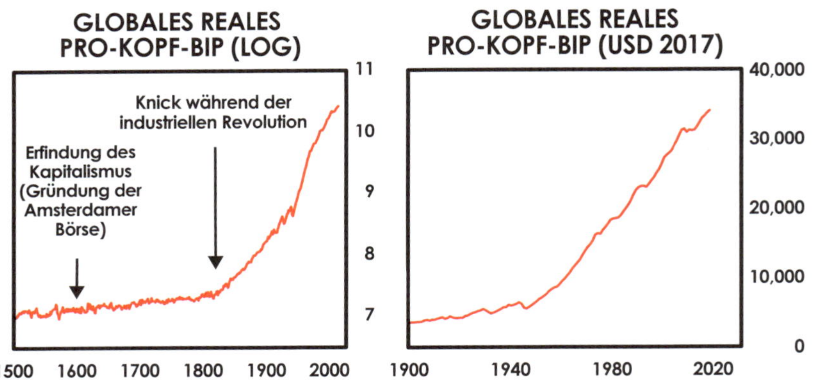

Die nachstehende Grafik zeigt das Realvermögen pro Kopf seit 1900. Von 1900 bis 1945 gab es keine nennenswerte Steigerung, denn das war die spätzyklische Übergangsphase vom Boom des 19. Jahrhunderts auf die neue Weltordnung von 1945. Auf die Einführung der neuen Weltordnung folgten Frieden und Wohlstand. Dieser Aufwärtstrend war kräftig und verlief ziemlich stetig (mit durchschnittlich 4 Prozent Zuwachs pro Jahr), wenngleich die Schwankungen um diesen Trend herum für diejenigen, die sie erlebten, sicherlich dramatisch waren.

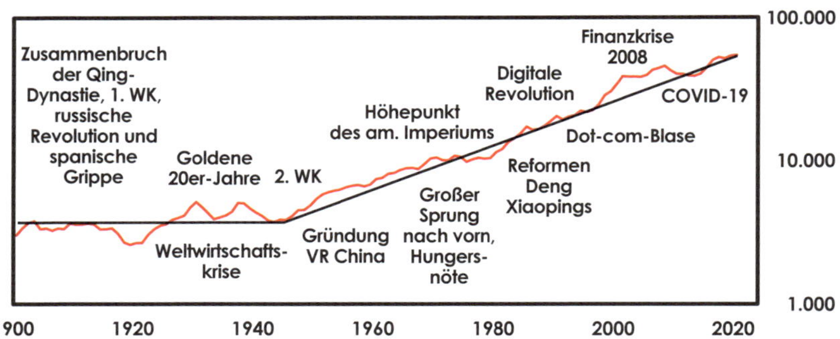

Werfen wir nun – mit diesen Entwicklungen im Hinterkopf – einen ersten Blick in die Zukunft.

Wenn wir uns im Rückblick genau anschauen, wie unsere Gegenwart entstanden ist, erkennen wir, dass sich dieser evolutionäre Fortschritt nicht von allein vollzogen hat. Jeden Tag gab es Ereignisse, die sich auf die Gegenwart auswirkten und vom Handeln der Menschen geprägt wurden. Gleichzeitig wissen wir, dass wir nie in der Lage gewesen wären, sie im Einzelnen vorherzusehen. Der Versuch, jeden Krieg, jede Dürre, jede Pandemie, jede Erfindung, jede Blütezeit und jeden Niedergang vorherzubestimmen, wäre sicherlich gescheitert. Doch auch ohne all diese konkreten Einzelfälle zu kennen, hätten wir aufgrund der bisherigen Entwicklungen mit ziemlicher Sicherheit sagen können, dass es durch den Erfindungsgeist der Menschen Fortschritte geben würde, die es einer deutlich größeren Bevölkerung ermöglichen würden, erheblich länger zu leben und dabei einen sichtlich höheren Lebensstandard zu genießen, und dass wir allen Grund haben, davon auszugehen, dass sich das fortsetzt. Ebenso hätten wir getrost behaupten können, dass es im Zuge der Entwicklung Boom- und Bust-Phasen, Zeiten des Überflusses und der Not und Perioden mit robuster Gesundheit und schlimmer Krankheit geben würde.

Nur aus den Geschehnissen der letzten 100 Jahre ließe sich folgern, dass allein durch Extrapolation aus der Vergangenheit in die Zukunft recht gute Schätzungen möglich sind. Ein Beispiel: Durch einfache Extrapolation aus den letzten 100 Jahren wäre nach vernünftigem Ermessen damit zu rechnen, dass die Weltbevölkerung in den kommenden zehn Jahren etwa 10 bis 15 Prozent, die Wirtschaftsleistung pro Kopf rund 20 Prozent, der Wohlstand pro Kopf 30 Prozent und die durchschnittliche Lebenserwartung plus/minus 7,5 Prozent zunimmt. Es wäre durchaus davon auszugehen, dass diese Werte in den nächsten 20 Jahren um 25 bis 30 Prozent, 45 Prozent, 70 Prozent beziehungsweise rund 15 Prozent zulegen, ohne dass wir genauer sagen könnten, wie das vonstattengeht.

Diese einfache, gar nicht besonders tiefgründige Analyse zeichnet ein Bild, das von der Wahrheit vermutlich nicht sehr weit entfernt sein dürfte – aber auch total falsch sein könnte. Dieses Bild lässt sich detaillierter darstellen, indem wir dieselben statistischen Daten für jedes einzelne Land und jede Untergruppe innerhalb eines Landes auf diese Weise betrachten. Für das menschliche Gehirn sind all diese Informationen nicht so einfach zu verarbeiten – es sei denn, ein einigermaßen intelligenter Mensch wird von einem Computer unterstützt.

Wir können aber erkennen, dass ein ausschließlich auf Extrapolation gestütztes Bild nicht gut genug ist. 1750 wäre es beispielsweise durchaus logisch gewesen, es für eine zeitlose, universelle Wahrheit zu halten, dass Monarchien und adlige Grundbesitzer, die mithilfe von Soldaten über Bauern herrschen, das Regierungssystem der Zukunft sein würden und Ackerland auch weiterhin der wichtigste Ertrag bringende Vermögenswert, dass das Pro-Kopf-Einkommen lediglich um ein halbes Prozent pro Jahr ansteigen würde und die Lebenserwartung stabil bei 30 Jahren bliebe. Das war schließlich immer so gewesen. Kapitalismus und Demokratie, wie wir sie heute kennen, hätte man sich gar nicht vorstellen können – ganz zu schweigen von Vereinigten Staaten von Amerika, die zur führenden Weltmacht aufsteigen.

Die großen unerwarteten Wendungen ereignen sich, wenn ein paar wirklich schwerwiegende Ereignisse einen Paradigmenwechsel auslösen, der das Evolutionstempo verändert. Der Paradigmenwechsel, der Anfang des 19. Jahrhunderts eintrat, ergab sich aus dem Zusammentreffen der Erfindung moderner Finanzwerkzeuge und Maschinen, die die Arbeit von Menschen übernehmen konnten, der Entwicklung integrativerer Gesellschaften, die mehr Chancen boten, erfinderisch und produktiv zu werden, der vermehrten Verwendung von Büchern und Bibliotheken, sodass Wissen breiter zugänglich gemacht werden konnte, und der Anwendung der wissenschaftlichen Methode. Diese Entwicklungen waren zwar nicht vorhersehbar gewesen, doch man konnte sie wahrnehmen, begreifen und sich darauf einstellen. Aus diesem Grund ● ***ist es zwar ge-***

nerell durchaus sinnvoll, aus der Vergangenheit zu extrapolieren, doch man muss auch auf Überraschungen vorbereitet sein, weil die Zukunft ganz anders aussehen könnte, als man es erwartet.

In meiner etwa 50-jährigen Investmentkarriere habe ich oft erlebt, wie sich feste Überzeugungen, die sowohl auf früheren Ereignissen als auch auf zum jeweiligen Zeitpunkt logischen Schlussfolgerungen beruhten, als falsch erwiesen. (Ein aktuelles Beispiel dafür wäre die Überzeugung, dass Bondrenditen nicht negativ werden können). Der größte aktuelle Disruptor für etablierte Überzeugungen war die digitale Revolution. Aus diesen Erfahrungen und Beobachtungen habe ich gelernt, dass ● ***es darauf ankommt, einen Paradigmenwechsel zu erkennen, zu verstehen und sich darauf einzustellen, selbst wenn man ihn nicht vorhersehen kann – wobei es auch nicht ganz unwichtig ist, zu versuchen, solche Entwicklungen mithilfe brauchbarer Indikatoren zu prognostizieren.*** Gute Indikatoren können Ihnen auch helfen, zu beurteilen, ob ein vermeintlicher Paradigmenwechsel in Wirklichkeit nur eine flüchtige Modeerscheinung ist – nicht minder wichtig.

ZYKLEN UND TURBULENZEN

Von Zyklen und Turbulenzen war in den vorigen Kapiteln schon ausführlich die Rede. Wenn wir jetzt unsere Aufmerksamkeit von der Vergangenheit auf die Zukunft richten, sollten sie jedoch sorgfältig bedacht werden.

Im ganz großen Makrobild fallen sie zwar kaum ins Gewicht, können aber dennoch vielen Menschen schaden oder sie sogar das Leben kosten. Einen Eindruck davon vermitteln die folgenden Grafiken zu Depressionen, Wohlstandsrückgängen, Kriegstoten und Opfern von Pandemien über die vergangenen 500 Jahre. Diese schlimmen Zeiten waren sogar noch verheerender, als es den Anschein hat, weil die Grafiken nur Durchschnittswerte erfassen. Den direkt Betroffenen kamen sie infolgedessen deutlich schlimmer vor. Die wenigsten Menschen machen sich über dieses düsterere Bild Gedanken. Sie schauen auf die positiven Trends seit 1945 und extrapolieren diese munter in die Zukunft. Wie Sie das halten wollen, bleibt Ihnen überlassen. Was mich betrifft, so hat die Erkenntnis, dass es in der Vergangenheit solche Katastrophen gegeben hat, mein Vertrauen in die Überzeugung erschüttert, dass so etwas nicht wieder passieren kann. Solange und bis mir niemand überzeugender das Gegenteil beweist als lediglich durch das Argument, dass es bisher noch nicht dazu gekommen ist, gehe ich weiterhin davon aus, dass wir Derartiges wieder erleben könnten, und wappne mich gegen die Folgen.

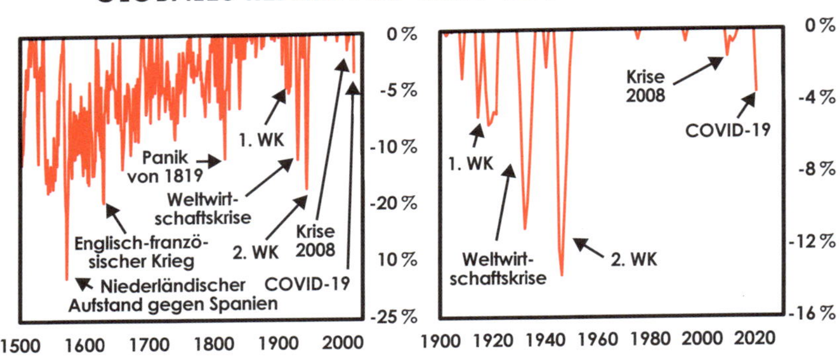

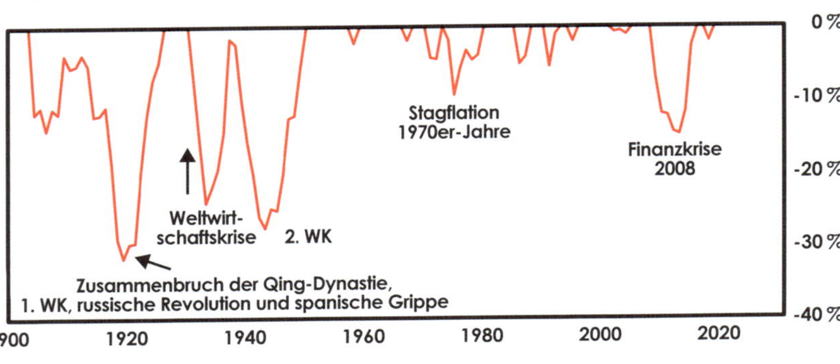

TODESFÄLLE WELTWEIT NACH KATEGORIE (RATE JE 100.000 PERSONEN, 15YMA)

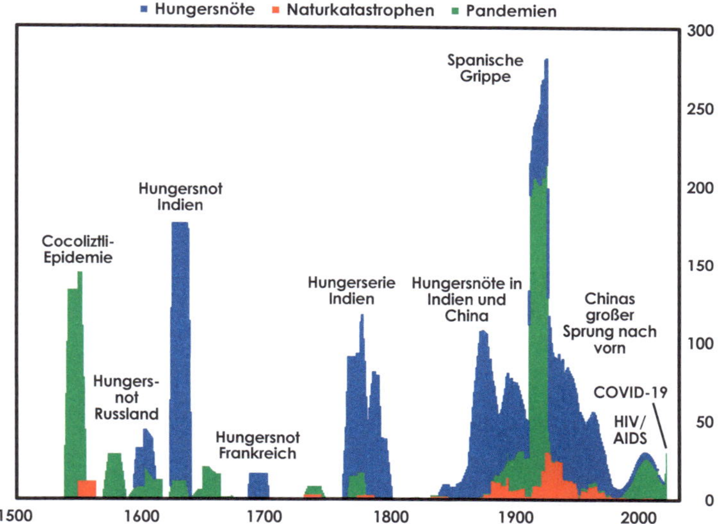

GESCHÄTZTE TODESOPFER VON KONFLIKTEN

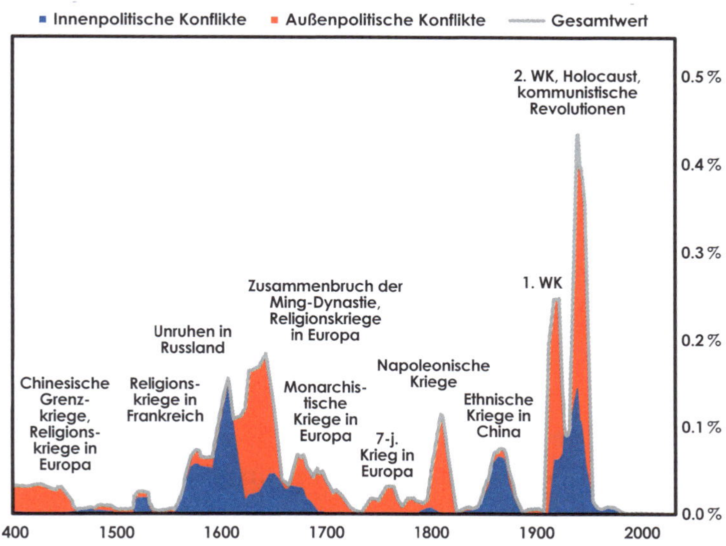

Einer der übergreifenden Grundsätze, die ich aus meinen Analysen und meinen über 50 Jahren Investmenterfahrung abgeleitet habe, lautet: ● ***Wer an der Börse und im Leben erfolgreich sein möchte, sollte auf das positive Potenzial setzen, das sich a) aus der Evolution ergibt, die zu Produktivitätssteigerungen führt – aber nicht so aggressiv, dass b) ihn die immer wieder auftretenden Zyklen und Turbulenzen aus der Bahn werfen.*** Anders ausgedrückt: Darauf zu setzen, dass die Dinge besser werden – zum Beispiel die realen Erträge größer –, ist eine ziemlich sichere Wette. Wer aber so hoch einsteigt, dass ihn schon der kleinste Rückschlag ruinieren kann, macht einen Fehler. Aus diesem Grund sind qualitative Indikatoren so hilfreich.

QUALITATIVE INDIKATOREN

Weil jede Entwicklung die Folge von vorausgegangenen Ereignissen ist, verfüge ich über verschiedene ziemlich gute und logische (wenn auch nicht vollkommene) vor- und gleichlaufende Indikatoren für maßgebliche Veränderungen. Manche davon lassen sich quantifizieren, andere nicht.

Wie bereits erläutert, habe ich 18 Determinanten ermittelt, die die meisten Zustände und Veränderungen von Wohlstand und Macht sowohl in einem Land als auch auf internationaler Ebene erklären. Gleich werde ich Ihnen zeigen, welche Werte diese 18 Determinanten für jede der elf maßgebenden Mächte annehmen, um die es in diesem Buch geht. (Weitere Angaben zu den führenden 20 Ländern finden Sie auf www.economicprinciples.org.) Vorher möchte ich aber noch ein paar auf das Gesamtbild abzielende Überlegungen zu den fünf Determinanten anstellen, die sich am stärksten auf die Entwicklungen der nächsten Jahre auswirken werden: Innovation, Schulden-/Geld-/Kapitalmarktzyklus, Zyklus der innenpolitischen Ordnung und Unruhe, Zyklus der außenpolitischen Ordnung und Unruhe und Natur-

ereignisse. Bedenken Sie bei der Betrachtung der Grafiken, dass die Determinanten in manchen Fällen gemeinsam ansteigen und abfallen, weil sie sich wechselseitig verstärken, während in anderen Fällen ein Land auf Kosten eines anderen gewinnt. So hebt beispielsweise die Erfindung neuer Technologien den Lebensstandard aller Menschen, bringt aber die innovativeren Länder in eine überlegene Position. Zunehmende militärische Stärke hat weniger eindeutige positive Effekte auf die Menschheit, da manche Länder davon auf Kosten anderer profitieren.

DER MENSCHLICHE ERFINDUNGSGEIST

Wie bereits angesprochen, sind Innovation und Erfindungsgeist eindeutig die Determinanten, die sich am stärksten auf die Situation eines Landes auswirken.

Nehmen Sie nur all die aus unserem Leben nicht mehr wegzudenkenden Errungenschaften, die erst in den letzten 150 Jahren erfunden oder entdeckt wurden. Wer hätte sich zum Beispiel das Telefon (1876), die Glühbirne (1879), das Auto mit Verbrennungsmotor (1885), das Radio (1895), Filme (1895), das Flugzeug (1903), Fernsehen (1926), Antibiotika (1928), den Computer (1939), Atomwaffen (1945), Kernkraftwerke (1951), GPS (1973), Digitalkameras (1975), Online-Shopping (1979), das Internet (1983), Online-Suchen (1990), Online-Banking (1995), soziale Medien (1997), Wi-Fi (1998), das iPhone (2007), CRISPR-Genchirurgie (2012) und vieles mehr vorstellen können, als es das alles noch nicht gab? Der Fortschritt vollzieht sich in großen, stetigen Schritten und gestaltet die Zukunft, aber immer durch konkrete Durchbrüche, die unsere Vorstellungskraft übersteigen. So sieht Evolution bei Technologien und Verfahren aus. In fast allen anderen Bereichen – wie Lebenseinstellung, Innen- und Außenpolitik und so weiter – vollzieht sie sich ganz ähnlich.

Ich bin davon überzeugt, dass die Evolution der Menschheit durch unseren Erfindungsgeist immer schneller vonstattengeht, und dass

die meisten Menschen davon profitieren werden. Das hat folgenden Grund: Die bedeutendsten Erfindungen, die wir heute kennen und von denen wir sicher noch viele weitere sehen werden, verbessern die Qualität und Quantität allen Denkens. Diese Erfindungen nehmen die Form von Fortschritten in der Informatik, der künstlichen Intelligenz und anderen Technologien an, die mit dem Denken zusammenhängen. Weil sie auf so viele Bereiche menschlichen Wirkens und menschlicher Entscheidungen Anwendung finden, erscheint mir offensichtlich, dass sich das Erfindungstempo und die Verbesserungen in den meisten Bereichen noch beschleunigen und die Produktivität und den Lebensstandard schneller steigern werden.

Inzwischen stehen Rechner zur Verfügung, die den Menschen dort denken helfen, wo sie im Vergleich benachteiligt sind. So können Computer beispielsweise viel mehr jederzeit zugängliche Informationen speichern als das menschliche Gehirn, sie können unglaublich viel schneller größere Datenmengen verarbeiten, und sie machen keine emotional bedingten Fehler. Gleichzeitig können Menschen den Computern helfen, deren inhärente Grenzen zu überwinden (zum Beispiel die vollständige Abwesenheit von Vorstellungskraft, Intuition, gesundem Menschenverstand, Werturteilen und emotionaler Intelligenz). Die Zusammenarbeit von Mensch und Computer wird die Quantität und Qualität des Denkens steigern,[3] was auf radikale Verbesserungen in fast jedem Lebensbereich hindeutet. Ich weiß das, weil ich es erlebt habe – und weil sich manche dieser Verbesserungen bereits abzeichnen.

Anders formuliert: **Die Fähigkeiten von Rechnern und Menschen werden immer schneller zunehmen. Vor allem aber werden Fortschritte im Quantencomputing mit KI und deren breitere Verwendung unvorstellbare Fortschritte beim Lerntempo und Verbesserungen und Veränderungen des Wohlstands und der Macht**

3 Bald schon werden alle, die nicht in der Lage sind, Computercode zu lesen und zu schreiben, die neuen Analphabeten sein.

weltweit auslösen. Diese Veränderungen werden sich graduell unterschiedlich in den nächsten fünf bis 20 Jahren vollziehen. Meiner Überzeugung nach werden sie in der Summe die größte Verschiebung von Wohlstand und Macht herbeiführen, die die Welt je gesehen hat. Quantencomputing mit KI wird sich im Vergleich zur klassischen Informatik ausnehmen wie ein Computer gegenüber dem Abakus und den Menschen noch viel mehr Möglichkeiten eröffnen, die Welt zu sehen, zu verstehen und zu gestalten. Das stimmt mich auf lange Sicht sehr optimistisch, und ich brenne schon darauf, auf großartige neue Entdeckungen zu setzen.

Selbst ohne die Impulse des Quantencomputing würde ich erwarten, dass sich die menschliche Lebensdauer in den nächsten 20 Jahren drastisch erhöht (um 20 oder 25 Prozent oder noch mehr) – aus jetzt schon erkennbaren und vielen weiteren Gründen, die wir noch nicht absehen können. Ein paar Erfindungen, die sich bereits abzeichnen, sind KI und Robotik im Gesundheitswesen, Gesundheitsüberwachung und beratende Wearables, Fortschritte bei und die praktische Anwendung von Genomsequenzierung und Genchirurgie, mRNA-Verbesserungen bei Impfstoffen und Durchbrüche in der Ernährung und der Medikamentenforschung. Wenn die Vergangenheit ein Anhaltspunkt ist (und das ist sie), dann wird es noch viele weitere Erfindungen geben, die wir uns heute gar nicht vorstellen können.

Naturgemäß drängen sich mir da sofort Überlegungen zu den Auswirkungen auf das Investmentgeschäft auf. Wer auf diese Evolution setzen möchte, sollte unter sonst gleichen Bedingungen unbedingt in Aktien von Unternehmen investieren, die Erfindungen machen, und von solchen, die davon profitieren. Ob die Erträge für die Anleger allerdings an die Leistung dieser Innovationen herankommen, hängt ganz davon ab, wie der Gewinn aus der Produktivität von den Regierungen aufgeteilt wird. In einer überschuldeten Welt mit großem Wohlstandsgefälle entstehen dadurch Widerstände. Und natürlich kommt es auch auf den Preis an. Man kann durchaus in hervorragende Unternehmen investieren und dabei Geld verlieren, weil die Aktien überteuert sind. Ebenso kann man in schwache Unternehmen investieren und daran verdienen, weil sie so billig sind. Schließlich gibt es – wie immer im Leben – auch Nachteile. Der Erfindungsgeist der Menschen und die neuen Technologien, die er hervorbringt, können positive, aber auch negative Effekte haben. Neben medizinischem Fortschritt wird es sicherlich auch Fortschritte bei Technologien geben, die den Menschen schaden. Ich vertrete daher den Standpunkt, dass **Erfindungsgeist und steigender Lebensstandard vermutlich deutlich schneller kräftig zulegen werden – wenn sich die Menschheit nicht vorher selbst auslöscht.**

Die folgende Grafik weist die neuesten Werte zu Erfindungsgeist, technischem Fortschritt und Unternehmertum für maßgebliche Länder aus. Die Pfeile über den Balken zeigen an, ob der Trend in dem jeweiligen Land aufwärts, seitwärts oder abwärts geht. Dieser Maßstab gewichtet 1) eine Kombination aus externen Rankings und Kennzahlen für die Innovation pro Kopf (um besser zu erfassen, wie verbreitet Innovation in der Wirtschaft ist) und 2) den absoluten Anteil des Landes an maßgeblichen Innovationskennzahlen (zum Beispiel Forscher, Ausgaben für Forschung und Entwicklung, Patente, Nobelpreise und Risikokapital) jeweils zur Hälfte. Wie alle meine Messgrößen bringt auch diese Ergebnisse, die nur ungefähr, aber nicht hundertprozentig zutreffen, und ist daher grundsätzlich unverbindlich. **Wie ausgewiesen, liegen die USA bei diesen Kenngrößen an der Spitze, ganz knapp vor China, das den zweiten Platz belegt (was vor allem am US-amerikanischen Anteil an globalen Forschungsgeldern und Forschern sowie an der Führungsposition in anderen Bereichen wie Wagniskapitalfinanzierungen liegt). Doch die Position der USA ist eher statisch, während China rasant aufsteigt. Und Sie wissen ja: Wer den Technologiekrieg gewinnt, gewinnt gewöhnlich auch den wirtschaftlichen und den militärischen Krieg.** Nähere Angaben zu allen Messgrößen, die in diesem Kapitel angegeben sind, finden Sie am Ende des Kapitels, einschließlich einer kurzen Beschreibung der einzelnen Größen.

AKTUELLER INNOVATIONS- UND TECHNOLOGIESTAND[4]

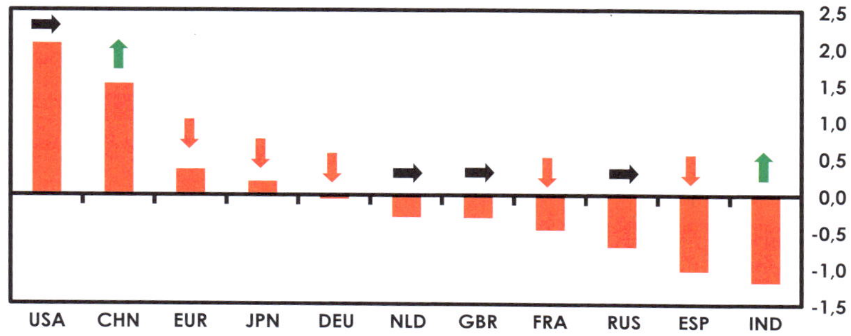

DER SCHULDEN-/GELD-/KAPITALMARKT-/ KONJUNKTURZYKLUS

Wie bereits erläutert, ist dieser Zyklus der stärkste Treiber für das Auf und Ab einer Volkswirtschaft und hat große Auswirkungen auf Innen- und Außenpolitik und Kriege. Nur wer beurteilen kann, wo ein Land in diesem Zyklus steht, kann prognostizieren, was ihm vermutlich bevorsteht.

Auf der Grundlage meiner Auslegung der Geschichte und der aktuellen Lage sowie meiner Auffassung dazu, wie die Wirtschaftsmaschinerie funktioniert, sind die Zahlungszusagen, die auf globale Reservewährungen lauten, allen voran der US-Dollar, zu hoch und wachsen zu schnell an, um in harter Währung beglichen werden zu können. Anders ausgedrückt: Es besteht in diesen Währungen ein Schuldenüberhang, weshalb vermutlich Geld gedruckt werden dürfte, um Schuldendienst und Schuldenwachstum[5] zu er-

4 Die Pfeile zeigen die Veränderung des Barometers über 20 Jahre an.

5 Infolgedessen dürften sich Schuldinstrumente (insbesondere Geldmarktinstrumente) schlecht entwickeln und Verbindlichkeiten interessante Anlagen sein – vor allem in rentablen, disruptiven Technologien und soliden Investments, deren Renditen höher sind als ihre Finanzierungskosten.

möglichen, und die Zinsen wohl unterhalb der Inflationsrate und der Wirtschafts- und Einkommenswachstumsrate gehalten werden dürften. Daraus geht hervor, dass sich die großen Reservewährungsländer in der Spätphase ihrer Schulden-/Geld-/Kapitalmarkt-/Konjunkturzyklen befinden und dass Wohlstand vermutlich in der einen oder anderen Form vermehrt umverteilt werden dürften – von den sehr Wohlhabenden auf die Bedürftigeren. Dies dürfte nicht auf jedes Land in gleichem Maße zutreffen, doch vermutlich weltweit stattfinden.

Aus diesem Grund **besteht das größte Risiko langfristig in der Gefahr für den »Währungswert des Geldes«, worauf die meisten Menschen nicht genug achten. Ich hoffe, das vierte Kapitel dieses Buches kann hier Licht ins Dunkel bringen und vielen helfen, besser damit umzugehen.**

Um es klar zu sagen: Weil die Defizite und Schulden der Reservewährungsländer, die hohe Defizite vor sich herschieben, auf deren eigene Währung lauten und sie das Geld drucken können, um den Schuldendienst zu leisten, überträgt sich dadurch das Risiko von ihnen als Schuldner auf diejenigen, die die Schuldtitel als Gläubiger halten. **Die große Gefahr ist also nicht, dass die großen Schuldner zahlungsunfähig werden, sondern dass die Gläubiger Vermögenswerte halten, deren Wert herabgesetzt wird – also dass die Erträge aus ihren Positionen in Schuldinstrumenten unter der Inflationsrate liegen werden.** Ich gehe davon aus, dass ein gewaltiger Vermögenstransfer von Gläubigern auf Schuldner (wie im alttestamentarischen Jubeljahr, erläutert im dritten Kapitel) auf uns zukommt – und zwar aus denselben Gründen wie schon in der Vergangenheit.

Was heißt das für den Dollar (insbesondere) und die übrigen weniger bedeutenden Reservewährungen? Werden sie abgelöst und durch andere ersetzt? **Aller Wahrscheinlichkeit nach werden sie analog zum Niedergang früherer Reservewährungen an Bedeutung verlieren: erst über längere Zeit nur langsam, am Ende dann sehr schnell.** Wie wir aus den Fallbeispielen wissen, geht der Niedergang einer Reservewährung viel langsamer vonstatten als der Rückgang anderer Maßstäbe für die Stärke eines Landes. Reservewährungen bestehen gewöhnlich auch dann noch fort, wenn ihre Bedeutung fundamental schon nicht mehr gerechtfertigt ist, weil sie so eng mit bestimmten Abläufen verwoben sind und eine starke Tendenz vorliegt, daran festzuhalten. Dann stürzen sie plötzlich ins Bodenlose, wenn klar wird, dass es ihren Fundamentaldaten zufolge ein schlechtes Geschäft ist, auf diese Währungen lautende Forderungen zu halten.

Der Absturz vollzieht sich dann schnell, weil die Währung schneller an Wert verliert, als die den Inhabern von Schuldtiteln gezahlten Zinsen zunehmen. Die Nettoverluste lösen eine Verkaufswelle aus, die weitere Verluste nach sich zieht, sodass eine sich selbst verstärkende Abwärtsspirale ausgelöst wird. Der niederländische Gulden und das Pfund Sterling rutschten auf diese Weise infolge geopolitischer Krisen oder Niederlagen ab, die eintraten, als die Verschuldung gerade hoch war. Solche Ereignisse machten den Gläubigern bewusst, dass die Währung fundamental schlechter dastand als angenommen und die Zinsen dafür keine Entschädigung boten.

Ich verfüge zwar über ausgezeichnete Indikatoren, um einen solchen Niedergang zu erkennen, während er sich vollzieht, und über verschiedene ziemlich brauchbare Frühindikatoren, die kurz vorher Warnsignale geben, doch meine langfristigen Frühindikatoren sind für Timing-Zwecke nur bedingt geeignet. Das liegt daran, dass sie finanzieller Natur sind und auf Angebot und Nachfrage beruhen. Die Finanzlage eines Landes lässt sich genauso einfach bewerten wie die Finanzlage von Einzelnen und Unternehmen (indem man prüft, ob sie Überschüsse oder Defizite verbuchen, ob sie mehr Vermögenswerte als Verbindlichkeiten haben und ob ihre Schulden auf eigene Währung oder auf fremde Währungen lauten, wer diese finanziert, und warum). Weil das alles langfristige Treiber sind, ist auch ziemlich leicht erkennbar, welche Länder und Währungen anfällig sind. Doch genau vorherzusagen, wann der große Einbruch kommt, ist schwierig.

Der im folgenden angegebene Maßstab für die Schuldenlast stützt sich auf eine Mischung aus a) dem Niveau der Verbindlichkeiten im Verhältnis zur Höhe der Vermögenswerte, b) dem Umfang externer und interner Überschüsse und Defizite, c) der Höhe der Schuldendienstkosten in Relation zum BIP, d) der Höhe der Verschuldung eines Landes in eigener Währung im Vergleich zu den auf Fremdwährungen lautenden Schulden, e) der Höhe der von eigenen Bürgern gehaltenen Forderungen im Vergleich zu den Forderungsbeständen von Ausländern und f) der Bonität. Diese Zusammensetzung hat sich als verlässlichste Methode erwiesen, anstehende Rückgänge des realen Geldwerts und der Schuldinstrumente zu prognostizieren, die Zusagen auf Zahlungen darstellen – ob nun in Form von Zahlungsausfällen, weil nicht genug Geld- und Kreditmittel geschaffen wurden, um den übermäßigen Bedarf zu erfüllen, oder in Form von Abwertungen, weil zu viel Geld- und Kreditmittel erzeugt wurden, um diesem Bedarf gerecht zu werden. Ich habe bei der Zusammenstellung dieses Index den Reservewährungsstatus nicht berücksichtigt, um zu sehen, wie sich das Risiko eines Landes darstellen würde, wenn es keinen Reservewährungsstatus mehr hätte. Der Reservewährungsstatus wird in der anschließenden Grafik ausgewiesen. Zusammen ergeben diese Grafiken ein ziemlich eindeutiges Bild. So **ist die Schuldenlast der USA zwar hoch, doch ihre Schulden lauten auf Dollar, die führende Reservewährung der Welt, sodass das Land in der Lage ist, Geld für den Schuldendienst zu drucken. Das verringert das Ausfallrisiko, erhöht aber die Gefahr einer Abwertung. Wie Sie sehen, wären die USA in ernsthaften finanziellen Schwierigkeiten, wenn sie ihren Reservewährungsstatus verlieren würden.** Nach dem Schuldenlastmaßstab liegen Russland und Deutschland ganz vorne, weil sie am geringsten verschuldet sind. Russland hat keinen Reservewährungsstatus, Deutschland in gewissem Umfang schon, weil es den Euro verwendet, der inzwischen die zweitwichtigste Reservewährung ist. China rangiert nach dem Schuldenlastmaßstab in der Mitte. Es ist mäßig verschuldet, überwiegend in der eigenen Währung, und die Schuldtitel befinden sich größtenteils in chinesischer Hand. Ein Reservewährungsstatus bildet sich heraus.

SCHULDENLAST (AUFWÄRTS = VERSCHLECHTERUNG DER FINANZLAGE)

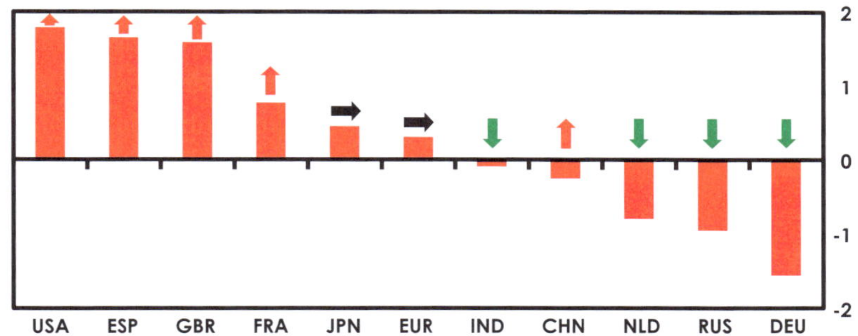

RESERVEWÄHRUNGSSTATUS[6]

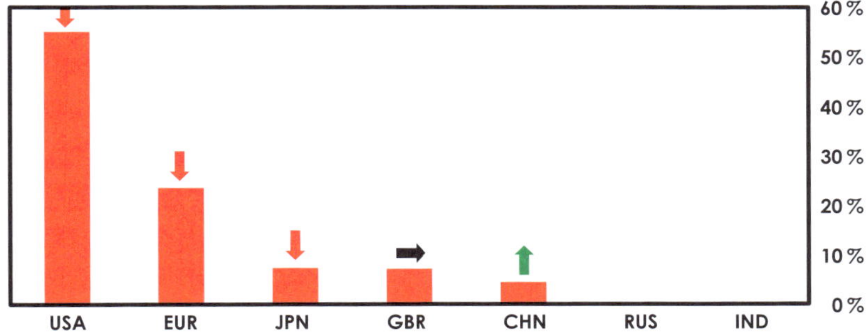

6 Der Messwert für den Reservewährungsstatus zeigt wegen der Europäischen Währungsunion (all diese Länder verwenden den Euro) keine Werte für einzelne europäische Länder an – lediglich einen Gesamtwert für ganz Europa. Er gibt einen Durchschnittswert dafür an, wie hoch der Anteil an globalen Transaktionen, Schulden und offiziellen Devisenreserven von Zentralbanken ist, der auf die Währung des jeweiligen Landes lautet.

DER ZYKLUS DER INNENPOLITISCHEN ORDNUNG UND UNRUHE

Luo Guanzhongs Klassiker *Die Drei Reiche* fängt so an: »*Die Geschichte lehrt, dass die Macht über die Welt, wenn sie lange geteilt war, geeint werden muss, und wenn sie lange geeint war, geteilt werden muss.*« Das gilt für China ebenso wie für die meisten anderen Länder und dürfte so bleiben, weshalb es ein tauglicher Grundsatz ist. Den Zyklus der innenpolitischen Ordnung und Unruhe habe ich im fünften Kapitel bereits erläutert und will mich hier nicht wiederholen. Lediglich einen zentralen Grundsatz möchte ich Ihnen ins Gedächtnis rufen: ● ***Frieden bringt Gewinn, Krieg ist teuer.***

Das trifft auf die innen- und außenpolitische Perspektive zu. Arbeiten Parteien gut zusammen, stehen in gesundem Wettbewerb und verschwenden keine Ressourcen für Kämpfe, steigen Produktivität und Lebensstandard. Kämpfen sie, verschwenden sie Ressourcen (manchmal auch Menschenleben), vernichten mehr als sie produzieren, und der Lebensstandard sinkt. Aus diesem Grund ist das Konfliktniveau innerhalb eines Landes ein so wichtiger Indikator.

Während ich an diesem Buch arbeite, sind verschiedene Länder in unterschiedlichem Umfang von inneren Konflikten betroffen, wie die folgende Grafik ausweist. Besonders heftig sind diese in den Vereinigten Staaten, die sich offenbar in Phase 5 des Zyklus befinden (in der Finanzprobleme und intensive Konflikte vorliegen). China ist allem Anschein nach in Phase 3 (in der Frieden und Wohlstand herrschen). Diese Kenngröße kann sich allerdings rasch verändern. Beispiele dafür sind die Veränderungen, die zum Arabischen Frühling geführt haben, die Konflikte in Hongkong, die internen Kriege in Syrien und Afghanistan, die jüngsten Massenproteste in Peru und Chile und mehr. **Weil ich davon ausgehe, dass die Werte bereits nicht mehr aktuell sind, wenn Sie dieses Buch in Händen halten, aktualisiere ich sie auf www.economicprinciples.org regelmäßig.**

Z-WERT FÜR RELATIVE INNENPOLITISCHE KONFLIKTE FÜR DIE GROSSMÄCHTE HEUTE (AUFWÄRTS = ZUNEHMENDE KONFLIKTE)

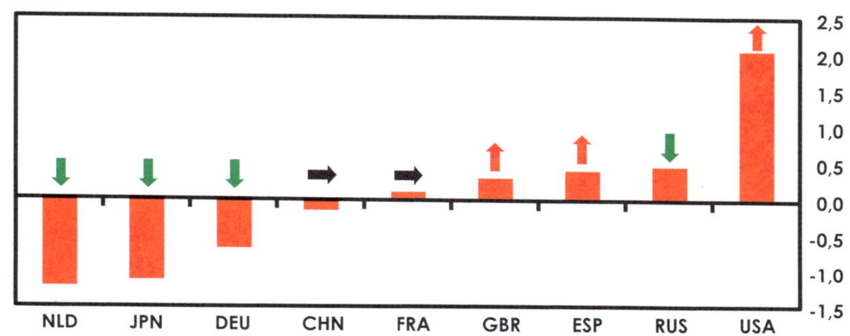

Letztlich gilt: ● ***Wer die Macht hat, bestimmt. Wer das ist, geht aus Machtproben hervor.*** Manchmal geschieht das im Rahmen eines Regelwerks, an das sich alle Beteiligten halten. In solchen Fällen laufen Machtkämpfe in einer beidseitig akzeptierten, produktiven Form ab, die die innenpolitische Ordnung stützt. Sie können aber auch unproduktiv und regellos stattfinden, was zu Gewaltausbrüchen führen kann, die Führung und innere Ordnung stören. **Wie ich es sehe, liegt die Wahrscheinlichkeit, dass in den USA in den nächsten zehn Jahren eine Phase-6-Dynamik (mit bürgerkriegsähnlichen Zuständen) einsetzt, zwar lediglich bei rund 30 Prozent, doch das ist gefährlich hoch. Dennoch gilt es, sich davor zu schützen und die Entwicklungen mithilfe meiner gleich- und vorlaufenden Indikatoren genau im Auge zu behalten.**

In jeder innenpolitischen Ordnung, auch einer nicht-demokratischen, ist geregelt, wie Entscheidungen getroffen werden und wie Macht erlangt und geteilt wird. Weil gewöhnlich ersichtlich ist, wie viel Beachtung solche Regeln zur Regierungsführung finden (oder nicht), ist einfach erkennbar, wann eine innere Ordnung von einem aufkeimenden Bürgerkrieg bedroht ist. Wird zum Beispiel ein knapper Wahlausgang juristisch bestätigt und die Verlierer respektieren diese Entscheidung, steht fest, dass die Ordnung respektiert wird. Gibt es aber ein wildes Machtgerangel, ist das ein klares Signal dafür, dass ein erhebliches Risiko für revolutionäre Umwälzungen besteht – mit allen damit verbundenen Unruhen.

Es hat Anzeichen dafür gegeben, dass so etwas in den USA passieren könnte. Bestimmte Personen haben die Gültigkeit der Wahlen angefochten und die Bereitschaft gezeigt, für ihre Ziele zu kämpfen. Darauf müssen wir ein Auge haben.

Ebenso sind die USA derzeit außergewöhnlich polarisiert, wie aus den statistischen Daten hervorgeht. Umfragedaten zur Wählerstimmung zeichnen ein Bild von Polarisierung und Kompromisslosigkeit. In einer 2019 durchgeführten Pew-Umfrage gaben 55 Prozent der Republikaner und 47 Prozent der Demokraten an, die Angehörigen der jeweils anderen Partei seien unmoralischer als andere Amerikaner. 61 Prozent der Republikaner und 54 Prozent der Demokraten fanden, die beiden Gruppen hätten keine gemeinsamen Werte. Auf die Frage, ob sie den Mitgliedern der anderen Partei eher freundlich oder kühl gegenüberstünden, entschieden sich 79 Prozent der Demokraten und 83 Prozent der Republikaner für »kühl« oder »sehr kühl« (davon 57 Prozent der Demokraten und 60 Prozent der Republikaner für »sehr kühl«). Einer weiteren Studie zufolge sind 80 Prozent der Demokraten der Ansicht, die republikanische Partei sei von Rassisten übernommen worden und 82 Prozent der Republikaner unterstellen, die demokratische Partei sei in sozialistischer Hand. Eine 2010 durchgeführte Untersuchung ergab, dass fast die Hälfte der republikanischen Eltern und ein Drittel der demokratischen Eltern nicht erbaut wären, wenn ihr Kind ein Mitglied der anderen politischen Partei ehelichte. 1960 lag dieser Wert für beide Parteien noch bei rund 5 Prozent. Eine aktuelle Umfrage belegte, dass 15 Prozent der Republikaner und 20 Prozent der Demokraten glauben, es wäre besser für das Land, wenn eine große Zahl der Anhänger der anderen Seite »einfach sterben« würden.

In den nächsten Jahren stehen ausgesprochen bedeutsame und sehr aufschlussreiche politische Konflikte und Veränderungen ins Haus. Sie werden zeigen, wie die nächste Phase der zunehmend gestörten inneren Ordnung in maßgeblichen Ländern aussieht, allen voran in den USA. **Es scheint zwar, als seien die Vereinigten Staaten in die prekäre fünfte Zyklusphase eingetreten, doch das Land verfügt auch über die beständigste und meistbewunderte innenpolitische Ordnung (sein Verfassungssystem).** Wie im fünften Kapitel erläutert, sinkt dadurch die Wahrscheinlichkeit, dass eine Abkehr von diesem System stattfindet. Sollte es dennoch dazu kommen, wäre diese aber umso traumatischer. Die verlässlichsten Anzeichen für eine Eskalation zum Bürgerkrieg sind 1) die Missachtung von Regeln, 2) emotionale Angriffe beider Seiten gegeneinander und 3) Blutvergießen. Phase 6 ist zwar die dysfunktionalste und unheilvollste Phase, doch auch in den vorgeschalteten Phasen liegen verstärkt Funktionsstörungen vor. Solche Konflikte können durch die ganze Gesellschaft gehen, sie müssen sich nicht auf die Regierung beschränken.

Als Nächstes wird aufgezeigt, wie sich das Konfliktbarometer für die USA seit Ende des 18. Jahrhunderts verändert hat – einschließlich der Zusammenbrüche zwischen den beiden untergeordneten Maßstäben. Aus diesen Grafiken geht hervor, dass **das Konfliktniveau innerhalb der Vereinigten Staaten insgesamt inzwischen den höchsten Wert seit der Bürgerrechtsproteste und der Demonstrationen gegen den Vietnamkrieg Ende der 1960er-Jahre erreicht hat, aber längst nicht so hoch ist wie damals. Der Index für »innere Unruhen« (der in erster Linie Straßenproteste anzeigt) ist mäßig hoch, der Index für »politische Konflikte« so hoch wie zuletzt Anfang der 1920er-Jahre**, als eine tiefe Nachkriegsrezession und massive Arbeitskämpfe[7] den Demokraten verheerende Wahlverluste bescherten.

---

7 1919 streikten über 20 Prozent der US-amerikanischen Arbeitnehmer.

Z-WERT FÜR INNENPOLITISCHE KONFLIKTE IN DEN USA (AUFWÄRTS = ZUNEHMENDE KONFLIKTE)

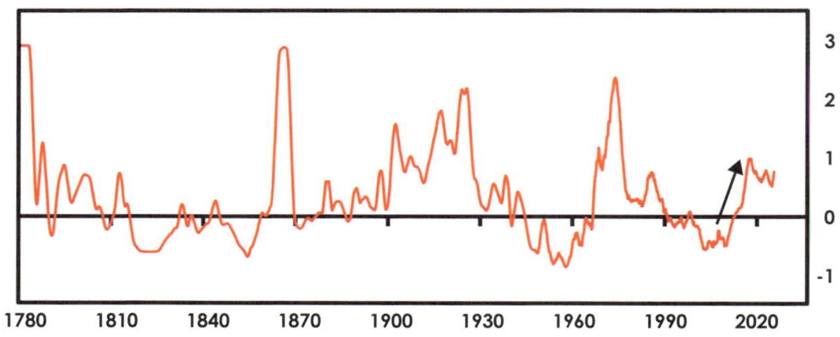

AUFSCHLÜSSELUNG DES MASSSTABS FÜR INNENPOLITISCHE KONFLIKTE IN DEN USA

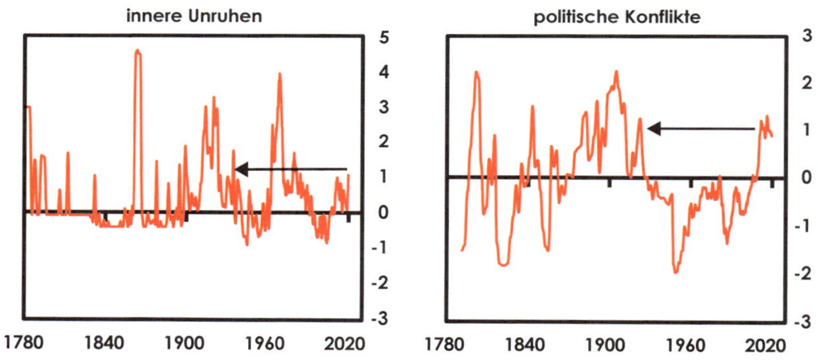

Vergleichbare vorangegangene Perioden waren wohlgemerkt die Jahre von 1900 bis 1920 (mit einer Gegenreaktion gegen die »Räuberbarone«, dem Aufstieg der progressiven Bewegung und schließlich dem Ersten Weltkrieg) und die 1860er-Jahre, als Wirtschafts- und Wertkonflikte zum Bürgerkrieg führten. **Die Risiken sind also hoch, aber nicht beispiellos.** Dennoch ist die Situation für die Amerikaner und den Rest der Welt beängstigend, denn die führende Weltmacht steht auf der Kippe. Die Verwerfungen innerhalb der USA tragen zu Instabilität in anderen Teilen der Welt bei. Jede Verschärfung könnte mindestens so disruptiv wirken wie in den genannten früheren Zeiten.

Was heißt das alles nun für die USA? Wie ich im elften Kapitel näher erläutert habe, lassen unsere Maßstäbe vermuten, dass sie ihren großen Zyklus zu etwa 70 Prozent durchlaufen haben. Können sie ihren relativen Niedergang bremsen oder umkehren? **Die Geschichte lehrt uns, dass es äußerst schwierig ist, einen solchen Abwärtstrend umzukehren, weil man dafür so viel bereits Geschehenes rückgängig machen müsste. Übersteigen die Ausgaben die Einnahmen und die Verbindlichkeiten die Vermögenswerte, lässt sich das nur umkehren, indem man härter arbeitet oder weniger konsumiert. Die Frage ist, ob die Amerikaner in der Lage sind, sich diesen Herausforderungen ehrlich zu stellen, sich daran anzupassen und sich zu verändern, um sie zu bewältigen.** So weist das gewinnorientierte kapitalistische System Ressourcen zwar an sich recht effizient zu, doch die Amerikaner müssen sich jetzt fragen: »Für wen optimiert es diese Effizienzen?«, »Was sollte passieren, wenn der Nutzen nicht breit gestreut ist?«, »Werden wir den Kapitalismus so modifizieren, dass der Kuchen nicht nur größer wird (durch gesteigerte Produktivität), sondern auch richtig verteilt?« Diese Fragen sind unbedingt zu beantworten – vor allem in einer Zeit, in der es dank neuer Technologien immer unrentabler, ineffizienter und wettbewerbsschädlicher wird, Menschen zu beschäftigen. »Sollten wir in die Produktivität von Menschen investieren, auch wenn das unwirtschaftlich ist? Oder nicht?«, »Was, wenn unsere internationalen Mitbewerber sich für Roboter und gegen Menschen entscheiden?« Diese und so viele weitere wichtige, schwierige Fragen werden aufgeworfen. **Während wir nicht mit Bestimmtheit sagen können, ob die Brüche und Konflikte in den USA zunehmen oder zurückgehen werden, wissen wir aber, dass die langfristige Dynamik auf verstärkte Spaltung hinausläuft, und das ist eine ernsthafte Gefahr. Dass die USA gleichzeitig hoch verschuldet sind, ihr internationales Ansehen sinkt und sie schwere**

Konflikte erleben, sollte Amerikaner und all jene, die von den Amerikanern abhängig sind, durchaus beunruhigen. Dabei gilt aber, dass die USA in ihrer 245-jährigen Geschichte immer wieder erstaunliche Fähigkeiten bewiesen haben, zu biegen, ohne zu brechen. Die größten Herausforderungen, vor denen das Land steht, sind innenpolitischer Natur: **Kann es auch künftig Stärke und Einigkeit zeigen oder wird es weiterhin zulassen, dass Spaltung und interne Streitigkeiten in den Niedergang führen?**

DER ZYKLUS DER AUSSENPOLITISCHEN ORDNUNG UND UNRUHE

● ***Alle Imperien erleben irgendwann einen Niedergang, und aufstrebende neue Imperien treten an ihre Stelle.*** Wer wissen will, wann eine solche Veränderung eintritt, muss sämtliche Indikatoren verfolgen und beobachten, wie sich die Verhältnisse im Ländervergleich verändern. Wie Sie an anderer Stelle in diesem Buch bereits gelesen haben, gibt es fünf maßgeblichen Arten von Kriegen, die sich durch die gesamte Geschichte ziehen: 1) Handels-/Wirtschaftskriege, 2) Technologiekriege, 3) Kapitalkriege, 4) geopolitische Kriege und 5) militärische Kriege. Das folgende Barometer für außenpolitische Konflikte gibt an, wie hoch das Niveau wirtschaftlicher, politischer/kultureller und militärischer Konflikte für bestimmte Paarungen maßgeblicher Länder anzusiedeln ist. Danach bestehen die größten Konflikte zwischen den USA und China, den beiden größten Mächten der Welt, deren Machtposition vergleichbar ist – und so groß, dass ein Krieg zwischen diesen beiden Ländern der verheerendste in der Geschichte werden könnte.

AKTUELLER Z-WERT FÜR KONFLIKTE ZWISCHEN LÄNDERN (AUFWÄRTS = ZUNEHMENDE KONFLIKTE)

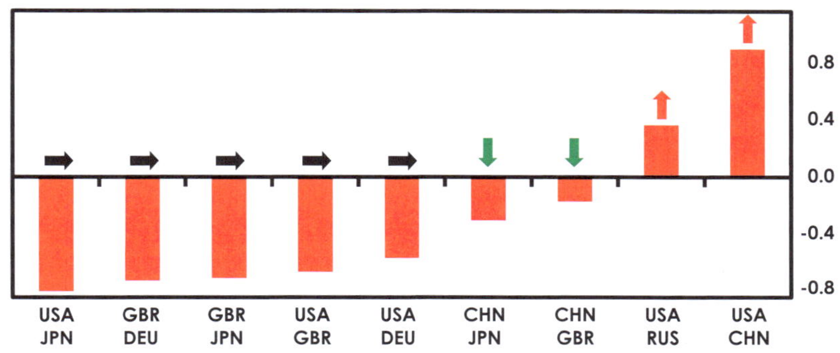

Der Wert für diesen Konflikt liegt bei einer Standardabweichung über normal – was im Rückvergleich ziemlich hoch erscheint.

Die folgende Grafik weist meinen Konfliktindex nur für die USA und China seit 1970 aus.

Z-WERT FÜR DEN KONFLIKT ZWISCHEN USA UND CHINA

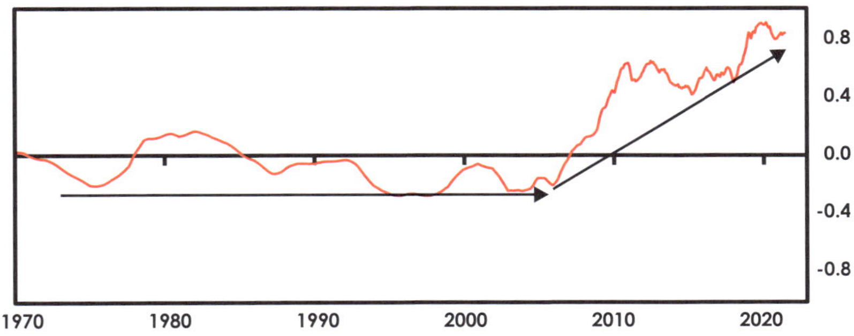

Unseren Beobachtungen zufolge befinden sich die Vereinigten Staaten und China eindeutig in vier Arten von Kriegen (Handels-/Wirtschaftskrieg, Technologiekrieg, Kapitalkrieg und geopolitischer Krieg), die noch nicht sehr heftig geführt werden, doch an Intensität zunehmen.

Die fünfte Kriegsart (der militärische Krieg) ist bisher noch nicht eingetreten. Wie aus Präzedenzfällen hervorgeht, insbesondere aus dem Fallbeispiel 1930 bis 1945, gehen die vier genannten Kriegsarten dem militärischen Krieg um fünf bis zehn Jahre voraus. Die Risiken eines militärischen Krieges erscheinen zwar relativ gering, nehmen aber zu.

Ein Rückblick auf die letzten 500 Jahre zeigt, dass militärische Kriege zwischen maßgeblichen Imperien im Schnitt ungefähr einmal alle zehn Jahre ausbrachen. Der letzte wirklich große Krieg (der Zweite Weltkrieg) liegt rund 75 Jahre zurück. Seit 1500 haben die Großmächte etwas mehr als die Hälfte der Zeit Krieg geführt.[8] Unter diesem Aspekt stehen die Chancen auf eine große militärische Auseinandersetzung in den nächsten zehn Jahren bei rund 50 zu 50, doch das wäre natürlich zu einfach gedacht. Schauen wir uns das Bild etwas genauer an.

Die folgende Grafik gibt die aktuellen Einzelwerte meines Barometers für militärische Stärke an. Insgesamt sind die Werte zwar nachvollziehbar – die USA stehen nach den meisten Maßstäben an der Spitze, gefolgt von China und Russland et cetera –, doch diese Gesamtwerte erfassen die wichtigen Realitäten nicht, die ihnen zugrunde liegen. So fehlt beispielsweise der Hinweis, dass manche Länder in bestimmten geografischen Regionen (etwa rund um China) oder bei manchen Arten der Kriegsführung (etwa im Weltraum oder im Cyberspace) ebenso stark oder sogar stärker sind als die Vereinigten Staaten. Auch unbekannte militärische Fähigkeiten, über die manche Länder verfügen könnten, bleiben notgedrungen unberücksichtigt. Für mich ist die wichtigste Erkenntnis daraus, dass sich diese Länder in den am härtesten umkämpften geografischen Regionen auf vielerlei Weise schaden oder einander vernichten könnten.

8 Seit 1500 gab es etwas mehr als 50 Kriege zwischen Großmächten, wie in Steven Pinkers *Gewalt: Eine neue Geschichte der Menschheit* nachzulesen. Vor 1800 gab es in 80 Prozent aller Jahre Krieg, seither in 20 Prozent.

AKTUELLE MILITÄRISCHE STÄRKE (AUFWÄRTS = ZUNEHMEND)

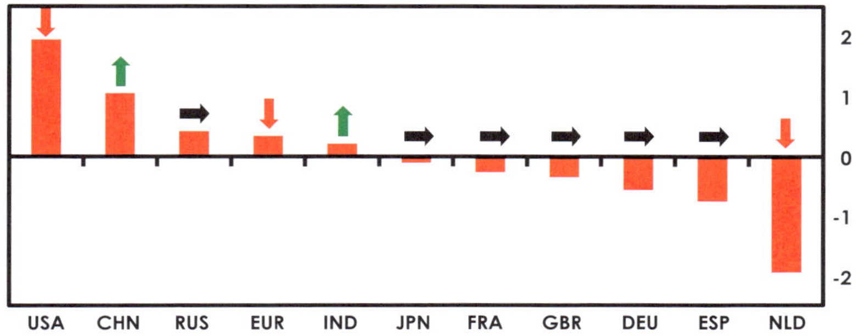

Die Geschichte zeigt, dass Kriege hohe Kosten in Form von Menschenleben und Geld verursachen und dass sich die Fähigkeit, Schaden zuzufügen, seit der Entwicklung und dem Einsatz von Atomwaffen im Zweiten Weltkrieg exponentiell gesteigert hat. Mir auszumalen, wie der nächste militärische Krieg aussehen könnte, übersteigt meine Vorstellungskraft. Außerdem habe ich festgestellt, dass die am besten informierten Kreise auf beiden Seiten nicht wirklich umfassend informiert sind, weil so vieles gar nicht bekannt ist und weil militärische Kriege stets unerwartet verlaufen. Aus diesen Gründen **kann niemand mit Sicherheit sagen, wer aus dem nächsten Krieg als Sieger und wer als Verlierer hervorgehen wird.** Die Logik und die Geschichte lehren uns, dass die Verlierer in wirklich großen Kriegen vollständig vernichtet werden, dass aber auch die Sieger verlieren, da sie schwer an den Folgen tragen und am Ende mit hohen Schulden dastehen. Was das für Volkswirtschaften und Märkte bedeutet, habe ich in diesem Buch bereits erläutert. Kurzum: eine Katastrophe.

Wer sich näher mit der Geschichte auseinandergesetzt hat, weiß: Die MAD-Doktrin der gesicherten gegenseitigen Vernichtung – das sogenannte Gleichgewicht des Schreckens – hat verhindert, dass die USA und die UdSSR nicht in einen heißen Krieg eintraten, bevor der Niedergang des sowjetischen Imperiums einsetzte, welcher überwiegend darauf zurückzuführen war, dass es angesichts der hohen Militärausgaben seine sonstigen Stärken nicht ausbauen konnte. China wird in allen fünf Kriegsarten nicht so leicht zu besiegen sein wie seinerzeit die UdSSR, und das war schon nicht einfach. Das bedeutet, dass sich die Kriege vermutlich verschärfen und das Pendel immer mehr zugunsten Chinas ausschlagen dürfte – vor allem wenn den USA bei den sonstigen Grundpfeilern der Stärke, die in diesem Kapitel hervorgehoben wurden, nicht die Wende gelingt. Es sieht jedoch so aus, als dürfte es noch lange dauern, bis China einen Krieg gewinnen kann, ohne damit auch die eigene Vernichtung herbeizuführen.

Alles in allem gelangen mein Computer und ich durch unsere gemeinsamen Anstrengungen vorerst zu dem Schluss, dass **China und die USA auf absehbare Zeit mächtig genug sind, um einander untragbaren Schaden zuzufügen, sodass die Aussicht auf gesicherte gegenseitige Vernichtung einen militärischen Krieg verhindern sollte – wenngleich es fast sicher zu gefährlichen Scharmützeln kommen wird. Ich gehe davon aus, dass dies so lange gilt, bis ein unerwarteter technischer Durchbruch (etwa ein maßgeblicher Fortschritt im Quantencomputing) einer dieser Mächte einen asymmetrischen Vorteil verschafft, sodass die wechselseitige Zerstörung nicht mehr gesichert ist.** Ein weiteres, wenn auch weniger bedeutsames Hindernis für Kampfhandlungen ist, dass das Wohl von Amerikanern und Chinesen in dieser stark vernetzten Welt miteinander verwoben ist.

Mit der Zeit wird die Gefahr aber größer. Setzen sich der Niedergang der USA und der Aufstieg Chinas fort, dann kommt es vor allem darauf an, ob das beiden Ländern elegant gelingt. Das große Risiko dabei: Bestehen existenzielle unversöhnliche Differenzen und es gibt keinen gemeinsam festgelegten Schlichter oder Prozess, um den Konflikt beizulegen, ist die Wahrscheinlichkeit hoch, dass es zum Kampf kommt. Wie in Kapitel 13 angesprochen, **bestehen die scheinbar unversöhnlichsten Differenzen zwischen den USA und China in Bezug auf Taiwan. Deshalb beobachte ich die Entwicklungen dort genau.** Taiwan ist das eine Thema, für das China zu den Waffen greifen würde, weil es so davon überzeugt ist, dass »es nur ein China gibt und Taiwan dazugehört.« Ob dieses Thema den USA wichtig genug ist, um einen größeren Krieg zu riskieren, ist fraglich. Auszuschließen ist es aber nicht. Das erscheint mir der einzig mögliche Auslöser für einen militärischen Krieg zwischen den beiden größten Mächten in den nächsten zehn Jahren.

Die Regionen, die in zweiter Linie im Fokus stehen sollten, sind die unmittelbar an China angrenzenden Gebiete, etwa die Anrainerstaaten des Ost- und Südchinesischen Meers, und andere Nachbarländer wie Indien, Russland, Südkorea, Nordkorea, Japan, Afghanistan, Pakistan et cetera. In Anbetracht der kulturellen Eigenheiten Chinas und der Vorteile für China gehe ich davon aus, dass sich das Land durch wechselseitigen Nutzen Einfluss auf diese Länder verschafft, aber nicht versuchen wird, sie auf militärischem Wege direkt zu kontrollieren.

Die Konflikte mit der größten Tragweite bestehen zwischen den Vereinigten Staaten und China, doch in diesem klassischen Drama der Machtverhältnisse und des Gefangenendilemmas gibt es noch andere maßgebliche Akteure. So ist unbedingt darauf zu achten, wie sich die Verbündeten und Freunde Chinas und der Vereinigten Staaten verhalten. Wie bereits angesprochen, verändern sich diese Orientierungen allmählich. China gewinnt Verbündete, die Vereinigten Staaten verlieren sie. Weil sich die Amerikaner übernommen haben und nicht mehr so schnell bereit sind, für andere ihr Leben aufs Spiel zu setzen, befinden sie sich jetzt in der Situation, dass sie versuchen, ihre Verbündeten bei der Stange zu halten, ohne diesen echte Anreize zu bieten. In der Vergangenheit mussten die Vereinigten Staaten nur andeuten, was sie von anderen Ländern erwarteten, und es wurde prompt geliefert. Inzwischen entscheiden diese unabhängiger.

Welches Land das Spiel um Wohlstand und Macht am Ende gewinnt, richtet sich nach seinen inneren Fähigkeiten, weshalb ich diese Faktoren in meinen Indizes ebenso überwache wie die militärische Stärke. Wie die Chinesen sehr genau wissen (und andere sich dringend bewusst machen sollten), ● ***ist die beste Vorbereitung auf einen Krieg, stark zu werden und dem Gegner die eigene Stärke zu demonstrieren, damit dieser vor einem Kampf zurückschreckt.*** Diese Dynamik dürften wir höchstwahrscheinlich in den nächsten Jahren erleben.

Damit will ich sagen, **dass ich eine Intensivierung des Handels-/Wirtschaftskriegs, des Technologiekriegs, des Kapitalkriegs und des geopolitischen Kriegs für wahrscheinlich halte, wenn China noch wettbewerbsfähiger wird und zunehmend global agiert.** Wie Graham Allison in seinem hervorragenden Buch *Destined for War* erklärt hat, kam es in den vergangenen 500 Jahren in zwölf von 16 Fällen zu militärischen Auseinandersetzungen, wenn zwei fast gleich starke Mächte unversöhnliche Differenzen hatten, und massive Aufrüstung führte in 80 bis 90 Prozent der Fälle zu größeren Kriegen.[9] Diesen historischen Erkenntnissen stelle ich die Logik vom Gleichgewicht des Schreckens gegenüber, die die Kriegswahrscheinlichkeit verringert. Ich würde sagen, unter dem Strich liegt die Wahrscheinlichkeit eines großen Krieges in den nächsten zehn Jahren bei plus/minus 35 Prozent – aber das ist im Grunde wild geraten. So oder so ist das ein gefährlich hohes Risiko.

NATUREREIGNISSE

In der Geschichte haben Dürreperioden, Überschwemmungen, Pandemien und andere schwere Natur- und Umweltkatastrophen den Menschen mehr Schaden zugefügt als die Menschen sich selbst. Sie haben Millionen den Tod gebracht, Volkswirtschaften aus der Bahn geworfen und zum Niedergang vieler Imperien und Dynastien beigetragen. Die folgende Grafik zeigt ein paar der größten Ereignisse.

---

9 *Möglicherweise* erleben wir so ein Aufrüsten gerade. Die chinesischen Militärausgaben sind in US-Dollar in den letzten zehn Jahren rasant gestiegen, wenngleich ihr Anteil am BIP einigermaßen gleichgeblieben ist (bei rund 2 Prozent). Mit rund 3 Prozent des BIP sind die Militärausgaben in den USA leicht zurückgegangen.

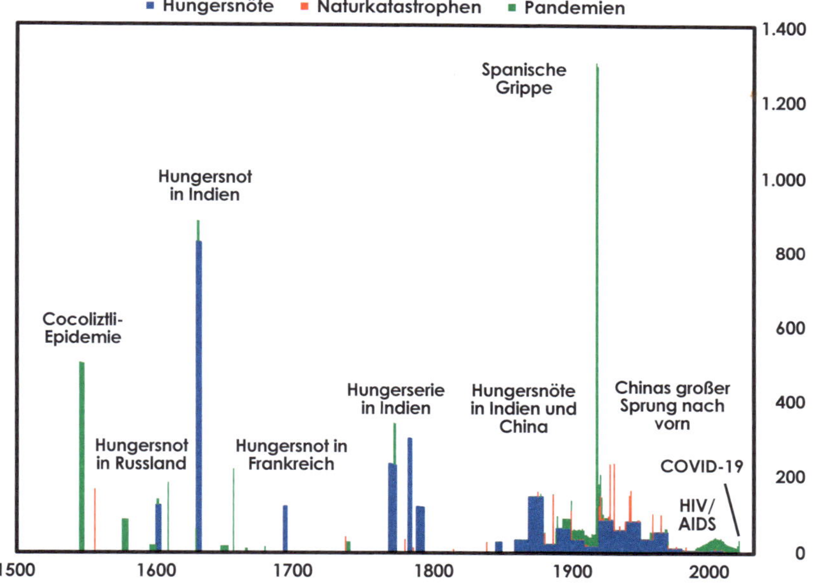

Der Klimawandel ist uns zwar allen ein Begriff, doch niemand kann genau sagen, wie viel Schaden er verursacht und wie viele Todesopfer er letztlich fordern wird. Den Hochrechnungen der Experten zufolge gibt es Grund zu der Annahme, dass solche Katastrophen in den kommenden Jahren häufiger werden als zuvor. Ich bin zwar selbst kein Fachmann auf diesem Gebiet, kann aber ein paar interessante statistische Daten beitragen. Und ich kann weitergeben, was ich darüber in Erfahrung gebracht habe.

Die folgende Grafik rechts zeigt die Durchschnittstemperatur der Welt und die CO_2-Menge, ein Indikator für die globale Erwärmung. Es gibt kaum einen Zweifel, dass die Welt wärmer wird, und zwar immer schneller, und dass dies heftige, kostspielige Auswirkungen haben wird. Die linke Grafik weist die langfristige Temperaturentwicklung (seit dem Jahr 0 unserer Zeitrechnung) aus.

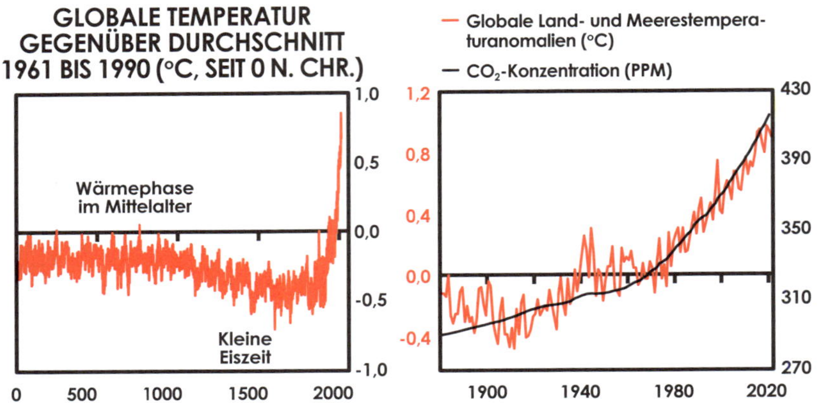

Die nächste Grafik gibt extreme Umweltereignisse wieder. Das Fazit: Von 1970 bis 2020 nahmen diese von weniger als 50 pro Jahr auf fast 200 pro Jahr zu, Tendenz steigend.

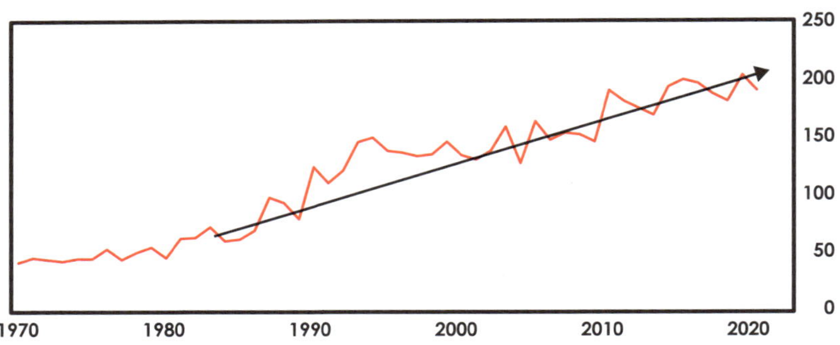

Aus der folgenden Grafik geht hervor, was diese Ereignisse geschätzt in US-Dollar gekostet haben (inflationsbereinigt). Wie ersichtlich, geht der Trend auch hier nach oben – mit extremen Ausschlägen.

GESAMTVERLUSTE DURCH KATASTROPHEN SEIT 1970 (MRD. USD 2020)

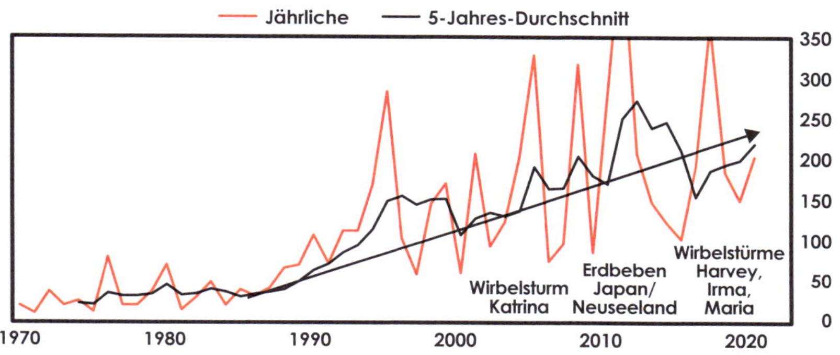

Für mich ist ziemlich klar fest, dass die Menschheit und die natürliche Evolution der Umwelt großen Schaden zufügen, was hohe Kosten verursachen wird – finanziell und in Bezug auf die Lebensqualität. Dies wird sich auf jedes Land anders auswirken. Wie, können wir anhand geografischer Lage, klimatischer Bedingungen und vor allem der heimischen Industrien grob voraussagen. Gleichzeitig handelt es sich dabei aber um eine langsame, stetige, gut kommunizierte Veränderung, was der Art von Anpassungs- und Innovationsfähigkeit entgegenkommt, durch die sich die Menschheit so einmalig auszeichnet, auch wenn sie oft zu langsam und erst dann zum Tragen kommt, wenn der Leidensdruck schon einigermaßen groß ist. Ich neige zu der Ansicht, dass wir auf diese Entwicklung langsam reagieren werden – nicht proaktiv. Abgesehen davon kenne ich mich mit dem Thema nicht gut genug aus, um sagen zu können, was das für jedes einzelne Land und jeden Standort bedeutet.

Die folgende Grafik zeigt einen Index für die Anfälligkeit maßgeblicher Länder für den Klimawandel, gestützt auf einen gleich gewichteten Durchschnitt aus dem Notre Dame Global Adaptation Index (ND-GAIN) Country Index, der die Anfälligkeit eines Landes für den Klimawandel quantifiziert, und wissenschaftliche Schätzungen zu den künftigen Auswirkungen des Klimawandels auf das BIP nach Land.

ANFÄLLIGKEIT FÜR KLIMAWANDEL (AUFWÄRTS = ANFÄLLIGER)

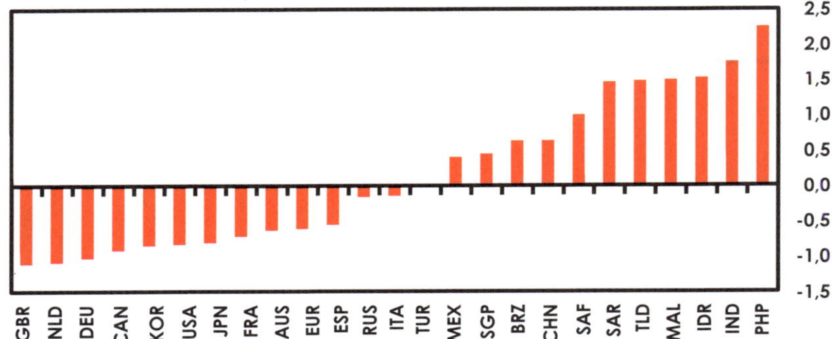

ZUSAMMENFASSUNG

Auf der Grundlage nur dieser fünf Indikatoren ergibt sich für mich folgendes Bild:

- **Der Erfindungsgeist der Menschen wird vermutlich zu großen Fortschritten führen, während der Schulden-/Konjunkturzyklus, der Zyklus der innenpolitischen Ordnung, der Zyklus der außenpolitischen Ordnung und immer schlimmere Naturkatastrophen mit größter Sicherheit Probleme verursachen werden. Anders formuliert: Es wird einen Kampf geben zwischen der menschlichen Erfindungsgabe und diesen anderen Herausforderungen.**
- **Innerhalb und zwischen einzelnen Ländern sind die Verhältnisse sehr unterschiedlich, und danach wird sich richten, welche Länder einen Aufstieg erleben und welche einen Niedergang – und in welcher Hinsicht.**

Darin sind meine Überlegungen zur Zukunft der elf maßgeblichsten Länder der Welt eingeflossen, gestützt auf nur 5 der 18 Determinanten. Im Folgenden wollen wir alle 18 Indikatoren betrachten und auswerten.

ALLE MASSGEBLICHEN DETERMINANTEN FÜR DIE GANZE WELT

Die folgende Tabelle zeichnet ein weit detailreicheres Bild der aktuellen und der voraussichtlichen künftigen Entwicklungen für elf maßgebliche Länder. Mir liegen zwar viele dieser Werte für die führenden 20 Länder vor, doch das würde den Rahmen dieses Kapitels sprengen. Den vollständigen Datensatz finden Sie auf www.economicprinciples.org. Auf den ersten Blick mag diese Tabelle wie eine wilde Mischung aus Zahlen und Pfeilen wirken, doch bei genauerem Hinsehen ergibt sich ein klareres Bild.

Vorab aber **eine kurze Anleitung zum Lesen der Tabelle und zur Funktionsweise der Messgrößen. Die erste Spalte weist die gemessene Determinante aus. In der zweiten ist die Qualität der Messzahl angegeben,** und zwar deshalb, weil für manche dieser wesentlichen Determinanten brauchbare, klare Werte vorliegen (zum Beispiel für Bildung, Innovation und Technologie, Wettbewerbsfähigkeit bei den Kosten, Produktivität und Steigerung der Wirtschaftsleistung), für manche aber nicht (zum Beispiel für Naturereignisse), und das möchte ich jeweils deutlich machen. Außerdem gibt es noch weitere Determinanten, die nicht aufgeführt sind, weil sie entweder zu subjektiv sind oder zu schwer quantifizierbar (wie die Führung). Führungsqualität lässt sich nicht objektiv in Form von Wirtschaftsleistung quantifizieren. (Wie kann man zum Beispiel messen, ob Donald Trump ein guter oder ein schlechter Regierungschef war?) Jeder Wert ist aus vielen Indikatoren aggregiert, die ich so kombiniert habe, dass sie meines Erachtens die betreffende Determinante am besten erfassen – unter quantitativen und qualitativen Gesichtspunkten. Ein Land mit einer großen Bevölkerung wie China, Indien oder die Vereinigten Staaten erzielt in mancher Hinsicht womöglich höhere Werte als ein Land, in dem weniger Menschen leben, wie Singapur, die Niederlande oder die Schweiz, kann aber bei der Qualität nicht mithalten. Ich habe versucht, die Gewichtungen so zu strukturieren, dass für mich daraus hervorgeht, wer bei einem Wettbewerb wie den Olympischen Spielen oder in einem Krieg besser abschneiden würde.

AKTUELLE WERTE FÜR ALLE GROSSMÄCHTE

(Z-Wert und Veränderung über 20 Jahre, angegeben durch Pfeile)

	MESSQUALITÄT	USA	CHN	EUR	DEU
Wert Imperium (0-1)		0.87 ◢	0.75 ▲	0.55 ▶	0.37 ▶
Schuldenlast (großer Konjunkturzyklus)	Gut	-1.8 ▼	0.3 ▼	-0.3 ▶	1.6 ▲
Erwartetes Wachstum (großer Konjunktur-zyklus)	Gut	-0.7 ◢	0.4 ▼	-1.0 ▶	-1.0 ▶
Innenpolitischer Konflikt (innenpolitische Ordnung, niedrig = schlecht)	Gut	-2.0 ▼	0.2 ▶	0.4 ▶	0.7 ◥
Bildung	Gut	2.0 ◢	1.6 ▲	0.3 ▶	-0.2 ▶
Innovation und Technologie	Gut	2.0 ▶	1.5 ▲	0.4 ◢	-0.1 ◢
Wettbewerbsfähigkeit (Kosten)	Gut	-0.4 ▶	1.2 ◢	-0.6 ▶	-0.6 ▶
Militärische Stärke	Gut	1.9 ◢	1.0 ▲	0.3 ◢	-0.6 ▶
Handel	Gut	1.1 ◢	1.8 ▲	1.3 ▶	0.6 ▶
Wirtschafts-leistung	Gut	1.7 ◢	1.8 ▲	0.6 ▼	-0.1 ◢
Märkte und Finanzplatz	Gut	2.6 ▶	0.5 ▲	0.4 ▶	-0.2 ◢
Reservewährungsstatus (0-1)	Gut	0.55 ◢	0.04 ▲	0.23 ◢	
Geologie	Gut	1.4 ▶	0.9 ◥	-0.4 ▶	-0.7 ▶
Effizienz der Ressourcen-allokation	Befriedigend	1.3 ◢	0.0 ▶	-0.8	0.6 ▲
Naturereignisse	Befriedigend	-0.2	-0.1	0.0	1.1
Infrastruktur und Investitionen	Gut	0.7 ◢	2.7 ▲	0.2 ◢	-0.3 ▶
Charakter/ Umgangsformen/ Zielstrebigkeit	Befriedigend	1.1 ▶	1.5 ▶	-1.0 ▶	-0.5 ▶
Staatsführung/ Rechts-staatlichkeit	Gut	0.7 ◥	-0.7 ◥	-0.4	0.7 ▶
Unterschiede bei Wohlstand, Chancen und Werten	Befriedigend	-1.6 ◢	-0.4 ▶	0.3 ▲	0.7 ▶

Diese Tabelle vermittelt auf einen Blick ein Bild von der Situation des betreffenden Landes und der globalen Gesamtverfassung. Der Wert für das Imperium und die Pfeile daneben zeigen, dass die Vereinigten Staaten das mächtigste Land sind, aber abwärts tendieren, und China an zweiter Stelle liegt, aber rasch aufsteigt. Sie erkennen, in welcher Hinsicht die Vereinigten Staaten besonders stark sind – also aufgrund ihres Reservewährungsstatus, der militärischen Stärke, der Wirtschaftsleistung, der Innovationsfähigkeit sowie Technologie und Bildung –, und wo ihre Schwächen liegen, nämlich bei innenpolitischen Konflikten, Wohlstandsgefälle, Verschuldung und erwartetem Wirtschaftswachstum.

Ferner können Sie sehen, dass China in den meisten anderen maßgeblichen Bereichen nur knapp hinter den USA liegt und bei Infrastruktur und Investitionen, Innovation und Technologie, Bildung, Wettbewerbsfähigkeit bei den Kosten, Wirtschaftsleistung, Handel, militärischer Stärke und Handels-/Kapitalverkehr vergleichsweise stark ist, bei Reservewährungsstatus, Rechtsstaatlichkeit/Korruption und Wohlstandsgefälle dagegen vergleichsweise schwach. Für mich sind diese Daten von unschätzbarem Wert. Bei jeder Überlegung dazu, was aktuell passiert und voraussichtlich auf uns zukommt, ist unbedingt darauf zu achten, wie sie sich verändern.

Ein Beispiel: **Wenn ein Land 1) finanziell abdriftet und gleichzeitig 2) das innenpolitische Konfliktniveau hoch ist (zum Beispiel durch Wohlstandsgefälle und/oder unterschiedliche Wertvorstellungen), während 3) das Land von einem oder mehreren starken ausländischen Rivalen herausgefordert wird, so führt das,** wie bereits beschrieben, **4) zu einem sich wechselseitig selbst verstärkenden Niedergang. Das liegt daran, weil es die schwächere Finanzlage dem Land unmöglich macht, den heimischen Finanzierungsbedarf zu decken und den Krieg zu finanzieren, was die Lage noch verschlimmert.**

	MESSQUALITÄT	JPN	IND	GBR	FRA
Wert Imperium (0-1)		0.30	0.27	0.27	0.25
Schuldenlast (großer Konjunkturzyklus)	Gut	-0.4	0.1	-1.6	-0.8
Erwartetes Wachstum (großer Konjunktur-zyklus)	Gut	-1.1	1.1	-0.8	-0.9
Innenpolitischer Konflikt (innenpolitische Ordnung, niedrig = schlecht)	Gut	1.1		-0.3	-0.1
Bildung	Gut	0.2	-1.2	-0.2	-0.5
Innovation und Technologie	Gut	0.2	-1.2	-0.3	-0.5
Wettbewerbsfähigkeit (Kosten)	Gut	-0.3	2.4	-0.3	-0.6
Militärische Stärke	Gut	-0.1	0.2	-0.3	-0.3
Handel	Gut	-0.5	-0.8	-0.6	-0.5
Wirtschafts-leistung	Gut	-0.3	-0.2	-0.3	-0.5
Märkte und Finanzplatz	Gut	0.1	-0.8	0.0	-0.3
Reservewährungsstatus (0-1)	Gut	0.07	0.0	0.07	
Geologie	Gut	-1.1	0.3	-0.9	-0.5
Effizienz der Ressourcen-allokation	Befriedigend	0.1	0.2	0.3	-1.3
Naturereignisse	Befriedigend	1.5	-2.4	0.4	0.0
Infrastruktur und Investitionen	Gut	-0.2	-0.3	-0.6	-0.2
Charakter/ Umgangsformen/ Zielstrebigkeit	Befriedigend	0.5	1.3	-0.4	-1.5
Staatsführung/ Rechts-staatlichkeit	Gut	0.8	-1.1	1.2	0.3
Unterschiede bei Wohlstand, Chancen und Werten	Befriedigend	0.9	-1.8	-0.2	1.1

Liegen uns dazu quantitative Daten vor, können wir die Abläufe darstellen und Hochrechnungen anstellen. Je größer die Zahl maßgeblicher Determinanten, die sich verschlechtern, und je stärker die Verschlechterung, desto sicherer und schwerwiegender der Niedergang. Zeigen beispielsweise verschiedene weitere Determinanten Schwäche und geben gleichzeitig mit anderen nach, dürfte der Niedergang voraus-

	MESSQUALITÄT	NLD	RUS	ESP
Wert Imperium (0-1)		0.25 ▶	0.23 ▶	0.20 ▶
Schuldenlast (großer Konjunkturzyklus)	Gut	0.8 ▲	1.0 ▲	-1.7 ▼
Erwartetes Wachstum (großer Konjunktur-zyklus)	Gut	-0.8	-0.2	-1.1 ◢
Innenpolitischer Konflikt (innenpolitische Ordnung, niedrig = schlecht)	Gut	1.2 ◥	-0.5 ▲	-0.4 ◢
Bildung	Gut	-0.7 ▶	-0.5 ▶	-0.9 ▶
Innovation und Technologie	Gut	-0.3 ▶	-0.7 ▶	-1.0 ▼
Wettbewerbsfähigkeit (Kosten)	Gut	-0.8 ▶	0.7	-0.6 ▶
Militärische Stärke	Gut	-1.9 ◢	0.4 ▶	-0.8 ▶
Handel	Gut	-0.6 ▶	-0.9 ▶	-0.9 ▶
Wirtschafts-leistung	Gut	-0.3 ▶	-1.4 ▶	-0.9 ▼
Märkte und Finanzplatz	Gut	-0.5 ▶	-1.1 ▶	-0.6 ▶
Reservewährungsstatus (0-1)	Gut		0.0	
Geologie	Gut	-0.5 ▶	1.9 ▶	-0.6 ▶
Effizienz der Ressourcen-allokation	Befriedigend	-0.1 ◥	1.3	-1.6 ◢
Naturereignisse	Befriedigend	0.5	-0.1	-0.7
Infrastruktur und Investitionen	Gut	-0.4 ▶	-1.0 ▼	-0.6 ▼
Charakter/ Umgangsformen/ Zielstrebigkeit	Befriedigend	-0.3 ◥	0.1	-1.0 ▶
Staatsführung/ Rechts-staatlichkeit	Gut	1.0 ▶	-1.9 ▶	-0.7 ◢
Unterschiede bei Wohlstand, Chancen und Werten	Befriedigend	0.6 ◢		0.4 ◥

sichtlich noch heftiger ausfallen. Weil ich mithilfe meines Computers solche Entwicklungen verfolgen kann, kann ich die relative Gesundheit, die Schwachstellen und die Zukunftsaussichten eines Landes beurteilen. So liegen derzeit viele der besorgniserregendsten Faktoren in den Vereinigten Staaten vor, obwohl diese nach wie vor das mächtigste Land der Erde sind. Das ist unbedingt im Auge zu behalten.

Wie aus verschiedenen vorangegangenen Grafiken ersichtlich, **1) verstärken sich diese Determinanten tendenziell gegenseitig, ob in Stärke (wenn etwa bessere Bildung zu höheren Einkommen führt) oder Schwäche (wenn rückläufiger Handel die Verschuldung erhöht). Daraus ergeben sich zyklische Entwicklungen, die sich zum großen Zyklus zusammenfügen. 2) Wenn die Determinanten schwach sind und schwächer werden, so gilt das für das gesamte Imperium.**[10] **Zu kräftigen Aufschwüngen kommt es, wenn viele Determinanten stärker werden, zu großen Abschwüngen, wenn viele Determinanten schwächer werden.**

Unsere Computer nutzen diese Daten, um schriftliche Berichte zu erzeugen, die auf www.economicprinciples.org abrufbar sind. Sie prognostizieren reale BIP-Wachstumsraten für die nächsten zehn Jahre, aber auch Messwerte für jeden Faktor, der diesen Schätzungen zugrunde liegt. Die Daten und damit die Prognosen sind für manche Länder verlässlicher als für andere, was entsprechend angegeben ist. So oder so geht daraus nicht nur recht gut hervor, in welcher Verfassung sich ein Land gerade befindet, sondern wir erhalten auch Frühindikatoren für die künftige Stabilität. Aus Rückvergleichen wissen wir, dass diese Schätzungen die durchschnittliche Wachstumsrate eines Landes für die nächsten zehn Jahre in 59 Prozent der Fälle auf plus/minus 1 Prozent vorhergesagt hätten und in 90 Prozent der Fälle auf plus/minus 2 Prozent – mit einer Korrelation zum anschließenden Wachstum von 81 Prozent. Meiner Erfahrung nach sind das unschätzbare Informationen.

---

10 Determinanten wie geologische Gegebenheiten (etwa Mineralvorkommen im Boden) sind vergleichsweise leicht zu messen, wenngleich sich die Bedeutung ihres Vorkommens verändern kann. Determinanten, die sich entwickeln wie die menschlichen Innovationen und Technologien, kann man gewöhnlich früh erkennen, wenn man die Trends im Auge behält. Die zyklisch verlaufenden (wie die Entwicklungen auf den Schulden- und Kapitalmärkten) durchschaut man, wenn man die Zyklen verstanden hat. Dass Naturereignisse wie Pandemien, Dürren und Flutkatastrophen passieren, sollte uns nicht überraschen – der Zeitpunkt ihres Auftretens tut das aber oft.

**GESCHÄTZTES WACHSTUM DES REALEN BIP
(NÄCHSTE 10 JAHRE, ANN.)**

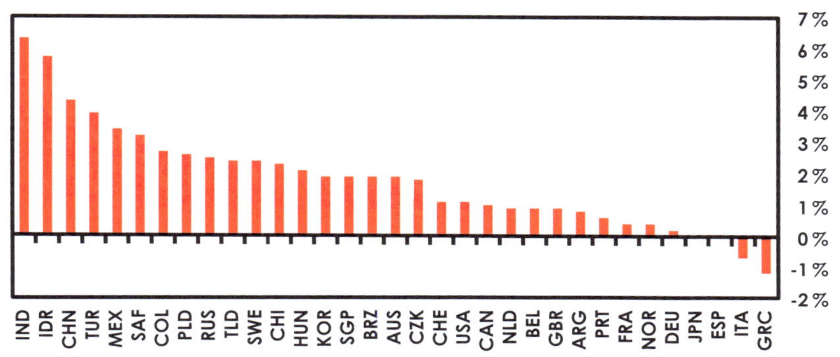

Das alles sind zwar solide, brauchbare Indikatoren, erfordern aber dennoch menschliches Urteilsvermögen. Überlegen Sie mal: Welche Mischung von Stärken macht die Macht eines Landes aus? Der Index für die Gesamtmacht ganz oben in den Tabellen mit den aktuellen Werten soll das zwar anzeigen und wird durch einen gewichteten Durchschnitt der nachstehenden Indizes ermittelt, doch in Wirklichkeit ist es nicht immer die gleiche Art von Macht, die jeweils die größte Rolle spielt – das richtet sich nach den Umständen. So ist militärische Macht teuer und bleibt im Regelfall untätig, bis sie plötzlich zur wichtigsten Macht wird, über die ein Land verfügen kann. Wie gelingt es mir nun, das im Verhältnis zur Wirtschaftsleistung, die sich überwiegend aus Nebensächlichkeiten zusammensetzt, richtig zu gewichten? Die Antwort lautet: Nicht so gut. Ich habe dafür kein perfektes Modell, doch ich mache mir viele Gedanken darüber, in die ich meine Erfahrung und meine Intuition einfließen lasse. Mit der Zeit werden sich meine Modelle verbessern, doch ich weiß trotzdem genau, dass ich immer auch mein Gehirn einschalten und bewerten muss, was der Rechner ausspuckt, denn nur gemeinsam können wir zur Bestform auflaufen.

DIE NÄCHSTEN ZEHN JAHRE

In diesem Buch geht es zwar um die ganz großen Zyklen, doch ich möchte an dieser Stelle auch auf die innerhalb dieser Zyklen wirkenden Kräfte eingehen, die in den nächsten zehn Jahren die größte Rolle spielen werden. Wie schon gesagt, gibt es Zyklen innerhalb von Zyklen, und auch innerhalb dieser Zyklen finden zyklische Entwicklungen statt. Aus den kleineren setzten sich die größeren zusammen. Hinzu kommen noch die nicht zyklischen Dellen, und alles zusammen bestimmt, was passiert. **Die wichtigsten Faktoren für die nächsten zehn Jahre sind der kurzfristige Schulden-/Geld-/Konjunkturzyklus, der innenpolitische Zyklus und die eskalierenden Konflikte und rückläufigen wechselseitigen Abhängigkeiten zwischen den USA und China.** Ich habe festgestellt, dass es mir bei der Ermittlung des richtigen Zeitpunkts für Entscheidungen weiterhilft, wenn mir diese Zyklen und ihre Auswirkungen aufeinander bewusst sind und ich die Entwicklungen beurteilen kann, die sich darin abspielen.

Wie im vierten Kapitel bereits erläutert, setzt sich der kurzfristige Schulden-/Geld-/Konjunkturzyklus zusammen aus abwechselnden Phasen mit Anreizen der Zentralbanken zur Ankurbelung der Wirtschaft durch Geld- und Kreditschöpfung und Versuchen, die Konjunktur durch deren Verringerung zu drosseln. Das klappt nie hundertprozentig, woraus Exzesse entstehen, die zu Blasenbildung, Zusammenbrüchen und dem Beginn eines neuen Zyklus führen. Manchmal fällt ein Abschwung mit anderen schlimmen Ereignissen zusammen – wie zum Beispiel am 11. September 2001.

So ein Zyklus nimmt im Regelfall rund acht Jahre in Anspruch, manchmal auch ein paar Jahre mehr oder weniger. Das Timing hängt allerdings nicht so sehr davon ab, wie lange der letzte zurückliegt, sondern mehr von den zugrunde liegenden wirtschaftlichen Triebkräften als solchen. Doch es kommt auch darauf an, wie stark die Konjunktur abflaut, wie groß und welcher Art die Finanzblasen sind, wie energisch die

Zentralbank die Geldpolitik strafft und wie empfindlich die Märkte und Volkswirtschaften auf diese Straffung reagieren. Der letzte Zyklus begann im April 2020 mit den kräftigsten fiskal- und geldpolitischen Anreizen aller Zeiten. Der Zyklus davor setzte 2008 ein. Auch damals gab es erhebliche Anreize, allerdings nicht im selben Umfang. Die vorausgegangenen Zyklen begannen 2001, 1990, 1982, 1974, 1970, 1960 und so weiter. Angesichts der enormen Stimulierungsmaßnahmen im Zuge dieses jüngsten Abschwungs (vor allem in den USA) und der (ebenfalls vor allem in den USA) eher begrenzten Konjunkturflaute sowie der Anzeichen für mittlerweile moderate bis kräftige Blasen und der hohen Zinssensitivität der Märkte und der Wirtschaft vermute ich, dass der nächste Abschwung früher einsetzen dürfte als üblich. Nach meiner Schätzung ist damit etwa vier Jahre nach der Veröffentlichung dieses Buchs zu rechnen – auf ein paar Jahre hin oder her. (Das wäre dann etwa fünfeinhalb Jahre vom Tiefpunkt entfernt.)

Schließen Sie bitte keine Wetten darauf ab, dass das eben Geäußerte auch so eintrifft, denn es handelt sich dabei nicht um eine unfehlbare Prognose. Um den Zeitpunkt genauer zu bestimmen, werde ich die einzelnen Faktoren, die ich gerade angesprochen habe, im Auge behalten müssen – vor allem wie stark die Inflation anzieht und wie schnell und wie energisch die Zentralbank die Geldpolitik verschärft. Außerdem dürfte auf einen Abschwung meiner Erwartung nach unmittelbar eine rasche Kehrtwendung der Zentralbankpolitiker hin zur nächsten großen Stimulierungsrunde folgen. Das zerstreut zwar meine Sorgen um die Auswirkungen des Abschwungs etwas, stimmt mich aber gleichzeitig besorgt in Bezug auf ein übermäßiges Aufdrehen der Geldhähne und einen Wertverlust des Geldes (insbesondere von Barbeständen und auf Dollar, Euro und Yen lautenden Schuldtiteln). Was im laufenden Konjunkturzyklus passiert, wird natürlich dadurch beeinflusst, wie die übrigen Zyklen und die mitunter auftretenden Dellen verlaufen – ebenso wie der vorliegende Zyklus sich auf die übrigen Zyklen auswirkt.

Soweit es den Zyklus der innenpolitischen Ordnung/Unruhe angeht, ist dieser dem Schulden-/Konjunkturzyklus gewöhnlich nachgelagert, weil die Menschen in guten Zeiten nicht so schnell auf Konfrontationskurs gehen wie in schlechten. Kommt es zu starken Interaktionen zwischen diesen Zyklen, so kann das erhebliche Veränderungen herbeiführen. In den USA gibt es alle zwei Jahre mit den Kongresswahlen und alle vier Jahre mit den Präsidentschaftswahlen einen kurzfristigen politischen Zyklus, wobei die Amtszeit eines Präsidenten auf maximal acht Jahre beschränkt ist. In China kommen solche Veränderungen alle fünf und alle zehn Jahre. Die nächste steht etwa für den Zeitpunkt an, an dem dieses Buch in der englischen Ausgabe erscheinen soll (November 2021). Die Amtszeit des Präsidenten ist dort unbegrenzt. Nun kann man in den Kalender schauen und das eine oder andere bevorstehende Ereignis einplanen, doch es gibt viele Unwägbarkeiten, die erhebliche Auswirkungen haben können. Auf der Grundlage meiner Schätzungen ist eine hohe Wahrscheinlichkeit gegeben, dass der nächste Abschwung in etwa mit den nächsten Präsidentschaftswahlen in den USA zusammenfällt.

Der Zyklus der außenpolitischen Ordnung und Unruhe richtet sich traditionell danach, wie sich Konflikte verschärfen, die zu Kriegen führen. Wie bereits angesprochen, stellen sich die Vereinigten Staaten und China derzeit darauf ein, dass alle fünf Kriegsarten an Intensität zunehmen. Sie legen dabei grobe Fünf-Jahres-Pläne zugrunde, um autarker zu werden und sich besser für jeden dieser Kriege zu rüsten und diese dann besser führen zu können. Es ist jedoch unsicher, ob eine der beiden Mächte eine solche Vormachtstellung erlangen kann, dass der Abschreckungsfaktor der gesicherten gegenseitigen Vernichtung dadurch neutralisiert wird. Dass China im Verhältnis zu den USA erstarkt, lässt vermuten, dass wichtige Veränderungen weder allzu bald noch in zu ferner Zukunft eintreten. Wie zuvor erwähnt, besteht ein erhebliches Risiko, dass wir uns in Bezug auf Taiwan und das Ost- und Südchinesische Meer einem Zusammenstoß zwischen einer unaufhaltsamen Kraft und einem unbeweglichen Objekt nähern: Die unaufhaltsame Kraft ist China, das eine Veränderung des derzeitigen Status Taiwans erreichen möchte, das unbewegliche Objekt sind die Vereinigten Staaten, die das verhindern wollen. Neben den USA und China werden noch andere Nationen – vor allem Russland, Indien, Japan, Korea und die zentralen Mächte Europas und des Nahen Ostens – eine wesentliche Rolle in diesem globalen Drama spielen. Über die nächsten fünf Jahre dürften sich stärkere Bündnisse herauskristallisieren.

Demnach dürfte die nächste heikle Risikokonstellation etwa in fünf Jahren (nach dem Verfassen dieser Zeilen für die englische Ausgabe) eintreten, oder auch etwas früher oder später.

Noch einmal: Die Zeitangaben zu diesen Zyklen sind alles andere als präzise. Das ist wie mit einer Wirbelsturm- oder Taifunsaison. Wir wissen, wann ungefähr damit zu rechnen ist, und richten uns darauf ein. Ist es dann so weit, beobachten wir, wie sich die Stürme zusammenbrauen, verfolgen sie genau und versuchen nach Kräften, uns in Sicherheit zu bringen. Wir können nicht genau sagen, wann sie auftreten, und auch nicht, wie heftig sie ausfallen, doch wir wissen, dass der Trend und die Fundamentaldaten dafür sprechen, dass sie stärker werden. Deshalb sollten wir uns auf diese Möglichkeit einstellen.

Trotz all meiner Analysen ist mir klar: Im Vergleich wissen wir nur sehr wenig. Das Allermeiste wissen wir nicht. Die Geschichte lässt sich ziemlich exakt wiedergeben. Mit der Zukunft ist das ganz anders. Mir ist kein einziger Fall bekannt, in dem die Zukunft ganz genau vorhergesagt worden wäre. Für einen Investor ist es jedoch weitaus nützlicher, in Bezug auf die Zukunft ein bisschen richtiger zu liegen, als die Vergangenheit genau zu kennen. Und da auch Menschen, die keine Investoren sind, in Form ihrer Lebensentscheidungen Wetten auf die Zukunft abschließen, gilt das für sie ganz genauso. Damit wäre ich beim letzten Punkt dieses Kapitels angekommen – der Frage, wie wir unsere Wetten richtig platzieren, obwohl wir davon ausgehen müssen, dass wir häufig falschliegen werden.

DER UMGANG MIT BEKANNTEM UND UNBEKANNTEM

Wenn ich bisher erfolgreich war, dann nicht so sehr aufgrund dessen, was ich weiß, sondern vielmehr, weil es mir gelungen ist, mit dem zurande zu kommen, was ich nicht weiß. Eine Wette auf die Zukunft ist stets eine Spekulation auf Wahrscheinlichkeiten – und nichts ist gewiss, auch die Wahrscheinlichkeiten nicht. So ist das nun einmal. Bisher habe ich Ihnen vermittelt, was ich aufgrund meiner Schlussfolgerungen aus der Vergangenheit meines Erachtens über die Zukunft sagen kann. Etwas vermutlich noch Wichtigeres, das ich Ihnen weitergeben möchte, ist aber, wie ich im Leben und an der Börse Entscheidungen auf der Grundlage von Faktoren treffe, die mir unbekannt sind. In kurzen Worten gehe ich folgendermaßen vor:

● ***Ich verschaffe mir einen Überblick über sämtliche Möglichkeiten, überlege mir, was im schlimmsten Fall passieren kann, und finde dann Wege, auszuschließen, was für mich absolut unerträglich wäre.*** Zunächst gilt es, die Worst-Case-Szenarien zu ermitteln und auszuschalten, die absolut unzumutbar wären. Das Allerwichtigste im Spiel (des Lebens oder der Märkte) ist nämlich, nicht auszuscheiden. Das weiß ich, weil ich 1982 einen schweren Fehler beging, der mich fast meine Existenz gekostet hätte. Nach diesem schmerzhaften Verlust rechnete ich mir aus, was ich unbedingt zum Leben brauchte, und legte genug auf die Seite, um verkraften zu können, wenn der schlimmste Fall eintrat. Da ich bei null anfing, weiß ich noch genau, wie ich regelmäßig kalkulierte, wie viele Wochen, später Monate und schließlich Jahre meine Familie und ich überleben könnten, wenn ich keinen Cent mehr verdienen würde. Mittlerweile verfüge ich über ein »Weltuntergangsportfolio« und weiß, dass wir damit auch im schlimmsten Fall überleben. Darauf baue ich auf. Nach der Lektüre dieses Buchs ist Ihnen vermutlich klar, dass ich mir viele Gedanken um Worst-Case-Szenarien mache wie Depressionen, Abwertungen, Revolutionen, Kriege, Pandemien, große persönliche Fehlleistungen, gesundheitliche Probleme und Tod aus verschiedenen

Ursachen. Ich versuche zunächst, mich gegen das alles und mehr abzusichern. Nun denken Sie vielleicht, dass ich dem Ausschalten von Worst-Case-Szenarien so viel Aufmerksamkeit widme, sei deprimierend und halte mich davon ab, Chancen optimal zu nutzen, doch das Gegenteil ist der Fall. Es ist befreiend und spannend, so zu arbeiten, weil das Bewusstsein, für das Schlimmste gerüstet zu sein, mir ein Gefühl der Sicherheit und der Freiheit gibt – und mir ermöglicht, Herausragendes anzustreben.

- ***Streuen.*** Ich stelle nicht nur sicher, dass ich alle Worst-Case-Szenarien berücksichtige, die mir in den Sinn kommen – ich versuche auch, mich gegen solche abzusichern, an die ich nie denken würde, indem ich richtig diversifiziere. Das habe ich mathematisch gelernt, und das liegt mir auch instinktiv. Indem ich stets eine Reihe von Wetten platziere, die allesamt interessant sind, aber nichts miteinander zu tun haben, kann ich meine Risiken im Grunde um bis zu 80 Prozent verringern, ohne mein Aufwärtspotenzial dadurch irgendwie zu beeinträchtigen. Das hört sich nach Anlagepolitik an, ist aber in Wirklichkeit eine alte, bewährte, praxistaugliche Lebensstrategie, die ich auch auf meine Investments anwende. Ein chinesisches Sprichwort lautet: »Ein kluges Kaninchen hat drei Baue«, also drei Zufluchtsorte für den Fall, das einer davon zu gefährlich wird. Dieser Grundsatz hat schon vielen Menschen das Leben gerettet, wenn etwas schiefging – und er gehört zu meinen wichtigsten Prinzipien.
- ***Wenn Ihnen späterer Nutzen wichtiger ist als unmittelbare Befriedigung, haben Sie die besseren Zukunftsaussichten.***
- ***Beraten Sie sich mit den klügsten Köpfen, die Sie kennen.*** Ich suche die Nähe der fähigsten Menschen, die ich finden kann, um meine Überlegungen auf die Probe zu stellen und von ihnen zu lernen.

Durch diese Prinzipien wird mein Aufwärtspotenzial viel größer als mein Abwärtspotenzial und meine Zukunft immer besser – trotz der einen oder anderen Delle. Aus diesem Grund lege ich Ihnen diese Grundsätze ans Herz. Dabei gilt jedoch wie immer: Was Sie damit anfangen, bleibt ganz Ihnen überlassen.

Noch ein Hinweis für politische Entscheider, ihre Vorgesetzten und alle anderen Interessierten:

Nutzen Sie die Barometer, die ich Ihnen zur Verfügung stelle, ziehen Sie die Statistiken heran oder stellen Sie eigene auf, um 1) den Status quo Ihres Landes und anderer Länder zu messen, für die Sie sich interessieren, 2) festzustellen, ob sich dieser verbessert oder verschlechtert, und in welcher Hinsicht, und 3) Veränderungen an den Determinanten für die Zukunft vorzunehmen, um diese zu verbessern.

Das ist schon alles.

Mein Eindruck ist heute, dass ich mir so ein angemessenes Bild von den Möglichkeiten machen kann, sowohl von den Worst-Case-Szenarien als auch von den Chancen, und einen bewährten Plan zur Hand habe, um möglichst gut damit zurande zu kommen. Ich gehe ferner davon aus, dass ich Ihnen in diesem Buch und auf www.economicprinciples.org nach Kräften das Wichtigste dazu vermittelt habe, was ich darüber weiß, wie Ihnen Lehren aus der Vergangenheit helfen können, die Zukunft zu bewältigen. Ich hoffe, Sie finden das nützlich. Ich habe vor, das alles noch zu optimieren, und hoffe dabei auf Ihre tatkräftige Unterstützung.

Möge die Macht der Evolution mit Ihnen sein,

MEHR ZU DEN EINZELNEN MESSGRÖSSEN

- **Bildung:** Dieser Maßstab misst grundlegende und höhere Bildung, jeweils ungefähr gleich gewichtet. Zur einen Hälfte erfasst er die absolute Anzahl gebildeter Menschen auf verschiedenen Niveaus, zur anderen die Qualität – wie Rankings in weiterführender Bildung, Testergebnisse und die durchschnittliche Anzahl an Schul-/Studienjahren. Nach diesem Maßstab belegen die USA den ersten Rang (getragen von hohen absoluten und relativen Ergebnissen für weiterführende Bildung), China liegt ganz knapp auf dem zweiten Platz (aufgrund der hohen Zahl gebildeter Menschen).
- **Innovation und Technologie:** Dieser Maßstab misst Erfindungsreichtum, technischen Fortschritt und Unternehmergeist. Der Wert entfällt jeweils hälftig auf den absoluten Anteil des Landes an maßgeblichen Innovationskennzahlen (wie Patenten, Forschern, Ausgaben für Forschung und Entwicklung und Risikokapitalfinanzierung) und auf eine Kombination aus externen Rankings und Maßstäben für die Innovation pro Kopf (um zu erfassen, wie verbreitet Innovation in der Wirtschaft ist). Diesem Maßstab zufolge liegen die USA an der Spitze, was auf die hohen Werte bei verschiedenen Kenngrößen zurückzuführen ist, während China aufgrund seines hohen Anteils an den globalen Forschungsausgaben, Forschern und Patenten Platz zwei belegt. In diesem Bereich prescht China rasch vor.
- **Wettbewerbsfähigkeit bei den Kosten:** Dieser Maßstab gibt an, wieviel man für sein Geld bekommt. Das interessiert uns, weil Länder, die zwar die hochwertigsten Produkte erzeugen, aber zu teuer anbieten, in keiner guten Verfassung sind, obwohl sie bei der Qualität vorne liegen. Wir betrachten die qualitäts- und produktivitätsbereinigten Arbeitskosten sowie weitere Produktivitätsmaßstäbe. Auf diesem Barometer erzielen große

Entwicklungsländer (insbesondere Indien) die höchsten Werte, während die USA im Mittelfeld liegen und europäische Länder (aufgrund hoher Arbeitskosten) ganz hinten.

- **Infrastruktur und Investitionen:** Dieser Maßstab erfasst die Quantität und die Qualität der Infrastruktur- und Investitionsausgaben. Er zeigt den absoluten Anteil eines Landes an den globalen Investitionen an, aber auch, welche Priorität die Qualität von Infrastruktur und produktivitätssteigernde Investitionen genießen. Die Kennzahl berücksichtigt Maßstäbe für Investitionen als Anteil an den globalen Investitionen, die übergreifende Qualität der Infrastruktur, den Anteil von Investitionen und Ersparnissen am BIP und die logistische Leistung. Nach diesem Maßstab liegt China im Moment vorne (nachdem es über die vergangenen 20 Jahre drastisch aufgeholt hat), weil es im Vergleich zur übrigen Welt und auch zu eigenen früheren Investitionen so viel Geld produktiv investiert. Die USA belegen den zweiten Platz, was vor allem ihrem hohen Anteil an den globalen produktiven Investitionen zu verdanken ist, wenngleich dieser zurückgeht.
- **Wirtschaftsleistung:** Dieser Maßstab gibt die Stärke der wirtschaftlichen Ressourcen eines Landes an. Wir messen die Wirtschaftsleistung in erster Linie am Anteil des BIP-Niveaus am globalen Gesamtwert (länderübergreifend um Preisdifferenzen bereinigt). Dabei wird neben dem Gesamt-BIP zur Berücksichtigung der Qualität auch das Pro-Kopf-BIP mitgewichtet. Nach diesem Maßstab belegt China den ersten Rang, mit knappem Vorsprung vor den USA, aber auch mit der stärksten Aufwärtsdynamik, was seinem hohen kaufkraftparitätsbereinigten BIP-Anteil zuzuschreiben ist. Europa liegt an dritter Stelle.
- **Erwartetes Wachstum (großer Konjunkturzyklus):** Dieser Maßstab misst, wie gut ein Land aufgestellt ist, um in den nächsten zehn Jahren Wirtschaftswachstum zu erzielen. Wir

betrachten verschiedene Kennzahlen, um das prognostizierte Wirtschaftswachstum für diesen Zeitraum einzuschätzen. Produktivitätsindikatoren werden dabei mit zwei Dritteln gewichtet, Kennzahlen, die den Effekt der Verschuldung auf das Wachstum anzeigen, mit einem Drittel. Das größte Wachstum wird derzeit für Indien prognostiziert, gefolgt von China. Die USA liegen knapp unter dem Durchschnitt. Für Japan und etliche europäische Länder wird das geringste Wachstum erwartet.

- **Handel:** Dieser Maßstab gibt Aufschluss über die Exportstärke eines Landes. Er betrachtet das absolute Exportniveau eines Landes als Anteil am globalen Gesamtwert. China erzielt hier die höchsten Werte (als größte Exportnation der Welt), gefolgt von Europa und den USA.
- **Militärische Stärke:** Dieser Maßstab beruht überwiegend auf dem absoluten Anteil an den Militärausgaben und der militärischen Stärke, gemessen an der Zahl der Streitkräfte, der Kernwaffen und externen Indizes für die militärische Leistungsfähigkeit. Die militärische Stärke in verschiedenen Regionen oder verschiedener Waffengattungen wird dabei nicht berücksichtigt, weshalb die militärische Überlegenheit von Russland und China in bestimmten geografischen Regionen oder bei bestimmten militärischen Technologien oder auch die Rolle von Allianzen herausfällt. Diesen Maßstäben zufolge sind die USA nach wie vor insgesamt die stärkste militärische Macht und haben bei den Ausgaben und einem Atomwaffenprogramm, mit dem nur Russland konkurrieren kann, einen großen Vorsprung. China liegt inzwischen an zweiter Stelle und holt rasch auf.
- **Finanzzentrum:** Dieser Maßstab misst den Entwicklungsstand und die Größe der Finanzmärkte und des Finanzzentrums eines Landes. Wir schauen auf absolute Messgrößen des Anteils an Transaktionen und der Marktkapitalisierung, aber auch auf externe Indizes für Finanzplätze. Dieser Kenngröße zufolge

liegen die USA nach wie vor mit großem Abstand an der Spitze (vor allem bedingt durch ihren hohen Anteil an den globalen Aktien- und Rentenmärkten). China und Europa folgen an zweiter beziehungsweise dritter Stelle.

- **Reservewährungsstatus:** Dieser Maßstab gibt an, in welchem Umfang die Währung eines Landes als globale Reservewährung verwendet wird. Den Reservewährungsstatus messen wir an dem Anteil von Transaktionen, Schuldtiteln und Zentralbankreserven, die auf die Währung eines Landes lauten oder in dieser Währung gehalten werden. Ähnlich wie beim Status als Finanzzentrum liegen die USA diesem Maßstab zufolge klar vorne, Europa und Japan auf dem zweiten beziehungsweise dritten Platz.
- **Schuldenlast (großer Konjunkturzyklus):** Dieser Maßstab beruht auf einer Kombination aus a) dem Verschuldungsniveau im Verhältnis zum Vermögensstand, b) der Höhe der externen und internen Überschüsse und Defizite, c) der Höhe des Schuldendienstes im Verhältnis zum BIP, d) der Höhe der Verschuldung in der eigenen Währung eines Landes im Vergleich zu der Verschuldung in Fremdwährung, e) der Höhe der von eigenen Bürgern gehaltenen Schuldtitel in Relation zu den von Ausländern gehaltenen und f) der Bonität eines Landes. Wir haben diesen Indikator so zusammengesetzt, weil sich das als verlässlichste Methode erwiesen hat, um einen Rückgang im Wert des Realvermögens frühzeitig zu erkennen, unabhängig davon ob dieser in Form von Zahlungsausfällen erfolgt (die daraus resultieren, dass nicht genügend Geld- und Kreditmittel bereitgestellt werden, um den übermäßigen Verschuldungsbedarf zu befriedigen) oder in Form von Abwertungen (die erfolgen, weil mehr als genug Geld- und Kreditmittel ins System gebracht werden, um diesen Bedarf zu decken). Bei der Konstruktion dieses Index habe ich den Reservewährungsstatus bewusst außen vor gelassen, um zu sehen, wie ein Land dastehen würde, wenn es diesen Status verlöre.

- **Innenpolitische Konflikte (innere Ordnung):** Dieser Maßstab zeigt, wie viel innenpolitische Querelen und Missstimmung vorliegen. Er misst die tatsächlichen Konfliktereignisse (wie Demonstrationen), politische Konflikte (Parteipolitik) und die allgemeine Unzufriedenheit (auf der Grundlage von Umfragen). Diesem Maßstab zufolge liegen die USA unter den führenden Ländern an erster Stelle, was auf die Maßstäbe für Parteipolitik und das vermehrte Auftreten innenpolitischer Konfliktereignisse zurückzuführen ist – mit stark steigender Tendenz.
- **Regierungsführung/Rechtsstaatlichkeit:** Dieser Maßstab gibt an, wie solide, vorhersagbar und wachstums- und fortschrittsfreundlich das Rechtssystem eines Landes ist. Er kombiniert Kenngrößen für Rechtsstaatlichkeit (die überwiegend auf Umfragen bei in dem Land tätigen Unternehmen beruhen) mit Korruptionsmaßstäben (über eine Kombination aus externen Korruptionsindizes und Unternehmensumfragen). Dieses Barometer zeigt für Russland und Indien die schlechtesten Werte an, für das Vereinigte Königreich, die Niederlande und Japan die besten. Deutschland und die USA folgen knapp dahinter.
- **Geologie:** Dieser Maßstab misst die geografischen Gegebenheiten eines Landes wie Fläche und Wert seiner natürlichen Ressourcen. Er berücksichtigt die gesamte Energie-, Agrar- und Industriemetallproduktion, um die absolute Produktionskapazität jeder Nation zu erfassen, aber auch die Nettoexporte, um aufzuzeigen, wie autark das Land im Verhältnis in jeder der Kategorien ist. (Darüber hinaus werden noch verschiedene weitere natürliche Ressourcen wie der Süßwasservorrat gemessen.) Danach schneiden Russland und die USA am besten ab (gefolgt von China, das bei der Deckung seines Bedarfs an natürlichen Ressourcen stärker von der übrigen Welt abhängig ist), während Japan und das Vereinigte Königreich die Schlusslichter bilden.

- **Unterschiede bei Wohlstand, Chancen und Wertvorstellungen:** Dieser Maßstab gibt an, wie stark das Gefälle bei Wohlstand und Einkommen, Chancen und Werten ist. Er kombiniert Kenngrößen für a) Ungleichheit bei Wohlstand und Einkommen (zum Beispiel, wie viel davon auf das oberste Prozent entfällt und wie viel auf die übrige Bevölkerung) und b) politische Konflikte (etwa wie gespalten die Legislative in ideologischen Fragen ist). Aufgrund des extremen Wohlstands- und Einkommensgefälles (und im Falle der USA auch der ausgeprägten politischen Differenzen) liegen Indien, die USA und China danach auf den hintersten Plätzen. Am anderen Ende des Spektrums finden sich die europäischen Nationen und Japan, wo die Einkommens- und Wohlstandsungleichheit geringer ist.
- **Charakter/Umgangsformen/Zielstrebigkeit:** Dieser Maßstab versucht, ein Bild davon zu vermitteln, in welchem Maß die Einstellung der Menschen in einem Land ein Umfeld schafft, das zivilisiertes Verhalten und harte Arbeit fördert, und damit auch Wachstum und Fortschritt. Er zieht a) Umfragen zu den Einstellungen zu Fleiß und Erfolg heran und b) weitere Maßstäbe, die angeben, welchen Wert eine Gesellschaft der Eigenständigkeit und der Arbeit beimisst (zum Beispiel die Höhe staatlicher Transferleistungen, das effektive Rentenalter), um dies zu quantifizieren. Hier liegen China und Indien ganz vorne (die USA belegen den dritten Platz), und die europäischen Länder (allen voran Spanien und Frankreich) rangieren ganz hinten.
- **Effizienz der Ressourcenallokation:** Dieser Maßstab versucht, anzugeben, wie effizient ein Land Arbeit und Kapital einsetzt. Er hebt darauf ab, ob ein Land unter chronisch hoher Arbeitslosigkeit leidet (also nicht in der Lage ist, seine Bevölkerung effizient zu beschäftigen), ob wachsende Verschuldung im Zeitverlauf entsprechende Einkommenssteigerungen bewirkt sowie auf externe Indizes und Umfragewerte zur mangelnden Flexibilität

des Arbeitsmarktes und zur Zugänglichkeit von Krediten. Große Teile Europas (allen voran Frankreich und Spanien) schneiden nach diesen Maßstäben am schlechtesten ab, während die USA und Deutschland ganz vorne liegen. Entwicklungsländer (insbesondere Russland, aber auch China und Indien) erzielten ebenfalls recht gute Werte, da sie im Allgemeinen pro Einheit Schuldenwachstum höhere Einkommenssteigerungen hervorbringen.

- **Naturereignisse:** Dieser Maßstab misst, wie anfällig ein Land für Naturereignisse ist und wie stark es davon beeinträchtigt wird. Die verschiedenen Naturereignisse, die ein Land betreffen könnten, sind zwar schwer zu quantifizieren, doch wir stützten uns auf Einschätzungen von Fachleuten zu den künftigen Effekten des Klimawandels auf das BIP der einzelnen Länder, auf externe Schätzungen dazu, wie gut die jeweiligen Länder auf Naturkatastrophen vorbereitet sind, und auf die Folgen der COVID-Pandemie (ein Test dieser Fähigkeiten unter realen Bedingungen). Ich halte diese Werte nur für bedingt tauglich und glaube, dass wir noch viel mehr erfassen sollten, um diesen Maßstab zu verbessern – daher seine niedrige Qualität.
- **Außenpolitische Konflikte:** Diese spielen für die Modelle für einzelne Länder zwar keine Rolle, doch der Maßstab für außenpolitische Konflikte misst, wie ausgeprägt wirtschaftliche, politische/kulturelle und militärische Auseinandersetzungen zwischen maßgeblichen Länderpaaren sind. Innerhalb der einzelnen Kategorien haben wir versucht, eine Mischung struktureller Indikatoren (um ein Ausgangsniveau für Konflikte zwischen Ländern festzulegen) und zeitnaher Indikatoren festzulegen (um auf größere Eskalationen über dieses Ausgangsniveau hinzuweisen. So verfolgen wir beispielsweise für wirtschaftliche Konflikte den bilateralen Handel, die Zölle und zeitnahe Meldungen über Sanktionen, Handelskriege et cetera zwischen Ländern.

ANHANG

COMPUTERANALYSEN ZUR LAGE DER FÜHRENDEN LÄNDER DER WELT UND IHREN AUSSICHTEN

Wie bereits beschrieben, speise ich Daten in einen Rechner ein, der daraufhin eine Zusammenfassung der Lage und der langfristigen Aussichten der führenden Länder der Welt auswirft. Diese computergenerierten Übersichten folgen auf den nächsten Seiten. Ich verwende sie ergänzend zu meinen eigenen Überlegungen und anderen Computermodellen, die ich erstelle, um die Welt besser zu verstehen. Dabei handelt es sich um ein fortlaufendes, per definitionem stets in der Entwicklung befindliches System. Ich aktualisiere diese Übersichten auf www.economicprinciples.org mindestens einmal jährlich oder auch häufiger, wenn größere Veränderungen eintreten.

Im Begleittext zu den einzelnen Ländern werden verschiedene der wichtigsten Kennzahlen herausgegriffen, aber auch ein paar der statistischen Daten aus einzelnen Messgrößen, aus denen die breiteren Trends hervorgehen, die wir beobachten. In die ausgewiesenen Gesamtkennzahlen und die abschließende Wertung für die Macht des betreffenden

Landes sind Hunderte statistischer Einzelwerte eingeflossen, die wir nach Relevanz, Qualität und Einheitlichkeit für alle Länder und Zeiträume aggregieren. Um die Gesamtstärke eines Landes möglichst gut zu erfassen, habe ich quantitative und qualitative Faktoren berücksichtigt und so strukturiert, dass möglichst klar ersichtlich ist, wer in einem Wettbewerb oder einem Krieg gewinnen würde.

DIE STÄRKEN UND AUSSICHTEN DER VEREINIGTEN STAATEN

Hierbei handelt es sich um unsere computergenerierte Auswertung für die Vereinigten Staaten zum Stand vom August 2021.

Den aktuellen Werten maßgeblicher Indikatoren zufolge **sind die Vereinigten Staaten allem Anschein nach eine starke Macht (heute die Nummer eins unter den maßgeblichen Ländern) im allmählichen Niedergang. Wie aus der folgenden Tabelle ersichtlich, sind die wichtigsten Stärken der Vereinigten Staaten, denen sie ihre aktuelle Position verdanken, ihre stabilen Kapitalmärkte und ihre Stärke als Finanzplatz, Innovation/Technologie, das hohe Bildungsniveau, die militärische Stärke, der Reservewährungsstatus und die hohe Wirtschaftsleistung. Ihre Schwächen sind die ungünstige Wirtschafts-/Finanzlage und ihre ausgeprägten innenpolitischen Konflikte.** Die acht Hauptmaßstäbe für Macht nehmen zum heutigen Stand sehr hohe Werte an, tendieren jedoch insgesamt betrachtet abwärts. Insbesondere die Position der Vereinigten Staaten in den Bereichen Bildung, Bedeutung für den Welthandel und militärische Stärke bröckelt im internationalen Vergleich.

Die Tabelle zeigt unseren Gesamtmaßstab für die Macht des Landes sowie die wichtigsten Treiber an und ebenso die aktuelle Einordnung der einzelnen Machtmaßstäbe im Vergleich zu elf maßgeblichen Ländern sowie den Trend der letzten 20 Jahre.

Um Einblick in ein Land zu gewinnen, setzen wir bei der Betrachtung **der großen Zyklen** an, aber auch bei den **Machtmaßstäben**, aus denen Aufstieg und Fall eines Landes hervorgehen und gespeist werden. Wir führen diese Faktoren zwar einzeln an, doch sie können nicht für sich betrachtet werden, weil sie interagieren und einander verstärken, woraus sich die zyklische Entwicklung des Landes ergibt.

Für die Vereinigten Staaten **liefern die großen Zyklen ein ungünstiges Bild.**

In ihrem Wirtschafts- und Finanzzyklus sind die USA in einer unvorteilhaften Position – mit hoher Schuldenlast und einem vergleichsweise niedrigen erwarteten realen Wachstum für die nächsten zehn Jahre (von 1,1 Prozent pro Jahr). Die Vereinigten Staaten haben deutlich mehr Verbindlichkeiten als Vermögenswerte im Ausland (der Nettoauslandsvermögensstatus liegt bei minus 64 Prozent des BIP). Auch die nichtfinanzielle Verschuldung ist hoch (277 Prozent des BIP), und die Staatsverschuldung ebenfalls (128 Prozent des BIP). Der Löwenanteil dieser Schulden (99 Prozent) besteht in der Landeswährung, was die damit verbundenen Risiken mindert. Die Möglichkeiten, die Konjunktur durch Zinssenkungen anzukurbeln, sind (mit kurzfristigen Zinssätzen von 0,1 Prozent) sehr gering, und das Land druckt bereits Geld, um Schulden zu monetarisieren. Dass die USA über die führende Reservewährung der Welt verfügen, ist allerdings ein enormer Vorteil. Würde sich das ändern, wäre die Position der USA erheblich schwächer.

Stark gefährdete innenpolitische Ordnung. Das Gefälle bei Wohlstand, Einkommen und Werten ist groß. Zur Ungleichheit ist zu sagen, dass auf das oberste Prozent beziehungsweise die oberen 10 Prozent in den Vereinigten Staaten 19 Prozent beziehungsweise 45 Prozent des Einkommens entfallen (in beiden Fällen ist das der zweithöchste Anteil in allen maßgeblichen Ländern). Das Barometer für innenpolitische Konflikte zeigt sehr hohe Werte an. Es misst tatsächliche Konfliktereignisse (wie Demonstrationen), politische Konflikte (parteipolitische Querelen) und allgemeine Unzufriedenheit (auf der Grundlage von Umfragen). **Gefährdete außenpolitische Ordnung.** Vor allem bestehen erhebliche Konflikte zwischen den Vereinigten Staaten und China, das rasch aufsteigt und (unter Berücksichtigung aller Aspekte) die zweitgrößte Weltmacht ist.

VEREINIGTE STAATEN – WICHTIGE TREIBER UNSERES MACHTWERTS FÜR DAS LAND

Gesamtwert Imperium (0 – 1)	**Niveau: 0,87**		**Platz 1**	↘
Große Zyklen	**Niveau**	**Z-Wert**	**Platz**	**Trend**
Wirtschafts-/Finanzlage	Ungünstig	-1,7	10	↘
Schuldenlast	Hohe Schulden	-1,8	11	↘
Erwartetes Wachstum	1,1 %	-0,7	4	↘
Innenpolitische Ordnung	Stark gefährdet	-1,8	11	↘
Unterschiede bei Wohlstand/Chancen/Werten	Groß	-1,6	9	↘
Innenpolitische Konflikte	Sehr ausgeprägt	-2,0	10	↘
Außenpolitische Ordnung	Gefährdet			↘
Acht maßgebliche Machtmaßstäbe				
Markt und Finanzzentrum	Sehr stark	2,6	1	→
Innovation und Technologie	Sehr stark	2,0	1	→
Bildung	Sehr stark	2,0	1	↘
Militärische Stärke	Sehr stark	1,9	1	↘
Reservewährungsstatus	Sehr stark	1,7	1	↘
Wirtschaftsleistung	Sehr stark	1,7	2	↘
Handel	Stark	1,1	3	↘
Wettbewerbsfähigkeit (Kosten)	Durchschnittlich	-0,4	6	→
Weitere Machtmaßstäbe				
Geologie	Stark	1,4	2	→
Effizienz der Ressourcenallokation	Stark	1,3	2	↘
Infrastruktur und Investitionen	Stark	0,7	2	↘
Charakter/Zielstrebigkeit/Umgangsformen	Stark	1,1	3	→
Staatsführung/Rechtsstaatlichkeit	Stark	0,7	5	↗
Naturereignisse	Durchschnittlich	-0,2	9	

↗ **Aufwärts** ↘ **Abwärts** → **Neutral**

Ein genauerer Blick auf die acht zentralen Machtmaßstäbe ergibt, dass die Vereinigten Staaten über die größten Kapitalmärkte und das stärkste Finanzzentrum aller maßgeblichen Länder verfügen. Ihre Aktienmärkte stellen das Gros des globalen Gesamtwerts (55 Prozent der gesamten Marktkapitalisierung und 64 Prozent des Volumens), und die Mehrheit aller Transaktionen weltweit werden in US-Dollar abgewickelt (55 Prozent). **Hinzu kommt, dass die Vereinigten Staaten auch bei unseren Maßstäben für Technologie und Innovation unter allen maßgeblichen Ländern am besten abschneiden.** Ein großer Anteil an globalen Patentanmeldungen (17 Prozent), globalen Ausgaben für Forschung und Entwicklung (26 Prozent) und globalen Forschern (26 Prozent) entfällt auf die Vereinigten Staaten. **Auch im Bildungssektor belegen sie unter allen maßgeblichen Ländern die stärkste Position.** Ihr Anteil an den Bachelorabschlüssen weltweit ist hoch (20 Prozent). Auch bei den Ausbildungsjahren stehen die Vereinigten Staaten gut da – mit 13,7 gegenüber einem Durchschnittswert von 11,5 für die maßgeblichen Länder. Die Ergebnisse der PISA-Studien, die die Schulleistungen der 15-Jährigen im internationalen Vergleich untersuchen, liegen mit 495 nahe am Durchschnitt von 483 für alle maßgeblichen Länder. Außerdem zeichnen sich die Vereinigten Staaten durch eine Kombination weiterer Stärken aus, wie aus der Tabelle ersichtlich ist.

DIE STÄRKEN UND AUSSICHTEN CHINAS

Hierbei handelt es sich um unsere computergenerierte Auswertung für China zum Stand vom August 2021.

Den aktuellen Werten maßgeblicher Indikatoren zufolge **ist China allem Anschein nach eine starke Macht (aktuell auf Platz zwei unter den maßgeblichen Ländern), die rasant aufsteigt. Die wesentlichen Stärken, denen China diese Position verdankt, sind, wie in der folgenden Tabelle angegeben, seine starke Wirtschafts- und Finanzstellung, Infrastruktur und Investitionen, seine Bedeutung für den Welthandel, seine hohe Wirtschaftsleistung, die Eigenständigkeit und hohe Arbeitsmoral seiner Bevölkerung, sein hohes Bildungsniveau und seine militärische Stärke.** Die acht Hauptmaßstäbe für Macht zeigen heute schon einigermaßen hohe Werte an und tendieren insgesamt kräftig aufwärts. Insbesondere Chinas Bedeutung für den Welthandel, seine Position bei Innovation und Technologie sowie sein Gewicht als Finanzzentrum nehmen zu.

Die Tabelle zeigt unseren Gesamtmaßstab für die Macht des Landes sowie die wichtigsten Treiber an und ebenso die aktuelle Einordnung der einzelnen Machtmaßstäbe im Vergleich zu elf maßgeblichen Ländern sowie den Trend der letzten 20 Jahre.

Um Einblick in ein Land zu gewinnen, setzen wir bei der Betrachtung **der großen Zyklen** an, aber auch bei den **Machtmaßstäben**, aus denen Aufstieg und Fall eines Landes hervorgehen und gespeist werden. Wir führen diese Faktoren zwar einzeln an, doch sie können nicht für sich betrachtet werden, weil sie interagieren und einander verstärken, woraus sich die zyklische Entwicklung des Landes ergibt.

Für China **liefern die großen Zyklen ein einigermaßen günstiges Bild.**

In seinem Wirtschafts- und Finanzzyklus ist China in einer eher vorteilhaften Position – mit geringer Schuldenlast und einem vergleichsweise hohen erwarteten realen Wachstum für die nächsten zehn Jahre (von 4,3 Prozent pro Jahr). China hat etwas mehr Vermögenswerte als Verbindlichkeiten im Ausland (der Nettoauslandsvermögensstatus liegt bei 12 Prozent des BIP). Die nicht finanzielle Verschuldung ist hoch (263 Prozent des BIP), die Staatsverschuldung jedoch gering (48 Prozent des BIP). Der Löwenanteil dieser Schulden (96 Prozent) besteht in der Landeswährung, was die damit verbundenen Risiken mindert. Die Möglichkeiten, die Konjunktur durch Zinssenkungen anzukurbeln, sind (mit kurzfristigen Zinssätzen von 1,9 Prozent) bescheiden.

Mäßig gefährdete innenpolitische Ordnung. Das Gefälle bei Wohlstand, Einkommen und Werten ist verhältnismäßig groß. Zur Ungleichheit ist zu sagen, dass auf das oberste Prozent beziehungsweise die oberen 10 Prozent in China 14 Prozent beziehungsweise 41 Prozent des Einkommens entfallen (was dem dritt- beziehungsweise vierthöchsten Anteil in allen maßgeblichen Ländern entspricht). Unser Barometer für innenpolitische Konflikte zeigt durchschnittliche Werte an. Es misst tatsächliche Konfliktereignisse (wie Demonstrationen), politische Konflikte (parteipolitische Querelen) und allgemeine Unzufriedenheit (auf der Grundlage von Umfragen).

Gefährdete außenpolitische Ordnung. Vor allem bestehen erhebliche Konflikte zwischen China und den Vereinigten Staaten, die zwar im Niedergang begriffen sind, doch (unter Berücksichtigung aller Aspekte) nach wie vor die größte Weltmacht.

Ein genauerer Blick auf die acht zentralen Machtmaßstäbe ergibt, dass China unter allen maßgeblichen Ländern die größte Exportnation ist. Auf das Land entfallen 14 Prozent der globalen Exporte. **Hinzu kommt, dass China unter allen maßgeblichen Ländern über die größte**

CHINA – WICHTIGE TREIBER UNSERES MACHTWERTS FÜR DAS LAND

Gesamtwert Imperium (0 – 1)	Niveau: 0,75		Platz 2	↗
Große Zyklen	**Niveau**	**Z-Wert**	**Platz**	**Trend**
Wirtschafts-/Finanzlage	Einigermaßen günstig	0,4	3	↘
Schuldenlast	Niedrige Schulden	0,3	4	↘
Erwartetes Wachstum	4,3 %	0,4	2	↘
Innenpolitische Ordnung	Mäßig gefährdet	-0,1	7	→
Unterschiede bei Wohlstand/Chancen/Werten	Verhältnismäßig groß	-0,4	8	→
Innenpolitische Konflikte	Durchschnittlich	0,2	5	→
Außenpolitische Ordnung	Gefährdet			↘
Acht maßgebliche Machtmaßstäbe				
Handel	Sehr stark	1,8	1	↗
Wirtschaftsleistung	Sehr stark	1,8	1	↗
Bildung	Stark	1,6	2	↗
Innovation und Technologie	Stark	1,5	2	↗
Wettbewerbsfähigkeit (Kosten)	Stark	1,2	2	↘
Militärische Stärke	Stark	1,0	2	↗
Märkte und Finanzzentrum	Durchschnittlich	0,4	2	↗
Reservewährungsstatus	Schwach	-0,7	5	↗
Weitere Machtmaßstäbe				
Infrastruktur und Investitionen	Sehr stark	2,7	1	↗
Charakter/Zielstrebigkeit/Umgangsformen	Stark	1,5	1	→
Geologie	Stark	0,9	3	↗
Effizienz der Ressourcenallokation	Durchschnittlich	0,0	7	→
Staatsführung/Rechtsstaatlichkeit	Schwach	-0,7	8	↗
Naturereignisse	Durchschnittlich	-0,1	8	

↗ **Aufwärts** ↘ **Abwärts** → **Neutral**

Volkswirtschaft verfügt. Ein hoher Anteil an der globalen Wirtschaftstätigkeit (22 Prozent, länderübergreifend preisdifferenzbereinigt) findet in China statt. **Im Bildungssektor belegt das Land unter allen maßgeblichen Ländern die zweitstärkste Position** mit einem hohen Anteil an den Bachelorabschlüssen weltweit (22 Prozent). Außerdem zeichnet sich China noch durch eine Kombination weiterer Stärken aus, wie aus der Tabelle ersichtlich ist.

DIE STÄRKEN UND AUSSICHTEN DER EUROZONE

Hierbei handelt es sich um unsere computergenerierte Auswertung für den Euroraum zum Stand vom August 2021.

Den aktuellen Werten der wichtigsten Indikatoren zufolge **ist die Eurozone allem Anschein nach eine starke Macht (aktuell auf Platz drei unter den maßgeblichen Ländern) im Seitwärtstrend. Die wesentlichen Stärken der Eurozone sind, wie in der folgenden Tabelle angegeben, ihre Bedeutung für den Welthandel und ihr Reservewährungsstatus. Ihre Schwächen sind die unterdurchschnittliche Arbeitsmoral, die geringe Eigenständigkeit und die vergleichsweise unzulängliche Allokation von Arbeit und Kapital.** Die acht Hauptmaßstäbe für Macht zeigen derzeit einigermaßen hohe Werte an, tendieren aber insgesamt seitwärts.

Die Tabelle zeigt unseren Gesamtmaßstab für die Macht der Region sowie die wichtigsten Treiber an und ebenso die aktuelle Einordnung der einzelnen Machtmaßstäbe im Vergleich zu elf maßgeblichen Ländern sowie den Trend der letzten 20 Jahre.

Um Einblick in ein Land zu gewinnen, setzen wir bei der Betrachtung **der großen Zyklen** an, aber auch bei den **Machtmaßstäben**, aus denen Aufstieg und Fall eines Landes hervorgehen und gespeist werden. Wir führen diese Faktoren zwar einzeln an, doch sie können nicht für sich betrachtet werden, weil sie interagieren und einander verstärken, woraus sich die zyklische Entwicklung des Landes ergibt.

Für die Eurozone **liefern die großen Zyklen ein gemischtes Bild.**

In ihrem Wirtschafts- und Finanzzyklus ist die Eurozone in einer mäßig ungünstigen Position – mit mäßig hoher Schuldenlast und einem vergleichsweise geringen erwarteten realen Wachstum für die nächsten zehn Jahre (von 0,3 Prozent pro Jahr). Der Euroraum hat ähnlich hohe Vermögenswerte wie Verbindlichkeiten im Ausland (der Nettoauslandsvermögensstatus liegt bei 0 Prozent des BIP). Die nicht finanzielle Verschuldung ist hoch (241 Prozent des BIP), die Staatsverschuldung jedoch auf dem für größere Länder heutzutage üblichen Niveau (104 Prozent des BIP). Die Möglichkeiten, die Konjunktur durch Zinssenkungen anzukurbeln, sind (mit kurzfristigen Zinssätzen von minus 0,5 Prozent) ausgesprochen gering, und Europa druckt bereits Geld, um Schulden zu monetarisieren.

Wenig gefährdete innenpolitische Ordnung. Das Gefälle bei Wohlstand, Einkommen und Werten bewegt sich im üblichen Rahmen. Zur Ungleichheit ist zu sagen, dass auf das oberste Prozent beziehungsweise die oberen 10 Prozent in der Eurozone 11 Prozent beziehungsweise 35 Prozent des Einkommens entfallen (was dem acht- beziehungsweise siebthöchsten Anteil in allen maßgeblichen Ländern entspricht). Unser Barometer für innenpolitische Konflikte zeigt durchschnittliche Werte an. Es misst tatsächliche Konfliktereignisse (wie Demonstrationen), politische Konflikte (parteipolitische Querelen) und allgemeine Unzufriedenheit (auf der Grundlage von Umfragen).

Ein genauerer Blick auf die acht zentralen Machtmaßstäbe ergibt, dass der Euroraum unter allen maßgeblichen Ländern der zweitgrößte Exporteur ist. Auf die Region entfallen 12 Prozent der globalen Exporte. **Hinzu kommt, dass der Block unter allen maßgeblichen Ländern über die zweitstärkste Reservewährung verfügt.** Ein großer Anteil an den globalen Devisenreserven (21 Prozent) und ein hoher Anteil an der globalen Verschuldung (22 Prozent) lauten auf den Euro.

Aus dieser Übersicht geht unsere Einschätzung der Macht der Eurozone als Ganzes hervor. Für die meisten statistischen Werte ziehen wir für die acht maßgeblichen Länder der Eurozone aggregierte Daten heran.

EUROZONE – WICHTIGE TREIBER UNSERES MACHTWERTS FÜR DAS LAND

Gesamtwert Imperium (0 – 1)	Niveau: 0,55		Platz 3	→
Große Zyklen	**Niveau**	**Z-Wert**	**Platz**	**Trend**
Wirtschafts-/Finanzlage	Mäßig ungünstig	-0,9	6	↘
Schuldenlast	Mäßig hohe Schulden	-0,3	6	→
Erwartetes Wachstum	0,3 %	-1,0	8	→
Innenpolitische Ordnung	Wenig gefährdet	0,3	5	↗
Unterschiede bei Wohlstand/Chancen/Werten	Normal	0,3	6	↗
Innenpolitische Konflikte	Durchschnittlich	0,4	4	
Außenpolitische Ordnung				
Acht maßgebliche Machtmaßstäbe				
Handel	Stark	1,3	2	→
Reservewährungsstatus	Durchschnittlich	0,1	2	↘
Wirtschaftsleistung	Stark	0,6	3	↘
Märkte und Finanzzentrum	Durchschnittlich	0,4	3	→
Innovation und Technologie	Durchschnittlich	0,4	3	↘
Bildung	Durchschnittlich	0,3	3	→
Militärische Stärke	Durchschnittlich	0,3	4	↘
Wettbewerbsfähigkeit (Kosten)	Schwach	-0,6	8	→
Weitere Machtmaßstäbe				
Infrastruktur und Investitionen	Durchschnittlich	0,2	3	↘
Geologie	Durchschnittlich	-0,4	5	→
Staatsführung/Rechtsstaatlichkeit	Durchschnittlich	-0,4	7	
Effizienz der Ressourcenallokation	Schwach	-0,8	9	
Charakter/Zielstrebigkeit/Umgangsformen	Schwach	-1,0	10	→
Naturereignisse	Durchschnittlich	0,0	5	

↗ **Aufwärts** ↘ **Abwärts** → **Neutral**

DIE STÄRKEN UND AUSSICHTEN DEUTSCHLANDS

Hierbei handelt es sich um unsere computergenerierte Auswertung für Deutschland zum Stand vom August 2021.

Den aktuellen Werten der wichtigsten Indikatoren zufolge **belegt Deutschland allem Anschein nach eine Machtposition im Mittelfeld (aktuell auf Platz vier unter den maßgeblichen Ländern), die sich im Seitwärtstrend befindet. Die wesentlichen Stärken Deutschlands sind, wie in der Tabelle angegeben, seine starke Wirtschafts- und Finanzstellung und seine stabile innenpolitische Ordnung.** Die acht Hauptmaßstäbe für Macht zeigen aktuell einigermaßen hohe Werte an, tendieren aber insgesamt seitwärts.

Die Tabelle zeigt unseren Gesamtmaßstab für die Macht des Landes sowie die wichtigsten Treiber an und ebenso die aktuelle Einordnung der einzelnen Machtmaßstäbe im Vergleich zu elf maßgeblichen Ländern sowie den Trend der letzten 20 Jahre.

Um Einblick in ein Land zu gewinnen, setzten wir bei der Betrachtung **der großen Zyklen** an, aber auch bei den **Machtmaßstäben**, aus denen Aufstieg und Fall eines Landes hervorgehen und gespeist werden. Wir führen diese Faktoren zwar einzeln an, doch sie können nicht für sich betrachtet werden, weil sie interagieren und einander verstärken, woraus sich die zyklische Entwicklung des Landes ergibt.

Für Deutschland **liefern die großen Zyklen ein überwiegend günstiges Bild.**

In seinem Wirtschafts- und Finanzzyklus ist Deutschland in einer einigermaßen vorteilhaften Position – mit geringer Schuldenlast, doch einem sehr niedrigen erwarteten realen Wachstum für die nächsten

DEUTSCHLAND – WICHTIGE TREIBER UNSERES MACHTWERTS FÜR DAS LAND

Gesamtwert Imperium (0 – 1)	**Niveau: 0,37**		**Platz 4**	→
Große Zyklen	**Niveau**	**Z-Wert**	**Platz**	**Trend**
Wirtschafts-/Finanzlage	Einigermaßen günstig	0,4	4	↗
Schuldenlast	Niedrige Schulden	1,6	1	↗
Erwartetes Wachstum	0,3 %	-1,0	9	→
Innenpolitische Ordnung	Wenig gefährdet	0,7	3	↗
Unterschiede bei Wohlstand/Chancen/Werten	Gering	0,7	3	→
Innenpolitische Konflikte	Gering	0,7	3	↗
Außenpolitische Ordnung				
Acht maßgebliche Machtmaßstäbe				
Handel	Stark	0,6	4	→
Wirtschaftsleistung	Durchschnittlich	-0,1	4	↘
Innovation und Technologie	Durchschnittlich	-0,1	5	↘
Bildung	Durchschnittlich	-0,2	5	→
Märkte und Finanzzentrum	Durchschnittlich	-0,2	6	↘
Militärische Stärke	Schwach	-0,6	9	→
Wettbewerbsfähigkeit (Kosten)	Schwach	-0,6	10	→
Reservewährungsstatus				
Weitere Machtmaßstäbe				
Effizienz der Ressourcen-allokation	Stark	0,6	3	↗
Staatsführung/Rechtsstaatlichkeit	Stark	0,7	4	→
Infrastruktur und Investitionen	Durchschnittlich	-0,3	7	→
Charakter/Zielstrebigkeit/Umgangsformen	Durchschnittlich	-0,5	8	→
Geologie	Schwach	-0,7	9	→
Naturereignisse	Stark	1,1	2	

↗ **Aufwärts** ↘ **Abwärts** → **Neutral**

zehn Jahre (von 0,3 Prozent pro Jahr). Deutschland hat deutlich mehr Vermögenswerte als Verbindlichkeiten im Ausland (der Nettoauslandsvermögensstatus liegt bei 71 Prozent des BIP). Die nicht finanzielle Verschuldung ist auf einem für größere Länder heutzutage üblichen Niveau (183 Prozent des BIP), die Staatsverschuldung ebenso (69 Prozent des BIP). Der Löwenanteil dieser Schulden lautet auf den Euro, was Deutschlands Verschuldungsrisiko erhöht, da das Land keinen unmittelbaren Einfluss auf diese Währung hat. Die Möglichkeiten, die Konjunktur durch Zinssenkungen anzukurbeln, sind für die Eurozone (mit kurzfristigen Zinssätzen von minus 0,5 Prozent) eher gering, und in Europa wird bereits Geld gedruckt, um Schulden zu monetarisieren.

Wenig gefährdete innenpolitische Ordnung. Das Gefälle bei Wohlstand, Einkommen und Werten ist gering. Zur Ungleichheit ist zu sagen, dass auf das oberste Prozent beziehungsweise die oberen 10 Prozent in Deutschland 13 Prozent beziehungsweise 38 Prozent des Einkommens entfallen (was dem viert- beziehungsweise fünfthöchsten Anteil in allen maßgeblichen Ländern entspricht). Unser Barometer für innenpolitische Konflikte zeigt niedrige Werte an. Es misst tatsächliche Konfliktereignisse (wie Demonstrationen), politische Konflikte (parteipolitische Querelen) und allgemeine Unzufriedenheit (auf der Grundlage von Umfragen).

Ein genauerer Blick auf die acht zentralen Machtmaßstäbe ergibt, dass Deutschland insgesamt einigermaßen stark ist. Besondere Stärken oder Schwächen, die ich hier hervorheben würde, gibt es nicht.

DIE STÄRKEN UND AUSSICHTEN JAPANS

Hierbei handelt es sich um unsere computergenerierte Auswertung für Japan zum Stand vom August 2021.

Den aktuellen Werten der wichtigsten Indikatoren zufolge **belegt Japan allem Anschein nach eine mäßig hohe Machtposition (aktuell auf Platz fünf unter den maßgeblichen Ländern), die sich im allmählichen Niedergang befindet. Die wesentliche Stärke Japans ist, wie in der folgenden Tabelle angegeben, seine stabile innenpolitische Ordnung.** Die acht Hauptmaßstäbe für Macht zeigen aktuell einigermaßen hohe Werte an, tendieren aber insgesamt abwärts. Insbesondere Japans Anteil an der globalen Wirtschaftsleistung, seine Bedeutung für den Welthandel und seine Werte für Innovation und Technologie lassen nach.

Die Tabelle zeigt unseren Gesamtmaßstab für die Macht des Landes sowie die wichtigsten Treiber an und ebenso die aktuelle Einordnung der einzelnen Machtmaßstäbe im Vergleich zu elf maßgeblichen Ländern sowie den Trend der letzten 20 Jahre.

Um Einblick in ein Land zu gewinnen, setzen wir bei der Betrachtung **der großen Zyklen** an, aber auch bei den **Machtmaßstäben**, aus denen Aufstieg und Fall eines Landes hervorgehen und gespeist werden. Wir führen diese Faktoren zwar einzeln an, doch sie können nicht für sich betrachtet werden, weil sie interagieren und einander verstärken, woraus sich die zyklische Entwicklung des Landes ergibt.

Für Japan **liefern die großen Zyklen ein gemischtes Bild.**

In seinem Wirtschafts- und Finanzzyklus ist Japan in einer ungünstigen Position – mit mäßig hoher Schuldenlast, doch einem sehr niedrigen erwarteten realen Wachstum für die nächsten zehn Jahre (von 0 Prozent pro Jahr). Japan hat deutlich mehr Vermögenswerte als Verbindlichkeiten im Ausland (der Nettoauslandsvermögensstatus liegt bei 68 Prozent des BIP). Die nicht finanzielle Verschuldung ist ausgesprochen hoch (400 Prozent des BIP), die Staatsverschuldung ebenso (241 Prozent des BIP). Der Löwenanteil dieser Schulden (99 Prozent) lautet auf die Landeswährung, was das Verschuldungsrisiko mindert. Die Möglichkeiten, die Konjunktur durch Zinssenkungen anzukurbeln, sind für Japan (mit kurzfristigen Zinssätzen von minus 0,1 Prozent) sehr gering, und das Land druckt bereits Geld, um Schulden zu monetarisieren.

Wenig gefährdete innenpolitische Ordnung. Das Gefälle bei Wohlstand, Einkommen und Werten ist gering. Zur Ungleichheit ist zu sagen, dass auf das oberste Prozent beziehungsweise die oberen 10 Prozent in Japan 12 Prozent beziehungsweise 43 Prozent des Einkommens entfallen (was dem sechst- beziehungsweise dritthöchsten Anteil in allen maßgeblichen Ländern entspricht). Unser Barometer für innenpolitische Konflikte zeigt niedrige Werte an. Es misst tatsächliche Konfliktereignisse (wie Demonstrationen), politische Konflikte (parteipolitische Querelen) und allgemeine Unzufriedenheit (auf der Grundlage von Umfragen).

Ein genauerer Blick auf die acht zentralen Machtmaßstäbe ergibt, dass Japan insgesamt einigermaßen stark ist. Besondere Stärken oder Schwächen, die ich hier hervorheben würde, gibt es nicht.

JAPAN – WICHTIGE TREIBER UNSERES MACHTWERTS FÜR DAS LAND

Gesamtwert Imperium (0 – 1)	**Niveau: 0,30**		**Platz 5**	↘
Große Zyklen	**Niveau**	**Z-Wert**	**Platz**	**Trend**
Wirtschafts-/Finanzlage	Ungünstig	-1,1	7	→
Schuldenlast	Mäßig hohe Schulden	-0,4	7	→
Erwartetes Wachstum	0,0 %	-1,1	11	→
Innenpolitische Ordnung	Wenig gefährdet	1,0	1	↗
Unterschiede bei Wohlstand/Chancen/Werten	Gering	0,9	2	↗
Innenpolitische Konflikte	Gering	1,1	2	↗
Außenpolitische Ordnung				
Acht maßgebliche Machtmaßstäbe				
Reservewährungsstatus	Schwach	-0,5	3	↘
Bildung	Durchschnittlich	0,2	4	→
Innovation und Technologie	Durchschnittlich	0,2	4	↘
Märkte und Finanzzentrum	Durchschnittlich	0,1	4	↘
Wettbewerbsfähigkeit (Kosten)	Durchschnittlich	-0,3	4	→
Handel	Durchschnittlich	-0,5	5	↘
Militärische Stärke	Durchschnittlich	-0,1	6	→
Wirtschaftsleistung	Durchschnittlich	-0,3	7	↘
Weitere Machtmaßstäbe				
Staatsführung/Rechtsstaatlichkeit	Stark	0,8	3	→
Charakter/Zielstrebigkeit/Umgangsformen	Durchschnittlich	0,5	4	↘
Infrastruktur und Investitionen	Durchschnittlich	-0,2	4	↘
Effizienz der Ressourcenallokation	Durchschnittlich	0,1	6	↘
Geologie	Schwach	-1,1	11	→
Naturereignisse	Stark	1,5	1	

↗ **Aufwärts** ↘ **Abwärts** → **Neutral**

DIE STÄRKEN UND AUSSICHTEN INDIENS

Hierbei handelt es sich um unsere computergenerierte Auswertung für Indien zum Stand vom August 2021.

Den aktuellen Werten der wichtigsten Indikatoren zufolge **belegt Indien allem Anschein nach eine mäßig hohe Machtposition (aktuell auf Platz sechs unter den maßgeblichen Ländern), die sich im allmählichen Aufwärtstrend befindet. Die wesentlichen Stärken Indiens sind, wie in der Tabelle angegeben, seine starke Wirtschafts- und Finanzstellung und seine Wettbewerbsfähigkeit auf dem Arbeitsmarkt (auf qualitätsbereinigter Basis). Seine Schwächen sind die starken innenpolitischen Konflikte, seine relativ schwache Position in der Bildung, seine schlechten Werte zu Innovation und Technologie, die Korruption und die unbeständige Rechtsstaatlichkeit sowie der fehlende Reservewährungsstatus.** Die acht Hauptmaßstäbe für Macht zeigen aktuell einigermaßen hohe Werte an und tendieren insgesamt aufwärts. Insbesondere nehmen im Vergleich Indiens militärische Stärke, sein Innovations- und Technologieniveau und seine Bedeutung für den Welthandel zu.

Die Tabelle zeigt unseren Gesamtmaßstab für die Macht des Landes sowie die wichtigsten Treiber an und ebenso die aktuelle Einordnung der einzelnen Machtmaßstäbe im Vergleich zu elf maßgeblichen Ländern sowie den Trend der letzten 20 Jahre.

Um Einblick in ein Land zu gewinnen, setzten wir bei der Betrachtung **der großen Zyklen** an, aber auch bei den **Machtmaßstäben**, aus denen Aufstieg und Fall eines Landes hervorgehen und gespeist werden. Wir führen diese Faktoren zwar einzeln an, doch sie können nicht für sich betrachtet werden, weil sie interagieren und einander verstärken, woraus sich die zyklische Entwicklung des Landes ergibt.

INDIEN – WICHTIGE TREIBER UNSERES MACHTWERTS FÜR DAS LAND

Gesamtwert Imperium (0 – 1)	**Niveau: 0,27**		**Platz 6**	**↗**
Große Zyklen	**Niveau**	**Z-Wert**	**Platz**	**Trend**
Wirtschafts-/Finanzlage	Ausgesprochen günstig	0,8	1	↘
Schuldenlast	Mäßig niedrige Schulden	0,1	5	↗
Erwartetes Wachstum	6,3 %	1,1	1	↘
Innenpolitische Ordnung	Stark gefährdet	-1,8	10	→
Unterschiede bei Wohlstand/Chancen/Werten	Groß	-1,8	10	→
Innenpolitische Konflikte	Sehr gering			
Außenpolitische Ordnung				
Acht maßgebliche Machtmaßstäbe				
Wettbewerbsfähigkeit (Kosten)	Sehr stark	2,4	1	↗
Militärische Stärke	Durchschnittlich	0,2	5	↗
Wirtschaftsleistung	Durchschnittlich	-0,2	5	→
Reservewährungsstatus	Schwach	-0,8	6	
Handel	Schwach	-0,8	9	↗
Märkte und Finanzzentrum	Schwach	-0,8	10	→
Innovation und Technologie	Schwach	-1,2	11	↗
Bildung	Schwach	-1,2	11	→
Weitere Machtmaßstäbe				
Charakter/Zielstrebigkeit/Umgangsformen	Stark	1,3	2	→
Geologie	Durchschnittlich	0,3	4	→
Effizienz der Ressourcenallokation	Durchschnittlich	0,2	5	
Infrastruktur und Investitionen	Durchschnittlich	-0,3	6	↗
Staatsführung/Rechtsstaatlichkeit	Schwach	-1,1	10	↗
Naturereignisse	Sehr schwach	-2,4	11	

↗ **Aufwärts** ↘ **Abwärts** → **Neutral**

Für Indien **liefern die großen Zyklen ein gemischtes Bild.**

In seinem Wirtschafts- und Finanzzyklus ist Indien in einer äußerst vorteilhaften Position – mit einigermaßen geringer Schuldenlast, doch einem hohen erwarteten realen Wachstum für die nächsten zehn Jahre (von 6,3 Prozent pro Jahr). Indien hat etwas mehr Verbindlichkeiten als Vermögenswerte im Ausland (der Nettoauslandsvermögensstatus liegt bei minus 12 Prozent des BIP). Die nicht finanzielle Verschuldung ist gering (125 Prozent des BIP), die Staatsverschuldung liegt aber auf dem für größere Länder heutzutage üblichen Niveau (75 Prozent des BIP). Der Löwenanteil dieser Schulden (91 Prozent) lautet auf die Landeswährung, was Indiens Verschuldungsrisiko mindert. Die Möglichkeiten, die Konjunktur durch Zinssenkungen anzukurbeln, sind (mit kurzfristigen Zinssätzen von 3,4 Prozent) moderat.

Stark gefährdete innenpolitische Ordnung. Das Gefälle bei Wohlstand, Einkommen und Werten ist hoch. Zur Ungleichheit ist zu sagen, dass auf das oberste Prozent beziehungsweise die oberen 10 Prozent in Indien 21 Prozent beziehungsweise 56 Prozent des Einkommens entfallen (was beides dem höchsten Anteil in allen maßgeblichen Ländern entspricht). Ein großes Wohlstandsgefälle ist in wachstumsstarken Ländern wie Indien allerdings weniger bedenklich, weil rasches Wachstum auch rasch zunehmenden Wohlstand für alle bringen kann.

Ein genauerer Blick auf die acht zentralen Machtmaßstäbe ergibt, dass Indien unter allen maßgeblichen Ländern die niedrigsten Arbeitskosten aufweist. Qualitätsbereinigt ist Arbeit dort deutlich billiger als im globalen Durchschnitt.

Dem stellen wir aber die relativ schwache Position im Bildungsbereich, die schlechten Werte für Innovation und Technologie und den fehlenden Reservewährungsstatus gegenüber. Bei den Ausbildungsjahren steht Indien mit 5,8 Jahren gegenüber einem Durchschnitt von 11,5 für die maßgeblichen Länder schlecht da. Die Ergebnisse der PISA-Studien, die die Schulleistungen der 15-Jährigen im internationalen Vergleich untersuchen, sind mit 336 gegenüber einem Durchschnitt von 483 für alle maßgeblichen Länder schlecht. Bei Innovation und Technologie entfällt ein geringer Anteil (unter 1 Prozent) aller globalen Patentanmeldungen, ein geringer Anteil (3 Prozent) der globalen Ausgaben für Forschung und Entwicklung und ein moderater Anteil (3 Prozent) der globalen Forscher auf Indien.

DIE STÄRKEN UND AUSSICHTEN DES VEREINIGTEN KÖNIGREICHS

Hierbei handelt es sich um unsere computergenerierte Auswertung für das Vereinigte Königreich zum Stand vom August 2021.

Den aktuellen Werten der wichtigsten Indikatoren zufolge **belegt das Vereinigte Königreich allem Anschein nach eine mäßig hohe Machtposition (aktuell in der unteren Hälfte der maßgeblichen Länder), die sich im Seitwärtstrend befindet. Die wesentlichen Stärken des Vereinigten Königreichs sind, wie in der folgenden Tabelle angegeben, sein starker Rechtsstaat und die niedrige Korruption. Seine Schwächen sind die ungünstige Wirtschafts- und Finanzlage sowie der relative Mangel an natürlichen Ressourcen.** Die acht Hauptmaßstäbe für Macht zeigen aktuell einigermaßen schwache Werte an und tendieren insgesamt seitwärts.

Die Tabelle zeigt unseren Gesamtmaßstab für die Macht des Landes sowie die wichtigsten Treiber an und ebenso die aktuelle Einordnung der einzelnen Machtmaßstäbe im Vergleich zu elf maßgeblichen Ländern sowie den Trend der letzten 20 Jahre.

Um Einblick in ein Land zu gewinnen, setzen wir bei der Betrachtung **der großen Zyklen** an, aber auch bei den **Machtmaßstäben**, aus denen Aufstieg und Fall eines Landes hervorgehen und gespeist werden. Wir führen diese Faktoren zwar einzeln an, doch sie können nicht für sich betrachtet werden, weil sie interagieren und einander verstärken, woraus sich die zyklische Entwicklung des Landes ergibt.

Für das Vereinigte Königreich **liefern die großen Zyklen ein überwiegend ungünstiges Bild.**

VEREINIGTES KÖNIGREICH – WICHTIGE TREIBER UNSERES MACHTWERTS FÜR DAS LAND

Gesamtwert Imperium (0 – 1)	**Niveau: 0,27**		**Platz 7**	→
Große Zyklen	**Niveau**	**Z-Wert**	**Platz**	**Trend**
Wirtschafts-/Finanzlage	Ungünstig	-1,7	9	↘
Schuldenlast	Hohe Schulden	-1,6	9	↘
Erwartetes Wachstum	0,9 %	-0,8	6	↘
Innenpolitische Ordnung	Mäßig gefährdet	-0,2	8	↘
Unterschiede bei Wohlstand/Chancen/Werten	Verhältnismäßig groß	-0,2	7	↘
Innenpolitische Konflikte	Durchschnittlich	-0,3	7	↘
Außenpolitische Ordnung				↘
Acht maßgebliche Machtmaßstäbe				
Reservewährungsstatus	Schwach	-0,6	4	→
Märkte und Finanzzentrum	Durchschnittlich	0,0	5	↘
Wettbewerbsfähigkeit (Kosten)	Durchschnittlich	-0,3	5	→
Bildung	Durchschnittlich	-0,2	6	↘
Wirtschaftsleistung	Durchschnittlich	-0,3	6	→
Innovation und Technologie	Durchschnittlich	-0,3	7	→
Handel	Schwach	-0,6	7	→
Militärische Stärke	Durchschnittlich	-0,3	8	→
Weitere Machtmaßstäbe				
Staatsführung/Rechtsstaatlichkeit	Stark	1,2	1	→
Effizienz der Ressourcenallokation	Durchschnittlich	0,3	4	→
Charakter/Zielstrebigkeit/Umgangsformen	Durchschnittlich	-0,4	7	↘
Infrastruktur und Investitionen	Schwach	-0,6	10	↘
Geologie	Schwach	-0,9	10	→
Naturereignisse	Durchschnittlich	0,4	4	

↗ **Aufwärts** ↘ **Abwärts** → **Neutral**

In seinem Wirtschafts- und Finanzzyklus ist das Vereinigte Königreich in einer unvorteilhaften Position – mit hoher Schuldenlast und einem vergleichsweise niedrigen erwarteten realen Wachstum für die nächsten zehn Jahre (von 0,9 Prozent pro Jahr). Das Vereinigte Königreich hat etwas mehr Verbindlichkeiten als Vermögenswerte im Ausland (der Nettoauslandsvermögensstatus liegt bei minus 28 Prozent des BIP). Die nicht finanzielle Verschuldung ist hoch (260 Prozent des BIP), die Staatsverschuldung liegt aber auf dem für größere Länder heutzutage üblichen Niveau (106 Prozent des BIP). Der Löwenanteil dieser Schulden (90 Prozent) lautet auf die Landeswährung, was das Verschuldungsrisiko mindert.

Die Möglichkeiten, die Konjunktur durch Zinssenkungen anzukurbeln, sind (mit kurzfristigen Zinssätzen von 0,1 Prozent) gering, und das Land druckt bereits Geld, um Schulden zu monetarisieren.

Mäßig gefährdete innenpolitische Ordnung. Das Gefälle bei Wohlstand, Einkommen und Werten ist relativ hoch. Zur Ungleichheit ist zu sagen, dass auf das oberste Prozent beziehungsweise die oberen 10 Prozent im Vereinigten Königreich 13 Prozent beziehungsweise 36 Prozent des Einkommens entfallen (was dem fünft- beziehungsweise sechsthöchsten Anteil in allen maßgeblichen Ländern entspricht). Unser Barometer für innenpolitische Konflikte zeigt durchschnittliche Werte an. Es misst tatsächliche Konfliktereignisse (wie Demonstrationen), politische Konflikte (parteipolitische Querelen) und allgemeine Unzufriedenheit (auf der Grundlage von Umfragen).

Ein genauerer Blick auf die acht zentralen Machtmaßstäbe ergibt, dass das Vereinigte Königreich insgesamt eher schwach wirkt. Besondere Stärken oder Schwächen, die ich hier hervorheben würde, gibt es nicht.

DIE STÄRKEN UND AUSSICHTEN FRANKREICHS

Hierbei handelt es sich um unsere computergenerierte Auswertung für Frankreich zum Stand vom August 2021.

Den aktuellen Werten der wichtigsten Indikatoren zufolge **belegt Frankreich allem Anschein nach eine mäßig hohe Machtposition (aktuell in der unteren Hälfte der maßgeblichen Länder), die sich im Seitwärtstrend befindet. Die wesentlichen Schwächen, denen Frankreich diese Position verdankt, sind, wie in der folgenden Tabelle angegeben, seine ungünstige Wirtschafts- und Finanzlage, die unterdurchschnittliche Arbeitsmoral und die geringe Eigenständigkeit sowie die vergleichsweise schwache Arbeits- und Kapitalallokation.** Die acht Hauptmaßstäbe für Macht zeigen aktuell einigermaßen schwache Werte an und tendieren insgesamt seitwärts.

Die Tabelle zeigt unseren Gesamtmaßstab für die Macht des Landes sowie die wichtigsten Treiber an und ebenso die aktuelle Einordnung der einzelnen Machtmaßstäbe im Vergleich zu elf maßgeblichen Ländern sowie den Trend der letzten 20 Jahre.

Um Einblick in ein Land zu gewinnen, setzen wir bei der Betrachtung **der großen Zyklen** an, aber auch bei den **Machtmaßstäben**, aus denen Aufstieg und Fall eines Landes hervorgehen und gespeist werden. Wir führen diese Faktoren zwar einzeln an, doch sie können nicht für sich betrachtet werden, weil sie interagieren und einander verstärken, woraus sich die zyklische Entwicklung des Landes ergibt.

Für Frankreich **liefern die großen Zyklen ein überwiegend ungünstiges Bild.**

In seinem Wirtschafts- und Finanzzyklus ist Frankreich in einer unvorteilhaften Position – mit mäßig hoher Schuldenlast und einem vergleichsweise niedrigen erwarteten realen Wachstum für die nächsten zehn Jahre (von 0,4 Prozent pro Jahr). Frankreich hat etwas mehr Verbindlichkeiten als Vermögenswerte im Ausland (der Nettoauslandsvermögensstatus liegt bei minus 25 Prozent des BIP). Die nicht finanzielle Verschuldung ist hoch (268 Prozent des BIP), die Staatsverschuldung liegt aber auf dem für größere Länder heutzutage üblichen Niveau (105 Prozent des BIP). Der Löwenanteil von Frankreichs Schulden lautet auf Euro, was das Verschuldungsrisiko erhöht, da Frankreich keinen direkten Einfluss auf diese Währung hat. Die Möglichkeiten, die Konjunktur durch Zinssenkungen anzukurbeln, sind für die Eurozone (mit kurzfristigen Zinssätzen von minus 0,5 Prozent) gering, und Europa druckt bereits Geld, um Schulden zu monetarisieren.

Gering gefährdete innenpolitische Ordnung. Das Gefälle bei Wohlstand, Einkommen und Werten ist gering. Zur Ungleichheit ist zu sagen, dass auf das oberste Prozent beziehungsweise die oberen 10 Prozent in Frankreich 10 Prozent beziehungsweise 32 Prozent des Einkommens entfallen (was beides dem neunthöchsten Anteil in allen maßgeblichen Ländern entspricht). Unser Barometer für innenpolitische Konflikte zeigt durchschnittliche Werte an. Es misst tatsächliche Konfliktereignisse (wie Demonstrationen), politische Konflikte (parteipolitische Querelen) und allgemeine Unzufriedenheit (auf der Grundlage von Umfragen).

Ein genauerer Blick auf die acht zentralen Machtmaßstäbe ergibt, dass Frankreich insgesamt eher schwach wirkt. Besondere Stärken oder Schwächen, die ich hier hervorheben würde, gibt es nicht.

FRANKREICH – WICHTIGE TREIBER UNSERES MACHTWERTS FÜR DAS LAND

Gesamtwert Imperium (0 – 1)	**Niveau: 0,25**		**Platz 8**	→
Große Zyklen	**Niveau**	**Z-Wert**	**Platz**	**Trend**
Wirtschafts-/Finanzlage	Ungünstig	-1,2	8	↘
Schuldenlast	Mäßig hohe Schulden	-0,8	8	↘
Erwartetes Wachstum	0,4 %	-0,9	7	→
Innenpolitische Ordnung	Gering gefährdet	0,5	4	→
Unterschiede bei Wohlstand/Chancen/Werten	Gering	1,1	1	↗
Innenpolitische Konflikte	Durchschnittlich	-0,1	6	→
Außenpolitische Ordnung				
Acht maßgebliche Machtmaßstäbe				
Handel	Durchschnittlich	-0,5	6	→
Militärische Stärke	Durchschnittlich	-0,3	7	→
Märkte und Finanzzentrum	Durchschnittlich	-0,3	7	→
Bildung	Durchschnittlich	-0,5	7	→
Innovation und Technologie	Durchschnittlich	-0,5	8	↘
Wirtschaftsleistung	Schwach	-0,5	9	↘
Wettbewerbsfähigkeit (Kosten)	Schwach	-0,6	9	→
Reservewährungsstatus				
Weitere Machtmaßstäbe				
Infrastruktur und Investitionen	Durchschnittlich	-0,2	5	↗
Staatsführung/Rechtsstaatlichkeit	Durchschnittlich	0,3	6	→
Geologie	Durchschnittlich	-0,5	7	→
Effizienz der Ressourcenallokation	Schwach	-1,3	10	↘
Charakter/Zielstrebigkeit/Umgangsformen	Schwach	-1,5	11	→
Naturereignisse	Durchschnittlich	0,0	6	

↗ **Aufwärts** ↘ **Abwärts** → **Neutral**

DIE STÄRKEN UND AUSSICHTEN DER NIEDERLANDE

Hierbei handelt es sich um unsere computergenerierte Auswertung für die Niederlande zum Stand vom August 2021.

Den aktuellen Werten der wichtigsten Indikatoren zufolge **belegen die Niederlande allem Anschein nach eine mäßig hohe Machtposition (aktuell in der unteren Hälfte der maßgeblichen Länder), die sich im Seitwärtstrend befindet. Die wesentlichen Stärken der Niederlande sind, wie in der folgenden Tabelle angegeben, ihre ausgeprägte innenpolitische Ordnung und der starke Rechtsstaat/die niedrige Korruption. Ihre Schwächen sind das vergleichsweise schwache Militär und die (qualitätsbereinigt) relativ hohen Arbeitskosten.** Die acht Hauptmaßstäbe für Macht zeigen aktuell einigermaßen schwache Werte an und tendieren insgesamt seitwärts.

Die Tabelle zeigt unseren Gesamtmaßstab für die Macht des Landes sowie die wichtigsten Treiber an und ebenso die aktuelle Einordnung der einzelnen Machtmaßstäbe im Vergleich zu elf maßgeblichen Ländern sowie den Trend der letzten 20 Jahre.

Um Einblick in ein Land zu gewinnen, setzen wir bei der Betrachtung **der großen Zyklen** an, aber auch bei den **Machtmaßstäben**, aus denen Aufstieg und Fall eines Landes hervorgehen und gespeist werden. Wir führen diese Faktoren zwar einzeln an, doch sie können nicht für sich betrachtet werden, weil sie interagieren und einander verstärken, woraus sich die zyklische Entwicklung des Landes ergibt.

Für die Niederlande **liefern die großen Zyklen ein einigermaßen günstiges Bild.**

NIEDERLANDE – WICHTIGE TREIBER UNSERES MACHTWERTS FÜR DAS LAND

Gesamtwert Imperium (0 – 1)	Niveau: 0,25		Platz 9	→
Große Zyklen	**Niveau**	**Z-Wert**	**Platz**	**Trend**
Wirtschafts-/Finanzlage	Einigermaßen günstig	0,0	5	
Schuldenlast	Niedrige Schulden	0,8	3	↗
Erwartetes Wachstum	1,0 %	-0,8	5	
Innenpolitische Ordnung	Gering gefährdet	0,9	2	→
Unterschiede bei Wohlstand/Chancen/Werten	Gering	0,6	4	↘
Innenpolitische Konflikte	Gering	1,2	1	↗
Außenpolitische Ordnung				
Acht maßgebliche Machtmaßstäbe				
Innovation und Technologie	Durchschnittlich	-0,3	6	→
Wirtschaftsleistung	Durchschnittlich	-0,3	8	→
Märkte und Finanzzentrum	Schwach	-0,5	8	→
Handel	Schwach	-0,6	8	→
Bildung	Schwach	-0,7	9	→
Wettbewerbsfähigkeit (Kosten)	Schwach	-0,8	11	→
Militärische Stärke	Sehr schwach	-1,9	11	↘
Reservewährungsstatus				
Weitere Machtmaßstäbe				
Staatsführung/Rechtsstaatlichkeit	Stark	1,0	2	→
Charakter/Zielstrebigkeit/Umgangsformen	Durchschnittlich	-0,3	6	↗
Geologie	Durchschnittlich	-0,5	6	→
Effizienz der Ressourcenallokation	Durchschnittlich	-0,1	8	↗
Infrastruktur und Investitionen	Durchschnittlich	-0,4	8	→
Naturereignisse	Durchschnittlich	0,5	3	

↗ **Aufwärts** ↘ **Abwärts** → **Neutral**

In ihrem Wirtschafts- und Finanzzyklus sind die Niederlande in einer einigermaßen vorteilhaften Position – mit niedriger Schuldenlast, aber einem vergleichsweise niedrigen erwarteten realen Wachstum für die nächsten zehn Jahre (von 1 Prozent pro Jahr). Die Niederlande haben deutlich mehr Vermögenswerte als Verbindlichkeiten im Ausland (der Nettoauslandsvermögensstatus liegt bei 90 Prozent des BIP). Die nicht finanzielle Verschuldung ist hoch (286 Prozent des BIP), die Staatsverschuldung liegt aber auf einem niedrigen Niveau (53 Prozent des BIP). Der Löwenanteil der niederländischen Schulden lautet auf Euro, was das Verschuldungsrisiko des Landes erhöht, da die Niederlande keinen direkten Einfluss auf diese Währung haben. Die Möglichkeiten, die Konjunktur durch Zinssenkungen anzukurbeln, sind für die Eurozone (mit kurzfristigen Zinssätzen von minus 0,5 Prozent) gering, und Europa druckt bereits Geld, um Schulden zu monetarisieren.

Gering gefährdete innenpolitische Ordnung. Das Gefälle bei Wohlstand, Einkommen und Werten ist gering. Zur Ungleichheit ist zu sagen, dass auf das oberste Prozent beziehungsweise die oberen 10 Prozent in den Niederlanden 7 Prozent beziehungsweise 29 Prozent des Einkommens entfallen (was beides dem zehnthöchsten Anteil in allen maßgeblichen Ländern entspricht). Unser Barometer für innenpolitische Konflikte zeigt niedrige Werte an. Es misst tatsächliche Konfliktereignisse (wie Demonstrationen), politische Konflikte (parteipolitische Querelen) und allgemeine Unzufriedenheit (auf der Grundlage von Umfragen).

Ein genauerer Blick auf die acht zentralen Machtmaßstäbe offenbart die vergleichsweise geringe militärische Stärke und die (auf qualitätsbereinigter Basis) verhältnismäßig hohen Arbeitskosten. Von den globalen Militärausgaben entfällt nur ein kleiner Anteil (unter 1 Prozent) auf die Niederlande, und auch der Anteil an der Zahl der Soldaten weltweit ist nur gering (ebenfalls unter 1 Prozent). Die Arbeitskosten liegen qualitätsbereinigt etwas über dem globalen Durchschnitt.

DIE STÄRKEN UND AUSSICHTEN RUSSLANDS

Hierbei handelt es sich um unsere computergenerierte Auswertung für Russland zum Stand vom August 2021.

Den aktuellen Werten der wichtigsten Indikatoren zufolge **belegt Russland allem Anschein nach eine mäßig hohe Machtposition (aktuell in der unteren Hälfte der maßgeblichen Länder), die sich im Seitwärtstrend befindet. Die wesentlichen Stärken Russlands sind, wie in der folgenden Tabelle angegeben, seine starke Wirtschafts- und Finanzstellung, sein Reichtum an natürlichen Ressourcen und sein relativ starkes Militär. Seine Schwächen sind die verhältnismäßig kleine Volkswirtschaft, Korruption und unbeständige Rechtsstaatlichkeit sowie die vergleichsweise geringe Bedeutung als globales Finanzzentrum.** Die acht Hauptmaßstäbe für Macht zeigen aktuell einigermaßen schwache Werte an und tendieren insgesamt seitwärts.

Die Tabelle zeigt unseren Gesamtmaßstab für die Macht des Landes sowie die wichtigsten Treiber an und ebenso die aktuelle Einordnung der einzelnen Machtmaßstäbe im Vergleich zu elf maßgeblichen Ländern sowie den Trend der letzten 20 Jahre.

Um Einblick in ein Land zu gewinnen, setzen wir bei der Betrachtung **der großen Zyklen** an, aber auch bei den **Machtmaßstäben**, aus denen Aufstieg und Fall eines Landes hervorgehen und gespeist werden. Wir führen diese Faktoren zwar einzeln an, doch sie können nicht für sich betrachtet werden, weil sie interagieren und einander verstärken, woraus sich die zyklische Entwicklung des Landes ergibt.

Für Russland **liefern die großen Zyklen ein einigermaßen günstiges Bild.**

In seinem Wirtschafts- und Finanzzyklus ist Russland in einer einigermaßen vorteilhaften Position – mit geringer Schuldenlast, doch einem moderaten erwarteten realen Wachstum für die nächsten zehn Jahre (von 2,5 Prozent pro Jahr). Russland hat etwas mehr Vermögenswerte als Verbindlichkeiten im Ausland (der Nettoauslandsvermögensstatus liegt bei 33 Prozent des BIP). Die nicht finanzielle Verschuldung ist gering (99 Prozent des BIP), die Staatsverschuldung ebenfalls (14 Prozent des BIP). Ein erheblicher Anteil dieser Schulden (25 Prozent) lautet auf Fremdwährungen, was Russlands Verschuldungsrisiko erhöht. Die Möglichkeiten, die Konjunktur durch Zinssenkungen anzukurbeln, sind (mit kurzfristigen Zinssätzen von 6,6 Prozent) groß.

Mäßig gefährdete innenpolitische Ordnung. Unser Barometer für innenpolitische Konflikte zeigt durchschnittliche Werte an. Es misst tatsächliche Konfliktereignisse (wie Demonstrationen), politische Konflikte (parteipolitische Querelen) und allgemeine Unzufriedenheit (auf der Grundlage von Umfragen).

Ein genauerer Blick auf die acht zentralen Machtmaßstäbe ergibt, dass Russlands Militär vergleichsweise stark ist. Von den globalen Militärausgaben entfällt ein moderater Anteil (von 7 Prozent) auf Russland, und auch sein Anteil an der Anzahl der Soldaten weltweit ist (mit 13 Prozent) moderat.

Dem stellen wir aber die relativ kleine Volkswirtschaft und die vergleichsweise geringe Bedeutung des Landes als globales Finanzzentrum gegenüber. Die russischen Aktienmärkte machen nur einen kleinen Anteil des globalen Gesamtwerts aus (nicht einmal 1 Prozent der Gesamtmarktkapitalisierung und des Volumens).

RUSSLAND – WICHTIGE TREIBER UNSERES MACHTWERTS FÜR DAS LAND

Gesamtwert Imperium (0 – 1)	**Niveau: 0,23**		**Platz 10**	→
Große Zyklen	**Niveau**	**Z-Wert**	**Platz**	**Trend**
Wirtschafts-/Finanzlage	Einigermaßen günstig	0,5	2	
Schuldenlast	Niedrige Schulden	1,0	2	↗
Erwartetes Wachstum	2,5 %	-0,2	3	
Innenpolitische Ordnung	Mäßig gefährdet	-0,5	9	↗
Unterschiede bei Wohlstand/Chancen/Werten				
Innenpolitische Konflikte	Durchschnittlich	-0,5	9	↗
Außenpolitische Ordnung				
Acht maßgebliche Machtmaßstäbe				
Wettbewerbsfähigkeit (Kosten)	Stark	0,7	3	
Militärische Stärke	Durchschnittlich	0,4	3	→
Reservewährungsstatus	Schwach	-0,8	6	
Bildung	Schwach	-0,5	8	→
Innovation und Technologie	Schwach	-0,7	9	→
Handel	Schwach	-0,9	10	→
Märkte und Finanzzentrum	Schwach	-1,1	11	→
Wirtschaftsleistung	Schwach	-1,4	11	→
Weitere Machtmaßstäbe				
Geologie	Sehr stark	1,9	1	→
Effizienz der Ressourcenallokation	Stark	1,3	1	
Charakter/Zielstrebigkeit/Umgangsformen	Durchschnittlich	0,1	5	
Infrastruktur und Investitionen	Schwach	-1,0	11	↘
Staatsführung/Rechtsstaatlichkeit	Sehr schwach	-1,9	11	→
Naturereignisse	Durchschnittlich	-0,1	7	

↗ **Aufwärts** ↘ **Abwärts** → **Neutral**

DIE STÄRKEN UND AUSSICHTEN SPANIENS

Hierbei handelt es sich um unsere computergenerierte Auswertung für Spanien zum Stand vom August 2021.

Den aktuellen Werten der wichtigsten Indikatoren zufolge **belegt Spanien allem Anschein nach eine mäßig hohe Machtposition (aktuell in der unteren Hälfte der maßgeblichen Länder), die sich im Seitwärtstrend befindet. Die wesentlichen Schwächen Spanien sind, wie in der folgenden Tabelle angegeben, seine ungünstige Wirtschafts-/Finanzlage, die relativ schwache Allokation von Arbeit und Kapital, die vergleichsweise geringe Bedeutung für den Welthandel und die schlechten Werte für Innovation und Technologie.** Die acht Hauptmaßstäbe für Macht zeigen aktuell einigermaßen schwache Werte an und tendieren insgesamt seitwärts. Die Tabelle zeigt unseren Gesamtmaßstab für die Macht des Landes sowie die wichtigsten Treiber an und ebenso die aktuelle Einordnung der einzelnen Machtmaßstäbe im Vergleich zu elf maßgeblichen Ländern sowie den Trend der letzten 20 Jahre.

Um Einblick in ein Land zu gewinnen, setzen wir bei der Betrachtung **der großen Zyklen** an, aber auch bei den **Machtmaßstäben,** aus denen Aufstieg und Fall eines Landes hervorgehen und gespeist werden. Wir führen diese Faktoren zwar einzeln an, doch sie können nicht für sich betrachtet werden, weil sie interagieren und einander verstärken, woraus sich die zyklische Entwicklung des Landes ergibt.

Für Spanien **liefern die großen Zyklen ein überwiegend ungünstiges Bild.**

In seinem Wirtschafts- und Finanzzyklus ist Spanien in einer unvorteilhaften Position – mit hoher Schuldenlast, aber einem sehr niedrigen erwarteten realen Wachstum für die nächsten zehn Jahre (von 0 Prozent

SPANIEN – WICHTIGE TREIBER UNSERES MACHTWERTS FÜR DAS LAND

Gesamtwert Imperium (0 – 1)	**Niveau: 0,20**		**Platz 11**	→
Große Zyklen	**Niveau**	**Z-Wert**	**Platz**	**Trend**
Wirtschafts-/Finanzlage	Ungünstig	-1,9	11	↘
Schuldenlast	Hohe Schulden	-1,7	10	↘
Erwartetes Wachstum	0,0 %	-1,1	10	↘
Innenpolitische Ordnung	Mäßig gefährdet	0,0	6	→
Unterschiede bei Wohlstand/Chancen/Werten	Normal	0,4	5	↗
Innenpolitische Konflikte	Durchschnittlich	-0,4	8	↘
Außenpolitische Ordnung				
Acht maßgebliche Machtmaßstäbe				
Wettbewerbsfähigkeit (Kosten)	Schwach	-0,6	7	→
Märkte und Finanzzentrum	Schwach	-0,6	9	→
Militärische Stärke	Schwach	-0,8	10	→
Wirtschaftsleistung	Schwach	-0,9	10	↘
Bildung	Schwach	-0,9	10	→
Innovation und Technologie	Schwach	-1,0	10	↘
Handel	Schwach	-0,9	11	→
Reservewährungsstatus				
Weitere Machtmaßstäbe				
Geologie	Schwach	-0,6	8	→
Infrastruktur und Investitionen	Schwach	-0,6	9	↘
Staatsführung/Rechtsstaatlichkeit	Schwach	-0,7	9	↘
Charakter/Zielstrebigkeit/Umgangsformen	Schwach	-1,0	9	→
Effizienz der Ressourcenallokation	Schwach	-1,6	11	↘
Naturereignisse	Schwach	-0,7	10	

↗ **Aufwärts** ↘ **Abwärts** → **Neutral**

pro Jahr). Spanien hat deutlich mehr Verbindlichkeiten als Vermögenswerte im Ausland (der Nettoauslandsvermögensstatus liegt bei -73 Prozent des BIP). Die nicht finanzielle Verschuldung ist hoch (249 Prozent des BIP), die Staatsverschuldung ebenfalls (114 Prozent des BIP). Die spanischen Schulden lauten überwiegend auf Euro, was das Verschuldungsrisiko des Landes erhöht, da Spanien keinen direkten Einfluss auf diese Währung hat. Die Möglichkeiten, die Konjunktur durch Zinssenkungen anzukurbeln, sind für die Eurozone (mit kurzfristigen Zinssätzen von -0,5 Prozent) gering, und Europa druckt bereits Geld, um Schulden zu monetarisieren.

Mäßig gefährdete innenpolitische Ordnung. Das Gefälle bei Wohlstand, Einkommen und Werten entspricht der üblichen Höhe. Zur Ungleichheit ist zu sagen, dass auf das oberste Prozent beziehungsweise die oberen 10 Prozent in Spanien 12 Prozent beziehungsweise 34 Prozent des Einkommens entfallen (was dem siebt- beziehungsweise achthöchsten Anteil in allen maßgeblichen Ländern entspricht). Unser Barometer für innenpolitische Konflikte zeigt durchschnittliche Werte an. Es misst tatsächliche Konfliktereignisse (wie Demonstrationen), politische Konflikte (parteipolitische Querelen) und allgemeine Unzufriedenheit (auf der Grundlage von Umfragen).

Ein genauerer Blick auf die acht zentralen Machtmaßstäbe offenbart die vergleichsweise geringe Bedeutung Spaniens für den Welthandel und seine schlechten Werte für Innovation und Technologie. Auf Spanien entfallen nur 2 Prozent der globalen Exporte. Bei Innovation und Technologie ist der Anteil Spaniens an den globalen Patentanmeldungen (mit unter 1 Prozent), an den globalen Ausgaben für Forschung und Entwicklung (mit 1 Prozent) und den globalen Forschern (mit 1 Prozent) gering.

GLOSSAR

Länder	
ARG	Argentinien
BEL	Belgien
BRA	Brasilien
CAN	Kanada
CHE	Schweiz
CHL	Chile
CHN	China
COL	Kolumbien
CZE	Tschechische Republik
DEU	Deutschland
ESP	Spanien
EUR	Eurozone
FRA	Frankreich
GBR	Vereinigtes Königreich
GRC	Griechenland
HUN	Ungarn
IDN	Indonesien
IND	Indien
ITA	Italien
JPN	Japan
MEX	Mexiko
NLD	Niederlande

NOR	Norwegen
POL	Polen
PRT	Portugal
RUS	Russland
SGP	Singapur
SWE	Schweden
THA	Thailand
TUR	Türkei
USA	Vereinigte Staaten von Amerika
WLD	Welt
ZAF	Südafrika

Begriffe

6mma	6-month moving average = gleitender Durchschnitt über 6 Monate
12mma	12-month moving average = gleitender Durchschnitt über 12 Monate
60/40	Bezieht sich auf ein Portfolio, das sich zu 60 Prozent aus Aktien und zu 40 Prozent aus Anleihen zusammensetzt
$	US-Dollar
£	Britisches Pfund oder Pfund Sterling
Ann.	annualisiert (auf ein Jahr berechnet)
Ber.	bereinigt
BIP	Bruttoinlandsprodukt
Bev.	Bevölkerung
Corp.	Unternehmen
FX (oder Spot FX)	Wechselkurs
GD	Gleitender Durchschnitt
Intl.	International
Inv.	Invers
KKP	Kaufkraftparität
Log.	Natürlicher Logarithmus
Mio.	Million

Mrd.	Milliarde
Oz	Unzen
ppm	Parts per million: 1 Millionstel, 10^{-6}
RBIP	Reales (inflationsbereinigtes) Bruttoinlandsprodukt
Reg.	Regierung
Sch.-W.	Schätzwert
TWI	Trade-weighted Index (handelsgewichteter Index)
Vdg.	Veränderung
VOC	Niederländische Ostindien-Kompanie
VPI	Verbraucherpreisindex
Y (oder Yr.)	Jahr
Y/Y	Year-over-year Change = Veränderung im Jahresvergleich
ZB	Zentralbank

Währungen

CNY	Chinesischer Yuan
GBP	Britisches Pfund oder Pfund Sterling
Gulden	Niederländische Währung
Maravedi	Spanische Münze, in Gebrauch im 12. bis 19. Jahrhundert, als Goldmünze auch Marabotin
USD	US-Dollar

Englischsprachige Definitionen gebräuchlicher wirtschaftlicher Fachbegriffe finden Sie auf www.economicprinciples.org.

ÜBER DEN AUTOR

Ray Dalio ist seit fast 50 Jahren als globaler Makroinvestor tätig. Er ist Gründer und Co-CIO von Bridgewater Associates, einer branchenführenden Investmentfirma für institutionelle Kunden, dem größten Hedgefonds der Welt.

Dalio wuchs als ganz normales Mittelschichtkind auf Long Island auf und nahm seine ersten Investments mit 12 Jahren vor. Bridgewater gründete er im Alter von 26 Jahren in seiner Dreizimmerwohnung und machte daraus nach Einschätzung von *Fortune* das fünftbedeutendste nicht börsennotierte Unternehmen der Vereinigten Staaten. Außerdem beriet er Spitzenpolitiker, weshalb ihn die Zeitschrift *TIME* zu einer der 100 einflussreichsten Persönlichkeiten der Welt kürte. *CIO* und *Wired* bezeichneten ihn wegen seiner unvergleichlich innovativen und revolutionären Denkweise als den »Steve Jobs des Investmentgeschäfts«. Von *Forbes* wurde er unter den 50 großzügigsten Philanthropen der USA aufgeführt.

2017 beschloss er, die Prinzipien seines Erfolgs durch eine Buchreihe und animierte Videos weiterzugeben. Sein Buch *Die Prinzipien des Erfolgs* führte die Bestsellerliste der *New York Times* an und war die Nummer eins unter Amazons Wirtschaftsbüchern des Jahres. Es verkaufte sich weltweit über 3 Millionen Mal und wurde in mehr als 30 Sprachen übersetzt. Seine 30-minütigen animierten YouTube-Videos »How the Economic Machine Works« and »Principles for Success« wurden insgesamt über 100 Millionen Mal aufgerufen, und sein Buch *Principles: So navigieren Sie Ihr Vermögen durch große Schuldenkrisen* fand bei Ökonomen, Politikern und Investoren positive Resonanz.

In diesem neuen Buch, *Weltordnung im Wandel,* wendet Dalio seine einzigartige Weltanschauung auf den Aufstieg und Fall der großen Reservewährungsimperien an in der Hoffnung, seine Leser durch das auf diesen Seiten vermittelte Modell auf anstehende Veränderungen vorzubereiten.